# 100 fiches de lecture

## en économie, sociologie, histoire et géographie économiques

# 100 fiches de lecture

## en économie, sociologie, histoire et géographie économiques

3e édition

Bréal by Studyrama

Maquette et mise en page : Loïc Pennanéac'h


ISBN : 978 2 7495 5025 1

# Les auteurs


**Marc Montoussé**
Directeur d'ouvrage

**Serge d'Agostino**
Agrégé de sciences sociales
Professeur de chaire supérieure

**Patrice Bonnewitz**
Agrégé de sciences sociales
Professeur en classes préparatoires

**Jérôme Buridant**
Docteur ès lettres (histoire moderne)
Maître de conférences

**Matthieu Caron**
Ancien élève de l'ENS Cachan
Agrégé d'économie et de gestion

**Dominique Chamblay**
Agrégé de sciences sociales
Professeur de sciences économiques et sociales

**Philippe Deubel**
Agrégé de sciences sociales

**Arcangelo Figliuzzi**
Agrégé de sciences sociales
Professeur de chaire supérieure

**Daniel Fleutôt**
Agrégé de sciences sociales
Professeur en classes préparatoires

**Elizabeth Jestaz**
Professeur de sciences économiques et sociales

**Christine Lestoquard-Stevens**
Agrégée de sciences sociales
Professeur en classes préparatoires

**André Louat**
Professeur en classes préparatoires

**Marc Montoussé**
Agrégé de sciences sociales
Docteur en sciences économiques

**Jean-Pierre Noreck**
Agrégé de sciences sociales
Professeur de chaire supérieure

**Michel Petit**
Agrégé de géographie
Professeur d'histoire-géographie

**Patrice Pourcel**
Agrégé de sciences économiques et sociales
Professeur de sciences économiques et sociales

**Gilles Renouard**
Agrégé de sciences sociales
Professeur de sciences économiques et sociales

**Jean-Luc Rettel**
Agrégé d'économie et gestion
Professeur en IUT

# Avant-propos

Cet ouvrage s'adresse tout d'abord aux étudiants des **classes préparatoires économiques et commerciales** (options économique et scientifique) puisqu'ils y trouveront la très grande majorité des titres correspondant à leur programme d'histoire et géographie économique et d'analyse économique et historique des sociétés contemporaines. Il s'adresse aussi à tous ceux qui, étudiants (**Sciences Po, Université...**) ou non, ne trouvent pas le temps de lire autant qu'il le faudrait ou qu'ils le souhaiteraient.

Notre objectif a été de tirer la « substantifique moelle » de chacune de ces œuvres importantes et surtout d'en proposer un **compte rendu clair, intelligible et opérationnel**. Chaque fiche est donc très **structurée** et émaillée de nombreuses **citations**.

Le choix des 100 ouvrages n'a pas été simple ; de nombreux autres livres auraient mérité de figurer dans la liste. Nous avons d'abord privilégié les livres correspondant au **savoir requis en classes préparatoires** ; nous avons ensuite cherché à largement **ouvrir l'éventail des thèmes traités** et donc à ne pas trop insister sur un sujet précis. N'ont été choisis que des livres traduits en français ; ont donc été écartés des auteurs comme Gary Becker ou Robert Lucas (pourtant tous deux prix Nobel d'économie). Nous n'avons pas forcément opté pour les livres les plus réputés, mais pour ceux qui nous semblaient les plus significatifs ou qui présentaient le mieux les thèses de l'auteur.

L'ordre des titres étant sujet à discussion, et pour faciliter l'accès à chaque fiche, nous avons ajouté deux **tables alphabétiques** (des **ouvrages** et des **auteurs**) en fin d'ouvrage.

Ces fiches de lecture sont des résumés fidèles, mais elles ne sauraient, malgré le soin que nous avons mis à leur rédaction, restituer toute la richesse des œuvres originales. Nous espérons donc sincèrement que nos fiches vous donneront l'envie de vous plonger dans la lecture des ouvrages présentés.

Marc Montoussé
*Directeur d'ouvrage*

# Sommaire

## PARTIE III : Histoire, évolution économique et capitalisme



## PARTIE IV : Mondialisation et environnement international

## PARTIE VI : **État, justice sociale et inégalités**



## PARTIE VII : **Population et société**

# PARTIE I

# Les fondateurs de la pensée économique

# 1 Tableau économique

## François Quesnay

Issu d'une observation attentive et raisonnée de l'économie pré-industrielle, cet ouvrage intitulé *Analyse de la formule arithmétique du tableau économique de la distribution des dépenses annuelles d'une nation agricole* représente la première tentative de modélisation des flux financiers à l'intérieur d'un État. Conçue dès 1757 et présentée au roi Louis XV l'année suivante, la première version du tableau simplifie la circulation des richesses sous la forme de zigzags, et est pour cette raison dénommée le « zizac ». Revue et corrigée, elle est publiée sous une forme plus complexe en 1766, accompagnée d'une analyse détaillée. Ce texte est réédité en 1969 par Michel Lutfallia, sous le titre *Tableau économique des physiocrates* (Calmann-Lévy, 270 p.). Il figure aussi dans un recueil de documents édités par Jean Cartelier, intitulé *Physiocratie : droit naturel, tableau économique et autres textes* (Flammarion, 1991, 448 p.).

Depuis les années 1740, l'économie française connaît une croissance régulière. Du fait d'une amélioration climatique, du déplacement de la guerre hors des frontières, de la disparition de la peste, la conjoncture s'améliore et la population recommence à croître. Jusqu'à la mort de Louis XV (1774), la France jouit des bienfaits de la prospérité.

Médecin du roi, François Quesnay est influencé par les découvertes de William Harvey sur la circulation du sang. Il regroupe à la cour un petit cénacle d'économistes, que l'on appelle souvent « secte » dans le vocabulaire de l'époque, parmi lesquels figurent Victor de Mirabeau, Pierre Dupont de Nemours ou Guillaume-François Le Trosne. Ceux-ci professent que les richesses circulent naturellement dans le corps social et se donnent le nom de physiocrates, physiocratie signifiant gouvernement de la nature.

## 1) La société est divisée en trois classes

### A. La classe productive assure la création des richesses

**Seule la terre est créatrice de richesses.** Elle produit des subsistances et des matières premières. La classe productive est donc essentiellement composée des agriculteurs, qui font « *renaître par la culture du territoire les richesses annuelles de la nation* ». En conséquence, « *tout ce qui favorise l'agriculture est favorable à l'État et à la nation* ».

**Jusqu'à la vente de ses produits, cette classe doit faire des avances.** Les « *avances primitives* » sont constituées par les achats d'animaux et de matériel, dont l'amortissement s'effectue partiellement chaque année. « *Le fonds des richesses d'exploitation qui constitue les avances primitives est sujet à un dépérissement journalier qui exige des réparations continuelles, indispensablement nécessaires pour que ce fonds important reste dans le même état, et ne marche pas vers un anéantissement total.* » Les « *avances annuelles* » sont constituées par l'alimentation des hommes et des animaux, et sont à renouveler intégralement chaque année.

## B. La classe des propriétaires assure la circulation des richesses

**Elle comprend tous ceux qui tirent un revenu de la terre sans la travailler :** le souverain, qui possède un domaine en propre et peut lever des impôts dans tout le royaume, l'ensemble des possesseurs de terres qu'ils soient clercs, nobles ou roturiers, les « *décimateurs* », c'est-à-dire le clergé séculier qui peut prélever une dîme sur les récoltes et le croît des troupeaux (en général 1/12e). Cette classe subsiste donc « *par le revenu ou produit net de la culture, qui lui est payé annuellement par la classe productive* ».

**Elle décide de l'affectation des richesses.** Par ses prélèvements comme par ses dépenses, elle répartit l'argent différemment, en fonction de ses priorités et de ses goûts.

## C. La classe stérile assure la transformation des richesses

**Elle est essentiellement formée des artisans et des transporteurs,** et « *de tous les citoyens occupés à d'autres services et à d'autres travaux que ceux de l'agriculture, et dont les dépenses sont payées par la classe productive et par la classe des propriétaires* ». Elle ne fait que véhiculer et transformer les matières premières que lui fournit la classe productive, et vendre aux deux classes précédentes.

**Cette classe est considérée comme stérile, car elle se contente de transformer les richesses.** « *Il n'y a l à que consommation ou anéantissement de productions et point de reproduction ; car cette classe ne subsiste que du payement successif de la rétribution due à son travail.* »

# 2) La richesse effectue un circuit annuel

Formule du tableau économique

Reproduction totale : 5 milliards

| | CLASSE PRODUCTIVE : | CLASSE PROPRIÉTAIRE : | CLASSE STÉRILE : |
|---|---|---|---|
| **Situation en début d'année :** | Avances annuelles : 2 milliards *(semences, salaires nourriture)* | Revenu des terres, des impôts et des dîmes 2 milliards *(achat de nourriture et de produits de luxe)* | Avances annuelles : 1 milliard *(achat de matières premières)* |
| **Sommes qui servent à payer le revenu et les intérêts des avances primitives :** | 1 milliard *(achat de matériel)*<br>1 milliard *(paiement des baux et des impôts)*<br>1 milliard *(paiement des baux et des impôts)* | | 1 milliard *(achat de nourriture)* |
| **Reconstitution des avances annuelles :** | 2 milliards | | 1 milliard |
| **TOTAL (flux annuels)** | 5 milliards | 2 milliards | 2 milliards |

## A. La circulation des richesses s'effectue logiquement

**La classe productive crée des richesses.** La récolte totale vaut cinq milliards. Deux milliards sont consacrés à payer la classe des propriétaires, en tant que rentes, impôts et dîmes. Un milliard est payé à la classe stérile, pour la fourniture de produits manufacturés. Deux milliards sont conservés pour les avances de l'année suivante (semences, nourriture, paye des ouvriers agricoles).

**La classe propriétaire fait circuler les richesses.** Elle achète un milliard de subsistances et un autre milliard d'articles manufacturés.

**La classe stérile ne crée pas de richesses.** Elle dépense un milliard à l'achat de subsistances. Un milliard est conservé pour les dépenses de l'année suivante (achat de matières premières). Ce sont des « *dépenses de pure consommation, sans régénération de ce qui s'anéantit par cette dépense stérile, qui est prise en entier sur la reproduction annuelle du territoire* ».

## B. Ce circuit est équilibré

**Ce circuit se renouvelle intégralement d'année en année.** « *La dépense du revenu est supposée ici, dans l'état de prospérité, se distribuer également entre la classe productive et la classe stérile.* » Chaque classe répartit l'ensemble de ses dépenses entre subsistances et achats d'ouvrages manufacturés. On suppose que les dépenses renouvellent d'année en année le même revenu. L'économie connaît une situation stationnaire qui ne peut être modifiée que par une évolution des rendements agricoles.

**Cet ordre est un ordre naturel.** « *Tout est assujetti ici-bas aux lois de la nature.* » Les prix s'équilibrent automatiquement car ils sont « *assujettis à l'ordre naturel qui règle journellement les valeurs vénales des productions* ».

**Il peut se déséquilibrer dans certains cas.** Si les propriétaires consacrent davantage d'argent au « *luxe de décoration* », c'est-à-dire aux dépenses stériles, ils en retirent à la classe productive qui s'appauvrit. « *Les dépenses que font les propriétaires à la classe productive peuvent être plus profitables à l'agriculture que celles qu'ils font à la classe stérile.* »

# 3) La circulation des richesses ne doit pas être perturbée

## A. L'État ne doit pas perturber le circuit économique

**Il doit favoriser le libre-échange.** La liberté du commerce doit soutenir « *le débit des productions à un bon prix* ». La libre circulation des grains, entre les provinces comme à l'extérieur du royaume, tend à faire augmenter les prix du blé, et permet un enrichissement de toute la société. Le commerce extérieur doit être favorisé, car « *il n'y a point de royaume dont le territoire produise toutes les richesses propres à la jouissance de ses habitants* ».

**Il doit limiter les impôts indirects.** Les impôts qui frappent la consommation découragent le commerce, donc la circulation des richesses. L'impôt direct, par contre, n'affecte pas la reproduction des richesses et assure une meilleure circulation des revenus : « *les propriétaires, le souverain et toute la nation ont un grand intérêt que l'impôt soit établi en entier sur le revenu des terres immédiatement ; car toute autre forme d'imposition serait contre l'ordre naturel, parce* *qu'elle serait préjudiciable à la reproduction et à l'impôt, et que l'impôt retomberait sur l'impôt même.* »

**Il doit assurer la sécurité de la propriété foncière.** « *Le véritable fondement de la force militaire d'un royaume est la prospérité même de la nation.* » Pour que le circuit économique ne soit pas perturbé, il est essentiel que la propriété soit garantie : « *la sûreté de la propriété foncière est une condition essentielle de l'ordre naturel du gouvernement des empires.* »

## B. La monnaie ne doit pas perturber le circuit économique

**La monnaie ne doit pas être gardée pour elle-même.** Les agents économiques ne doivent conserver que la somme des avances qu'ils ont à faire pour l'année suivante. La reproduction permanente suppose que la richesse circule intégralement en une année, donc exclut toute thésaurisation. « *Convertir des productions en argent pour soustraire cet argent aux dépenses profitables à l'agriculture, ce serait diminuer d'autant la reproduction annuelle des richesses.* »

« ***L'argent n'est pas la richesse.*** » La richesse ne se mesure pas à la quantité de métaux précieux détenue par un État, mais aux « *biens nécessaires à la vie et à la reproduction annuelle de ces biens* ». Une insuffisance monétaire n'est pas forcément préjudiciable à l'économie d'un pays si « *la reproduction annuelle des richesses* » est bonne, car il est possible d'obtenir de l'argent par le commerce extérieur, ou de suppléer à la disette monétaire par le crédit et l'émission de papier-monnaie qui « *facilitent beaucoup le commerce* ». Les nations agricoles ne doivent donc « *tendre qu'à la plus grande reproduction possible pour accroître et perpétuer les richesses propres à la jouissance des hommes ; l'argent n'est pour elles qu'une petite richesse intermédiaire qui disparaîtrait en un moment sans la reproduction* ».

En rédigeant son analyse, François Quesnay emprunte beaucoup à Pierre de Boisguillebert et à Richard Cantillon, qui ont déj à nettement insisté sur l'idée de la primauté de l'agriculture, de la circulation des richesses entre les classes ou de l'évaluation du produit annuel net. Tout l'intérêt de ce tableau économique est surtout de fournir une matrice pouvant servir de base à de multiples calculs théoriques. Pour la première fois, l'économie s'écarte de la philosophie politique et se rapproche des sciences mathématiques. D'une certaine manière, la démarche de Quesnay annonce déj à les modèles de Léontieff et les multiplicateurs keynésiens.

Forts influents à la cour, les physiocrates orientent directement l'action de la monarchie et conduisent l'État à s'écarter des dogmes du mercantilisme. La libéralisation du commerce des grains entre les provinces de France, mise en place en 1763 par le contrôleur général Bertin, puis étendue à trente-six ports l'année suivante par le contrôleur général Laverdy, est la première mesure d'inspiration physiocratiques prises par le pouvoir. Imposées alors que l'opinion publique craint la cherté des grains, elles suscitent une opposition qui conduit à leur abandon, et sont reprises avec le même insuccès en 1774 par Turgot. Les mentalités ne sont pas encore prêtes au libre-échange.

Premier courant libéral, la physiocratie est un mouvement éphémère, bien vite dépassé. Par bien des côtés, la vision de François Quesnay reste trop fragmentaire. S'il met fort justement en avant l'importance de l'agriculture dans les sociétés pré-industrielles, il néglige beaucoup le rôle de l'artisanat et de l'industrie dans la création des richesses, car il ne perçoit pas que l'utilité est aussi une valeur. Enfermés dans ce principe, les physiocrates n'entrevoient pas encore que la manufacture porte en germe de formidables capacités de croissance et d'enrichissement, qui se développent en Grande-Bretagne quelque vingt ans plus tard. À ce moment, les classiques anglais, parmi lesquels Adam Smith, reprennent les idées de François Quesnay, corrigent leurs insuffisances et les dépassent très largement.

# Recherches sur la nature et les causes de la richesse des nations

2

## Adam Smith

Cet ouvrage, publié la première fois en 1776, et régulièrement réédité depuis (Garnier-Flammarion, 1991, 2 tomes, 1 168 p.), est une œuvre majeure de la science économique. Très clair, très pédagogique et émaillé de nombreux exemples historiques, ce livre présente les concepts économiques fondamentaux ainsi que les principes de l'économie politique moderne libérale. Dans cet ouvrage, Adam Smith fonde la science économique : il lui donne son objet (l'enrichissement des nations) ; il y montre les erreurs des économistes l'ayant précédé ; il propose les paradigmes qui serviront de base aux futurs débats économiques.
Smith s'oppose ouvertement aux mercantilistes (qu'il nomme « les partisans du système mercantile ») et il affirme que leurs propositions sont contraires à l'intérêt des nations. En revanche, il loue le libéralisme des physiocrates qui se sont toutefois trompés sur la définition de la richesse. Pour Smith, la richesse provient de la production de biens, qu'il faut donc favoriser, notamment par le « laissez-faire ».

## 1) La richesse des nations provient du travail productif

### A. La division du travail

**L'opulence d'une nation s'explique par la « *division du travail*** [qui] *aussi loin qu'elle peut y être portée, amène un accroissement proportionnel dans la puissance productive du travail* ». Pour illustrer ce phénomène, Smith prend l'exemple d'une manufacture d'épingles. Sans division du travail, un ouvrier seul aurait bien du mal à produire 20 épingles dans une journée ; en revanche, dans la petite manufacture prise en exemple par Smith, les 10 ouvriers qui se partagent les 18 opérations nécessaires pour faire une épingle parviennent à produire 48 000 épingles par jour, soit une moyenne de 4 800 épingles par ouvrier.

Trois raisons principales expliquent que la division du travail permette d'augmenter la force productive :

- l'accroissement de l'habileté : « *la division du travail, en réduisant la tâche de chaque homme à quelque opération très simple et en faisant de cette opération la seule occupation de sa vie, lui fait acquérir nécessairement une très grande dextérité* » ;
- le temps gagné à ne pas passer continuellement d'une tâche à une autre ;
- l'emploi des machines que la division du travail rend possible.

**La division du travail provient du penchant universel des hommes à échanger, à troquer ;** ainsi, ils se sont peu à peu spécialisés dans les travaux dans lesquels ils étaient les plus habiles. Cette volonté d'échanger provient du besoin qu'ont les hommes d'agir pour leur intérêt. « *Ce n'est pas de la bienveillance du boucher, du marchand de bière et du boulanger, que nous attendons notre dîner, mais bien du soin qu'ils portent à leurs intérêts. Nous ne nous adressons pas à leur humanité, mais à leur égoïsme.* »

Le degré de division du travail résulte de l'étendue du marché ; lorsque les échanges sont nombreux, la production peut être importante et donc la division du travail peut être forte. Pour le moindre vêtement porté par un ouvrier ou pour le moindre meuble, des dizaines voire des centaines de bras sont nécessaires. « *La division du travail est ce qui, dans une société bien gouvernée, donne lieu à cette opulence qui se répand jusque dans les dernières classes du peuple.* »

**Tout travail n'est pas productif.** « *Il y a une sorte de travail qui ajoute à la valeur de l'objet sur lequel il s'exerce ; il y en a un autre qui n'a pas le même effet. Le premier, produisant une valeur, peut être appelé travail productif ; le dernier, travail non productif.* » Les services disparaissent dès qu'on les rend, le travail qui est à leur origine est donc improductif ; le travail des domestiques, du souverain, des magistrats... peut être utile, mais il n'est pas productif car il ne crée pas de valeur. « *Un particulier s'enrichit à employer une multitude d'ouvriers fabricants ; il s'appauvrit à entretenir une multitude de domestiques.* »

## B. La valeur des marchandises

**Il faut distinguer la valeur en usage de la valeur en échange.** La valeur en usage résulte de l'utilité de la marchandise et la valeur en échange exprime la faculté que donne la possession de cette marchandise pour acheter d'autres marchandises ; la valeur en échange représente donc le prix réel de la marchandise. « *Il n'y a rien de plus utile que l'eau, mais elle ne peut presque rien acheter ; à peine y a-t-il moyen de rien avoir en échange. Un diamant au contraire n'a presque aucune valeur quant à l'usage, mais on trouvera fréquemment à l'échanger contre une très grande quantité d'autres marchandises.* »

**La valeur en échange des marchandises provient du travail nécessaire à leur production.** Lorsque quelqu'un achète une marchandise, il achète en réalité le travail d'autrui. « *Le travail est la mesure réelle de la valeur échangeable de toute marchandise.* » La valeur des marchandises provient donc de la quantité de travail nécessaire pour les produire.

L'unité utilisée lors de l'achat d'une marchandise n'est pas le travail qui est pourtant la mesure réelle de la valeur car chaque unité de travail n'est pas identique. On utilise donc l'or et l'argent qui sont des marchandises dont la valeur résulte de la quantité de travail nécessaire pour les extraire et les apporter sur le marché. Ces métaux ont une valeur fluctuante qui interdit toute comparaison des prix sur le long terme. Ainsi, l'abondance de métaux précieux peut expliquer la diminution de la valeur de ces métaux et donc l'augmentation des prix : « *quand des mines plus abondantes viennent à être découvertes, une plus grande quantité de métaux précieux est apportée au marché, et la quantité des autres choses propres aux besoins et aux commodités de la vie contre lesquels ils doivent s'échanger, étant la même qu'auparavant, des quantités égales de ces métaux s'échangeront nécessairement contre des quantités plus petites de ces choses.* »

Les métaux précieux ne peuvent donc mesurer la valeur réelle des marchandises ; le travail est leur prix réel ; « *l'argent n'est que leur prix nominal.* » « *Par exemple, chez un peuple de chasseurs, s'il en coûte habituellement deux fois plus de peine pour tuer un castor que pour tuer un daim, naturellement un castor s'échangera contre deux daims et vaudra deux daims.* »

## C. Le capital détermine la quantité de travail productif

**Il existe différentes sortes de capital.** Quand on dispose d'une richesse, on peut l'utiliser de différentes façons : « *la première est cette portion réservée pour servir immédiatement à la consommation* », c'est le fond de consommation ; ensuite, on peut espérer en tirer un revenu et donc l'utiliser en achetant des capitaux fixes ou des capitaux circulants. Le capital fixe comprend « *1° toutes les machines utiles et instruments d'industrie qui facilitent et abrègent le travail ; 2° tous les bâtiments destinés à un objet utile [...] ; 3° les améliorations de la terre [...] ; 4° les talents utiles acquis par les habitants ou membres de la société* ». « *Le capital circulant se compose des vivres, des matières et de l'ouvrage fait de toute espèce, tant qu'ils sont dans les mains de leurs marchands respectifs, et enfin de l'argent qui est nécessaire à la circulation des choses.* »

**Il y a plusieurs façons d'utiliser le capital :** on peut l'employer à fournir le produit brut (agriculture, mines, pêches) ; à manufacturer ; à transporter et faire du commerce de gros ; à faire du commerce de détail. Toutes ces utilisations sont nécessaires et permettent d'employer du travail productif et donc de créer de la valeur, mais le capital le mieux employé est celui qui fournit le produit brut ; « *aucun capital, à somme égale, ne met en captivité plus de travail productif que celui du fermier [...]. Après l'agriculture, ce sera le capital employé en manufactures, qui mettra en activité la plus grande quantité de travail productif, et qui ajoutera la plus grande valeur au produit annuel. Le capital employé au commerce d'exportation est celui des trois qui produit le moins d'effet.* »

Le développement agricole doit donc être une priorité et la première étape sur la marche du progrès, mais il a souvent été entravé par l'interdiction d'exporter des grains et par les entraves sur le commerce intérieur. Si les progrès agricoles favorisent le développement des manufactures, en retour, l'accroissement de la richesse des villes profite à l'agriculture, « *premièrement, en fournissant un marché vaste et rapproché pour le produit brut du pays* », et deuxièmement, car « *les richesses que gagnèrent les habitants des villes furent souvent employées à acheter des terres* ».

**La proportion de travail productif dans un pays provient en grande partie de la proportion du produit utilisé à former du capital.** Elle dépend donc de l'épargne qui permet d'augmenter le capital et donc d'occuper des travailleurs productifs. L'épargne est donc une grande vertu économique. « *Tout prodigue paraît être un ennemi du repos public, et tout homme économe un bienfaiteur de la société.* » Heureusement, la passion à dépenser est passagère, « *mais le principe qui nous porte à épargner, c'est le désir d'améliorer notre sort ; désir qui en général, à la vérité, est calme et sans passion, mais qui naît avec nous et ne nous quitte qu'au tombeau* ». Les particuliers sont donc généralement économes, ce qui est rarement le cas des gouvernements qui peuvent, par leurs dépenses, appauvrir la nation. « *C'est donc une souveraine inconséquence et une extrême présomption, de la part des princes et des ministres, que de prétendre surveiller l'économie des particuliers et restreindre leur dépense [...]. Ils sont toujours, et sans exception, les plus grands dissipateurs de la société.* »

## 2) La répartition des revenus

### A. Les trois sources de revenu : salaire, profit et rente

« ***Le produit du travail n'appartient pas toujours tout entier à l'ouvrier.*** » Le plus souvent, il doit partager avec le propriétaire du capital qui le fait travailler et qui reçoit un profit, et parfois avec le propriétaire du sol qui reçoit une rente. Seul le travail donne la valeur aux marchandises, mais de celle-ci naissent trois revenus : le salaire, le profit et la rente.

Le prix de toutes les marchandises qui composent le produit annuel (production totale du pays) se distribue entre les différents habitants en fonction de ces trois revenus. « *Salaire, profit, rente sont les trois sources primitives de tout revenu, aussi bien que de toute valeur échangeable. Tout autre revenu dérive, en dernière analyse, de l'une ou de l'autre de ces trois sources.* »

**Le salaire permet la subsistance des travailleurs et de leurs familles.** « *Les ouvriers désirent gagner le plus possible ; les maîtres, donner le moins qu'ils peuvent ; les premiers sont disposés à se concerter pour élever les salaires, les seconds pour les baisser.* » Mais le rapport de force est inégal, et les maîtres ont presque toujours l'avantage dans les luttes. Il existe toutefois un niveau de salaire au-dessous duquel il est impossible de descendre, c'est le salaire de subsistance : « *il faut de toute nécessité qu'un homme vive de son travail, et que son salaire suffise au moins à sa subsistance ; il faut même quelque chose de plus dans la plupart des circonstances ; autrement il serait impossible au travailleur d'élever une famille, et alors la race de ces ouvriers ne pourrait durer au-del à de la première génération.* »

Dans la réalité, le salaire est généralement supérieur au salaire de subsistance, et cela pour plusieurs raisons :

- lorsque la croissance économique est forte (il s'agit bien de la croissance et non du degré de richesse d'un pays), le besoin de main-d'œuvre augmente et la rareté des bras fait augmenter les salaires ;
- le salaire de subsistance permet de faire survivre le salarié dans le pire des cas : l'hiver, quand les prix sont élevés et dans une région où le travail est bon marché ; dans toutes les autres situations, le salaire assure un pouvoir d'achat supérieur au minimum vital ;
- certains maîtres prennent conscience que des salaires plus élevés peuvent rendre le travail plus productif. « *Une subsistance abondante augmente la force physique de l'ouvrier ; et la douce espérance d'améliorer sa condition et de finir peut-être ses jours dans le repos et dans l'aisance, l'excite à tirer de ses forces tout le parti possible. Aussi verrons-nous toujours les ouvriers plus actifs, plus diligents, plus expéditifs l à où les salaires sont élevés.* » Smith exhorte alors les maîtres à plus d'humanité dans leurs relations avec les salariés ; eux-mêmes y ont tout à gagner.

**Le profit est le revenu du capital.** « *Quand les capitaux de beaucoup de commerçants sont versés dans un même genre de commerce, leur concurrence mutuelle tend naturellement à en faire baisser les profits, et quand les capitaux se sont pareillement grossis dans tous les différents commerces établis de la société, la même concurrence doit produire le même effet sur tous.* » Plus une société se développe, plus le profit (au sens de taux de profit) est faible. « *La concurrence des capitalistes fait hausser les salaires du travail et fait baisser les profits.* »

Selon Smith, le profit est la raison principale de la cherté des produits : « *Nos marchands et nos maîtres manufacturiers se plaignent beaucoup des mauvais effets des hauts salaires, en ce que l'élévation des salaires renchérit leurs marchandises, et par-l à en diminue le débit, tant à l'intérieur qu'à l'étranger ; ils ne parlent pas des mauvais effets des hauts profits ; ils gardent le silence sur les conséquences fâcheuses de leurs propres gains ; ils ne se plaignent que de celles du gain des autres.* »

L'intérêt rémunère des fonds qui sont, pour la plupart du temps, utilisés dans l'objectif de faire du profit. Le taux d'intérêt n'est pas déterminé par la quantité de monnaie en circulation ou par la valeur de l'argent, mais il résulte du taux de profit (il ne peut jamais le dépasser). Lorsque le taux de profit est élevé, de nombreux capitalistes empruntent et le taux d'intérêt augmente ; si le taux de profit est faible, les emprunteurs seront rares et donc le taux d'intérêt diminue.

**La rente est le revenu du propriétaire foncier.** Smith considère que le propriétaire foncier est dans un rapport de force favorable avec le fermier ; il va alors être en mesure d'exiger la rente la plus élevée pour l'usage du sol. La rente « *est naturellement un prix de monopole.* » Elle est « *le prix le plus élevé que le fermier est en état de payer* ». Plus le prix de la marchandise est élevé, plus le propriétaire exigera une rente élevée. La rente résulte donc du prix. « *Le taux élevé ou bas des salaires et des profits est la cause du prix élevé ou bas des marchandises ; le taux élevé ou bas de la rente est l'effet du prix.* »

Le développement économique et tous les progrès, qu'ils proviennent des terres ou de l'augmentation de la force productive du travail, ont tendance, d'une manière indirecte, à faire augmenter la rente des terres. « *L'intérêt du rentier, comme celui du salarié qui voit sa rémunération augmenter quand la richesse nationale s'accroît est donc inséparablement lié à l'intérêt général de la société. Au contraire, l'intérêt des commerçants et maîtres manufacturiers s'oppose à l'intérêt de la société.* »

## B. Le revenu de la nation

**Il faut distinguer le revenu brut du revenu net :** tout le revenu de la société ne peut être utilisé à la consommation car une partie de celui-ci sert à renouveler et à entretenir le capital. « *Le revenu brut de tous les habitants d'un grand pays comprend la masse totale du produit annuel de leur terre et de leur travail ; leur revenu net est ce qui leur reste franc et quitte, déduction faite de ce qu'il faut pour entretenir premièrement leur capital fixe, secondement, leur capital circulant.* »

**Il faut aussi distinguer le revenu et l'argent,** même si les individus font généralement une confusion entre les deux. « *Le montant des pièces de métal qui circulent dans une société ne peut jamais être égal au revenu de tous ses membres. Comme la même guinée qui paye aujourd'hui à un homme sa pension de la semaine peut payer demain celle d'un autre, et après-demain celle d'un troisième, il faut de toute nécessité que le montant des pièces de métal qui circulent annuellement dans un pays soit d'une bien moindre valeur que la totalité des pensions qui se paient annuellement avec.* »

L'augmentation de la quantité de monnaie, par exemple par l'émission de papier-monnaie, peut favoriser l'augmentation du revenu comme en témoigne l'accroissement de la richesse induite par le développement de secteur bancaire. En effet, si le papier est utilisé dans les échanges intérieurs, cela permet d'utiliser davantage d'or pour importer des produits de l'extérieur. Mais l'abondance de papier-monnaie risque de faire augmenter les prix et de provoquer la méfiance du public qui peut entraîner des banqueroutes bancaires.

# 3) La critique du mercantilisme

## A. L'intérêt du commerce ne réside pas dans l'or

**La véritable richesse n'est pas monétaire.** « *Dans le langage ordinaire, Richesse et Argent sont regardés comme absolument synonymes.* » C'est pour cela que les différentes nations se sont appliqué à amasser de l'or et de l'argent, en cherchant à limiter les importations et à favoriser les exportations. Pourtant, « *il serait vraiment trop ridicule de s'attacher sérieusement à prouver que la richesse ne consiste pas dans l'argent ou dans la quantité des métaux précieux, mais bien dans les choses qu'achète l'argent et dont il emprunte toute sa valeur, par la faculté qu'il a de les acheter* ». La marchandise a un double avantage : comme l'argent, elle peut servir de moyen d'échange ; contrairement à l'argent, elle peut être consommée. L'intérêt du commerce ne réside donc pas dans la possibilité d'accumuler les métaux précieux.

**Le commerce extérieur est doublement avantageux.** « *Quels que soient les pays entre lesquels s'établit le commerce, il procure à chacun de ces pays deux avantages distincts. Il emporte ce superflu du produit de leur terre et de leur travail pour lequel il n'y a pas de demande chez eux, et à la place il rapporte en retour quelque autre chose qui y est demandé. Il donne une valeur à ce qui leur est inutile, en l'échangeant contre quelque autre chose qui peut satisfaire une partie de leurs besoins ou ajouter à leurs jouissances.* [...] *En ouvrant un marché plus étendu pour tout le produit du travail qui excède la consommation intérieure, il encourage la société à perfectionner le travail, à en augmenter la puissance productive, à en grossir le produit annuel, et à multiplier par-l à les richesses et le revenu national.* » Pourtant, pour amasser les métaux précieux, l'objet de l'économie politique fut longtemps d'entraver les importations et d'encourager les exportations.

## B. Les effets des entraves à l'importation

**Chaque pays doit produire les produits pour lesquels il est avantagé et importer les produits pour lesquels il est désavantagé.** Les droits de douanes ou les prohibitions offrent un monopole à l'industrie nationale. Mais, puisque la production nationale est de toute façon limitée par la quantité de capital disponible, ce monopole ne peut en rien augmenter le produit annuel.

Smith affirme que ces entraves à l'importation sont soit inutiles soit nuisibles. « *Si le produit de l'industrie nationale peut être mis au marché à aussi bon compte que celui de l'industrie étrangère, le précepte est inutile ; s'il ne peut pas y être mis à aussi bon compte, le précepte sera, en général, nuisible. La maxime de tout chef de famille prudent est de ne jamais essayer de faire chez soi la chose qui lui coûtera moins cher à acheter qu'à faire.* [...] *Si un pays étranger peut nous fournir une marchandise à meilleur marché que nous ne sommes en état de l'établir nous-mêmes, il vaut bien mieux que nous la lui achetions avec quelque partie du produit de notre propre industrie, employée dans le genre dans lequel nous avons quelque avantage.* » Ainsi, en utilisant notre capital pour les produits pour lesquels nous sommes avantagés, et en produisant ces produits au-del à de nos besoins, nous pouvons les échanger contre des produits qui auraient exigé davantage de travail pour les produire. Au final, cela permet d'augmenter la richesse de la nation. « *Tant que l'un des pays aura ces avantages et qu'ils manqueront à l'autre, il sera toujours plus avantageux pour celui-ci d'acheter du premier, que de fabriquer lui-même.* »

**La sauvegarde de la balance du commerce n'est pas nécessaire.** La balance du commerce est très difficile à connaître exactement et la volonté d'en améliorer le solde a comme résultat principal de développer la contrebande. La seule balance qu'il est nécessaire d'avoir positive n'est pas la balance du commerce, mais la balance entre la production et la consommation : il faut que la production soit largement supérieure à la consommation pour que le capital augmente.

**Toutefois, le protectionnisme est parfois nécessaire.** Le protectionnisme est nécessaire ou acceptable dans les cas suivants :

- « *quand une espèce particulière d'industrie est nécessaire à la défense du pays* » ; ainsi, Smith défend les actes de navigation en arguant qu'ils contribuent à maintenir les vaisseaux et les matelots nécessaires à la défense nationale ;

– « *quand le produit de l'industrie nationale est chargé lui-même de quelque impôt dans l'intérieur* » ;
– en cas de représailles envers une nation qui elle-même est protectionniste ;
– lorsqu'une industrie était jusqu'alors protégée, il peut être nécessaire « *que la liberté du commerce ne soit rétablie que par des gradations un peu lentes, et avec beaucoup de circonspection et de réserve* », de façon à ne pas faire disparaître soudainement des activités, ce qui priverait de nombreuses personnes d'emploi et de revenu.

## C. La politique mercantiliste nuit à l'économie

**Les mesures qui encouragent les exportations nuisent à la concurrence.** Les primes à l'exportation et les traités de commerce bilatéraux n'ont d'autres conséquences que de nuire à la concurrence et de favoriser certains producteurs ou certains marchands au détriment d'autres et au détriment du marché intérieur. « *L'effet des primes, comme celui de tous les autres expédients imaginés par le système mercantile, ne peut donc être que de pousser par force l'industrie du pays dans un canal beaucoup moins avantageux que celui dans lequel elle serait entrée naturellement de son plein gré.* » Seule la « *restitution de droits* », qui consiste dans le remboursement, pour les produits exportés, de la taxe intérieure sur l'industrie nationale, est acceptable.

**La colonisation est globalement critiquable.** « *L'extravagance et l'injustice sont, à ce qu'il semble, les principes qui ont conçu et dirigé le premier projet de l'établissement de ces colonies ; l'extravagance qui faisait courir après les mines d'or et d'argent, et l'injustice qui faisait convoiter la possession d'un pays dont les innocents et simples habitants, bien loin d'avoir fait aucun mal aux Européens, les avaient accueillis avec tous les témoignages possibles de bonté et d'hospitalité, quand ils avaient paru pour la première fois dans cette partie du monde.* »

Les pays colonisateurs ont gagné la possibilité d'importer une multitude de marchandises diverses et d'exporter l'excédent de leur production. « *Par une conséquence de ces découvertes, les villes commerçantes de l'Europe, au lieu d'être les manufacturiers et les voituriers seulement d'une très petite partie du monde, sont devenues maintenant les manufacturiers des cultivateurs nombreux et florissants de l'Amérique ; elles sont devenues les voituriers et, à quelques égards aussi, les manufacturiers de presque toutes les différentes nations de l'Asie, de l'Afrique et de l'Amérique.* » Mais les fruits de la colonisation sont bien mal partagés ; les commerçants, notamment les compagnies exclusives (comme la Compagnie des Indes orientales) qui profitent du monopole du commerce avec un pays, en tirent le plus grand profit, au détriment de la population. « *De telles compagnies exclusives sont donc un mal public, sous tous les rapports ; c'est un abus toujours plus ou moins incommode aux pays dans lesquels elles sont établies, et un fléau destructeur pour les pays qui ont le malheur de tomber sous leurs gouvernements.* »

**En conclusion, le mercantilisme propose l'enrichissement du pays, mais produit totalement l'inverse.** Le protectionnisme et le mercantilisme nuisent aux consommateurs. « *Il n'est pas bien difficile de décider quels ont été les inventeurs de tout ce système ; ce ne sont pas à coup sûr les consommateurs, dont l'intérêt a été totalement mis de côté, mais bien les producteurs, à l'intérêt desquels on a porté une attention si soigneuse et si recherchée.* » En voulant favoriser les producteurs, les mercantilistes se trompent d'objectif. « *La consommation est l'unique but, l'unique terme de toute production.* »

En revanche, Smith reconnaît les mérites des physiocrates français, notamment de François Quesnay. « *En représentant la richesse des nations comme ne consistant pas dans ces richesses non consommables d'or et d'argent, mais dans les biens consommables reproduits annuellement par le travail de la société, et en montrant la plus parfaite liberté comme l'unique moyen de rendre cette reproduction annuelle la plus grande possible, sa doctrine paraît être, à tous égards, aussi juste qu'elle est grande et généreuse.* » Mais « *néanmoins, l'erreur capitale de ce système paraît consister en ce qu'il représente la classe des artisans, manufacturiers et marchands, comme totalement stérile et non productive* ».

## 4) L'intervention de l'État doit être limitée

### A. Le principe de la main invisible

**Il faut laisser faire la main invisible.** « *Chaque individu travaille nécessairement à rendre aussi grand que possible le revenu annuel de la société. À la vérité, son intention, en général, n'est pas en cela de servir l'intérêt public, et il ne sait pas jusqu'à quel point il peut être utile à la société [...] ; il est conduit par une main invisible à remplir une fin qui ne rentre nullement dans ses intentions ; et ce n'est pas toujours ce qu'il y a de plus mal pour la société, que cette fin n'entre en rien dans ses intentions. Tout en ne cherchant que son intérêt personnel, il travaille souvent d'une manière bien plus efficace pour l'intérêt de la société, que s'il avait réellement pour but d'y travailler.* »

Il ne faut pas que l'État nuise à la liberté individuelle : « *Tout homme, tant qu'il n'enfreint pas les lois de la justice, demeure en pleine liberté de suivre la route que lui montre son intérêt, et de porter où il lui plaît son industrie et son capital, concurremment avec ceux de toute autre classe d'hommes.* »

**La régulation par le marché doit être respectée.** « *Chacun des divers emplois du travail et du capital, dans un même canton, doit nécessairement offrir une balance d'avantages et de désavantages qui établisse ou qui tende continuellement à établir une parfaite égalité entre tous ces emplois* », sinon les individus quitteraient les emplois les moins avantageux pour les plus avantageux. Cela ne signifie pas que les rémunérations doivent forcément être identiques ; elles varient selon des critères qui modifient les avantages et les inconvénients de chaque emploi : pénibilité, difficulté de l'apprentissage, responsabilité demandée... De la même façon, certaines circonstances comme la sûreté ou le risque peuvent faire varier la rémunération du capital. Toutes ces circonstances créent des inégalités dans les rémunérations mais pas dans la somme des avantages et des inconvénients de chaque emploi. Celle-ci sera toujours semblable pour tous les emplois sauf si l'État intervient et nuit à la parfaite liberté, par exemple « *en restreignant la concurrence* » (Smith cite les privilèges exclusifs des corporations), « *en augmentant la concurrence dans quelques emplois au-del à de ce qu'elle serait naturellement* » (Smith cite les aides à l'éducation qui attirent trop de personnes dans certaines professions) et « *en gênant la libre circulation du travail et des capitaux* » (Smith cite les lois sur les pauvres qui les attachent à leur paroisse).

### B. L'État doit limiter son intervention à trois domaines

« *Dans le système de la liberté naturelle, le souverain n'a que trois devoirs à remplir ; trois devoirs, à la vérité, d'une haute importance, mais clairs, simples et à la portée d'une intelligence ordinaire.* »

« ***Le premier, c'est le devoir de défendre la société de tout acte de violence ou d'invasion de la part des autres sociétés indépendantes.*** » Plus la société est développée, plus ces dépenses sont importantes, d'une part parce que les perfectionnements concernant les armes les rendent plus chères et d'autre part, parce qu'en raison de ces perfectionnements, l'armée doit être une armée d'experts bien entraînés. Il faut donc une armée de métier qui doit être entretenue aussi bien en temps de paix qu'en temps de guerre.

« ***Le second, c'est le devoir de protéger, autant qu'il est possible, chaque membre de la société*** *contre l'injustice et l'oppression de tout autre membre, ou bien le devoir d'établir une administration exacte de la justice.* » Ces dépenses s'accroissent aussi avec le développement et l'enrichissement de la société.

« ***Le troisième, c'est le devoir d'ériger et d'entretenir certains ouvrages publics et certaines institutions*** *que l'intérêt privé d'un particulier ou de quelques particuliers ne pourrait jamais les porter à ériger ou à entretenir, parce que jamais le profit n'en rembourserait la dépense à un particulier ou à quelques particuliers, quoiqu'à l'égard d'une grande société ce profit fasse beaucoup plus que rembourser les dépenses.* »

Il s'agit d'ouvrages publics comme les grandes routes, les ponts, les canaux navigables, les ports… et des dépenses d'éducation. L'État doit se charger de ces activités, mais la dépense doit incomber autant que possible aux personnes qui en bénéficient. Ainsi, il faudrait mettre des péages sur les routes de façon à ce que ceux qui voyagent contribuent davantage à leur financement que le reste de la société. En ce qui concerne l'éducation, il est préférable que ceux qui en profitent la financent ; l'action de l'État doit surtout se centrer sur l'éducation des plus pauvres.

« *L'éducation de la foule du peuple, dans une société civilisée et commerçante, exige peut-être davantage les soins de l'État que celle des gens mieux nés et qui sont dans l'aisance.* » Smith critique vivement l'instruction religieuse.

## C. L'impôt doit être juste et efficace

**Un impôt juste et efficace doit obéir à quatre maximes :**

- « *Les sujets d'un État doivent contribuer au soutien du gouvernement, chacun le plus possible en proportion de ses facultés, c'est-à-dire en proportion du revenu dont il jouit sous la protection de l'État* » ;
- « *La taxe ou portion d'impôt que chaque individu est tenu de payer doit être certaine, et non arbitraire* » ;
- « *Tout impôt doit être perçu à l'époque et selon le mode que l'on peut présumer les moins gênants pour le contribuable* » ;
- « *Tout impôt doit être conçu de manière à ce qu'il fasse sortir des mains du peuple le moins d'argent possible au-del à de ce qui entre dans le Trésor de l'État, et en même temps à ce qu'il tienne le moins longtemps possible cet argent hors des mains du peuple avant d'entrer dans ce Trésor* ».

**Smith préconise certains impôts et en rejette d'autres.** Il accepte les impôts sur la rente foncière et sur le loyer des maisons qui lui semblent plus efficaces que l'impôt sur le profit. D'une part, parce qu'ils sont moins arbitraires : « *la quantité et la valeur de la terre qu'un homme possède ne peuvent jamais être un secret, et peuvent toujours se constater avec une grande précision. Mais la somme totale de ce qu'il possède en capital est presque toujours un secret.* » D'autre part, parce qu'ils ne risquent pas de faire fuir les capitaux à l'étranger : « *la terre est une chose qui ne peut s'emporter, tandis que le capital peut s'emporter très facilement.* »

Il s'oppose aux impôts sur les salaires qui font forcément augmenter ces derniers (qui sont des salaires de subsistance) et donc augmenter les prix. Il s'oppose aussi aux impôts par capitation (impôt par tête dont le taux varie selon la fortune) car l'évaluation de la fortune ou du rang est soit arbitraire soit source d'inégalités. Smith est toutefois favorable à l'impôt sur certains objets de consommation – pas sur les produits de première nécessité puisqu'il induirait une augmentation des salaires et donc des prix – mais sur les objets de luxe (importés ou produits sur le sol national) dont certains sont consommés par toutes les catégories sociales, même les plus pauvres (comme le tabac ou la bière). Le principal défaut de cet impôt est sa lourdeur ; il exige de nombreux officiers répartis sur tout le territoire. Smith est aussi favorable aux différents péages pour l'utilisation des ouvrages publics.

**La dette de l'État est préjudiciable à l'économie.** L'État a tendance à s'endetter car il n'épargne pas en temps de paix ; « *le défaut d'économie, en temps de paix, impose la nécessité de contracter des dettes en temps de guerre* ». L'État se repose sur la bonne volonté qu'ont les citoyens de lui prêter de l'argent dans les situations exceptionnelles. Lorsque la dette s'accumule, la seule solution pour l'État d'échapper à la banqueroute devient la dévaluation de la monnaie par rapport à l'or.

Smith pense que l'État doit mieux gérer son budget ; il doit augmenter ses recettes grâce à l'augmentation de l'impôt, et éventuellement diminuer ses dépenses, par exemple en abandonnant les colonies lorsqu'elles coûtent beaucoup et ne rapportent rien : « *ce sont tout au plus des dépendances accessoires, une espèce de cortège que l'empire traîne à sa suite pour la magnificence et la parade.* »

Le livre de Smith est d'une grande richesse ; de nombreux auteurs s'en sont inspirés. Le courant classique, dont Smith est le principal représentant, reprend, parfois en les radicalisant, certaines analyses de *La richesse des nations* ; ainsi, Malthus craint l'augmentation de la population et préconise de ne plus aider les pauvres alors que Smith voyait dans l'accroissement démographique une conséquence du développement économique ; Ricardo préconise le libre-échange, pour tout produit et pour tout pays, alors que Smith acceptait des exceptions au dogme libre-échangiste. La théorie de Smith sera aussi reprise par Marx qui lui emprunte l'analyse de la valeur-travail. C'est dans le courant libéral que l'influence de *La richesse des nations* est la plus prégnante : l'utilitarisme, l'autorégulation du marché, la théorie quantitative de la monnaie… trouvent leur source dans l'œuvre de Smith. Pourtant, il faut noter que Smith propose un libéralisme modéré ; il accepte certaines interventions de l'État, par exemple dans les échanges extérieurs ou pour promouvoir l'éducation des plus déshérités.

# Essais sur le principe de population

3

## Thomas Robert Malthus

Sous ce même titre sont édités deux livres forts différents. Le premier est un court pamphlet publié anonymement en 1798 ; le second est un long traité d'où ont disparu les passages les plus polémiques et que Malthus va publier à quatre reprises entre 1803 et 1826. Ce livre apporte à Malthus la célébrité et lui donne sa place parmi les grands économistes classiques. Le texte qui nous est proposé (Garnier-Flammarion, 1992, tome 1 : 475 p., tome 2 : 436 p.) est la reprise d'une traduction effectuée en 1823 de la version développée des *Essais*. La thèse de Malthus est simple : la population croît spontanément plus vite que la production. L'exposé de ce principe, ses conséquences sur la misère et les solutions préconisées par l'auteur forment le cœur de l'ouvrage. Le principe de population (livres I et II) est exposé dans le premier tome, la critique des lois sur les pauvres (livres III, IV et V) dans le second.

## 1) La tension entre la production et la population

### A. La population croît plus vite que la production

**La population croît spontanément.** À partir d'un petit nombre d'hypothèses (liberté du mariage, fécondité et mortalité considérées comme normales), Malthus énonce une loi du développement « *naturel* » de la population : « *lorsque la population n'est arrêtée par aucun obstacle, elle va doublant tous les vingt-cinq ans, et croît de période en période selon une progression géométrique.* »

**La croissance de la production est limitée.** « *Les moyens de subsistance, dans les circonstances les plus favorables à l'industrie, ne peuvent jamais augmenter plus rapidement que selon une progression arithmétique.* » L'explication réside dans ce que l'on appellera plus tard la « loi des rendements décroissants » de la terre : « *à mesure que la culture s'étend, les additions annuelles, qu'on peut faire au produit moyen, vont continuellement en diminuant avec une sorte de régularité.* »

**La croissance de la population est naturellement plus rapide que celle de la production.** Toute espèce vivante, qu'elle soit végétale ou animale, tend à se développer plus rapidement que sa subsistance. Ce serait également vrai des hommes et Malthus croit observer une « *tendance constante qui se manifeste dans tous les êtres humains à accroître leur espèce, plus que ne le comporte la quantité de nourriture qui est à leur portée* ». Le différentiel de croissance est élevé puisque « *la race humaine croîtrait comme les nombres 1, 2, 4, 8, 16, 32, 64, 128, 256 ; tandis que les subsistances croîtraient comme ceux-ci : 1, 2, 3, 4, 5, 6, 7, 8, 9* ».

**Les pauvres sont de trop.** Dans ces conditions, les pauvres sont en surnombre ainsi que l'écrivait Malthus dans l'édition de 1798 : « *un homme qui est né dans un monde déj à possédé, s'il ne peut obtenir de ses parents la subsistance qu'il peut justement leur demander, et si la société n'a pas besoin de son travail, il n'a aucun droit de réclamer la plus petite portion de nourriture et, en fait, il est de trop au banquet de la nature ; il n'a pas de couvert vacant pour* *lui.* » Certes, Malthus supprimera ce passage dans les éditions ultérieures mais ne renoncera pas, pour autant, à cette idée qui est reproduite sous d'autres formes : « *tous les enfants qui naissent au-del à du nombre nécessaire pour maintenir la population en cet état, doivent nécessairement périr, à moins que les adultes ne meurent pour leur place.* »

## B. Il existe des obstacles à la croissance de la population

**Les obstacles privatifs limitent la natalité.** Malthus qualifie d'obstacles privatifs les actions conscientes des hommes afin de réduire la natalité. Parmi ces obstacles, il distingue la contrainte morale du vice.

La contrainte morale suppose à la fois le retard de l'âge du mariage et la chasteté pré-nuptiale. C'est pour Malthus la seule solution appropriée au problème de la surpopulation. Elle s'impose aux hommes pauvres qui n'ont pas les moyens de subvenir aux besoins d'une éventuelle famille. À l'inverse, les riches peuvent choisir librement la date de leur mariage puisqu'ils sont capables d'entretenir une famille. Les riches étant relativement peu nombreux, il ne faut pas voir dans leurs mariages un risque de surpopulation.

Le vice consiste en un contrôle volontaire des naissances qui permet d'avoir des relations sexuelles dont la finalité n'est pas la procréation. Cela conduit nécessairement au malheur des individus comme à celui de l'humanité.

**Les obstacles destructifs favorisent la mortalité.** Malthus range sous cette dénomination les « *occupations malsaines, les travaux rudes ou excessifs et qui exposent à l'inclémence des saisons, l'extrême pauvreté, la mauvaise nourriture des enfants, l'insalubrité des grandes villes, les excès en tout genre, toutes les espèces de maladies et d'épidémies, la guerre, la peste, la famine* ». Ces obstacles destructifs engendrent de la souffrance et doivent donc être minorés. C'est pourquoi, Malthus entend leur substituer la contrainte morale afin de réguler la croissance de la population.

## C. Sur le long terme, la croissance de la population est cyclique

**Dans les sociétés primitives, il existe des oscillations de la population.** Cette dernière semble être mue par un ressort qui tantôt la fait augmenter exagérément, tantôt la fait régresser. Une augmentation de la nourriture provoque une accélération de la croissance de la population qui favorise à la fois les guerres, les épidémies et le vice. Dès lors, la population décroît et achève son cycle démographique.

**Dans les pays développés, les variations du salaire réel permettent de réguler la population.** La croissance démographique se traduit par une hausse du prix du blé : « *une augmentation du nombre des ouvriers qui reçoivent les mêmes salaires en argent doit nécessairement produire, par l'effet de la concurrence des demandes, une hausse dans le prix monétaire du blé.* » Cela entraîne une baisse du salaire réel qui affecte les conditions de vie des ouvriers, « *les salaires, et par l à même la condition des classes inférieures, éprouveront des baisses et des hausses, des mouvements rétrogrades et progressifs, quoique le prix nominal du travail ne baisse point* ». Associé à la misère, le développement des obstacles destructifs freine alors la croissance démographique. Cependant, le faible coût du travail incite les paysans à défricher de nouvelles terres et à augmenter la production. L'obstacle sur la population se desserre alors. Cette « *espèce d'oscillation* » affectant la population trouve son origine dans les variations salariales. « *Les salaires réels sont le principal régulateur de la population et sa plus juste limite.* »

## 2) Le traitement de la pauvreté

### A. Les lois sur les pauvres sont néfastes

**Elles entretiennent la pauvreté.** Les lois sur les pauvres, dont la principale fut votée en 1601, obligent les paroisses à secourir les indigents et à financer ces mesures par le prélèvement d'une taxe. Aux yeux de Malthus, une telle pratique déresponsabilise ses bénéficiaires en leur laissant croire que d'autres qu'eux sont responsables de leur misère. Or, « *c'est lui seul* [l'indigent] *qui est digne de blâme* ». En cherchant à réduire la misère, les lois sur les pauvres la perpétuent. « *Un état d'égalité ne peut offrir des motifs d'activité suffisants pour vaincre la paresse naturelle de l'homme, pour l'engager à donner à la terre la meilleure culture, pour se livrer au travail des fabriques et produire les divers objets de consommation qui embellissent son existence.* »

**Elles accroissent le différentiel de croissance entre la population et la production.** En réduisant les obstacles destructifs à l'augmentation de la population, ces lois favorisent l'accroissement démographique. Dans le même temps, elles déresponsabilisent les ouvriers qui savent pouvoir compter sur l'assistance paroissiale en cas de malheur. « *En ôtant le goût et la faculté de faire quelques épargnes, ces lois enlèvent un des plus puissants motifs au travail et à la sobriété.* » La réduction de l'ardeur au travail et de l'épargne freine alors la croissance économique. C'est pourquoi « *les lois sur les pauvres tendent manifestement à accroître la population, sans rien ajouter aux moyens de subsistance* ».

**Elles pénalisent les travailleurs.** Redistribuer de l'argent aux indigents sans augmenter la production entraîne une hausse du prix des denrées alimentaires qui réduit le pouvoir d'achat des ouvriers. « *En faisant hausser les prix, elle* (la distribution de revenu) *met une grande partie du peuple dans la détresse.* » La distribution directe de nourriture aux indigents ne peut se faire qu'en réduisant la part destinée aux salariés. Finalement, « *le vice radical de tous les systèmes de cette nature est d'empirer le sort de ceux qui ne sont pas assistés, et de créer un plus grand nombre de pauvres* ».

### B. Il faudrait abolir les lois sur les pauvres

**Malthus préconise la suppression de ces lois pour la génération naissante.** Il se défend de vouloir pénaliser les indigents et propose une « *abolition graduelle, et même très graduelle, des lois sur les pauvres* ». Il se prononce en faveur du vote d'une loi privant de la solidarité paroissiale tout enfant né d'un mariage contracté plus d'un an après sa promulgation. La période écoulée entre le vote de la loi et son application effective permettrait d'en assurer la publicité et de « *désavouer publiquement le prétendu DROIT des pauvres à être entretenus aux frais de la société* ». Ceux-ci seraient alors encouragés à s'abstenir de relations sexuelles dont ils ne pourraient pas assumer les conséquences.

**L'éducation du peuple accompagnerait cette abolition.** L'efficacité d'une telle mesure repose sur l'assentiment des classes populaires. À cet effet, Malthus propose de développer des écoles primaires chargées d'éduquer le peuple. « *Les écoles de paroisse serviraient à expliquer la situation réelle des classes inférieures du peuple, à faire voir que c'est d'elles-mêmes que dépend leur bonheur ou leur misère.* » L'enseignement des principes élémentaires de l'économie politique contribuerait à cette prise de conscience. Ces écoles serviraient également à former la génération naissante aux habitudes de sobriété, de travail, de prudence et de respect de la religion.

**La charité doit être sélective.** Elle contribue au développement moral de celui qui l'exerce et doit donc être pratiquée à la condition expresse de rester un acte de liberté et d'être sélective. Elle ne doit pas profiter au « *mendiant effronté* » qui par son imprévoyance est responsable de sa déchéance mais doit, au contraire, encourager « *celui qui souffre en silence de maux non mérités* ». Elle doit s'accompagner d'une stigmatisation des pauvres afin de les inciter à sortir de leur situation présente. « *Il faut que l'assistance ne soit point exempte de honte. C'est un aiguillon au travail, indispensable pour le bien général de la société.* »

## C. L'abolition de ces lois ne présente que des avantages

**La population pourrait augmenter raisonnablement.** Malthus se défend de vouloir stabiliser la population. Il envisage sereinement que l'Angleterre possède « *le double ou le triple de sa population actuelle dans le cours de quelques siècles* ». Son intention est plutôt d'en contrôler la croissance. Pour des raisons religieuses d'abord : « *l'intention du créateur a été de peupler la terre.* » Pour des raisons économiques, ensuite, puisque, sur le long terme, la croissance économique suppose celle de la population. « *Un accroissement de la population, lorsqu'il est la suite de l'état naturel des choses, est sans doute un bien ; et c'est même une condition nécessaire pour que le produit annuel s'accroisse ultérieurement.* » Par contre, il souhaite une diminution (au moins relative) du nombre des ouvriers afin d'améliorer leur pouvoir d'achat car « *le seul moyen de hausser le prix du travail est de diminuer le nombre des ouvriers* ».

**La demande serait favorisée.** Une classe ouvrière relativement peu nombreuse et convenablement payée soutiendrait l'activité économique par ses achats. « *De forts salaires bien distribués exciteraient au travail et à l'épargne, et relèveraient les classes inférieures ; mais indépendamment de ce grand bienfait, ils les mettraient en état de faire des demandes effectives d'ouvrages faits et de produits étrangers.* »

**Le bonheur de la collectivité augmenterait.** La substitution de la contrainte morale à la souffrance permettrait de faire reculer le malheur : « *quand je recommande de ne pas faire naître plus d'enfants que le pays ne peut en nourrir, c'est précisément afin qu'on nourrisse tous ceux qui naissent.* » La hausse des salaires consécutive à la réduction de la population ouvrière permettrait « *d'améliorer le sort et d'augmenter le bonheur des classes inférieures de la société* ». Malthus doute, pourtant, que l'on puisse considérablement améliorer le bonheur des ouvriers de manufacture car leur travail est naturellement plus pénible que celui des travailleurs agricoles. Aussi, fonde-t-il ses espoirs sur une progression des classes moyennes au détriment des classes populaires : « *si les classes inférieures étaient ainsi remplacées par les classes moyennes, chaque ouvrier pourrait raisonnablement concevoir l'espérance d'améliorer son état par ses efforts et sa diligence. Les récompenses dues au travail et à la vertu seraient plus fréquemment accordées. Dans la grande loterie de la société, il y aurait plus de lots et moins de billets blancs. La somme du bonheur, en un mot, serait évidemment accrue.* »

À sa sortie, l'*Essai sur le principe de population* fut considéré comme une apologie de la propriété et un pamphlet anti-ouvrier. De nos jours, on en retient la dénonciation du péril démographique. Le nom de Malthus reste associé à une doctrine visant à restreindre la croissance démographique par une politique étatique de contrôle volontaire des naissances. Il ne fait pourtant aucun doute que Malthus aurait dénoncé à la fois l'intervention de l'État dans ce domaine et l'utilisation de contraceptifs.

# Des principes de l'économie politique et de l'impôt

4

## David Ricardo

Lorsqu'en 1817 paraît la première édition de cet ouvrage (Garnier-Flammarion, 1992, 508 p.), la Révolution industrielle a déj à largement transformé l'économie britannique. Préoccupé par la perspective de l'état stationnaire, qu'il juge être la voie inéluctable du capitalisme, David Ricardo ne paraît pas pressentir toutes les conséquences de l'industrialisation, notamment ses effets sur la croissance économique. Persuadé que l'étude de la répartition du revenu national constitue le problème central en économie politique, c'est par ce thème qu'il entame son ouvrage. Puis, au fil de chapitres nombreux et parfois confus, complétant ou réfutant les thèses de Smith et de Malthus, il promeut un libéralisme économique dont il perçoit quelques limites.

### 1) L'objet fondamental de l'économie politique est de spécifier les lois qui président à la répartition des revenus

#### A. L'analyse de la répartition du revenu national repose sur une théorie de la valeur-travail

**Comme Adam Smith, Ricardo distingue valeur d'usage et valeur d'échange.** La valeur d'usage d'un bien résulte de son utilité. Sa valeur d'échange traduit son « *pouvoir d'acheter d'autres biens* ». Le fondement de la valeur d'échange est le travail humain : « *je considérerai que toutes les variations importantes qui interviennent dans la valeur relative des marchandises sont dues à la plus ou moins grande quantité de travail nécessaire, d'une période à une autre, pour les produire.* » Si la fabrication d'une marchandise A requiert un nombre d'heures de travail double de celui exigé par la production d'une marchandise B, une unité de A s'échangera contre 2 unités de B.

La valeur-travail des marchandises s'établit sur la base des conditions de production les plus difficiles : « *qu'elles soient des produits de la manufacture, de la mine ou de la terre, toutes les marchandises ont une valeur d'échange qui est toujours déterminée non par la plus petite quantité de travail qui suffit pour les produire dans des conditions très favorables – dont ne bénéficieraient que les producteurs disposant de facilités de production particulières – mais par la plus grande quantité de travail que doivent nécessairement consacrer à leur production ceux qui ne disposent pas de ces facilités et qui continuent à produire dans les circonstances les plus défavorables.* » De plus, pour déterminer la valeur-travail des marchandises, les différences de qualification des travailleurs doivent être prises en compte. À cette fin, la comparaison des salaires, fixés librement sur le marché du travail, permet d'établir une équivalence entre les qualifications. Par ailleurs, au travail direct, celui de la main-d'œuvre employée, il convient d'ajouter le travail indirect incorporé aux moyens de production dont une partie est transférée aux marchandises lors de leur fabrication.

**Cette théorie de la valeur fonde le système des prix.** Le « *prix naturel* » des marchandises résulte de la comparaison de leur valeur-travail et de celle de l'unité monétaire (or ou argent). Si une unité de marchandise A vaut 10 heures et une unité de marchandise B vaut 5 heures tandis que la valeur d'un gramme d'or est de 5 heures, le prix de A sera égal à 2 grammes d'or et celui de B, à 1 gramme. Le rapport d'échange est de deux unités de B par unité de A. La valeur-travail de l'or et de l'argent est elle-même sujette à variation du fait de changements dans les conditions de production de ces métaux. Cependant, « *il n'est probablement pas de marchandise soumise à moins de variations* ». Il est alors acceptable de considérer que toute modification du prix des marchandises résulte des variations de leur valeur-travail.

Le prix de marché des marchandises peut diverger de leur « *prix naturel* ». Toutefois, « *du fait que chaque capitaliste souhaite détourner ses capitaux vers des emplois plus profitables, les prix des marchandises sur le marché ne se maintiennent pas longtemps au-del à ou en deç à de leur prix naturel* ». Si, par exemple, le prix de marché d'une marchandise quelconque s'élève du fait de la pression de la demande, les perspectives de gains attirent les capitaux dans la production de cette marchandise. L'offre va s'accroître, ce qui ramènera le prix de marché à un niveau correspondant au « *prix naturel* ». Lorsque la concurrence est effective, « *c'est le coût de production qui détermine en définitive le prix des marchandises* ».

## B. La valeur d'échange des produits bruts détermine le montant de la rente

Les raisonnements qui vont suivre sont centrés sur les produits agricoles. Ils s'appliqueraient à l'identique à l'ensemble des produits bruts.

**La rente est le revenu des propriétaires fonciers.** « *La rente est cette part du produit de la terre payée au propriétaire foncier pour l'usage des facultés productives originelles et indestructibles du sol.* » Il ne faut donc pas confondre, comme le fait trop souvent Smith, profit du capital et rente : celle-ci rémunère la « *capacité originelle de la terre* » et non le capital mis en œuvre pour exploiter au mieux cette capacité. En outre, la rente n'ajoute rien à la richesse, c'est-à-dire au volume de la production : Malthus est dans l'erreur lorsqu'il considère la rente comme une création de richesse.

**La rareté de la terre est à l'origine de la rente.** « *Si la terre présentait partout les mêmes propriétés, si son étendue était illimitée et sa qualité uniforme, rien ne pourrait être exigé pour son usage* [...] *On ne paie donc toujours une rente pour l'usage de la terre que parce que sa quantité est limitée et sa qualité variable, et parce que le progrès de la population oblige à mettre en culture des terres moins fertiles et moins bien situées.* » Lorsque la production d'un quintal de blé exige 50 heures de travail sur les terres les plus fertiles et 60 heures sur celles qui le sont moins, la valeur d'échange du blé sera établie sur la base de 60 heures. Si tel n'était pas le cas, personne ne cultiverait les terres les moins fertiles puisque le blé rapporterait moins que son coût de production. Les propriétaires des terres les plus productives vont alors exiger des agriculteurs le versement d'une rente d'une valeur équivalente à 10 heures de travail. Les cultivateurs y sont contraints car, s'ils ne la versaient pas, les propriétaires ne leur loueraient pas leurs terres. En revanche, la rente est nulle sur les terres les moins fertiles.

**La hausse de la valeur d'échange des produits agricoles valorise la rente.** Contrairement à ce qu'énonce Malthus, ce n'est pas la croissance de la production agricole qui conduit à celle de la population. L'amélioration des conditions de vie de la classe laborieuse incite à la procréation : la population augmente. La demande de produits agricoles est alors dopée, nécessitant une production agricole plus élevée. Il sera alors nécessaire de mettre en culture des terres de moins en moins fertiles. Dans ce cas, la valeur-travail et donc le « *prix naturel* » des produits agricoles vont augmenter, fournissant aux cultivateurs des terres les plus fertiles les moyens de payer la rente. Ainsi, à l'opposé de la thèse d'Adam Smith, « *ce n'est pas parce que l'on paie une rente que le blé est cher, c'est au contraire parce que le blé est cher que l'on paie une rente* ».

### C. La théorie de la valeur permet de montrer que salaires et profits sont antagoniques

**Le salaire s'établit tendanciellement au niveau du « *prix naturel du travail* ».** Le « *prix naturel du travail* » est le montant du salaire permettant « *aux travailleurs de subsister et de perpétuer leur espèce sans variation de leur nombre* ». Il dépend des prix de la nourriture et des biens indispensables à l'entretien du travailleur et de sa famille. Il varie selon le lieu et l'époque. Sur une période donnée, les salaires peuvent ne pas correspondre au « *prix naturel du travail* ». Mais, tôt ou tard, ils le rejoindront. Si par exemple, les salaires étaient plus élevés du fait d'une forte demande de travail, les travailleurs pourraient entretenir une famille plus nombreuse. Il en résulterait un accroissement de l'offre de travail qui ferait baisser les salaires.

**Sur le long terme, le « prix naturel du travail » a tendance à croître.** Avec l'augmentation de la population, les prix des produits alimentaires vont croître du fait des rendements décroissants de la terre, même si « *les améliorations dans l'agriculture, la découverte de nouveaux marchés d'où l'on peut importer des vivres, peuvent, pendant un temps, contrecarrer la tendance à l'augmentation des prix des biens nécessaires, et même provoquer une baisse de leur prix naturel* ». Par conséquent, les salaires nominaux vont croître puisque les prix des biens nécessaires aux travailleurs se valorisent (la hausse des salaires réels n'est pourtant pas assurée).

**Dès lors que les mécanismes fixant les salaires sont expliqués, les profits sont déterminés.** Tant pour l'agriculteur que pour l'industriel, « *la valeur totale de leurs marchandises n'est répartie qu'entre deux composantes : les profits du capital et les salaires* ». Pour une valeur d'échange donnée, « *les profits sont élevés si les salaires sont bas, et inversement* ». Salaires et profits sont donc antagoniques.

## 2) Le libéralisme économique est préférable à toute autre doctrine

### A. L'intervention de l'État dans l'économie doit être minime

**Les impôts nuisent à la croissance.** Les impôts peuvent frapper le capital du pays, diminuant alors sa valeur. La croissance en souffrira. Lorsqu'ils ponctionnent les revenus, les impôts « *freinent l'accumulation* ». Il en est particulièrement ainsi lorsque les impôts sont prélevés sur les profits. Cependant, « *si un impôt, aussi lourd soit-il, frappe le revenu, et non le capital, il ne réduit pas la demande, mais ne fait qu'en modifier la nature* ». En effet, il y a transfert de pouvoir d'achat des contribuables vers l'État. La demande des particuliers chutant, certains secteurs en souffrent mais la demande publique suscite une activité plus grande dans d'autres secteurs, voire compense la baisse de la consommation privée. L'impôt « est *un mal* *suffisamment grand sans qu'il faille lui attribuer encore plus de torts* ». Il faut également craindre les taxes destinées à venir en aide aux pauvres : « *chaque ami des pauvres devrait souhaiter ardemment leur abolition.* » En effet, comme l'a démontré Malthus, elles découragent le travail, incitent à la paresse et favorisent l'accroissement de la population, perpétuant ainsi la misère.

**L'emprunt et la dette publics doivent être allégés.** Plutôt que de trouver ses ressources par l'impôt, l'État peut recourir à l'emprunt. Le paiement des intérêts annuels nécessitera alors le prélèvement d'impôts nouveaux. Pour se soustraire au paiement de ces impôts, les contribuables pourraient expatrier leurs capitaux. Par ailleurs, l'emprunt public freine la croissance car il réduit le capital national : en effet, il absorbe une partie de l'épargne qui aurait pu financer l'investissement. Un impôt aurait forcé les individus à épargner au préalable pour le payer, ce qui aurait élevé le capital national mais, dans le même temps, aurait réduit la consommation.

**L'ensemble de ces critiques conduit à préconiser des impôts et des dépenses publiques aussi limités que possible.** Comme l'écrit Jean-Baptiste Say, « *le meilleur de tous les plans de finance est de dépenser peu, et le meilleur de tous les impôts est le plus petit* ». De plus, la nécessaire extinction de la dette commande un excédent des recettes publiques sur les dépenses. Enfin, pour reprendre les critères d'Adam Smith, l'impôt doit respecter les règles suivantes : chacun contribue aux impôts dans une proportion aussi proche que possible de ses capacités (principe d'équité) ; l'impôt ne doit être ni arbitraire (principe de certitude), ni d'application complexe (principe de commodité) ; enfin, « *tout ce qui est prélevé sur le peuple* [doit être] *d'un montant le moins supérieur possible à ce qui entre dans les caisses de l'État* ». Ce que paie le peuple doit donc correspondre à ce que l'État reçoit et ne pas bénéficier à d'autres catégories (principe d'économie). Ce principe n'est pas respecté quand l'impôt élève le prix des biens : dans ce cas, les consommateurs paient d'une part l'impôt et d'autre part un supplément de prix lorsque ces produits permettent d'en produire d'autres.

## B. Le libre-échange est préférable au protectionnisme

**Le commerce international, fondé sur le libre-échange, accroît « *l'agrément de tous* ».** « *Dans un système de parfaite liberté du commerce, chaque pays consacre habituellement son capital et son travail aux emplois qui lui sont les plus avantageux. La recherche de son avantage propre s'accorde admirablement avec le bien universel* » : l'allocation de ressources est optimale et la production sera au plus haut, source d'une plus grande satisfaction des besoins. Il est souhaitable que chaque pays produise « *des marchandises pour lesquelles il dispose de la meilleure localisation, du climat le plus favorable, et d'autres avantages naturels ou acquis, et* [échangent] *ces marchandises contre les produits fabriqués dans d'autres pays* ».

Les termes de l'échange extérieur ne sont pas les mêmes que ceux de l'échange intérieur : « *le produit du travail de 100 Anglais peut être échangé contre le produit du travail de 80 Portugais* [...] *Un tel échange ne pourrait se faire entre individus d'un même pays.* » Ainsi, une certaine quantité de produit dont la valeur serait égale à une heure de travail pourrait s'échanger contre une quantité d'un autre produit de valeur supérieure ou inférieure. Néanmoins, le commerce international permettra à chaque participant à l'échange de se procurer davantage de biens qu'en situationd'autarcie. Si la production annuelle d'une unité de drap requiert le travail de 100 hommes au Portugal et de 120 hommes en Grande-Bretagne et que la production annuelle d'une unité de vin réclame le travail de 80 hommes au Portugal et de 90 en Grande-Bretagne, « *les capitalistes anglais et les consommateurs des deux pays auraient avantage à ce que le vin et le drap soient produits au Portugal, et que le capital et le travail anglais employés dans la fabrication du drap soient transférés au Portugal* ». Mais, les craintes réelles ou imaginaires des détenteurs de capitaux et « *la réticence de chacun à quitter son pays natal* et ses *proches* » freinent l'émigration du capital. « *Ces sentiments que je serais désolé de voir s'affaiblir* » incitent les capitalistes à accepter un taux de profit plus bas au sein de leur pays plutôt que d'en quérir un plus élevé à l'étranger. L'échange va alors se fonder sur une spécialisation issue de la recherche de l'avantage le plus élevé pour chaque pays : contre une unité de drap exporté, la Grande-Bretagne pourra se procurer plus de vin au Portugal qu'en l'absence d'échange extérieur ; de la même manière, le Portugal, en exportant une unité de vin, obtiendra davantage de drap grâce au commerce international (théorie des « *avantages comparatifs* »).

**Les subventions à l'exportation et/ou les entraves aux importations sont sources de distorsions.** Le versement d'une subvention à l'exportation aux producteurs nationaux de blé augmentera leurs profits et les incitera à produire davantage. Mais « *la prime agira comme un encouragement à l'agriculture, et du capital sera retiré des manufactures pour être consacré à la terre* ». De plus, l'accroissement de l'offre de blé sur les marchés extérieurs fera baisser son prix, réduisant de nouveau les profits des exportateurs. En revanche, le prix du blé augmentera sur les marchés des pays exportateurs en raison de la mise en culture de terres moins fertiles induite par l'augmentation de la production. La hausse des salaires qui s'ensuivra fera chuter les profits. Par ailleurs, les subventions à l'exportation des produits manufacturés ou des entraves à leurs importations ne procureront que des avantages temporaires aux industriels (hausse de la demande et augmentation des prix), car les prix de marché ne peuvent durablement s'écarter du prix naturel des produits. Les avantages du protectionnisme sont donc illusoires. Il convient d'adopter « *les principes sains d'un commerce universellement libre* [...] *Pour profiter d'une abondance durable, il faut abolir nos interdictions et nos restrictions, et cesser de contrecarrer la sagesse bienveillante de la Providence* ».

## C. L'étalon or est un régime monétaire vertueux

**L'émission de billets doit être liée au stock d'or.** « *Une monnaie est la plus parfaite possible quand elle est entièrement constituée de papier, mais d'un papier dont la valeur est égale à celle de l'or qu'il est censé représenter. L'utilisation du papier plutôt que de l'or substitue le moyen de circulation le moins cher au plus cher* » et accroît ainsi l'utilité du stock d'or disponible. Cependant, « *l'expérience montre que jamais un État ou une Banque n'a disposé d'un pouvoir illimité d'émission de papier-monnaie sans en abuser* ». Par conséquent, « *rien ne semble plus approprié qu'assujettir les émetteurs de papier-monnaie à l'obligation de payer leurs billets en pièces d'or ou en lingots* ». Dès lors que la Banque centrale fixe l'émission de billets en fonction du stock d'or disponible, la stabilité de la valeur de la monnaie (c'est-à-dire la stabilité des prix) est garantie, sauf en cas de variation de la valeur-travail de l'or.

**En prêtant une plus ou moins grande quantité de monnaie, les banques influent sur la valeur de la monnaie (variation des prix) mais pas sur le taux d'intérêt.** Le taux d'intérêt du marché correspond au taux de profits habituellement tiré de l'emploi du capital. Il n'est pas souhaitable que les banques, et singulièrement la Banque centrale, prêtent à des taux inférieurs au taux d'intérêt du marché ou que l'État intervienne dans la fixation des taux : la quantité de capital disponible dans le pays étant donnée, la production qui en découle l'est tout autant. Une quantité supplémentaire de moyens de paiements, liée à des taux d'intérêt trop bas, ne permettrait donc pas d'accroître la production ni les échanges. Seuls les prix augmenteraient et la valeur de la monnaie diminuerait.

**L'étalon or assure un rééquilibrage automatique des comptes extérieurs.** La répartition du métal entre pays sera telle que chaque pays disposera de la quantité nécessaire pour « *régler un commerce profitable* ». Si une quelconque modification des conditions de production intervenait, par exemple si la Grande-Bretagne devenait plus efficace que le Portugal sur la production du vin, la répartition du stock métallique évoluerait en conséquence : le Portugal cesserait d'exporter du vin et son commerce extérieur deviendrait déficitaire, impliquant des sorties d'or. À l'inverse, la Grande-Bretagne serait excédentaire et bénéficierait d'entrées d'or. Par conséquent, les prix baisseraient au Portugal en raison de la contraction de la masse monétaire (théorie quantitative). Les exportations portugaises seraient alors stimulées et le déficit se résorberait. *A contrario*, la Grande-Bretagne verrait décroître son excédent.

## 3) S'il est préférable à toute autre doctrine, le libéralisme économique n'élimine pas toutes les difficultés

### A. Dans certains cas, le libre-échange doit être relativisé

**Les échanges internationaux peuvent être perturbés.** Lorsqu'une guerre (ou tout autre événement, comme un nouvel impôt détruisant « *l'avantage comparatif* » dont disposent certains pays) interrompt les exportations de blé, une quantité plus importante de capital va devoir être consacrée à l'agriculture dans les pays jusqu'alors importateurs. Des terres moins fertiles seront mises en culture, élevant le prix du blé et les salaires. Par conséquent, les profits diminueront. De plus, le capital consacré à l'agriculture fera défaut à d'autres activités. En outre, lorsque la guerre s'achèvera, les paysans de ces pays vont se trouver confrontés à une vive concurrence en raison de la reprise des importations de blé : dans ce cas, « *la meilleure politique pour l'État consisterait, pendant un nombre limité d'années, à lever un impôt – allégé au fil du temps – sur les importations de blé étranger afin de permettre au cultivateur local de retirer progressivement son capital de la terre* ». Par conséquent, la mise en œuvre du libre-échange ne pourra être que progressive.

**Pour la métropole, le commerce colonial peut s'avérer plus profitable que le libre-échange.** Adam Smith a soutenu que le commerce colonial nuisait aux colonies et à leurs métropoles. Or, celles-ci peuvent parfois tirer profit des contraintes imposées à leurs colonies. Ces dernières doivent en effet acquérir des biens auprès de leurs métropoles à un prix supérieur à celui pratiqué dans les nations avec lesquelles il leur est interdit de commercer. « *Il est donc évident que les échanges avec les colonies peuvent être réglés de telle sorte qu'ils soient à la fois moins profitables aux colonies, et plus profitables à la métropole qu'un libre-échange parfait.* »

### B. Le machinisme peut nuire au bien-être des ouvriers

**La mécanisation peut provoquer un chômage durable.** « *Lorsque j'ai commencé à m'intéresser aux questions d'économie politique, je pensais que l'utilisation des machines dans toute branche de production, ayant pour effet d'économiser du travail, était un bien général et* *présentait les seuls inconvénients qui accompagnent la plupart des transferts de capital d'un emploi à un autre.* » Cependant, la mécanisation dispense les industriels et les fermiers de consacrer une partie de leurs recettes au paiement de salaires. Par conséquent, la demande de biens agricoles et des biens nécessaires à l'entretien de la force de travail s'amenuise, réduisant la demande de travail dans ces secteurs. « *Ainsi, l'opinion de la classe laborieuse selon laquelle l'emploi des machines se fait souvent à leur détriment n'est pas fondée sur les préjugés et l'erreur, mais est conforme aux principes mêmes de l'économie politique.* »

**Néanmoins, ces craintes sont sans doute excessives.** « *Ce que je viens d'établir ne conduira pas, je l'espère, à conclure qu'il ne faut pas encourager la mécanisation.* » Le sort de la classe laborieuse peut s'améliorer du fait des dépenses des capitalistes. En embauchant un grand nombre de domestiques, les capitalistes procureront beaucoup plus d'emplois que s'ils dépensent leurs revenus en objet de luxe dont l'achat n'est pas sans cesse renouvelé. Il en est de même si les capitalistes achètent des biens courants (nourriture, vêtements…). En outre, les effets négatifs de la mécanisation sur l'emploi sont à redouter quand elle est soudaine et largement appliquée. Or, il s'agit plutôt d'un phénomène graduel et les machines nouvelles s'ajoutent au capital existant plutôt qu'il ne le réoriente si bien que la demande de travail s'accroît : « *en effet, dès qu'un capital est employé dans un pays, il crée une demande de travail ; les machines ne peuvent fonctionner sans l'assistance de l'homme et ne peuvent être fabriquées sans son travail.* » De plus, la baisse des coûts liée à la mécanisation accroît la compétitivité et dope les exportations : il en résulte une demande de travail supplémentaire. Enfin, si l'on interdisait l'usage des machines, les capitaux fuiraient à l'étranger et, par conséquent, la demande de travail diminuerait.

## C. À long terme, la croissance économique deviendra nulle (état stationnaire)

**Contrairement à ce que pense A. Smith, le taux de profit ne résulte pas de la plus ou moins grande quantité de capital disponible.** « *Aucune accumulation du capital ne réduira les profits de façon durable, à moins qu'il y ait quelque cause durable à la hausse des salaires.* » J. B. Say a parfaitement montré « *qu'il n'est aucun montant de capital qui ne puisse rester inemployé dans un pays, car la demande n'est limitée que par la production* ». Il ne peut donc y avoir excès de capital. La baisse du taux de profit général ne peut donc résulter d'un excès de capital.

**La hausse durable des salaires conduit à la baisse du taux de profit : la croissance va être alors bloquée.** La baisse des profits ne dépend que de la hausse des salaires « *et celle-ci, sauf pendant un temps limité, ne dépend que de la facilité avec laquelle on produit la nourriture et les biens nécessaires aux travailleurs* ». Avec l'accroissement de la population, et la mise en culture de terres moins fertiles, l'augmentation durable des salaires devient inévitable : les profits diminueront bloquant l'accumulation du capital et la croissance de la production. L'état stationnaire est alors atteint. Toutefois, cette tendance à la baisse des profits pourrait être retardée par des améliorations techniques intervenant dans la production des biens nécessaires aux travailleurs, qui abaisseraient leurs prix et donc les salaires. L'importation de produits bruts à bas prix aurait le même effet.

Cet ouvrage est d'un abord difficile : par exemple, l'enchaînement des nombreux chapitres ne correspond pas toujours à une logique bien déterminée ; en outre, par souci de rigueur, Ricardo est amené à citer longuement Smith, Malthus ou Say, et à multiplier les hypothèses et les occurrences, qui finissent par alourdir les démonstrations.
Cependant, il s'agit incontestablement d'une œuvre majeure dans l'histoire de la pensée économique qui a consolidé le courant libéral. En particulier, sa théorie des « avantages comparatifs » reste encore un des fondements des thèses libre-échangistes. En outre, l'approche ricardienne a ouvert la voie à ceux qui voulaient faire de l'économie politique une discipline détachée de toute considération morale, c'est-à-dire une véritable science.
C'est précisément ce que de nombreux auteurs, comme Sismondi ou K. Marx, reprochent à l'analyse ricardienne. En effet, Ricardo se différencie de Smith dont l'approche est plutôt inductive : les faits permettent d'établir une théorie qui, confrontée à d'autres faits, s'enrichit, se transforme. En revanche, pour Ricardo, les faits constituent une donnée exogène et l'étude des mécanismes économiques relève d'une démarche hypothético-déductive. En naturalisant les mécanismes économiques, Ricardo sous-estime alors le poids du contexte historique et géographique qui leur donne pourtant tout leur sens.

# Cours d'économie politique et autres essais

5

## Jean-Baptiste Say

Cet ouvrage (Garnier-Flammarion, 1996, 450 p.) se compose de quatre essais. Jean-Baptiste Say tire le premier, *De l'Angleterre et des Anglais* (1), publié en 1815, de son rapport remis au gouvernement français après son retour d'un voyage en Angleterre : il y avait été envoyé pour étudier l'économie du pays qui dominait le monde à l'époque. Le deuxième est *Cours à l'Athénée* (2) dont la rédaction remonte probablement à 1819. Il s'agit du cours d'économie de J.-B. Say dans lequel il présente ses principales thèses. Dans le troisième essai, *Lettres à Malthus* (3), publié en 1820, il s'oppose à T.R. Malthus à la veille de la publication en France de ses *Principes d'économie politique* sur la question des débouchés. Le quatrième essai intitulé *Catéchisme d'économie politique* (4) est présenté dans sa deuxième édition de 1821 qui modifie et enrichit celle de 1815. J.-B. Say s'y montre pédagogue en présentant son analyse par le jeu de questions et de réponses : « Qu'est-ce que nous enseigne l'économie politique ? Elle nous enseigne comment les richesses sont produites, distribuées et consommées dans la société. »

## 1) La production des richesses

### A. La valeur et la production de richesses

**Les richesses de l'homme satisfont ses besoins et ont une valeur connue.** Il existe deux sortes de richesses : les richesses naturelles dont la nature fait don et les richesses sociales créées par les hommes. Seules ces dernières ont une valeur échangeable. La cause de la valeur est l'utilité, c'est-à-dire la qualité d'un objet qui fait que des acquéreurs qui le désirent sont prêts à donner quelque chose en échange. La valeur est donc égale à ce que l'on consent à donner en échange. Les choses auxquelles on a donné de la valeur s'appellent des produits car c'est le résultat de la production qui donne de la valeur aux choses. La valeur d'un produit n'est pas proportionnée à son degré d'utilité : « *un clou est incomparablement plus utile que l'épingle d'or qui attache notre jabot et dont nous pourrions à la rigueur nous passer sans de graves inconvénients. Cependant la valeur d'une épingle d'or ordinaire, est deux mille fois plus grande que la valeur d'un clou ordinaire* [...] » (2). La valeur d'un produit provient donc de l'utilité qu'on lui accorde, qui dépend de la quantité offerte et de la quantité demandée de ce produit.

**Pour faciliter les échanges, chaque valeur est réduite à un dénominateur commun.** Il s'agit habituellement de la monnaie, mais la richesse est indépendante de la nature de la marchandise qui sert à évaluer. Le prix est la quantité de monnaie exprimant la valeur d'un produit. La monnaie n'est pas un objet de consommation, mais un intermédiaire d'échange. La valeur de la monnaie n'est pas fixée par l'État, elle est fonction de sa quantité en circulation : « *ainsi le quintal métrique de blé qui se vend aujourd'hui pour 25 pièces d'un franc, se vendrait 50 francs, s'il y avait une fois plus de monnaie en circulation* » (4). Dans ce cas, la monnaie se déprécie mais cela ne modifie en rien la richesse d'un pays.

**Les richesses se présentent sous la forme de produits matériels mais aussi de produits immatériels.** A. Smith et T.R. Malthus n'ont pas réalisé qu'un produit immatériel est « *une* *utilité produite, qui n'est attachée à aucune matière, qui cependant a une valeur, et dont on peut se servir* » (4). Un chirurgien qui opère ou des musiciens qui donnent un concert fournissent un produit immatériel, même s'il est entièrement consommé pendant sa production. « *Adam Smith n'a pas embrassé l'ensemble du phénomène de la production et de la consommation des richesses ; mais il a tant fait, que nous devons être pénétrés pour lui de reconnaissance* » (3).

### B. Le fonctionnement de l'activité productive

**L'industrie humaine, c'est-à-dire l'activité productive se divise en trois branches principales.** Il s'agit de l'industrie agricole, de l'industrie manufacturière et de l'industrie commerciale. Toute industrie est menée par un entrepreneur. « *L'entrepreneur d'industrie peut n'avoir que fort peu de connaissances ; mais il lui faut beaucoup de jugement pour se servir à propos des connaissances et des talents qui circulent dans la société, et pour les appliquer à des créations d'utilité* » (2). Il dirige les travaux des différents agents salariés. Il prend la décision de produire à condition que la valeur présumée du produit soit supérieure aux frais que la production occasionne.

**Les fonds productifs fournissent les services productifs.** Les trois fonds productifs sont les hommes industrieux, les capitaux et les fonds de terre. Les industrieux, les capitalistes et les propriétaires fonciers sont donc des producteurs. Un service productif est « *une certaine action, un certain travail exécuté par des hommes, par des capitaux, par des fonds de terre* » (4). Chacun des services productifs est consommé au cours de la production, mais les fonds productifs peuvent en offrir de nouveaux par la suite. L'entrepreneur avance la valeur des différents services productifs, jusqu'à ce que la vente du produit le rembourse. Les avances se présentent sous la forme d'achat de matières premières, d'outils ou de machines et du salaire des ouvriers.

**Le progrès technique économise de la peine et augmente les jouissances, il ne supprime pas obligatoirement des emplois.** « *À New-Castle, à Leeds, des machines à vapeur ambulantes traînent après elles des chariots de houille ; et rien n'est plus surprenant, au premier abord, pour un voyageur, que la rencontre, dans la campagne, de ces longs convois qui s'avancent par eux-mêmes et sans le secours d'aucun être animé* » (1). Avec l'utilisation de machines plus perfectionnées, on peut créer plus de richesses avec autant ou moins d'hommes. Le progrès peut aussi s'accompagner d'une augmentation du nombre d'ouvriers. Parfois, la consommation d'un produit ne s'accroît pas en proportion de l'augmentation de la productivité, mais la hausse du revenu des capitalistes et des entrepreneurs leur permet d'accroître leurs dépenses, ce qui compense la diminution des achats des ouvriers dont le revenu s'est réduit. Ceux dont l'emploi a été supprimé peuvent ainsi continuer à travailler et à obtenir un revenu en changeant d'occupation. « *C'est en partie parce qu'on a inventé la charrue qu'il a été permis aux hommes de perfectionner les beaux-arts et tous les genres de connaissances* » (4).

## 2) La répartition et la consommation des richesses

### A. Des revenus à la consommation

**Les fonds productifs sont source de revenus.** Les propriétaires de fonds productifs tirent leurs revenus de l'activité productive. L'entrepreneur verse un intérêt au prêteur de capital, un loyer au propriétaire des locaux, un revenu foncier au propriétaire foncier et des salaires aux ouvriers. La différence entre la valeur de la production et celle des services productifs constitue le profit de l'entrepreneur. Il comprend l'intérêt de la portion de capital qu'il a fournie et la rémunération de son talent et de ses travaux. Ce profit lui permet éventuellement d'accumuler du capital et de développer son entreprise. « *Un bijoutier qui fait pour six mille francs de profits dans une année, s'il se contente de cinq mille francs pour la dépense de lui et des siens, augmentera son capital de mille francs* » (4).

**La consommation productive et la consommation improductive se distinguent selon leur résultat.** Quelle qu'elle soit, la consommation détruit l'utilité. La consommation improductive détruit une utilité pour procurer une satisfaction, alors que la consommation productive détruit une utilité afin de produire une nouvelle valeur. « *Quand un boulanger brûle du bois pour cuire son pain, il le consomme reproductivement, parce qu'il ajoute à son pain toute la valeur qu'il ôte à son bois. Mais le bois que nous brûlons pour nous chauffer est consommé improductivement, car il ne résulte de cette combustion aucune valeur qui remplace la valeur du bois* » (4). On peut consommer productivement ou improductivement des produits mais aussi des services. Le service d'un ouvrier est consommé productivement puisque sa valeur se retrouve dans celle du produit qu'il a fabriqué. Par contre, le service d'un domestique, d'un musicien ou d'un acteur est consommé improductivement, parce que la dépense qui a été faite ne reparaît pas dans un produit matériel.

### B. La loi des débouchés

**Les produits s'échangent contre d'autres produits.** De la consommation des différents services productifs, il résulte un produit qui a une valeur. Tous ceux qui ont concouru à la production sont rémunérés. Les revenus sont ensuite dépensés pour acquérir d'autres produits. Ainsi, « [...] *les ventes et les achats ne sont dans la réalité que des échanges de produits* » (4). Il est donc impossible que la valeur des achats des producteurs-consommateurs excède celle des produits qu'ils ont contribué à réaliser au moyen de leur capital, de leur terre, ou de leur travail. En conséquence, les hommes achètent d'autant plus qu'ils produisent davantage.

**Cela infirme le préjugé de T.R. Malthus, selon lequel des produits ne se vendent pas ou se vendent à perte parce que la consommation est insuffisante.** À tort, Malthus prétend qu'on ne vend pas assez parce qu'on produit trop et qu'il faudrait donc multiplier les consommations improductives de l'État et dépenser les capitaux plutôt que de les accumuler. Malthus ne réalise pas que la cause de la mévente de certaines marchandises est le fait que d'autres ne sont pas produites, ce qui est responsable de l'insuffisance des dépenses.

## 3) L'action de l'État doit être limitée

### A. L'État est utile mais il n'est pas essentiel

**L'État doit limiter ses interventions à la protection de la propriété et de la concurrence.** L'État n'est pas essentiel à la société qui peut exister sans lui parce que les différentes classes productives ont besoin les unes des autres. « *L'autorité publique est donc un accident ; un accident rendu nécessaire par notre imprudence, par notre injustice qui nous porte à empiéter sur les droits de notre semblable* » (2). L'utilité de l'État est de défendre la propriété qui seule engage à produire, car elle protège le fruit de la production. Il faudrait réduire les dépenses des États. « *La perfection de l'administration est d'administrer peu* » (2). Selon une opinion répandue mais erronée, les dépenses de l'État et l'entretien de ses fonctionnaires soutiennent l'activité économique ; en fait, les moyens dont ils disposent ne sont pas nouveaux, ils proviennent des impôts qui pénalisent les contribuables et réduisent d'autant leurs dépenses. L'incitation à produire est d'autant plus faible que la fiscalité est lourde et prive les producteurs d'une partie des fruits de leurs efforts.

**Une nation a intérêt à échanger avec d'autres.** Le commerce avec l'étranger ne doit pas être prohibé « [...] *car en produisant des étoffes que nous échangeons contre cette denrée d'un autre climat, nous produisons notre sucre en étoffes* » (4). Chaque nation réalise les produits dont c'est la spécialité dans une quantité qui excède ce qui est demandé sur son territoire, elle exporte donc la différence. Cela finance ses importations de marchandises.

## B. Il faut supprimer l'assistance aux pauvres

**T.R. Malthus a établi avec rigueur le principe selon lequel, la population d'un pays quelconque s'élève toujours au niveau des moyens d'existence.** « *Qu'arrive-t-il quand le nombre des naissances met dans un pays plus d'individus que l'état de la production n'en comporte ? La population dépérit, principalement les individus faibles des classes indigentes : les enfants, les vieillards, les infirmes* » (4). Lorsque la population se réduit en raison de la mortalité mais aussi de l'émigration, les individus restant sont enclins naturellement à se multiplier pour combler le vide laissé par les disparus.

**Comme T.R. Malthus le démontre, plus on secourt les pauvres et plus le nombre de personnes à secourir augmente.** En Angleterre, il existe une « *poor tax* » qui bénéficie aux indigents. Les lois sur les pauvres ont diminué le revenu des plus aisés pour augmenter celui des classes pauvres, ce qui les a encouragés à se multiplier et freine l'activité productive. La demande augmente mais pas la production, en conséquence les prix s'accroissent.

**Il est indispensable de freiner la croissance démographique.** La seule solution que préconise justement Malthus « [*est de ne pas encourager la multiplication des enfants par-del à les moyens que chaque père de famille a de les élever par ses propres fonds productifs*] » (2). Ricardo recommande aussi de supprimer l'assistance.

Les analyses de Jean-Baptiste Say se démarquent de celles d'autres auteurs de l'École classique comme D. Ricardo ou T. R. Malthus. J.-B. Say établit les bases sur lesquelles se construira l'École néoclassique. Sa théorie de la valeur utilité et l'importance qu'il accorde aux mécanismes de marché en font un des pères fondateurs du libéralisme contemporain. Il est le premier auteur à concevoir l'existence de produits immatériels qu'il ne nomme pas services (dans l'analyse de J.-B. Say, les services désignent le travail).
La loi des débouchés élaborée par J.-B. Say est un fondement de l'analyse libérale contemporaine. Ainsi, les défenseurs de l'Économie de l'offre affirment comme le fit J.-B. Say, que l'insuffisance des débouchés est impossible puisque l'offre crée sa propre demande. Pour stimuler la croissance économique et favoriser le plein-emploi, ils suggèrent de favoriser l'offre des facteurs de production en minimisant le poids des prélèvements obligatoires, plutôt que de procéder à des dépenses dispendieuses et dangereuses pour accroître la demande.

# Le Capital

## Karl Marx

6

*Le Capital* (trad. Maximilien Rubel, La Pléiade, Gallimard, 1965, 1685 p.) est sans aucun doute une œuvre unique dans l'histoire de la pensée économique. Sa masse imposante surplombe la seconde moitié du XIXe siècle et s'inscrit dans les luttes et les conflits du XXe siècle. Ses caractéristiques mêmes impressionnent : plus d'un millier de pages, une pensée mouvante et complexe, parfois obscure, le plus souvent lumineuse. Un projet ambitieux, démesuré, forcément inachevé : saisir la totalité du système capitaliste, en démonter les rouages les plus intimes pour en rechercher les ressorts les plus cachés. Et, pour cela, mobiliser l'ensemble des connaissances historiques, économiques, sociales disponibles pour un homme du XIXe siècle.

*Le Capital* est donc une œuvre totale : à la fois héritage de la pensée classique qu'elle résume et dépasse (Marx a été un grand lecteur de Smith et Ricardo), et fondation d'un projet révolutionnaire pour l'avenir. En ce sens, l'œuvre théorique de Marx ne peut être dissociée de son activité militante. Le contexte historique est, en effet, déterminant. La réalité du XIXe siècle s'est chargée de démentir la vision harmonieuse d'un capitalisme fondé sur la nécessaire convergence des intérêts individuels vers le bien-être social.

La formation intellectuelle de Marx est, avant tout, celle d'un philosophe (il soutient en 1841 une thèse sur Démocrite et Épicure), et il s'est reconnu, à une époque de sa vie, comme un disciple de Hegel, dont il combattra les idées par la suite. On ne peut donc comprendre la théorie économique de Marx sans en analyser les fondements philosophiques et épistémologiques : l'économique n'est pas isolable mais fait partie d'un tout englobant l'homme, la nature et l'histoire. Par ailleurs, il est difficile de réduire l'économie de Marx à des énoncés qui soient facilement comparables à ceux des autres courants de pensée ; Marx possède en effet un langage et des concepts originaux formant un corpus théorique nettement identifiable et distinct.

Nous nous limiterons ici à la présentation préalable de deux thèmes centraux : la notion d'aliénation et le matérialisme historique.

## 1) Fondements philosophiques et épistémologiques

### A. Le concept d'aliénation chez Marx

De Hegel, Marx garde l'idée de l'aliénation du travail et l'étend au social, au politique et à l'économie. L'homme est, selon Marx, étranger au produit de son travail qui est vendu comme marchandise ou transformé en capital ; il est étranger à l'acte même de travailler qui est commandé hors de lui, en raison de la propriété privée des moyens de production. Le dépassement de l'aliénation se réalisera donc dans le communisme, qui est fondé sur l'abolition de la propriété privée des moyens de production.

En réaction à la philosophie idéaliste de Hegel, Marx se tourne vers le matérialisme de Feuerbach, qui donne à l'aliénation une dimension religieuse : l'aliénation correspond à un état de domination de Dieu sur l'homme. Celui-ci attribue à un Dieu ses propres qualités dans leur perfection (volonté, amour…). L'homme doit récupérer ses propres qualités qu'il aliène en se tournant vers Dieu.

Pour Marx, c'est l'homme qui produit la religion et non l'inverse ; les racines de l'aliénation religieuse sont de nature économique : au travailleur aliéné, la religion propose la résignation et la perspective d'un monde meilleur dans l'au-delà : « *la misère religieuse est à la fois l'expression de la misère réelle et d'autre part la protestation contre cette misère. La religion est le soupir de la créature accablée, l'âme d'un monde sans cœur, comme elle est l'esprit d'une époque sans esprit. La religion est l'opium du peuple* » (*Contribution à la Critique de la philosophie du droit de Hegel*, 1844).

## B. Le matérialisme historique

C'est véritablement le cœur de la réflexion marxiste sur l'histoire. Les thèses sur le matérialisme historique ont été essentiellement élaborées entre 1845 et 1848 dans *L'idéologie allemande* notamment. On peut aussi trouver dans l'avant-propos à la *Critique de l'économie politique* de 1859 un remarquable résumé des idées de Marx sur ce thème.

Contre la philosophie de son temps, idéaliste, « *qui du ciel descend sur terre* », Marx propose de partir des hommes réels et réellement actifs et non pas des hommes tels qu'ils se représentent eux-mêmes.

C'est en développant leur production, leur vie matérielle, que les hommes modifient leur propre réalité : « *ce n'est pas la conscience qui détermine la vie, c'est la vie qui détermine la conscience.* » Pour vivre, pour répondre aux besoins vitaux, il faut produire, c'est-à-dire lutter contre la nature. Pour cela, les hommes entrent dans des rapports nécessaires et indépendants de leur volonté. Marx rejette donc ce qu'il appelle les « *robinsonnades* » auxquelles recourt fréquemment l'économie classique, parfois qualifiée de vulgaire par Marx : « *l'idée d'une production réalisée par un individu isolé, vivant en dehors de la société, n'est pas moins absurde que l'idée d'un développement du langage sans qu'il y ait des individus vivant et parlant ensemble.* »

La production matérielle apparaît donc essentiellement comme un rapport social : il s'ensuit qu'un mode de production déterminé est toujours lié à un mode de relations sociales ou à un stade social déterminé, lui-même fondé sur l'état des forces productives. Marx distingue ainsi plusieurs étapes ou modes de production dans l'histoire de l'humanité. Forces productives et rapports sociaux de production sont les deux composantes du mode de production, que Marx appelle infrastructure, autour de laquelle s'organisent le système social et l'idéologie (ou superstructure). L'infrastructure déterminerait en dernière instance les évolutions de la superstructure.

Ceci peut être résumé par le schéma suivant :

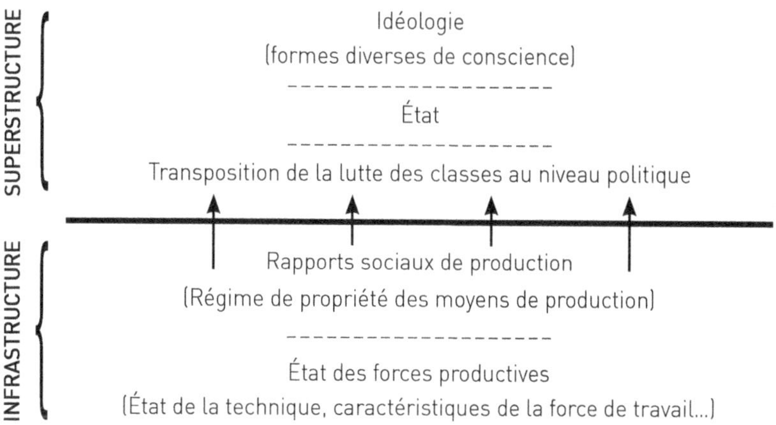


Ces précisions et définitions indispensables étant données, il nous faut passer à l'œuvre maîtresse de Marx, *Le Capital*.

## 2) Le problème de la valeur

La théorie marxienne de la valeur se situe dans le prolongement de la théorie classique – et notamment ricardienne – de la valeur-travail ; mais Marx en élargit la signification dans la mesure où la valeur n'est plus traitée comme un attribut naturel de la chose, mais comme un rapport social.

### A. Valeur d'usage et valeur d'échange

Dès la première phrase du capital, « *la richesse des sociétés dans lesquelles règne le mode de production capitaliste s'annonce comme une immense accumulation de marchandises* », Marx place la marchandise au cœur de la problématique. C'est que, loin d'être un simple objet, la marchandise est un véritable rapport social et constitue l'essence même du capitalisme.

Dans la marchandise, Marx distingue deux formes de valeur : la valeur d'usage et la valeur d'échange.

**La marchandise possède d'abord une valeur d'usage parce qu'elle possède certaines propriétés ou qualités qui en font un objet utile,** c'est-à-dire capable de « *satisfaire des besoins humains de toute espèce* ». La valeur d'usage d'une marchandise dépend donc de ses qualités substantielles (liées à sa capacité à satisfaire un besoin) et non de ce qu'il en coûte pour la produire : « *les valeurs d'usage ne se réalisent que dans l'usage ou la consommation. Elles forment la matière de la richesse, quelle que soit la forme sociale de cette richesse.* »

**La valeur d'échange est définie comme « *un rapport quantitatif*,** *comme la proportion dans laquelle des valeurs d'usage d'espèce différente s'échangent l'une contre l'autre, rapport qui change constamment avec le temps et le lieu* ».

Marx donne l'exemple suivant de valeur d'échange : un quarteron de froment = *a* kilogramme de fer. Cette équation signifie que dans un quarteron de froment et *a* kilogramme de fer, il existe quelque chose de commun. Ces deux objets sont égaux à un troisième qui est l'élément commun (repérable par le signe =), et qui n'est pas une propriété physique particulière. Le problème est donc de déterminer cet élément commun : c'est toute la question de la mesure de la valeur, que Marx va traiter en référence au travail.

## B. Le problème de la mesure de la valeur

**Toutes les marchandises ont en commun d'être des produits du travail. Mais on bute alors sur le problème de la diversité des formes concrètes du travail.** Qu'y a-t-il de commun entre le travail du maçon et celui du paysan ou de l'employé ? Il faut donc aller jusqu'à l'élément qui est commun à toutes les formes concrètes de travail, c'est-à-dire la dépense d'une force de travail : « *avec les caractères utiles particuliers des produits du travail disparaissent en même temps, et le caractère utile des travaux qui y sont contenus, et les formes concrètes diverses qui distinguent une espèce de travail d'une autre espèce. Il ne reste donc plus que le caractère commun de ces travaux ; ils sont tous ramenés au même travail humain, à une dépense de force humaine de travail, sans égard à la forme particulière sous laquelle cette force a été dépensée.* »

**La substance de la valeur est donc un travail abstrait, véritable étalon de mesure :** « *la valeur d'un objet se mesure par le quantum de la substance créatrice de valeur contenue en lui, du travail. La quantité de travail elle-même a pour mesure sa durée dans le temps, et le temps de travail possède de nouveau sa mesure dans des parties de temps telles que l'heure, le jour...* »

Cela paraît simple, mais, en fait, deux difficultés surviennent :

- si une marchandise est produite par un ouvrier paresseux ou malhabile, elle n'aura pas plus de valeur parce que sa fabrication a demandé plus de temps. En conséquence, il faut faire abstraction de la diversité des forces de travail individuelles et prendre en compte non pas la force de travail dans sa complexité, mais un travail « *égal et indistinct* » : c'est la force de travail de la société toute entière qui sert de référence, ce que Marx appelle le temps de travail socialement nécessaire, et qu'il définit ainsi : « *le temps de travail socialement nécessaire [...] est celui qu'exige tout travail, exécuté avec le degré moyen d'habileté et d'intensité et dans des conditions qui, par rapport au milieu social donné, sont normales* » ;
- mesurer la quantité de travail par une simple durée ne permet pas de traiter différemment des heures de travail qui impliquent des efforts physiques différents ou des aptitudes intellectuelles différentes. C'est pourquoi Marx distingue :
  - le travail simple : « *c'est une dépense de la force simple que tout homme ordinaire, sans développement spécial, possède dans l'organisme de son corps* » ; il change de caractère suivant les pays et les époques, il est donc toujours déterminé dans un cadre socio-historique donné,
  - le travail complexe (ou travail qualifié) : « *c'est une puissance du travail simple, ou plutôt n'est que le travail simple multiplié, de sorte qu'une quantité donnée de travail complexe correspond à une quantité plus grande de travail simple* ».

  À l'aide de cette distinction, le travail simple peut être considéré comme une unité de mesure à laquelle sont réduites les différentes espèces de travail.

## C. Le fétichisme de la marchandise

**C'est à ce niveau de l'analyse de la valeur que Marx explicite la notion fondamentale de fétichisme de la marchandise.** Marx montre ici le caractère éminemment complexe de la marchandise, « *pleine de subtilités métaphysiques et d'arguties théologiques* ». Ce n'est pas la valeur d'usage de la marchandise qui pose problème, mais la valeur d'échange. Parce qu'elles sont produites par du « *travail privé* » dont l'ensemble forme le « *travail social* », les marchandises, en s'échangeant, acquièrent une existence sociale distincte de leur forme utilitaire : « *les travaux privés exécutés indépendamment les uns des autres, bien qu'ils s'entrelacent comme ramifications du système social et spontané de la division du travail, sont constamment ramenés à leur mesure sociale proportionnelle. Et comment ? Parce que dans les rapports d'échange accidentels et toujours variables de leurs produits, le temps de travail socialement nécessaire à leur production l'emporte de haute lutte comme loi naturelle régulatrice, de même que la loi de la pesanteur se fait sentir à n'importe qui lorsque sa maison s'écroule sur sa tête. La détermination de la quantité de valeur par la durée de travail est donc un secret caché sous le mouvement apparent des valeurs des marchandises.* »

Deux conséquences découlent de cette analyse :

- d'une part, la loi de la valeur est révélée une fois l'échange réalisé, donc *a posteriori* ;
- d'autre part, la loi de la valeur s'imposant à tous, elle tend à la réification des rapports sociaux : la marchandise devient un équivalent général des rapports humains, qui ne sont plus que des rapports entre des valeurs.

**Cette réification des rapports sociaux constitue l'inhumanité du capitalisme :** la vie économique ne semble plus formée de rapports entre les hommes, ceux-ci ne sont plus que des « *porte-valeurs* », des catégories abstraites qui se confrontent sur le marché. Une telle société, ajoute Marx, trouve dans le christianisme et son culte de l'homme abstrait un complément idéologique idéal. Ces rapports réifiés sont acceptés comme naturels, et sont subis par les individus. Les mécanismes économiques qui en découlent (évolutions salariales, mouvement des prix...), particulièrement dans leur variante pathologique (chômage, inflation...) apparaissent liés à la nature de l'économie et acceptés, comme tels, avec fatalité. Cette soumission à une pseudo-nature de l'économie forme le caractère fétiche de la marchandise : par cette expression, Marx veut rendre le caractère secret, inéluctable, incompréhensible et aliénant du système capitaliste.

Marx montre donc que la transformation de la force de travail en marchandise, fondement du capitalisme, est un processus historique déterminé, mais qui se trouve dissimulé aux yeux même des individus derrière l'apparence naturelle des mécanismes économiques, apparence dont les « *robinsonnades* » des économistes classiques n'ont pu se défaire.

# 3) Le cycle du capital

## A. La circulation de marchandises est le point de départ du capitalisme

Le capitalisme ne peut se développer que l à où il existe une base matérielle qui lui est favorable (division du travail, échange monétaire...).

Selon Marx, la circulation des marchandises prend deux formes essentielles.

**Une forme immédiate de circulation du capital, schématisée par le cercle M - A - M (marchandise - argent - marchandise)**
Dans ce type d'échange, les deux marchandises se croisent, chacune allant vers le lieu où elle sert de valeur d'usage. Cette circulation matérielle ne peut se réaliser que par une double métamorphose de la marchandise qui permet de remplacer une marchandise par une autre qui a une utilité différente, mais une valeur égale ; ces deux moments sont la vente : M - A, c'est-à-dire transformation de la marchandise en argent, et l'achat : A - M, c'est-à-dire transformation de l'argent en marchandise.
Le cercle M - A - M constitue donc la forme immédiate de la circulation des marchandises ; il s'agit de vendre pour acheter, de céder une non-valeur d'usage pour obtenir une valeur d'usage.
Lorsque le cercle M - A - M est parcouru, l'argent est définitivement dépensé : « *il a pour point initial une marchandise et pour point final une autre marchandise qui ne circule plus et tombe dans la consommation. La satisfaction d'un besoin, une valeur d'usage, tel est donc son but définitif.* »

**Ce cercle d'échange a toujours existé et ne constitue pas une spécificité du système capitaliste.** Mais l à où la production marchande et le commerce atteignent leur plein développement, s'installe une autre forme de circulation ; il s'agit d'acheter pour vendre : l'argent est d'abord transformé en marchandise, puis celle-ci est retransformée en argent. Celui-ci n'est donc plus dépensé, mais avancé. Cette circulation est schématisée par le cercle A - M - A (argent - marchandise - argent).
Ce schéma a une signification importante ; en le parcourant, l'argent se transforme en capital. Si l'acheteur (qui effectue l'opération A - M) laisse partir son argent dans le circuit, c'est, dit Marx, qu'il a « *l'arrière-pensée perfide de le rattraper. Cet argent est donc simplement avancé* ».

## B. La plus-value au cœur de la circulation du capital

**Ce qui définit le capital, au sens de Marx, c'est « *la mise en valeur d'une quantité de valeur* »**. Le capital est une quantité de valeur investie de façon à s'accroître d'une quantité déterminée : c'est ce que Marx appelle « *le mouvement de valeur de la valeur* ». Toute somme de valeur n'est pas, en effet, du capital comme par exemple des valeurs thésaurisées ou consommées.

Ainsi, dans la première forme de circulation, M - A - M, les deux termes extérieurs du circuit, M et M, sont de même valeur, mais en même temps de valeurs d'usage différentes et cela suffit à justifier l'opération.
Dans la forme A - M - A, les termes extérieurs A et A ne diffèrent pas comme valeurs d'usage : « *elle paraît vide de sens au premier coup d'œil parce qu'elle est tautologique. Les deux extrêmes ont la même forme économique. Ils sont tous deux argent.* »
Pourtant le circuit A - M - A existe pour la simple raison que le dernier terme, qualitativement identique au premier lui est quantitativement supérieur. Ce mouvement doit donc être décrit dans sa forme complète :

$$A - M - A', \text{ avec } A' = A + \Delta A$$

**Cet excédent, noté ΔA, Marx l'appelle plus-value.** « *Non seulement la valeur avancée se conserve dans la circulation, mais elle y change encore sa grandeur, y ajoute un plus, se fait valoir davantage et c'est ce mouvement qui la transforme en capital.* »
Il faut donc s'interroger maintenant sur l'origine de la plus-value.

## 4) La production de la plus-value

Marx commence par éliminer les fausses origines de la plus-value. Sont ainsi écartées les explications tenant à la circulation des marchandises sur le marché (la plus-value n'est par une « aubaine », liée à la ruse du capitaliste : « *des marchandises peuvent être vendues à des prix qui s'écartent de leur valeur, mais cet écart apparaît comme une infraction à la loi de l'échange.* »)

Donc, pour que le cercle A - M - A' ait lieu, pour que ΔA soit possible, il faut qu'il existe une marchandise dont la consommation ait la vertu particulière de créer de la valeur. En effet, l'accroissement de valeur par lequel l'argent se transforme en capital ne peut provenir de l'argent lui-même. Or, cette marchandise existe : c'est la force de travail. Cela implique que l'« *homme aux écus* » se transforme en capitaliste.

### A. Le processus d'apparition de la plus-value

**Le capitalisme ne peut apparaître et se développer que l à où le détenteur des moyens de production et de subsistance rencontre sur le marché le travailleur libre** qui vient y vendre sa force de travail, et cette unique condition recèle tout un monde nouveau. Marx montre notamment que cette situation suppose une égalité juridique entre les personnes contractantes, ce qui ne peut manquer d'entrer en contradiction avec les formes de production pré-capitalistes où cette égalité juridique n'existe pas : corporations, jurandes... constituent des entraves à l'expression de cette liberté juridique : « *la transformation de l'argent en capital exige donc que le possesseur d'argent trouve sur le marché le travailleur libre, et libre à un double point de vue. Premièrement, le travailleur doit être une personne libre, disposant à son gré de sa force de travail... secondairement, il doit n'avoir pas d'autre marchandise à vendre, être, pour ainsi dire, libre de tout, complètement dépourvu des choses nécessaires à la réalisation de sa puissance travailleuse.* »

**La force de travail, comme toute marchandise, possède une valeur qui est déterminée par le temps de travail nécessaire à la production de cette force,** c'est-à-dire à la production des moyens de subsistance suffisants pour entretenir le propriétaire de la force de travail (l'ouvrier) dans son état de vie normal. Ce niveau de subsistance constitue donc le prix minimal permettant la reproduction de cette force de travail.

**On passe ensuite, dit Marx, dans « *le laboratoire secret de la production* » :** c'est véritablement ici le cœur de l'ouvrage de Marx : l'apparition de la plus-value, qui constitue le « *grand secret de la société moderne* ». Ce grand secret réside dans la double signification que peut recevoir l'expression « journée de travail ».

L'exemple suivant permet de préciser les notions.

Supposons que pour produire une mesure de tissu, un capitaliste utilise :

- des matières premières (filés de coton...) et des machines, l'ensemble correspondant à 20 heures de travail. Sachant qu'une heure de travail engendre une valeur de 10 unités monétaires (u.m.), la valeur de ces éléments est donc de 200 u.m. Marx appelle cette fraction du capital avancé du capital constant (noté « c ») ou « *travail mort* ». Sa valeur est simplement transférée au produit ;
- une journée de travail de 12 heures d'un ouvrier ; on suppose que la reproduction de la force de travail du salarié nécessite 60 u.m. ; Marx appelle cette partie du capital utilisé le capital variable (noté « v »). Marx appelle composition organique du capital le rapport *c/v*, qui correspond à une combinaison de forces productives.

Le capitaliste avance donc 260 u.m. et il obtient en fin de journée une mesure de tissu. La valeur de celle-ci correspond à la quantité de travail incorporée, c'est-à-dire : 20 heures (matières premières + machine) + 12 heures (main-d'œuvre) = 32 heures La valeur générée par une heure de travail étant de 10 u.m., la mesure de tissu représente donc 320 u.m. : la différence entre cette valeur et le capital avancé est ici de 60 u.m. et représente la plus-value.

Le secret de la plus-value se trouve donc dans la différence de grandeur qui existe entre la valeur réalisée par l'application d'une force de travail, dont le capitaliste est propriétaire, et la rémunération de cette force de travail correspondant à sa reproduction.

**À partir de ces analyses, il est possible de dégager les grandes lois de l'accumulation capitaliste.** Si on appelle travail nécessaire le travail dépensé durant le temps nécessaire à la reproduction de la force de travail ; si on appelle temps extra le temps consacré à la production de la plus-value et surtravail le temps dépensé en elle, alors, le rapport surtravail/travail nécessaire est égal au taux de plus-value. Il est l'expression exacte du degré d'exploitation de la force de travail par le capital. C'est l à que, selon Marx, réside le caractère antagoniste du mode de production capitaliste : l'accroissement de ce taux de plus-value constitue l'objet central du capitaliste ; il ne peut se réaliser que par une exploitation accrue de la force de travail.

## B. L'exploitation de la force de travail et ses modalités : plus-value absolue et plus-value relative

**Une première possibilité consiste à jouer sur la durée de la journée de travail** ; on suppose que la configuration technique du système productif demeure inchangée.

**1er cas : journée de travail de 8 heures**

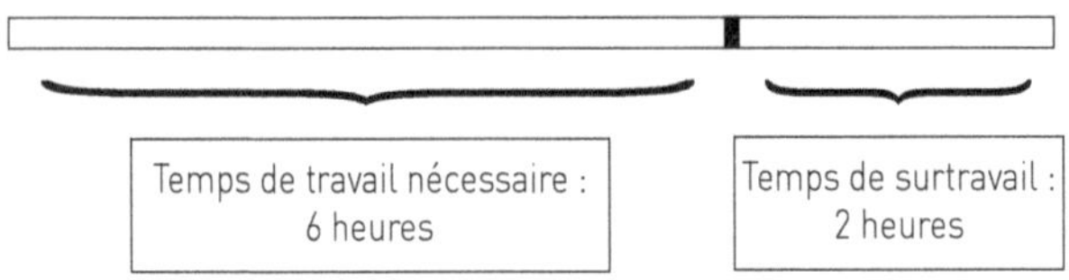


Le taux de plus-value est ici de 2/6 = 1/3

**2e cas : journée de travail de 12 heures**

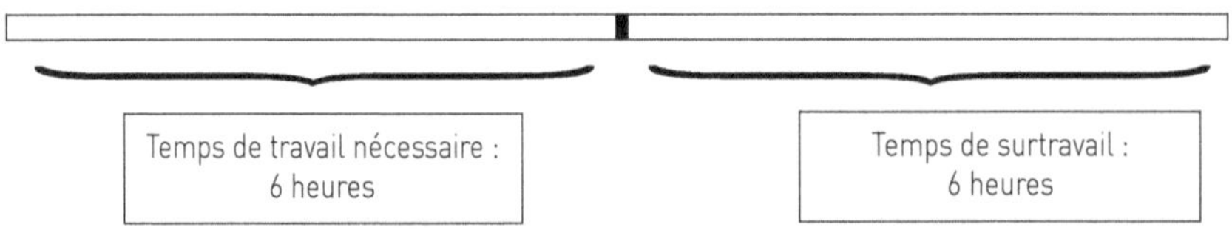


Le taux de plus-value est ici de 6/6 = 1

On constate que l'accroissement de la journée de travail a permis une progression du taux de plus-value ; cette forme d'extraction de la plus-value est appelée plus-value absolue. Elle présente toutefois trois limites :

- elle repose sur l'hypothèse peu réaliste de stabilité de la structure productive : la possibilité des gains de productivité n'est pas prise en compte ;
- les limites physiques de cette solution sont rapidement atteintes ;
- l'exploitation de la force de travail est dans ce cas trop visible.

Pour ces raisons, l'extraction de la plus-value absolue se limite aux premiers temps du capitalisme industriel et sera rapidement supplantée par des formes productives beaucoup plus performantes.

**Deuxième possibilité : l'intensification de la journée de travail conduisant à la plus-value relative.** Le progrès technique et les gains de productivité sont pris en compte, l'intensification du « *procès de travail* » permet donc d'accroître la valeur produite par heure de travail.

**1er cas : journée de travail de 12 heures**

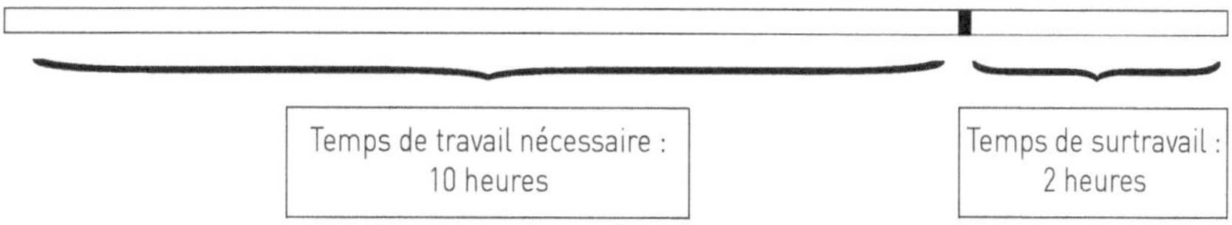


Le taux de plus-value est ici de 2/10 = 1/5

**2e cas : journée de travail de 12 heures**

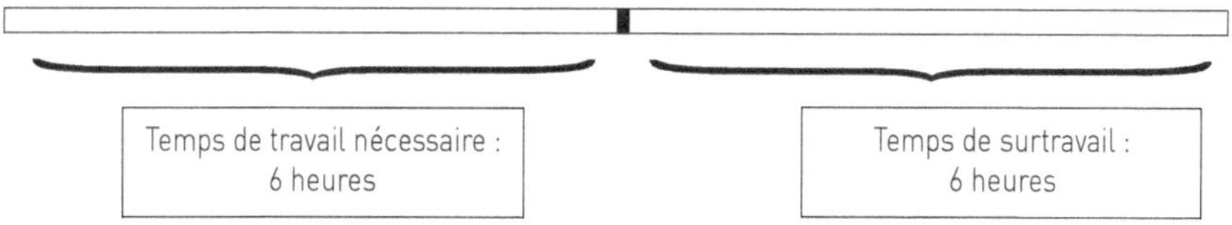


Le taux de plus-value est ici de 6/6 = 1

L'intensification du travail a donc permis un fort accroissement du taux de plus-value ; l'extraction de la plus-value relative présente deux caractéristiques essentielles :

- les hypothèses concernant le progrès technique sont plus réalistes ;
- surtout, il n'y a plus de limites physiques à l'amélioration de la productivité du travail : les perspectives de croissance du taux de plus-value sont considérables. À partir de ce socle théorique, Marx va montrer le caractère contradictoire du mode de production capitaliste et prévoir sa chute inéluctable.

## 5) La baisse tendancielle du taux de profit, contradiction majeure du système capitaliste

### A. La nature profonde du capitalisme est la recherche du profit maximum par l'extraction de la plus-value et sa conversion en capital

**Le capitalisme n'est pas un système destiné à satisfaire des besoins, mais à générer des profits, et ce, dans un contexte de concurrence entre les capitalistes.**

À ce stade, Marx opère un basculement de l'abstrait au concret (conformément à la méthode dialectique) : il s'agit de passer de l'analyse abstraite de la valeur, qui caractérise le livre I du *Capital* aux formes concrètes de transformation de la valeur en prix de production autour desquels gravitent les prix de marché, objet des livres II et III du *Capital*. La logique d'ensemble est donc la suivante :

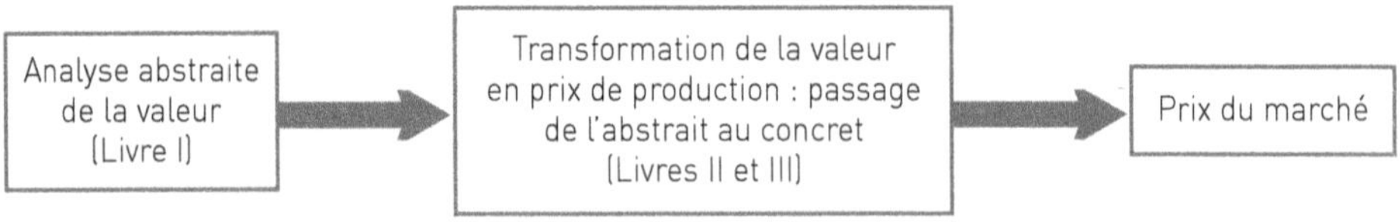


**La transformation de la valeur en prix de production renferme l'essentiel de la dynamique du système capitaliste, c'est-à-dire de l'accumulation du capital.** Marx en distingue deux formes :

- l'accumulation de capital individuel, ou reproduction simple, dans une logique que l'on peut qualifier de microéconomique ;
- la reproduction élargie, qui est la norme dans le système capitaliste, où l'accumulation du capital prend un caractère social et qui est, selon Marx, de nature profondément contradictoire. Ce caractère contradictoire du mode de production capitaliste est particulièrement mis en évidence à travers la notion de baisse tendancielle du taux de profit.

En effet, l'accumulation capitaliste, sous la forme de la reproduction élargie, est caractérisée par la concurrence entre capitalistes. Chaque entrepreneur est engagé, pour faire face à la concurrence, dans une recherche permanente de coûts de production plus bas, d'amélioration de la productivité, de nouveaux marchés à conquérir… Nous avons vu que la solution passant par la recherche de plus-value absolue est limitée ; l'extraction de la plus-value relative offre des possibilités autrement plus importantes. Mais ces deux solutions ont en commun de pousser les capitalistes à accroître l'accumulation de capital constant (utilisation de plus en plus forte de machines par exemple), ce qui se traduit par une hausse de la composition organique du capital (rapport capital constant sur capital variable *c/v*). Parallèlement, le recours aux gains de productivité engendre (au moins à court terme) une hausse du chômage (ce que Marx appelle « *armée industrielle de réserve* ») : la sous-consommation se conjugue à la surproduction.

Si l'on écrit : taux de profit $\Pi = \frac{Pl}{c+v} = \frac{\frac{Pl}{v}}{\frac{c}{v}+1}$

alors, à terme, l'accroissement de c va faire tendre le taux de profit vers zéro. Le mécanisme peut être résumé par le schéma suivant :

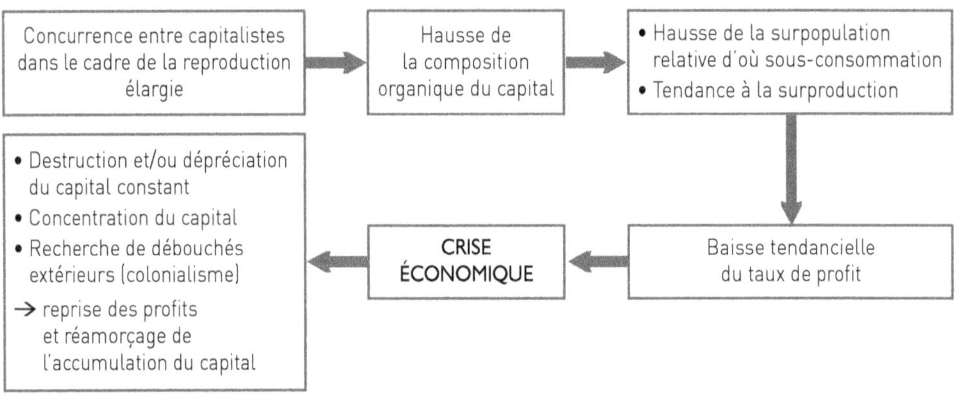

## B. Le statut des crises dans la dynamique marxiste

**Les microdécisions des capitalistes individuels ne convergent pas vers une utilisation optimale des facteurs de production :** loin de la thèse smithienne de la main invisible, où les intérêts individuels fondent le bien-être social, la loi de l'accumulation capitaliste conduit à un immense gaspillage de ressources.

**Le statut de la crise est tout à fait considérable dans l'œuvre de Marx. Loin d'être un simple choc exogène, la crise est consubstantielle au système capitaliste et réside essentiellement dans le caractère antagonique du mode de production capitaliste.** La crise a donc un statut fondamental de résolution brutale des contradictions du système et d'assainissement, donc de régulation. Mais ces crises n'opèrent que de façon transitoire, la dynamique de l'accumulation reprenant, une fois rétabli le taux de profit : « *les crises ne sont jamais que des solutions momentanées et violentes des contradictions existantes, des éruptions violentes qui rétablissent pour un moment l'équilibre troublé.* »

**Enfin, la loi de la baisse tendancielle du taux de profit représente la contradiction suprême du capitalisme, qui produit lui-même les conditions de sa chute inéluctable.** Le caractère antagonique du capitalisme est dénoncé en des termes prophétiques : « *la loi qui toujours équilibre le progrès de l'accumulation et celui de la surpopulation relative, rive le travailleur au capital plus solidement que les coins de Vulcain ne rivaient Prométhée à son rocher. C'est cette loi qui établit une corrélation fatale entre l'accumulation du capital et l'accumulation de la misère, de telle sorte qu'accumulation de richesse à un pôle, c'est égale accumulation de pauvreté, de souffrance, d'ignorance, d'abrutissement, de dégradation morale, d'esclavage, au pôle opposé, du côté de la classe qui produit le capital même.* »

*Le Capital* reste donc, aujourd'hui comme hier, une irremplaçable analyse du capitalisme. Contrairement à ce que l'on peut penser, il y a très peu de développements sur la société communiste appelée, selon Marx, à remplacer un jour le capitalisme. La conclusion du *Capital*, à la fin du livre III, sonne comme un appel à la dignité humaine. Laissons-lui, encore une fois, la parole : « *À la vérité, [...] la liberté ne peut consister qu'en ceci : les producteurs associés – l'homme socialisé – règlent de manière rationnelle leurs échanges organiques avec la nature et les soumettent à leur contrôle commun au lieu d'être dominés par la puissance aveugle de ces échanges ; et ils les accomplissent [...] dans les conditions les plus dignes, les plus conformes à leur nature humaine.* »

# 7 Éléments d'économie politique pure

## *ou Théorie de la richesse sociale*

Léon Walras

Cet ouvrage a fait l'objet de cinq éditions (1874, 1889, 1896, 1900 et 1926). Il fait partie des œuvres complètes d'Auguste et de Léon Walras en quatorze volumes (Economica, 1988). Le volume VIII de ces œuvres complètes présente la version définitive du livre majeur du maître de Lausanne (888 p.) avec une vision synoptique des éditions antérieures, ce qui permet de comprendre l'évolution de la pensée de l'auteur. Dans cet ouvrage, L. Walras, l'un des fondateurs du courant néoclassique, pose les lignes directrices de sa pensée économique et donne une solution mathématique au problème de la détermination des prix courants en concurrence, une formule scientifique de la loi de l'offre et de la demande ainsi qu'une version définitive de l'équilibre général.

## 1) L'économie politique est pure et autonome

### A. La théorie de l'économie politique pure est celle de la richesse sociale

**L'économie politique pure est principalement la théorie de la détermination des prix dans un régime hypothétique de libre concurrence.** La richesse sociale est l'ensemble « *de toutes les choses, matérielles ou immatérielles, qui sont susceptibles d'avoir un prix parce qu'elles sont rares c'est-à-dire utiles et limitées en quantités* ». La richesse sociale fonde la propriété privée. Comme cette richesse sociale est rare, elle a un prix et elle est échangeable ; c'est cette valeur d'échange qui fonde l'objet même de l'économie. Trouver le système de prix d'équilibre est la vocation de l'économie politique pure et sa fonction est de formuler des lois qui régissent la formation de la valeur et de la richesse sociale.

**L'économie politique pure suppose une définition rigoureuse des éléments qui la composent.** Dans la richesse sociale se trouvent les capitaux qui servent plusieurs fois et les revenus qui ne servent qu'une seule fois. Les capitaux englobent les capitaux eux-mêmes ainsi que les terres et les facultés personnelles. Les revenus comprennent des éléments matériels (consommation et matières premières) et des éléments immatériels (les services). « *Les services de capitaux qui ont une utilité directe vont se réunir aux objets de consommation sous le nom de services consommables ; ceux qui n'ont qu'une utilité indirecte vont se réunir aux matières premières sous le nom de services producteurs. L à est, à mon sens, la clef de toute l'économie politique pure.* » Cette démarche permet de déboucher sur trois types de théories : la théorie de l'échange qui détermine les prix des objets de consommation et de services consommables ; la théorie de la production qui détermine les prix des matières premières et des services producteurs et les théories de la capitalisation et de la circulation concernant les prix des capitaux fixes et circulants.

## B. L'économie politique pure est une science exacte

**La théorie économique se doit d'être mathématique.** La théorie de Walras repose avant tout sur celle de l'échange. L'état d'équilibre dépend « *de l'obtention par chaque échangeur du maximum d'utilité et ensuite de l'égalité de la quantité demandée et de la quantité offerte de chaque marchandise par tous les échangeurs* ». Ce résultat déterminant les conditions d'utilité ne peut être obtenu que par la mathématique. Pour que le système de l'équilibre général fonctionne, il faut, cependant, qu'il y ait autant d'équations que d'inconnues.

**La démarche mathématique permet à l'économie d'asseoir sa scientificité et à l'économie politique pure d'être une science exacte.** Le raisonnement économique se doit de se doter d'une base mathématique afin de démontrer sa logique expérimentale et rationnelle. C'est pour cette raison que la théorie de la détermination des prix en libre concurrence est une théorie mathématique. « *Quant aux économistes qui, sans savoir en quoi consistent les mathématiques, ont décidé qu'elles ne sauraient servir à l'éclaircissement des principes économiques, ils peuvent s'en aller répétant que la liberté humaine ne se laisse pas mettre en équations ou que les mathématiques font abstraction des frottements qui sont tout dans les sciences humaines et autres gentillesses de même force.* » Le XXe siècle devrait rendre justice à cette vision de l'économie qui mélange induction et déduction, raisonnement et expérience alors que le XIXe siècle a vu s'opposer « *lettrés et calculateurs* ».

# 2) L'équilibre général est un état vers lequel l'économie en régime de concurrence doit tendre

## A. L'équilibre général se réalise par tâtonnements et par la loi des proportionnalités des utilités marginales relatives aux prix

**L'équilibre se réalise par tâtonnements sous l'égide du crieur ou commissaire-priseur.** Walras reprend le principe de la vente à la criée appliqué au marché boursier qui apparaît comme le lieu idéal des principes de concurrence. Les prix sont des indicateurs qui vont déterminer les comportements des acteurs (vendeurs et acheteurs). Le crieur (ou commissaire-priseur) prend en compte les différents avis des acteurs. Il est extérieur à l'échange tout en y participant et les acteurs par leurs comportements permettent la réalisation de l'équilibre mais ne peuvent jouer sur le prix (atomicité du marché).

Pour Walras, l'augmentation du prix d'un bien entraîne la diminution des quantités demandées de ce bien. « *Les prix ou les rapports des valeurs d'échange sont égaux aux inverses des quantités de marchandises échangées.* » Le prix est un signal émis par le marché par rapport auquel l'agent ajuste son choix.

**L'individu recherche l'utilité maximum des marchandises, c'est-à-dire la distribution la plus efficace de son revenu par rapport à ses besoins,** à partir du moment où l'on admet que les quantités de capitaux sont données par la nature ou déterminées au hasard. Mathématiquement, ce système se résout par la proportionnalité des raretés aux prix des biens et services ainsi qu'aux capitaux. Cette double proportionnalité ne peut être amenée que si les conditions de la libre concurrence sont parfaitement respectées.

L'utilité marginale ou la rareté sera une fonction décroissante de la quantité consommée et l'échangeur obtiendra le maximum de satisfaction de ses besoins si « *à certains prix criés, il demande et offre des marchandises en quantités telles que les raretés de ces marchandises après l'échange sont proportionnelles à leurs prix* ». C'est la force de la libre concurrence qui permet d'arriver à ce résultat remarquable : « *la satisfaction maximale des besoins a lieu lorsque le rapport des intensités des besoins satisfaits ou le rapport des raretés est égal au prix.* »

## B. L'équilibre général est une représentation simplifiée et idéale d'une économie de libre concurrence

**L'équilibre est général car il se réalise de manière interdépendante sur les marchés des biens et des services consommables, de la production et de la monnaie.** Sur le marché des objets de consommation et des services consommables, des rapports d'échange à la criée par tâtonnements vont s'établir en prenant comme numéraire l'un des biens échangés. Les prix courants d'équilibre correspondent à l'égalité de l'offre et de la demande et déterminent l'échange. À partir de cet équilibre se pose la question de la production.

Le marché de la production est double : un marché des services sur lequel ces services sont offerts par les propriétaires fonciers, travailleurs et capitalistes et des services demandés qui sont des services consommables par ces mêmes propriétaires fonciers, travailleurs et capitalistes ; un marché des produits qui sont offerts par les entrepreneurs et demandés comme les matières premières par ces mêmes entrepreneurs et les objets de consommation par les propriétaires fonciers, travailleurs et capitalistes. « *Sur chaque marché va s'établir un équilibre entre la demande et l'offre de chaque service ou produit et pour lesquels en outre le prix de vente de chaque produit est égal à son prix de revient en services producteurs.* »

**La monnaie n'est qu'un voile, c'est-à-dire qu'elle ne sert qu'à échanger les biens et les services.** Poser le marché de la capitalisation suppose qu'il existe d'un côté des propriétaires fonciers, travailleurs et capitalistes qui épargnent offrant des capitaux neufs et de l'autre, des entrepreneurs qui investissent. Le marché des capitaux neufs fixe un prix « *selon le mécanisme de l'enchère et du rabais* » mais qui est en fonction des prix des services consommables ou producteurs. Le prix du capital neuf est égal au rapport du prix de son service au taux de revenu. Le taux de revenu permet de déterminer non seulement le prix des capitaux neufs mais aussi anciens. La question des capitaux circulants (ce que deviennent ces prix lorsque le numéraire est en même temps la monnaie) est réglée si l'on considère la monnaie comme n'ayant pour seule fonction que de permettre les échanges en raison de certains coefficients de fabrication.

**Pour que le système soit déterminé et donc admette une solution, il faut qu'il y ait autant de marchés que de biens et autant d'équations que d'inconnues.** Du côté de la demande, comme chaque bien ne peut être échangé contre lui-même, le n-ième bien ne pourra l'être qu'avec un des (n – 1)-ièmes autres biens. « *La marchandise en laquelle on énonce ainsi les prix de toutes les autres est le numéraire.* » Il y aura donc n(n – 1) équations de demande. Du côté de l'offre, le raisonnement étant similaire, le résultat final est que la somme des demandes est égale à la somme des offres. Si n(n – 1) marchés sont en équilibre, le n-ième le sera nécessairement. Ainsi, (n – 1) équations suffisent pour réaliser l'équilibre. « *Plusieurs marchandises étant données, dont l'échange se fait avec intervention de numéraire, pour qu'il y ait équilibre du marché à leur égard, ou prix stationnaire de toutes ces marchandises en numéraire, il faut et il suffit qu'à ces prix la demande effective de chaque marchandise soit égale à son offre effective.* »

L'équilibre général n'est pas une situation fixe mais un état vers lequel l'économie doit tendre dans le cadre d'un régime concurrentiel. C'est un état idéal en continuelle mouvance qui ne reflète pas nécessairement la réalité. Le déséquilibre d'un des trois marchés bouleverse l'ensemble mais la tendance à l'équilibre de ces marchés par les mécanismes de marché implique une tendance générale à l'équilibre. « *Lorsque cette égalité n'existe pas, il faut, pour arriver à cet équilibre, une hausse du prix des marchandises dont la demande effective est supérieure à l'offre effective et une baisse du prix de celles dont l'offre effective est supérieure à la demande effective.* »

Les *Éléments d'économie politique* de Léon Walras font partie des œuvres fondatrices de la théorie néoclassique parmi lesquelles nous pouvons citer entre autres celles de Stanley Jevons et de Carl Menger. Méconnu et critiqué à son époque, ce livre est devenu une référence incontournable en économie. Cette vision walrassienne représente un changement radical dans la conception de l'économie car elle fait entrer par la grande porte la mathématique dans le champ de l'analyse économique, à travers sa loi des proportionnalités des utilités marginales rapportées aux prix et son équilibre général. Cette approche est devenue, un siècle plus tard, dominante.

# 8 Principes d'économie politique

## Alfred Marshall

« Nous sommes tous les élèves d'A. Marshall ! » Cette phrase de J. M. Keynes, élève lui-même du maître de Cambridge à la fin du XIXe siècle et au début du XXe, montre bien que l'œuvre d'A. Marshall (1842-1924) est fondamentale et incontournable en économie. En cela, *Principes d'économie politique*, livre principal de Marshall (composé de deux tomes respectivement de 550 et 650 pages, paru en 1898 pour la quatrième édition qui a servi de référence à la traduction française de 1907 par Giard et Brière) est un indispensable de la culture de tout économiste. Il constitue une pièce maîtresse de l'analyse néoclassique mais dans une présentation plus littéraire et avec un esprit critique développé. Pour Marshall, l'économie enseignée doit être pratique, proche des affaires mais aussi des problèmes sociaux.

## 1) Les fondements de la méthode « économique »

### A. « L'économique » est une science de la vie quotidienne qui doit se doter d'une méthode

**Les lois économiques expriment des tendances indicatives et non des règles impératives.** « *Les formules exprimant les tendances que, sous certaines conditions, présentent les actions des hommes sont des lois économiques.* » À partir de faits empiriquement observés, la science économique a pour objectif d'analyser les causes de ces phénomènes afin de mieux comprendre la réalité économique présente et les évolutions futures. « *Les lois et les raisonnements économiques constituent simplement une partie des ma tériaux que la conscience et le sens commun ont à utiliser pour résoudre les problèmes pratiques et pour établir des règles qui peuvent servir de guide dans la vie.* » Pour comprendre la réalité économique, l'hypothèse d'un homœconomicus parfaitement rationnel et égoïste n'a pas apporté les preuves de son efficacité et c'est pour cette raison qu'il faut lui adjoindre des influences morales et altruistes. L'individu économique agit aussi en fonction de motifs qui relèvent de l'éthique.

**Les lois économiques s'inscrivent dans un processus de continuité et dans un schéma d'interdépendances.** La prise en compte du temps est une grande difficulté pour comprendre les faits économiques. Les lignes de démarcation entre le court terme et le long terme sont floues. C'est plutôt le principe de continuité temporelle qui caractérise les faits économiques avec des différences en termes de graduation. Il y a peu de pertinence à distinguer rente et intérêt du capital, capitaux flottants et immobilisés… en fonction du temps. On passe d'un groupe à l'autre graduellement et ces éléments forment un tout. « *Plus une théorie économique est simple et absolue, plus est grande la confusion qu'elle entraîne lorsqu'on essaye de l'appliquer à la pratique. Il n'y a pas dans la réalité de division nette entre les choses qui sont et celles qui ne sont pas des capitaux, ni entre les choses nécessaires à la vie et celles qui ne le sont pas, ni encore entre un travail productif et celui qui ne l'est pas.* »

Les phénomènes économiques sont complexes comme les phénomènes naturels et il ne s'agit pas de les réduire à une série de propositions élémentaires. Leur compréhension suppose la prise en compte de multiples relations d'interdépendances et non d'une simple « *chaîne de causation* ». C'est à ce niveau que les mathématiques peuvent aider le raisonnement économique car « *elles permettent de saisir plusieurs principes importants mieux qu'on ne peut le faire autrement* ».

**« *L'économique* » a pour objet d'étude les questions pratiques quotidiennes.** « *Elle examine la partie de la vie individuelle et sociale qui a plus particulièrement trait à l'acquisition et à l'usage des choses matérielles nécessaires au bien-être.* » Cette « *économique* » (terme plus large que politique économique), de nature récente, cherche à trouver une organisation des actions des hommes afin de les libérer du poids de la coutume et de mieux satisfaire leurs besoins. Elle doit se doter d'une méthode reposant sur l'observation des faits mais aussi sur une analyse de ces faits afin d'en tirer des conséquences. « *L'économiste doit être avide de faits mais les faits par eux-mêmes n'apprennent rien. La science économique n'est que l'effort du sens commun aidé par les procédés organisés de l'analyse et du raisonnement.* » L'étude empirique doit aller de pair avec la théorie se centrant sur les statistiques modernes. Le regroupement en séries de faits économiques isolés mais analogues ou proches permet de déterminer des interrelations et de mieux comprendre la réalité économique. Ainsi, « *l'économique servira de guide dans la conduite pratique de la vie* ». En cela, le raisonnement économique doit être exprimé en un langage intelligible au grand public.

La dynamique est la méthode qui permet d'analyser les mouvements économiques. Cette méthode consiste à ne considérer qu'un petit nombre de forces économiques en réduisant « *toutes les autres forces à l'inaction au moyen de la formule "toutes choses étant égales d'ailleurs"* ». Ensuite, il s'agit d'intégrer ces hypothèses statiques aux conceptions dynamiques de départ pour étendre le raisonnement et percevoir les interdépendances entre toutes les forces économiques afin de découvrir le mouvement économique.

## B. Tout travail est productif dès qu'il a une utilité

**L'homme ne produit pas des choses matérielles mais des utilités.** En d'autres termes, la production n'a pour but que de s'adapter le mieux possible à la satisfaction des besoins. La production d'utilités se trouve aussi bien dans les activités industrielles que dans les services. Cependant, le terme « *productif a toujours été employé pour désigner particulièrement la richesse accumulée* » et a été mal compris. Les mercantilistes considéraient comme improductif tout travail qui n'avait pas pour but de produire des biens pour être exportés en échange de métaux précieux. Pour les physiocrates, seul le travail agricole est productif car « *il laisse derrière lui un revenu net de richesse accumulée* ». A. Smith pensait que le travail agricole était plus productif que les autres. Ses successeurs ont rejeté cette distinction mais ont généralement repris l'idée qu'un « *travail productif est celui qui tend à augmenter la richesse accumulée* ». Pourtant, il faut accepter le principe que tout travail quel qu'il soit est productif et il n'y a pas à faire de distinction entre les différents types de travaux des individus à partir du moment où ces travaux permettent la production de biens ou services satisfaisant un besoin c'est-à-dire produisant des utilités.

**Les salaires sont fixés par les conditions générales de l'offre et de la demande.** « *Les salaires tendent à égaler le produit net du travail c'est-à-dire la productivité-limite* [ou marginale] *du travail.* » Mais l'offre et la demande exercent des influences coordonnées sur les salaires et « *ni l'une, ni l'autre ne prétend à la dominance* ». Il existerait donc un équilibre quelque peu accidentel sur le marché du travail mais un équilibre déterminé par « *l'ensemble des causes qui gouvernent l'offre et la demande* ». Cette égalisation entre offre et demande va se réaliser cependant sur une période de temps relativement longue. « *Il faut une période de temps particulièrement longue dans le cas où il s'agit du travail pour donner libre jeu aux forces économiques qui tendent à réaliser l'adaptation entre l'offre et la demande.* »

**Un changement dans la répartition des revenus favorable aux salariés permettrait d'augmenter la production.** « *Les anciens économistes n'ont pas assez tenu compte du fait que les facultés humaines sont un instrument de production aussi important que toute autre forme de capital.* » Ainsi, toute modification dans la distribution de la richesse ayant pour but d'augmenter la part des salariés « *a des chances de hâter l'accroissement de la production de la richesse matérielle et ne saurait en revanche en retarder d'une façon sensible l'accumulation* ».

## 2) Marché et prix

### A. L'équilibre est une situation possible mais instable

**La demande est aussi importante que l'offre.** Les auteurs classiques et en particulier D. Ricardo ont souvent insisté sur les coûts de production comme déterminants de la valeur et ont délaissé la place de la demande. « *Ce sont les besoins de l'homme qui donnent l'essor à son activité et par la suite, chaque progrès est dû à de nouvelles activités qui suscitent de nouveaux besoins.* » Ainsi, l'étude de la consommation doit précéder et non pas suivre l'analyse économique comme ont pu le faire des auteurs anglais comme S. Jevons qui ont donné « *des limites rigides à leur science* ». La demande varie selon « *la loi de satiété des besoins* » ou de l'utilité décroissante. « *L'utilité totale d'une chose augmente avec toute augmentation de la quantité mais non pas aussi rapidement que cette quantité. Si cette quantité augmente à un taux uniforme, les avantages qu'en tire un individu augmentent à un taux décroissant.* » La quantité d'un bien qu'une personne consent à acheter s'appelle « *l'achat-limite* » (« *marginal purchase* ») et à cet « *achat-limite* » correspond « *une utilité-limite* » qui diminue avec toute augmentation de la quantité consommée du bien.

La demande doit aussi tenir compte du prix des biens. « *La demande devient efficace seulement lorsque le prix qu'elle est disposée à offrir atteint celui auquel les autres sont disposés à vendre.* » Plus la demande est importante, plus le prix qu'une personne consentira à payer sera faible. Il faut cependant prendre en considération aussi le prix des autres biens. L'équilibre sera trouvé quand les utilités rapportées aux prix seront égales.

**L'offre dépend du travail et des capacités d'épargne.** Le travail et l'épargne représentent des efforts. « *Le prix de la tâche entière est déterminé par la peine qu'exige du travailleur cette partie du travail qu'il exécute avec le plus de répugnance et qu'il est presque sur le point de se refuser à exécuter.* » Ceci correspond à la « *désutilité-limite* » du travail. Le prix d'offre de travail (salaire) sera déterminé lorsque « *l'utilité-limite* » du travail sera juste supérieure à sa « *désutilité-limite* ». Quant à l'épargne, elle correspond à l'effort qu'il faut faire pour différer une consommation. L'accumulation de la richesse est déterminée par l'épargne et le taux d'intérêt. « *Toute accumulation implique une certaine attente, un certain ajournement de satisfactions. L'intérêt est la rémunération de cette attente.* » Plus le taux d'intérêt est élevé, plus l'épargne sera importante.

**L'équilibre en économie n'est pas statique mais dynamique.** Il est faux de penser que l'équilibre est une situation statique et durable car si on se réfère aux sciences physiques, on ne peut faire la différence entre l'étude statique et l'étude dynamique. Elles forment un tout. En cela, il faut rechercher la complexité des relations économiques et non se limiter à des distinctions trop simplistes et éloignées de la réalité. Il s'agit de « *se concentrer sur ce qu'il y a d'essentiel et de permanent dans l'action des forces qui façonnent le progrès et l'économiste, comme le physiologiste, fera souvent mieux d'appliquer presque toute son énergie aux phases récentes d'évolution, tout en faisant bon accueil aux renseignements que d'autres lui fournissent en ce qui concerne les phases anciennes.* »

### B. La valeur est déterminée par l'ensemble des conditions du marché

**Le prix est une bonne mesure de l'utilité** à condition de retenir aussi l'utilité collective procurée par la richesse collective. L'usage de la monnaie est indispensable au développement des échanges. Un référent monétaire permet de déterminer les « *utilités-limites* » pour tous les biens et donc de déterminer les choix entre les différentes consommations. « *Les acteurs s'efforcent de réaliser des économies de telle façon que la somme d'utilité dont ils se privent soit aussi faible que possible et que la somme qui leur reste soit aussi grande que possible.* »

L'achat d'un bien procure « *un excédent de satisfaction* » qui correspond à la différence entre le prix qu'une personne aurait consenti à payer et le prix qu'elle paye réellement. C'est « *le bénéfice du consommateur* » (« *consumer's surplus* »).

**En longue période, tous les facteurs de production sont variables.** Le rapport entre le prix offert et la quantité produite est différent si on se place en courte ou en longue période. En courte période, les difficultés d'adaptation de l'entreprise sont telles que le prix offert est très directement lié aux quantités produites et va donc varier avec l'offre. Par contre, en longue période, l'entreprise peut s'adapter et le prix va dépendre d'un ensemble de conditions qui dépassent largement les conditions de production particulières du bien considéré. Le facteur capital devient variable et le prix est fonction des conditions générales du marché et non plus seulement des conditions d'offre c'est-à-dire des coûts de production.

## 3) Des idées économiques avant-gardistes

### A. La mesure de la richesse doit inclure les biens collectifs

**La richesse est l'ensemble des biens individuels et collectifs qui permettent la satisfaction des besoins des individus.** La mesure de la richesse doit être envisagée d'un point de vue individuel et économique ainsi que sous un angle social et collectif. Sur le plan individuel, on trouvera les biens matériels, les biens personnels et les biens immatériels ; ce sont des biens économiques au sens où ils appartiennent à un individu et que leur valeur est directement mesurable en monnaie exprimant le prix de l'effort pour les produire et les besoins qu'ils satisfont. Sur le plan social, il s'agit des biens qui sont la propriété d'une collectivité ; la mesure de la richesse doit prendre en compte ces biens collectifs (routes, canaux, parcs publics, canalisations...) car ils œuvrent à l'augmentation de la richesse nationale. Les individus ne bénéficient pas tous et dans les mêmes conditions des effets positifs (externalités positives) de ces biens collectifs. « *Toutes choses restant égales, une personne a plus de richesse véritable* *qu'une autre si l'endroit où elle vit a de meilleures rues, une meilleure eau, un système d'égouts plus salubres, de meilleures occasions de distraction et d'instruction...* » Ainsi, la richesse nationale influence de manière différente la richesse individuelle mais ces deux richesses forment la richesse totale.

**Le capital social contribue à produire le revenu national.** Le mot « *capital* » a deux sens différents : celui de la productivité (« *productiveness* ») et celui de la mise en réserve pour l'avenir (« *prospectiveness* »). Le capital est avant tout demandé pour les services qu'il rend c'est-à-dire son apport en productivité. Mais, l'offre de capital est déterminée également par les capacités d'épargne de l'économie. Cette « *réserve en vue de l'épargne* » est un sacrifice du présent pour l'avenir.

Le terme de capital a été souvent utilisé dans le sens où il était possible de tirer un revenu de ce capital. Il faut accepter l'idée que le capital est avant tout « *basé sur l'usage qui en est fait dans les affaires* » mais il a aussi une dimension sociale incluant l'ensemble des richesses individuelles comme celles qui sont de propriété publique.

Face à ces difficultés dans l'approche de la notion de capital, la notion de richesse est préférable. « *Nous devons employer le mot de capital lorsque nous considérons les choses comme agents de production et celui de richesse lorsque nous les considérons comme résultats de la production, comme objets de consommation et comme procurant les plaisirs de la possession.* »

**L'organisation industrielle produit des économies externes.** L'augmentation de la richesse et les progrès de la population facilitent la mise en place d'une organisation industrielle qui à son tour participe à une plus grande efficacité productive collective. « *Si l'action de la nature dans la production montre une tendance au rendement décroissant, l'action de l'homme et l'organisation industrielle montrent une tendance au rendement croissant.* » Ces rendements croissants ou économies externes (organisation du travail plus efficace, concentration du capital...) se réalisent surtout dans les branches industrielles. Ainsi, rendements décroissants dans l'agriculture et rendements croissants dans l'industrie se compensent. Comme dans les économies modernes, la base industrielle tend à remplacer la base agricole, « *la puissance productrice d'un pays peut s'accroître d'une façon plus que proportionnelle à l'augmentation du chiffre de sa population* ».

## B. Rendements décroissants, état stationnaire et monopole sont des notions à reconsidérer

**L'augmentation de la population repousse la loi des rendements agricoles décroissants.** Le produit de la terre tend à suivre la loi des rendements décroissants énoncée par D. Ricardo. Cette loi est admissible mais à un lieu et à un temps particuliers. Ricardo a sous-estimé les avantages indirects qu'une population dense offre à l'agriculture car « *tout accroissement de population a pour effet d'améliorer l'organisation du commerce et de l'industrie et donc il peut se faire qu'un accroisse ment de la population entraîne une augmentation plus que proportionnelle de la quantité des moyens de subsistances* ». L'augmentation de la population ainsi que la hausse du niveau d'éducation repoussent donc la décroissance des rendements agricoles. Non seulement l'augmentation de la population n'est pas un obstacle à l'augmentation de la production mais elle peut l'accélérer sous certaines conditions.

**Le progrès repousse sans cesse les limites de la croissance et l'état stationnaire est une fiction.** Le progrès et la diffusion des connaissances mènent constamment à l'adoption de nouveaux procédés et de nouvelles machines qui économisent l'effort de l'homme. À mesure que la civilisation a progressé, sans cesse on a vu apparaître de nouveaux besoins chez l'homme et des façons nouvelles et plus coûteuses de les satisfaire. « *Il me semble y avoir aucune bonne raison de croire que nous soyons le moins du monde proches d'un état stationnaire où il n'y aurait aucun besoin nouveau important à satisfaire. Toute l'histoire de l'homme montre que ses besoins s'étendent à mesure que se développent ses richesses et ses connaissances.* »

**Le monopole sous certaines conditions peut apporter des avantages à la collectivité.** Le monopoleur va fixer son prix « *non de façon que le prix auquel il peut vendre sa marchandise couvre exactement ses frais de production mais de façon que ce prix lui procure le maximum de revenu* ». Cependant, pour certaines productions (gaz, électricité, chemins de fer...), la baisse du prix va entraîner une très forte augmentation de la demande se répercutant positivement sur le revenu du monopoleur. Ainsi, il n'est pas sûr que le monopole ait toujours intérêt à augmenter son prix pour accroître son revenu. Les intérêts du monopoleur (maximisation du profit) peuvent correspondre aux intérêts de la collectivité (augmentation de la satisfaction de la population et du surplus du consommateur).

Les *Principes d'économie politique* sont une tentative de conciliation entre les anciennes théories classiques et les théories néoclassiques afin de faire progresser la science économique par complémentarités. C'est un éclairage nouveau sur les méthodes de l'analyse économique et en cela, c'est un livre qui apparaît comme un relais entre la pensée économique du XIX^e^ siècle et celle du XX^e^ siècle. L'analyse économique chez Marshall prend une autre dimension : dépasser l'approche classique et donc devenir néoclassique mais aussi ne pas toujours accepter la formalisation surtout lorsqu'elle s'écarte trop des pratiques quotidiennes.

# 9 Manuel d'économie politique

## Vilfredo Pareto

Cet ouvrage fondamental de la pensée économique, de près de 700 pages, a été publié en 1907 et édité cinq fois en français entre 1909 et 1981. L'objet central du livre est de rechercher des lois dans les phénomènes de l'économie politique et de la sociologie. Pareto, représentant de la doctrine néoclassique, adopte une démarche d'une grande rigueur mathématique afin que l'économie politique puisse devenir une véritable science positive. Composé de neuf chapitres, ce « manuel » est un ensemble disparate de développements sur les sciences sociales et surtout sur tous les domaines de l'économie pure. Il est un mélange d'éléments de cours et de positionnements idéologiques.

### 1) L'approche parétienne scientifique des phénomènes sociaux

#### A. Les lois économiques et sociales peuvent exister

**Les actions humaines présentent certaines régularités c'est-à-dire des lois que l'on peut étudier sur un plan scientifique.** Pour qu'un phénomène d'ordre économique, politique ou social fasse l'objet d'une étude ou de mesure de politique économique, il faut qu'il présente des régularités. Ces lois ne peuvent être connues que par l'analyse scientifique même si pour l'économie politique, il est difficile de les appréhender. Ces théories doivent s'approcher le plus possible de la réalité d'où la nécessité de les confronter aux faits. L'abstraction est la condition préliminaire indispensable de toute démarche scientifique mais « *c'est le concret qui décide de la pertinence d'une théorie. La pratique ne s'oppose pas à la théorie mais les réunit* ». Une science est avant tout analytique même si elle doit tenir compte de ses conséquences morales. Pour devenir scientifique, la sociologie doit se méfier des idées préconçues, des raisonnements pseudo-scientifiques sans base objective et doit être vérifiée par des faits empiriques. La difficulté de la mesure des phénomènes sociaux vient de leur complexité, de leur rareté et des préjugés sur nos sentiments et ceux d'autrui. Dans les actions sociales, il faut distinguer les actions logiques (une action dont les moyens sont adaptés aux buts) des actions non logiques.

***« La sociologie doit se consacrer à une histoire naturelle des sentiments de l'époque. »*** Comme les hommes vivent en société, ils ont des sentiments en commun qui diffèrent selon les peuples et à l'intérieur de ces peuples. Ces sentiments, ces institutions, ces habitudes résultent du niveau de développement de la société et sont en partie le reflet de la classe dominante.

Ces sentiments peuvent connaître des variations cycliques. Ainsi en est-il des sentiments religieux et moraux. L'usage de la raison affaiblit ces sentiments chez les classes supérieures puis il s'étend aux classes inférieures provoquant ensuite une réaction chez ces dernières. Cette réaction va gagner aussi les classes supérieures redonnant une nouvelle vigueur à ces sentiments, parfois sous des formes variées. Les phénomènes sociaux apparaissent ainsi permanents mais sous des formes différentes. Dans ce cadre, si le langage des classes dirigeantes, dans les démocraties, est différent de celui d'autrefois, le but est toujours le même : conserver le pouvoir. « *Le pouvoir laissé au peuple n'est qu'apparent, la réalité est celle du pouvoir attribué à une élite.* »

### B. Les élites ont un rôle majeur dans l'explication des phénomènes sociaux

**Les élites sont en circulation permanente.** La société peut être divisée en deux parties : l'élite (la partie aristocratique au sens éthymologique) et une partie vulgaire. Cette élite est en perpétuel renouvellement (phénomène de circulation des élites). L'aristocratie et surtout la partie déchue de cette aristocratie ont toujours été à l'origine des révolutions entraînant le remplacement des élites.

La bourgeoisie actuelle est décadente. Sa naïveté, son indulgence quant à l'usage de la force et « *son humanitarisme* » aboutissent à laisser libre le champ de la violence. Elle crée ainsi les conditions mêmes de son remplacement. « *La religion humanitaire disparaîtra très probablement lorsqu'elle aura accompli son œuvre de dissolution sociale et qu'une nouvelle élite se sera élevée sur les ruines de l'ancienne.* »

**Les élites sont le vecteur du changement social.** Le changement social apparaît oscillatoire et se réalise par les élites. La modification de l'organisation sociale se fait par étapes révolutionnaires sous l'impulsion des élites des couches inférieures. « *Une révolution éclate qui remplace une aristocratie par une autre. La nouvelle forme sociale prend ensuite une forme rigide et elle sera brisée elle-même par une révolution semblable.* » L'histoire des sociétés est en fait l'histoire de la succession des aristocraties, l'histoire de la circulation des élites.

## 2) L'ophélimité et la concurrence sont indispensables pour comprendre l'équilibre économique

### A. L'ophélimité est un concept majeur dans la théorie parétienne de l'économie pure

**L'utilité économique sera définie par l'ophélimité.** « *L'ophélimité pour un individu est le plaisir que lui procure la quantité consommée d'un bien.* » Les goûts sont déduits du plaisir que les biens procurent aux hommes, c'est-à-dire leur utilité. L'utilité est donc une relation exclusive entre un homme et une chose qui satisfait un besoin et elle augmente lorsque la consommation du bien augmente.

Cependant, cette utilité n'est pas définie dans l'absolu, elle dépend du contexte dans lequel elle s'inscrit. La valeur de l'ophélimité d'un bien ne peut-être déduite de la loi de l'offre et de la demande, donc sa mesure est indéterminée car dépendante des autres biens, d'où la nécessité de parler de « *systèmes d'indices d'ophélimité* ». On passe ainsi d'une utilité cardinale (concept jusqu'alors utilisé par les néoclassiques) mesurable à une utilité ordinale ou ophélimité qui n'est pas mesurable mais avec laquelle on peut seulement classer les préférences.

**Les courbes d'indifférence permettent de représenter l'utilité des consommateurs.** En effet, il est indifférent à l'individu de combiner des quantités de biens différents (séries d'indifférence) à partir du moment où ces combinaisons lui procurent la même utilité (représentées par une courbe d'indifférence) ; les points d'une courbe d'indifférence ont le même indice d'utilité. « *Sur une ligne d'indifférence, il faut augmenter la quantité d'une marchandise pour compenser la diminution de la quantité d'une autre* » dans des proportions différentes, ce qui justifie la forme convexe de ces courbes. Le choix se fera en fonction de l'indice d'ophélimité c'est-à-dire du plaisir qu'éprouve l'individu lorsqu'il jouit de la combinaison qui correspond à un indice donné. Dans la réalité, les courbes d'indifférence sont discontinues, mais si l'on veut appliquer, en économie politique, les principes que l'on retrouve dans la plupart des sciences, il faut remplacer les variations discontinues par des variations continues afin de déterminer l'équilibre.

## B. La définition de l'équilibre économique suppose des conditions

**L'offre et la demande sont deux concepts souvent mal employés qui dépendent de toutes les circonstances de l'équilibre économique.** « *Même aujourd'hui, il est difficile de trouver parmi les économistes non mathématiciens des auteurs qui savent ce que signifient ces termes dont ils se servent à tout propos.* » L'offre est la quantité de marchandise qu'un individu, arrivé au point d'équilibre, a donnée alors que la demande est celle qu'il a reçue. Ces offres et demandes dépendent de leurs prix respectifs, des prix des autres biens échangés et de l'ensemble des conditions de l'équilibre.

**En concurrence, plusieurs conditions doivent être respectées pour arriver à l'équilibre.** La première condition du côté de la demande est que les ophélimités pondérées par les prix de toutes les marchandises soient égales. « *On a ainsi, pour chaque individu, autant de conditions qu'il y a de marchandises moins une.* » À cette condition (appelée A), il faut une condition (B) de budget (un budget par individu). Ainsi, le nombre total de conditions sera « *égal au nombre des individus multiplié par le nombre de marchandises moins une* », une des marchandises servant en fait de monnaie. Les conditions B complètent les conditions A, mais pour avoir le nombre total d'inconnues, il faut y ajouter le nombre de prix (n – 1 marchandises). Ce sont les conditions se référant aux obstacles (c'est-à-dire à la production) qui lèveront ces inconnues. Le nombre total d'inconnues est ainsi égal au nombre total des conditions (A +B+ C) et le problème est résolu du côté de la demande.

L'équilibre est trouvé du côté de la production lorsque le prix de vente est égal au coût de production (condition D). Enfin, il faut qu'il y ait égalité des quantités de marchandises demandées et des quantités de ces marchandises effectivement produites (condition E).

**La notion de valeur doit se limiter à la notion de prix.** La valeur ne doit pas apparaître comme « *une incarnation mystérieuse* », elle se manifeste par le prix et il faut se limiter à cette mesure de la valeur. Le terme de valeur n'a pas été défini de manière suffisamment précise. « *Il vaut mieux comme M. Walras se servir de la notion de prix d'une marchandise B en une marchandise A.* » La valeur existe par le prix et « *tout économiste qui cherche la cause de la valeur montre par l à qu'il n'a rien compris au phénomène synthétique de l'équilibre économique* ». L'utilité (ophélimité) n'est pas la cause de la valeur. La valeur n'existe que par sa manifestation en termes de prix.

## 3) Les goûts et les obstacles permettent simultanément de définir l'équilibre économique

### A. Les goûts ou le rôle de la consommation dans la définition de l'équilibre économique

**L'ophélimité d'une marchandise ne dépend pas seulement de la quantité consommée de cette marchandise mais aussi de la consommation d'autres marchandises.** Cette dépendance peut être perçue de deux manières : le plaisir que nous procure une consommation est joint à d'autres (cas des biens complémentaires) ; on peut substituer une marchandise à une autre pour produire des plaisirs identiques (biens substituables). On doit donc tenir compte de cette dépendance lorsque les variations sont très étendues, mais on peut se limiter, dans le cas de variations très petites (au voisinage d'une position d'équilibre), à définir l'ophélimité d'un bien à partir des seules quantités consommées de ce bien (dans un but de simplification théorique).

**Lorsque les conditions changent, l'équilibre doit être redéfini.** « *Nous devons toujours distinguer entre les changements qui surviennent dans de courtes périodes et ceux qui surviennent après de longues périodes.* » Ainsi, on peut s'écarter du phénomène concret. Pour que la théorie se rapproche le plus possible du concret, il faut que le phénomène étudié se situe au voisinage de l'équilibre car « *nous manquons de données pour savoir comment les choses se passeraient si les conditions de fait du système venaient à être considérablement modifiées* » et que les phénomènes étudiés se répètent afin d'éliminer les variations accidentelles. En économie politique, on ne peut espérer que toutes les conséquences d'une hypothèse soient vérifiées par les faits. « *Certains ont cru que, par le seul fait qu'elle se sert des mathématiques, l'économie politique aurait acquis dans ses déductions la rigueur et la certitude des déductions de la mécanique céleste. C'est l à une grave erreur.* »

**Les ophélimités sont hétérogènes et décroissantes.** On ne peut ni les sommer ensemble, ni les comparer, « *no bridge comme disent les Anglais* ». Cette ophélimité est toujours positive et le montant des dépenses augmente avec le revenu. L'ophélimité élémentaire, c'est-à-dire le quotient du plaisir d'une nouvelle très petite quantité d'un bien divisé par cette quantité, décroît quand la quantité consommée augmente. « *À mesure qu'augmente la quantité consommée, non seulement le plaisir que procurent de nouvelles petites quantités égales ajoutées à la consommation diminue mais de plus les plaisirs que procurent ces petites quantités tendent à devenir égaux* », ce qui vérifie la tendance à l'égalisation des utilités marginales pondérées par les prix.

### B. Les obstacles à satisfaire les besoins ou la place de la production dans la définition de l'équilibre économique

**Les courbes d'indifférence des obstacles permettent de représenter les conditions techniques.** Tout comme l'*homo œconomicus*, l'entreprise est une abstraction. Elle n'est qu'un moyen pour étudier les différentes fonctions du producteur. L'étude de l'entreprise est différente selon qu'elle se situe en concurrence ou en monopole. Ainsi, en concurrence, une entreprise ne peut pas modifier les prix alors qu'en monopole, elle en a la possibilité. Cependant, le but est toujours de réaliser le maximum de profit. Pareto parle d'obstacles pour qualifier l'étude de la production car il faut se procurer des biens pour en produire d'autres en quantités limitées.

La démarche du producteur est la même que celle du consommateur. Sur chaque ligne d'indifférence, le producteur obtiendra le même bénéfice. À la différence du consommateur, le producteur est guidé non pas par des considérations d'ophélimité mais par des considérations de quantités de marchandises. En concurrence, les consommateurs vont changer leurs positions jusqu'à ce que tous soient satisfaits afin de « *s'élever autant que possible sur la colline du plaisir* » ; par contre, le producteur cherchera le maximum de profit afin de « *s'élever aussi haut que possible sur la colline du profit* ».

**L'entreprise détermine les coefficients de production**. Les coefficients de production ne dépendent pas uniquement des conditions techniques de production ; ils résultent aussi des prix de ces facteurs. « *Ces coefficients ne peuvent se déterminer indépendamment des autres inconnues de l'équilibre économique.* » En concurrence, l'entreprise, après des calculs successifs, aboutira à établir sa production lorsque son coût de production sera minimum. Le marché va permettre dans cette mesure d'orienter l'activité non pas au service des entrepreneurs mais au service des consommateurs.

À l'équilibre, les coûts de production sont égaux au prix de vente et « *la somme en numéraire de ce que vendent les entreprises est égale à la somme dépensée par la consommation et la somme de ce qu'achètent les entreprises est égale à la somme des revenus des individus de la collectivité.* » Pour chaque type de production, il y aura un coût minimum de production qui déterminera le nombre d'entreprises sur le marché. À ces niveaux, les entreprises ne font ni profit, ni perte.

## 4) Équilibre économique et optimum collectif

### A. La définition de l'équilibre économique

**Le point d'équilibre sera trouvé au point d'intersection de la ligne d'équilibre des goûts et de celle des obstacles**. Lorsque l'équilibre est trouvé du côté des goûts des consommateurs au point de tangence entre le sentier et la courbe d'indifférence, puis du côté des obstacles des producteurs au point de tangence entre le sentier et la courbe d'indifférence des obstacles, on aura un équilibre général. « *Les prix sont des variables utiles mais pas indispensables* » car ces derniers naissent seulement de l'opposition des goûts et des obstacles. Avec cette démarche, l'économie politique cesse d'être un genre littéraire pour devenir « *une science positive* ».

**L'équilibre économique résulte de l'opposition qui existe entre les goûts et les obstacles**. Le problème économique naît de l'existence de goûts et d'obstacles à la satisfaction de ces goûts donc de la rareté. Si on pouvait disposer à discrétion de tous les biens, il n'y aurait pas de problème économique. Il y a plusieurs possibilités pour donner satisfaction à ces goûts et triompher de ces obstacles, il est donc intéressant de rechercher la meilleure solution. À l'équilibre, les mouvements permis par les obstacles sont empêchés par les goûts et les mouvements permis par les goûts sont empêchés par les obstacles. L'équilibre économique est l'état qui se maintiendrait indéfiniment s'il n'y avait aucun changement des conditions observées. Si cet équilibre est faiblement modifié, il se rétablira de lui-même, c'est un équilibre stable. Cet équilibre est le résultat des mouvements réels des comportements des acteurs et non le fruit d'un raisonnement abstrait.

## B. L'optimum collectif et la différenciation entre théorie et phénomènes concrets

**L'optimum collectif est atteint lorsqu'une augmentation de l'ophélimité de certains conduirait à une baisse de celle d'autres dans une proportion au moins égale.** Du côté de la consommation, le point d'équilibre se trouve au point de tangence de la droite de budget à la courbe d'indifférence. À ce point, les membres de la collectivité auront le maximum d'ophélimité car « *tout petit déplacement à partir de cette position a nécessairement pour effet d'augmenter l'ophélimité dont jouissent certains individus et de diminuer celle dont jouissent d'autres : d'être agréable aux uns, désagréable aux autres* ». Du côté de la production, il faut rechercher les meilleurs coefficients de production qui assurent le maximum d'ophélimité. Sur ce plan, « *l'État collectiviste, mieux que la concurrence, semble pouvoir porter plus haut le point d'équilibre sur la ligne des productions* ». Mais à force de poursuivre les intérêts des syndicats ouvriers et des idéaux humanitaires, il s'éloigne de l'optimum collectif qui ne peut être atteint que par un raisonnement économique sans autres considérations.

**L'étude de l'économie pure est un préalable nécessaire mais pas suffisant pour comprendre l'économie réelle.** La consommation n'est pas uniquement déterminée par l'ophélimité mais aussi par la coutume. La concurrence ne guide pas nécessairement les économies industrielles et donc, les coefficients de production ne donnent pas obligatoirement le maximum d'ophélimité. Les phénomènes concrets diffèrent ainsi des phénomènes abstraits. « *Les théories n'ont qu'une action très limitée sur la détermination des actes des hommes, l'intérêt personnel et les passions ont beaucoup plus de part.* » Les phénomènes économiques dépendent souvent des intérêts des classes au pouvoir. « *Si l'homme réel n'était qu'un* homo œconomicus, *l'apparence du phénomène différerait beaucoup moins de la réalité... il est aussi un* homo éthicus *et tout intérêt particulier cherche à se cacher sous la forme de l'intérêt général.* » C'est pour cela qu'il peut y avoir un écart entre la théorie et les faits.

Ce livre peut apparaître aussi bien comme un épouvantail, difficile, austère et mathématisé que comme une contribution lumineuse à la théorie économique pure. Pareto s'oppose souvent très vivement aux économistes qu'il appelle « littéraires » pour leur opposer une démarche scientifique rigoureuse. Il s'oppose aussi, avec des propos parfois réactionnaires, aux dérives idéologiques collectivistes, sentimentalistes et humanitaires des États et des syndicats. Ce livre est d'un apport crucial à la théorie microéconomique de la consommation avec le concept d'ophélimité, et de la production avec la prise en compte de la variation des coefficients de production. Il montre la volonté de l'auteur d'être scientifique par le recours aux mathématiques et d'être compris par la simplicité de son langage.

# 10 Théorie générale de l'emploi, de l'intérêt et de la monnaie

## John Maynard Keynes

Cette œuvre maîtresse du célèbre économiste d'origine britannique, John Maynard Keynes, a été publiée en 1936. Édité en France par la Petite Bibliothèque Payot (1979, 400 p.), cet ouvrage espose la théorie keynésienne, qui a littéralement révolutionné la pensée économique puis la pratique économique. Keynes y met en cause les postulats des économistes classiques ; il place la recherche du plein emploi au cœur de l'économie et expose les politiques économiques à mettre en œuvre pour y parvenir.

## 1) La réponse de Keynes aux classiques

### A. La critique de la théorie classique

« *Nous démontrerons que les postulats de la théorie classique ne s'appliquent qu'à un cas spécial et non au cas général.* » Les économistes que Keynes appelle les classiques réunissent sous un même nom les classiques (Smith, Ricardo…) et les néoclassiques (Marshall, Pigou…).

**Le chômage involontaire est possible**. Selon la théorie classique, le salaire est à la fois égal au produit marginal du travail (productivité de la dernière unité de travail employée) et au montant qui permet d'attirer sur le marché du travail le volume d'emploi nécessaire à la production.

Pour les classiques, seuls deux types de chômage sont possibles : le chômage de frottement dû à différents défauts d'ajustement du marché du travail et le chômage volontaire dû au refus d'une partie de la main-d'œuvre de travailler au salaire du marché.

Keynes s'oppose à cette conception qu'il juge clairement infirmée par les faits (il prend pour exemple le chômage aux États-Unis en 1932). Deux arguments mettent en défaut la théorie classique :

- les salariés sont victimes de l'illusion monétaire et ils n'ajustent pas leur comportement au salaire réel (comme le stipulent les classiques), mais au salaire nominal. « *Il est possible que dans une certaine limite les exigences de la main-d'œuvre portent sur un minimum de salaire nominal et non sur un minimum de salaire réel* » ;
- l'argument principal de Keynes est que le niveau des salaires réels ne résulte pas du marché du travail, mais provient du niveau de l'emploi qui lui-même résulte de la demande effective. En effet, Keynes accepte l'égalité entre le produit marginal du travail et le salaire, mais il pense que la variable déterminante est le niveau de l'emploi qui fixe le produit marginal du travail et donc le salaire, et non l'inverse. Si le niveau de l'emploi est trop faible, il existe du chômage involontaire car certains individus accepteraient de travailler pour un salaire égal ou plus faible. Il faut alors augmenter la demande effective, ce qui élève le niveau de l'emploi, diminue le produit marginal du travail et suscite une baisse des salaires. Mais lorsque le plein emploi est réalisé et donc que tous ceux qui voudraient travailler au salaire du marché sont embauchés, l'augmentation de la demande effective ne peut conduire qu'à l'augmentation des prix.

**L'offre ne crée pas la demande.** Un second postulat de l'analyse classique, développé par Jean-Baptiste Say, affirme que l'offre crée sa propre demande. Ce qui suppose que, la production induisant une demande équivalente, « *tout acte individuel d'abstention de consommer conduisait à investir* » et que « *l'action de la monnaie n'a pas d'importance véritable et que la théorie de la production et de l'emploi peut être construite tout entière sur la base des échanges réels* ». En réalité, la monnaie joue un rôle central dans l'équilibre économique et toute épargne est un manque à gagner pour la consommation.

## B. La réponse de Keynes : le principe de la demande effective

**La demande effective, constituée de la consommation et de l'investissement, est le moteur de l'économie.** Keynes résume sa théorie générale :

- le revenu (qui est égal à la production) résulte, dans un état donné de techniques et de ressources, du volume de l'emploi ;
- la relation entre le revenu et la consommation (une des composantes de la demande effective) dépend de la propension à consommer (part de la consommation dans le revenu) ;
- les entrepreneurs ajustent la production (et donc la quantité de main-d'œuvre qu'ils désirent embaucher) à la demande effective ;
- le niveau de l'emploi résulte donc de la fonction d'offre globale (relation liant le niveau de production à l'emploi) et de la demande effective ;
- le niveau d'emploi détermine le produit marginal du travail qui fixe le niveau du salaire réel ;
- « *Lorsque l'emploi augmente, la dépense de consommation augmente aussi, mais non du même montant que la demande effective* » car l'augmentation du revenu provoque une augmentation plus faible de la consommation ; en effet une part de l'augmentation du revenu sera destinée à l'épargne. Donc, « *l'emploi ne peut croître que si la dépense d'investissement croît elle aussi, de manière à combler l'écart grandissant entre l'offre globale et la dépense de consommation* ».

Pour résumer : « *ce sont la propension à consommer et le montant de l'investissement nouveau qui déterminent conjointement le volume de l'emploi et c'est le volume de l'emploi qui détermine de façon unique le niveau des salaires réels.* »

**Cette analyse explique « *le paradoxe de la pauvreté au sein de l'abondance* ».** Plus une communauté est riche plus la propension à consommer est faible et donc plus l'investissement doit être élevé pour compenser ce manque de consommation par rapport au revenu. Par contre, le plein emploi, dans les sociétés pauvres, est plus facilement atteint, car la propension à consommer y étant forte « *un très faible montant d'investissement suffit à y assurer le plein emploi* ». Seul Malthus avait compris que la demande effective pouvait être insuffisante.

**L'épargne et l'investissement sont nécessairement égaux.** L'épargne est ce qui reste du revenu lorsque l'on a consommé. L'égalité entre l'épargne et l'investissement découle de la logique :

« *Revenu = valeur de la production = consommation + investissement*

*Épargne = revenu – consommation* »

L'épargne et l'investissement sont forcément égaux car pour qu'une personne augmente son patrimoine, il faut obligatoirement qu'une autre personne épargne. Toute épargne crée une possibilité d'augmentation des avoirs.

« *L'idée ancienne que l'épargne implique toujours un investissement, toute incomplète et trompeuse qu'elle fût, est formellement plus juste que l'idée moderne qu'il peut y avoir épargne sans investissement ou investissement sans épargne "véritable".* »

Un investissement induit par le crédit et la création monétaire peut être effectué sans épargne préalable, mais l'égalité fondamentale entre épargne et investissement sera néanmoins vérifiée. En effet, l'investissement nouveau induira une augmentation du revenu et donc de l'épargne qui pourra ainsi s'ajuster de nouveau à l'investissement.

## C. Les déterminants de la consommation et de la propension à consommer

La propension à consommer, qui représente la part du revenu destiné à la consommation, a de nombreux déterminants. Keynes distingue les facteurs objectifs des facteurs subjectifs.

**Le principal facteur objectif de la propension à consommer est le revenu.** Keynes annonce ce qu'il appelle « *la loi psychologique fondamentale* » : « *en moyenne et la plupart du temps les hommes tendent à accroître leur consommation à mesure que le revenu croît, mais non d'une quantité aussi grande que l'accroissement du revenu* ». Autrement dit, lorsque le revenu augmente, la consommation augmente aussi, mais la propension à consommer diminue.

D'autres facteurs de moindre importance jouent aussi un rôle : les variations de la valeur du capital pour la classe dirigeante, les variations de la politique fiscale et les prévisions concernant l'évolution des revenus ; quant au taux d'intérêt, il a une importance réelle, mais marginale.

**Les facteurs subjectifs sont les facteurs qui agissent sur les dépenses une fois le revenu fixé.** Ces facteurs sont ceux qui incitent les agents économiques à épargner plutôt qu'à consommer : « *L'épargne est la pilule et la consommation la confiture.* »

Pour les consommateurs, ces facteurs sont au nombre de huit : se constituer une réserve pour des risques éventuels ou prévisibles (éducation des enfants par exemple), bénéficier d'intérêt et de plus-value et pouvoir ainsi consommer davantage dans le futur, jouir d'une dépense croissante, jouir d'une sensation d'indépendance, s'assurer une marge de manœuvre, léguer une fortune et faire preuve d'avarice. Tous ces facteurs peuvent être résumés par « *précaution, prévoyance, calcul, ambition, indépendance, initiative, orgueil et avarice* ».

Pour les entreprises, l'épargne est motivée par le désir de s'assurer des ressources pour réaliser un nouvel investissement futur sans avoir à emprunter, de s'assurer de ressources liquides pour être en mesure de faire face à un imprévu, de s'assurer un revenu graduellement croissant, et d'avoir le souci d'une prudence financière.

Ces motifs, résultant de causes sociales et subjectives, ne sont pas susceptibles de varier fortement, donc « *nous sommes amenés à conclure que les variations de courte période de la consommation dépendent dans une large mesure des variations du rythme auquel le revenu (mesuré en unités de salaire) est gagné et non des variations de la propension à dépenser pour la consommation d'un revenu donné* ».

**Tout cela ne signifie pas que le taux d'intérêt n'ait aucun effet sur les montants consommés ou épargnés.** Bien au contraire. On considère généralement que la hausse du taux d'intérêt favorise l'épargne au détriment de la consommation, elle ne le fait en réalité que marginalement ; en revanche, elle défavorise considérablement l'investissement, ce qui est préjudiciable à la production, au revenu et par voie de conséquence à la consommation et à l'épargne. Il faut donc gouverner le taux d'intérêt afin qu'il détermine le niveau d'investissement nécessaire au plein emploi. « *Si le taux d'intérêt était gouverné de telle sorte que le plein emploi fût toujours maintenu, la Vertu reprendrait ses droits.* »

## 2) L'incitation à investir

Les entreprises investissent tant que l'efficacité marginale du capital est supérieure aux taux d'intérêt.

### A. L'efficacité marginale du capital

**L'efficacité marginale du capital est le rendement escompté de l'investissement compte tenu de la dépréciation de la machine et des coûts qui résultent de son emploi.** Cette efficacité marginale est décroissante, car plus la quantité de capital utilisée est élevée, moins les nouveaux équipements sont productifs.

Le rendement escompté de l'investissement dépend du rendement courant des investissements déj à réalisés et des anticipations, c'est-à-dire l'état de la prévision à long terme (perspective de variation de la demande, de changement des goûts des consommateurs, évolution prévisible du salaire...).

**« L'état de la confiance » joue un rôle important dans la prévision à long terme.** Effectivement, le système économique est très instable en raison d'une part de la spéculation et d'autre part de la nature humaine.

La spéculation est fortement critiquée par Keynes : « *Les spéculateurs peuvent être aussi inoffensifs que des bulles d'air dans un courant régulier d'entreprise. Mais la situation devient sérieuse lorsque l'entreprise n'est plus qu'une bulle d'air dans le tourbillon spéculatif. Lorsque dans un pays le développement du capital devient le sous-produit de l'activité d'un casino, il risque de s'accomplir en des conditions défectueuses.* » Les autorités doivent alors intervenir par « *la création d'une lourde taxe d'État frappant toutes les transactions* ».

L'autre raison de l'instabilité résulte de la nature humaine ; il s'agit du climat politique et social qui peut favoriser ou au contraire décourager le dynamisme des hommes d'affaire.

### B. Le taux d'intérêt

**Le taux d'intérêt résulte de la confrontation entre l'offre et la demande de monnaie.** Keynes s'oppose à la théorie classique qui affirme que le taux d'intérêt est fixé sur le marché du capital sur lequel se confrontent l'offre de capital (l'épargne) et la demande de capital (l'investissement). « *L'épargne et l'investissement sont les facteurs déterminés et non déterminants.* »

Le taux d'intérêt est un paramètre purement monétaire qui n'est donc pas forcément égal, comme le pensent les classiques, à l'efficacité marginale du capital. Keynes définit le taux d'intérêt comme « *la récompense pour la renonciation à la liquidité durant une période déterminée* ».

Le taux d'intérêt dépend de la quantité de monnaie en circulation et de la demande de monnaie que Keynes nomme « *préférence pour la liquidité* ». Celle-ci résulte de trois motifs :

1 – le motif de transaction : « *une première raison de conserver de la monnaie est de combler l'intervalle entre l'encaissement et le décaissement du revenu* » ;

2 – le motif de précaution : « *le souci de parer aux éventualités exigeant une dépense soudaine, l'espoir de profiter d'occasions non prévues d'achats avantageux, et enfin le désir de garder un avoir de valeur nominale immuable pour faire face à une obligation future stipulée en monnaie* » ;

3 – le motif de spéculation : « *le désir de profiter d'une connaissance meilleure que celle du marché de ce que réserve l'avenir* » ; dans ce cas, les agents économiques préfèrent conserver de l'argent liquide dans l'espoir d'une meilleure rémunération future de leurs avoirs. Ce motif résulte de l'incertitude concernant les variations futures du taux d'intérêt.

**La demande de monnaie dépend du revenu et du taux d'intérêt**. La demande de monnaie pour les motifs de transaction et de précaution est fonction du niveau du revenu : plus celui-ci est élevé plus les individus dépensent et donc plus ils ont besoin d'argent liquide pour leurs transactions et leurs dépenses éventuelles.

En revanche, le motif de spéculation résulte du taux d'intérêt, si celui-ci est faible les individus conservent de l'argent liquide dans l'attente de meilleures conditions de placement.

La demande de monnaie est donc une fonction décroissante du taux d'intérêt puisqu'un taux d'intérêt faible accroît directement la demande de monnaie pour spéculation et, en augmentant l'investissement et donc le revenu, accroît indirectement la demande de monnaie aux fins de transaction et de précaution.

## C. La création monétaire stimule l'investissement en situation de sous-emploi

**Un accroissement de la quantité de monnaie a comme effet de diminuer le taux d'intérêt et d'augmenter l'investissement jusqu'à ce que le plein emploi soit réalisé**. « *La monnaie nouvelle s'ajoute au revenu de quelqu'un.* »

La baisse du taux d'intérêt stimule l'investissement, les entreprises seront incitées à acheter des biens d'équipement tant que l'efficacité marginale du capital est supérieure au taux d'intérêt ; cela permet d'augmenter la demande effective et donc l'emploi et le revenu ainsi que la consommation (mais dans une proportion moindre).

**En situation de plein emploi, la création monétaire provoque l'inflation**. Lorsque le plein emploi est réalisé et donc que tous ceux qui voudraient travailler au salaire du marché sont embauchés, l'augmentation de la quantité de monnaie ne peut pas accroître le niveau de la production ; Keynes accepte donc, dans ce cas précis, les conclusions de la théorie quantitative de la monnaie.

En effet, tant que le plein emploi n'est pas réalisé, la production est élastique par rapport à la demande, alors que quand celui-ci est réalisé, la production devient inélastique et l'augmentation de la demande provoque une augmentation des prix. Keynes reformule la théorie quantitative de la monnaie : « *tant qu'il existe du chômage, l'emploi varie proportionnellement à la quantité de monnaie ; lorsque l'emploi est réalisé, les prix varient proportionnellement à la quantité de monnaie.* » Donc, « *lorsque le plein emploi est atteint, tout effort pour accroître encore davantage l'investissement suscite une tendance des prix nominaux à monter sans limite, quelle que soit la propension marginale à consommer ; on est arrivé, en d'autres termes, à un état d'inflation véritable* ».

## 3) Les interventions étatiques préconisées par Keynes

« *Les deux vices marquants du monde économique où nous vivons sont le premier que le plein emploi n'y est pas assuré, le second que la répartition de la fortune et du revenu y est arbitraire et manque d'équité.* »

Keynes propose un soutien de la demande effective. Remarquant que la croissance est cyclique, il s'oppose à ceux qui considèrent qu'il faut supprimer les booms en augmentant les taux d'intérêt ; il faudrait laisser l'économie dans un état de boom permanent grâce à la faiblesse des taux d'intérêt.

### A. La politique monétaire de l'État

**La politique principale est la politique monétaire**. Il faut créer de la monnaie afin de faire baisser les taux d'intérêt. Non seulement cette politique encourage l'investissement, mais elle n'est pas préjudiciable à l'épargne qui ne dépend pas du taux d'intérêt, mais du revenu qui lui-même dépend en partie de l'investissement. L'intérêt ne rémunère aucun sacrifice véritable ; le détenteur du capital obtient un intérêt car le capital est rare, mais il n'existe aucune raison intrinsèque qui justifie cette rareté. Keynes préconise « *l'euthanasie du rentier et du capitaliste oisif* ». Il rend hommage au bon sens de l'Église et des autorités politiques qui interdisaient l'usure dans l'Antiquité et jusqu'au Moyen Âge.

Une politique de taux d'intérêt faible est donc toujours recommandée tant que le plein emploi n'est pas atteint.

**Une politique de création monétaire est préférable à une baisse des salaires**. Keynes reconnaît que la baisse des salaires nominaux pourrait aboutir directement à une augmentation du niveau de l'emploi, « *personne en effet ne songerait à nier que, lorsque la demande effective reste constante, une réduction des salaires nominaux s'accompagne d'une augmentation de l'emploi* ». Mais, la baisse des salaires nominaux risque de réduire la demande effective et l'emploi risque de retomber à son chiffre antérieur.

Une politique de salaire souple (qui permet de réduire ou d'augmenter le salaire en fonction du niveau de l'emploi), revient à court terme au même qu'une politique monétaire souple car ces politiques sont « *toutes les deux des moyens de modifier la quantité de monnaie en unités de salaire* ». Mais le second moyen est largement le meilleur car il ne risque pas de réduire la demande effective, bien au contraire, et parce qu'il est impossible, sauf dans une économie socialisée, de réduire uniformément les salaires. « *Nous estimons que le maintien de la stabilité du niveau général des salaires nominaux constitue, tout bien pesé, la politique la plus sage pour un système fermé.* »

**La politique monétaire est nécessaire, mais pas suffisante**. « *Nous sommes assez sceptiques sur les chances de succès d'une politique purement monétaire destinée à agir sur le taux de l'intérêt.* » Il semble difficile de réussir à fixer le niveau d'investissement exactement nécessaire au plein emploi en n'utilisant que la politique monétaire.

La politique monétaire comporte des limites dont la principale est que « *il se peut que, une fois le taux d'intérêt tombé à un certain niveau, la préférence pour la liquidité devienne virtuellement absolue, en ce sens que presque tout le monde préfère l'argent liquide à la détention d'une créance qui rapporte un taux d'intérêt aussi faible* ». L'autorité monétaire perd alors la direction effective du taux de l'intérêt, car la demande de monnaie devient illimitée.

## B. La relance de l'investissement a un effet multiplicateur

**L'investissement a un effet multiplicateur sur la production.** Keynes reprend l'analyse du multiplicateur qui avait déj à été présentée par Kahn en 1931. Un investissement supplémentaire a un effet multiplicateur sur la production et sur l'emploi. En effet, une augmentation de l'investissement entraîne une augmentation de la production de machines, qui entraîne une augmentation du revenu donc une augmentation de la consommation qui, accroissant la demande, augmente la production puis le revenu… L'ampleur du multiplicateur dépend de la part de l'augmentation de revenu qui est utilisée à l'augmentation de la consommation (Keynes nomme cette part « *propension marginale à consommer* »). Si le multiplicateur est k, la propension marginale à consommer est égale à 1 - 1/k. « *Lorsqu'un accroissement de l'investissement global se produit, le revenu augmente d'un montant égal à k fois l'accroissement de l'investissement.* »

La propension marginale à consommer est comprise entre 0 et 1 et plus elle est proche de 1, plus le multiplicateur est élevé.

**L'intervention de l'État pour favoriser l'investissement est donc d'autant plus efficace que la propension marginale à consommer est élevée ; cette intervention a toutefois des limites :**

- le mode de financement de cette politique peut réduire les autres investissements ; c'est par exemple le cas si l'augmentation des investissements publics est financée par une augmentation de l'impôt qui réduit directement l'investissement privé ou par un emprunt public qui pourrait augmenter le taux d'intérêt ;
- l'intervention de l'État peut entraîner une défiance en l'avenir accroissant la préférence pour la liquidité ;
- dans un système ouvert le multiplicateur peut profiter à l'étranger.

**Keynes préconise une « *socialisation de l'investissement* ».** L'État doit favoriser l'investissement, qui a un effet multiplicateur, en diminuant les taux d'intérêt pour favoriser l'investissement privé, ou bien en investissant lui-même, éventuellement grâce au déficit budgétaire. « *Les dépenses sur fond d'emprunt* [dépenses publiques couvertes par l'emprunt] *peuvent, même lorsqu'elles sont inutiles, enrichir en définitive la communauté. La construction de pyramides, les tremblements de terre et jusqu'à la guerre peuvent contribuer à accroître la richesse.* » Les grands travaux qui fournissent du travail, et une croissance de la quantité de monnaie qui diminue les taux d'intérêt, sont des sources de richesse. « *La plus acceptable de toutes les solutions consiste à creuser dans le sol des trous connus sous le nom de mines d'or, solution qui non seulement ne saurait ajouter quoi que ce soit à la richesse réelle du monde mais qui encore engendre un travail inutile* », cela explique la prospérité de l'ancienne Égypte qui construisait des pyramides et extrayait des métaux précieux. Nos problèmes proviennent du fait que nous sommes trop raisonnables.

Keynes ne rejette pas le capitalisme ; il affirme même que l'individualisme est « *le plus puissant facteur d'amélioration du futur* ». Le chômage risque de conduire à des régimes totalitaires ; la survie du capitalisme nécessite donc que l'État soit en mesure d'assurer le plein emploi.

## C. Politique commerciale et politique de redistribution

**Keynes éprouve de la considération pour l'œuvre des mercantilistes.** Ils avaient compris que le taux d'intérêt ne se fixait pas automatiquement au niveau le meilleur ; leur souci d'accroître (grâce au commerce) la quantité de monnaie était dû à leur désir de faire baisser les taux d'intérêt, ce qui était, selon eux, un facteur d'augmentation de la richesse ; de plus « *les mercantilistes n'ignoraient pas l'erreur qu'implique la faiblesse des prix ni le risque de détérioration des termes de l'échange que crée dans un pays le degré excessif de concurrence* ». Ils avaient compris qu'une stimulation des exportations et une limitation des importations présentent le double avantage de réduire le chômage en augmentant la production et de réduire les taux d'intérêt en augmentant la quantité de monnaie.

Sans totalement mettre en cause le libre-échange puisque « *les avantages de la division du travail sont réels et importants, quoique l'école classique les ait fortement exagérés* », Keynes pense que le libre-échange doit être limité car une « *absurde compétition internationale est préjudiciable à tous* ».

**Le problème principal de l'ouverture des économies est la perte d'autonomie de la politique monétaire.** « *La cité de Londres inventa peu à peu pour maintenir l'équilibre la technique la plus dangereuse qui se puisse imaginer, consistant à faire varier le taux de l'escompte tout en imposant des parités de change rigides. Le sens de cette politique était qu'on renonçait complètement à faire régner à l'intérieur du pays le taux d'intérêt compatible avec le plein emploi.* » Ce que Keynes préconise « *c'est une politique fondée sur un taux d'intérêt autonome, dégagé des préoccupations internationales et sur un programme d'investissement national propre à rendre maximum le volume de l'emploi intérieur, qui est doublement bienfaisante, en ce sens qu'elle profite tout à la fois au pays qui l'applique et aux pays voisins. […] Le commerce international cesserait d'être ce qu'il est, c'est-à-dire un excipient désespéré pour préserver l'emploi intérieur des pays en stimulant les ventes et en restreignant les achats au-dehors* ».

**Une politique favorisant la consommation peut être favorable au plein emploi.** Keynes ne considère pas que la crise soit essentiellement une crise de sous-consommation ; mais il pense que pour lutter contre le chômage, « *la sagesse serait de progresser dans les deux directions à la fois* » et donc de favoriser l'investissement et la propension à consommer. Pour cela, il faut mettre en œuvre une politique de redistribution qui permettrait d'augmenter la propension à consommer et donc la demande effective. « *On peut justifier par des raisons sociales et psychologiques de notables inégalités dans les revenus et les fortunes, mais non des disproportions aussi marquées qu'à l'heure actuelle.* » Par contre, le partage du travail n'est pas une bonne solution pour lutter contre le sous-emploi : « *nous ne voyons pas de raison valable d'obliger ceux qui préfèrent un supplément de revenus à jouir d'un supplément de loisirs.* »

L'œuvre de Keynes représente une avancée considérable dans la théorie économique. L'auteur accepte la possibilité de l'existence de déséquilibres. Il accorde une grande portée aux facteurs psychologiques comme la propension psychologique à consommer, l'attitude psychologique concernant la liquidité et l'estimation psychologique du rendement futur des capitaux. Mais surtout, il légitime l'intervention de l'État. Il préconise essentiellement la baisse des taux d'intérêt et ne cite qu'une seule fois la relance par le déficit public et par la consommation ; de nombreux économistes et de nombreuses interventions étatiques ont été plus keynésiens que Keynes.

# 11 Théorie de l'évolution économique

## Joseph Aloïs Schumpeter

Cette œuvre de Joseph Schumpeter a été publiée initialement en 1912, et rééditée en français en 1935 (Payot, 364 p.). Il s'agit de la première œuvre importante de l'auteur, qui contient déj à tous les grands thèmes et les problématiques qui contribueront, par la suite, à sa renommée. Ce qui est déterminant, dans la pensée de Schumpeter, et qui apparaît nettement à la lecture de cet ouvrage, est son indépendance à l'égard de la théorie libérale et du courant marginaliste, dominant à son époque, et sa référence constante à l'analyse marxiste.
En fait, par l'expression « évolution économique », Schumpeter entend traiter du phénomène de croissance économique, largement occulté par le courant marginaliste et donc assez peu étudié depuis Smith et Ricardo. Le livre est construit sur le canevas suivant : la compréhension du processus de croissance nécessite de connaître d'abord l'économie en situation statique, en considérant l'économie comme un circuit. Le passage du circuit à l'évolution se fait par le jeu des innovations et le rôle clé joué par l'entrepreneur. Enfin, cette croissance se déroule de manière cyclique, les processus d'innovation étant, l à encore, déterminants.

## 1) Le circuit économique

### A. La statique économique

**Dans un premier temps, Schumpeter s'attache à décrire les mécanismes en jeu dans le cadre d'un système économique statique**. Ceci l'amène à définir et à préciser les notions de base.

Au départ, Schumpeter définit la notion de fait économique : « *Qualifier un fait d'économique, c'est déj à une abstraction, la première des nombreuses abstractions que les nécessités techniques imposent à notre pensée quand elle veut reproduire la réalité. Jamais un fait n'est jusqu'en son tréfonds exclusivement économique ; il présente toujours d'autres aspects, souvent plus importants.* »

Le domaine des faits économiques a pour frontière le concept d'activité économique. Schumpeter considère donc comme point de départ une « *économie nationale organisée en économie d'échange, c'est-à-dire une économie où règnent la propriété privée, la division du travail et la libre concurrence* ».

Dans un tel cadre, Schumpeter est amené à adopter le « *principe de continuité* » : l'économie ne se modifie pas d'une période à l'autre.

**L'économie nationale appréhendée sous l'angle du circuit tend à un état d'équilibre**.

Mais l'expression d'économie statique peut tromper. Il ne s'agit pas d'une économie au repos ; le circuit de la vie économique se déroule sans cesse. Il ne s'agit pas non plus d'une économie stationnaire : elle reste soumise à des forces de changement continues mais peu perceptibles à court terme (une croissance régulière de la population, par exemple).

Mais l'économie ne saurait se limiter à une telle approche : « *L'état statique ne contient pas tous les phénomènes fondamentaux de l'économie.* [...] *la vie d'une économie nationale stationnaire se distingue de celle d'une économie non stationnaire par son essence et ses principes fondamentaux.* »

## B. L'évolution économique résulte de l'exécution de nouvelles combinaisons

**L'évolution économique est liée à l'apparition de phénomènes discontinus rompant l'équilibre du circuit.** Dans le premier chapitre, Schumpeter a décrit l'économie sous la forme d'un circuit comparable à la circulation du sang dans l'organisme. Ce circuit se transforme de manière continue et ce changement est peu visible à court terme pour les agents économiques. Ce n'est pas cette forme de changement qui intéresse Schumpeter : « *Nous ne considérerons pas ici comme un événement de l'évolution la simple croissance de l'économie qui se manifeste par l'augmentation de la population et de la richesse. Car cette croissance ne suscite aucun phénomène qualitativement nouveau, mais seulement des phénomènes d'adaptation.* »

Mais d'autres changements de plus grande ampleur sont possibles : ils possèdent alors un caractère discontinu et spontané et constituent le véritable moteur de l'évolution et du changement dans le circuit économique par le déplacement des centres d'équilibre.

**Ces transformations affectent essentiellement la sphère industrielle et commerciale et non la sphère des besoins et de la consommation.** Schumpeter développe ici une idée qui sera reprise plus tard par J.K. Galbraith dans son livre *Le nouvel État industriel* (1968), celle de filière inversée : « *les innovations en économie ne sont pas, en règle générale, le résultat du fait qu'apparaissent d'abord chez les consommateurs de nouveaux besoins, dont la pression modifie l'orientation de l'appareil de production, mais du fait que la production procède en quelque sorte à l'éducation des consommateurs et suscite de nouveaux besoins, si bien que l'initiative est de son côté.* »

C'est donc dans la recherche de nouvelles combinaisons productives que réside la force de changement du circuit économique. Dans un passage important, Schumpeter affirme : « *Produire, c'est combiner les choses et les forces présentes dans notre domaine. Produire autre chose ou autrement, c'est combiner autrement ces forces et ces choses. Dans la mesure où l'on peut arriver à cette nouvelle combinaison en partant de l'ancienne avec le temps, par de petites démarches et une adaptation continue, il y a bien une modification, éventuellement une croissance, mais il n'y a ni phénomène nouveau qui échapperait à notre théorie de l'équilibre, ni évolution au sens donné par nous à ce mot. Dans la mesure* [...] *où la nouvelle combinaison apparaît de manière discontinue, alors prennent naissance les phénomènes caractéristiques de l'évolution.* »

**Sous ce terme d'innovation, Schumpeter englobe cinq catégories de faits :**

1. la fabrication d'un bien nouveau ;
2. l'introduction d'une méthode de production nouvelle ;
3. l'ouverture d'un débouché nouveau, c'est-à-dire le fait pour une industrie de pénétrer sur un marché où elle n'était pas présente auparavant ;
4. la conquête d'une nouvelle source de matière première ou de produits semi-ouvrés ;
5. la « réalisation d'une nouvelle organisation » comme par exemple la création d'une situation de monopole.

En fait, par cette définition de l'innovation, Schumpeter met l'accent sur le rôle fondamental de l'investissement dans la croissance et le changement, rejetant l'idée néoclassique de l'épargne préalable. Cette approche se double de considérations sociologiques : ces processus d'innovations et d'inventions sont à l'origine de mouvements d'ascension et de déclassement social. Enfin, Schumpeter accorde une place importante au rôle du banquier, « *intermédiaire entre ceux qui veulent exécuter les nouvelles combinaisons et les possesseurs de moyens de production* ».

### C. Entreprises et entrepreneurs

**La fonction d'entrepreneur est au cœur de l'analyse de Schumpeter.** « *Nous appelons entreprise l'exécution de nouvelles combinaisons et entrepreneurs les agents économiques dont la fonction est d'exécuter de nouvelles combinaisons et qui en sont l'élément actif.* » Schumpeter s'explique longuement sur le rôle de l'entrepreneur ; il insiste notamment sur le fait que les entrepreneurs ne constituent pas une classe au sens de Marx, parce que l'état d'entrepreneur est un état transitoire. L'histoire des grandes familles industrielles montre clairement le passage rapide de l'état d'entrepreneur innovant à celui de patron installé dans la routine. De plus, la fonction d'inventeur et celle d'entrepreneur ne coïncident pas. L'entrepreneur est un innovateur ; il met en œuvre les nouvelles inventions et procédés, et les rend opérationnels dans le processus productif.

**Cette définition de la notion d'entrepreneur est en totale rupture avec la tradition néoclassique.** Celle-ci assigne à l'entrepreneur la recherche du profit maximum comme principe fondamental de rationalité. Schumpeter réfute ce point de vue et avance des arguments radicalement différents de ceux que l'on rencontre habituellement en sciences économiques où règnent le froid intérêt et le sobre calcul : « *il y a d'abord en lui le rêve et la volonté de fonder un royaume privé... Puis vient la volonté du vainqueur : vouloir lutter et vouloir remporter un succès pour le succès même. Enfin, la joie de créer une forme économique nouvelle.* » Il est vrai que tout cela se formalise assez mal...

## 2) Le cycle de la conjoncture

### A. Les causes de la fluctuation de la conjoncture : l'ancien et le nouveau

**Les innovations surviennent par « *grappes* » ou « *essaims* », et se généralisent par diffusion, entraînant le circuit économique dans une évolution cyclique.** « *L'essor prend fin et la dépression apparaît à l'expiration de la période qui doit s'écouler jusqu'à ce que les produits des nouvelles entreprises apparaissent sur le marché. Et un nouvel essor suit la dépression quand le processus de résorption de la nouveauté a pris fin.* »

En effet, « *si les entreprises nouvelles apparaissent indépendantes les unes des autres, il n'y aurait, à notre sens, ni essor ni dépression.* [...] *On pourrait observer l'apparition de ces entreprises nouvelles d'une manière continue, elle serait répartie également dans le temps : il n'y aurait pas de perturbation notable du circuit* ».

Pour que cet effet de synergie de l'innovation puisse avoir lieu, deux conditions sont nécessaires :

- il doit y avoir une véritable rupture technologique : « *les nouvelles combinaisons ne sortent pas le plus souvent des anciennes, ne prennent pas leur place immédiatement, mais se dressent à côté d'elles et leur font concurrence.* » Schumpeter considère cet argument comme essentiel pour expliquer le caractère prononcé du mouvement ondulatoire de l'évolution économique ;
- ce développement d'industries nouvelles doit pouvoir déclencher une « *vague secondaire d'essor* », caractérisée par la diffusion de pouvoir d'achat dans l'économie et donc l'accroissement de la consommation.

**Se pose ensuite la question des conditions dans lesquelles ces grappes d'innovations apparaissent.** L'apparition en « *essaims* » des entreprises innovantes est expliquée par Schumpeter par des arguments de type psychologique. « *L'exécution de nouvelles combinaisons est difficile* » et requiert des capacités hors du commun : « *Seules quelques personnes ont les aptitudes voulues pour être chef.* » Ces personnes ouvrent la voie, font tomber les obstacles, facilitant ainsi l'entrée de nouveaux entrepreneurs : « *La réalité nous montre que chaque conjoncture prend son essor dans une branche ou dans quelques branches et qu'elle est caractérisée avant tout par des innovations dans ces branches. Les premiers entrepreneurs suppriment les obstacles pour les autres non seulement dans la branche de production où ils apparaissent, mais aussi, ils les suppriment ipso facto dans les autres branches de la production.* »

## B. Le processus de destruction créatrice

**Les grappes d'innovations à l'origine du processus de croissance portent en elles les conditions de la dépression**. Schumpeter résume cette idée dans une proposition empruntée à l'économiste marginaliste anglais S. Jevons : « *La seule cause de la dépression, c'est l'essor, ce qui revient à dire que la cause de la dépression n'est rien d'autre que la réaction de l'économie nationale par rapport à l'essor, que la chute de la situation où l'essor a mis l'économie nationale, si bien que l'explication de la dépression trouve sa racine dans l'explication de l'essor.* »

**Le phénomène des cycles s'explique donc à partir du paradigme technologique**. Les grappes d'innovations suscitent des anticipations de profits élevés dans les branches innovatrices, ce qui attire de nouveaux entrepreneurs sur ces marchés. Cet essor stimule l'investissement et déclenche des « *vagues secondaires d'essor* ». Mais la généralisation de l'innovation et l'accroissement de production dans ces branches innovantes entraînent la baisse du profit : « *Dans la branche où se manifeste l'essor et où apparaissent les premiers entrepreneurs, tant d'autres entreprises se sont constituées qu'une fois en pleine exploitation elles produiraient la quantité de produits qui, résultant naturellement de la baisse des prix et de l'augmentation du coût même si l'industrie en question suit la loi des rendements croissants, élimine le profit.* »

Dans ces conditions, l'impulsion finit par s'épuiser ; les entreprises les moins solides disparaissent : c'est la dépression, caractérisée par Schumpeter « *comme le processus normal de résorption et de liquidation de l'économie* ».

Schumpeter esquisse à grands traits, dans ce livre, ce qui sera la thèse principale de son livre *Business Cycles* de 1939, lorsqu'il aura intégré dans son approche l'apport de N. Kondratieff. Il a contribué au renouvellement de la pensée économique et a introduit de nombreux concepts qui sont depuis devenus classiques. Il reste encore aujourd'hui l'exemple d'une pensée libre et originale.

# 12 Le nouvel État industriel

## John Kenneth Galbraith

Dans cet ouvrage (Gallimard, 1968, 310 p.), Galbraith se propose d'analyser l'évolution du système économique américain et le passage d'une économie fondée sur l'entrepreneur vers une économie dominée par ce qu'il appelle, d'un terme devenu depuis célèbre, la « techno-structure ». Ce livre se présente comme une démonstration très progressive ; après avoir analysé les facteurs qui sont à l'origine de cette évolution, Galbraith entreprend l'étude des motivations internes et des buts poursuivis par la technostructure, puis en décrit les conséquences, notamment dans la mise en place de la « filière inversée » (autre notion célèbre) et dans les relations entre l'État et l'économie.

## 1) Le capitalisme américain connaît, dans l'après-guerre, des mutations considérables...

### A. Des évolutions fondamentales...

**Alors que la grande entreprise était encore, à la fin du XIX$^{e}$ siècle, l'instrument de ses propriétaires et dirigée par des patrons qui ont façonné le capitalisme américain (Ford, Rockfeller, Carnegie...), ce sont aujourd'hui des inconnus qui la dirigent.**

Les liens entre l'État et l'économie se sont transformés. Le rapport dépenses publiques/PIB ne cesse de progresser, atteignant 25 % à la fin des années cinquante aux États-Unis contre 8 % en 1929, ce qui fait une proportion supérieure à celle d'un pays comme l'Inde, pourtant d'orientation socialiste (Galbraith a été ambassadeur des États-Unis dans ce pays qu'il cite souvent à titre d'exemple). La révolution keynésienne a impulsé une régulation du revenu global. Un haut niveau d'emploi en résulte, ainsi qu'un effet anticyclique : « *Au cours des vingt années qui ont suivi la Seconde Guerre mondiale, il n'y a pas eu de crise économique majeure : on a enregistré entre 1947 et 1966 une seule année où le revenu réel n'ait pas augmenté aux États-Unis.* »

**Enfin, les années d'après-guerre ont vu la mise en place d'un véritable appareil de persuasion et d'exhortation centré sur la publicité et le marketing** qui, par les talents et les compétences qu'il mobilise, est en passe de concurrencer le secteur productif lui-même.

C'est cet ensemble de changements que Galbraith veut analyser. Les grandes entreprises y jouent un rôle fondamental. C'est le système industriel, trait dominant de l'État industriel.

### B. ... impulsées par la révolution technologique et la planification industrielle

**La technologie, « *application systématique de la science et des autres connaissances organisées à des tâches pratiques* », contraint à subdiviser les tâches complexes en éléments constituants. Plusieurs conséquences en découlent :**

- l'application des connaissances scientifiques aux tâches les plus simples requiert des délais croissants et une mobilisation de plus en plus importante de moyens financiers ;
- à mesure que la technologie se complique, le processus de production tend à se rigidifier ; l'affectation rigide d'investissements de plus en plus massifs à des tâches particulières devient la règle ;
- cette technologie requiert une main-d'œuvre strictement spécialisée (division horizontale du travail), impliquant une forte division verticale des tâches entre travail d'exécution et travail de conception et d'organisation ; il en découle une multiplication des qualifications et des niveaux hiérarchiques dans les grandes entreprises, dont la contrepartie est l'organisation : « *l'organisation massive et complexe des entreprises est la manifestation tangible de la technologie avancée.* »

**Délais accrus, spécialisation, ampleur des capitaux et des investissements nécessitent le recours à la planification, entendue au niveau de l'entreprise et non de l'économie globale**. La notion de plan n'a guère de pouvoir d'évocation aux États-Unis ; l'inquiétude de l'avenir que paraît véhiculer cette notion semble peu en phase avec l'optimisme américain : « *la réputation de hardiesse économique et le souci de la liberté d'entreprise ne semblent guère compatibles avec l'idée même de planification.* » De plus, avec la guerre froide, ce concept se charge de tonalités idéologiques.

Galbraith montre ainsi une évolution des théories du management : à l'objectif classique de maximisation du profit, la direction de l'entreprise tend à substituer « *la minimisation de l'incertitude, des conséquences de l'incertitude, ou à minimiser les deux éléments* ». Ainsi, le marché, facteur d'incertitude par excellence, peut être contrôlé par la détermination autoritaire des prix, et ceci par trois moyens :

- l'incertitude du marché peut être éliminée par l'intégration verticale, prise de contrôle par la grande entreprise de l'ensemble de la filière de production ; cette solution offre, du point de vue de la firme, la possibilité de substituer la négociation interne à des négociations externes, potentiellement incontrôlables ;
- la grande taille de l'entreprise permet de réduire ou de supprimer l'indépendance d'action des agents auxquels l'entreprise vend ou achète ;
- enfin, dans le cadre d'une économie oligopolistique, les stratégies d'entente peuvent réduire l'incertitude.

Il en ressort que la nécessité d'une planification industrielle est en étroite relation avec la taille de l'entreprise. Se pose alors la question du pouvoir dans l'entreprise, qui amènera Galbraith à définir la notion de technostructure.

## 2) ... Qui aboutissent à une entité nouvelle : la technostructure

### A. Qu'est ce que la technostructure ?

**Conséquence de cette évolution du capitalisme américain, une nouvelle forme d'organisation apparaît, la « *technostructure* », capable d'imposer ses vues au gouvernement et sa loi au consommateur.** L'analyse classique avait largement négligé la question du pouvoir dans l'entreprise, s'en tenant à une définition extrêmement neutre : l'entrepreneur, dans un cadre marqué par les hypothèses de concurrence pure et parfaite, combine des facteurs de production pour maximiser un profit. Galbraith reconnaît que Marx a « *projeté le thème du pouvoir au cœur de la discussion économique* », puis il montre qu'il se produit dans l'économie américaine un transfert de pouvoir comparable à celui qui s'est amorcé au moment de la révolution industrielle au détriment de la terre et au profit du capital : ce pouvoir n'est plus aux mains de l'entrepreneur « *personnage mythique, figure du système industriel qui s'estompe* », mais à celles d'un nouvel agent que Galbraith propose d'appeler la technostructure, appareil de direction collégial, « *englobant le président, l'administrateur délégué, les directeurs généraux, chefs de service…* ».

**Ainsi, avec la technostructure, la réalité du pouvoir ne se confond pas avec la propriété juridique de l'entreprise** : l'entrepreneur, le propriétaire, l'actionnaire ont été écartés au profit du « management ». La forme juridique la plus favorable à l'émergence de la technostructure est la société anonyme, le dépérissement du rôle des actionnaires et la dispersion du capital étant des éléments particulièrement favorables.

## B. Le rôle fondamental du système de motivation

**La technostructure étant une forme d'organisation, c'est-à-dire un « *système d'activités ou de forces coordonnées* », la coordination devient l'élément essentiel du management.** La motivation est le moyen ou le stimulant par lequel s'effectue la coordination. La motivation peut être obtenue par plusieurs moyens : la contrainte, la motivation pécuniaire (le salaire, par exemple), la motivation d'identification (lorsque l'individu isolé juge que l'objectif du groupe est supérieur au sien), la motivation fondée sur la volonté d'adaptation (lorsque l'individu estime pouvoir orienter les buts du groupe en fonction de ses propres objectifs).

**Le fonctionnement de la technostructure repose ainsi sur un système complexe de motivations, qui rend périmée la vision de l'entreprise en organigramme.** La grande entreprise peut être représentée sous la forme d'une série de cercles concentriques, chacune des couronnes comprises entre deux cercles successifs représentant un groupe de participants répondant à un système de motivations différent :

**Direction, management**
La motivation d'adaptation devient forte, mais aussi motivations d'identification et pécuniaire

**Contremaîtres, personnel d'encadrement (cols blancs)**
Motivation d'identification croissante et motivation pécuniaire

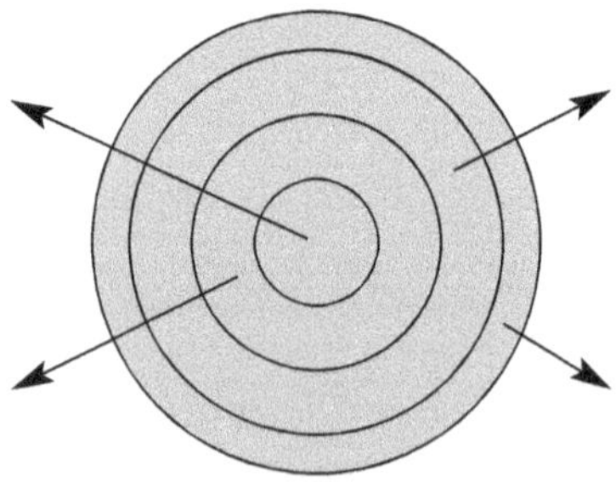

**Ouvriers de production**
Motivation pécuniaire (par le salaire) et motivation d'identification

Couronne extérieure :
**Les actionnaires**
Motivation exclusivement pécuniaire

## 3) La pérennisation de la technostructure repose sur un appareil de persuasion de masse et sur une régulation de la demande

### A. La filière inversée

**Un système industriel mobilisant de tels niveaux d'investissement, de telles masses de main-d'œuvre, reposant sur des mécanismes de motivation aussi complexes, asservissant la science et les techniques à ses objectifs ne saurait être soumis au flux et au reflux d'une demande instable.** Il est donc nécessaire de maîtriser cette demande et ceci par deux moyens essentiels :

– la mise en place d'une régulation de la demande à l'initiative des entreprises, en renversant le sens de causalité de la filière traditionnelle qui va des besoins à la production ;

– par un État interventionniste et régulateur.

**La « filière inversée » constitue un des moyens pour contrôler la demande.** En tête de chapitre, Galbraith cite une phrase de Paul A. Samuelson : « *Le consommateur est en somme le roi. [...] Chaque consommateur est un électeur qui décide, par son vote, que telle chose sera faite parce qu'il veut qu'elle soit faite.* » Cette phrase résume bien la filière classique, qui va des besoins vers la production.

De même qu'elle possède des moyens d'action sur les prix, la technostructure dispose de moyens pour manœuvrer le consommateur afin qu'il achète au prix fixé par l'entreprise.

Il s'ensuit que la filière classique correspond de moins en moins à la réalité, et qu'il faut parler plutôt de filière inversée.

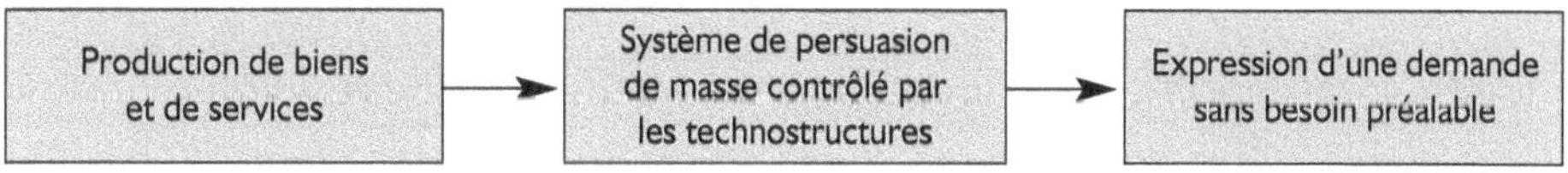


Celle-ci n'a pas remplacé la filière normale, mais elle devient de plus en plus importante dans la société. L'idée classique du consommateur rationnel, recherchant le maximum d'utilité sous contrainte de budget (problème de maximisation standard de la théorie microéconomique du consommateur) est donc, selon Galbraith, périmée par le véritable conditionnement publicitaire du consommateur.

### B. La nécessaire régulation de la demande globale

**Le nouveau système industriel a besoin d'une régulation de la demande.** Le système industriel a réussi à contrôler les prix, à conditionner la demande ; il repose sur des mécanismes complexes de motivation ; la précision de la planification industrielle fait le reste. Cependant, le risque demeure des fluctuations erratiques de la demande, d'où la nécessité d'une régulation de celle-ci : le meilleur conditionnement possible du consommateur est inopérant si l'emploi est instable et risque de faire varier le revenu global. Il faut donc pouvoir compter sur un volume suffisant et stable de pouvoir d'achat. L à encore, Galbraith relègue toute idée d'ajustement automatique entre l'offre globale et la demande globale au rang d'antiquité : c'est le cas de la loi de Say, qui postule un tel équilibre. Celle-ci est désormais caduque en raison de la rigidité des prix, sous le contrôle des grandes firmes dans le système industriel.

**La régulation de la demande a commencé dans les années trente, sous l'influence des idées keynésiennes**, lors du New Deal, s'attirant l'hostilité des milieux patronaux. Mais cette régulation est devenue nécessaire dans le cadre du système industriel. La croissance des dépenses publiques à des fins de régulation conjoncturelle de la demande est ainsi devenue, après-guerre, un élément fondamental de l'expansion des grandes firmes et de la technostructure : « *la ligne de démarcation entre l'État et le système industriel est devenue une fiction.* » Enfin, la guerre froide et la course aux armements qui en a découlé ont constitué, selon Galbraith, un élément fondamental de développement du système industriel, érigé en véritable « complexe militaro-industriel ».

Galbraith conclut son livre en insistant sur la nécessité de créer des contre-pouvoirs face à cette technostructure de plus en plus influente et puissante. Il estime que l'éducation doit jouer un rôle. Les éducateurs et les scientifiques constituent, selon Galbraith, le cœur de ce contre-pouvoir.

# Inflation et systèmes monétaires

13

## Milton Friedman

Dans cet ouvrage (Calmann-Lévy, 1976, 312 p.), M. Friedman se présente lui-même comme un agitateur d'idées : « *l'histoire de la science et des techniques a montré maintes et maintes fois que c'est le tortueux, le marginal, l'empêcheur de penser en rond, qui découvre un nouveau point de vue, invente, révèle une voie originale, et remet en question les erreurs longtemps admises.* » Ce livre se compose de huit conférences faites entre 1953 et 1969. Les conférences sont rassemblées en trois parties. Dans la première, M. Friedman traite de l'inflation en cherchant une « *réhabilitation de la théorie quantitative de la monnaie* ». Dans la seconde, il propose une redéfinition des politiques monétaires. Dans la troisième, il s'attaque à la « *réforme du système monétaire international* ». Nous suivrons ici ce plan, sans pour autant respecter l'ordre dans lequel sont publiées les conférences et en rassemblant pourtant les deuxième et troisième parties à l'intérieur d'une même partie.

## 1) L'inflation

L'inflation est un dérèglement économique grave dû à une offre de monnaie trop forte.

### A. L'inflation est un dérèglement majeur de l'économie de marché

**Pour M. Friedman, l'inflation est le dérèglement économique le plus grave puisqu'il remet en cause les fondements mêmes de l'économie de marché.** En effet, l'économie de marché représente non seulement le système le plus efficace mais aussi celui qui garantit la liberté des individus. Donc, pour préserver la liberté, « *il faut limiter le rôle du gouvernement et accorder une importance primordiale à la propriété privée, au libre marché et aux accords de volonté* ». L'inflation résume une situation où le gouvernement dispose de trop de pouvoir, où la valeur des avoirs devient instable, où le libre marché ne peut plus fonctionner et où les accords de volonté ne peuvent s'exprimer faute de signaux crédibles.

**L'inflation fait obstacle à la flexibilité des prix et donc entrave le processus de régulation.** Il faut ajouter que M. Friedman identifie l'inflation à la hausse du niveau général des prix, qu'il met en avant l'évolution du taux d'inflation plus que le niveau de l'inflation comme dérèglement majeur et qu'il situe son analyse dans le long terme.

La mise en cause de l'économie de marché vient plus précisément du fait que les agents économiques, anticipant l'évolution de l'inflation ou de la déflation, vont alors modifier leurs comportements de dépenses influant ainsi sur les prix et sur les revenus réels.

Plus fondamentalement, l'inflation, quand elle acquiert une dynamique cumulative sous la forme de l'hyperinflation, dévalorise la monnaie compromettant ainsi sa fonction essentielle de permettre l'échange sans passer par le troc. M. Friedman retrouve ici Lénine, qu'il cite, pour qui « *le moyen le plus efficace de détruire une société consiste à détruire sa monnaie* ».

## B. L'inflation est un phénomène monétaire

**L'inflation provient de l'offre de monnaie.** M. Friedman mentionne certaines explications de l'inflation pourtant avancées par les économistes libéraux pour les écarter : « *En cette matière, mes préférences personnelles me porteraient plutôt à penser (comme le font la plupart des hommes d'affaires) que l'inflation est le résultat de l'action conjuguée des syndicats et des grands monopoles ou, encore, comme une large fraction de l'opinion le croît, qu'elle provient d'un déséquilibre budgétaire.* »

Mais « *l'inflation est toujours et partout un phénomène monétaire* » et c'est le gouvernement qui, en augmentant la quantité de monnaie plus rapidement que ne le requiert la hausse de la production, provoque l'inflation. Cela ne signifie pas que d'autres facteurs n'interviennent pas, cela veut dire que, pour qu'il y ait inflation, il faut que ces facteurs donnent lieu à une expansion monétaire. Si l'offre de monnaie n'augmente pas, ces facteurs modifieront seulement les prix relatifs, ce qui peut être nécessaire comme en témoigne la hausse du prix du pétrole.

Le remède contre l'inflation s'avère simple : « *Le seul moyen dont dispose le gouvernement pour lutter contre l'inflation consiste à dépenser moins et à fabriquer moins de monnaie.* » Ce remède doit aussi être appliqué par l'ensemble de la société : « *Le moyen de traiter l'inflation consiste à freiner l'ensemble des dépenses.* »

**Les causes de l'expansion monétaire ont été très différentes selon les lieux et les époques.** M. Friedman évoque les découvertes d'or au XIXe siècle, la « *planche à billets* », le Gold Exchange Standard... Mais « *la politique de plein emploi fait, à ce titre, figure d'innovation moderne* ». Les relations de causalité entre l'augmentation de la masse monétaire et les prix passent par l'analyse des comportements qui explique pourquoi l'augmentation de la quantité de monnaie influence les prix et pourquoi cette influence s'exerce avec un certain retard.

**L'augmentation de l'offre de monnaie provoque une modification des comportements des agents économiques.** Les agents économiques, ayant une idée précise et stable du montant de l'encaisse de monnaie en valeur réelle désirée et du rapport entre cette encaisse et leur revenu réel, vont modifier leurs dépenses quand le gouvernement augmentera l'offre nominale de monnaie.

Dans un premier temps, ils dépensent plus suite à l'augmentation des revenus nominaux et leur offre de travail croît augmentant ainsi la production. La hausse des prix qui en résulte, si la croissance des dépenses résultant de celle de l'offre nominale de monnaie est supérieure à l'augmentation de la production, provoque une baisse de la valeur réelle des encaisses monétaires.

Donc, dans un second temps, les agents vont modifier leurs comportements. Ils vont chercher à reconstituer la valeur réelle de leurs encaisses en diminuant leurs dépenses et en augmentant leurs encaisses nominales. Ils diminuent aussi leur offre de travail après que l'illusion monétaire résultant de la hausse de leurs revenus nominaux se soit dissipée. Le processus acquiert une dimension cumulative si les agents anticipent la poursuite de l'inflation.

La relation de causalité est inverse dans le cas d'une diminution de l'offre nominale de monnaie. Il reste à vérifier empiriquement la relation entre l'évolution de la masse monétaire et l'évolution du niveau général des prix ; ce que fait M. Friedman en présentant de nombreux graphiques appuyant ses propos.

## C. Les effets de l'inflation

**L'inflation n'a pas que des effets négatifs.** M. Friedman semble d'ailleurs conclure qu'elle a plutôt des effets favorables à court terme. Étudiant les relations entre l'inflation et le développement économique, M. Friedman identifie les deux grands arguments quant aux effets favorables attribués à l'inflation : « *Le premier consiste à dire que l'inflation permet d'opérer une redistribution des richesses et des revenus. Cela signifie qu'on retire une part de leur revenu aux classes salariées, qui sont censées le dépenser tout entier, pour la donner aux détenteurs de profits, qui sont censés à la fois posséder plus qu'il leur faut pour vivre et réaliser des investissements productifs. Ou encore, qu'on effectue un transfert des capitaux des créanciers, c'est-à-dire ceux qui prêtent de l'argent aux autres mais sont eux-mêmes considérés comme improductifs, vers les débiteurs, c'est-à-dire les emprunteurs dont on suppose qu'ils utilisent l'argent qu'on leur prête dans une optique plus productive. Le second argument avancé pour défendre le point de vue selon lequel l'inflation favorise le développement, repose sur l'idée que l'émission de monnaie constitue une source de revenus pour le gouvernement, qu'il peut utiliser pour stimuler la croissance.* »

La critique de M. Friedman est fondée sur une analyse des comportements des agents. Le transfert de richesses peut avoir un effet favorable sur le développement lorsque l'inflation est « *inattendue* ». Si l'inflation est anticipée, les agents vont adopter des stratégies visant à se protéger et feront ainsi obstacle au transfert. L'augmentation de recettes pour le gouvernement résultant de l'inflation est identifiée par M. Friedman comme un « *impôt sur les encaisses* ». Les effets positifs de l'utilisation par le gouvernement de cet impôt sont largement contrebalancés, selon M. Friedman, par les effets négatifs découlant du caractère « *illégal* » de cet impôt et de la perte de revenu pour les catégories sociales victimes de l'inflation. M. Friedman défend ici l'argument que ce sont les salariés et la classe moyenne qui sont le plus touchés par l'inflation.

**L'inflation n'a pas d'effet sur l'activité et sur l'emploi.** L'augmentation de l'offre nominale de monnaie peut créer les conditions d'une expansion économique et diminuer le chômage. Cependant, si elle n'est pas soumise à des règles strictes, elle provoque l'inflation et, inéluctablement, le chômage : « *Je ne pense pas qu'il y ait à choisir entre l'inflation et le chômage. Le problème se pose entre l'aggravation de l'inflation et le chômage, ce qui signifie que le véritable enjeu est de savoir si l'on préfère le chômage tout de suite ou plus tard.* »

# 2) La politique monétaire et le système monétaire international

Il est nécessaire de contrôler strictement l'évolution de la masse monétaire et d'opter pour un système monétaire international de changes flottants.

## A. Le contrôle du pouvoir monétaire

**Paraphrasant Poincaré, M. Friedman pense que : « *la monnaie est une chose trop importante pour être laissée entre les mains des banques centrales.* »** Quelles solutions adopter, dans une société libre, pour contrôler le pouvoir monétaire ? M. Friedman étudie les trois solutions rationnellement envisageables : le bien étalon, la banque centrale indépendante et les règles strictes qui limitent la marge d'initiative des autorités monétaires.

**La solution du bien étalon, plus précisément l'étalon-or, qui impose des limites strictes à la création monétaire fut la solution que les sociétés développées adoptèrent en premier.** Elle présente un coût économique puisqu'il faut consacrer des facteurs de production à l'extraction du bien étalon ; elle présente aussi un danger inflationniste en cas de production trop importante du bien étalon. Les systèmes monétaires ont donc évolué vers des systèmes mixtes incorporant des monnaies fiduciaires. Le caractère fiduciaire de la monnaie impliquait un contrôle de l'État mais aussi une tentation pour l'État d'abuser de son pouvoir monétaire.

**La solution des banques centrales indépendantes fut adoptée pendant l'entre-deux-guerres.** M. Friedman évoque sur ce sujet, à plusieurs reprises, les *Mémoires* d'E. Moreau, gouverneur de la Banque de France entre 1926 et 1928. Cette solution ne peut être durable. Elle demeure tributaire de la personnalité de ceux qui exercent le pouvoir monétaire. M. Friedman cite sur ce point la politique catastrophique du Fed (Federal Reserve System) entre 1929 et 1931 qui contracta la masse monétaire entraînant l'économie américaine dans une déflation cumulative. Elle crée aussi les conditions d'un éparpillement des responsabilités entre le pouvoir budgétaire et le pouvoir monétaire. Selon M. Friedman, l'indépendance de la banque centrale ne peut résister longtemps au pouvoir du gouvernement et le pouvoir monétaire cède face au pouvoir budgétaire. Elle peut conduire à des politiques erronées en privilégiant notamment la régulation des taux d'intérêt au détriment du contrôle de la masse monétaire. La fixation des taux d'intérêt doit revenir aux marchés. Il reste donc la troisième solution : la politique monétaire doit obéir à des règles strictes d'émission.

## B. Les règles strictes de la politique monétaire

**Il faut contrôler l'évolution de la masse monétaire.** Les politiques monétaires keynésiennes ont tendance à privilégier l'action par les taux d'intérêt. Pour M. Friedman, la relation entre le niveau des taux d'intérêt, ou ses fluctuations, et les taux de variation du revenu nominal, de la production et des prix, est beaucoup moins claire que celle qui relie les variations de la quantité de monnaie aux fluctuations de ces variables.

Selon lui, il faut donc recourir à une politique monétaire retrouvant la neutralité de l'étalon-or sans en subir les inconvénients : « *Dans l'état actuel de nos connaissances, il me semble souhaitable d'instituer un dispositif réglementaire destiné à contrôler le comportement de la masse monétaire. À ce propos, je dois souligner que j'entends par masse monétaire l'ensemble de la monnaie en circulation, plus les dépôts dans les banques. Je voudrais également faire remarquer qu'il serait bon que le Federal Reserve System tienne compte de l'accroissement du montant global de la masse monétaire ainsi définie, qui s'élève de mois en mois et de jour en jour à un rythme annuel de X %, X se situant entre 3 et 5 %.* »

**M. Friedman refuse une quatrième solution : celle d'une banque centrale menant une politique monétaire discrétionnaire en vue de réguler l'activité économique.** Cette solution était celle proposée par Keynes. Selon M. Friedman : « *Keynes pensait que la relation entre le revenu national et la quantité de monnaie, que les économistes appellent la vitesse de circulation de la monnaie était à la fois instable et aléatoire, en particulier en situation de sous-emploi.* » Il pensait aussi que l'économie capitaliste était soumise à des pressions déflationnistes puisque toute augmentation du revenu entraînait une augmentation moins que proportionnelle de la consommation. La politique monétaire devait alors relayer la politique budgétaire pour créer les conditions d'un effet multiplicateur.

M. Friedman conteste l'instabilité de la vitesse de circulation de la monnaie car, sur le long terme, le rapport monnaie-revenu et le revenu réel par tête évoluent dans la même direction ; introduisant un nouveau concept, le revenu permanent, il conteste aussi la non-proportionnalité de l'augmentation de la consommation par rapport à celle du revenu ; cela l'amène à récuser l'effet multiplicateur généré par une politique budgétaire volontariste.

## C. Le système des changes fluctuants

**Seuls l'étalon-or, la monnaie unifiée et le système des taux de changes fluctuants permettent de réguler les paiements internationaux.** Dans l'hypothèse d'un étalon-or, la question du système monétaire international est résolue. Un véritable étalon-or correspond, en fait, à un système de monnaie unifiée. Il en est de même avec un système de taux de change fluctuants : « *Le point fondamental est qu'une monnaie unifiée et un système de taux de change fluctuants ont tous deux la même nature, bien qu'à première vue, ils semblent très différents. Ils sont tous deux des mécanismes de marché libre, pour les paiements interrégionaux ou internationaux.* » L'étalon-or et la monnaie unifiée étant politiquement impraticables, seul le système de change fluctuant est compatible avec un système de liberté commerciale et financière au niveau international. L'adoption historique d'un « *pseudo Gold Standard* » avec l'intervention des banques centrales dans la fixation des taux de change et l'introduction des réserves internationales pour réaliser les ajustements ne peut qu'entraîner des erreurs de politiques économiques débouchant sur l'inflation, puis sur le protectionnisme et la multiplication des contrôles, comme l'illustre la crise des années trente.

**Un système de taux de changes fluctuants est nécessaire.** M. Friedman dénonce encore le pouvoir attribué aux institutions politiques. La fixation volontariste d'un taux de change ne peut qu'entraîner des pénuries ou des excédents de telle ou telle devise selon que le taux de change est inférieur ou supérieur à celui qui serait fixé par un marché libre. La fixation du taux de change relève du marché comme la fixation du prix de n'importe quel bien ou service : « *Fixez les prix, et les problèmes se multiplieront ; laissez les prix se déterminer d'eux-mêmes, et les problèmes disparaîtront comme par enchantement.* »

Le système de change fluctuant supprime de nombreux problèmes en éliminant les liquidités internationales et les interminables et décevantes négociations internationales et en permettant de mettre en œuvre des politiques économiques nationales sur des bases solides. Comme l'écrit M. Friedman : « *Pourquoi ne pas laisser le chien remuer la queue, au lieu de laisser la queue remuer le chien.* » Peut-on craindre les mouvements spéculatifs ? M. Friedman écarte l'argument en affirmant que la plupart des études empiriques illustrent le caractère généralement stabilisateur de la spéculation.

Cet ouvrage a suscité de nombreux débats.

D'abord, la vérification empirique de certaines propositions a été contestée, notamment l'antériorité du gonflement de la masse monétaire sur la croissance du niveau général des prix, la stabilité de la demande de monnaie et celle de la vitesse de circulation de la monnaie.

Ensuite, la vérification empirique pose la question d'une définition pertinente de la monnaie et/ou de la liquidité et de celle du niveau général des prix. Il n'est pas besoin de grands développements pour contester la possibilité d'établir une définition de la quantité de moyens de paiements qui circulent dans l'économie. La multiplication des innovations monétaires et financières pendant les années quatre-vingt rend cette tâche encore plus périlleuse. Par contre, il existe des mesures plus fiables de l'indice du niveau général des prix. Pourtant, des économistes, comme F. Hayek, nient la pertinence d'un indice du niveau général des prix qui rompt avec la méthode « individualiste ».

Enfin, la pertinence des comportements économiques postulés par Friedman s'avère contestable. Peut-on conclure comme M. Friedman à l'absence d'illusion monétaire des agents économiques ? Rien n'est moins sûr. Les salaires nominaux demeurent rigides à la baisse ; les comportements en matière d'endettement ne montrent pas que le taux d'intérêt réel soit la variable privilégiée… Les comportements en matière de prix et de revenus semblent plus régis par des normes et des conventions que par des calculs rationnels.

Plus fondamentalement, M. Friedman postule que les ajustements économiques se font au moyen des prix sur des marchés « parfaits ». Le dogme de la « perfection » du marché réapparaît comme un serpent de mer tout au long de l'histoire du capitalisme, sans que jamais personne n'ait pu vérifier sa réalité.

# La route de la servitude

## Friedrich A. Hayek

14

Cet ouvrage est politique, selon les termes même de l'auteur Friedrich A. Hayek. Quand il publie son livre, dédié à tous les socialistes, en 1943 en Grande-Bretagne, cet économiste néo-marginaliste se fixe un but : alerter le public sur les dangers d'une économie dirigée. Il démonte donc les arguments utilisés par les partisans du « planisme », aborde les origines du nazisme avant de proposer quelques pistes pour l'ordre social futur. Traduit en français en 1946, cet essai devenu classique a été réédité en 1993 (PUF, 200 p.).

## 1) Les conséquences du collectivisme

### A. La dictature économique est l'aboutissement de la planification

**Les méthodes du collectivisme peuvent servir des fins diverses.** Historiquement, le socialisme constitue la principale variété du collectivisme. Il signifie pour beaucoup la justice sociale, une plus grande égalité, une sécurité économique accrue. Souvent le même mot désigne aussi la méthode pour atteindre ces fins : la création d'un système d'économie planifiée. Pourtant le « *planisme économique* », défini comme « *la direction centralisée de toute l'activité économique conformément à un plan unique, exposant comment les ressources de la société doivent être consciemment dirigées pour atteindre d'une manière déterminée un but déterminé* », peut servir aussi bien à privilégier une « *élite raciale* » que les membres d'un parti. Quelles que soient les fins poursuivies, les divers genres du collectivisme (communisme, fascisme, etc.) entrent en conflit avec la liberté individuelle.

**Dans une société planifiée, les parlements sont inefficaces à gérer les affaires économiques car leurs décisions sont arbitraires.** La planification économique ne se prête pas aux débats parlementaires et à ses compromis. « *Tout comme pour la stratégie, il serait indispensable de déléguer la tâche à des experts.* » Comme planifier impose de faire des choix, « *il est inévitable qu'ils imposent leur échelle de préférence à la collectivité* ». Au mieux le parlement se contentera de choisir les individus qui recevront un pouvoir pratiquement absolu. Une démocratie formelle peut donc subsister mais il ne suffit pas que le pouvoir prenne sa source dans le peuple pour l'empêcher de devenir arbitraire.

### B. Le totalitarisme inéluctable

Communisme, fascisme, etc. diffèrent entre eux par la nature du but recherché mais ils veulent organiser l'ensemble de la société et toutes ses ressources en vue de cette fin unique. Ils sont donc totalitaires.

**Dans une société planifiée, les gouvernements se débarrassent des règles « *immuables et préétablies* » de la loi.** Le respect de la loi est le meilleur critère pour distinguer pays libres et dictatures. Dans les pays libres, les lois « *sont conçues* a priori, *sous forme de règles fixes ne* *tenant pas compte des préoccupations et des besoins d'une catégorie quelconque de gens* ». Elles restreignent la liberté individuelle en limitant les moyens autorisés pour atteindre des objectifs mais, les règles étant fixées de façon durable, l'individu peut prévoir le comportement de ses partenaires, y compris du gouvernement qui doit aussi s'y soumettre. Pour faire des projets, il faut être en mesure de prévoir les actes du gouvernement susceptibles d'influencer ces projets. Ceci n'est possible que si les mesures étatiques découlent de règles indépendantes des circonstances.

Dans une économie collectiviste, l'autorité hiérarchise les besoins des différentes catégories de citoyens en fonction des circonstances et les lois sont utilisées pour trancher les problèmes se présentant au fur et à mesure. Ainsi, si une politique veut tendre à réaliser l'idéal de la justice distributive, elle sera amenée à détruire l'égalité formelle devant la loi. Les mesures prises peuvent être parfaitement légales du point de vue juridique sans pour autant se conformer à la « *règle de la loi* » qui « *implique une limitation des pouvoirs législatifs, la reconnaissance des droits inaliénables de l'individu, l'inviolabilité des droits de l'homme* ».

**Le contrôle de l'économie conduit à contrôler toute la vie des individus.** « *L'autorité centrale* » déterminera non seulement le genre et la quantité des biens à distribuer, mais réglementera leur répartition selon des régions et des groupements de population, se réservant au besoin, la possibilité d'une discrimination entre différentes catégories de gens. Le contrôle de la production et des prix permet donc le contrôle de la consommation. Plus grave encore, il suppose un contrôle de l'embauche et/ou des salaires. Comme le plan ne peut tenir compte des préférences individuelles, l'individu sera utilisé au profit d'abstractions telles que le « *bien-être social* » ou le « *salut de la communauté* ». Plus que jamais, il ne sera plus qu'un simple moyen de production.

**La propagande est indispensable dans une économie planifiée et aborde tous les domaines.** Pour que le système fonctionne il faut que les gens croient dans les buts à la réalisation desquels l'autorité les fait travailler. Les termes anciens sont employés en leur prêtant un sens nouveau : les États totalitaires abusent ainsi des mots : liberté, justice, loi, droit, égalité et vérité. Toute information permettant des comparaisons avec l'étranger est supprimée. Même les sciences sont touchées. « *La tragédie de la pensée collectiviste apparaît là : elle procède d'une conception qui met la raison au-dessus de tout et aboutit à la dégradation de la raison parce qu'elle méconnaît le processus dont dépend le développement de l'intelligence.* »

## C. L'ascension des « hommes sans scrupules »

**La redistribution profite aux groupes les plus forts.** L'idéal d'une plus grande équité implique de prendre aux riches mais n'indique pas à qui distribuer. Le planificateur ne sera pas dispensé de « *l'obligation de soupeser à chaque occasion les mérites des groupes et des individus* ». Pour améliorer son sort, chacun doit donc devenir membre d'un groupe organisé capable d'influencer ou de contrôler l'appareil de l'État.

**Le système sélectionne les pires éléments de la société.** Le groupe qui prend le contrôle des affaires a plus de chances d'être formé par les pires que par les meilleurs éléments de la société, ceux avec le moins d'instruction, les plus dociles à la propagande. Leur rassemblement se fera autour de la haine de l'ennemi. « *L'individu n'est respecté qu'en tant que membre du groupe et dans la mesure où il œuvre pour le but commun.* » Le fait d'agir pour le bien du groupe justifie l'utilisation de n'importe quel moyen. Les collaborateurs de l'État doivent être attachés sans réserve à la personne du chef et être capables de tout quand les fins poursuivies l'exigent. Les perversions des systèmes totalitaires du XX^e siècle ne sont donc pas des accidents mais des phénomènes que le totalitarisme engendre inévitablement. La seule politique vraiment progressive ne reste-t-elle pas alors la politique libérale ?

## 2) Plaidoyer pour la société libérale

### A. Le libéralisme est un facteur de progrès

**Le libéralisme est l'aboutissement de l'évolution de la civilisation occidentale.** La civilisation occidentale est fondée sur l'individualisme hérité de la Grèce, de Rome, du christianisme. L'individualisme évoque souvent, à tort, l'égoïsme pourtant il consiste à « *respecter l'individu en tant que tel, reconnaître que ses opinions et ses goûts n'appartiennent qu'à lui, dans sa sphère* ». Le libéralisme ne connaît pas de règles stables mais un principe fondamental : les forces sociales spontanées doivent jouer un rôle prépondérant « *dans la conduite de nos affaires* » et le recours à la coercition doit être le plus faible possible.

**Les progrès engendrés par le libéralisme sont réels mais lents.** Le XIX^e siècle a permis que toutes les classes de la société prennent conscience de la liberté. Tous comprirent qu'ils disposaient d'un pouvoir sur leur propre destin, qu'ils pouvaient améliorer leur sort. La libération des énergies individuelles entraîna le développement de la science, la liberté industrielle permit le libre usage des connaissances nouvelles. Toutes les classes profitèrent du progrès général mais des points extrêmement sombres subsistaient et certains libéraux confondirent libéralisme et acceptation passive des institutions. « *Il [le libéralisme] en vint à être considéré comme un dogme négatif parce qu'il ne pouvait offrir aux individus guère plus qu'une part du progrès commun, progrès qu'on trouvait de plus en plus naturel et en lequel on ne reconnaissait plus le résultat de la politique de liberté.* »

### B. Concurrence et progrès technique

S'il est admis que le système libéral a permis un vaste progrès, il reste à démontrer que contrairement à ce qu'affirment ses détracteurs il n'est pas condamné par les transformations techniques.

**La production en série ne mène pas à l'abolition de la concurrence.** La production en série et la baisse des prix qui en résulte ne conduisent pas nécessairement à la disparition des petites entreprises. La constitution de monopoles n'est pas inéluctable. Ceux-ci ne résultent pas tant du progrès technique que de politiques délibérément adoptées.

**La complexité actuelle de la civilisation industrielle exige la concurrence.** La planification peut être réalisée dans des situations simples « *mais les facteurs à considérer deviennent si nombreux qu'il est impossible d'en avoir une vue synoptique, alors* [...] *la décentralisation s'impose* ». Le système des prix en régime de concurrence est seul capable de transmettre toute l'information nécessaire à chaque agent qui en a besoin en permettant une coordination automatique. C'est ce mécanisme qui a permis la diversité, la souplesse existante. Tout accroissement de la complexité le rend encore plus indispensable.

**La concurrence ne nuit pas au progrès technique.** Le monopole est parfois justifié pour profiter au mieux des possibilités d'une technique. C'est oublier que si une technique nouvelle est meilleure, elle s'imposera d'elle-même. De plus la variété qui naît de la concurrence est source elle-même de nouveaux progrès à long terme.

## C. Pour progresser encore

Le monde libéral n'est pas parfait et il est possible de l'améliorer à l'échelle nationale et internationale.

**Le libéralisme ne consiste pas à laisser les choses en l'état où elles sont.** Un cadre juridique soigneusement conçu (définissant par exemple très précisément le droit de propriété) est indispensable pour que la concurrence puisse jouer un rôle bienfaisant. Il est nécessaire principalement que sur les marchés les prix soient libres, que chacun puisse y intervenir en tant que vendeur ou acheteur. Des mesures de contrôle des méthodes de la production visant à interdire l'usage de substances toxiques, à limiter les heures de travail sont pleinement compatibles avec la préservation de la concurrence. Quand celle-ci ne peut fonctionner, il faut faire intervenir l'État. Le niveau de prospérité atteint permet de garantir à tous une certaine sécurité économique (« *disposer d'un minimum vital pour sa subsistance, se sentir à l'abri des privations physiques élémentaires* »). C'est une condition indispensable de la véritable liberté. L'État peut organiser un système complet d'assurances sociales. La lutte contre les fluctuations de l'activité économique est aussi nécessaire. Plus qu'une politique de travaux publics, la politique monétaire pourrait être l'outil approprié. Il n'est pas question pour autant de subordonner la société à un but unique (même s'il s'agit de la lutte contre le chômage) car ce serait incompatible avec la liberté individuelle.

**Une autorité politique internationale peut contribuer à la prospérité si elle respecte les principes libéraux.** « *Une autorité économique internationale, ne détenant aucun pouvoir politique et même strictement limitée à un domaine déterminé, peut facilement exercer le pouvoir le plus tyrannique et le plus irresponsable.* » L'autorité internationale devrait donc avoir les pouvoirs d'un État ultra-libéral et être extrêmement puissante pour faire respecter la loi commune. La forme fédérale semble la plus adéquate. Elle instaure une division du pouvoir qui limite à la fois le pouvoir central et celui des États. Les autorités locales pourraient même en profiter. Un excès d'ambition étant nuisible, une telle organisation devrait commencer dans une région limitée à une partie de l'Europe occidentale.

La « route de la servitude » est derrière nous : le totalitarisme a disparu, que ce soit sous sa forme nazie ou soviétique ; plus personne ne croit encore aux vertus d'une planification centralisée autoritaire pour gérer une économie complexe et les nationalisations ont cédé la place aux privatisations sur toute la planète. La crainte qui poussa Hayek à écrire son ouvrage n'est donc plus d'actualité. L'apport principal de l'économiste reste sans doute d'avoir montré que l'économie concurrentielle est la meilleure garante de la liberté individuelle et que pour autant ceci ne signifie pas forcément le règne du laissez-faire.

# Les limites de la liberté

## *Entre l'anarchie et le Léviathan*

## James M. Buchanan

15

James M. Buchanan est un économiste néolibéral qui a fondé l'école des « choix publics » (ou « Public choice ») avec Gordon Tullock. Ce livre (Litec, 1992, 207 p.), préfacé par Henri Lepage, est une des œuvres maîtresses du libéralisme moderne. Buchanan présente l'objectif de son ouvrage : « Les analyses que renferme ce livre sont conçues pour être une contribution au troisième siècle de l'Amérique, et une réponse aux nouveaux défis qui menacent les institutions traditionnelles de l'ordre social. Quelles que soient les tentatives de nier l'évidence, c'est un fait que la structure légale des États-Unis se désagrège. »

## 1) Les bases de la liberté en société

### A. « *L'anarchie ordonnée* » est le monde idéal

**Buchanan se situe dans une logique individualiste qui considère que « *chaque homme compte pour un homme, ni plus ni moins* ».** La liberté de l'homme est le principe fondamental ; le monde idéal est alors anarchique, c'est-à-dire privé d'un État restreignant les libertés individuelles. Dans ce monde idéal, « *les gens respectent les normes minimales de la tolérance et du respect mutuel. À l'intérieur de ces limites, les individus restent libres de "faire ce qui leur plaît" et les actions menées en commun sont strictement volontaires* ».

**Mais l'anarchie pure est un monde utopique** ; « *lorsqu'on se donne les moyens de l'examiner attentivement, l'anarchie ne paraît pas pouvoir constituer le principe de base permettant l'organisation de l'ordre social* ». En effet, des règles implicites de tolérance et de respect mutuel sont une condition nécessaire à tout ordre social ; autrement dit, il faut respecter les « *droits de propriété* » qui sont des droits divers s'appliquant aussi bien à la possession proprement dite qu'au droit de vivre comme chacun l'entend. Lorsque ces droits sont définis et reconnus, on se trouve dans une situation d'« *anarchie ordonnée* ». « *Pour l'individualiste, l'idéal est l'anarchie ; réaliste, il doit toutefois admettre la nécessité d'une agence d'exécution du droit, d'une collectivité, d'un État.* » Le rôle de cette « *agence d'exécution* » n'est pas de définir les droits, mais uniquement de les protéger.

### B. La définition des « *droits de propriété* »

**Les droits initiaux sont établis par la « *distribution naturelle* ».** La distribution naturelle est assez aléatoire. « *Les inégalités qui peuvent être théoriquement observées dans la "distribution naturelle" résultent tout à la fois des différences innées de capacités personnelles et des comportements adoptés.* » La distribution naturelle n'est pas stable, « *chaque personne doit investir du temps et de l'énergie dans des activités de pillage et/ou de protection* ». Une négociation va s'effectuer à partir de cette distribution naturelle ; un accord contractuel peut s'avérer nécessaire pour limiter l'incertitude et les coûts de pillage et de protection. Cet accord est appelé par Buchanan « *contrat constitutionnel* ».

**Le « *contrat constitutionnel* » définit les droits de propriété et le « *contrat postconstitutionnel* » définit les échanges.** À partir du moment où le contrat constitutionnel est conclu et donc les droits de propriété définis, les individus peuvent effectuer des échanges et donc conclure de nouveaux contrats. « *Cette analyse suggère qu'un "contrat social", défini comme l'ensemble des négociations impliquant tous les membres d'une communauté donnée, peut prendre place théoriquement à deux niveaux : d'abord à celui, initial, du contrat constitutionnel, où un accord est passé sur une attribution de droits individuels ; puis à celui du contrat postconstitutionnel, où les individus s'entendent sur les quantités et sur les coûts des biens et services consommés.* »

**La loi peut s'avérer nécessaire pour officialiser les « *droits de propriété* ».** Il peut paraître rationnel de frauder pour ne pas payer ses impôts, ou de polluer lorsqu'il est plus simple de ne pas faire réviser sa voiture. Tous ces comportements sont des « *maux publics* ». « *L'individu pollue, crée un mal public, parce qu'il est dans son intérêt individuel de le faire. En produisant un mal public, il crée ou produit un bien privé.* » Les règles éthiques constituant l'ordre établi dissuadent la majorité des gens d'adopter de tels comportements. Mais si ces règles éthiques diminuent en intensité (c'est le cas, selon Buchanan, depuis le début des années soixante-dix), le recours à la loi devient nécessaire.

## C. L'État est nécessaire, mais ses interventions sont souvent problématiques

**L'État est le dépositaire de deux fonctions bien distinctes.** Au stade constitutionnel, l'État se limite à « *faire respecter les droits établis et les contrats incarnant des échanges librement négociés sur la base de ces droits* ». Cet État nommé par Buchanan « *État-protecteur* » ou « *État juridique* » doit être neutre. Il ne juge pas des contrats constitutionnels qui ont été négociés, mais intervient si un contrat est violé. La deuxième fonction de l'État est celle d'« *État-producteur* ». Celui-ci prend en charge les biens publics.

**Le rôle de l'État-protecteur est de faire respecter les droits de propriété et les contrats.** « *On peut soutenir que, pour accomplir son rôle d'application de la loi, l'État devrait embaucher des "experts", des "savants" qui recherchent la "vérité" et qui scrutent les "faits", des gens qui ont une formation spécialisée en droit ; il n'a pas besoin d'être démocratique, il n'a qu'un rôle technique.* »

Il doit démasquer ceux qui contreviennent aux droits de propriété puis les punir et cela en toute impartialité. « *Si les hommes pouvaient se fabriquer un dieu qui punirait les infractions humaines sans céder aux tentations du pouvoir, la stabilité et le progrès social seraient assurés.* »

**L'État-producteur prend en charge les biens publics, mais il doit le faire en respectant les droits de propriété individuels.** Lorsque deux personnes échangent entre elles, « *les échanges s'accomplissent dès que les conditions en sont fixées, et seul est nécessaire le consentement des deux personnes concernées* ». En revanche, le problème se pose dans le cas des biens publics (ou services collectifs), car dès que les individus participant à l'échange sont plus nombreux, le marché est moins efficace : d'abord les coûts de transaction sont plus élevés, ensuite, pour respecter les droits de propriété, il est nécessaire de ne nuire à aucun individu et donc de n'obliger personne à contribuer financièrement à un bien public qu'il ne désire pas. Quatre possibilités peuvent être présentées :

- les individus qui souhaitent le bien public font part de leurs préférences et contribuent seuls à son financement. Mais les gens seront incités à déclarer qu'ils ne souhaitent pas le bien public et néanmoins à en profiter et donc à adopter un comportement de « *passager clandestin* » qui est « *quelqu'un qui obtient les avantages du bien ou service collectivement consommé sans réellement contribuer à son financement* ». Que ce comportement soit stratégique ou pas, chaque individu a tendance à l'adopter car c'est de cette façon qu'il maximise son utilité ;
- s'il est possible d'exclure les agents qui ne souhaitent pas le bien public, l'efficience peut être atteinte. Ainsi seules les personnes qui désirent profiter du bien public contribuent à son financement et les autres sont exclues du bénéfice de la jouissance de ce bien public. Le problème du « *passager clandestin* » est résolu, mais l'exclusion n'est pas toujours facile (exemple d'un phare en mer) et elle « *implique forcément une expulsion, totale ou partielle, hors de la communauté* » ;
- il est habituel d'utiliser la règle du scrutin majoritaire pour prendre une décision collective et de faire participer financièrement l'ensemble de la collectivité. Mais « *une personne peut s'apercevoir qu'une décision majoritaire concernant un bien public l'a déplacée vers le bas plutôt que vers le haut dans son espace d'utilité* ». Il s'agit l à d'une atteinte à ses droits de propriété fondamentaux. « *La coercition exercée contre lui est apparemment du même ordre que celle qu'il subit lorsqu'un voleur lui prend son porte-monnaie à Central Park* » ;
- les échanges privés entre deux individus s'opèrent dans un cadre d'unanimité implicite. En cas d'unanimité, les échanges collectifs sont aussi efficients. « *L'efficience ne peut exister que si un "contrat social" se trouve passé entre toutes les personnes, contrat requérant que tous les membres de la collectivité participent à la prise de décisions collectives placées sous la règle de l'unanimité.* » Mais ce type de décision pose, on s'en doute, des problèmes importants, les coûts de transaction sont élevés, puisqu'il faut persuader chacun afin d'emporter son adhésion. « *Pareille acceptation impliquerait sans doute, cela dit, que certains membres du groupe se voient accorder des avantages plus grands du seul fait de leur réticence à coopérer. Et cette inégalité de traitement pourrait bien, en retour, se révéler inacceptable.* »

## 2) La menace du Léviathan

Tel le Léviathan (monstre aquatique incarnant le mal ; Hobbes est le premier à avoir utilisé ce terme pour décrire l'État), l'État se développe et est dangereux. Il faut donc « *enchaîner le Léviathan* ».

### A. Le vote majoritaire contribue à l'accroissement des budgets

**L'intervention étatique conduit à l'intervention étatique.** Lorsqu'une majorité vote pour la réalisation d'un bien public, la minorité qui ne le souhaitait pas a tendance en contrepartie à essayer de créer une nouvelle majorité pour demander un nouveau bien public. « *Quand quelque chose ne va pas, le gouvernement se voit demander d'édicter une réglementation. Si la réglementation échoue, on édicte une nouvelle réglementation, et ainsi de suite.* »

« ***Même dans les meilleures conditions, le fonctionnement du processus démocratique engendre des excès budgétaires.*** » Chaque projet budgétaire peut être efficient, c'est-à-dire avoir un rapport coût/avantages positif, mais l'ensemble du budget peut ne pas l'être. En effet,

« *il y a toujours des coûts de perception et d'application des lois fiscales et ces coûts augmentent avec la taille du budget, d'une manière que l'on peut juger disproportionnée à partir d'un certain point* ».

De plus, la règle de la majorité conduit à des augmentations très fortes des budgets. Prenons un exemple. « *Trois projets d'un coût de 99 francs chacun sont envisagés, et doivent être financés par un impôt de 33 francs par personne.* »

| | Projet A | Projet B | Projet C |
|---|---|---|---|
| Individus | Avantages | Avantages | Avantages |
| A | 35 F | 35 F | 0 F |
| B | 35 F | 0 F | 35 F |
| C | 0 F | 35 F | 35 F |

En cas de vote majoritaire, les trois projets seront adoptés, alors qu'ils sont globalement inefficients. La solution serait de ne pas voter au coup par coup, mais de voter l'ensemble du budget. « *Un autre moyen consisterait à introduire des dispositions constitutionnelles empêchant un projet d'être mis aux voix, à moins qu'il n'offre des avantages uniformes à l'ensemble de la collectivité.* »

## B. Les politiciens et les fonctionnaires contribuent eux aussi à l'accroissement des budgets

**Le personnel politique est responsable de l'augmentation des budgets**. Les décisions collectives sont rarement prises directement par les électeurs, le plus souvent ce sont les politiciens qui décident. Il est donc nécessaire d'étudier leurs comportements, leurs préférences. Buchanan différencie trois types de politiciens :

- les « *idéologues* » sont « *des incorruptibles qui souhaitent par-dessus tout "le bien" de la communauté* », mais ils seront prêts à augmenter fortement les dépenses de l'État pour arriver à leurs objectifs ;
- les « *mégalomanes* » sont ceux qui « *attachent une valeur intrinsèque au pouvoir de prendre des décisions qui affectent les autres* ». Ils auront tendance à privilégier leur électorat et à augmenter les dépenses vers des « sous-groupes » particuliers de la communauté ;
- les « *profiteurs* » sont corrompus ; ils recherchent les pots-de-vin et les dessous-de-table, or plus le budget est important plus les occasions de corruption sont nombreuses.

« *Pour des raisons différentes, l'idéologue, le mégalomane et le profiteur seront tous motivés à agrandir le secteur public de l'économie.* »

**Les fonctionnaires sont aussi responsables de l'accroissement des dépenses publiques.** Le fonctionnaire profite d'une rente de situation puisque son salaire n'est pas fixé sur les marchés concurrentiels ; il cherche à conserver cette rente et « *il sait que son plan de carrière, ses chances de promotion et son emploi dépendent des dimensions de dotation budgétaire de son administration* ». Les fonctionnaires ont le droit de vote et ils ont un poids électoral considérable qu'ils utilisent dans le sens de l'augmentation des dépenses de l'État.

Buchanan définit son monde idéal : « *Les juges cesseraient de légiférer et se contenteraient d'arbitrer les différends, d'appliquer les lois et de prononcer des peines. Les législateurs ne recourraient plus à la machine politique pour effectuer des transferts de droits sans compensation parmi les individus et les groupes.* » Il faudrait « *comprendre le principe essentiel du laissez-faire : les résultats de l'interaction des gens laissés à eux-même peuvent être, et sont souvent, supérieurs à ceux de l'intervention politique directe* ».
La démonstration de Buchanan est très rigoureuse, mais elle se fonde sur une certaine conception de la justice sociale : le respect de la liberté et des droits de propriété des individus. Elle ne s'interroge pas vraiment sur la légitimité de ces droits de propriété, même quand certains les ont acquis au détriment d'autres et souvent par la force. Cette thèse est assez réactionnaire et conservatrice dans le sens où elle cherche à protéger les avantages acquis de certains privilégiés.

# PARTIE II

# Les fondateurs de la pensée sociologique

# 16 La démocratie en Amérique

## Alexis de Tocqueville

Le 10 mai 1831, deux Français débarquaient à New York afin d'entreprendre une enquête sur le système pénitentiaire américain. Cette enquête n'était qu'un prétexte. Le voyage en Amérique devait durer neuf mois. Il donna naissance, pour A. de Tocqueville, à un livre majeur qui aide à comprendre l'essence et le devenir des sociétés démocratiques : *La Démocratie en Amérique*. En fait, il s'agit de deux ouvrages dont la réunion (Laffont, 1998, 1 180 p.) conduit à la première somme sur les mœurs démocratiques.
Le premier tome, paru en 1835, propose une analyse des institutions de la jeune démocratie américaine. A. de Tocqueville dévoile, dès l'introduction, la clé qui permet de reconstituer le puzzle formé par tous les faits observés ou analysés pendant son voyage, c'est le « *fait générateur* [...] *dont chaque fait particulier semblait descendre, et je le retrouvais sans cesse devant moi comme un point central où toutes mes observations venaient aboutir* ». Ce fait générateur se révèle une loi historique à laquelle devront se soumettre, selon différentes formes, les sociétés démocratiques, c'est le processus d'« égalité des conditions ». L'étude des différentes dimensions de cette loi nécessite l'élaboration d'une « science politique nouvelle ». Pour A. de Tocqueville, les Américains sont parvenus à trouver des réponses aux paradoxes et aux écueils créés par la diffusion des mœurs démocratiques caractérisées par la passion de l'égalité. À la différence des Français, les Américains réussissent à conjuguer égalité et liberté.
Le premier tome rencontrera un grand succès critique et public. Il répondait à une curiosité vis-à-vis de cette société mal connue en Europe et à une attente provoquée par les problèmes institutionnels liés aux événements politiques qui se sont succédé en France depuis la Révolution de 1789. Il s'agit d'ailleurs, pour A. de Tocqueville, d'enseigner aux Français l'art du bon fonctionnement de la démocratie. Le second tome, paru en 1840, déçoit les lecteurs du premier tome. Il s'agit d'une méditation au ton pessimiste sur le devenir de la démocratie. A. de Tocqueville reprend les thèmes évoqués dans le premier tome en accentuant les paradoxes démocratiques. La réflexion devient plus abstraite et plus déductive. C'est pourtant ce second tome qui apparaît à la fin des années quatre-vingt-dix comme le plus novateur et le plus riche pour donner sens au malaise né au sein de sociétés dans lesquelles les mœurs et les institutions démocratiques se sont imposées.

### 1) La première démocratie en Amérique (1835)

#### A. Origines et originalité des institutions américaines

**Les institutions démocratiques américaines sont caractérisées par leurs origines : les mœurs des immigrants anglais et puritains qui se sont installés en Nouvelle-Angleterre.** A. de Tocqueville pose d'emblée un postulat méthodologique :

« *L'homme est pour ainsi dire tout entier dans les langes de son berceau.* » Les immigrants de Nouvelle-Angleterre représentent un groupe social homogène par leur langue (la langue anglaise), par leur culture (la culture britannique) et par les mœurs : les mœurs puritaines. Ils importent d'Angleterre l'acquis de libertés politiques et religieuses conquises et intériorisées. Ils défendent une société sans maîtres, idéaliste et soucieuse du bien commun comme des libertés individuelles. Ils incarnent l'« *égalité des conditions* » : « *le singulier phénomène d'une société où il ne se trouvait ni grands seigneurs, ni peuple, et pour ainsi dire ni pauvres, ni riches.* » Ils forgeront, selon les mots d'A. de Tocqueville, le « *caractère national* » américain.

**Les immigrants puritains forgeront aussi un nouvel « *état social* » : l'état social démocratique.** La démocratie n'a pas aux États-Unis à s'imposer comme en Europe contre l'aristocratie qui constitue, pour A. de Tocqueville, l'état social historiquement et idéalement alternatif à la démocratie : « *le germe même de l'aristocratie ne fut jamais déposé dans cette partie de l'Union.* » L'aristocratie qui existe dans le Sud des États-Unis et qui joua un rôle historique important ne peut résister pour des raisons économiques (l'économie esclavagiste devient trop coûteuse), juridiques (loi égalitaire des successions) et idéologiques (elle serait devenue « *débile et peu vivace* ») à la vague démocratique. La société démocratique américaine connaît des inégalités reposant essentiellement sur l'argent mais : « *la fortune y circule avec une incroyable rapidité, et l'expérience apprend qu'il est rare de voir deux générations en recueillir les faveurs.* » Cette mobilité sociale est liée à la diffusion de l'instruction : « *l'instruction primaire y est à la portée de chacun ; l'instruction supérieure n'y est presque à la portée de personne.* » Elle est aussi directement liée à la réussite professionnelle. La société démocratique américaine représente ainsi une société économiquement forte, peu portée vers la spéculation intellectuelle et incarnant l'égalité des chances : « *l'Amérique présente donc, dans son état social, le plus étrange phénomène. Les hommes s'y montrent plus égaux par leur fortune et par leur intelligence, ou en d'autres termes, plus également forts qu'ils ne le sont dans aucun autre pays du monde, et qu'ils ne l'ont été dans aucun siècle dont l'histoire garde le souvenir.* »

**La démocratie américaine est aussi une République caractérisée par la souveraineté du peuple.** A. de Tocqueville, effrayé par la toute puissance de la souveraineté populaire, ne croit pas que le peuple soit capable de prendre des décisions conformes au bien commun. La passion pour l'égalité qui s'empare des individus dans une démocratie porte en germe un vaste processus de nivellement par le bas. Les institutions politiques américaines lui semblent pourtant avoir réussi à concilier souveraineté du peuple, liberté individuelle et sens des responsabilités collectives. A. de Tocqueville analyse longuement l'autonomie communale américaine, notamment en Nouvelle-Angleterre. Il s'agit d'une communauté de citoyens et d'un centre de décisions à taille humaine. Chacun peut faire l'apprentissage de la gestion des affaires publiques qui, à ce niveau, se confondent souvent avec les affaires privées. Chacun peut donc accéder à des postes de pouvoir tandis que le pouvoir demeure limité. L'« *esprit communal* » se développe mêlant exercice de droits et accomplissement de devoirs. A. de Tocqueville met aussi en avant la généralisation des magistratures électives et la mise en pratique du suffrage universel à la place du suffrage censitaire. À l'échelon fédéral, la Cour suprême et le bicaméralisme garantissent un certain équilibre des pouvoirs évitant ainsi une mainmise de l'État sur la société américaine. Le système fédéral américain offre ainsi les avantages d'une grande nation et ceux d'une petite société ou, en d'autres termes, les institutions politiques américaines permettent une harmonie entre centralisation gouvernementale et décentralisation administrative.

**C'est peut-être dans l'exercice de la justice que l'originalité des institutions américaines se manifeste le plus.** Le juge américain comme les magistrats des autres nations « *ne peut* *prononcer que lorsqu'il y a litige. Il ne s'occupe jamais que d'un cas particulier ; et pour agir, il doit toujours attendre qu'on l'ait saisi* ». Cependant, il est « *revêtu d'un immense pouvoir politique* ». Ce pouvoir politique tient dans le fait que les Américains ont reconnu aux juges « *le droit de fonder leurs arrêts sur la Constitution plutôt que sur les lois. En d'autres termes, ils leur ont permis de ne point appliquer les lois qui leur paraîtraient inconstitutionnelles* ». Cette façon de faire évoluer les lois en douceur et en fonction des situations particulières évite une trop forte instabilité législative préjudiciable à l'ordre politique et à l'ordre social. Les citoyens américains ont, par ailleurs, le droit d'attaquer les fonctionnaires publics devant un tribunal ordinaire et ils font eux-mêmes l'expérience de rendre la justice au sein des jurys populaires. L'instance fédérale de la justice est incarnée par la Cour suprême qui représente le « *seul et unique tribunal de la nation* ». Ils font vivre la Constitution américaine. A. de Tocqueville ajoute que « *leur pouvoir est immense ; mais c'est un pouvoir d'opinion* ». La désignation des juges suprêmes s'avère une entreprise particulièrement difficile : « *les juges fédéraux ne doivent donc pas seulement être de bons citoyens, des hommes instruits et probes, qualités nécessaires à tous les magistrats, il faut encore trouver en eux des hommes d'État ; il faut qu'ils sachent discerner l'esprit de leur temps, affronter les obstacles qu'on peut vaincre, et se détourner du courant lorsque le flot menace d'emporter avec eux-mêmes la souveraineté de l'Union et l'obéissance due aux lois.* »

**C'est dans le principe de l'association que les forces créatrices de l'état social démocratique apparaissent le plus clairement.** Les communes forment des associations, mais « *il y en a une multitude d'autres qui ne doivent leur naissance et leur développement qu'à des volontés individuelles* ». La liberté de s'associer est particulièrement protégée aux États-Unis. Les Américains voient dans les associations la confirmation que pour agir il faut principalement compter sur ses propres forces, le principal vecteur de l'action collective en matière économique, civile, politique et le plus sûr moyen de résister à l'« *empire moral de la majorité* ». À la différence des Européens qui sacrifieraient leur liberté au sein des associations en vertu du principe que le résultat de l'action collective importe plus que les moyens utilisés, les Américains ont réussi à concilier efficacité collective et indépendance individuelle au sein des associations.

## B. Les dangers liés à l'omnipotence de la majorité

**La démocratie politique américaine est fondée sur le suffrage universel dont les conséquences peuvent être néfastes.** Selon A. de Tocqueville, « *c'est un fait constant que, de nos jours, aux États-Unis, les hommes les plus remarquables sont rarement appelés aux fonctions publiques, et l'on est obligé de reconnaître qu'il en a été ainsi à mesure que la démocratie a dépassé toutes ses anciennes limites* ». La cause principale d'un tel phénomène résulte que, au sein d'un peuple animé par la passion de l'égalité, les institutions démocratiques exacerbent le « *sentiment de l'envie* ». Une égalité complète des conditions ne pouvant être réalisée, il subsiste des inégalités qui sont perçues comme des privilèges injustes par la majorité. Le talent, qui exprime une différence, peut devenir un stigmate disqualifiant ; le peuple américain « *ne craint pas les grands talents, mais il les goûte peu* ». Inversement, les hommes remarquables ne briguent pas les fonctions publiques éligibles : « *c'est à ces causes autant qu'aux mauvais choix de la démocratie qu'il faut attribuer le grand nombre d'hommes vulgaires qui occupent les fonctions publiques.* »

**À ce pouvoir de fait conféré par le suffrage universel, le pouvoir de la majorité ajoute un pouvoir d'opinion.** La théorie de l'égalité est étendue aux intelligences. L'opinion commune tend à s'imposer ; elle fait taire les minorités ; elle crée les conditions d'une instabilité politique. A. de Tocqueville note que l'Amérique est « *le pays au monde où les lois ont le moins de durée* » et où l'action administrative peut se révéler inconséquente. Le pouvoir de la majorité dérive vers la tyrannie. Cette tyrannie silencieuse de la médiocrité commune laisse sans défense l'individu dont la pensée se conformera à ce qu'il pense être l'opinion majoritaire par crainte d'une exclusion sociale. C'est pourquoi, selon A. de Tocqueville, les Américains n'ont ni grande littérature ni grande pensée politique. La démocratie pourrait être alors la voie la plus sûre vers l'anarchie et la décadence.

**Il existe toutefois des contre-tendances.** A. de Tocqueville cite l'absence de centralisation administrative, l'esprit et le corps des légistes qui défendent les intérêts des particuliers et des minorités et, enfin, les jurys populaires en matière criminelle et en matière civile. Mais, c'est au niveau des valeurs que se trouvent les principaux remparts contre les dérives démocratiques. Des principes de religion chrétienne mêlés à l'acquis culturel anglais qui sont transmis par la famille et le système éducatif influent sur les comportements. Les Américains font preuve de tolérance et de « *bon sens* ». L'expérience des affaires communes acquise au sein des communes et/ou des associations assure « *l'empire paisible du grand nombre* » et prévient le « *pouvoir illimité d'un seul* ». Ce sont donc les mœurs américaines qui contiennent les dérives démocratiques.

**Cependant, les mœurs américaines s'avèrent cruelles pour deux minorités.** Les Indiens ne peuvent s'intégrer. Ils vivent encore aux États-Unis dans une sorte d'état social aristocratique. Aristocratie misérable, ils ne peuvent comprendre et accepter les règles démocratiques. Les noirs, eux, devront être émancipés. Ils deviendront ainsi des citoyens libres. Mais cette liberté ne se traduira pas, prédit A. de Tocqueville, par une véritable égalité. L'héritage anglais est évoqué : « *de tous les Européens, les Anglais sont ceux qui ont le moins mêlé leur sang à celui des nègres.* » Mais surtout, les blancs craignent une mobilité sociale ascendante des noirs. Ainsi, « *l'Américain du Sud a deux passions énergiques qui le porteront toujours à s'isoler : il craindra de ressembler au nègre son ancien esclave, et de descendre au-dessous du blanc son voisin* ». A. de Tocqueville prédit ainsi une lutte future entre blancs et noirs due à la croissance démographique de ces derniers.

## 2) La seconde démocratie en Amérique (1840)

### A. Les risques de nivellement intellectuel et social au sein des sociétés démocratiques

**A. de Tocqueville caractérise à nouveau l'état social démocratique par l'égalité des conditions avec son corollaire, la tyrannie de la majorité, pour montrer comment cet état social peut conduire à des situations opposées,** ainsi de la passion pour l'égalité qui mène soit à la servitude soit à la liberté. La démocratie n'abolit pas les inégalités ; tous les individus, selon A. de Tocqueville, ne sont pas capables d'autonomie de pensée. De plus, l'égalité des conditions tend à isoler les individus les uns des autres, pour « *porter chacun d'eux à ne s'occuper que de lui seul* ». Les individus ont donc besoin de croyances qui les portent vers des « *régions supérieures à celles des sens* » et qui leur imposent des devoirs vis-à-vis des autres. C'est la religion qui légitime ces croyances et maintient ainsi l'ordre social. Dans une démocratie, les valeurs religieuses s'imposent moins par elles-mêmes que comme opinion commune. Réciproquement, l'opinion commune devient une sorte de religion. Le catholicisme, par ses dogmes et par l'institution d'une Église centralisée, apparaît comme la religion la plus fonctionnelle pour une société démocratique, comme en témoigne sa progression aux États-Unis. La démocratie a donc besoin de la religion pour échapper aux forces désintégratrices.

**Les individus dans les sociétés démocratiques sont portés à vouloir tout juger par eux-mêmes.** Le système de valeurs de ces sociétés, et notamment celui de la société américaine, semble dépourvu de tout idéalisme. La société aristocratique se caractérisait par le sens de l'honneur, le goût pour la spéculation intellectuelle gratuite et, surtout, par « *la passion pour la liberté* ». La société démocratique, animée par la « *passion du bien-être* », valorise l'amour de l'argent et le travail qui permet de le gagner. La société aristocratique distingue et différencie, la société démocratique uniformise. Dans les sociétés démocratiques, la principale différence entre les individus se fonde sur l'argent. Une nouvelle hiérarchie émerge ; c'est une nouvelle aristocratie industrielle, plus indifférente au bien commun et au sort des pauvres. Toutefois, la mobilité sociale qui remet en cause les positions économiques dominantes prévient le risque d'un despotisme économique durable.

**Cette société démocratique plus égalitaire est celle des classes moyennes.** Les comportements de ces classes moyennes renvoient à une nouvelle idéologie : l'individualisme. A. de Tocqueville distingue l'égoïsme, « *amour passionné et exagéré de soi-même* », de l'individualisme, « *sentiment réfléchi et paisible qui dispose chaque citoyen à s'isoler de la masse de ses semblables et à se retirer à l'écart avec sa famille et ses semblables ; de telle sorte que, après s'être ainsi créé une petite société à son usage, il abandonne volontiers la grande société à elle-même* ». Ces classes moyennes sont attachées, notamment aux États-Unis, au maintien de l'ordre social nécessaire à la réussite économique. L'honneur social est attaché à la réussite professionnelle : « *dans une société démocratique, comme celle des États-Unis, où les fortunes sont petites et mal assurées, tout le monde travaille, et le travail mène à tout. Cela a retourné le point d'honneur et l'a dirigé contre l'oisiveté.* »

**Les sociétés démocratiques craignent les révolutions et les guerres.** Les citoyens se sentent égaux ; la propriété est largement répandue et chacun peut vivre de son travail et espérer monter dans l'échelle sociale : « *ainsi, dans les sociétés démocratiques, la majorité des citoyens ne voit pas clairement ce qu'elle pourrait gagner à une révolution, et elle sent clairement à chaque instant, et de mille manières, ce qu'elle pourrait y perdre.* » Par ailleurs, les sociétés démocratiques haïssent la guerre. L'homogénéisation à l'œuvre au sein d'une société démocratique s'exerce aussi entre les sociétés démocratiques dont les intérêts, notamment les intérêts matériels, convergent. Mais, si les guerres deviennent plus rares, elles seront aussi plus meurtrières car dans les sociétés démocratiques, l'ensemble du peuple est concerné par la guerre et la centralisation du pouvoir politique devient une force mais aussi une faiblesse. A. de Tocqueville évoque Napoléon à l'occasion de l'analyse des conflits militaires dans les nations démocratiques : « *celles-ci mènent aisément toutes leurs forces disponibles sur le champ de bataille, et quand la nation est riche et nombreuse, elle devient aisément conquérante ; mais, une fois qu'on l'a vaincue et qu'on pénètre sur son territoire, il lui reste peu de ressources, et, si l'on vient jusqu'à s'emparer de sa capitale, la nation est perdue. Cela s'explique très bien : chaque citoyen étant individuellement très isolé et très faible, nul ne peut ni se défendre soi-même, ni présenter à d'autres un point d'appui. Il n'y a de fort dans un pays démocratique que l'État.* »

## B. Le risque de servitude politique

**L'égalité politique, sociale et économique développe le sentiment d'indépendance, sinon la passion pour la liberté.** On peut craindre une dérive anarchique des sociétés démocratiques. Mais, selon A. de Tocqueville, le risque majeur est celui d'une servitude générale. L'exemple de la France illustre cette proposition. Avec l'aristocratie disparaissent des contre-pouvoirs à la toute puissance de l'État. Plus l'égalité se développe, plus un pouvoir unique, central, plus simple peut s'imposer. L'individualisme qui se répand parmi les classes moyennes en croissance accélère le processus. Ce phénomène universel prend des formes nationales. Les anglo-américains ont pu prévenir, en partie, ces dangers. Il n'en est pas de même en Europe, en particulier en France. Après la Révolution, le peuple démocratique aspire à l'ordre. De nouveaux maîtres peuvent s'imposer sous couvert d'égalitarisme. Déjà, on assiste en France à une étatisation de la vie des affaires. Le pouvoir central contrôle et organise l'éducation, l'assistance, la religion, la circulation de l'argent. Il échappe au contrôle de la justice. Il ne s'agit pas d'un despotisme visible et brutal, mais d'un despotisme plus étendu et plus doux. A. de Tocqueville prophétise : « *je veux imaginer sous quels traits nouveaux le despotisme pourrait se produire dans le monde : je vois une foule innombrable d'hommes semblables et égaux qui tournent sans repos sur eux-mêmes pour se procurer de petits et vulgaires plaisirs, dont ils emplissent leur âme. Au-dessus de ceux-l à s'élève un pouvoir immense et tutélaire, qui se charge seul d'assurer leur jouissance et de veiller sur leur sort. Il est absolu, détaillé, régulier, prévoyant et doux.* »

**La marche vers la démocratie est donc un phénomène irréversible comme l'est le déclin de l'aristocratie.** La liberté et l'égalité sont appelées à s'affronter. Le système démocratique tend, pour faire triompher l'égalité, à renforcer le pouvoir de l'État tandis qu'il diminue l'indépendance et, donc, la liberté des individus malgré le sentiment contraire qui semble s'imposer. Il est donc nécessaire de reconstituer, sous d'autres formes, les obstacles que les sociétés aristocratiques avaient érigés face au pouvoir du souverain. Libertés communales, liberté d'association, liberté de la presse, « *respect des formes* » permettraient de concilier égalité et liberté mais le chemin sera long et la réussite tiendra surtout dans la capacité des individus à faire émerger des « *personnes aristocratiques* » qui respecteraient et feraient respecter les mœurs et les institutions démocratiques.

Le premier tome de *La Démocratie* concluait sur l'essor irréversible de la nation américaine dans un monde qui se démocratisait. A. de Tocqueville mentionnait son dynamisme économique et la force séductrice de ses mœurs égalitaires. Il leur opposait le dynamisme démographique des Russes qui incarnaient la voie de la servitude. Le second tome se montre moins optimiste. L'avenir de la démocratie demeure ouvert. Le risque est grand, même semble-t-il aux États-Unis, d'une nouvelle servitude.

# 17 Les règles de la méthode sociologique

## Émile Durkheim

Présentées d'abord sous forme d'articles dans la *Revue philosophique* en 1894, *Les règles de la méthode sociologique* (PUF, 1981, 149 p.) parurent l'année suivante enrichies d'une brève préface. Abrégé du projet durkheimien, ce nouveau « discours de la méthode » est considéré comme un résumé des lignes de conduite intellectuelle de ses cours et de ses ouvrages. Dans cet ouvrage, Durkheim s'est fixé deux objectifs. D'abord, démontrer et définir la spécificité de la sociologie en lui faisant acquérir une autonomie vis-à-vis de la philosophie et des autres sciences « humaines » ; ensuite, décrire les méthodes propres à cette discipline, susceptibles de lui conférer un statut scientifique au même titre que les sciences de la nature. Il s'agit de dépasser le stade des analyses abstraites (Comte, Spencer) et de permettre la connaissance concrète des sociétés humaines. Durkheim a incontestablement réussi en ce domaine en obtenant l'institutionnalisation universitaire de la sociologie tout en en assurant le rayonnement par la constitution d'une « école durkheimienne » qui domine en France jusqu'à la Seconde Guerre mondiale. Enfin, de manière plus générale, Durkheim voit dans la sociologie qu'il vise à fonder, un instrument de réforme sociale. Ainsi affirmait-il que la sociologie ne vaudrait pas une heure de peine si elle ne permettait d'améliorer la société. La science n'est pas considérée comme pure description et explication des phénomènes ; elle doit permettre de fonder des conseils d'action sur une étude objective et scientifique des phénomènes. Ainsi, comme d'autres auteurs de son époque, Durkheim, marqué par la question sociale, essaie de trouver des solutions aux difficultés liées à l'industrialisation.

## 1) La sociologie est la science des faits sociaux

### A. La définition du fait social repose sur une double caractéristique

**Le fait social se caractérise d'abord par son extériorité.** Pour Durkheim, sont des faits sociaux les « *manières d'agir, de penser et de sentir qui présentent cette remarquable propriété qu'elles existent en dehors des consciences individuelles.* [...] *Quand je m'acquitte de ma tâche de frère, d'époux ou de citoyen, quand j'exécute les engagements que j'ai contractés, je remplis des devoirs qui sont définis, en dehors de moi et de mes actes, dans le droit et dans les mœurs. Alors même qu'ils sont d'accord avec mes sentiments propres et que j'en sens intérieurement la réalité, celle-ci ne laisse pas d'être objective ; car ce n'est pas moi qui les ai faits, mais je les ai reçus par l'éducation* ». Il en va de même pour les croyances et les pratiques de la vie religieuse, pour le système de signes qui exprime la pensée, le système des monnaies, les instruments de crédit, les pratiques professionnelles... Ainsi, la société produit des normes et des valeurs de sorte que « *la plupart de nos idées et de nos tendances ne sont pas élaborées par nous, mais nous viennent du dehors* ». Leur caractéristique est d'être « *générale dans l'étendue d'une société donnée tout en ayant une existence propre, indépendante de ses manifestations* *individuelles* ». Ces manières de faire et de penser s'incarnent dans des institutions « *sous formes cristallisées* », perdurent indépendamment des individus de génération en génération ; elles constituent une « *réalité sui generis, très distincte des faits individuels qui la manifestent* ».

**Le fait social se caractérise ensuite par la contrainte.** « *Non seulement ces types de conduite ou de pensée sont extérieurs à l'individu, mais ils sont doués d'une puissance impérative et coercitive en vertu de laquelle ils s'imposent à lui, qu'ils le veuillent ou non.* » Durkheim donne une série d'exemples, d'ailleurs très différents, qui montrent la pluralité des sens que revêt le terme de contrainte. Il y a contrainte, lorsque, dans une assemblée ou dans une foule, un sentiment s'impose à tous, ou une réaction collective, par exemple le rire, se communique à tous. La contrainte apparaît sans équivoque dans le processus de socialisation : « *il saute aux yeux que toute éducation consiste dans un effort continu pour imposer à l'enfant des manières de voir, de sentir et d'agir.* » L'intensité de la contrainte sociale est variable et prend diverses formes. Ainsi, elle se reconnaît « *soit à l'existence de quelque sanction déterminée, soit à la résistance que le fait oppose à toute entreprise individuelle qui tend à lui faire violence* ». La sanction de la déviance peut donc prendre une forme institutionnalisée (la loi et ses châtiments pour les délinquants) mais aussi une forme diffuse (rires, sarcasmes, rumeurs...). Mais la contrainte objectivée dans les institutions se manifeste peu, les individus ayant intériorisé les exigences de la vie en société.

## B. De la définition du fait social découlent des règles relatives à son observation

**La règle fondamentale est de « *traiter les faits sociaux comme des choses* ».** Cette injonction, signifie non que les faits sociaux sont réductibles à des faits naturels mais simplement que le sociologue doit savoir se mettre à distance des faits sociaux qu'il observe. « *Est chose, tout ce qui est donné, tout ce qui s'offre ou plutôt s'impose à l'observation.* » Tout comme le physicien ou le biologiste observe de l'extérieur son objet d'étude, il faut observer les faits sociaux de la même manière, les découvrir comme nous découvrons les faits physiques. Il faut donc « *considérer les phénomènes sociaux en eux-mêmes, détachés des sujets conscients qui se les représentent ; il faut les étudier du dehors comme des choses extérieures* ».

**Cette règle a pour corollaire qu'il faut « *écarter de la science toutes les prénotions* ».** En effet, le sociologue, comme tout être social, vit entouré de phénomènes sociaux : il est en quelque sorte immergé dans son objet d'étude. Comme tout individu, il a des idées vagues et confuses des réalités sociales qui l'entourent. Il en est ainsi parce que « *l'homme ne peut vivre au milieu des choses sans s'en faire des idées d'après lesquelles il règle sa conduite* ». Ces idées, ces préjugés, « *produits de l'expérience vulgaire, ont, avant tout, pour objet de mettre nos actions en harmonie avec le monde qui nous entoure* ». Or, une connaissance scientifique des faits sociaux l'oblige à se débarrasser des prénotions et des préjugés. Ils sont « *comme un voile qui s'interpose entre les choses et nous et qui nous les masque d'autant mieux qu'on le croit plus transparent* ». Parce que nous avons l'illusion de connaître les réalités sociales, il importe que nous nous convainquions qu'ils ne nous sont pas immédiatement connus. Dès lors, une démarche scientifique rigoureuse doit également écarter les mots du sens commun, d'autant plus que le sociologue traite « *de choses dont nous parlons sans cesse, comme la famille, la propriété, le crime, etc.* ». Pour éviter les confusions, les ambiguïtés, « *ce qu'il faut, c'est constituer de toutes pièces des concepts nouveaux, appropriés aux besoins de la science et* *exprimés à l'aide d'une terminologie spéciale.* » La définition des concepts et de l'objet est une nécessité impérieuse.

**Pour n'avoir pas appliqué ces principes, de nombreuses disciplines se sont fourvoyées.** Il en est ainsi de l'économie politique, fondée, selon Durkheim, sur des discussions ou des concepts abstraits. Durkeim prend l'exemple de la valeur. Selon lui, l'économiste part de l'idée fausse que l'on peut comprendre ce concept à partir de la signification que nous lui prêtons spontanément : « *un objet susceptible de s'échanger* [...] *qui implique l'idée de l'utile, du rare, etc.* » Or, le sens véritable de ces phénomènes ne peut être découvert que par une exploration de type objectif et scientifique. « *Si la valeur était étudiée comme une réalité doit l'être, on verrait d'abord l'économiste indiquer à quoi l'on peut reconnaître la chose appelée de ce nom, puis en classer les espèces, chercher des inductions méthodiques en fonction de quelles causes elles varient.* » Durkheim critique aussi le finalisme de Comte qui considère que le fait social est explicable par les lois générales d'évolution des sociétés, telle que « *la loi des trois états* ».

## 2) Il est nécessaire d'opérer une distinction entre les faits sociaux

### A. Règles relatives à la distinction du normal et du pathologique

**Dans la société, la distinction du normal et du pathologique repose sur des considérations quantitatives.** Pour Durkheim, un phénomène est normal lorsqu'il se rencontre de manière générale dans une société d'un certain type, à une certaine phase de son devenir. La règle méthodologique de base est formulée ainsi : « *un fait social est normal pour un type social déterminé, considéré à une phase déterminée de son développement, quand il se produit dans la moyenne des sociétés de cette espèce, considérées à la phase correspondante de leur évolution.* » Ainsi, la normalité est définie par la généralité, mais puisque les sociétés sont diverses, il est impossible de définir la généralité de manière abstraite et universelle. Corrélativement, « *un fait ne peut être qualifié de pathologique que par rapport à une espèce* [sociale] *donnée* ». Finalement, sera considéré comme normal le phénomène que l'on rencontre le plus souvent dans une société d'un type donné, à un moment donné de son devenir : le signe premier et décisif de la normalité d'un phénomène, c'est simplement sa fréquence dans la société considérée.

**En vertu d'une telle définition, un certain taux de crime est un fait social normal.** Or, selon les criminologistes, c'est « *un fait dont le caractère pathologique paraît incontestable* ». Selon Durkheim, cette affirmation est erronée. En effet, l'étude statistique du taux de criminalité, « *rapport entre le chiffre annuel des crimes et celui de la population* », montre que dans toute société il existe un certain niveau de criminalité, relativement stable. Dès lors, la « *normalité du crime* » repose selon Durkheim sur le fait qu'il n'existe pas de société où le crime est absent. De surcroît, le « *crime est nécessaire* » : il suscite de la part de la société une sanction qui révèle que la conscience collective a été blessée par l'acte tenu pour coupable. Il a donc une fonction de renforcement de la conscience collective. Mais les actes jugés criminels varient d'une société à une autre. Il en découle la nécessité de classer les sociétés en constituant des « *types sociaux* ».

## B. Règles relatives à la constitution des types sociaux

**La classification durkheimienne des sociétés est fondée sur le principe que les sociétés diffèrent par leur degré de complexité.** Loin de considérer comme A. Comte qu'il est possible de « *représenter le progrès des sociétés humaines comme identique à celui d'un peuple unique* », Durkheim considère qu'il « *existe des types sociaux qualitativement distincts les uns des autres* ». Selon lui, « *les sociétés sont composées de parties ajoutées les unes aux autres* ». Il convient donc d'étudier le nombre, la nature et l'articulation de ces éléments que Durkheim nomme des segments sociaux. « *C'est d'eux que dépendent les faits généraux de la vie sociale. D'autre part, comme ils sont d'ordre morphologique, on pourrait appeler morphologie sociale la partie de la sociologie qui a pour tâche de constituer et de classer les types sociaux.* » Il est donc possible d'établir une classification scientifiquement valable des genres et des espèces de sociétés en s'attachant à un critère qui reflète la structure de la société considérée : le nombre des segments juxtaposés dans une société complexe et le mode de combinaison de ces segments.

**Partant de ce principe, Durkheim propose une classification qui, de la horde, mène aux sociétés contemporaines.** La horde apparaît comme le groupe le plus simple qui se caractérise par « *une absence complète de parties* », un simple agrégat d'individus juxtaposés. Après la horde vient le clan qui comprend plusieurs familles ; la société est formée par une réunion de hordes. Pour classer les autres sociétés, il suffit d'appliquer le même principe. Les sociétés polysegmentaires simples seront formées par une pluralité de clans juxtaposés. Les sociétés polysegmentaires simplement composées seront des sociétés, telles que les confédérations iroquoises, où les segments, au lieu d'être simplement juxtaposés, sont organisés en un ensemble social de type supérieur. Les sociétés polysegmentaires doublement composées résultent de la juxtaposition ou fusion de sociétés polysegmentaires simplement composées ; appartiennent à ce type la cité grecque et la cité romaine. Durkheim indique d'ailleurs qu'une société – il pense à la société japonaise – peut absorber un certain développement économique d'origine externe sans que sa nature fondamentale en soit transformée. La classification des genres et des espèces sociales est radicalement distincte de la détermination des phases du développement économique ou historique.

# 3) La sociologie doit se doter de méthodes permettant d'expliquer de manière pertinente les faits sociaux

## A. Règles relatives à l'explication des faits sociaux

**Il faut écarter les explications non sociologiques.** « *La cause déterminante d'un fait social doit être cherchée parmi les faits sociaux antécédents, et non parmi les états de conscience individuelle.* » Pour Durkheim, les faits sociaux n'ont d'autres causes que des faits sociaux antérieurs. Ainsi, Durkheim affirme que « *la sociologie n'est pas un corollaire de la psychologie* ». Il est vain de rechercher l'explication des faits sociaux dans « *la constitution physique et morale de l'individu* ». S'il convient d'écarter toute référence biologique ou psychologique, il faut également veiller à distinguer l'explication d'un fait social de la fonction qu'il remplit. « *La fonction d'un fait social doit toujours être recherchée dans le rapport qu'il soutient avec quelque fin sociale.* » Ainsi, expliquer un phénomène social, c'est en chercher la cause efficiente, c'est dégager le phénomène antécédent qui le produit nécessairement. Ce n'est que subsidiairement que l'on peut chercher la fonction qu'il remplit, l'utilité qu'il présente. Car, « *faire voir à quoi un fait est utile n'est pas expliquer comment il est né, ni comment il est ce qu'il est. Les emplois auxquels il sert supposent les propriétés spécifiques qui le caractérisent, mais ne le créent pas. Le besoin que nous avons des choses ne peut pas faire qu'elles soient telles ou telles et, par conséquent, ce n'est pas ce besoin qui peut les tirer du néant et leur conférer l'être* ».

**Il faut expliquer le social par le social.** « *C'est dans la nature de la société elle-même qu'il faut aller chercher l'explication de la vie sociale* » ou encore, « *l'origine première de tout processus social de quelque importance doit être recherchée dans la constitution du milieu social interne.* » Cette nécessité méthodologique découle de la définition du fait social et, corrélativement, de celle de la société ; celle-ci « *n'est pas une simple somme d'individus, mais le système formé par leur association* » qui « *représente une réalité spécifique qui a ses caractères propres.* » Le groupe pense, sent et agit différemment des membres qui le composent. C'est dans cette « *conscience collective* » que réside l'explication des faits sociaux. Cette explication des phénomènes par le milieu social s'oppose à l'explication historique selon laquelle la cause d'un phénomène serait à chercher dans le passé, c'est-à-dire dans l'état antérieur de la société. Durkheim considère que l'explication historique n'est pas une véritable explication scientifique. Selon lui, les transformations sociales s'expliquent par des facteurs sociaux : il s'agit du volume, c'est-à-dire « *le nombre des unités sociales* » et de la densité ou « *degré de concentration de la masse* », à la fois matériel et moral.

## B. Règles relatives à l'administration de la preuve

**Pour démontrer les liens de causalité entre phénomènes sociaux, le sociologue doit privilégier les relations entre variables.** Partant du principe qu'« *à un même effet correspond toujours une même cause* », le sociologue doit se doter d'instruments lui permettant d'appliquer ce principe de causalité. Aussi le chercheur pourrait envisager « *la méthode de l'expérimentation* ». Mais la complexité des faits sociaux et l'impossibilité d'isoler un phénomène de son contexte social pour en faire la cause unique d'un autre phénomène rendent cette méthode peu praticable en sociologie. « *Quand, au contraire, la production des faits n'est pas à notre disposition et que nous ne pouvons que les rapprocher tels qu'ils se sont spontanément produits, la méthode que l'on emploie est celle de l'expérimentation indirecte ou méthode comparative.* » Celle-ci sera fondée sur la méthode des « *variations concomitantes* » : la comparaison des variations respectives de différentes variables. « *Nous n'avons qu'un moyen de démontrer qu'un phénomène est cause d'un autre, c'est de comparer les cas où ils sont simultanément présents ou absents et de chercher si les variations qu'ils présentent dans ces différentes combinaisons de circonstances témoignent que l'un dépend de l'autre.* »

**L'analyse des relations entre phénomènes sociaux doit tenir compte de la diversité des sociétés.** Il convient donc de comparer les sociétés entre elles pour valider les hypothèses initiales. Cette comparaison pourra être géographique entre « *plusieurs peuples de même espèces* » mais aussi historique : « *pour rendre compte d'une institution sociale, appartenant à une espèce sociale déterminée, on comparera les formes différentes qu'elle présente, non seulement chez les peuples de cette espèce, mais dans toutes les espèces antérieures.* »

Le but est de suivre le développement intégral d'un phénomène donné, par exemple la famille ou la religion, à travers toutes les espèces sociales. « *On ne peut expliquer un fait social de quelque complexité qu'à condition d'en suivre le développement intégral à travers toutes les espèces sociales. La sociologie comparée n'est pas une branche particulière de la sociologie ; c'est la sociologie même, en tant qu'elle cesse d'être purement descriptive et aspire à rendre compte des faits.* »

Véritable manifeste de constitution d'une nouvelle discipline scientifique, les *Règles de la méthode sociologique* postulent que la sociologie consiste à étudier des faits d'une nature particulière en adoptant une posture d'observateur extérieur, à définir rigoureusement des concepts grâce auxquels on isole des catégories de phénomènes, à classer les sociétés en genres et en espèces, enfin, à l'intérieur d'une société donnée, à expliquer un fait particulier par le milieu social. Cet ouvrage majeur de la sociologie française conserve une grande part d'actualité. Nombre de sociologues contemporains partagent certaines règles méthodologiques de Durkheim. Il en va ainsi de la mise à jour de régularités entre les faits sociaux en ayant recours à des méthodes quantitatives : nombre de chercheurs, une fois leurs hypothèses formulées, visent à les valider empiriquement par la recherche de relations entre variables sociales à l'intérieur d'une même société (par exemple : résultats scolaires/milieu social/niveau d'instruction des parents, comportements politiques/appartenance religieuse/milieu social, consommations/âge/milieu social/sexe/lieu d'habitation…). Mais l'approche « holiste » de Durkheim, fondée sur le postulat que le « tout » (la société) explique « les parties » (les pratiques et les représentations individuelles) ne fait pas l'unanimité. Aussi, d'autres courants sociologiques privilégieront l'analyse micro-sociologique en considérant que seul l'individu est l'unité d'analyse pertinente.

# 18 De la division du travail social

## *Étude sur l'organisation des sociétés supérieures*

### Émile Durkheim

Cet ouvrage paraît pour la première fois en 1893 (Alcan, 416 p.). Il s'agit de la thèse de doctorat de Durkheim, sortie après une période de préparation de près de dix ans. Réédité par les PUF en 1991, le livre est composé de trois parties respectivement intitulées « La fonction », « Les causes et les conditions », et enfin « Les formes anormales de la division du travail ». Son objectif est de montrer que la division du travail est au fondement de la solidarité dans les sociétés modernes. Une des préoccupations majeures de Durkheim, qui assiste aux multiples bouleversements sociaux de la fin du XIXe siècle, est de chercher à améliorer l'état social, c'est-à-dire moral. C'est donc sur la division du travail qu'il conviendra d'agir.

## 1) La fonction de la division du travail

### A. La problématique initiale

« ***La question qui a été à l'origine de ce travail, c'est celle des rapports de la personnalité individuelle et de la solidarité sociale.*** *Comment se fait-il que, tout en devenant plus autonome, l'individu dépende plus étroitement de la société ? Comment peut-il être à la fois plus personnel et plus solidaire ?* » La solidarité selon Durkheim est « *tout ce qui force l'homme à compter avec autrui, à régler ses mouvements sur autre chose que les impulsions de son égoïsme* ». La question centrale est donc l'étude du processus qui permet à un ensemble d'individus de constituer une société, c'est-à-dire un tout intégré. La notion d'intégration est ici à comprendre comme étant la caractéristique d'un groupe social dans son ensemble, et non dans son sens contemporain qui porte sur la situation d'un groupe social (ou d'un individu) considéré dans sa relation avec un système plus vaste.

**La réponse tient dans « *une transformation de la solidarité sociale, due au développement toujours plus considérable de la division du travail* »**. Dans les sociétés contemporaines où la division du travail se développe, elle est la source de la solidarité sociale. Elle a un caractère moral car les besoins d'ordre, d'harmonie, de solidarité sociale passent généralement, selon Durkheim, pour être moraux. Fidèle à sa méthode consistant à exposer les interprétations antérieures pour les réfuter, Durkheim s'oppose à la théorie économique selon laquelle l'origine du processus serait tout simplement la recherche du progrès économique. À l'opposé, pour Durkheim, le fait que la division du travail permette l'accroissement des richesses est peu de chose à côté de l'effet moral qu'elle produit. Sa véritable fonction est donc de créer entre les personnes un sentiment de solidarité, de contribuer à l'intégration générale de la société, d'être un facteur essentiel de la cohésion sociale. Pour Durkheim, la division du travail au sens des économistes n'est que l'expression d'un phénomène plus large qui caractérise une certaine structure de la société tout entière, et transcende l'aspect économique. Il en va ainsi de la division sexuelle du travail dans la famille conjugale. C'est en ce sens qu'il convient de parler de division du travail social.

L'hypothèse et les réfutations des thèses antérieures étant posées, comment rendre sociologiquement compte de sa validité ?

## B. Un critère de validation de l'hypothèse : le droit

**Phénomène abstrait, non observable et non mesurable directement, la solidarité ne peut être saisie qu'indirectement par le biais du droit.** « *Puisque le droit reproduit les formes principales de la solidarité sociale, nous n'avons qu'à classer les différentes espèces de droit pour chercher ensuite quelles sont les différentes espèces de solidarité sociale qui y correspondent.* » Selon le principe sociologique qui veut qu'un fait social soit saisi de l'extérieur, il faut le repérer par les traces qu'il laisse dans les états de conscience collective. Cette dernière, définie « *comme l'ensemble des croyances et des sentiments communs à la moyenne des membres d'une société* », a des caractères propres qui en font une réalité distincte des consciences individuelles. De la typologie des règles juridiques, Durkheim tire une classification des espèces de solidarité sociale, elles-mêmes révélatrices de deux états de la conscience collective. Il conviendra ensuite de comparer ces différentes espèces de solidarité et de saisir le rapport de chacune d'entre elles avec la division du travail.

**Au droit répressif et restitutif correspondent respectivement des sociétés à solidarité mécanique et organique.** Dans les sociétés qualifiées de « *primitives* », la conscience commune est forte et de nombreux actes sont tenus pour crimes ; ils sont violemment sanctionnés : le droit répressif domine ; « *la similitude des consciences donne naissance à des règles juridiques qui, sous la menace de mesures répressives, imposent à tout le monde des croyances et des pratiques uniformes* ». Les individus sont semblables les uns aux autres, ils partagent les mêmes sentiments, obéissent aux mêmes croyances, aux mêmes valeurs. S'y développe la « *solidarité mécanique ou par similitudes* ».

Dans les sociétés modernes, la division du travail remplit la fonction que remplissait autrefois la conscience commune. Le droit se révèle restitutif ; il vise certes à punir, mais il a également pour objectif de remettre les choses en l'état ; il existe des règles qui permettent d'organiser la coopération entre individus (droit commercial, droit civil, droit administratif, etc.) mais leur « *violation entraîne des mesures réparatrices sans caractère expiatoire* ». La solidarité résulte de la différenciation des individus ; ils sont liés les uns aux autres parce qu'ils exercent des rôles et fonctions complémentaires à l'intérieur du système social. La solidarité sociale y est « *organique* », par analogie avec les organes de l'être vivant, tous différents mais indispensables au fonctionnement du corps.

L'évolution des sociétés vers la modernité s'accompagne d'une prépondérance progressive de la solidarité organique sur la solidarité mécanique.

Ce constat établi, il s'agit de trouver les causes qui le déterminent et ses éventuelles formes pathologiques.

## 2) Les causes et les dérives de la division du travail

### A. Seuls les facteurs sociaux expliquent le développement de la division du travail

**L'analyse économique est réductrice.** Durkheim rappelle d'abord la théorie la plus répandue, classique en économie politique, selon laquelle l'origine de la division du travail serait tout simplement la recherche du bonheur. Puisque la division du travail favorise une plus grande efficacité dans l'art, la science et l'industrie et que l'homme a besoin de leurs produits, il semble donc qu'il doive être d'autant plus heureux qu'il en possède davantage. Cette théorie est examinée attentivement et rejetée en fin d'analyse. Les métamorphoses que provoque la division du travail coûtent beaucoup pendant très longtemps sans rien rapporter dans l'immédiat. Les générations qui les inaugurent en recueillent rarement les fruits.

**Fidèle à ses présupposés méthodologiques, c'est dans certaines variations du milieu social que Durkheim propose d'aller chercher la cause qui explique ce progrès.** « *La division du travail varie en raison directe du volume et de la densité des sociétés, et si elle progresse d'une manière continue au cours du développement social, c'est que les sociétés deviennent régulièrement plus denses et très généralement plus volumineuses.* » Le volume de la société correspond au nombre d'habitants. Mais pour que la croissance démographique engendre la division du travail, il faut qu'elle s'accompagne d'une croissance de la densité matérielle, nombre d'individus sur une surface de territoire donnée, et d'une croissance de l'intensité des échanges entre eux (« *densité morale* »).

**À côté de cette cause fondamentale, Durkheim examine deux facteurs secondaires.**

En premier lieu, il y a une indétermination progressive de la conscience commune. De nombreux faits peuvent être cités à l'appui : la transcendance de l'idée de Dieu, le caractère plus rationnel du droit, de la morale, de la civilisation en général. Ces faits s'expliquent à leur tour fort aisément. Au fur et à mesure que le milieu social s'étend, la société enveloppe de moins en moins près l'individu, la conscience collective s'éloigne de plus en plus des choses concrètes, devient plus abstraite et laisse plus de place à la variabilité individuelle.

En second lieu, il y a la diminution de l'hérédité, obstacle notoire à la division du travail. Un grand nombre d'observations permet en effet de montrer que l'hérédité ne transmet bien que les aptitudes générales et simples ; or, les activités deviennent plus complexes en devenant plus spéciales.

### B. Les formes anormales de la division du travail

**Si, en théorie, l'intensification de la division du travail doit augmenter la solidarité et l'interdépendance entre les membres d'une société, on constate cependant que la division du travail peut avoir des conséquences inverses.** Durkheim voit en effet dans la division du travail anomique d'une part, contrainte d'autre part, des effets négatifs.

La division du travail anomique résulte du développement économique, plus précisément du fonctionnement du marché. Celui-ci sépare ce qui aurait dû rester lié : « *Il en résulte que chaque industrie produit pour des consommateurs qui sont dispersés sur toute la surface du pays ou même du monde entier. Le contact n'est plus suffisant* [...] *Par suite, la production manque de frein et de règle.* » La règle du producteur n'est plus, comme autrefois, de produire en fonction de besoins repérables, mais de produire le plus possible. D'où les crises qui agitent les systèmes économiques. De même, la spécialisation dans le domaine des activités intellectuelles conduit le savant non à la solidarité mais à l'isolement. Enfin, l'antagonisme du travail et du capital en est une dernière forme. Si l'anomie se développe, c'est que les « *relations entre les organes solidaires ne sont pas en contact suffisant ou suffisamment prolongé* ».

La division du travail contrainte est présente dès qu'il n'y a pas division spontanée des tâches. Il en va ainsi de « *la guerre des classes* » résultant « *de ce que l'individu n'est pas en harmonie avec sa fonction, parce que celle-ci lui est imposée par contrainte* ». Durkheim dénonce ainsi l'inégalité des chances d'accès à certaines fonctions, l'injuste rémunération des services rendus, l'avilissement de l'homme en raison d'un travail répétitif dépouillé de signification.

**Durkheim propose des remèdes**, car « *nos recherches ne méritent pas une heure de peine si elles ne devaient avoir qu'un intérêt spéculatif* ». Ils consistent à renforcer les relations entre individus par la formation d'une discipline morale. Cet aspect moral, essentiel aux yeux de Durkheim, est le levier grâce auquel les pathologies de la division du travail peuvent être réduites. Il considère que le groupe professionnel, « *la corporation* », en réunissant les ouvriers et les employeurs dans un même groupe social, permettra de constituer des écoles de disciplines. Il sera en outre un intermédiaire entre l'État, « *cette monstruosité sociologique* » aux tentations despotiques, et les individus ; il constitue ainsi un rouage essentiel de la démocratie moderne selon Durkheim.

En s'interrogeant sur les formes et les fonctions de la division du travail, Durkheim aborde des problématiques qui conservent toute leur actualité. Ainsi en est-il de la relation entre l'individu et la société, des conditions et des facteurs de l'intégration, et du mode de production du consensus. Il fournit également une « leçon » de sociologie, en montrant l'intérêt de rompre avec les lieux communs, même savants, qui ne considèrent la division du travail que sous l'angle économique et qui ne fondent le lien social que sur les échanges marchands.

# 19 L'éthique protestante et l'esprit du capitalisme

## Max Weber

Ce livre se révèle comme un ouvrage fondateur pour la sociologie contemporaine. Mais, plus qu'une étude paradigmatique annonçant une conception spécifique de la sociologie, cet ouvrage de Max Weber, paru pour la première fois en 1905, constitue une réflexion sur la formation de l'homme de profession, auteur et acteur du capitalisme de profit moderne. Ce sont les protestants appartenant aux sectes puritaines, qui se multiplient à partir du XVIIe siècle, qui auraient créé un nouveau « style de vie », un nouveau « tempérament », accoucheur d'un nouvel « esprit ». Cette force de rupture bouleverse l'ordre traditionnel et participe à la naissance d'une nouvelle « civilisation » où l'économique occupe une place déterminante et où la rationalisation des pratiques sociales se renforce sans cesse.
Dans l'édition française de cet ouvrage (Plon, 1964, 340 p.), il s'agit moins de comprendre la naissance et le développement du capitalisme comme système économique et historique que de comprendre l'enchaînement des idées qui vont faire émerger cette force que représente l'« esprit du capitalisme ». La leçon de choses enseignée par M. Weber peut se résumer ainsi : « *La présente étude pourrait sans doute contribuer, pour sa modeste part, à faire comprendre de quelle façon les "idées" deviennent des forces historiques efficaces.* »

## 1) Qu'est-ce que l'esprit du capitalisme ?

### A. La forme occidentale du capitalisme

**M. Weber distingue capitalisme et formes du capitalisme**. Le capitalisme occidental renvoie à une forme du capitalisme dotée d'un esprit nouveau. Il s'agit d'expliquer et de comprendre comment cette forme nouvelle a pu s'imposer créant une profonde rupture avec les formes traditionnelles de l'économie et du capitalisme.

M. Weber rejoint ici Karl Marx pour définir le capitalisme contemporain par l'émancipation des producteurs libérés de certaines contraintes économiques, politiques et culturelles. Pour rendre compte de cette rupture, le matérialisme de Marx apparaît à Weber insatisfaisant. La révolution du capitalisme moderne est d'abord une révolution culturelle et ses sources doivent être cherchées dans une révolution du système de valeurs.

**Le capitalisme moderne crée de nouvelles valeurs et de nouveaux comportements.** Il s'impose en Europe, puis en Amérique, du XVIe siècle au XVIIIe siècle. Ce système économique diffuse de nouveaux comportements économiques, légitimés par des valeurs comme l'épargne, la discipline, la conscience professionnelle. Ils se diffusent au sein des classes moyennes. Il faut que nous fassions un effort pour comprendre la nouveauté de ce changement social majeur, nous, pour qui ces valeurs et les normes comportementales qui leur sont associées, sont devenues des routines, non interrogées. Retrouver l'enchaînement des circonstances qui ont façonné notre univers mental est une des finalités des sciences sociales.

## B. Une révolution des représentations mentales

**Donc, un nouvel ordre social s'impose et se diffuse en créant un système de contraintes et de « *chances* ».** Comme tout ordre, il tend à sa reproduction. Cette reproduction ne se fait jamais à l'identique. Ce qui fait sens à un moment historique donné ne le fait plus ou le fait moins à un autre moment. Il s'agit de comprendre quelles sont les forces psychologiques qui ont permis à des groupes, dans un premier temps minoritaires, de briser les liens sociaux traditionnels. M. Weber envisage l'histoire en termes, certes de continuité, mais aussi de moments de rupture. Ces moments de rupture contiennent des éléments jugés irrationnels par les individus contemporains de la rupture : « *ce qui nous intéresse ici, c'est précisément l'origine de cet élément irrationnel.* » Par exemple, si l'appât du gain se retrouve dans toutes les sociétés et à toutes les époques, le désir d'accumulation comme fin en soi se révèle propre au système capitaliste occidental. Il s'agit d'un nouvel « *esprit* » : « *Nous emploierons provisoirement le terme d'"esprit du capitalisme moderne" pour caractériser la recherche rationnelle et systématique du profit par l'exercice d'une profession.* » Cet esprit s'impose, sans le faire disparaître, au désir de richesse pour monter dans la hiérarchie sociale et/ou pour exprimer une volonté de puissance.

**M. Weber donne un exemple de cet esprit nouveau en citant le texte de Benjamin Franklin l'Advice to a young tradesman écrit en 1748** : « *Souviens-toi que le temps, c'est de l'argent. Celui qui, pouvant gagner dix shillings par jour en travaillant, se promène ou reste dans sa chambre à paresser la moitié du temps, bien que ses plaisirs, que sa paresse, ne lui coûtent pas six pence, celui-l à ne doit pas se borner à compter cette seule dépense. Il a dépensé en outre, jeté plutôt cinq autres shillings. Souviens-toi que le crédit c'est de l'argent. Si quelqu'un laisse son argent entre mes mains alors qu'il lui est dû, il me fait présent de l'intérêt ou encore de tout ce que je puis faire de son argent pendant ce temps… Souviens-toi que l'argent est, par nature, générateur et prolifique… Celui qui assassine une pièce de cinq shillings, détruit tout ce qu'elle aurait pu produire : des monceaux de livres sterling… Après l'assiduité au travail et la frugalité, rien ne contribue autant à la progression d'un jeune homme que la ponctualité et l'équité dans ses affaires. Il faut prendre garde que les actions les plus insignifiantes peuvent influer sur le crédit d'une personne… Celui qui perd cinq shillings, perd non seulement cette somme, mais aussi tout ce qu'il aurait pu gagner en l'utilisant dans les affaires, ce qui constituera une somme d'argent considérable, au fur et à mesure que l'homme jeune prendra de l'âge.* »

**Il ne s'agit pas d'enseigner le « *sens des affaires* » ; il s'agit d'inculquer une nouvelle éthique, une nouvelle morale contraignante et absolue qui doit imprégner tous les moments de la vie quotidienne.** Cet « *ethos* » remet en cause le système de valeurs traditionnelles au XVIIIe siècle. Désormais, il faut vivre pour travailler et non plus travailler pour vivre : « *En effet cette idée particulière si familière pour nous aujourd'hui, mais en réalité si peu évidente que le devoir s'accomplit dans l'exercice d'un métier, d'une profession, c'est l'idée caractéristique de "l'éthique sociale" de la civilisation capitaliste, en un certain sens, elle en est "le fondement".* » Cette idée provoque un détournement des énergies individuelles qui vont désormais s'investir dans des pratiques sociales auparavant peu valorisées. Une nouvelle vision du monde émerge qui, issue de minorités actives, gagne toutes les couches de la société.

L'esprit du capitalisme se compose donc de deux caractéristiques typiques : l'éthique du métier et l'aspect rationalisateur des conduites quotidiennes.

### C. De nouvelles figures emblématiques

**Une élite ouvrière va apparaître motivée par la « *conscience professionnelle* ».** Ce phénomène a pour effet non prévu, selon M. Weber, de sortir de l'impasse dans laquelle se trouvaient les entrepreneurs qui cherchaient à augmenter la production : l'augmentation des salaires risque de diminuer le travail fourni, les salariés limitant leurs besoins, et la diminution des salaires oblige les salariés de travailler plus mais au risque de compromettre la reproduction de la force de travail. Cette nouvelle motivation – la conscience professionnelle – se diffuse et imprègne les pratiques de l'ensemble des travailleurs, même si la plupart d'entre eux n'y attachent aucune signification religieuse.

**Un autre personnage emblématique émerge : l'entrepreneur.** Pour ces nouveaux chefs d'entreprises, il ne s'agit plus d'exploiter une main-d'œuvre ignorante pour des motifs égoïstes mais de rechercher une réussite professionnelle qui profite à l'ensemble de la communauté.

**M. Weber définit donc le capitalisme occidental par les motivations et les pratiques individuelles plutôt que par l'accumulation et la circulation de l'argent et des produits** : « *Le problème majeur de l'expansion du capitalisme moderne n'est pas celui de l'origine du capital, c'est celui du développement de l'esprit du capitalisme. Partout où il s'épanouit, partout où il est capable d'agir de lui-même, il crée son propre capital et ses réserves monétaires, ses moyens d'action mais l'inverse n'est pas vrai.* » Cependant, cet esprit ne trouve pas légitimité en lui-même, il la trouve dans une éthique plus large et plus ambitieuse : l'ascétisme protestant.

## 2) La congruence entre l'éthique protestante et l'esprit du capitalisme

### A. La méthode du type idéal

**Il s'agit de mettre en valeur la nouveauté des comportements, tant ceux des croyants membres des sectes protestantes que ceux des acteurs, entrepreneurs et ouvriers, des nouvelles entreprises capitalistes par rapport aux comportements traditionnels.** Pour ce faire, M. Weber recourt à la construction de faits typiques comme l'apparition d'entrepreneurs porteurs d'une rationalité économique nouvelle dans la branche du tissage à domicile et l'impossibilité qui en résulte pour les artisans traditionnels de maintenir leurs méthodes de production et leur statut. Il utilise aussi les statistiques disponibles, notamment celles sur les positions sociales occupées par les protestants et les catholiques dans le pays de Bade qui révèlent que les positions clés dans l'industrie et la finance sont détenues par les protestants.

**L'objectif est de mettre en évidence les relations qui existent entre l'idéal type de l'ascétisme protestant et l'idéal type de l'esprit du capitalisme.** Le type idéal se définit par opposition au concept pur, comme celui de *l'homo-œconomicus* imaginé par les économistes néoclassiques, et au concept simple reflet et mise en forme de la réalité sociale à étudier, comme M. Weber le fait dans ses études historiques en définissant le capitalisme moderne par l'ensemble des institutions nécessaires à son bon fonctionnement. À partir de la constellation des significations ou des fins visées par la multitude des acteurs sociaux, M. Weber construit des tableaux ou modèles, supposés représenter ce qui constitue l'originalité du phénomène étudié, ici le protestantisme, et plus précisément le puritanisme, et l'esprit du capitalisme occidental.

**L'idéal type du « *puritanisme* », ou pour être plus précis de l'ascétisme protestant, emprunte à plusieurs modèles** : le calvinisme tel qu'il se généralise en Europe occidentale au XVIIIe siècle, le piétisme, le méthodisme et les sectes issues du mouvement baptiste. Ces communautés religieuses présentent des différences importantes entre elles, mais à partir de ces quatre « *conceptions du monde* », il reconstitue un puzzle qui permet de comprendre comment certaines interprétations du protestantisme ont pu participer de la formation de l'esprit capitaliste.

## B. La genèse du puritanisme

**L'éthique du métier provient du luthéranisme (qui développe la notion de vocation appliquée à l'activité professionnelle) et du calvinisme (qui introduit le dogme de la prédestination).** Ainsi, quand Luther proclame que chaque chrétien doit désormais suivre sa vocation, il accorde désormais une valeur morale et religieuse pleine aux professions et aux métiers. La vocation n'est plus réservée aux seuls « *virtuoses* » religieux. Donc, l'exercice d'une profession assimilé à la mise en œuvre d'une vocation religieuse permet à tous d'accéder à une vie pleine et authentique.

Mais, l'innovation fondamentale vient des croyants ordinaires, membres des sectes puritaines, qui élaborent une position complexe en détournant le dogme de la prédestination. Selon ce dogme, l'homme n'a pas la maîtrise de son salut. M. Weber soutient paradoxalement que cette absence de maîtrise incite chaque croyant à s'occuper ardemment de son salut à travers sa vie privée et sa vie professionnelle.

**La nouveauté radicale introduite pas la réforme protestante est la relation de face à face établie entre le fidèle et Dieu.** Cette absence de médiation conduit à un sentiment de solitude sans équivalent dans l'histoire des grandes religions. Elle est l'aboutissement d'un vaste processus historique de désenchantement du monde qui débuta avec les prophètes du judaïsme ancien. Il n'y a plus la possibilité d'être absout de ses péchés. L'homme est renvoyé à lui-même pour juger de sa conduite. Les contraintes sont plus fortes : « *La Réforme ne signifiant pas l'élimination de la domination de l'Église dans la vie de tous les jours, elle constituait plutôt la substitution d'une nouvelle domination à l'ancienne. Elle signifiait le remplacement d'une autorité extrêmement relâchée, pratiquement inexistante à l'époque, par une autre qui pénétrait tous les domaines de la vie publique ou privée, imposant une réglementation de la conduite infiniment pesante et sévère.* » Rendre compte de tous ses actes directement à Dieu était le fait des seuls moines à l'intérieur de l'Église au Moyen Âge en Occident. La Réforme fait de tout fidèle un « *moine dans le monde* ».

**Cette solitude intérieure est provoquée par l'angoisse de la possibilité du salut après la mort.** Pour M. Weber, cette angoisse devant la mort est la question existentielle première à laquelle doit répondre toute religion. La réponse calviniste réside dans le dogme de la prédestination : un Dieu transcendant et omniscient connaît les élus. Tout croyant est alors confronté à la question de l'élection. Trois issues psychologiques sont possibles : le fatalisme, la recherche éperdue de la jouissance, ou la quête des signes de l'élection. Les sectes protestantes cherchent à légitimer la troisième voie. Si Dieu a travaillé à créer le monde, le destin de l'homme n'est-il pas de travailler pour satisfaire au dessein de la providence divine ? Travailler atténue par ailleurs l'angoisse. Le travail finit par être interprété comme une dimension de l'obéissance à Dieu. La réussite professionnelle devient alors un signe possible de l'élection. De nouvelles pratiques sociales deviennent possibles : « *Cette combinaison de la croyance à* *des normes absolues avec le déterminisme le plus entier et la transcendance complète du divin, constituait à sa manière une création sociale.* » Cette conscience inquiète du travailleur puritain se muera, au XIX^e siècle, en bonne conscience bourgeoise et, au début du XX^e siècle, en affirmation arrogante du pouvoir de l'expertise professionnelle : « *Spécialistes sans vision et voluptueux sans cœur, ce néant s'imagine avoir gravi un degré de l'humanité jamais atteint jusque-là.* »

## C. La rationalisation des pratiques

**De nouvelles valeurs incitent certains groupes à se consacrer au travail et à l'accumulation du profit**. Ce processus de dérivation psychologique est d'abord le fait d'une élite. La diffusion de ces nouvelles pratiques et de ces nouvelles valeurs repose non seulement sur le pouvoir de démonstration mais aussi sur l'institutionnalisation de normes qui engendrent une pression sociale. Cette pression atteint son apogée au sein des sectes qui se multiplient du XVI^e siècle au XVIII^e siècle. Ainsi se trouvent rendus compréhensibles les processus mentaux et sociaux qui ont conduit certains groupes à se consacrer au travail et à l'accumulation du profit : « *La répugnance au travail est le symptôme d'une absence de grâce.* »

**La rationalisation des pratiques sociales et individuelles porte principalement sur l'usage du temps.** Gaspiller son temps est assimilé à un péché : « *Le temps est précieux, infiniment car chaque heure perdue est soustraite au travail qui concourt à la gloire de Dieu.* » L'esprit du capitalisme acquiert peu à peu une autonomie : « *Ce que le XVII^e siècle, si vivant du point de vue religieux a surtout légué à l'époque suivante, son héritière utilitariste, ce fut précisément une bonne conscience étonnante, disons même toute pharisaïque, en ce qui concerne l'acquisition de l'argent, dans la mesure où celle-ci s'opérait par les voies légales. Un ethos spécifiquement bourgeois de la besogne avait pris naissance.* »

L'ouvrage de Weber a fait l'objet de multiples attaques.

Les critiques des historiens portent sur la concomitance des deux phénomènes – réforme protestante et développement du capitalisme moderne –, sur le rôle de l'esprit nouveau et sur l'interprétation de M. Weber de la place des sectes protestantes dans la genèse du capitalisme occidental. Ces critiques ne s'attaquent pourtant pas vraiment à la thèse même de M. Weber : le calvinisme prédisposerait à développer une éthique favorable à l'action des entrepreneurs et, plus généralement, au travail.

La relation de causalité entre le dogme de la prédestination et l'esprit du capitalisme se révèle cependant très contestable. Il paraît, en effet, singulier qu'un fidèle cherche les signes extérieurs de son élection alors que selon le dogme, elle demeure impénétrable. Essaie-t-on d'échapper aux conséquences d'un dogme en adoptant une croyance différente de celle qu'il enseigne ? De ce point de vue, la thèse de M. Weber repose sur une présupposition contradictoire. Si le croyant ordinaire agit comme M. Weber le suppose, cela signifie qu'il n'a pas compris le sens du dogme, mais s'il n'a pas compris, la vivacité de sa réaction face au « sentiment de terreur inouïe » qui doit l'envahir ne s'explique pas.

Dans un article : « Les sectes protestantes et l'esprit du capitalisme », écrit après un séjour aux États-Unis et paru en 1906 puis remanié en 1920, M. Weber, lui-même, réinterprète la relation entre l'éthique protestante et la montée du capitalisme.

Son argumentation met en avant le contrôle social exercé par les sectes sur leurs membres et les fonctions sociales de sélection remplies par les sectes au sein d'une économie américaine en pleine expansion mais caractérisée par une certaine atomisation sociale.

Elle fait reposer la relation entre les comportements religieux et économiques sur des processus psychiques et sociaux dont l'existence est incontestable : la recherche de la reconnaissance sociale et celle de l'intérêt. Il s'agit bien, dans ce cas, de puritains qui ont des comportements innovants. Ces innovations ont formé un système d'action cohérent entre les intérêts des acteurs et leurs valeurs qui s'est étendu en modifiant les règles du jeu sociales et économiques.

# 20 Communauté et société

## Ferdinand Tönnies

L'ouvrage de F. Tönnies fut publié en 1887 mais ce ne fut qu'à l'occasion de sa troisième édition, en 1912, qu'il rencontra un large écho. L'auteur développe, dans ce livre (Retz, 1977, 285 p.), une « théorie de la sociologie pure » et ambitionne de définir rigoureusement les concepts fondamentaux de cette discipline. Son approche enracine les relations sociales dans la psychologie individuelle. En effet, c'est la volonté des hommes qui détermine leurs comportements au sein de deux types de collectivités humaines : la « communauté » (« *Gemeinschaft* ») et la « société » (« *Gesellschaft* »).

## 1) Une « communauté » est un groupement humain fondé sur la « volonté organique » de ses membres

### A. La « volonté organique » est le principe de la nature humaine

**La « *volonté organique* » est d'origine biologique.** « *La volonté organique est l'équivalent psychologique du corps humain.* » Elle est d'abord une « *volonté végétative* » orientée vers la survie et la reproduction. Elle est aussi une « *volonté animale* », réagissant aux stimuli de l'environnement des individus. Elle est enfin une « *volonté mentale* », spécifique à l'être humain, qui amène celui-ci à communiquer avec ses semblables, notamment par le langage. Ces trois formes de volonté, étroitement liées, sont déterminées par l'organisme biologique humain. Ainsi, la pensée ne commande pas à la volonté organique : c'est cette dernière qui « *implique la pensée* ».

**La manière dont s'exprime la volonté organique découle de trois facteurs.** La volonté végétative est commandée par la recherche du plaisir. La volonté animale est davantage ancrée sur l'habitude, fruit de l'expérience. Enfin, la volonté mentale provient de la mémoire. Celle-ci permet de « *connaître le juste et le bien pour les aimer et les pratiquer* ».

**Les trois formes de volonté organique déterminent la nature humaine.** Lorsqu'elle est gouvernée par la volonté végétative, c'est-à-dire par la quête du plaisir, la nature humaine est profondément marquée par la passion. La volonté animale incite à l'action en fonction des sentiments qu'inspire l'environnement de l'individu. C'est alors le courage qui caractérise la nature humaine. Enfin, celle-ci reflète le « *génie* » de l'homme lorsque la volonté mentale intervient. Par conséquent, la nature humaine est triple. Toutefois, « *le ton fondamental de cette triple nature reste la tonalité affective* ».

## B. Dans une communauté, la conduite des individus est déterminée par leur « volonté organique », au sein de laquelle la « volonté végétative » joue le rôle premier

**Dans une communauté, les relations sociales reposent sur quatre types de rapports entre les individus.** Le rapport fondamental est celui qui est noué entre la mère et ses enfants. Basé sur l'instinct et le plaisir, il relève de la volonté végétative. Le rapport entre le père et ses enfants, principalement son fils aîné, est moins spontané. L'autorité paternelle provient de la supériorité de son âge, de sa force et de son esprit. Le rapport entre mari et femme se maintient sous l'effet conjoint de l'instinct sexuel (volonté végétative) et de l'habitude (volonté animale). Enfin, le rapport entre frères et sœurs issus de la même mère, dérivent de la volonté mentale pour, notamment, interdire les relations et unions entre eux.

**La communauté revêt trois formes.** La cellule de base de la communauté est la « *communauté de sang* », c'est-à-dire la famille. Celle-ci réunit sous un même toit (« *la maison* »), les époux et leurs enfants, les femmes des garçons mariés, et les domestiques. Par ailleurs, « *la communauté de sang comme unité d'existence tend et se développe vers la communauté de lieu* ». Celle-ci rapproche des voisins dont les relations sont fondées sur l'habitude de vivre ensemble et la confiance réciproque. Enfin, la « *communauté de lieu* [...], *à son tour, se rapproche de la communauté d'esprit* » qui réunit des individus liés par l'amitié. Cette dernière relève de la volonté mentale et naît « *de la similitude des professions et de l'art* », mais aussi des religions.

Quelle que soit la forme de la communauté, une volonté commune perpétue les liens sociaux : « *je la nomme concorde (concordia : comme une alliance cordiale, et une entente).* » Elle prévaut également au niveau des groupements humains les plus importants (pays, régions, villes).

**L'économie communautaire est une « *économie domestique* ».** La « *maison rurale* » est « *une économie domestique qui se suffit à elle-même* ». Elle recourt cependant à l'échange avec la « *maison urbaine* ». Cet échange n'est pas marchand et reste fondé sur des relations familiales, l'amitié, la religion et plus globalement la « *concorde* ». Autour de la maison rurale, se développe le village qui constitue « *une seule économie domestique indivise* », par nature « *communiste* ». La ville, constituée autour de la maison urbaine, est aussi « *une économie domestique* ». Quand elle est assurée de sa nourriture et de « *la matière première de son travail, la plénitude de sa force se consacre alors à l'activité plus délicate du cerveau et des mains laquelle représente,* [...] *la nature générale de l'art* [...] *Tout métier urbain est un art véritable* », manifestation des croyances et des représentations religieuses. Par ailleurs, sous l'autorité de l'église, « *la ville devient gardienne de la paix de ses habitants, des mœurs et de la coutume* ».

## C. La vie communautaire repose sur un droit naturel résultant de la « volonté organique commune »

**Le droit communautaire est principalement un droit coutumier.** La communauté qui, sur le plan juridique constitue un « *être social* », est attachée à la terre avec laquelle ses membres entretiennent des liens fondés sur la coutume, mais aussi « *la religion et les mœurs* ».

**Le droit communautaire confère à chacun un statut.** Au sein de la famille, chacun agit à l'égard de l'autre en fonction d'un statut que lui confèrent la coutume et la religion : par exemple, une épouse et ses enfants ont le devoir de respect envers le mari ou le père. À un niveau plus large, le village, la ville, il en va de même : ainsi, au sein du village, le villageois doit respect au suzerain…

## 2) Une « société » est un ensemble d'individus liés par leur « volonté réfléchie »

### A. La « volonté réfléchie » diffère profondément de la « volonté organique »

« ***La volonté réfléchie est un produit de la pensée*** ». En effet, « *la pensée agit à la façon d'une contrainte mécanique sur les nerfs et les muscles et par l à sur les membres du corps* ». Mais, fondamentalement, c'est la volonté organique qui est source d'action : la volonté réfléchie est alors le moyen d'orienter la volonté organique vers des buts prédéterminés et hiérarchisés par la pensée.

**La volonté réfléchie est orientée vers la recherche du bonheur individuel.** Les actions humaines découlent d'un processus mental qui lie les décisions individuelles à la réflexion. Ce processus s'accompagne d'un travail de conceptualisation qui permet à l'individu de mesurer « *la valeur que les choses ont pour lui et ce qu'il devrait faire pour atteindre ce qu'il désire* ». De manière plus générale, la volonté réfléchie est fondée sur « *des systèmes de pensées, des intentions, des buts et des moyens, que l'homme porte en son esprit tel un appareil, afin de s'en servir pour comprendre et saisir les réalités* » et pour déterminer ses conduites. L'ensemble de ce processus fait de l'individu un être calculateur, dont le but ultime est le bonheur individuel. Pour y accéder, il révélera sa vanité et son égoïsme qui l'amèneront à vouloir dominer ses semblables : « *chacun pense à soi-même et s'occupe* […] *de faire triompher chez les autres son point de vue et ses avantages.* »

**Ainsi, volonté réfléchie et volonté organique sont opposées.** La volonté humaine, lorsqu'elle est organique, n'exprime rien d'autre que les possibilités réelles de la vie. Lorsqu'elle est réfléchie, elle préexiste dans la pensée : il s'agit alors de « *possibilités idéelles* ». La volonté réfléchie est comparable à « *un travail mécanique* » donc artificiel, tandis que la volonté organique est semblable « *à l'instinct de l'insecte qui tisse sa toile* ». Par ailleurs, « *la volonté réfléchie existe par rapport à l'avenir* […] *Le futur n'est connu que par la pensée* ». En revanche, « *la volonté organique repose sur le passé et doit être expliquée par lui, comme le devenir par elle* ».

### B. Dans une « société », les conduites des individus sont déterminées par leur « volonté réfléchie »

**Dans une société, les individus sont « *organiquement séparés* ».** Les membres d'une société sont liés par des relations d'échange, commandées par leur volonté réfléchie. « *Personne ne fera quelque chose pour un autre, personne ne voudra accorder ou donner quelque chose à un autre, si ce n'est en échange d'un service ou d'un don estimé au moins équivalent au bien.* » L'échange suppose la « *comparaison réfléchie* » de la « *valeur* » des biens échangeables. Celle-ci ne résulte pas de l'utilité des biens mais de la quantité de travail nécessaire à leur fabrication : ainsi, « *la valeur est une qualité objective* ». La monnaie dont la forme métallique est progressivement supplantée par le billet et, parallèlement le crédit, facilite les échanges. Ainsi, à la « *chaleur* » des relations communautaires, se substitue, avec la concurrence, la « *froideur* » des relations sociétaires, par nature commerciales.

**La société moderne est une économie capitaliste industrialisée.** « *Les progrès de la société [...] se présentent dans le passage d'une économie domestique générale à l'économie commerciale en général, en étroite liaison avec le passage de la suprématie terrienne à la suprématie industrielle.* » La société devient alors un marché dont l'étendue s'élargit pour devenir un marché mondial. La classe ouvrière est « *à demi libre* » et d'une « *liberté de volonté formelle* » alors que la classe capitaliste est « *entièrement libre, d'une liberté de volonté réelle* ». Dans cette société, « *seul le travail crée de nouvelles valeurs* ». Mais, la valeur des marchandises provient aussi des moyens de production ; en outre, la force de travail « *est bien éloignée d'avoir une valeur naturelle* ». Son prix « *varie d'après la constitution, l'intensité et l'insistance de l'offre et de la demande, et d'après la force de la coalition de ses vendeurs, les travailleurs eux-mêmes* ».

## C. La vie sociétaire est régie par des règles de droit résultant de la « volonté réfléchie »

**Le droit sociétaire est fondé sur le contrat.** À mesure que la société se développe, la coutume laisse progressivement la place au contrat. Il est fondé sur une « *convention* », c'est-à-dire un ensemble de règles qui relèvent de la volonté réfléchie : la coutume ne les impose donc pas. Par ailleurs, ce droit contractuel permet une association restreinte de personnes, constituant ainsi une « *personne juridique* » dont le parfait exemple est la « *société anonyme* ».

**L'État lui-même n'est pas au-dessus des lois.** « *L'État [...] est d'abord l'association sociale générale [...], dans le but de protéger la liberté et les propriétés de ses sujets, par suite, en vue d'exprimer et de réaliser le droit naturel reposant sur la validité des contrats.* » Les rapports entre l'État et les particuliers sont eux-mêmes régis par « *un droit naturel conventionnel* », expression de la volonté sociale. L'État, « *représentant de tous les droits coercitifs naturels, [...], a besoin lui-même de la reconnaissance du droit pour contraindre* ». Dans la société moderne, l'État est une « *institution capitaliste et sociale* ».

L'ouvrage de Tönnies est d'une lecture difficile : la longueur des phrases, le choix du vocabulaire – à la fois riche et complexe – réclament une attention permanente. L'auteur y expose une analyse qui préfigure celle de Max Weber : la « communauté » et la « société » constituent, en effet, l'équivalent de deux « idéaux-types », présents à des degrés divers dans les collectivités humaines.

Cependant, il a été reproché à Tönnies, la place centrale qu'il confère à la psychologie, ce qui le différencie, notamment, d'Émile Durkheim. Cette perspective l'a d'ailleurs conduit à des considérations douteuses : par exemple, il écrit : « *les femmes se meuvent le plus souvent d'après leurs sentiments* » tandis que « *les hommes obéissent à leur intelligence. Ceux-ci sont plus intelligents que les femmes* ». Jalonné de remarques de ce type, l'ouvrage de Tönnies perd alors une partie de sa force et de son intérêt.

# 21 La barrière et le niveau

## Edmond Goblot

Dans ce livre, publié pour la première fois en 1925 aux Presses Universitaires de France, réédité aux éditions Gérard Montfort, E. Goblot propose une étude sociologique de la « bourgeoisie française moderne » qui n'est pas la bourgeoisie de l'Ancien Régime, qui était la couche supérieure du Tiers-état, et qui n'est pas non plus la bourgeoisie du milieu du XIXe siècle correspondant à l'« âge d'or » de cette classe sociale. L'originalité du livre de Goblot est de ne pas situer la bourgeoisie dans une perspective marxiste ou socialiste, c'est-à-dire à partir des facteurs économiques, ni même de promouvoir une sociologie globale (puisqu'il ignore le rapport aux autres classes), mais plutôt d'envisager celle-ci sous l'angle de son « esprit », de ses signes distinctifs et de ses symboles ; bref, de ses caractéristiques culturelles.

## 1) L'identité de la bourgeoisie

### A. Définition de la classe sociale

**La bourgeoisie n'est pas une caste mais plutôt une classe sociale.** La caste se définit en effet par son caractère fermé : on n'y entre pas et on n'en sort pas davantage. En revanche, la classe est relativement ouverte, comprenant ses « parvenus » et ses « déclassés ». Un autre point distinctif est que la caste est une institution qui repose sur des lois et des règlements alors que la classe n'a pas d'existence officielle et légale, s'appuyant entièrement sur l'opinion et les mœurs. Évidemment, dans les diverses sociétés, il y a au moins un point commun entre les castes et les classes supérieures qui est l'existence d'avantages spécifiques. Mais la nature de ces avantages diffère selon que l'on a affaire à une caste ou à une classe. Dans un système de castes, les avantages résident dans l'existence de privilèges, comme ceux de la noblesse, qui sont des biens matériels et des droits honorifiques, des exemptions, des charges personnelles ; dans un système de classes, l'avantage se réduit à la considération sociale. « *Le bourgeois est celui qui est jugé supérieur et cette supériorité lui confère l'ascendant moral permettant d'être ce que Le Play appelle les « autorités sociales », c'est-à-dire tous ceux qui sont chargés de maintenir un certain niveau de civilisation dans la vie économique, sociale et politique du pays.* »

**Cette définition que donne Goblot de la bourgeoisie par la « considération » ou la « distinction » éloigne de la définition habituellement retenue du terme à l'époque, qui est la définition socialiste.** Pour le socialisme, la société se divise en capitalistes et en prolétaires, ou encore en employeurs et salariés dans une formulation qui atténue un peu l'antagonisme de ces deux groupes. Le bourgeois est alors le patron ou le banquier, parfois aussi l'ingénieur, en un mot : le riche. Goblot pense au contraire que la bourgeoisie ne se limite pas à l'aristocratie de finance qui a détenu tout le pouvoir à l'époque de Louis-Philippe. Cette bourgeoisie a des contours beaucoup plus larges, incluant tous ceux qui ont su se promouvoir dans la hiérarchie sociale pour prendre les mœurs de ce groupe d'adoption.

**Même si la bourgeoisie n'est pas une caste et même si ses contours sont assez larges, la démarcation de la classe bourgeoise avec les autres classes n'en est pas moins nette.** Cette démarcation repose sur l'éducation, non pas celle qui développe le mérite personnel, mais celle où les formes extérieures distinctives prennent une place déterminante. « *Appartenir à la bourgeoisie, c'est appartenir à cette élite dont l'éducation lui donne toute son apparence.* » Et cette élite n'est pas facile à atteindre, comme en témoigne la figure du parvenu dont la fortune rapidement acquise lui inspire le désir de vivre « bourgeoisement » alors que son éducation s'y oppose, marquée par ses « manières communes » ou « vulgaires ». En ce sens, la démarcation sociale sur laquelle repose la bourgeoisie est une « *barrière* » ; mais, comme toute démarcation sociale, elle est aussi un « *niveau* » puisque tous les bourgeois, qu'ils soient riches ou pauvres, appartiennent pour autant au même groupe qui masque parfois les inégalités qui existent en son sein pour mieux faire ressortir sa supériorité collective.

## B. Les contours de la classe bourgeoise

**Selon Goblot, il n'y a pas de « classe possédante ».** Ces classes possédantes ont existé à l'époque romaine ou à l'époque médiévale où la richesse était concentrée dans les mains d'une minorité. Mais les riches formaient alors une caste et non une classe. Au début du XX^e^ siècle, il n'y a plus de démarcation de ce type entre les riches et les pauvres. On est plus ou moins riche et cela ne saurait permettre d'identifier des classes sociales qui reposent sur des frontières précises et non sur des gradations insensibles. Ce n'est pas le degré de richesse ou les revenus qui permettent de découper des classes sociales. Cette absence de corrélation entre richesse et classes sociales est d'autant plus vraie qu'elle s'applique à la France du début du XX^e^ siècle ; à cette époque, la France est un pays de classes moyennes parce que les richesses sont moins inégalement réparties qu'ailleurs. Les classes moyennes comprennent alors aussi bien les parties aisées des classes ouvrières et paysannes que les parties peu fortunées de la bourgeoisie. Cette situation sociale est très différente de celle qui prévaut, par exemple, en Angleterre où la *middle class* a de très gros revenus et vit dans des habitations de luxe, nommée ainsi parce que l'aristocratie (*upper class*) a subsisté dans ce pays.

**Toujours selon Goblot, les professions ne déterminent pas les classes sociales.** Ce sont au contraire les classes sociales qui influencent le choix des professions, même si certaines professions sont cependant antinomiques avec l'« ethos bourgeois ». En effet, la caractéristique de la bourgeoisie est d'abord de dédaigner les tâches manuelles, dédain au passage que l'on retrouve dans toutes les organisations sociales passées ou présentes. Que ce soit à l'intérieur d'un système de castes, d'ordres ou de classes, la supériorité de rang social s'exprime toujours par le pouvoir de se faire servir. Les métiers interdits sont d'abord les métiers manuels, parce que ce sont des métiers d'exécution, d'effort physique et d'obéissance. Mais ce sont aussi les métiers jugés répugnants qui salissent les mains et les vêtements ; ce sont également les métiers pénibles, comme ceux qui consistent à répéter des mouvements monotones, porter des fardeaux, manier des outils… Si donc un manuel ne saurait être un bourgeois, l'appartenance aux professions libérales, qui sont pourtant le groupe essentiel de la classe bourgeoise parce que c'est par elles qu'on y entre, qu'on s'y maintient et qu'on la quitte faute d'être capable de les exercer, ne suffit pas à déterminer l'entrée dans la bourgeoisie. Il faut avoir quelque chose de plus que le savoir et l'intelligence pour être bourgeois. Et ce quelque chose repose sur des mœurs communes ou encore des manières de juger, de penser et de sentir, pour paraphraser É. Durkheim. Et c'est la raison pour laquelle les bourses ne suffisent pas à promouvoir dans la bourgeoisie les étudiants issus des classes populaires. Goblot, énonce ici très clairement que les études prolongées ne suffisent pas à franchir la barrière des classes mais qu'il faut également faire preuve d'aptitudes particulières pour vivre dans un milieu social qui n'est pas le sien à l'origine.

## 2) Quelques illustrations de la distinction bourgeoise

### A. L'éducation morale et esthétique

**D'une manière générale, Goblot estime que la « bourgeoisie moderne » est en voie de disparition rapide.** Cette dislocation a, selon lui, commencé sous la troisième République avec l'avènement du régime républicain et la progression des idées et des mœurs démocratiques. Alors que la bourgeoisie du milieu du XIXe siècle s'appuyait sur la richesse que lui conférait sa place dominante dans la vie économique et sociale (« *la supériorité du bourgeois, c'est d'être bourgeois* »), la bourgeoisie moderne ne subsiste que par des stratégies de distinction qui ont un caractère somme toute assez factice et que Goblot juge assez méprisables. Cela explique le jugement très sévère qu'il porte sur l'éducation bourgeoise.

**Alors qu'auparavant, la morale était identifiée avec la religion, elle s'identifie, en ce XXe siècle naissant, avec l'exercice de la politesse.** Certes, cette politesse n'est pas complètement méprisable parce qu'elle est celle d'une société d'« *honnêtes gens* », mais elle enseigne une morale qui n'atteint pas au « *sublime* » et qui ne dépasse la médiocrité que par le recours à la « *délicatesse* » permettant d'être « *moyennement vertueux* » avec élégance. Pour Goblot, la dégradation de la morale bourgeoise s'exprime particulièrement dans les questions relatives à la famille : alors que la bourgeoisie française attache théoriquement une grande importance à la pureté de la famille, elle pratique de fait un dimorphisme sexuel que l'on retrouve au passage dans les autres compartiments de la vie sociale. Alors que les jeunes filles sont censées cultiver les vertus domestiques, le dévergondage des hommes est pleinement autorisé se prolongeant parfois au-del à du mariage. Goblot nous explique ainsi que c'est à la bourgeoisie que nous devons la prostitution urbaine et la perversion des classes ouvrière et paysanne.

**L'éducation esthétique de la bourgeoisie est soumise à des considérations analogues.** De la même manière que pour l'éducation morale, la transformation s'est opérée à la fin du XIXe siècle. À l'époque de Louis-Philippe, la bourgeoisie n'aime pas l'art, et ce phénomène a d'ailleurs été bien décrit par les littérateurs et les artistes de l'époque qui décrivent le bourgeois comme le « béotien, le philistin ou même l'ennemi »... C'est que le bourgeois est un homme sérieux qui méprise les vrais amusements et préfère se consacrer aux affaires. Quant à la bourgeoise, avant tout mère de famille et éducatrice, chacun s'accorde à considérer que son éducation artistique doit être limitée. Pour l'auteur de *La barrière et le niveau*, l'évolution qui se produit à la fin du XIXe siècle n'est guère positive : s'il est vrai que la bourgeoisie semble s'intéresser à l'art, c'est parce que l'art est devenu à la mode, qui finit par imposer à celui-ci son caractère capricieux et despotique. L'esthétique bourgeoise est avant tout une esthétique superficielle qui confond l'art avec la distinction, ce qui éloigne de tout intérêt véritable pour les productions artistiques.

### B. La mode et l'éducation scolaire

**Le vêtement humain a plusieurs fonctions : hygiénique tout d'abord, pudique ensuite, esthétique également, mais surtout distinctif pour la question qui nous occupe.** Il est le signe des fonctions, des rangs et des classes, effaçant les inégalités individuelles (idée de niveau, chère à Goblot) pour manifester une égalité sociale à l'intérieur d'un groupe qui remplit une fonction distinctive par rapport à l'extérieur (idée de barrière, également chère à Goblot). Comme aurait pu l'énoncer Durkheim, d'ailleurs cité par Goblot, le vêtement est un fait social car il manifeste la contrainte que le milieu social exerce sur l'individu sans aucune intervention d'autorité coercitive. Le rapport qu'entretient la classe bourgeoise avec la mode est essentiellement lié à cette fonction distinctive. La bourgeoisie n'adopte pas les vêtements nouveaux dès leur apparition, parce que la nouveauté est aussi une excentricité qui manifeste trop de caractéristiques individuelles. La mode bourgeoise est avant tout un agent propice au développement des idées égalitaires (elle signifie en réalité l'appartenance à un groupe social) et n'est pas un facteur de différenciation individuelle. C'est une barrière, mais c'est aussi une barrière mouvante remplacée par d'autres éléments quand elle est imitée par les groupes sociaux inférieurs. « *Quand la bonne réussit à copier la robe de sa patronne, le distingué devient vulgaire et il devient alors nécessaire de s'habiller différemment.* » Un autre trait de la mode bourgeoise est le contraste entre l'austérité du costume masculin et l'élégance de la toilette féminine (on retrouve le dimorphisme sexuel cité plus haut, caractéristique de la bourgeoisie selon Goblot). L'élégance a disparu du costume masculin un peu avant la moitié du XIXe siècle. Pour notre auteur, cette nouvelle mode masculine, elle aussi, revêt une fonction distinctive : puisqu'on s'interdit désormais tout ornement, cela signifie que la mode masculine devient un exercice subtil où la « correction » exige plus de retenue que d'élégance, exercice que les « parvenus » maîtrisent mal. C'est dans ce travail de distinction que réside la barrière. Par ailleurs, l'uniformité du costume efface, au moins pour un moment, les inégalités de fortune ou d'intelligence entre les différents membres de la bourgeoisie. Elle remplit donc aussi une fonction de niveau.

**Les brefs développements que Goblot consacre à la question de l'éducation scolaire expriment aussi cette logique de distinction.** Celui-ci explique en effet que la question de l'enseignement du latin dans les classes secondaires n'est pas avant tout une question pédagogique entre ceux qui disent que l'enseignement de cette langue est utile pour le développement de l'esprit et ceux qui préfèrent penser que l'enseignement des sciences est bien suffisant pour donner une culture générale. En fait, au-del à de ces querelles d'école, l'enseignement du latin remplit avant tout une fonction sociale qui est de consacrer l'inégalité des cultures qui distingue les classes sociales. Le bourgeois a besoin d'une instruction qui demeure inaccessible au peuple, qui constitue une véritable barrière. Et la bourgeoisie a besoin aussi d'un diplôme (le « parchemin ») qui efface les inégalités naturelles entre les élèves pour symboliser l'acquisition d'une culture commune. En ce sens, à l'époque où écrit Goblot, le Baccalauréat, qui sanctionne des études secondaires réussies fonctionne bien comme barrière et comme niveau.

Finalement, l'œuvre de Goblot est à la fois révélatrice de son époque et, en même temps, annonciatrice du futur. Elle est révélatrice de son époque parce qu'elle montre combien l'idée de bourgeoisie est devenue floue dans les années 1920 puisque la définition culturelle de la classe sociale, à laquelle il procède, atteste de l'affaiblissement de ce groupe en tant qu'entité socio-économique (L. Portis, *Les classes sociales en France, un débat inachevé*, 1988). Elle est annonciatrice du futur puisqu'après tout c'est la stratégie de distinction qui est l'élément clé de la mentalité bourgeoise et, à bien des égards, cette idée sera reprise par P. Bourdieu dans son ouvrage *La distinction ; critique sociale du jugement* (1979).

# 22 Essai sur le don

## *Forme et raison de l'échange dans les sociétés archaïques*

Marcel Mauss

Paru en 1923-1924 dans la revue *L'année sociologique* (et réédité in *Sociologie et anthropologie*, PUF, coll. « Quadrige », 2001), l'*Essai sur le don* est un des textes les plus célèbres et les plus denses de la littérature anthropologique. Mauss analyse le don, le contre-don et l'échange dans les « sociétés archaïques » (sociétés du Pacifique, à savoir Polynésie et Mélanésie, tribus indiennes de la côte nord-ouest de l'Amérique), à partir de faits qui ont été relatés par de célèbres ethnologues (F. Boas, B. Malinowski, Seligman...) puisque lui-même n'est jamais allé sur le terrain.

## 1) L'échange dans les sociétés archaïques

### A. Programme et méthode suivis par M. Mauss

**Le programme de recherche de Mauss est d'étudier les cadeaux, qui sont un ensemble de prestations, au premier abord libres et gratuites, mais qui sont en réalité contraignantes et intéressées.** Plus exactement, la question formulée par Mauss lui-même est la suivante : « *Quelle est la règle de droit et d'intérêt qui, dans les sociétés de type ancien ou archaïque, fait que le présent reçu est obligatoirement rendu ?* » À travers cette question, l'auteur de l'*Essai sur le don* poursuit un double but. La première finalité est d'arriver à des conclusions sur la nature des transactions humaines dans les sociétés qui nous ont précédés. Le propos est de décrire des phénomènes d'échange et de contrat des sociétés qui ne sont pas privées de marché économique mais dont le régime d'échange est différent du nôtre ; en d'autres termes, l'étude porte sur le marché avant l'institution des marchands et de la monnaie. La deuxième finalité est de montrer comment cette économie bien présente dans les sociétés archaïques fonctionne encore dans nos sociétés, de façon constante et sous-jacente.

**La méthode de Mauss consiste à procéder à des comparaisons établies à partir d'aires déterminées : Polynésie, Mélanésie, nord-ouest Américain.** Dans tous les cas, l'objet de recherche porte sur les formes archaïques du contrat. Mauss part du constat que, dans les économies primitives, il n'y a jamais de simple échange de biens au cours d'un marché passé entre les individus (ce qui constitue le marché de biens et de services au sens moderne du terme). Dans les sociétés primitives, ce ne sont pas les individus qui échangent mais les collectivités. De plus, l'échange ne porte pas seulement sur les biens et les richesses mais aussi sur la politesse, les festins, les rites, les femmes, les enfants... Enfin, ces prestations et contre-prestations s'engagent par des présents, des cadeaux apparemment volontaires, en réalité rigoureusement obligatoires sous peine de guerre privée ou publique. Cet échange globalisé est baptisé par Mauss du nom de « *système de prestations totales* ». Au sein de ces prestations totales, Mauss accorde une attention particulière au phénomène de « *potlatch, forme d'échange des tribus amérindiennes de la région de Vancouver, qui est en fait une cérémonie dans laquelle les clans rivalisent de générosité en détruisant des objets de valeur ou en faisant des dons* *que l'adversaire doit accepter, tout en étant tenu de les rendre sous une forme ou une autre* » (d'où la figure fondamentale qui consiste à donner, recevoir et rendre). L'exemple du potlatch, comme celui du système Kula que nous allons brièvement décrire plus bas, amène à mettre en évidence que les objets ont un contenu spirituel et sont donc porteurs d'une force magique que les Polynésiens appellent le hau. La force imprègne le bien et oblige au contre-don car, en cas d'oubli de la prestation en retour, elle se vengerait sur le détenteur du bien. En effet, le hau est marqué par le mana, l'esprit des hommes puissants qui ont détenu le bien précédent. Au-del à de cette explication indigène, Mauss établit que le potlatch est un « *fait social total* », c'est-à-dire un fait qui unit étroitement les composantes juridique, économique, religieuse et symbolique d'une société donnée. Le potlatch est religieux parce que les chefs incarnent les ancêtres et les dieux ; il est économique par l'importance et les effets des transactions qui se déroulent à cette occasion ; il est également social car il réunit les tribus et les familles ; il est enfin esthétique par sa composante festive. Comme le dit Mauss, « *il met en branle la totalité de la société et de ses institutions, et c'est l à que réside son sens profond* ».

## B. Une illustration de l'échange primitif

**Parmi les nombreux exemples cités par Mauss, on peut retenir celui de la Kula qui est un système de commerce intertribal et tribal auquel se livrent les habitants des îles Trobriand.** Ce système a été bien décrit par B. Malinowski dans les *Argonautes du Pacifique Occidental* (1922), ouvrage publié juste avant l'*Essai sur le don* et dont Mauss reprend l'analyse puisque, comme cela a été signalé en introduction, il ne s'est pas livré à l'observation directe des phénomènes. La Kula, qui ne fait pas l'objet d'une définition précise par Malinowski, est un cercle : au cours des expéditions maritimes auxquelles se livrent les Trobriandais, les nourritures, les fêtes, les services de toutes sortes et même les hommes et les femmes, semblent pris dans un mouvement circulaire assez régulier dans le temps et dans l'espace. La Kula, comme le potlatch nord-ouest américain, consiste à donner de la part des uns et à recevoir de la part des autres, les donataires d'un jour étant les receveurs de la fois suivante. Dans la forme la plus solennelle des grandes expéditions maritimes (les Uvalaku), la règle est de partir sans rien avoir à échanger ou à donner ; on ne fait que recevoir, et encore, dans des formes très solennelles puisque la chose reçue est d'abord dédaignée et que le donateur affecte, de son côté, une modestie exagérée, s'excusant de ne donner que ses restes. C'est quand la tribu visiteuse recevra plus tard la tribu visitée (un an après) que les cadeaux seront rendus.

**L'objet essentiel de ces échanges-donations est les coquillages.** Il en existe deux genres : les mwali, beaux bracelets taillés et polis dans une coquille et portés dans les grandes occasions par leurs propriétaires ou leurs parents, et les soulava, colliers ouvrés par d'habiles tourneurs qui sont portés par les femmes et aussi, plus exceptionnellement, par les hommes. Au quotidien, mwali et soulava sont thésaurisés. Les Trobriandais les conservent pour jouir de leur possession et ce sont leur seule source de fortune. D'après Malinowski, ces coquillages sont animés d'un mouvement circulaire ; les mwali, donc les bracelets, se transmettent régulièrement d'Ouest en Est et les soulava, donc les colliers, voyagent toujours d'Est en Ouest. La circulation de ces richesses obéit à des règles précises : on ne doit pas les garder trop longtemps et on ne doit pas non plus être trop dur à s'en défaire.

**Il est donc clair que l'échange Kula ne s'effectue pas selon une base utilitaire.** Cet échange n'est pas immédiatement accessible pour la rationalité économique de l'homme occidental. Il ne s'agit pas ici de vendre et d'acheter des biens mais plutôt d'unir des partenaires échangistes pour la vie et de nouer le lien social qui unit les membres de la communauté. La Kula est avant tout affaire de sociabilité et de solidarité. Dans cette affaire, le problème de la valeur des biens, et donc de l'échange équitable entre les marchandises, est tout à fait ignoré.

## 2) Conclusions sur le fonctionnement des sociétés modernes

### A. Conclusions de morale

**Pour Mauss, une partie considérable de la morale réside, encore aujourd'hui, dans l'atmosphère du don.** Il est vrai que le don non rendu rend inférieur celui qui l'accepte, surtout quand il est reçu sans esprit de retour : la charité est toujours aussi blessante pour celui qui la reçoit et faire l'aumône met toujours aussi mal à l'aise celui qui donne. Il est vrai aussi que l'on admet généralement que l'invitation donnée doit être rendue. Encore maintenant, on dit qu'il ne faut pas demeurer « en reste ».

**Plus fondamentalement encore, alors que le droit industriel et commercial est généralement régi par l'impersonnalité et l'inhumanité, on voit apparaître de nos jours des principes de droit qui renouent avec la morale ancienne.** On peut analyser ainsi, par exemple, l'apparition de la législation d'assurance sociale (que Mauss qualifie de « *socialisme d'État déj à réalisé* »), qui s'inspire du principe selon lequel le travailleur qui a donné sa vie et son labeur à la collectivité doit recevoir de celle-ci autre chose que le salaire, à savoir une sécurité dans la vie contre le chômage, la maladie, la vieillesse ou la mort. On peut aussi analyser de la même manière la création des caisses d'assistance familiales que les industriels français ont développées dès la fin du XIX$^{e}$ siècle pour les ouvriers chargés de famille, répondant ainsi spontanément au besoin de s'attacher les individus eux-mêmes, et pas seulement le service particulier que constitue la location de la force de travail. Toute cette évolution est jugée très bonne par Mauss, car elle témoigne, selon lui, du retour de la morale éternelle commune à toutes les sociétés : l'individu doit avoir un sens aigu de lui-même (ce qui est acquis dans les sociétés individualistes que sont les sociétés contemporaines), mais aussi des autres et de la réalité sociale. Une règle fondamentale de la vie sociale est d'agir en fonction de soi, mais aussi en fonction des sous-groupes auxquels on appartient, et aussi de la société tout entière. Mauss énonce ainsi qu'il n'y a pas deux sagesses d'un bout à l'autre de l'évolution humaine et que le principe qui consiste à sortir de soi, à donner librement en apparence, obligatoirement en réalité, est valable en tous temps et en tous lieux.

### B. Conclusions de sociologie économique et d'économie politique

**De tout ce qui précède ressort aussi l'idée que le triomphe de la notion d'intérêt individuel est assez récent.** On peut d'ailleurs dater selon Mauss ce moment avec la parution de la *Fable des abeilles* de Mandeville (1748), qui élève à la hauteur de principes les concepts de profit et d'individu. C'est dire que ce n'est que récemment que les sociétés occidentales ont fait de l'homme un « homo œconomicus ». La notion d'intérêt individuel n'existe pas pour les chefs de tribus trobriandais ou américains. Dans ces civilisations primitives, on est intéressé, mais d'une autre façon que de notre temps. La thésaurisation, quand elle existe, n'a pas pour finalité la dépense mais la nécessité d'« obliger » autrui. L'échange ne porte que sur des objets de luxe, des ornements ou des festins : s'il vise quelque chose, c'est la hiérarchie, parce que donner, c'est manifester sa supériorité, être plus haut que son semblable. Quant au don réciproque, il ne vise pas à récompenser la peine que cause une consommation différée, mais plutôt à humilier le premier donateur en rendant plus que ce qui a été donné.

**D'ailleurs, même dans la société contemporaine, la rationalité de l'homo œconomicus n'est pas présente partout.** Comme le dit Mauss, « *l'homo œconomicus n'est pas derrière mais il est devant nous ; comme l'homme de la morale et du devoir* ». Quand on examine par exemple la consommation, il est patent que celle-ci n'a pas seulement pour but de satisfaire le besoin ; la consommation de l'homme riche repose en effet sur des dépenses de luxe, d'art, de folie qui la font ressembler à bien des égards à celle des chefs barbares des sociétés primitives. L'individualisme lui-même est remis en cause puisque, comme on l'a montré plus haut avec la mise en place des assurances sociales, l'émergence de groupements d'individus comme les syndicats, on constate que, peu à peu, émerge l'idée que la poursuite brutale et exclusive des fins de l'individu est nuisible à la paix de l'ensemble.

## C. Conclusions de sociologie générale

**La première conclusion est de nature méthodologique : Mauss invite à étudier les faits sociaux totaux.** Ces faits sociaux totaux sont ceux qui mettent en branle la totalité de la société et de ses institutions, comme le potlatch. Pour lui, cette étude présente l'avantage de la généralité puisque les faits de fonctionnement général ont plus de chances d'être universels que les études relatives aux institutions locales ; elle présente aussi l'avantage de la réalité car cette technique permet de voir les choses en elles-mêmes, dans le concret et comme elles sont véritablement. Dans l'analyse des faits totaux, on voit les hommes, les groupements et les comportements à l'œuvre et pas seulement les idées et les règles.

**La seconde conclusion est plutôt une conclusion de philosophie politique.** L'étude du comportement humain total, de la vie sociale tout entière, révèle que les sociétés progressent dans la mesure où elles renoncent à la violence et ce renoncement passe par le lien social résultant de la triple obligation qui consiste à donner, à recevoir et à rendre. L'échange est, par nature, pacificateur et c'est ainsi que les clans, les tribus puis les nations se créent mutuellement des intérêts et apprennent à les défendre sans avoir recours aux armes. Le développement des relations commerciales repose d'abord sur cet échange premier qui n'est pas fondamentalement de nature économique. Pour l'auteur de l'*Essai sur le don*, « *l'avenir de la civilisation exige que les classes, les nations et aussi les individus se souviennent que l'on peut s'opposer sans se massacrer et se donner sans se sacrifier les uns les autres* ». En ce sens, le bien commun exige que l'on se souvienne de l'enseignement fondamental des sociétés primitives qui repose sur le don, la richesse accumulée et redistribuée dans le respect et la générosité réciproques.

Les conclusions que l'on vient de tirer avec M. Mauss sont morales et politiques. Derrière la critique de l'utilitarisme des théories économiques, il s'agit de mettre en évidence le mécanisme central de solidarité qu'est la réciprocité et qui vaut pour l'ensemble des organisations économiques et sociales, y compris les plus contemporaines. Pour Mauss, et cela transparaît clairement dans ses conclusions de sociologie générale que l'on vient de citer, le respect mutuel et la générosité réciproque sont les conditions du bonheur des individus et des peuples. Si on ne peut que souscrire à cet humanisme pacificateur, l'entreprise de Mauss soulève quand même l'interrogation suivante : peut-on raisonnablement appliquer les conclusions tirées de l'étude du droit archaïque pour comprendre les phénomènes de don et d'échange dans les sociétés modernes ? Ou, en d'autres termes plus prosaïques, peut-on passer allègrement du potlatch à la sécurité sociale ? C'est l à méconnaître que l'on n'a pas affaire à deux manifestations d'un phénomène unique. Alors que le don archaïque est obligatoire et réciproque, le don moderne est libre et unilatéral. Dans ces conditions, il semble bien que la prétention de Mauss à trouver « *un des rocs humains sur lesquels sont bâties nos sociétés* » soit quelque peu excessive.

# La distinction

## *Critique sociale du jugement*

### Pierre Bourdieu

23

Pierre Bourdieu est considéré comme un des représentants les plus éminents de la sociologie française contemporaine. Au confluent d'une triple tradition, celle de Marx, de Weber et de Durkheim, il est considéré comme le représentant d'une « école sociologique », celle du structuralisme génétique ou structuralisme critique. Cet ouvrage (Éditions de Minuit, 1979, 668 p.) se scinde en trois parties, successivement intitulées « Critique sociale du jugement de goût » (chapitre 1), « L'économie des pratiques » (chapitres 2 à 4), « Goûts de classe et style de vie » (chapitres 5 à 8). Les annexes sont consacrées aux aspects méthodologiques. Pierre Bourdieu y propose, comme l'indique le sous-titre de l'ouvrage, une analyse sociologique des dispositions et des jugements éthiques et esthétiques en les considérant comme l'enjeu et le produit de luttes entre groupes sociaux.

## 1) La construction sociale des goûts

### A. La hiérarchie des œuvres et des pratiques culturelles

**Les pratiques culturelles et les jugements émis par les agents sont des produits sociaux qui s'inscrivent dans une hiérarchie allant du plus légitime au moins légitime.** La notion de culture est prise dans une double acception : au sens restreint, renvoyant aux « *œuvres culturelles* », et au sens anthropologique, désignant les manières de faire, de sentir, de penser propres à une collectivité humaine.

Dans le domaine des jugements esthétiques, le sens commun oppose le « *goût pur* » au « *goût barbare* ». Les pratiques culturelles elles-mêmes sont classées dans des hiérarchies : au théâtre classique s'oppose le théâtre de boulevard, à l'équitation ou au golf s'oppose le footing et le football, etc. Il existe des domaines culturels nobles (musique classique, peinture, sculpture, littérature, théâtre) et des pratiques moins nobles en voie de légitimation (cinéma, photo, chanson, jazz, bande dessinée…). Le champ culturel fonctionne donc comme un système de classement fondé sur une hiérarchie allant du plus légitime au moins légitime.

**Dès lors, apparaît une propriété essentielle de toutes les pratiques et jugements culturels : classants, ils fondent des stratégies diversifiées.** Ils sont classants car les goûts sont aussi des dégoûts : ils fonctionnent à la fois comme facteurs d'intégration, attestant l'appartenance à une classe, mais aussi comme facteur d'exclusion.

Dans la société globale ou dans les différents champs sociaux, les occasions de mettre en scène la distinction sont inépuisables : vêtement, décoration intérieure, tourisme, loisir, sport, cuisine, etc. La culture permet aux agents sociaux de mener des stratégies de distinction envers les membres des autres classes, « *les biens se convertissent en signes distinctifs.* » Ainsi, « *une classe est définie par son être-perçu autant que par son être, par sa consommation* […] *autant que par sa position dans les rapports de production* ». Dans le champ culturel, les stratégies des agents diffèrent selon leur position : les individus aux positions dominantes opteront pour des stratégies de conservation ; en revanche, les individus en position dominée pratiqueront des stratégies de subversion en cherchant à transformer les règles de fonctionnement du champ.

**La légitimité culturelle est renforcée par les mécanismes d'acquisition de la compétence culturelle.** Cette dernière s'acquiert principalement au sein de l'institution scolaire et de la famille. Ainsi n'est-il pas étonnant d'observer une corrélation statistique entre la compétence artistique et la possession d'un capital culturel élevé. En effet, les titres scolaires apparaissent comme des « *titres de noblesse culturelle* ». L'institution scolaire a pour effet de faire exister le capital culturel sous une forme institutionnalisée, c'est-à-dire socialement sanctionnée ; par son effet de certification, elle reproduit la hiérarchie des œuvres et des goûts légitimes.

Mais l'efficacité de la transmission culturelle assurée par l'école dépend de l'importance du capital directement hérité de la famille. En ce sens, l'école valide des acquis sociaux antérieurs. Dès lors, rendre compte de la hiérarchie des goûts implique de les mettre en relation avec la hiérarchie sociale.

## B. La culture est une dimension de la lutte entre classes sociales : les luttes de classement

**L'espace social, construction multidimensionnelle, oppose diverses classes et fractions de classe selon le volume et la structure de capital.** La notion de capital relève, en première analyse, de l'approche économique. L'analogie s'explique par les propriétés reconnues au capital : il s'accumule au travers d'opérations d'investissement, il se transmet par le biais de l'héritage, il permet de dégager des profits selon l'opportunité qu'a son détenteur d'opérer les placements les plus rentables dans les divers champs sociaux. Outre le capital culturel, différentes formes de capital permettent de structurer l'espace social : le capital économique, ensemble des biens économiques, constitué du revenu, du patrimoine et des biens matériels ; le capital social qui se définit essentiellement comme l'ensemble des relations sociales dont dispose un individu ou groupe et dont la détention implique un travail d'instauration et d'entretien des relations, c'est-à-dire un travail de sociabilité : invitations réciproques, loisirs en communs, etc., ; le capital symbolique qui correspond à l'ensemble des rituels (comme l'étiquette ou le protocole) liés à l'honneur et à la reconnaissance.

**Parmi les différentes formes de capital, c'est le capital économique et le capital culturel qui fournissent les critères de différenciation les plus pertinents pour construire l'espace social des sociétés développées.** Dès lors, les agents sociaux se distribuent selon une double dimension. La première, verticale, consiste à hiérarchiser les groupes sociaux selon le volume de capital dont ils disposent. Ainsi pourra-t-on opposer les agents fortement dotés en capital tant économique que culturel (patrons, membres des professions libérales, professeurs d'université) aux agents faiblement dotés (ouvriers et salariés agricoles). La seconde opère une distinction selon la structure du capital, c'est-à-dire l'importance respective des deux espèces de capital dans le volume total de leur capital. Aussi pourra-t-on opposer les agents sociaux pour lesquels le capital économique prédomine par rapport au capital culturel (par exemple, les patrons de l'industrie et du commerce) aux agents aux propriétés opposées (professeurs).

**L'accumulation de capital culturel devient un enjeu de lutte entre groupes, forme particulière de la lutte symbolique.** Dans nos sociétés, le capital culturel joue un rôle croissant dans le mode de reproduction sociale, notamment sous sa forme scolaire. Or, l'école contribue à reproduire et à renforcer le pouvoir symbolique des dominants. De ce point de vue, les rapports sociaux sont aussi des rapports de concurrence entre des arbitraires culturels. Comme ils portent sur le champ symbolique, P. Bourdieu propose de les appeler des luttes de classement. « *Du fait que leur appropriation suppose des dispositions et des compétences qui ne sont pas universellement distribuées* [...], *les œuvres culturelles font l'objet d'une appropriation exclusive, matérielle ou symbolique, et, fonctionnant comme capital culturel (objectivé ou incorporé), assurent un profit de distinction* [...] *et un profit de légitimité, profit par excellence, consistant dans le fait de se sentir justifié d'exister.* » Dès lors, des stratégies d'accumulation de capital culturel et de reconversion de capital économique en capital culturel s'imposent.

## C. L'habitus de classe est au fondement des pratiques culturelles

**L'acquisition des compétences culturelles s'opère par le biais de l'habitus, produit du milieu d'origine, et de la trajectoire individuelle et collective dans l'espace social.** L'habitus, concept central de l'analyse de Bourdieu, est un système de dispositions durables intériorisées par les individus du fait de leurs conditions objectives d'existence, et qui fonctionne comme principes (schèmes) inconscients d'action, de perception et de réflexion. Il est donc simultanément la grille de lecture à travers laquelle nous percevons et jugeons la réalité et le producteur de nos pratiques.

Les acquisitions les plus décisives et les plus durables sont celles que nous avons subies au cours de notre socialisation primaire au sein de la famille, qui occupe une position donnée dans l'espace social. Mais l'habitus n'est pas figé ; il se restructure selon la trajectoire sociale. Ceci implique que nos pratiques et représentations ne sont ni totalement déterminées (les agents font des choix), ni totalement libres (ces choix sont orientés par l'habitus).

**La similitude des habitus fonde différents « *styles de vie* » qui s'opposent.** « *Du fait que des conditions d'existence différentes produisent des habitus différents* [...], *les pratiques qu'engendrent les différents habitus se présentent comme des configurations systématiques de propriétés exprimant les différences objectivement inscrites dans les conditions d'existence sous la forme de systèmes d'écarts différentiels qui, perçus par des agents dotés des schèmes de perception et d'appréciation nécessaires pour en repérer, en interpréter et en évaluer les traits pertinents, fonctionnent comme des styles de vie.* »

Un style de vie est un ensemble de goûts, de croyances et de pratiques systématiques caractéristiques d'une classe ou d'une fraction de classe donnée. Il comprend donc, à titre d'exemple, les opinions politiques, les convictions morales, les préférences esthétiques mais aussi les pratiques sexuelles, alimentaires, vestimentaires, culturelles, etc.

L'habitus rend donc possible un ensemble de comportements et d'attitudes conformes aux inculcations. Il a donc pour conséquence que les agents se comportent de manière à ce que se perpétuent les relations objectives entre classes. Aussi n'est-il point étonnant d'observer une homologie entre la structure des classes et la structure des goûts.

## 2) L'homologie entre l'espace social et les goûts de classes

### A. Les classes dominantes : « *le sens de la distinction* »

**La classe dominante cherche à maintenir sa position par une stratégie de distinction, en définissant et en imposant, pour le reste de la société, le « bon goût », la culture légitime.** Cette classe sait jouer de la distinction pour affirmer une identité propre et imposer à tous, en la légitimant, une certaine vision du monde social. Ses membres cumulent souvent les différents types de capitaux qui leur permettent l'appropriation de biens culturels. « *De toutes les techniques de conversion visant à former et à accumuler du capital symbolique, l'achat d'œuvres d'art, témoignage objectivé du "goût personnel", est celle qui se rapproche le plus de la forme la plus irréprochable et la plus inimitable de l'accumulation, c'est-à-dire l'incorporation des signes distinctifs et des symboles du pouvoir sous la forme de "distinction" naturelle, d'"autorité" personnelle ou de "culture".* »

Il s'agit de faire distingué, tant par son hexis (aisance corporelle) que par son langage, le choix de l'ameublement intérieur ou des lieux de villégiature. Par ailleurs, dès qu'une pratique se diffuse, donc perd de son pouvoir distinctif, s'y substitue une autre, réservée aux membres des classes dominantes. Son rapport à la culture s'opère sur le mode de la distanciation, de l'aisance, de la lecture au second degré.

**Mais selon la structure du capital possédé, il est possible de distinguer deux fractions opposées de classes dominantes.** Ainsi, « *le lieu par excellence des luttes symboliques est la classe dominante elle-même : les luttes pour la définition de la culture légitime qui opposent les intellectuels et les artistes ne sont qu'un aspect des luttes incessantes dans lesquelles les différentes fractions de la classe dominante s'affrontent pour l'imposition de la définition des enjeux et des armes légitimes des luttes sociales* ».

La fraction dominante de la classe dominante se caractérise par une prédominance du capital économique. Elle se décompose elle-même en deux groupes : la bourgeoisie ancienne (patrons des grandes entreprises du commerce et de l'industrie) et la bourgeoisie nouvelle (cadres supérieurs du secteur privé). À la morale ascétique de la production et de l'accumulation, constitutive de la première, la nouvelle bourgeoisie, plus fortement dotée en capital culturel, oppose une morale hédoniste de la consommation.

La fraction dominée de la classe dominante est, quant à elle, davantage pourvue en capital culturel qu'en capital économique. Elle regroupe les ingénieurs, les professeurs, les professions intellectuelles. Dès lors s'opposent deux styles de vie : aux goûts de luxe des premiers (voyages, la possession des œuvres d'art ou des voitures de luxe) s'oppose l'aristocratisme ascétique des seconds (lectures, musique classique, théâtre).

### B. La petite bourgeoisie : « *la bonne volonté culturelle* »

**Ses membres partagent un certain nombre de propriétés objectives communes, mais leur identité sociale se cristallise dans leur déférence face à la culture.** Les petits bourgeois occupent une position moyenne dans l'espace social mais font preuve d'une volonté d'ascension sociale. « *L'habitus petit bourgeois est la pente de la trajectoire sociale, individuelle et collective, devenue penchant par où cette trajectoire ascendante tend à se prolonger et à* *s'accomplir.* » La petite bourgeoisie respecte profondément l'ordre social établi et, à quelques exceptions près, se montre rigoriste en matière de morale.

Les membres de la petite bourgeoisie sont caractérisés par un habitus fondé sur la restriction par prétention, le volontarisme rigoriste liés à leur volonté d'ascension sociale. Ils témoignent d'une « *bonne volonté culturelle* » : imitation de la culture de la classe dominante, reconnaissance de la culture légitime et désir de l'acquérir. Cette classe va « *singer* » les pratiques nobles ou se livrer à des pratiques de substitution. « *La bonne volonté culturelle s'exprime entre autres choses par un choix particulièrement fréquent des témoignages les plus inconditionnels de docilité culturelle (choix d'amis "ayant de l'éducation", goût des spectacles "éducatifs" ou "instructifs")* [...]. *Le petit bourgeois est révérence envers la culture.* »

**Des clivages existent au sein de cette classe, amenant à en distinguer trois fractions et corrélativement trois styles de vie**. La pente de la trajectoire sociale sert à définir une première fraction de classe, la petite bourgeoisie en déclin ou petite bourgeoisie traditionnelle, composée de métiers anciens, tels ceux des artisans et commerçants, dont le nombre ne cesse de diminuer.

La petite bourgeoisie en déclin, composée des artisans et commerçants, se distingue par des préférences austères et traditionnelles où prédominent les valeurs telles que le travail, l'ordre, la rigueur, la minutie.

La petite bourgeoisie d'exécution comprend pour l'essentiel les employés, les cadres moyens des entreprises privées, les techniciens, les instituteurs. Ils occupent une position centrale au regard de la structure du capital. « *Voués à des tâches demandant avant tout de la précision, de la rigueur, du sérieux, bref, de la bonne volonté et du dévouement,* [...] *plus riches en bonne volonté culturelle qu'en capital culturel, ils portent leurs "préférences" vers des œuvres typiquement "moyennes". Cette bonne volonté culturelle pure et vide, tout entière définie par les impératifs de l'ascension, a son équivalent sur le plan de la morale :* [...] *le rigorisme ascétique des fractions en ascension qui s'associe souvent à un progressisme prudent en politique est avant tout le principe d'une discipline que l'on s'impose, à soi-même et aux siens, et qui est totalement subordonnée à l'ascension sociale.* »

La petite bourgeoisie nouvelle est constituée soit de petits bourgeois à fort capital culturel, mais manquant du capital social pour tirer pleinement parti de leur capital culturel, soit d'agents issus de la bourgeoisie, mais n'ayant pas acquis dans l'institution scolaire les titres leur permettant de se maintenir dans la classe dominante. Leur point commun est de mener un combat visant à accroître le statut symbolique des professions qu'ils exercent et à en modifier la perception par les autres agents sociaux. Ce groupe se compose des métiers artistiques, intellectuels, de conseil. Mais on y trouve également les professions de présentation et de représentation : animateurs de radio et de télévision, hôtesses, guides touristiques, attachés de presses, etc. L'âge de ses membres devient une variable pertinente : on y trouve les jeunes générations d'infirmières, de techniciens. La petite bourgeoisie ascendante développe un habitus comparable à celui de la nouvelle bourgeoisie. Il repose sur le « *devoir de plaisir* » et se traduit par une hexis corporelle fondée sur l'écoute du corps, la relaxation, une alimentation saine et équilibrée. Ses membres investissent dans les formes mineures de la production culturelle, se donnent une culture en matière de cinéma ou de jazz, s'attachent aux revues de vulgarisation scientifique ou historique. Mais ils vivent de ce fait une tension continue marquée par la crainte de « *faire vulgaire* », c'est-à-dire populaire, et la volonté de faire « *distingué* », c'est-à-dire bourgeois. Cette situation en porte-à-faux se manifeste particulièrement dans leur rapport au langage, marqué par l'hypercorrection linguistique, tendance à pourchasser chez soi et les autres toutes les formes de fautes, à « *en faire trop de peur de ne pas en faire assez* ».

## C. Les classes populaires se caractérisent par « *le choix du nécessaire* »

**Les classes populaires, situées à l'extrémité de l'espace social, sont condamnées au « *choix du nécessaire* »**. Leur dépossession les incline à des goûts ou à des choix refusant la gratuité des exercices esthétiques. On voit par exemple les ouvriers dire plus souvent que toutes les autres classes préférer les intérieurs « *nets et propres* », les vêtements « *simples* ». « *Les pratiques populaires ont pour principe le choix du nécessaire ("ce n'est pas pour nous"), au sens à la fois de ce qui est techniquement nécessaire, "pratique" (ou, dans un autre langage, fonctionnel),* [...] *et de ce qui est imposé par une nécessité économique et sociale condamnant les gens "simples" et "modestes" à des goûts "simples" et "modestes".* »

Un second trait de leur habitus concerne la valorisation de la force physique comme dimension de la virilité attestée par le choix de fortes nourritures ou l'attrait des exercices de force. Ces pratiques sont à mettre en relation avec leur situation objective de salariés qui vendent leur force de travail, mais aussi dans le refus d'être assimilés à la petite bourgeoisie d'un côté, à la féminité de l'autre. Ainsi, les prétentions en matière de culture, au sens de culture cultivée, sont perçues comme des reniements au principe de virilité.

**Leur unité se fonde également sur l'acceptation de la domination**. « *Il serait facile d'énumérer les traits du style de vie des classes dominées qui enferment, à travers le sentiment de l'incompétence, de l'échec ou de l'indignité culturelle, une forme de reconnaissance des valeurs dominantes.* »

Plus généralement, P. Bourdieu pose qu'il n'existe pas de culture populaire, mais simplement un ensemble de pratiques et de représentations qui ne sont que « *les fragments épars d'une culture savante plus ou moins ancienne (comme les savoirs médicaux) sélectionnés et réinterprétés selon les principes fondamentaux de l'habitus de classe et intégré dans la vision dominante du monde qu'il engendre* ». Il n'existe pas plus de contre-culture populaire, définie comme l'ensemble des valeurs et des modèles qui s'opposent à la culture officielle dominante : la légitimité culturelle des dominants n'est pas remise en cause.

Cet ouvrage de P. Bourdieu montre que la sociologie peut, contrairement à l'adage populaire qui postule que « des goûts et des couleurs on ne discute pas », trouver une logique sociale aux pratiques jugées éminemment individuelles. Il témoigne aussi de l'intérêt d'une démarche « génétique », qui s'interroge sur la production sociale des schèmes de perception et des pratiques. Mais les critiques d'une telle approche s'avèrent nombreuses et portent tant sur les concepts employés (habitus, champ, stratégies, capital) que sur les résultats, qui dénient toute autonomie culturelle aux agents sociaux et qui transforment la culture en un instrument de la lutte des classes.

# La reproduction

## *Éléments pour une théorie du système d'enseignement*

**Pierre Bourdieu, Jean-Claude Passeron**

24

Cet ouvrage (Éditions de Minuit, 1970, 282 p.) comporte deux parties d'importance inégale. Dans le Livre I, « fondements d'une théorie de la violence symbolique » sont exposés les principes théoriques et les hypothèses de travail ; le Livre II, « le maintien de l'ordre », apparaît comme une application de ces principes au système éducatif français. L'ouvrage, qui s'inscrit dans le cadre d'une sociologique critique d'inspiration structuraliste, eut un fort retentissement lors de sa parution et reste une référence en sociologie de l'éducation. Il se propose de dévoiler les fonctions cachées de l'école qui, loin de réduire les inégalités sociales, contribuent à les reproduire, à l'insu des agents sociaux.

## 1) L'école est un instrument caché de domination

### A. La culture scolaire est une culture de classe

**La culture scolaire est la culture de la classe dominante, transformée en culture légitime, objectivable et indiscutable.** En fait, elle est arbitraire et de nature sociale. Elle est le résultat d'une sélection qui définit ce qui est estimable, distingué ou, au contraire, vulgaire et commun. « *La sélection de significations qui définit objectivement la culture d'un groupe ou d'une classe comme système symbolique est arbitraire en tant que structure et les fonctions de cette culture ne peuvent être déduites d'aucun principe universel, physique, biologique ou spirituel, n'étant unies par aucune espèce de relation interne à la "nature des choses" ou à une "nature humaine".* » La sélection des disciplines enseignées de même que le choix des contenus disciplinaires sont le produit de rapports de force entre groupes sociaux. La culture scolaire n'est donc pas une culture neutre mais une culture de classe.

**Les critères de jugement de l'excellence scolaire par le corps enseignant sont des critères sociaux.** L'école se voit déléguer par le groupe dominant le pouvoir d'imposer des contenus conformes aux seuls intérêts de ce groupe. Les épreuves orales peuvent être considérées comme des « *épreuves de manières* », sanctionnant davantage la forme que le fond, sur la base de signes subtils de reconnaissance sociale qui transparaissent de la posture, de l'intonation, de ce que les jurys appellent « *la présence* », la finesse ou le « *bon goût* ». Les épreuves écrites comme la dissertation révèlent les mêmes dispositions dans le « *style* » employé. Dès lors, les critères d'évaluation formels sont moins importants que les normes informelles et implicites. Ce que l'on juge est moins l'excellence scolaire, que l'excellence sociale des candidats.

**Le rapport pédagogique est un rapport de force.** En en occultant l'arbitraire et en se faisant reconnaître comme instance légitime d'imposition, le système scolaire légitime la hiérarchie des cultures. « *Toute action pédagogique est objectivement une violence symbolique en tant qu'imposition, par un pouvoir arbitraire, d'un arbitraire culturel.* » Il assure cette fonction de légitimation en imposant aux classes dominées la reconnaissance du savoir des classes dominantes. Ainsi, « *un des effets les moins aperçus de la scolarité obligatoire consiste dans le fait qu'elle parvient à obtenir des classes dominées une reconnaissance du savoir et du savoir-faire légitime* [...] *entraînant la dévalorisation du savoir et du savoir-faire qu'elles maîtrisent effectivement* ». De surcroît, l'école se montre « *indifférente aux différences* » de public, donc d'habitus. Elle cultive le sous-entendu et l'implicite, à tel point qu'on peut parler de « *pédagogie de l'absence de pédagogie* ». On présuppose une bonne volonté culturelle, un désir de connaissances, la possession d'une « *culture libre* » comme la musique ou la littérature non enseignée explicitement en milieu scolaire.

### B. L'idéologie du don voile les mécanismes de la reproduction

**L'idéologie du don est conforme au sens commun.** Pour que l'école puisse assurer la reproduction sociale, elle doit se doter d'un système de représentation fondé sur la négation de cette fonction. « *L'idéologie du don* », au fondement de la création de l'école républicaine, postule que les inégalités de réussite à l'école reflètent des inégalités d'aptitudes, considérées comme innées. Dès lors, elle s'accompagne de l'idéologie méritocratique qui affirme que tout individu peut accéder aux positions sociales que lui permettent ses talents, son travail, ses goûts. L'école va donc traiter comme égaux en droits et en devoirs tous les individus sous prétexte d'assurer l'égalité des chances scolaires, en niant toute différence d'origine sociale. Elle s'inscrit ainsi dans l'idéologie politique libérale qui fait de la liberté individuelle la valeur fondamentale de la société, reconnaissant à l'homme le droit à l'autonomie, à l'initiative, à l'épanouissement de ses potentialités. Cette idéologie est partagée par les membres du corps enseignant.

**L'idéologie du don légitime les inégalités scolaires et donc sociales.** La neutralité proclamée des enseignements conduit, en réalité, à l'exclusion des classes dominées. Dans les faits, les critères de la réussite sont des critères sociaux et non scolaires. La hiérarchie scolaire est en fait une hiérarchie sociale voilée par l'idéologie du don. Avec l'idéologie du don, l'école va « *naturaliser le social* », transformant des inégalités sociales en inégalités de compétences. « *Rien n'est mieux fait que l'examen pour inspirer à tous la reconnaissance de la légitimité des verdicts scolaires et des hiérarchies sociales qu'ils légitiment, puisqu'il conduit ceux qui s'éliminent à s'assimiler à ceux qui échouent, tout en permettant à ceux qui sont élus parmi un petit nombre d'éligibles de voir dans leur élection l'attestation d'un mérite ou d'un "don" qui les aurait fait préférer en toute hypothèse à tous les autres.* »

L'école sert d'instrument de légitimation des inégalités sociales. Loin d'être libératrice, elle est conservatrice et maintient la domination des classes populaires.

## 2) L'école est un instrument caché de reproduction sociale

### A. Les classes populaires sont soumises à une violence symbolique qui provoque leur élimination

**Plus la distance entre la culture scolaire et la culture du milieu d'appartenance sera faible, plus la réussite dans l'institution sera élevée.** Les enfants des classes supérieures disposent d'un capital culturel hérité de leur famille. Celui-ci se compose d'un capital culturel incorporé sous forme d'outils intellectuels : grâce aux interactions dont ils bénéficient dans leur famille, les enfants des catégories aisées font preuve en moyenne d'un niveau de développement opératoire plus précoce, ainsi que d'un type de langage mieux adapté aux exigences de l'école. Par ailleurs, l'environnement de ces enfants est propice aux apprentissages (accès aux livres, œuvres d'art, voyages, médias...) et explique leur réussite scolaire. Ces acquisitions, constitutives de l'habitus, produiront leurs effets tout au long du parcours scolaire. Dès lors, il n'est point étonnant que les « *héritiers* », étudiants issus de la bourgeoisie, soient sur-représentés dans les universités par rapport aux « *boursiers* », à l'origine sociale modeste.

**L'absence d'homologie entre la culture des catégories défavorisées et celle des catégories dominantes, due à la différence d'héritage culturel, provoque l'élimination des catégories défavorisées**. La sélection scolaire est une sélection sociale. À la différence des « *héritiers* », les élèves éloignés de l'institution scolaire ont tout à y apprendre, et doivent réaliser, pour réussir, un véritable processus de déculturation. En témoignent, parmi d'autres, les différences de langue. La langue bourgeoise communique un certain rapport au langage, une certaine tendance à l'abstraction et au formalisme, à l'intellectualisme, toutes caractéristiques qui font partie des normes linguistiques de l'école. La langue populaire se manifeste, au contraire, par une tendance à majorer le cas particulier, par une certaine tendance à la gouaillerie et la gaillardise, peu conforme à la langue scolaire. L'acquisition de la culture scolaire est une forme de violence symbolique. Tout se passe en effet comme si les membres des classes dominées devaient apprendre une langue étrangère. Cette déculturation, au sens de perte de la culture d'origine, s'impose pour garantir la survie dans l'institution. À défaut, le verdict scolaire prononcera leur exclusion.

**Mais le système le plus puissant qui écarte les membres des classes populaires de l'institution scolaire est l'habitus**. Produit de l'intériorisation des conditions objectives, il provoque une auto-élimination des catégories défavorisées. Les individus apprennent à anticiper leur avenir conformément à leur expérience du présent, et donc à ne pas désirer ce qui, dans leur groupe social, apparaît comme éminemment peu probable. Ainsi, la conviction que l'école peut constituer un moyen de maîtriser sa trajectoire sociale sera plus répandue chez ceux qui ont une chance raisonnable d'y réussir. Les classes populaires se montrent donc moins disposées à fonder leur espoir d'ascension sur l'école et leurs enfants seront décrits comme « *moins ou peu motivés* ». Cette argumentation écarte des explications du sens commun, très répandues, faisant de l'élimination des catégories défavorisées un produit d'une inaptitude aux études ou d'un manque de ressources économiques.

## B. La « démocratisation » de l'enseignement est un leurre

**La croissance des effectifs a peu modifié les chances d'accès des différentes classes au système scolaire**. La concurrence entre les différents utilisateurs de l'institution scolaire a provoqué une translation globale de la structure des chances d'accès tout en maintenant les écarts relatifs entre les classes ; « *l'enseignement supérieur a connu un accroissement très rapide, souvent imputé à une démocratisation du recrutement, la structure de la distribution des chances scolaires selon les classes sociales s'est effectivement déplacée vers le haut, mais à peu près sans se déformer* ». Ceci n'a pu qu'engendrer un certain désenchantement des catégories populaires face à une institution scolaire incapable de garantir un emploi conforme aux attentes liées à la possession du titre. Ainsi, « *le baccalauréat* [...] *ne suffit plus à assurer automatiquement l'accession aux fonctions de cadre supérieur* ».

**Les différences qualitatives s'avèrent encore plus discriminantes**. Aux inégalités d'accès à l'enseignement vont se substituer progressivement des inégalités de cursus à travers des filières et des options qui délimitent des parcours fortement hiérarchisés par la valeur qui leur est attribuée et par la composition sociale de leur public. « *Les étudiants originaires des classes défavorisées s'orientent plutôt vers les facultés des lettres et des sciences et les étudiants originaires des classes favorisées vers les facultés de droit et de médecine… Bref, plus on descend dans la hiérarchie sociale et plus l'accès à l'enseignement supérieur doit être payé d'une restriction des choix allant pour les catégories les plus défavorisées jusqu'à la relégation à peu près obligatoire dans les études de lettres ou de sciences.* »

Contrairement à l'affirmation que l'école est une institution neutre au service d'un savoir universel et rationnel, permettant la promotion individuelle, la sociologie bourdieusienne a montré qu'elle est à la source de la reproduction des privilèges culturels. Cette conclusion fit l'objet de vives polémiques, notamment avec R. Boudon. Elle fut aussi, après une période de « fatalisme pédagogique » dans les années soixante-dix, à l'origine d'expériences pédagogiques innovantes visant à surmonter le « handicap culturel » des catégories défavorisées.

# L'inégalité des chances

## *La mobilité sociale dans les sociétés industrielles*

25

**Raymond Boudon**

Cet ouvrage (Armand Colin, 1973, 237 p.) se décompose en trois parties : « Théorie de la mobilité et analyse des systèmes », « L'inégalité des chances devant l'enseignement » et « L'inégalité des chances sociales ». L'objet de l'ouvrage est d'étudier les relations entre le système d'enseignement et la mobilité sociale, elle-même considérée comme le résultat d'un ensemble de déterminants formant système. La démarche proposée repose d'abord sur une approche formelle fondée sur des modélisations statistiques ; ensuite, les résultats sont confrontés aux faits, à partir de travaux menés dans différents pays, dans le but d'en tester la validité. Dans le cadre de « l'individualisme méthodologique », à l'opposé des analyses de Bourdieu sur le même objet, l'auteur montre que la persistance des inégalités est le produit de l'agrégation de comportements rationnels des acteurs sociaux.

## 1) L'inégalité des chances devant l'enseignement

### A. L'inégalité des chances résulte des choix stratégiques effectués par les acteurs sociaux

**Dans l'analyse de Boudon, le système d'enseignement est conçu comme une suite de points de bifurcation qui imposent des choix.** Les points de bifurcation correspondent aux limites des cycles scolaires, de la fin du cycle élémentaire à la fin des études supérieures. À chacun d'eux, les individus scolarisés et leur famille doivent faire des choix : continuer ou s'arrêter, aller dans telle direction ou dans telle autre. Le choix, fondé sur une appréciation du coût, du risque et du bénéfice liés à la poursuite de la scolarisation, varie selon les individus et les familles : chacun a un « *espace de décision* » différent. Il dépend d'une série de paramètres relatifs à la position présente des individus (avance ou retard scolaire, sexe, motivation) et de leurs parents (position dans la stratification sociale, revenus), aux coûts (en argent, en temps, en risque d'échec...) et aux bénéfices anticipés en termes de position sociale future ; ils intègrent également des variables institutionnelles (l'offre éducative).

**La diversité d'appréciation des coûts/risques/bénéfices conduit à des stratégies différentes selon les milieux sociaux.** Ainsi, « *de part leur position, les individus ou les familles ont une estimation différente des coûts, risques et bénéfices anticipés qui s'attachent à une décision* ». Pour un fils de cadre supérieur, « *atteindre le niveau du baccalauréat est plus "utile" que pour un fils d'ouvrier* » car sans ce titre, le risque de déclin social est très élevé pour le premier, alors que pour le second, « *la promotion peut être assurée même avec un niveau d'instruction plus bas* ». Dès lors, il n'est point étonnant de trouver une proportion plus élevée d'enfants issus de milieux sociaux favorisés dans les universités. À l'opposé, pour un enfant de milieu populaire, viser un niveau de scolarisation plus élevé peut se révéler risqué, car le « *bénéfice obtenu* [...] *n'est pas compensé par l'augmentation correspondante du coût* ».

**Une telle approche permet de réfuter les analyses concurrentes.** Après avoir présenté les théories macro et microsociologiques traditionnelles, Boudon les rejette en raison de leur caractère « *unifactoriel* », « *cherchant à ramener l'explication du phénomène à un facteur unique, qu'il s'agisse de l'héritage culturel ou de la différenciation des systèmes de valeurs selon les classes* ». Les inégalités culturelles héritées du milieu familial n'auraient guère d'effets que dans les premières étapes du cursus scolaire, lorsque l'enfant est jeune. Un tel modèle explicatif est donc une théorie microsociologique du choix scolaire, présentée comme alternative aux théories traditionnelles, sans qu'il soit nécessaire « *d'introduire, par exemple, la notion obscure et difficilement acceptable de "sous-culture de classe"* ».

## B. Constats et prescriptions

**La croissance des taux de scolarisation s'accélère mais les inégalités persistent.** L'étude des données sur l'évolution des systèmes d'enseignement, tant nationales qu'internationales, atteste de « *l'augmentation des taux de scolarisation dans les sociétés industrielles* », plus forte au niveau de l'enseignement supérieur qu'au niveau secondaire ; par ailleurs, les taux de survie, définis comme la proportion d'individus d'une cohorte présents aux différents niveaux d'enseignement, ont tendance à augmenter à chaque point de bifurcation. Ce phénomène s'explique tant par des variables exogènes, comme l'atténuation des inégalités économiques, que par des variables endogènes comme l'augmentation de la demande d'éducation de la part de tous les groupes sociaux. Ainsi, dans le long terme, les coûts liés à la décision de continuer les études auraient tendance à diminuer, ce qui permet d'expliquer à la fois une certaine démocratisation de l'école et l'augmentation générale de taux de scolarisation depuis les années cinquante.

On peut donc conclure que « *l'évolution des sociétés industrielles est caractérisée par une incontestable réduction de l'inégalité des chances devant l'enseignement* », mais qui « *ne doit toutefois pas faire oublier que les inégalités restent très fortes* », notamment en ce qui concerne l'accès à l'enseignement supérieur « *où la différence entre classes sociales est beaucoup plus marquée* [...] *qu'au niveau de l'enseignement secondaire* ». Mais la tendance devrait se poursuivre et les inégalités, si l'on accepte les conclusions du modèle, décroître, mais de plus en plus lentement. Il y aurait en quelque sorte une efficacité marginale décroissante de la démocratisation.

« ***Peut-on imaginer des mesures qui puissent combattre efficacement les effets des mécanismes analysés par le modèle ?*** » *se demande l'auteur. Partant de l'équation :* « *stratification + scolarisation = inégalités devant l'enseignement* », seule une action sur l'un ou l'autre des termes du premier membre est envisageable. Elle peut porter sur les conditions de la scolarisation. Il s'agit par exemple de mener des réformes visant à limiter et/ou à retarder les points de bifurcation (comme par exemple l'établissement d'un tronc commun dans l'enseignement secondaire). Mais « *la prolongation du curriculum commun engendre une différenciation sur la base des aptitudes qui neutralise dans une certaine mesure les effets escomptés* » ; d'un autre côté, la pression des familles sur l'institution scolaire pour « *exiger d'elle qu'elle s'adapte aux goûts et aptitudes de l'adolescent* [aboutit] *à renforcer la différenciation de l'environnement scolaire* » et à produire ainsi les effets inverses à ceux escomptés. Il convient donc d'agir sur la stratification. Son abolition, comme le préconisaient certaines idéologies marxistes, semblant irréaliste, « *le seul facteur capable de réduire les inégalités devant l'enseignement dans une perspective non utopique réside dans la réduction des inégalités économiques et sociales* ».

Après avoir étudié les inégalités des chances devant l'enseignement et constater l'accroissement de la scolarisation, il convient d'en mesurer les effets sur la mobilité sociale.

## 2) L'inégalité des chances sociales

### A. Un constat problématique

**Le point de départ de la démonstration est le paradoxe d'Anderson** (1961). Cet auteur a étudié la mobilité intergénérationnelle dans plusieurs pays industrialisés. Compte tenu du contexte de scolarisation croissante, il a tenté de mesurer l'effet du niveau de diplôme sur les positions sociales respectives des pères et des fils. Contre toute attente, le niveau d'instruction paraît avoir une relation extrêmement faible avec la mobilité sociale. L'éducation serait un facteur mineur de la mobilité. R. Boudon reprend ce paradoxe en essayant d'en fournir une explication.

**R. Boudon constate que l'évolution de la mobilité sociale entre générations se révèle faible** : « *la plupart des enquêtes montrent que la mobilité ne manifeste, sur le plan global, de tendance marquée ni à la décroissance, ni à la croissance.* » Ce constat impose une réflexion sur les déterminants de la distribution des individus dans la hiérarchie sociale. Celle-ci est « *explicable par la combinaison d'un facteur méritocratique et d'un facteur de correction, "l'hérédité sociale"* ». Le niveau scolaire « *est devenu un des mécanismes essentiels de détermination du status de destination* », tant au niveau des attentes des individus qu'au niveau des observations, où « *la corrélation entre niveau scolaire et status acquis croît dans le temps* » ; les sociétés industrielles peuvent donc être considérées comme des sociétés fondées sur une logique méritocratique.

**Parallèlement, il existe un « *effet de dominance* »** qui mesure, à niveau de diplôme égal, les conséquences de l'origine sociale sur la position sociale. Si cet effet était important, il serait un puissant facteur de reproduction sociale. Or, selon R. Boudon, « *il apparaît que les sociétés industrielles sont assez proches d'un modèle méritocratique pur où le status social serait déterminé principalement par le niveau scolaire, l'origine sociale intervenant faiblement dans cette détermination, à niveau scolaire égal* ». Dès lors, il suffit de démontrer l'existence et les raisons de la discordance entre les structures scolaires et les structures sociales pour expliquer le paradoxe initial.

### B. Les relations entre système d'enseignement et mobilité sociale

**Sur le plan de la scolarisation, les décisions individuelles n'aboutissent pas nécessairement aux calculs visés par les acteurs.** Par effet de composition ou d'agrégation, c'est-à-dire par « *la juxtaposition de comportements individuels* », elles peuvent engendrer des « *effets pervers* ». En effet, « *la dimension méritocratique des sociétés industrielles entraîne que, à chaque période, chacun a intérêt à obtenir un niveau scolaire aussi élevé que possible* ». Mais les choix individuels en faveur de la prolongation de la scolarité peuvent, en se combinant, nécessiter la possession de diplômes plus élevés qu'auparavant pour obtenir des positions sociales relativement identiques. « *Ainsi, chacun a intérêt à acquérir un niveau d'instruction aussi élevé que possible, mais personne n'est assuré, ce faisant, d'en recueillir le bénéfice en termes de mobilité.* »

**Les différences de rythmes d'évolution des chances scolaires et de la structure sociale expliquent le paradoxe d'Anderson**. En effet, la structure des chances scolaires peut fort bien montrer une tendance à l'atténuation des inégalités, tout au moins dans les sociétés industrielles, sans que, pour autant, la structure sociale (les strates socioprofessionnelles) connaisse une évolution identique : celle-ci peut, au contraire, connaître un maintien, voire une accentuation des inégalités car « *à un niveau scolaire donné est associée entre la période t et une période ultérieure t + k une structure des chances plus défavorable* [...]. *Le fait pour un individu d'obtenir un niveau scolaire supérieur à celui de son père ne peut donc lui conférer la garantie d'une mobilité ascendante et peut au contraire être fréquemment associé à une mobilité descendante* ». Et de fait, pour R. Boudon, le paradoxe d'Anderson est résolu.

En considérant l'inégalité des chances comme le résultat d'un processus d'agrégation de décisions rationnelles d'individus placés dans des contextes sociaux et scolaires différents, R. Boudon rejette tout déterminisme. De même, son explication de l'absence de lien de causalité direct entre titre et poste comme résultant d'un « effet pervers » s'avère intellectuellement stimulante. Pour autant, peut-on souscrire sans réserve à cette conception de l'acteur ?

# La logique du social

## *Introduction à l'analyse sociologique*

### Raymond Boudon

26

Plus qu'une introduction à l'analyse sociologique, l'ouvrage de Boudon (Hachette, 1979, 334 p.) se présente en vérité comme un ouvrage de défense et d'illustration d'une sociologie particulière, celle qui repose sur l'individualisme méthodologique. Sa fécondité heuristique en est démontrée par la relecture et la réinterprétation de quelques œuvres de la sociologie, tant classiques que contemporaines (essentiellement nord-américaines dans ce dernier cas). Représentant majeur de ce courant d'analyse en France, R. Boudon développe ainsi les fondements théoriques, épistémologiques et méthodologiques de la sociologie, fournit le cadre de son utilisation (la diversité des systèmes d'interaction) et témoigne de sa pertinence dans l'analyse du changement social.

## 1) Les postulats de l'individualisme méthodologique

### A. L'objet de la sociologie

**La définition de la sociologie proposée par R. Boudon implique une conception particulière de l'acteur social.** En effet, « *la sociologie est fondamentalement* [...] *une discipline dont la vocation latente est de retrouver des structures générales à partir de l'analyse de phénomènes singuliers* ». Dès lors, « *l'atome logique de l'analyse sociologique est donc l'acteur individuel* ». Cet acteur est agissant et ses actions sont dotées d'une finalité. Reprenant la distinction entre actions logiques et actions non logiques de V. Pareto, la sociologie a pour vocation « *d'analyser la logique des actions non logiques* ». Cette analyse s'avère complexe dans la mesure où l'acteur agit dans un monde incertain et sous les contraintes de son environnement social et institutionnel, délimitant le cadre des interactions sociales. L'*homo sociologicus* est donc placé dans des situations à structure ambiguë où « *la notion de meilleur choix est mal définie* ».

**Une telle approche s'oppose explicitement aux autres paradigmes sociologiques.** Elle critique d'abord les conceptions « *holistes* » qui font de l'individu un simple réceptacle de normes ou de valeurs imposées de l'extérieur, « *une sorte d'automate dont le comportement serait l'effet de causes sociales* » ; de manière plus générale, elle refuse tout déterminisme qui s'incarne dans des principes explicatifs se référant à des entités abstraites telles que « *la société* », « *les classes sociales* ». Selon R. Boudon, il convient de renverser le raisonnement : la « *société* » n'est pas le déterminant de l'action individuelle, c'est au contraire la société qui est produite par l'agrégation des comportements individuels. Cette conception aboutit également au refus des théories du changement qui se fondent sur des lois générales et qui omettent la contingence des réalités sociales.

### B. La démarche sociologique

**Cette définition de la sociologie implique une attention particulière à l'analyse détaillée des faits.** C'est ainsi que R. Boudon souligne l'importance de la sociographie, c'est-à-dire des études descriptives, tout en mettant en garde sur les difficultés de l'explication qui « *n'est* *véritablement atteinte qu'à partir du moment où on est capable d'interpréter* [un] *phénomène comme le résultat d'actions effectuées par des agents situés dans un contexte institutionnel et social donné* ». La description de la logique des actions individuelles doit reposer sur un double critère : il faut que cette logique soit compréhensible et qu'elle n'aboutisse pas à des conséquences contradictoires avec les données observables. Interprétations de la logique de l'action (méthode qualitative) et données statistiques (méthode quantitative) s'avèrent donc complémentaires.

**La scientificité de la démarche sociologique repose également sur l'utilisation fréquente de la modélisation, une forme d'analyse mathématique des faits sociaux**. En effet, « *des axiomes habillent les propositions empiriques et théoriques décrivant les comportements microsociologiques des acteurs, de manière à transformer ces propositions en un modèle, c'est-à-dire en un nouveau système de propositions permettant de déduire de façon précise le développement* [d'un] *processus* ». R. Boudon affectionne également la formalisation fondée sur des modèles issus de la théorie des jeux ; ainsi se propose-t-il de fournir une explication de la guerre de 1914 en étudiant le système d'interaction entre le cabinet anglais et le gouvernement impérial allemand avec ce cadre d'analyse.

À partir de ces principes, il revient au sociologue de déterminer la nature des systèmes qui permettent d'analyser une situation sociale donnée. Deux types sont à distinguer.

## 2) Sociologie et systèmes : analyse statique

### A. Les systèmes fonctionnels reposent sur des rôles sociaux

**Les actions et les décisions des individus qui se trouvent dans un système fonctionnel ne peuvent avoir lieu sans échange social, ce qui impose de tenir compte des attentes des autres**. Dans le cas des systèmes fonctionnels (une bureaucratie, une institution), les acteurs sont liés entre eux par des rôles définis. De la façon dont seront conçus ces rôles s'ensuivront des interprétations très différentes du système fonctionnel. Dans une interprétation strictement fonctionnaliste, que refuse R. Boudon, les rôles sont conçus comme totalement définis par le système et comme rigoureusement imposés aux individus : il s'agit de contraintes, ne laissant aux individus qu'une autonomie réduite.

**Pour l'individualisme méthodologique, les rôles laissent une marge de liberté aux acteurs**. Le comportement réel des acteurs n'est pas fondé sur des normes contraignantes. Celles-ci apparaissent comme des possibilités d'usages offertes aux acteurs. Les rôles ne sont pas rigoureusement définis ; les normes sont souvent contradictoires et chacun joue plusieurs rôles sociaux. « *Variance des rôles, ambivalence des normes qui "définissent" les rôles, caractère composite de certains rôles, et interférences entre rôles* » font qu'une dimension stratégique est toujours garantie à l'acteur et qu'une marge d'autonomie lui est assurée. La tâche du sociologue sera donc, non de recenser les rôles imposés, mais d'examiner comment les acteurs assument leurs rôles, arbitrent entre les « *sous-rôles* » qui leur sont proposés, et avec quelles conséquences d'ordre général.

## B. Les systèmes d'interdépendance

**Ces systèmes sont fondés sur des interactions sans référence à un rôle.** Les individus sont interdépendants les uns des autres (spectateurs attendant à la porte d'un cinéma, par exemple) mais chacun est placé dans une situation telle qu'il « *peut se déterminer indépendamment de toute entente avec autrui et de toute approbation de la part d'autrui, et, plus généralement sans risquer de sanction (morale ou légale) pour les effets que ses actions pourraient entraîner sur le bien-être d'autrui* ». Cette structure constitue l'objet privilégié de l'individualisme méthodologique car il s'agira d'examiner comment se composent les comportements, les attentes, les aspirations des « *agents* » (et non plus des « *acteurs* », jouant des rôles), dans le cadre de ces systèmes qui « *sont exclusivement soumis à la volonté des agents qui les composent* ».

**L'utilisation de cette grille de lecture permet de réinterpréter de nombreux phénomènes comme le résultat d'effets émergents, c'est-à-dire « *non voulus par ces agents* ».** Boudon se propose d'expliquer ainsi la loi de la baisse tendancielle du profit de Marx, l'institutionnalisation des conflits syndicaux ou encore la fin de la violence dans les ghettos noirs aux États-Unis au milieu des années soixante. Plus spécifiquement, il dresse une typologie des effets émergents. Les « *effets de neutralisation* » correspondent aux situations où les changements individuels sont neutralisés au niveau collectif : il en va ainsi de la stabilité de la mobilité sociale en dépit de l'accroissement du niveau scolaire moyen. L'« *effet de divergence* » est illustré par le fait que le coût du statut social en termes d'investissement éducatif tend à augmenter indéfiniment. D'autres structures d'interdépendance provoquent des phénomènes de ségrégation, de frustration ou d'amplification.

# 3) Sociologie et changement social : la dynamique des sociétés

## A. Les processus reproductifs

**Chaque processus de changement peut être schématisé par trois éléments** : un élément central « *constitué par un système d'interdépendance* », un environnement incluant des catégories d'acteurs, des variables historiques, économiques, enfin, « *les produits ou les sorties ou extrants (output) du système d'interaction* ». Ces ensembles complexes peuvent être liés les uns aux autres par des liaisons de causalité plus ou moins complexes.

**Les processus reproductifs permettent d'expliquer la résistance au changement.** Ces processus n'ont pas « *d'effets sur le système d'interaction, sur son environnement ou sur les rapports du système avec son environnement* » Le cas du « *monopole industriel* » étudié par Michel Crozier en fournit un exemple. Dans cette organisation bureaucratique, on observe des conflits entre le directeur et le contrôleur, son subordonné. Les règlements étant flous sur les rôles respectifs de chacun, ils disposent d'une marge d'interprétation. Face à cette incertitude, le directeur choisit la stratégie autoritaire et contraint le contrôleur à choisir la prudence et à se placer en position de retrait. Toute l'organisation étant fondée sur ce modèle, elle engendre un système de relation stable et répétitif.

## B. Les processus cumulatifs

**Ils rendent compte des phénomènes de perpétuation du changement.** Ils sont caractérisés par l'absence de modification de l'environnement, mais ils ont des effets sur le système d'interaction lui-même. À titre d'exemple, on peut reconsidérer l'analyse de la division du travail de Durkheim « *car, à un instant donné, le niveau de division du travail atteint contribue à déterminer l'augmentation de la division du travail dans la phase suivante* ».

**Parmi ces processus, R. Boudon distingue le processus oscillatoire**, lié à un contexte d'incertitude, et qui naît lorsque les agents projettent dans l'avenir les informations présentes. Il est illustré par la succession de pénuries et de surnombres de médecins : entre le moment du choix de la formation et la fin des études, le nombre de postes se modifie.

## C. Les processus de transformation

**R. Boudon propose la définition suivante :** « *les processus de transformation sont caractérisés par l'existence d'effets de rétroaction des sorties du système ou des caractéristiques du système d'interaction sur l'environnement du système. Cette action sur l'environnement provoque à son tour une modification du système.* » L'origine de ce processus peut être endogène au système d'interaction.

**Dans une première forme, les individus font un appel à l'environnement** ; ainsi, lorsqu'un groupe de grande taille a des intérêts à défendre mais que chaque individu refuse d'en supporter le coût sachant que les bénéfices seront collectifs (paradoxe d'Olson), le recours à des « *entrepreneurs* » extérieurs visant à les organiser et les défendre entraînera un changement.

**Une seconde forme correspond aux situations dans lesquelles « *l'agression* » de l'environnement provoque en retour une intervention des agents de l'environnement** (par exemple, le blocage des loyers entraîne la dégradation des logements qui peut contraindre à un retour à une politique moins sociale). Le changement peut aussi être exogène, suite à une modification intervenue dans l'environnement.

En considérant que « la logique du social » procède de l'agrégation des comportements individuels, l'individualisme méthodologique remet l'acteur au cœur de l'analyse sociologique. Il rejette tout déterminisme et s'impose de situer toute action dans son contexte. Cette approche se révèle souvent pertinente dans l'étude de phénomènes microsociologiques. Mais en dépit de ses dénégations, la conception de l'acteur défendue par R. Boudon se révèle réductrice et les liens de parenté entre l'homo sociologicus et l'homo œconomicus semblent très étroits. Ils lui valent les critiques de paradigmes concurrents.

# L'acteur et le système

## *Les contraintes de l'action collective*

### Michel Crozier, Ehrard Friedberg

27

Cet ouvrage (Le Seuil, 1977, 504 p.) est structuré en cinq parties : « l'organisation comme problème », « l'organisation et l'environnement », « le phénomène systémique », « les problèmes de la décision », « réflexions sur le changement ». L'annexe présente la démarche de recherche. L'ouvrage apparaît comme une synthèse et un manuel théorique qui présente un paradigme sociologique : l'analyse stratégique et systémique. De l'objet initial, l'organisation, la démarche proposée se fixe pour objectif de rendre compte, dans le but de pouvoir l'accompagner ou le provoquer, du changement social au niveau global.

## 1) Les spécificités de l'organisation

### A. Une organisation se définit prioritairement comme un système d'acteurs

**L'analyse stratégique critique les théories traditionnelles**. Ainsi, le taylorisme est rejeté en raison du postulat du « *one best way* », qui conduit à penser que pour tout problème, il y a une bonne solution, et une seule ; il suffirait alors de faire appel à l'expert qui dira ce qu'il faut faire. Par ailleurs, ce mode d'organisation est écarté en raison d'une conception trop étroite du travailleur, supposé n'être motivé que par l'intérêt économique. « *Le fonctionnement d'une organisation ne peut plus correspondre* [...] *à la vue taylorienne d'un ensemble mécanique de rouages agencés et mus par une rationalité unique.* »

La théorie des relations humaines et celle qui s'appuie sur l'idée de besoins et de motivations sont également critiquées. D'abord parce qu'elles aboutissent à des comportements se déroulant « *dans le vide* », indépendamment du contexte ; ensuite car elles donnent une image passive de l'individu, en omettant les choix que peuvent faire les acteurs ; enfin, l'analyse stratégique se démarque des thèses qui considèrent que les occupants des postes se conforment de manière quasi naturelle aux attentes de leurs partenaires, exécutant passivement des rôles prédéfinis.

**Une organisation est composée d'acteurs dotés de rationalités spécifiques**. L'acteur, individu ou groupe, se définit ainsi comme doté d'une liberté d'action, effectuant des choix pour atteindre des objectifs qui « *sont multiples, plus ou moins ambigus, plus ou moins explicites, plus ou moins contradictoires* ». Mais « *s'il est toujours contraint et limité, il n'est jamais directement déterminé ; même la passivité est toujours, d'une certaine manière, le résultat d'un choix* ».

Dès lors, tout acteur, quelle que soit sa position dans l'organigramme formel de l'organisation est doté de capacités stratégiques, qui sont toujours rationnelles, mais d'une rationalité limitée et contingente. Son comportement « *a toujours deux aspects ; un aspect offensif : la saisie d'opportunités en vue d'améliorer sa situation ; et un aspect défensif : le maintien et l'élargissement de sa marge de liberté, donc de sa capacité à agir* ».

Pour comprendre la stratégie d'un acteur, il importe de prendre en compte les régularités de ses comportements. Ainsi, « *l'organisation n'est ici, en fin de compte, rien d'autre qu'un univers de conflits, et son fonctionnement le résultat des affrontements entre les rationalités contingentes, multiples et divergentes d'acteurs relativement libres, utilisant les sources de pouvoir à leur disposition* ».

## B. Le fonctionnement interne des organisations s'explique par la dynamique des stratégies des acteurs, centrée sur le pouvoir

**Tout individu, quelle que soit sa position dans la hiérarchie formelle de l'organisation, dispose de pouvoir.** Une telle affirmation implique une définition relationnelle du pouvoir, au sens où le pouvoir se caractérise par la capacité qu'a un individu A d'obtenir d'un individu B un comportement que ce dernier n'aurait pas eu sans l'intervention de A.

Le pouvoir dans l'organisation ne saurait être considéré comme une propriété, un attribut des acteurs, c'est bien une relation mettant aux prises les acteurs dans l'accomplissement d'un objectif commun qui conditionne lui-même les objectifs personnels. Ainsi, « *le pouvoir est inséparablement lié à la négociation : c'est une relation d'échange, donc de négociation, dans laquelle deux personnes, au moins, sont engagées* ». Dès lors, l'organisation est fondée sur le jeu des acteurs qui visent à maintenir ou accroître leur pouvoir ; il est à la fois l'enjeu des stratégies et la finalité de l'organisation car il modifie la place respective des acteurs dans celle-ci.

**Les sources du pouvoir sont nombreuses dans une organisation.** Le pouvoir peut, bien entendu, se fonder sur la contrainte liée aux différences de positions dans la hiérarchie formelle de l'organisation. Cependant, tout pouvoir s'appuie aussi sur la légitimité. Une telle affirmation indique que les sources de pouvoir sont diverses : la compétence, la maîtrise des relations à l'environnement, la maîtrise des communications, les connaissances des règles de fonctionnement.

Le pouvoir n'est donc pas lié automatiquement aux ressources de contrainte que peut donner une position hiérarchique supérieure. Le pouvoir d'un individu à l'intérieur d'une organisation dépend de sa capacité de contrôler une source d'incertitude déterminante pour la bonne marche de l'organisation.

**Le pouvoir permet de contrôler des « *zones d'incertitude* » et d'accroître la marge de liberté individuelle des acteurs.** En effet, toute organisation est soumise en permanence à des masses d'incertitudes très élevées, techniques, commerciales, humaines, financières, etc. Celui qui les maîtrise le mieux par ses compétences et son réseau de relations, qui peut donc prévoir ces incertitudes, détient la plus grande ressource de pouvoir. Ses comportements sont alors imprévisibles. Or, l'incertitude existe toujours à tous les niveaux, conférant par l à même de l'autonomie aux acteurs. L'incertitude étant, par nature, mal définie, on préfère parler de « *zone d'incertitude* ». L'accent est mis sur l'imprévisibilité que chacun laisse planer sur la manière dont il remplira son rôle ; elle a pour objectif d'élargir la marge de liberté et d'arbitraire des acteurs, tout en contrôlant celle des autres.

L'ensemble de règles formelles, ensemble qui fait système, ne définit pas les rôles de manière rigoureuse, mais représente les marges du jeu de chaque acteur et borne la liberté des différents joueurs. Le concept de jeu permet d'articuler les contraintes de l'organisation à la liberté de l'acteur.

## 2) Deux exemples d'applications de l'analyse stratégique permettant de comprendre les modes de fonctionnement des organisations

### A. L'étude du « *monopole industriel* »

**Dans cette entreprise, les rapports d'autorité entre ouvriers et chefs d'atelier sont conflictuels.** Reprenant une étude publiée dans *Le phénomène bureaucratique* (1964), portant sur le Service d'exploitation industrielle des tabacs et allumettes (SEITA), M. Crozier et son équipe partent en effet d'un constat paradoxal. Trois catégories de personnel se trouvent en présence dans les ateliers fondés sur la rationalisation et la spécialisation des tâches : les chefs d'atelier, les ouvriers de production et les ouvriers d'entretien. Les seconds, composés de femmes peu qualifiées, sont sous les ordres des premiers, qui ont un rôle de surveillance générale. Les ouvriers d'entretien, très qualifiés, sont affectés de façon fixe dans un atelier et chacun d'entre eux a la charge exclusive de trois machines de production qu'il doit régler, entretenir, et sur lesquelles il doit effectuer de petites réparations.

La caractéristique majeure qui ressort de cette description est la séparation très nette entre ces trois catégories. Le rôle de chacune est clair, bien tranché et profondément distinct des autres, il ne porte pas aux échanges ni même à la coopération. Enfin, personne dans l'une ou l'autre catégorie ne peut espérer ni craindre d'être promu ou rétrogradé d'un rôle à l'autre. Si les « *relations entre ouvriers de production et chefs d'atelier sont faibles et peu valorisées* », celles entre « *ouvriers de production et ouvriers d'entretien, en revanche, sont marquées par un climat tendu et conflictuel* » qui, toutefois, s'exprime difficilement. Quant aux relations entre ouvriers d'entretien et chefs d'atelier, elles « *sont ouvertement hostiles et conflictuelles* ».

**L'explication réside dans le fait que l'ensemble des rapports d'autorité est l'inverse de ce que laisserait prévoir la structure pyramidale de la hiérarchie.** Ce sont, en fait, les ouvriers d'entretien qui imposent leur loi, à la fois aux chefs et aux ouvriers de production. En y regardant de très près, on découvre que l'incertitude majeure de ces manufactures de tabac est, à l'époque et depuis longtemps, celle du fonctionnement et de l'entretien des machines qui sont vétustes. Ce sont les ouvriers d'entretien qui contrôlent la réponse à cette incertitude, et ils se servent de cette occasion pour maintenir une zone d'indépendance dans l'usine en développant des stratégies de défense efficaces contre les chefs et de domination également forte sur les ouvrières. Ces dernières réagissent en se défendant par la séduction, le canal syndical et parfois même l'alliance avec les chefs ; ceux-ci sont en fait les victimes de ce double jeu et ils ne peuvent que crier sans efficacité réelle.

### B. L'analyse du « *cercle vicieux bureaucratique* »

**L'étude de l'administration française permet d'expliquer l'existence d'un « *cercle vicieux bureaucratique* ».** Les auteurs considèrent quatre facteurs à l'origine d'un cercle vicieux générateur de routine.

D'abord, la multiplication de règles impersonnelles qui caractérisent le fonctionnement formel de l'organisation. Ces règles visent certes à éliminer l'arbitraire, mais « *cette protection est aussi un isolement et sa conséquence est double ; d'une part* [l'individu] *est privé de toute initiative et soumis totalement à des règles qui lui sont imposées du dehors et d'autre part il est complètement libre de tout lien de dépendance personnelle ; il ne craint personne et se trouve presque aussi indépendant de ce point de vue que s'il n'était pas salarié* ».

La multiplication des règles entraîne, ensuite, la centralisation des décisions, qui éloigne le pouvoir des cellules d'exécution et accroît la rigidité de l'organisation : « *ceux qui décident ne connaissent pas directement les problèmes qu'ils ont à trancher ; ceux qui sont sur le terrain et connaissent ces problèmes n'ont pas les souvenirs nécessaires pour effectuer les adaptations et pour expérimenter les innovations devenues indispensables.* »

Ces deux facteurs se cumulent et aboutissent à l'isolement et au manque de communication de chaque catégorie hiérarchique, isolement qui a pour conséquence une pression très forte des pairs sur chacun des individus du groupe. Les conflits internes aux catégories sont remplacés par des conflits entre catégories, elles-mêmes caractérisées par une forte cohésion interne (un esprit de corps).

Enfin, le développement de pouvoirs parallèles résulte de l'existence de sources d'incertitudes non prévues par les règles. Les individus qui contrôlent ces sources d'incertitude détiennent un pouvoir au sein de l'organisation, d'autant plus grand que les zones d'incertitude y sont moins nombreuses. Or, paradoxalement, « *c'est dans un système d'organisation très "bureaucratique" où la hiérarchie est claire et la définition des tâches précises que les pouvoirs parallèles auront le plus d'importance* ». Dès lors, la bureaucratie apparaît comme rigide et incapable de changement.

**La comparaison avec d'autres organisations montre qu'elles sont « *un construit culturel* ».** « *Le phénomène organisationnel apparaît en dernière analyse comme un construit politique et culturel (au sens où culturel s'oppose à naturel).* » Dès lors, les solutions au dilemme entre poursuite d'objectifs individuels et coopération sont « *l'expression des capacités relationnelles, c'est-à-dire culturelles, des individus* ».

Ainsi, les auteurs comparent le « *modèle bureaucratique français* » à l'organisation américaine, caractérisée par l'importance des groupes informels, et à l'organisation japonaise qui révèle la forte implication et participation des salariés. Les raisons de ces différences sont à chercher dans la culture, mais celle-ci « *n'est plus ici cet univers de valeurs et de normes* [...] *qui en dernière instance guident, ordonnent les comportements observés* [...], *elle est instrument, capacité que les individus acquièrent, utilisent et transforment* [qui] *conditionne mais ne détermine jamais les stratégies individuelles et collectives* ». La culture se définit dans et par l'action au sein des organisations. Mais si la culture fournit un cadre général d'explication, la spécificité de l'organisation réside dans les stratégies des acteurs.

Les analyses développées dans le cadre des organisations ont vocation à constituer un paradigme central de la sociologie de portée générale. Le but est de passer de l'organisation au système.

## 3) Une grille d'analyse de la société : le phénomène systémique

### A. Sur le plan statique : le système d'action concret

**Le concept de « *système d'action concret* » permet de transposer l'analyse organisationnelle à celle de la société.** Ainsi, « *on peut raisonner à partir du concept et du modèle de jeu pour transposer la leçon de l'analyse organisationnelle à toutes les activités humaines et à toutes les situations sociales qui ne ressortissent pas au modèle de l'organisation formelle* ». Le cadre des jeux est le système d'action concret ; il est « *un ensemble humain structuré qui coordonne les actions de ses participants par des mécanismes de jeux relativement stables et qui maintient sa structure, c'est-à-dire la stabilité de ses jeux et les rapports entre ceux-ci, par des mécanismes de régulation qui constituent d'autres jeux* ». Dès lors, la société ne serait qu'un vaste espace de jeux, forme particulière d'interaction entre les acteurs. L'adjectif « *concret* » signifie que chaque situation constitue un système particulier qui ne peut être réduit à un modèle général. Ainsi, il sera possible de procéder aux analyses comparatives de sociétés différentes. Celles-ci seront appréhendées à travers les différences de systèmes organisationnels.

**Il incarne un paradigme sociologique original.** Ces réflexions l'ordre général sur l'organisation rendent possibles un élargissement du champ de réflexion, et, dans une certaine mesure, une redéfinition de la sociologie. À partir d'une étude limitée aux dysfonctionnements bureaucratiques, la réflexion s'est élargie aux organisations dans la pluralité de leurs modèles et, par là, à l'action collective dans sa généralité. « *La démarche initialement limitée à un type d'organisation, se fait beaucoup plus ambitieuse* » en s'élargissant à une sociologie de l'action organisée.

Ce passage de la sociologie des organisations à la sociologie de l'action collective se justifie par le fait que l'étude de l'organisation conduit à l'étude générale des systèmes d'action et donc à la question de l'action collective. Par ailleurs, le paradigme organisationnel reprend et repense dans une nouvelle problématique la question traditionnelle de la relation individu/société : par le recours aux systèmes d'action se trouve écartée l'alternative du déterminisme social et de la liberté abstraite des acteurs.

### B. Sur le plan dynamique : le changement social

**Le changement social est le résultat de la transformation d'un système d'action.** « *Pour qu'il y ait changement, il faut que tout un système d'action se transforme, c'est-à-dire que les hommes doivent mettre en pratique de nouveaux rapports humains, de nouvelles formes de contrôle social.* »

Le changement suppose un apprentissage collectif, c'est-à-dire « *le processus à travers lequel un ensemble d'acteurs, partie prenante d'un système d'action, apprennent – c'est-à-dire inventent et fixent – de nouveaux modèles de jeu, avec leurs composantes affectives, cognitives et relationnelles. Ces jeux, ou si l'on veut cette nouvelle praxis sociale, expriment et induisent à la fois une nouvelle structuration du champ, ce qui signifie non seulement d'autres méthodes, mais aussi d'autres problèmes et d'autres résultats, en même temps qu'un système d'action différent se régulant autrement* ».

Quelles que soient les formes que prennent ces changements, les auteurs les considèrent comme l'expression d'un même phénomène : « *un mouvement social est avant tout un système d'action concret. Une crise elle-même se comprend mieux quand on a réussi à délimiter les systèmes qu'elle affecte et à comprendre comment ces systèmes s'étaient jusqu'à présent régulés.* »

**Le sociologue a pour vocation d'accompagner ou de provoquer le changement social.** Au niveau des organisations, par une étude sociologique préalable, on cerne les règles du jeu que suivent les membres du système social et de ses divers sous-systèmes. Leur connaissance permet alors de déterminer les moyens par lesquels on pourra faire évoluer l'organisation vers une meilleure utilisation de ses capacités. On peut accroître les possibilités d'adoption de nouvelles règles et mettre au point des modèles d'apprentissage institutionnel qui soient adaptés aux caractéristiques de l'ensemble social sur lequel on intervient. L'intervention sociologique visera à transformer les hommes, à mobiliser les capacités des acteurs du système d'action en modifiant leurs relations et leurs stratégies ; parallèlement, l'action portera sur les structures.

Les auteurs formulent également des diagnostics d'ensemble sur les sociétés considérées, en mettant en évidence les blocages, les dysfonctionnements, les cercles vicieux qui freinent leur développement ou provoquent les crises, interdisent les changements ou les autorisent. À partir de cas exemplaires d'organisations bureaucratiques, c'est le système administratif français, dans son ensemble, et, par là, la société française elle-même qui peut être désignée comme « *bloquée* ». Une vraie réforme passe par une reconnaissance du caractère fondamental des relations de pouvoir dans les relations humaines et l'action sociale.

En critiquant les conceptions traditionnelles des organisations, l'analyse stratégique a remis en cause le postulat de leur rationalité. L'organigramme formel ne permet pas de rendre compte de la logique de fonctionnement quotidienne ; ce n'est qu'en réintégrant l'acteur et ses stratégies centrées sur le pouvoir que l'on est en mesure d'expliquer les fonctionnements et dysfonctionnements organisationnels. Mais une telle approche se heurte à des limites. Sur le plan microsociologique, l'analyse stratégique est concurrencée par des études centrées sur le concept de culture d'entreprise, très utilisé depuis quelques années, sans doute en raison des mutations qui affectent ce type d'organisation. Sur le plan macrosociologique, la démarche, fondée sur l'individualisme méthodologique, ne peut qu'entraîner les critiques des auteurs refusant de considérer l'individu comme un « homo strategicus ».

# La voix et le regard

Alain Touraine

28

Cet ouvrage (Le Seuil, 1978, 307 p.) est né de la volonté de l'auteur d'étudier les nouveaux mouvements sociaux. La réflexion est à la fois théorique et pratique : la première partie est consacrée à une présentation des « orientations générales d'une sociologie de l'action » ; la seconde à celle « d'une méthode de recherche : l'intervention sociologique ».

## 1) La sociologie de l'action

### A. La société est un ensemble hiérarchisé de systèmes d'actions

**Une société n'est gouvernée ni par une logique d'ordre, ni par une logique de changement.** Touraine rejette les analyses sociologiques qui ne voient que de l'ordre dans les sociétés. C'est le cas de l'analyse fonctionnaliste qui considère la société comme un personnage guidé par des intentions et mettant des moyens au service du sens qu'il aurait choisi. C'est également le cas d'une sociologie critique pour laquelle « *tout est « Une société n'est pas un système gouverné par une logique interne, que celle-ci soit de domination, de reproduction ou d'adaptation.* »

**Une société est un ensemble de rapports sociaux.** Elle est l'ensemble des relations sociales qui opposent et unissent des acteurs sociaux. « *La société n'est rien d'autre qu'un réseau d'actions et de rapports sociaux.* » Ces relations sociales sont inégales. « *Tous les rapports sociaux sont des rapports de pouvoir.* » Les acteurs sont en lutte pour le contrôle de ce que Touraine appelle l'historicité et qu'il définit comme étant « *la capacité d'une société à produire ses modèles de fonctionnement* ». Tous les acteurs ont en commun un modèle culturel qui se concrétise par des normes dans les domaines de la connaissance, de la production et de la morale mais chacun des acteurs tente de lui donner une direction conforme à ses propres intérêts. C'est ainsi que le modèle culturel de la société industrielle, centré sur la notion de progrès, était l'enjeu d'une lutte entre la classe dirigeante pour qui le progrès ne pouvait être qu'économique et le mouvement ouvrier pour qui le progrès était avant tout social.

**La société programmée se substitue à la société industrielle.** Nous assistons à la mise en place d'une société post-industrielle ou « *programmée* » dans laquelle la production et la diffusion massive de biens culturels occupent la place centrale qui avait été celle des biens industriels dans la société industrielle. « *Dans la société programmée la domination de classe consiste* [...] *à gérer les appareils de production et d'information.* » La gestion des biens cède la place à celle des opinions, des attitudes et des comportements. La préoccupation de la classe dirigeante n'y est plus l'administration des choses mais le gouvernement des hommes. Dès lors, le conflit caractéristique de cette société n'est plus celui qui met face à face les ouvriers à leur patron sur le lieu de travail mais celui qui oppose un ensemble d'individus à la logique du système de production, de consommation et de communication.

## B. Les mouvements sociaux sont des actions conflictuelles

**Les classes sociales sont des acteurs sociaux.** Touraine reprend à son compte la notion de « *classes sociales* » tout en lui donnant un sens très différent de celui que lui avait donné Marx. Il les définit non par l'économique mais par leurs relations qui sont à la fois des relations de pouvoir et des relations conflictuelles. Cela lui permet d'opposer la classe dirigeante à la classe populaire. « *La classe dirigeante est le groupe d'innovateurs-dominateurs qui s'identifie à cette production de la société par elle-même, à cette historicité, et, en retour l'utilise pour légitimer sa domination sur* [...] *la classe populaire.* » Cette dernière, bien que dominée, ne reste pas passive, résiste à la domination et tente de retourner l'historicité à son profit.

**Un mouvement social est la combinaison d'un principe d'identité, d'un principe d'opposition et d'un principe de totalité.** Les classes étant des acteurs sociaux, les « *mouvements sociaux* » sont les actions de ces classes, c'est-à-dire les conflits de classe. « *Un mouvement social est l'action collective organisée par laquelle un acteur de classe lutte pour la direction sociale de l'historicité dans un ensemble historique concret.* » Il résulte de cette définition qu'une action revendicative qui n'a pas pour finalité le « *contrôle de l'historicité* » n'est pas considérée par Touraine comme un « *mouvement social* ». Un « *mouvement social* » doit non seulement être en mesure de se définir (principe d'identité), de nommer son adversaire (principe d'opposition) mais également d'élaborer un projet compatible avec le modèle culturel de la société (principe de totalité). Une revendication sociale ne se transforme en « *mouvement social* » que lorsqu'elle réussit à réunir ces trois principes. C'est pourquoi un mouvement social vise toujours à la réalisation de valeurs culturelles en même temps qu'à la victoire sur un adversaire social. « *Un mouvement social est à la fois un conflit social et un projet culturel.* » C'est l'effort d'un acteur collectif pour s'emparer des valeurs, des orientations culturelles d'une société en s'opposant à l'action d'un adversaire auquel le lient des relations de pouvoir.

**Le mouvement ouvrier est sur le déclin.** Le mouvement ouvrier a été un mouvement social car il était porteur d'un projet culturel fondé sur les valeurs de la société industrielle : la lutte pour le progrès social, pour les droits et la dignité des travailleurs. Mais la décomposition de la société industrielle et de sa culture a favorisé son déclin. « *Le mouvement ouvrier n'est plus le mouvement social central.* »

**De nouveaux mouvements sociaux se forment.** Avec la société programmée, la domination s'étend hors des murs de l'usine et génère de nouveaux conflits : « *Dans la société programmée, elles* [les luttes] *apparaissent partout ou un appareil dirigeant* [...] *modèle les conduites sociales.* » « *Ce n'est plus la lutte du capital et du travail dans l'usine qui est essentielle mais celle des appareils et des usagers, consommateurs ou habitants, définis moins par leurs attributs spécifiques que par leur résistance à la domination de ces appareils.* » Les luttes antitechnocratiques (à l'image de la lutte antinucléaire), les luttes des femmes, celles des Occitans ou, encore, celles des étudiants préfigurent ce que pourrait être le nouveau mouvement social caractéristique de la société programmée. « *Le mouvement écologique pourrait bien être la matrice où se formeront les luttes principales qui animeront notre histoire.* » Seule l'étude de ces luttes permettrait de déterminer si elles sont porteuses des trois principes d'identité, d'opposition et de totalité retenus par Touraine pour caractériser un mouvement social. Cela suppose l'élaboration d'une nouvelle méthode d'analyse.

## 2) La méthode sociologique

### A. Les objectifs de « *l'intervention sociologique* »

**La sociologie est l'étude des conflits sociaux.** Dans la mesure où la société n'est faite que de relations sociales, le chercheur doit dépasser l'étude des phénomènes et des pensées pour se concentrer sur celle des conflits sociaux. Il lui faut interroger les acteurs de ces conflits tout en écartant les idéologies produites par les organisations qui orientent les mouvements sociaux. Touraine propose une nouvelle méthode d'analyse qui consiste en un dialogue entre un groupe de militants et un chercheur : « *la méthode imaginée associe très étroitement l'auto-analyse d'un groupe militant et l'intervention d'un sociologue conduit par ses hypothèses théoriques.* » Élaborée sur la base d'une sociologie des relations sociales, cette démarche est « *l'action d'une théorie qui est elle-même une sociologie de l'action* ».

**L'intervention sociologique favorise l'émergence des nouveaux mouvements sociaux.** Les chercheurs ont pour objectif de déceler l'existence de mouvements sociaux dans les conflits qu'ils étudient et de favoriser leur développement. Leur *a priori* favorable leur permet d'être acceptés par un groupe de militants dont le but est de faire progresser leur activité. En cas de succès de l'analyse, celle-ci devrait permettre « *d'élever le niveau d'action historique dans une société* ».

### B. Les modalités de « *l'intervention sociologique* »

**Le chercheur participe à un groupe de réflexion composé de militants.** La première tâche des chercheurs est de constituer un groupe restreint de militants avec lequel ils vont travailler. Afin de limiter l'influence des idéologies en son sein, le groupe est formé de militants affiliés à des organisations diverses et d'autres extérieurs à ces structures. Pour la même raison, il est composé de militants de base et non des dirigeants qui pourraient exercer un ascendant sur les autres membres du groupe. Afin de pouvoir enrichir l'analyse et confirmer ses résultats, deux ou plusieurs groupes sont formés selon ces principes.

**L'auto-analyse de ce groupe permet de cerner les principes d'identité et d'opposition.** Le travail avec les militants consiste d'abord à les confronter avec leurs alliés et adversaires afin de « *faire fondre les idéologies protectrices* » et de mieux cerner la réalité de l'identité des uns et des autres. « *Il faut mettre l'acteur en relation avec ses adversaires ou partenaires pour surmonter ses rationalisations.* » Les débats provoqués par ces rencontres favorisent chez les participants la prise de conscience des forces et des faiblesses de leur mouvement. Cela permet au chercheur et aux militants de vérifier si une action revendicative associe les principes d'identité et d'opposition.

**Le chercheur s'interroge sur la présence d'un principe de totalité dans l'action étudiée.** Il reste à répondre à la question théorique centrale : « *Qu'y a-t-il de mouvement social dans cette action ?* » Cela consiste à s'interroger sur l'existence d'un principe de totalité : au-del à des dimensions économiques et politiques de ce conflit social, l'enjeu ultime est-il l'orientation culturelle de la société ? C'est la fonction du chercheur, en tant que sociologue, que de dégager « *l'enjeu social et culturel du conflit* ». Il soumet au groupe ses hypothèses et lui communique son interprétation du mouvement. Le groupe se saisit de cette communication et poursuit son analyse.

La volonté de résister à la domination constitue le fil rouge qui nous permet de suivre l'évolution de la réflexion sociologique d'Alain Touraine.

Dans les années cinquante, il étudie le travail ouvrier et s'interroge sur la capacité du mouvement ouvrier à transformer la société.

Convaincu du déclin de la société industrielle et donc du mouvement ouvrier, il oriente sa réflexion sur l'émergence de nouveaux mouvements sociaux dès la fin des années soixante. *La voix et le regard*, publié en 1978, est une interrogation sur l'existence de « mouvements sociaux » dans les conflits de l'époque et un exposé de la méthode sociologique préconisée afin de répondre à cette question. Il publie les résultats des recherches du groupe de sociologues qu'il anime dans les années qui suivent et répond par la négative. Pas plus que celle des écologistes, la lutte des femmes, des étudiants ou des Occitans ne constitue des mouvements sociaux faute de réunir les trois principes d'identité, d'opposition et de totalité à partir desquels il définit un mouvement social.

Dès le début des années quatre-vingt, Touraine réoriente sa réflexion sur le sujet et sa liberté qui, selon lui, peuvent faire obstacle à la logique de la marchandise et du pouvoir.

# Les rites d'interaction

## Erving Goffman

29

Erving Goffman est un sociologue qui appartient à l'école de Chicago. Après la génération des fondateurs formée dans l'entre-deux-guerres – celle de William Thomas, auteur avec Florian Znaniecki du *Paysan polonais en Europe et en Amérique*, de Robert Park, auteur de travaux sur les rapports interraciaux dans la ville, d'Ernest Burgess, qui a étudié l'organisation concentrique de l'espace urbain – la deuxième génération arrive après la guerre avec, notamment, Howard Becker qui explore les milieux déviants du jazz et des consommateurs de marijuana en ne décrivant plus l'espace urbain comme un milieu de vie en tant que tel, mais en étant plus attentif aux interactions entre les acteurs de ce milieu de vie.
E. Goffman, dans *Les rites d'interaction* publié en 1974 (Éditions de Minuit), comme dans ses autres ouvrages, s'écarte de méthodes quantitatives et statistiques pour pratiquer l'observation participante et la méthode compréhensive. En considérant l'interaction en face à face, c'est-à-dire la situation où deux personnes sont physiquement en présence l'une de l'autre, comme un authentique objet sociologique, il met en évidence le rôle moteur de la relation à l'autre dans l'interaction. Cette relation se structure selon des rites, d'où l'expression utilisée par Goffman de « *métaphore du rituel* » pour rendre compte des relations face à face, expression qui explique aussi la qualification « d'interactionnisme symbolique » à la pensée de cet auteur.
L'idée de rite est empruntée à É. Durkheim. En effet, dans *Les Formes élémentaires de la vie religieuse*, (1917), Durkheim définit la religion comme un ensemble de croyances et de rites qui portent sur des objets sacrés. Les croyances sont des états de l'opinion constitués en représentations ; les rites sont des modes d'action déterminés qui se rapportent au sacré. Goffman élargit l'analyse des rites à l'ensemble de la vie sociale. Le rite se définira comme une répétition d'occasions et de formes, chargée de signification ; les rites font partie de la vie humaine et, à côté des rituels sacrés analysés par Durkheim (messes, prières...), il y a aussi des rituels profanes (manifestations sportives, vœux de nouvelle année...) et également des rituels sociaux (rites de politesse, de séduction...), qui sont ici l'objet privilégié de l'investigation de Goffman.

## 1) Analyse des éléments rituels inhérents aux interactions sociales

### A. La « face »

**Goffman définit la face comme étant la ligne de conduite d'une personne, qui se structure et prend son sens dans son rapport à autrui.** C'est « *la valeur sociale positive qu'une personne revendique effectivement à travers la ligne d'action que les autres supposent qu'elle a adoptée au cours d'un contact particulier* ». La ligne d'action « *n'est pas logée à l'intérieur de son possesseur mais est diffusée dans le flot des événements de la rencontre et ne se manifeste que lorsque les participants cherchent à déchiffrer dans ces événements les appréciations qu'il exprime* ». On dira qu'un individu garde la face lorsque la ligne d'action qu'il suit est consistante, c'est-à-dire appuyée par les jugements des autres participants et confirmée aussi par les éléments impersonnels de la situation. Mais il y a aussi des cas où l'individu est déphasé par rapport au monde social qui l'entoure, où il perd la face. Un premier cas se produit lorsqu'une personne fait « mauvaise figure » parce que ce que l'on vient à apprendre que sa valorisation sociale ne cadre pas avec la figure d'action qui lui est réservée ; un deuxième cas survient quand une personne fait « piètre figure » : elle prend alors part à une rencontre sans disposer de ligne d'action précise. D'après Goffman, ces situations difficiles ne débouchent pas toujours sur une telle déconfiture. L'expression « sauver la face » se rapporte au processus par lequel une personne veut donner aux autres l'impression qu'elle n'a pas perdu la face. Quant à l'« assurance », elle désigne l'aptitude visant à supprimer toute tendance à baisser la tête dans les relations avec les autres.

**Dans la vie sociale, il s'établit souvent un état de fait où chacun accepte, au moins temporairement, la ligne d'action de tous les autres.** Cette acceptation mutuelle est un trait fondamental de l'interaction. Goffman appelle *figuration* (face-work) « *tout ce qu'entreprend une personne pour que ses actions ne fassent perdre la face à personne, y compris à elle-même* ». La figuration permet d'intervenir lorsqu'une personne met en danger, intentionnellement ou non, la face des autres ; à titre d'illustration, l'offense involontaire, ou encore *gaffe*, relève de l'action innocente : l'auteur, s'il avait pu prévoir les conséquences de son acte, s'en serait abstenu.

**On peut donner quelques exemples de figuration.** Un premier exemple de figuration est l'*évitement*, qui consiste à se détourner des rencontres où le danger pourrait se manifester ou à utiliser d'autres procédés si la rencontre est inévitable (comme le changement de sujet de conversation ou l'ignorance d'événements dangereux). Un deuxième exemple est la *réparation* qui s'efforce de remettre en état les choses après que les accidents sont survenus ; cette réparation passe généralement par plusieurs phases : la sommation par laquelle les participants attirent l'attention sur la faute commise, l'offre de l'offenseur de réparer l'offense, l'acceptation de l'offre par l'offensé et la manifestation de gratitude pour l'acquitté. Évidemment, ce cycle de gratitude est susceptible de connaître des écarts importants.

**Au-del à de ces exemples, Goffman démontre l'existence d'un véritable ordre rituel fondé sur ce qu'il appelle l'accommodement.** Toutes les sociétés, pour se maintenir comme telles, ont l'obligation de « *mobiliser leurs membres pour en faire des participants de rencontres autocontrôlées* ». Le rituel entraîne l'individu dans ce but : on lui apprend à s'attacher à son moi et à l'expression de ce moi à travers la face qu'il faut garder. On peut tirer la conclusion que les règles particulières qui font de l'individu un être humain n'appartiennent pas à celui-ci mais relèvent des nécessités inhérentes à l'organisation des rencontres sociales. Et Goffman affirme également que « *sous leurs différences culturelles, les hommes sont partout semblables* ».

## B. Quelques exemples de rites d'interaction

**Goffman définit les règles de conduite comme des guides pour l'action qui agissent directement sur l'individu en tant qu'obligations.** Ces règles de conduite sont substantielles ou cérémonielles. Les règles substantielles guident la conduite indépendamment des conséquences que peut en entraîner celle-ci, car elles ont une dimension impérative (ex : interdiction du meurtre) ; les règles cérémonielles ne sont pas importantes en elles-mêmes, seulement comme moyens de communication conventionnels par lesquels l'individu exprime son rang ou porte une appréciation sur les autres (ex : poignée de main). Dans nos sociétés, le code des règles substantielles comprend la loi et la morale alors que le code des règles cérémonielles relève de l'étiquette. Les exemples qui suivent relèvent des règles cérémonielles.

**Une première règle cérémonielle est la *déférence*.** C'est une « *composante symbolique de l'activité humaine dont la fonction est d'exprimer, dans les règles, à un bénéficiaire l'appréciation portée sur lui ou sur quelque chose dont il est le symbole, l'extension ou l'agent* ». La déférence prend des formes multiples mais Goffman en retient deux principales : les rites d'évitement et les rites de présentation. *Les rites d'évitement* sont les formes de déférence qui incitent l'officient à se tenir à distance du bénéficiaire ; dans nos sociétés, les règles qui obligent à marquer ses distances sont multiples et puissantes. *Les rites de présentation* comprennent tous les actes spécifiques par lesquels l'individu fait savoir au bénéficiaire comment il le considère et comment il le traitera au cours de l'interaction à venir. Dans nos sociétés, selon Goffman, les rapports sociaux sont faits d'une dialectique entre rites de présentation et d'évitement : « *les mêmes gestes qui font aller deux personnes l'une vers l'autre doivent également signifier que les choses n'iront pas trop loin.* »

**Une deuxième règle cérémonielle est la *tenue*.** Elle se révèle à travers le vêtement, le maintien et l'allure, servant à montrer à l'entourage que l'on est doué de certaines qualités. Comme la déférence, l'étude de la tenue amène à relever tous les rites cérémonieusement importants qu'un individu accomplit et à interpréter ces actes pour combiner les significations qui finissent par lui donner une image aux yeux des autres. Déférence et tenue sont complémentaires : traiter les autres avec déférence, c'est en général leur donner l'occasion de montrer leur bonne tenue.

**Une troisième règle cérémonielle est l'*embarras*.** On le reconnaît à certains signes objectifs du trouble émotionnel (rougeur, gaucherie, bredouillement, voix trop aiguë ou trop grave...). Selon Goffman, l'embarras ne relève pas fondamentalement de l'analyse psychologique mais reflète plutôt un mode de gestion des conflits sociaux en exprimant la multiplicité du moi. Plutôt que de faire preuve d'assurance et de laisser le conflit s'exprimer au sein de la rencontre avec un autre individu, l'acteur dont le moi a été mis en danger par la situation préfère sacrifier son identité pour un temps. En ne prenant pas position, il sacrifie son équilibre, et aussi son calme, mais la structure sociale gagne en souplesse.

## 2) L'action et ses conséquences sur l'individu

### A. Le cadre analytique de l'action

**Pour Goffman, l'action se décrit comme un jeu où il y a des chances à courir.** Comme dans le jeu de pile ou face, il y a dans la vie des opportunités de gain ; il y a aussi un enjeu que l'on expose, qui est *le risque* ; il y a également des probabilités de gain, les *rapports*, qui désignent l'importance du prix comparée à celle de l'enjeu.

**Évidemment, la vie sociale apporte quelques éléments qui viennent compliquer l'analyse.** D'abord, les probabilités des gains et des pertes ne peuvent faire l'objet, dans l'existence réelle, que d'une estimation grossière. Comme le dit Goffman, ce sont des « *probabilités subjectives qui entraînent, au mieux, une mesure très lâche, celle de l'utilité subjectivement escomptée* ». Ensuite, les joueurs de la vie ordinaire ne sont pas à égalité : il y a des situations très risquées et peu prometteuses (les candidats à l'ascension sociale, par exemple) et aussi des situations peu risquées et fort prometteuses (les « fils de famille »). Une autre différence et que les enjeux de l'existence ne sont pas ponctuels : on joue mais les conséquences s'en ressentent tout au long de l'existence (ex : le mariage). Enfin, et c'est l à une différence fondamentale, dans la vie quotidienne, il arrive que l'individu ne prenne même pas conscience de sa participation du gain et « *qu'il ne prenne conscience du pari qu'une fois la partie terminée* ».

**Dans le déroulement de l'existence, il faut accorder une attention particulière aux situations que Goffman qualifie de *fatales*.** Ce sont des activités dont les conséquences sont imprévisibles mais qui sont très importantes pour l'individu, allant jusqu'à remettre en cause le déroulement ordinaire de sa vie. Pour Goffman, si le temps humain est généralement organisé pour éviter ce genre d'aventure, il y a des activités qui sont aussi des professions, où les situations fatales sont assez fréquentes pour qu'elles soient assumées et transformées en entreprises hasardeuses (« *l'incertitude subie devient coup de dé décidé* ») ; ce sont les professions commerciales, comme celles de spéculateur et d'agent immobilier, les métiers dangereux, la condition d'artiste, le métier de soldat, les entreprises criminelles ou encore le sport professionnel. Pour réduire l'incertitude, l'individu utilise des procédés, comme la prise de précautions, sous forme de prudence (« *ne pas se laisser emporter par une fatalité évitable* ») ou de prévoyance (« *intérêt accru porté à des buts élargis* »). Il utilise aussi des procédés psychologiques, comme la superstition, très fréquente chez les sportifs, et cela d'autant plus que les résultats de l'action sont imprévisibles. Mais il n'en reste pas moins que l'action, que Goffman définit comme « *une activité qui tire à conséquence, qui est problématique et que l'on entreprend pour elle-même* » fait partie de l'existence. Le risque, caractéristique des jeux de hasard, est aussi présent partout. Contrairement au point de vue « bourgeois » pour qui, selon Goffman, les situations professionnelles se méritent et se perdent aussi de façon méritée, le point de vue du joueur mérite d'être étendu à de nombreux domaines de la vie : on peut « louper » son mariage, ses études, son travail.

## B. Action et caractère

**Dans les circonstances fatales comme on les a définies plus haut, donc celles qui tirent à conséquence et sont problématiques, apparaissent un certain nombre d'attributs chez la personne, que Goffman résume sous le nom de *caractère*.** Le caractère d'un d'individu est à la fois immuable et mutable : « *d'une part, il recouvre ce qui, chez l'individu, est essentiel et immuable, ce qui est caractéristique de sa personne ; d'autre part, il s'agit d'attributs qui peuvent naître ou s'effondrer aux instants fatals.* » Un caractère faible traduit une incapacité flagrante à agir avec efficacité et dignité sous la pression de la fatalité ; au contraire, une capacité évidente à se maîtriser quand les dés sont jetés est le signe d'un caractère fort.

**Le caractère influe sur la maîtrise d'événements fatals d'après plusieurs formes.** On peut citer tout d'abord le courage, que Goffman définit comme « *l'aptitude à envisager un danger immédiat sans pour autant dévier de la ligne de conduite qui le fait naître* » ; on peut citer aussi le cran, « *capacité à s'en tenir opiniâtrement à une activité, au mépris des revers, des souffrances ou de l'épuisement* ». L'intégrité (« *propension à résister aux tentations dans les moments où il serait très profitable et peu risqué de se départir quelque peu de sa moralité* ») fait également partie de cette panoplie, prenant une importance particulière lorsque l'activité fatale se déroule devant témoins, de même que l'esprit chevaleresque qui se manifeste aussi bien dans les circonstances exceptionnelles (le combattant qui ramasse l'épée de son adversaire et la lui tend lors d'un duel à mort) que dans les événements les plus banaux de la vie quotidienne (le commerçant, qui rembourse poliment et sans y être forcé un achat important à un touriste). Mais la qualité la plus importante qui permet d'affronter la fatalité est le sang-froid, autrement dit la maîtrise de soi, la possession de ses moyens et l'assurance ; le sang-froid recouvre plusieurs aspects, comme l'aspect affectif (maîtrise de soi dans les rapports avec autrui), l'aspect corporel (« *préservation de la bienséance des attitudes quoi qu'il en coûte et en dépit des difficultés et des imperfections* »), l'aspect psychologique (capacité d'apparaître devant un public sans embarras ni panique).

**Si les situations fatales forgent donc le caractère, puisqu'elles apportent un peu du bénéfice moral que pourrait apporter une conduite héroïque, il existe néanmoins une autre solution pour tous ceux qui souhaitent accroître leur caractère sans avoir à le payer cher : ce sont les expériences par *procuration*.** Ces expériences sont réalisées par l'intermédiaire des « *instruments du spectacle* ». La fonction sociale de ces expériences, où on se met à la place du héros, est claire : elle permet de réaffirmer, à intervalles réguliers, le code des activités fatales qui n'apparaît que rarement dans la vie quotidienne. De cette façon, on s'assure à moindres frais de disposer d'un cadre de référence pour juger les activités de tous les jours, sans avoir à en subir les sanctions : « *nous préférons les cow-boys, les détectives, les toreros et les pilotes de course parce que ce sont l à des figures que notre vocabulaire moral est apte à célébrer : la réussite individuelle, l'exploit, la prouesse.* » Au-del à du spectacle, certaines formes de l'action quotidienne ne prennent tout leur sens que par la dimension substitutive ; par exemple, la mode peut bien souvent s'interpréter comme un phénomène de jouissance par procuration où l'apparence l'emporte sur la réalité.

Goffman, dans toutes ses investigations, emploie une méthode curieuse qui utilise des données disparates, varie les paradigmes, dédaigne les méthodes à prétention scientifique. Sa démarche repose sur une sociologie compréhensive (que l'on peut rapprocher de celle de Simmel) qui s'appuie sur l'analyse des interactions sociales dont il suppose, en bon sociologue qu'il est, qu'une étude convenable ne s'appuie pas sur l'individu et sa psychologie mais sur les relations syntaxiques qui unissent les actions des diverses personnes mises en présence. Cette méthode est bien résumée dans l'expression suivante, figurant dans l'introduction des *Rites d'interaction* : « *Ainsi* donc, non pas les hommes et leurs moments, mais plutôt les moments et leurs hommes. » Si cette démarche, que l'on pourrait qualifier de structuraliste, n'est pas sans intérêt, elle n'en demeure pas moins assez discutable, voire même parfois triviale. Elle ne nous révèle en effet rien que nous ne sachions déjà, même si la familiarité des relations sociales obscurcit parfois leur évidence. Elle présente néanmoins l'intérêt, avec modestie et exigence, d'être une invitation à examiner de plus près les conduites sociales.

# 30 Outsiders

## *Études de sociologie de la déviance*

### Howard S. Becker

L'un des courants les plus féconds de la sociologie américaine est celui de « l'école de Chicago », qualifié ensuite « d'interactionnisme ». Howard S. Becker, à la suite d'E. Goffman, s'y inscrit en publiant cet ouvrage en 1963 (pour l'édition française : Métailié, 1985, 248 p.). Il y renouvelle l'approche de la délinquance, objet récurrent de la sociologie, en constituant un objet d'étude plus vaste, la déviance, qui inclut des comportements non conventionnels. Il y renouvelle aussi la méthode sociologique, en pratiquant l'observation sur le terrain, alors que la méthode dominante à l'époque était celle des enquêtes par questionnaire. À travers l'étude des fumeurs de marijuana et des musiciens de jazz, l'auteur (lui-même pianiste de jazz dans sa jeunesse à Chicago) entreprend d'expliquer l'intérêt de la démarche interactionniste.

## 1) Comment devient-on déviant ?

### A. Définitions et types de déviance

**Le terme d'« *outsider* » a un double sens.** Tous les groupes sociaux instituent des normes, c'est-à-dire définissent ce qui est prescrit et ce qui est interdit. Lorsqu'un individu les transgresse, il est considéré comme « *outsider* », étranger au groupe. Mais il peut aussi considérer que les « *étrangers* » sont ceux qui définissent et font appliquer la norme. Il est donc nécessaire d'élucider les situations et les processus où la norme est transgressée et où on la fait appliquer.

**Les approches traditionnelles de la déviance ne permettent pas de rendre compte complètement du phénomène.** On peut d'abord définir la déviance comme la situation de celui qui s'écarte par trop de la moyenne, ou comme un état pathologique, ou bien comme un symptôme de dysfonctionnement de la vie sociale, enfin comme un défaut d'obéissance aux normes du groupe. Toutes ces définitions sont incomplètes, car elles négligent un fait central : la déviance est créée par la société.

**La déviance est la conséquence des réactions des autres à l'acte d'une personne.** Dire que la déviance est créée par la société ne signifie pas que les causes sont à rechercher dans la situation sociale du déviant. C'est dire que « *les groupes sociaux créent la déviance en instituant des normes dont la transgression constitue la déviance, en appliquant ces normes à certains individus et en les étiquetant comme des déviants* ». Davantage qu'un état, la déviance est un « *processus* » : elle n'est pas simplement le fait objectif de ne pas se conformer aux normes, mais tout autant la conséquence d'une étiquette qui est collée au dos du déviant par ceux qui le repèrent et le sanctionnent. D'où le nom de « *théorie de l'étiquetage* » donnée à cette interprétation. Les individus « *ainsi désignés comme étrangers, en viennent eux-mêmes à se considérer comme tels* ».

La combinaison des deux critères de la déviance permet de construire un tableau distinguant les divers types de déviants.

**Types de comportements déviants**

| | Obéissant à la norme | Transgressant la norme |
|---|---|---|
| Perçu comme déviant | Accusé à tort | Pleinement déviant |
| Non perçu comme déviant | Conforme | Secrètement déviant |

Cette grille permet de comprendre la genèse du comportement déviant, en partant de l'hypothèse que le comportement se développe selon une succession de phases, de passages d'une position à une autre, du simple débutant au déviant confirmé. On peut alors parler d'une véritable « *carrière* » de déviant.

## B. L'exemple des fumeurs de marijuana

**Le cas des fumeurs de marijuana met particulièrement en évidence la genèse du comportement déviant.** Les études traditionnelles du phénomène reposent sur le présupposé suivant : il y a chez les utilisateurs de drogue un caractère psychologique particulier qui les prédispose à en user. Or, « *ce ne sont pas les motivations déviantes qui conduisent au comportement déviant mais, à l'inverse, c'est le comportement déviant qui produit, au fil du temps, la motivation déviante* ».

**On devient fumeur de marijuana par un processus d'apprentissage.** Il s'agit d'abord d'acquérir la « *technique* » qui permet de concevoir la drogue comme source de plaisir. Le nouvel utilisateur doit ensuite faire l'apprentissage de la « *perception des effets* », c'est-à-dire prendre conscience des symptômes et de leur liaison avec la consommation de drogue. Enfin, il doit apprendre le « *goût pour ses effets* ». Bref, « *un individu n'adopte un mode de consommation régulier de la marijuana que s'il a appris à l'aimer* ».

**Il est ensuite nécessaire de maîtriser les contrôles sociaux qui font apparaître l'usage de la drogue comme dangereux et immoral.** Au fur et à mesure que se déroule la « *carrière* » du fumeur, de débutant à fumeur occasionnel, puis régulier, les divers contrôles sociaux perdent peu à peu leur efficacité. En particulier, le novice doit parvenir à trouver des justifications de sa pratique, c'est-à-dire réviser ses conceptions morales : par exemple, la drogue n'est pas nocive pour lui, d'autres activités (alcoolisme) le sont davantage, il n'est pas vraiment esclave de son usage, etc. C'est par la fréquentation d'autres fumeurs qu'il confortera son nouveau système de valeurs.

## C. La culture d'un groupe déviant : les musiciens de danse

**Le mode de vie non conventionnel des musiciens de danse fait de ce groupe social un groupe déviant.** Les musiciens de danse, étudiés en 1948 et 1949 à Chicago, sont des personnes qui jouent de la musique populaire pour gagner de l'argent dans des bars, des cabarets, parfois des orchestres. « *Leurs activités sont formellement légales mais leur culture et leur mode de vie sont suffisamment bizarres pour qu'ils soient qualifiés de marginaux par les membres plus conformistes de la communauté.* »

**Les musiciens de danse développent une culture spécifique, une sous-culture, qui leur permet de se distinguer des autres.** Les autres, c'est-à-dire les non-musiciens, sont appelés « *caves* ». Ce mot « *désigne les personnes qui sont le contraire de tout ce que sont, ou devraient être, les musiciens ; il vise aussi les manières de penser, de sentir et de se conduire qui sont à l'opposé de celles qu'apprécient les musiciens* ». Les musiciens ont la conviction qu'ils possèdent un don spécial qui les rend différents et supérieurs aux « *caves* », et les soustrait à leur critique et à leur contrôle à la fois dans leur activité musicale et dans tous les autres domaines de leur vie. Dans cette logique, ils valorisent fortement tous les comportements non conventionnels. Mais ils sont parfois obligés de faire des concessions en acceptant une musique « *commerciale* », et sont donc généralement hostiles à leur public. Cette situation les pousse à manifester des tendances à l'isolement et à l'autoségrégation censées les mettre à l'abri de toute pression, ce qui conduit à renforcer leur statut déviant.

## 2) L'importance de l'imposition et de l'application des normes

### A. La fabrication sociale des normes

**Du point de vue de la personne déviante, les outsiders sont ceux qui instituent les normes.** Or, dans une société complexe, les normes ne font pas l'objet d'un accord unanime. Elles sont multiples, parfois contradictoires. Même lorsqu'il existe un relatif consensus, leur application est sélective. Les faits de déviance surgissent ainsi en fonction des divers systèmes de normativité.

**Les normes sont des constructions sociales.** Certains groupes en effet réussissent à rendre leurs pratiques légitimes et à les imposer. Ce sont généralement les groupes occupant des statuts « *supérieurs* » qui exercent leur pouvoir à travers la manipulation de définitions et d'étiquettes. Par exemple, ce sont les adultes qui élaborent les normes concernant les jeunes, ou les hommes qui édictent celles pour les femmes. La fabrication sociale des normes renvoie donc à une distribution inégalitaire du pouvoir économique et politique entre les acteurs ou les groupes d'acteurs.

**Les normes sont donc le produit de l'initiative de certains groupes ou individus.** On peut les appeller les « *entrepreneurs de morale* ».

### B. Les « *entrepreneurs de morale* »

**La première catégorie des « *entrepreneurs de morale* » est celle des individus qui créent les normes.** Le prototype en est celui qui entreprend une croisade pour la réforme des mœurs : le « *croisé de la morale* ». Il agit certes dans un but moraliste, mais parfois aussi humanitaire (exemple des abolitionnistes de l'esclavage). Dans le cas de la marijuana, c'est le Bureau of Narcotics du Treasury Department qui a obtenu la législation de 1937, Marijuana Tax Act aux États-Unis, au prix d'un énorme travail d'initiative, d'information et d'influence de l'opinion publique.

**La seconde catégorie des « *entrepreneurs de morale* » est celle des individus qui font appliquer les normes.** Parfois, on crée de nouvelles institutions pour les faire respecter. Le plus souvent, c'est la police qui s'en charge. Elle justifie ainsi l'existence de sa fonction et cherche à gagner le respect de ceux dont elle s'occupe. « *Quelqu'un peut être qualifié de déviant non parce qu'il a effectivement enfreint la loi, mais parce qu'il a manqué de respect envers celui qui est chargé de la faire appliquer.* » Par ailleurs, des possibilités « *d'arrangement* » existent pour certains et pas pour d'autres. On le voit, l'application de la norme est variable et arbitraire.

**La déviance est donc toujours le résultat d'initiatives d'autrui**. Elle est le produit d'une interaction entre la personne qui commet un acte et ceux qui réagissent à cet acte. « *Nous devons considérer la déviance et les déviants, qui incarnent ce concept abstrait, comme un résultat du processus d'interaction entre des individus ou des groupes : les uns, en poursuivant la satisfaction de leurs propres intérêts, élaborent et font appliquer les normes sous le coup desquelles tombent les autres qui, en poursuivant la satisfaction de leurs propres intérêts, ont commis des actes que l'on qualifie de déviants.* » Ce processus commence par l'adoption de certaines pratiques sociales admises dans le milieu social de l'acteur (fumer de la marijuana par exemple). Ayant fait cette expérience, l'acteur devient persuadé du caractère bénéfique et normal de ces pratiques. La prise de conscience de son étiquetage vient par la suite renforcer le sentiment d'appartenance et le rejet des autres manières d'être et des divers contrôles sociaux.

On a qualifié l'analyse de Becker de « théorie de l'étiquetage » (« labelling theory »). L'auteur lui-même à la fin de son ouvrage se montre réticent à l'égard de ce qualificatif, qu'il estime réducteur. Il préfère parler de « théorie interactionniste » de la déviance. Toute la sociologie classique avait visé à expliquer les raisons du comportement déviant, donc à en faire apparaître les déterminants individuels et sociaux. H. Becker montre que la déviance est une « action collective », c'est-à-dire qu'elle ne se réduit pas à l'acte de transgression d'une norme, mais qu'elle doit être considérée comme un « drame complexe », impliquant un grand nombre d'acteurs et mettant en œuvre une série d'actions et de réactions des individus concernés.

# PARTIE III

# Histoire, évolution économique et capitalisme

# 31 Tableau de l'état physique et moral des ouvriers

## *employés dans les manufactures de coton, de laine et de soie*

### Louis-René Villermé

À mesure que progresse l'industrialisation au XIXe siècle, se développe la prise de conscience du paupérisme. Le docteur Louis-René Villermé est chargé par l'Académie des Sciences morales et politiques, dont il est membre, de réaliser une vaste enquête sur le monde ouvrier. Entre 1835 et 1837, il parcourt les régions textiles, de Lille à Tarare, et de Rouen à Mulhouse. De l'observation prodigieusement détaillée des conditions de travail et de vie des ouvriers, il tire une masse d'informations chiffrées, présentées dans un volumineux rapport, publié en 1840 aux éditions Jules Renouard (Éditions d'histoire sociale, 1979, 900 p.). Le premier tome est composé de monographies des « fabriques » visitées, et le second est consacré à des « considérations générales » sur chacun des problèmes étudiés : conditions matérielles des ouvriers, salaires, durée du travail, santé, sociétés de secours mutuel, etc.
L'ouvrage, d'un grand retentissement, est à l'origine de la loi de 1 841 concernant la limitation du travail des enfants.

## 1) Les conditions de travail dans les manufactures de laine, de coton et de soie au milieu du XIXe siècle

### A. Travail à domicile et manufactures

**Au milieu du XIXe siècle en France, travail à domicile et travail dans les ateliers des manufactures coexistent encore largement.** Selon le type d'opérations à effectuer, selon la nature des matières mises en œuvre et selon l'état de la mécanisation, les conditions de travail diffèrent sensiblement.

**Dans l'industrie cotonnière, le sort des « tisserands à bras » est le plus mauvais.** « *Ils travaillent ordinairement chez eux, à faire des toiles de coton, dans des rez-de-chaussée humides, souvent même dans des caves où le jour et l'air arrivent à peine, et où le soleil ne pénètre jamais.* » Ces conditions d'humidité et d'absence de courant d'air sont en effet exigées par l'opération de parage qui consiste à enduire d'une colle spéciale les fils de la chaîne pour éviter qu'ils ne se brisent trop fréquemment. Les ouvriers des filatures et des tissages mécaniques ont également un travail insalubre à cause de l'absence d'aération et de la température élevée qu'il est nécessaire d'entretenir dans certains ateliers. « *La chaleur est communément de 34 à 37 degrés dans les ateliers de parage à la mécanique et de 34 à 40 dans ceux où l'on donne certains apprêts.* »

**Dans l'industrie de la soie, la catégorie la plus mal lotie est celle qui exécute la première préparation de la soie, le tirage du cocon.** « *Bien peu de travaux sont plus dégoûtants, d'une* *odeur plus repoussante, et payés d'un salaire plus faible* », que cette opération généralement confiée à des femmes. En revanche, les ouvriers en soieries proprement dites, les « canuts » sont parmi les plus favorisés. Le travail dans l'industrie lainière est quant à lui moins pénible que dans les deux autres branches.

**De façon générale, la mécanisation semble avoir allégé le sort des ouvriers.** La navette volante par exemple permet avec bien moins de fatigue d'augmenter la production. Les « *métiers à la Jacquart* » ont également amélioré les conditions de travail, diminuant la pénibilité et exigeant des ateliers mieux éclairés et mieux aérés. Ils ont en outre supprimé le travail des « *tireurs* », ces « *enfants dont le travail consistait à se tenir debout à côté du métier, à élever les bras fort haut pour saisir des cordons et à les tirer en bas* ». Mais hormis ce cas, de façon générale, l'usage des machines a permis de remplacer avantageusement une grande partie des adultes par des enfants dont le nombre a donc considérablement augmenté dans les ateliers.

**Partout cependant le travail industriel signifie monotonie et répétition des gestes.** « *Un inconvénient commun à toutes les industries sédentaires, dont une partie des ouvriers se recrute parmi les agriculteurs, c'est l'ennui résultant pour ces ouvriers d'un travail borné à quelques mouvements qui se répètent avec une accablante uniformité dans l'enceinte étroite d'une même salle.* »

### B. La durée du travail

**La durée journalière se situe autour de 15 heures pour les deux sexes et pour tous les âges.** Si l'on ôte une à deux heures pour les repas et le repos, la journée de travail effectif est de 13 heures en moyenne. Dans les manufactures, c'est la nécessité d'amortir les coûts d'investissement en machines qui a allongé le temps de travail. « *Ce que les machines ont économisé de fatigue aux hommes, on l'a pour ainsi dire reporté sur cette durée, et c'est ainsi que les journées de travail sont devenues si longues.* » Cette journée peut atteindre 17 heures chez les tisserands à domicile qui compensent ainsi la faiblesse de leurs revenus.

**À ce temps de travail, il faut ajouter le temps de trajet entre le domicile et la manufacture.** Dans certaines villes dont la croissance industrielle a été très rapide et qui manquent de logements, comme à Mulhouse, les ouvriers habitent parfois à une lieue, voire une lieue et demie (une lieue est égale à environ 4 kilomètres). « *Il faut donc que les enfants, dont beaucoup ont à peine sept ans, quelques-uns moins encore, abrègent leur sommeil et leur repos, de tout le temps qu'ils doivent employer à parcourir deux fois par jour cette longue et fatigante route.* »

## 2) La misère ouvrière

### A. Les budgets familiaux

**Les salaires sont différenciés selon l'âge et le sexe, et selon le type d'industrie ; ils sont caractérisés en outre par une extrême instabilité.** En moyenne, le salaire journalier est de deux francs pour un homme, d'un franc pour une femme, de 45 centimes pour les enfants de 8 à 12 ans, et de 75 centimes pour ceux de 13 à 16 ans. Les ouvriers de l'industrie cotonnière sont les plus pauvres. En temps de crise, les salaires chutent et descendent au-dessous du seuil de subsistance : en 1831, par exemple, un filateur de Rouen indique que 61 % de ses ouvriers ne gagnent pas le strict nécessaire. Cependant, « *quelque faibles que soient les salaires, s'ils ne varient pas et s'ils sont obtenus sans interruption pendant toute l'année, ils suffisent généralement à l'ouvrier, même marié, pourvu qu'il soit laborieux et qu'il ait une bonne conduite, surtout s'il peut joindre à ses gains ceux de sa femme et de ses enfants.* »

**L'essentiel du budget est consacré à l'alimentation.** Une alimentation au demeurant fort peu diversifiée. « *Les végétaux et principalement les pommes de terre font au moins les trois quarts de la subsistance du plus grand nombre. Parfois un peu de charcuterie en fait aussi partie. Les hommes employés qui exécutent les travaux les plus rudes boivent ordinairement du vin tous les jours.* »

## B. L'état de santé des ouvriers

**Les conditions insalubres de travail et de logement associées à la pauvreté altèrent évidemment la santé des ouvriers.** Dans les filatures de coton, la toux, les inflammations pulmonaires et la phtisie font des ravages. Ailleurs, ce sont les affections scorbutiques et rhumatismales.

**Un des indicateurs de la morbidité des ouvriers est le nombre important d'exemptions du service militaire pour défaut de taille ou faiblesse de constitution.** Ainsi, à Amiens, dans l'industrie lainière, 70 % des hommes âgés de 20 à 21 ans appartenant à la classe ouvrière de la fabrique ont été déclarés inaptes au métier des armes, contre 48 % de ceux appartenant à la classe aisée de la population.

**On ne peut alors s'étonner de l'extrême mortalité différentielle pendant la période.** De façon générale, on note dans les villes ouvrières une diminution de la durée moyenne de vie. À Mulhouse, elle a baissé de 4 ans en 15 ans, passant de 25 ans et 9 mois en 1812 à 21 ans et 9 mois en 1827. L'excessive mortalité ouvrière porte particulièrement sur les premiers âges de la vie. Ainsi, dans les tissages et les filatures de Mulhouse, « *tandis que la moitié des enfants nés dans la classe des fabricants, négociants et directeurs d'usines, atteindrait sa vingt-neuvième année, la moitié des enfants de tisserands et de simples travailleurs des filatures aurait cessé d'exister, on ose à peine le croire, avant l'âge de deux ans accomplis* ».

## C. L'état des mœurs

**Le plus grand fléau des classes laborieuses est l'ivrognerie.** Elle est nettement moins forte dans les régions du Sud de la France. Cependant, il n'est pas certain que ce penchant soit devenu plus fréquent avec l'industrialisation. En revanche, la mixité des ateliers et la promiscuité des étroits logements près des manufactures ont engendré une grande « *dissolution des mœurs* ». Beaucoup d'ouvriers, souvent les plus pauvres, vivent en concubinage. À Saint-Quentin, une naissance sur cinq est illégitime, et à Reims une sur quatre. La prostitution, parfois de très jeunes filles, s'est elle aussi développée.

**La plus grande qualité des classes laborieuses est la solidarité.** « *Je n'ai trouvé, chez nos ouvriers, qu'une seule vertu qu'ils possédassent à un plus haut degré que les classes sociales plus heureuses : c'est une disposition naturelle à aider, à secourir les autres dans toute espèce de besoins. Ainsi par exemple, en novembre 1839, un manufacturier, forcé par la diminution des commandes de congédier une partie de ses ouvriers, leur annonça que, selon l'usage établi en pareil cas, il ne conserverait que les plus anciens. Mais ceux-ci s'étant concertés, lui demandèrent* *de partager avec leurs camarades le travail et le salaire qu'il pouvait encore leur donner. De cette manière, chacun n'est plus occupé qu'une demi-journée, mais tous ont conservé du pain.* »

**Cette solidarité s'exprime en particulier à travers les sociétés de secours mutuel.** « *Ces sociétés, dites aussi sociétés de prévoyance ou de bienfaisance, sont des associations d'ouvriers qui mettent en commun, chaque mois ou chaque semaine, une petite partie de leurs gains pour ceux d'entre eux qui deviennent malades ou infirmes.* » Mais elles connaissent souvent des difficultés financières, faute d'avoir élargi suffisamment le nombre de leurs adhérents, ou faute d'avoir pu différencier la participation de chacun en fonction de l'âge et des risques encourus.

L'ouvrage est remarquable par la méthode de travail utilisée par le docteur Villermé. Il fait œuvre à la fois de sociologue et de statisticien, en insistant sur les qualités d'objectivité et d'impartialité requises par l'enquête. « *Il me fallait examiner les effets de l'industrie sur ceux qu'elle emploie, interroger la misère sans l'humilier, observer l'inconduite sans l'irriter.* »

Il pratique l'observation directe. « *Tel est le soin que je désirais mettre à cette espèce d'enquête, que j'ai suivi l'ouvrier depuis son atelier jusqu'à sa demeure. J'y suis entré avec lui, je l'ai étudié au sein de sa famille, j'ai assisté à ses repas. J'ai fait plus : je l'avais vu dans ses travaux et son ménage, j'ai voulu le voir dans ses plaisirs, l'observer dans les lieux de ses réunions. Là, écoutant ses conversations, m'y mêlant parfois, j'ai été, à son insu, le confident de ses joies et de ses plaintes, de ses regrets et de ses espérances, le témoin de ses vices et de ses vertus.* »

Cependant, à la fin de son rapport, il cesse d'être un enquêteur impartial pour devenir l'avocat convaincant de la limitation du travail des enfants. « *Le remède au dépérissement des enfants dans les manufactures, à l'abus homicide qu'on en fait, ne saurait donc se trouver que dans une loi ou un règlement qui fixerait, d'après l'âge de ces ouvriers, un maximum à la durée journalière du travail.* » Il prend appui sur les lois votées dans d'autres pays, en particulier en Angleterre : depuis 1833, on ne peut plus y employer d'enfants de moins de 9 ans, et la journée de travail pour les enfants de moins de 16 ans y est fixée à 10 heures. Certes, constate-t-il, le salaire des enfants constitue un complément précieux au revenu des familles, mais il est malheureusement trop souvent dépensé « au cabaret ». Cette loi, demandée même par certains manufacturiers, est donc urgente. Un an après la publication de son rapport le docteur Villermé obtient gain de cause. La loi de 1841 interdit l'embauche des enfants de moins de 8 ans dans les fabriques de plus de 20 salariés, et limite à 8 heures la journée de travail des jeunes de 8à 12 ans.

On peut signaler enfin qu'en 1986, un groupe d'inspecteurs et de contrôleurs du travail a utilisé cette méthode d'observation et publié, sous le nom d'« association Villermé », un Tableau de l'état physique des salariés en France.

# 32 Civilisation matérielle, économie et capitalisme, XVe-XVIIIe siècle

## Fernand Braudel

Avec Marc Bloch et Lucien Febvre, Fernand Braudel est l'un des plus illustres représentants de l'école historique des Annales. Se démarquant de l'histoire événementielle traditionnelle, ce courant cherche à appréhender l'histoire d'une manière plus large, en restituant ses dimensions économiques, sociales et culturelles, pour aboutir à une explication globale du passé, sur la courte comme sur la longue durée. Dans cet esprit, ce livre constitue un essai d'histoire économique globale du monde préindustriel, de la fin du Moyen Âge à l'aube de l'époque contemporaine. Il marque une étape importante dans l'historiographie en introduisant l'idée qu'il existe plusieurs niveaux dans l'activité économique et en diffusant le concept d'économie-monde.

Ce livre paraît pour la première fois en trois volumes en 1979 à Paris, aux éditions Armand Colin. Seul le tome I, « Les structures du quotidien » (544 p.), était sorti auparavant, dès 1967. Le tome II s'intitule « Le temps du monde » (607 p.) et le tome III « Les jeux de l'échange » (600 p.). L'ouvrage est republié chez le même éditeur en 1986.

## 1) Le premier niveau de l'activité économique : les structures du quotidien

### A. L'importance du nombre des hommes

**Le poids démographique des civilisations reste un facteur structurel essentiel.** Nul ne connaît précisément la population entière du monde entre le XVe et le XVIIIe siècle, tant sont rares les données chiffrées de l'époque. Pour autant, il est vraisemblable que le nombre des hommes ait plus que doublé, approchant peut-être le milliard vers 1800. Sur le long terme, le taux d'accroissement reste faible, à peine perceptible à l'échelle des générations. La démographie reste caractéristique d'une situation « *d'ancien régime biologique* », antérieure à la transition démographique, où la mortalité comme la fécondité restent très élevées, avec d'importantes fluctuations conjoncturelles.

**Ces populations sont déj à très mal réparties à l'échelle du glob**e. Le facteur limitant est essentiellement l'alimentation. En Chine, en Inde ou en Europe, régions de vieilles civilisations, le riz et le blé sont des cultures peuplantes. Elles permettent de nourrir de fortes densités de population, au prix il est vrai d'importants efforts : sélection des semences, amélioration de l'outillage, travaux d'irrigation ou de drainage, élevage d'animaux de trait… L'igname, le manioc, le sorgho et le mil d'Afrique ou d'Asie centrale, aux rendements bien plus faibles, limitent davantage le peuplement. Seul le maïs américain apporte des calories presque sans effort, mais il conduit néanmoins à un immobilisme technique.

**Une grande partie de l'activité économique se concentre surtout dans les villes.** « *Elles augmentent les tensions, elles précipitent les échanges, elles brassent sans fin la vie des hommes.* » Les villes aussi grandes que Paris, Naples, Londres ou Pékin sont certes rares avant le XIXe siècle. Les populations restent rurales à plus de 80 % et le réseau urbain est plutôt constitué de petites villes de quelques dizaines de milliers d'habitants. Néanmoins, « *une ville est toujours une ville* » et l'on y retrouve toujours des régularités. Elle est d'abord l'endroit où se renforce et s'adapte sans cesse la division du travail. Elle est aussi un lieu et un enjeu de pouvoirs. Au centre d'un réseau de liaisons plus ou moins lointaines, la ville est surtout un lieu d'intenses contacts : « *la ville, en somme, généralise le marché.* » Les villes d'Occident sont en outre très tôt apparues plus originales que celles des autres régions du monde. Elles ont souvent joui de libertés et de privilèges inégalés, ont davantage dominé leurs périphéries, ont aussi connu une croissance plus rapide.

## B. Une diffusion inégale des techniques

**L'innovation, l'évolution technique sont les principaux moteurs de l'histoire économique, avant même le XIXe siècle.** « *La technique est reine : c'est elle qui change le monde.* » La naissance d'associations techniques complexes comme l'artillerie, l'imprimerie ou les progrès de la navigation hauturière marquent le passage à la modernité et assurent progressivement la domination de l'Occident, mais leur diffusion demeure lente. Certains secteurs restent surtout stagnants. L'énergie est en effet longtemps dominée par l'animal, l'eau, le vent ou le charbon de bois. Les progrès agricoles (pomme de terre, légumineuses) ne se généralisent pas. Les transports terrestres constituent enfin une des plus fortes contraintes de l'économie. Ce sont essentiellement les inerties de ces secteurs qui sont corrigées par la révolution industrielle britannique à la fin du XVIIIe siècle.

**C'est en Occident que naissent ou se perfectionnent la plupart des techniques monétaires.** Les arrivées d'or du Nouveau Monde deviennent régulières à partir des années 1530, celles d'argent se renforcent vers 1570. Les mines de cuivre de Suède fournissent le métal nécessaire à la frappe des monnaies divisionnaires, dites de billon. Ce gonflement sans précédent de la masse monétaire métallique européenne permet bien sûr un accroissement important des échanges, mais c'est aussi durant cette période que se perfectionnent monnaies fiduciaires et instruments de crédit comme les billets de banque, les lettres de change ou les rentes d'État. Ailleurs dominent encore des formes d'échange plus rudimentaires : troc, monnaies-marchandises (le sel, les animaux, les fourrures servent de monnaies d'échange) pour les régions les moins avancées du globe, « *monnaies métalliques dans l'enfance* » au Japon, en Chine, en Inde et dans l'Empire turc. « *Plus un pays est économiquement développé, plus il a élargi la gamme de ses outils monétaires et de ses instruments de crédit* [...]. *L'argent, c'est l'unité, c'est aussi l'injustice du monde.* »

## 2) Les deuxième et troisième niveaux de l'activité économique : économie de marché et capitalisme

### A. L'économie de marché est une économie concurrentielle

**L'économie de marché est un secteur concurrentiel qui s'autorégule naturellement.** Elle réunit l'offre et la demande à des degrés divers, soit directement soit par l'intermédiaire du marchand ou du négociant. On peut repérer cette économie de marché « *dès qu'il y a fluctuation et unisson des prix entre les marchés d'une zone donnée, phénomène d'autant plus caractéristique qu'il se produit à travers des juridictions et souverainetés différentes* ». Pour l'économie européenne les prix augmentent ainsi partout des années 1475 à 1600, stagnent voire régressent vers 1600-1730, puis augmentent à nouveau sensiblement jusqu'aux années 1810-1815. Ce niveau de l'économie prend pour chacun la figure du colportage, de la boutique, des marchés urbains. À un degré plus élevé, elle s'incarne dans les grandes bourses de commerce, telles celles de Londres ou d'Amsterdam, qui supplantent progressivement les grandes foires de Flandres, de Champagne ou de Plaisance, florissantes au Moyen Âge.

**Ces échanges sont toujours inégaux.** C'est à ce niveau que se diffusent les trafics quotidiens à faible distance (céréales, bois) comme à plus large rayon (vin, huile, draps). Mais ces flux ne sont jamais équilibrés. Sur le long terme, on constate à la fois un essor continu et une plus grande spécialisation des lieux d'échanges. L'inégalité des trafics fait apparaître des régions où les balances du commerce sont soit excédentaires soit déficitaires. La circulation des richesses fait toujours apparaître des zones dominantes et d'autres qui lui sont subordonnées, des centres et des périphéries.

### B. Le capitalisme tend à constituer un « contre-marché »

**Le capitalisme constitue le niveau supérieur des échanges.** Ce niveau est dominé par de très riches négociants, de grands capitaines d'industrie ou de grands bailleurs de fonds, tels les Fugger d'Allemagne, les Ruiz d'Espagne ou les Vanrobais en France, qui constituent le haut de la hiérarchie marchande. Ces riches personnages n'exercent en réalité jamais une seule et même activité et ont un patrimoine fort diversifié qui les met à l'abri des retournements du sort : exploitations agricoles en Europe, plantations en Amérique, mines, fabriques, etc.

**Leur stratégie vise à s'affranchir des règles de l'économie de marché pour constituer un marché privé, un « *contre-marché* ».** Animés d'un esprit et d'une logique déj à « *capitaliste* », ils cherchent à concentrer de gros bénéfices par le commerce au long cours, la spéculation, la constitution des premiers monopoles de droit ou de fait (grandes compagnies de commerce, manufactures). Ils bénéficient d'un réseau d'informateurs déj à performant et s'assurent par leurs capacités financières le concours des princes. Leurs investissements brassent à long terme un volume de capitaux sans commune mesure avec celui des autres étages de l'économie, parfois supérieur aux finances des États, leurs prises de risques sont souvent importantes. « *La recherche du profit, la maximisation du profit sont déj à les règles implicites du capitalisme de ce temps-là.* » En ce sens, le capitalisme existe bien avant la révolution industrielle.

## 3) Vers une histoire générale de l'économie du monde

### A. Économie mondiale et économie-monde

**L'« *économie mondiale* » désigne simplement l'économie du monde pris dans son entier.** Cette expression caractérise la situation économique des XIXe et XXe siècles, où l'ensemble de l'économie s'est progressivement internationalisée. Elle doit être nettement distinguée de l'expression « *économie-monde* ».

**Une « *économie-monde* » est une partie du monde formant un ensemble économique cohérent, un système.** Forgée à partir du mot allemand Weltwirtschaft, cette expression désigne en effet « *un morceau de la planète économiquement autonome, capable pour l'essentiel de se suffire à lui-même et auquel ses liaisons et ses échanges intérieurs confèrent une certaine unité organique* ». En ce sens, la Méditerranée du XVIe siècle, qui forme un monde en soi, peut être ainsi considérée comme une économie-monde. Trois conditions sont nécessaires. En premier lieu, une économie-monde occupe un espace bien défini, limité géographiquement par des barrières naturelles ou des zones de faibles densités et dont l'étendue varie très lentement. En deuxième lieu, une économie-monde est toujours dominée par un pôle urbain, une ville capitaliste assurant le rôle de centre décisionnel et logistique.

Ce pôle n'est néanmoins pas fixé une fois pour toutes car une même économie-monde peut être dominée successivement par plusieurs cités. En dernier lieu, toute économie-monde se partage en zones successives, fortement hiérarchisées, qui font l'objet d'une certaine division du travail. Proches de la ville dominante se trouvent les régions centrales, les plus dynamiques, aux activités à plus forte valeur-ajoutée. À mesure que l'on s'éloigne du centre apparaissent les zones intermédiaires puis les zones périphériques, subordonnées et dépendantes. Plus loin encore se trouvent des isolats vivant hors du temps du monde.

### B. Le passage d'économies-mondes à une économie mondiale

**Avant le XIXe siècle, le monde est encore constitué d'une juxtaposition d'économies-mondes ayant très peu de relations entre elles.** Jusqu'au règne de Pierre Le Grand (1694-1725), la Russie reste ainsi une économie à elle seule. L'empire ottoman, l'Afrique Noire, l'Inde et la Chine constituent aussi des ensembles économiques cohérents, souvent comparables à ceux de l'Europe. En Europe même, l'économie est dominée par de grandes cités du XIVe au XVIIIe siècle. Depuis les années 1380, l'économie-monde méditerranéenne est dominée par la ville de Venise avant que Gènes en prenne momentanément le relais au milieu du XVIe siècle. Dans le même temps, l'Europe septentrionale constitue une économie-monde parallèle, dominée par Bruges, Anvers et les villes de la Hanse, telles Lübeck ou Hambourg. Progressivement, l'économie-monde s'élargit à l'ensemble de la façade atlantique européenne et son centre de gravité se déplace d'abord à Anvers puis à Amsterdam, ville dominante tout au long du XVIIe siècle et au début du siècle suivant. L'Amérique, quant à elle, ne constitue pas une économie-monde. Depuis sa découverte, elle reste « *l'enjeu des enjeux* » des puissances européennes et constitue longtemps une périphérie dominée.

**Avec la révolution industrielle, l'économie devient progressivement mondiale.** À partir de la fin du XVIIIe siècle, Londres prend en effet le relais de l'économie-monde européenne, puis étend cette économie à l'ensemble de la planète. Cette domination mondiale de la Grande-Bretagne ne s'explique pas seulement par l'industrialisation. L'histoire a en effet déj à été marquée par d'autres révolutions industrielles qui ont toutes avorté. La force de la vapeur est déj à connue dans l'Égypte du Ier siècle avant notre ère, la mécanisation apparaît en Europe dès le XIe siècle, mines et sidérurgie connaissent d'importants progrès dès le XVIe siècle. Elle s'explique surtout par les conditions sociales et les structures économiques du pays, plus particulièrement par le dynamisme de son capitalisme. L'industrialisation n'est au total qu'une accélération de processus apparus très anciennement. « *L'image de l'histoire du monde de 1400 ou 1450 à 1850-1950, c'est celle d'une égalité ancienne qui se rompt sous les effets d'une distorsion multiséculaire, commencée dès la fin du XVe siècle.* »

Ce livre reste l'ouvrage majeur de Fernand Braudel et synthétise l'ensemble de son œuvre. En privilégiant l'analyse de la longue durée par rapport à celle de la conjoncture, l'auteur montre essentiellement que le système économique actuel n'est pas uniquement issu de processus ou de structures apparus au XIXe siècle, mais qu'il puise ses racines dans une histoire bien plus ancienne. La conquête économique du monde par la Grande-Bretagne, puis par les États-Unis, appuyée par la révolution industrielle, reste bien la plus profonde rupture de l'histoire économique, mais sa gestation est très antérieure.

Les méthodes employées tout comme les concepts diffusés par Fernand Braudel ont marqué d'une manière profonde la plupart des historiens et des économistes actuels.

# Les étapes de la croissance économique

## *Un manifeste non-communiste*

### Walt Whitman Rostow

33

Dans son ouvrage, publié en 1960, l'Américain W. W. Rostopropose une thèse évolutionniste du développement (ce terme est plus approprié que celui de « croissance économique » figurant dans le titre) : la modernisation des sociétés passe par une série d'étapes successives (de la société traditionnelle à l'ère de la consommation de masse). Son ambition est non seulement d'ouvrir des perspectives aux pays pauvres, mais aussi de discréditer l'analyse marxiste du changement social. Ainsi, dans ce livre (trad. fr. Seuil, 1963, 255 p.), Rostodécrit, à partir des expériences historiques de quelques pays, ces différentes étapes dont la succession fut fréquemment à l'origine de conflits, de guerres, et dont l'analyse constitue un manifeste anti-communiste.

## 1) Le développement économique et social des sociétés est caractérisé par une succession de cinq étapes

### A. Les sociétés traditionnelles peuvent se développer si certaines conditions sont réunies

**La première étape du développement économique est celle de la société traditionnelle.** « *Du point de vue historique nous groupons sous le terme de société traditionnelle tout le monde prénewtonien* [...], *et nous y ajoutons les sociétés postnewtoniennes qui, pendant un certain temps, demeurèrent étrangères ou indifférentes à la capacité nouvelle qu'avait l'homme d'utiliser systématiquement son milieu physique pour améliorer sa condition économique.* » Dans ces sociétés de type agricole, la famille, le clan, constituaient la base de l'organisation sociale et le pouvoir politique était « *entre les mains de ceux qui possédaient la terre ou l'avaient soumise à leur autorité* ». Enfin, un « *fatalisme à long terme* » marquait les comportements. « *Les dynasties chinoises, la civilisation du Moyen-Orient et du bassin méditerranéen, le monde de l'Europe médiévale* » constituent des exemples de ce type de société.

**Au cours de la deuxième étape du développement, les sociétés traditionnelles créent les conditions d'un démarrage économique.** C'est « *en Europe occidentale, à la fin du* XVII*e siècle et au début du* XVIII*e, que les conditions préalables au démarrage ont commencé à se créer de façon indiscutable à mesure que les conquêtes de la science moderne donnaient naissance à de nouvelles fonctions de production tant dans l'agriculture que dans l'industrie* ». Les transformations de l'agriculture ont été décisives. Elles ont permis de nourrir une population croissante, de financer les importations de biens d'équipement, de dynamiser la demande de produits industriels, de constituer une source de recettes fiscales permettant aux gouvernements de financer les infrastructures nécessaires au développement (voies ferrées, routes...), d'accroître l'offre de capitaux, etc. De nouvelles élites promouvant la modernisation se sont substituées aux anciennes : cette transformation sociale « *est au cœur même de la création des conditions préalables au démarrage* ». Sur le plan politique, « *un État national centralisé* » a émergé. Il s'est appuyé sur « *des coalitions teintées d'un nationalisme nouveau* », désireuses de réagir contre la domination des nations plus avancées : « *il ne fait pas de doute que si la dignité des individus et des nations n'avait pas été humiliée par l'intrusion de puissances plus évoluées, le rythme de modernisation des sociétés traditionnelles aurait été beaucoup plus lent qu'il ne l'a effectivement été au cours des cent cinquante dernières années.* »

## B. Après avoir franchi l'étape du démarrage, les sociétés progressent vers la maturité qui mène au stade de la société de consommation de masse

**L'étape du démarrage fait entrer les sociétés dans une phase de croissance irréversible.** « *Le démarrage est la période pendant laquelle la société finit par renverser les obstacles et les barrages qui s'opposaient à sa croissance régulière.* » La conjonction de trois facteurs caractérise cette étape : le taux d'investissement et d'épargne passe de 5 à 10 % du revenu national de manière à faire face au croît démographique ; des industries de transformation se développent et les profits sont réinvestis ; un nouveau cadre institutionnel impulse et entretient la croissance. En général, le démarrage est la conséquence de l'action d'un stimulus particulièrement actif : une révolution politique, l'adoption d'une technique nouvelle à forts effets d'entraînement, l'ouverture de nouveaux marchés, l'accroissement des échanges, une arrivée massive de capitaux, etc. Ainsi, « *en l'espace d'une à deux décennies, la structure fondamentale de l'économie et la structure sociale et politique de la société se transforment de telle façon que le taux de croissance de l'économie pourra par la suite rester constant* ». La Grande-Bretagne accède à cette étape entre 1783 et 1802 ; la France, entre 1830 et 1860 ; les États-Unis entre 1843 et 1860 ; l'Allemagne, entre 1850 et 1873 ; le Japon, entre 1878 et 1890 ; la Russie, entre 1890 et 1914…

**Puis la société entame sa « *marche vers la maturité* ».** Dorénavant, « *le volume des investissements représente régulièrement de 10 à 20 % du revenu national de telle sorte que la production peut conserver une avance sur l'accroissement de la population* ». L'industrie poursuit sa croissance et se diversifie. Des produits jusqu'alors importés sont produits sur place puis exportés. « *Une soixantaine d'années après le début du démarrage, […] l'économie atteint généralement ce que l'on peut appeler sa maturité.* »

**« *L'ère de la consommation de masse* » est l'étape ultime.** Par la suite, les secteurs de biens de consommation durables, par exemple l'automobile, et des services dynamisent la croissance. Les besoins fondamentaux de la population sont satisfaits. L'État-providence se développe… C'est « *l'ère de la consommation de masse* » à laquelle les États-Unis sont parvenus en 1914, l'Europe occidentale y accédant vers la fin des années quarante, et le Japon au début des années cinquante.

### C. La théorie des étapes n'exclut pas la diversité des trajectoires nationales

**L'activité de chaque secteur de l'économie dépend à la fois de la demande et des conditions d'offre.** Le développement des secteurs clés dépend du progrès technique qui dynamise l'offre, mais aussi de la demande intérieure et/ou extérieure, privée et/ou publique. La nature, l'importance et les effets de ces différents facteurs varient selon les sociétés.

**Les secteurs clés et l'ordre de leur apparition ne sont pas identiques dans toutes les sociétés.** Les secteurs jouant un rôle clé sont « *les secteurs de croissance primaire* » qui provoquent l'expansion de « *secteurs de croissance complémentaire* » par effet d'entraînement. Parallèlement, des « *secteurs de croissance secondaire* » se développent du fait de l'accroissement du revenu réel total, de la croissance démographique et « *de quelques autres variables de caractère général, en évolution lente* ». La nature de ces secteurs et leur ordre d'apparition n'étant pas déterminés *a priori*, le modèle des étapes de la croissance n'impose pas « *un schéma unique d'évolution* », auquel devrait se conformer toute société.

## 2) Le passage par étapes de la société traditionnelle à la société moderne est à l'origine de conflits et de guerres

### A. Les guerres coloniales sont en partie liées aux premières étapes du développement

**La colonisation résulte de la volonté des grandes puissances européennes d'élargir leurs débouchés.** Les sociétés traditionnelles se montraient incapables d'établir des liens commerciaux avec les grandes puissances. Celles-ci, à la recherche de débouchés, sont alors devenues colonisatrices pour structurer les sociétés traditionnelles de manière à élargir les échanges.

**Rapidement, les objectifs non économiques de la colonisation ont supplanté tous les autres.** « *Les nations étaient contraintes non seulement d'agir positivement dans l'intérêt national mais aussi de soutenir celui-ci négativement en empêchant une autre nation d'acquérir une source de puissance.* » La colonisation relevait de cette logique : lorsqu'une nation s'emparait de colonies, elle étendait sa sphère d'influence et limitait la puissance des autres nations.

### B. Les agressions régionales sont provoquées par la dynamique des conditions préalables

**Les guerres régionales sont provoquées le plus souvent par des nations nouvelles, issues des indépendances.** Les colonisateurs, en réorganisant leurs colonies, ont contribué au développement de nouvelles élites modernisatrices et nationalistes, qui structurèrent les luttes pour l'indépendance. Mais, en accédant au pouvoir, ces nouvelles élites, désireuses de réunir les conditions préalables au démarrage, ont dû prendre en charge des sociétés instables. Aussi, « *il s'est avéré tentant de détourner une partie du nouveau nationalisme vers des objectifs extérieurs, surtout s'ils paraissaient que ces objectifs pouvaient être atteints à peu de frais et à peu de risques* ».

**Ces agressions à objectifs limités correspondent fréquemment à la fin de la période des conditions préalables ou au début du démarrage.** Dans la mesure où, très souvent, elle est le fruit d'humiliations passées, la guerre régionale ressoude la société à un moment où « *la modernisation soulève des problèmes intérieurs difficiles qui tendent à rompre l'unité* ». Ce processus, que certaines nations colonisées ont connu en devenant indépendantes, caractérise plus généralement les sociétés accédant à la deuxième ou à la troisième étape de la croissance. C'est ainsi, par exemple, que l'Allemagne constitue progressivement son unité nationale lors de plusieurs conflits, notamment contre l'Autriche (1864) et la France (1871). Fréquemment, cette période de guerres régionales est suivie d'un moment où « *l'engouement pour la modernisation l'emporte* ».

### C. Les guerres de masses sont le résultat du décalage avec lequel les nations accèdent au stade de la maturité économique

**Trois grands conflits de masses ont eu lieu depuis le début du siècle.** La première et la seconde guerres mondiales, puis la guerre froide, sont des guerres de masses dont l'objectif est le contrôle de l'Eurasie (Europe orientale et Asie). Chaque fois que l'équilibre des forces était rompu dans cette zone, un conflit majeur entre grandes puissances a éclaté.

***Les trois grands conflits ont pour origine un décalage de développement.*** « *Le décalage dans le temps avec lequel les pays approchent de la maturité économique contribue vraiment à éclairer les trois grands conflits du XX*e *siècle.* » Ces conflits s'inscrivent dans une continuité qui provient de la tentation éprouvée par trois puissances, l'Allemagne, le Japon et la Russie, d'exploiter « *leur maturité nouvellement acquise* », alors que les sociétés d'Europe de l'Est et de la Chine n'avaient pas encore achevé leur mutation. L'intervention d'une quatrième puissance, les États-Unis, a pour le moment fait échouer ces tentatives de domination.

## 3) L'analyse des étapes de la croissance constitue un manifeste anti-communiste

### A. L'analyse en termes d'étapes conteste la pertinence de l'analyse marxiste

**Bien qu'il soit nécessaire de les relativiser, des analogies entre l'analyse marxiste et celle des étapes de la croissance sont possibles.** Les deux analyses étudient l'évolution des sociétés : de la société féodale à la société communiste chez Marx ; de la société traditionnelle à l'ère de la consommation de masse chez Rostow. Dans les deux cas, le rôle moteur de certains secteurs, davantage diversifiés dans la théorie des étapes qu'ils ne le sont dans la théorie marxiste, est largement mis en avant. Les deux approches montrent comment les transformations économiques influent sur les structures sociopolitiques mais la théorie des étapes ne réduit pas cette influence à un strict déterminisme. Enfin, si les deux analyses accréditent l'idée que des intérêts économiques divergents puissent conduire à des conflits, la théorie des étapes n'y voit pas un motif prépondérant, contrairement aux conclusions de Marx.

**D'importantes divergences opposent fondamentalement les deux analyses.** Marx est dans l'erreur lorsqu'il réduit les motivations humaines à la recherche du profit maximum. L'homme recherche « *non pas seulement le profit économique, mais la puissance, les loisirs, l'aventure, la continuité de ses occupations, et la sécurité ; il a le souci de sa famille, tient aux valeurs sur lesquelles se fonde la civilisation de son pays ou de sa région, et aime bien aller s'amuser un peu au café avec ses amis* ». La solidarité peut également fonder ses actions. En outre, les oppositions d'intérêts entre groupes sociaux n'excluent pas les compromis : « *cet esprit de compromis que l'on retrouve au fond du creuset dans l'état du comportement humain, Karl Marx qui vécut en solitaire, profondément isolé de ses semblables, ne l'a jamais compris.* » Par ailleurs, les travailleurs ont bénéficié de la croissance économique capitaliste : le salaire réel a beaucoup plus augmenté que dans les pays socialistes. L'État-providence a accru le bien-être... Sur un autre plan, les crises économiques n'ont pas abouti à la crise finale du capitalisme : la baisse tendancielle des taux de profit n'a pas eu lieu en raison, notamment, des perspectives ouvertes par les sciences et les techniques.

## B. La voie communiste est à rejeter

**Le communisme moderne conduit à la dictature d'un parti**. Les ouvriers paraissant davantage désireux de bénéficier des fruits de la croissance que de faire la révolution socialiste, Lénine affirma que « *le parti communiste les forcerait à accomplir la destinée marxiste que leur fixait l'histoire* ». Le Parti devenait un parti d'élites et « *recherchait le pouvoir sur une base minoritaire* ». Rapidement, après 1917, Lénine décida « *de continuer à gouverner selon la formule de la dictature de l'État policier* ». Staline accentua cette tendance ; ses successeurs l'ont peu infléchie. Finalement, « *la dictature politique de l'élite sur la majorité, qu'elle utilise dans son propre intérêt, est très proche de ce que Marx croyait être la structure politique du capitalisme où ceux qui possèdent gouvernent* ».

**Le communisme est une maladie de la période de transition**. En prenant le pouvoir, les communistes ont renversé un ordre ancien, établi un État fort, organisé la société dans laquelle, pendant l'étape des conditions préalables, « *une classe moyenne commerçante, nombreuse et entreprenante, et une entente politique suffisante entre les dirigeants de la société* » ne s'étaient pas créées. Le communisme est donc « *une sorte de maladie qui peut atteindre une société en période de transition si elle n'organise pas efficacement ceux de ses éléments qui seraient disposés à s'attaquer à la tâche de la modernisation* ». Il convient alors de réfléchir aux moyens permettant aux pays en développement de ne pas suivre la voie socialiste, en leur permettant de réunir les conditions préalables et d'entamer un démarrage facteur de croissance durable, dans un contexte politique démocratique. La théorie des étapes montre comment il est possible de se développer « *sans supprimer la possibilité pour l'homme d'être libre* [...]. *L'homme est un être pluraliste,* [...] *et il a le droit de vivre dans une société pluraliste* ». Il est donc nécessaire de « *faire preuve d'imagination créatrice* » pour que ces sociétés se détournent de la voie communiste.

**Il convient de promouvoir un mode de développement inspiré des expériences des pays en voie d'industrialisation au XIX^e^ siècle**. Face aux nombreux problèmes identiques à ceux rencontrés au XIX^e^ siècle par les pays arrivés aujourd'hui à « *l'ère de la consommation de masse* », les pays en développement disposent d'un stock de technologies plus élevé qu'au siècle dernier et de l'aide internationale. En revanche, ils sont confrontés aux difficultés générées par une croissance démographique très supérieure à celle qu'avaient enregistrée les pays développés au début de leur développement. Ces constats conduisent à préconiser une stratégie orientée dans trois directions : en premier lieu, il faut mobiliser les possibilités offertes par la technologie pour accroître la productivité agricole, une diminution concomitante de la natalité étant souhaitable ; ensuite, « *il faut tirer plus largement et surtout plus régulièrement parti des possibilités de l'aide extérieure* » pour financer les investissements ; enfin, « *les élites cultivées non communistes de ces sociétés en transition,* [...] *ont le droit d'espérer que le monde des démocraties avancées les aidera plus largement et avec plus de continuité ; mais, ce sont elles* [...] *qui doivent concentrer toute leur attention sur les tâches du développement, malgré les tentations qu'ils peuvent avoir de pousser le nationalisme dans d'autres voies et de céder aux appels démentiels de la guerre froide* ».

L'analyse de Rostoa été abondamment critiquée : la séquence de développement en cinq étapes, que la Grande-Bretagne a sans doute connue, n'est pas transposable aux autres sociétés dont les structures socio-économiques sont différentes. De même, la stratégie de développement proposée – modernisation agricole et aide internationale massive – a fait l'objet de nombreuses discussions. Pourtant, Rostoadmet la variété des trajectoires nationales et sa critique virulente de la voie communiste est confortée par l'effondrement des pays socialistes depuis la fin des années quatre-vingt. Mais sans doute sous-estime-t-il les effets de la domination des pays riches sur les pays pauvres, qui pour de nombreux auteurs, y compris non marxistes, sont facteurs de blocage du développement.

# Mythes et paradoxes de l'histoire économique

## Paul Bairoch

34

Paul Bairoch explique qu'il a écrit ce livre car l'histoire est souvent prise comme argument pour légitimer des politiques économiques ou pour conseiller les pays en développement. En réalité, les solutions alors proposées s'appuient souvent sur des mythes et des paradoxes, que l'auteur se propose de nous dévoiler dans cet ouvrage (La Découverte, 1994, 286 p.).

## 1) Les grands mythes concernant le monde développé

### A. Les mythes concernant la croissance et la crise

**Contrairement à ce que l'on croit souvent, la période précédant la Première Guerre mondiale n'était pas une période de crise ; la croissance fut parmi les plus fortes enregistrées jusqu'alors.** En revanche, la croissance du XIX$^{e}$ siècle fut globalement très faible puisque la croissance moyenne par habitant avoisinait tout juste 1 % dans les pays d'Europe en cours de développement.

**Le protectionnisme ne fut pas croissant durant les années vingt.** On considère parfois qu'une des causes de la crise des années trente est un regain de protectionnisme ; en réalité, ce regain a été la conséquence de la crise et non sa cause. « *D'un point de vue général, on peut considérer que la période qui a précédé la crise fut marquée en Europe par une tendance à la libéralisation des échanges.* »

**L'ampleur de la dépression des années trente est à nuancer.** « *Malgré un effondrement du commerce international, les années trente ne furent pas aussi négatives du point de vue de la croissance économique, qu'on les considère au niveau mondial ou dans de nombreux pays en particulier.* » En effet, excepté les États-Unis, l'Allemagne, les Pays-Bas et la Norvège qui furent fortement touchés par la dépression au début des années trente, on n'enregistre pas de déclin important du PNB par habitant dans les pays développés ; certains pays comme le Royaume-Uni ont même connu une décennie plus prospère dans les années trente que dans les années vingt. Le taux de croissance du PNB par habitant dans les pays industrialisés est de 1,1 % entre 1929 et 1939, ce qui n'est que faiblement inférieur à la période 1913-1929 (1,6 %) et supérieur à la plupart des périodes du XIX$^{e}$ siècle.

**Les économies fascistes ne furent pas les seules à surmonter la dépression.** « *Les économies fascistes n'étaient pas si florissantes.* » Parmi celles-ci, seule l'Allemagne, au prix de déséquilibres importants, a enregistré un fort taux de croissance dans les années trente et a réussi à diminuer son chômage.

## B. Contrairement à ce qui est souvent affirmé, « *le libre-échange est l'exception et le protectionnisme est la règle* »

**Entre 1815 et 1913, l'Europe n'était pas globalement libre-échangiste.** Il est vrai qu'au XIXe siècle la doctrine dominante est le libre-échange : « *c'est la première fois dans l'histoire, que les hommes commencèrent à raisonner en termes de niveau de développement à atteindre plus ou moins rapidement plutôt qu'en termes d'appropriation d'une plus grande part des richesses ; autrement dit, d'un gâteau plus gros et non d'une plus grosse portion de celui-ci.* » Mais, excepté le cas de la Grande-Bretagne et à part l'intermède libre-échangiste européen entre 1860 et 1879, en 1815 comme en 1913, le constat est le même : « *un océan de protectionnisme cernant quelques îlots libéraux* ».

**Le libre-échangisme n'était pas non plus la règle dans le reste du monde développé.** C'est bien sûr le cas des États-Unis, « *patrie et bastion du protectionnisme moderne* », qui prend comme argument la protection des industries dans l'enfance, mais qui poursuit sa politique commerciale très protectionniste même après que l'industrie américaine eut rattrapé l'industrie européenne. Les dominions britanniques ont aussi été relativement protectionnistes : l'Australie dès 1867 et le Canada à partir de 1878 s'engagèrent dans une politique commerciale défensive. « *À l'exception du Royaume-Uni, le monde développé était un océan de protectionnisme.* »

**En revanche, « *le tiers monde était un océan de libéralisme sans îlot protectionniste* ».** En effet, les pays occidentaux avaient imposé une politique commerciale libérale à toutes leurs colonies ainsi qu'aux pays politiquement indépendants (Chine, certains pays d'Amérique latine...). Des traités qualifiés de « traités inégaux » avaient été signés pour cela.

## C. Le bilan du libre-échange est en réalité plutôt négatif

**En Europe, seul le Royaume-Uni semble avoir profité du libre-échange.** L'analyse des données statistiques montre que la libéralisation s'est traduite par une croissance de la production et des échanges extérieurs britanniques. « *L'industrie britannique, qui jouissait d'une nette avance technologique, avait trouvé un marché beaucoup plus vaste.* »

En revanche, le reste de l'Europe ne semble pas avoir profité de la période libre-échangiste ; c'est même au moment où la politique commerciale était la plus libérale que la grande dépression a éclaté. La fin de la crise a d'ailleurs coïncidé avec le retour au protectionnisme.

C'est le monde paysan qui a le plus souffert de la libéralisation des échanges en raison de la chute du prix des produits agricoles. La baisse du niveau de vie des paysans a eu des effets récessifs sur le reste de l'économie du fait de leur poids relatif dans la population. La Grande-Bretagne, beaucoup moins agricole que l'Europe continentale, a logiquement moins souffert de la grande dépression.

Paradoxalement, le protectionnisme induit par la grande dépression n'a pas provoqué de contraction du commerce mondial, bien au contraire.

**La politique protectionniste américaine semble être une réussite.** Non seulement, les États-Unis ont connu des taux de croissance parmi les plus élevés du monde à partir du milieu du XIXe siècle, mais en plus, les périodes d'accentuation de protectionnisme semblent coïncider avec celles de l'accélération de la croissance. « *Qui ne joue pas le jeu gagne.* »

**Le tiers monde a souffert de son libre-échange forcé**. « *Il ne fait aucun doute que le libéralisme imposé au tiers monde au XIXe siècle est un des principaux éléments d'explication du retard pris par le processus d'industrialisation.* » Comme ce fut le cas en Inde, le libre-échange forcé a étouffé l'artisanat de ces pays.

## 2) Les grands mythes concernant la colonisation

### A. Le rôle de la colonisation dans le développement occidental est à nuancer

**Les matières premières du tiers monde n'étaient pas indispensables à l'industrialisation occidentale**. « *À la veille de la Première Guerre mondiale, 98 % des minerais métalliques utilisés dans les pays développés venaient du monde développé ; le chiffre était de 80 % pour les fibres textiles et, comme nous l'avons vu, de plus de 100 % pour l'énergie.* » Le monde développé n'était donc dépendant que pour de rares produits : caoutchouc, cuivre, phosphates naturels... L'autosuffisance en matières premières ne s'est érodée qu'à partir de 1913. Mais vu du coté du tiers monde, les choses apparaissent différemment car les produits primaires représentent plus de 90 % des exportations du tiers monde.

**Les débouchés coloniaux ont joué un rôle limité dans le développement occidental**. Si la quasi-totalité des produits manufacturés consommés dans les pays du tiers monde provient des pays industrialisés, les exportations de ces derniers vers le tiers monde ne représentent pas, excepté pour le Royaume-Uni, un débouché important. Ainsi, entre 1800 et 1938, seulement 9 % de toutes les exportations européennes s'effectuaient à destination des empires coloniaux.

**Le colonialisme ne fut pas un facteur de croissance pour les pays colonisateurs**. Quoique la colonisation n'ait pas été une des causes de sa révolution industrielle précoce, le Royaume-Uni est le pays qui a le plus profité de son empire au XIXe siècle. Pour autant, l'impact de la colonisation doit être nuancé car Bairoch remarque : « *en comparant les taux de croissance pour le XIXe siècle, il apparaît qu'en règle générale les pays non coloniaux ont connu un développement économique plus rapide que les pays coloniaux.* » Cela s'explique par le fait que certains facteurs de croissance aient été détournés vers les colonies et que la facilité d'accès aux marchés coloniaux était un frein à l'innovation.

### B. Le bilan du colonialisme est très négatif

**Le bilan de la colonisation pour le tiers monde est négatif.** « *Si l'Occident n'a guère gagné au colonialisme, cela ne signifie pas que le tiers monde n'y ait pas beaucoup perdu.* » Le bilan est effectivement très lourd : désindustrialisation, diminution de la production vivrière pour réserver les bonnes terres aux cultures d'exportation dont les prix ont tendance à diminuer, explosion démographique, perte de l'indépendance nationale, traite des Noirs et dégradation de nombreuses formes de civilisation. « *Dans certaines zones du tiers monde le niveau de vie était en 1950 inférieur à celui de 1800.* »

**Il faut souligner que l'Occident ne fut pas l'unique colonisateur**. De nombreux empires se sont formés au cours de l'histoire. Ce fut par exemple le cas des empires égyptien, perse, romain, chinois... On peut ajouter, que si la traite des Noirs fut « *l'un des aspects les plus* *infamants de la colonisation européenne* », l'Occident ne fut pas le plus grand marchand d'esclaves (environ 11 millions) ; la traite des Noirs par le monde musulman fut plus importante (environ 25 millions).

## 3) Les mythes concernant le tiers monde

### A. Croissance et niveau de vie

**Les pays composant actuellement le tiers monde n'étaient pas significativement plus pauvres que les pays actuellement développés avant leur révolution industrielle.** Bairoch pense qu'en 1700-1750, les écarts de revenus entre les grandes régions du monde étaient faibles. Comme l'indiquent les déclarations de Marco Polo sur la Chine, des conquistadores sur la civilisation précolombienne ou des voyageurs sur l'opulence de l'Extrême-Orient, l'Europe était loin de constituer le seul îlot de richesse avant son développement. La société traditionnelle, aussi bien celle des pays aujourd'hui développés que celle des pays formant actuellement le tiers monde, est bien différente de ce que l'on croit généralement ; Bairoch affirme par exemple que le monde traditionnel était relativement urbanisé.

**La croissance démographique n'est pas un facteur de croissance économique.** Bairoch pense que la croissance démographique n'a pas été un facteur de développement pour les pays industrialisés au XIX^e^ siècle et qu'elle est un facteur grave de déséquilibre pour les pays du tiers monde car elle a de nombreux impacts néfastes : population en âge d'activité trop élevée par rapport aux possibilités de l'économie, nécessité de soutenir un investissement important pour compenser le surcroît de population, explosion urbaine et raréfaction de l'espace. « *La croissance démographique ne fut jamais un atout et elle représente dans tous les cas une contrainte importante.* »

### B. Les termes de l'échange des pays du tiers monde

**La détérioration des termes de l'échange des pays du tiers monde n'est pas une tendance lourde de l'histoire.** Les termes de l'échange des produits primaires (excepté le sucre) se sont améliorés du début du XIX^e^ siècle jusqu'à la Seconde Guerre mondiale ; ce n'est que depuis les années cinquante qu'ils se détériorent (excepté durant les années soixante-dix), ce qui correspond paradoxalement à l'époque de la décolonisation. « *Les grandes entreprises acheteuses ont pu imposer des baisses de prix puisque les problèmes locaux ne concernaient plus directement l'ancienne métropole développée.* »

Bairoch pense que « *la spécialisation dans le secteur des exportations de produits primaires ne mène pas nécessairement au sous-développement* », comme le montre le fait que la plupart des gros exportateurs de produits primaires sont des pays développés.

**L'essor des exportations de produits tropicaux par les pays du tiers monde explique partiellement leurs importations de denrées alimentaires.** Effectivement, les cultures d'exportation étant plus rentables que les cultures vivrières, les premières ont pris de l'importance par rapport aux secondes, ce qui a incité le recours à des importations de produits alimentaires. La corrélation entre les deux phénomènes n'est toutefois pas parfaite car l'importation de produits alimentaires par le tiers monde n'a vraiment débuté que dans les années cinquante et parce que les plus gros importateurs de produits alimentaires (pays du Moyen-Orient) ne sont que faiblement exportateurs de produits tropicaux.

L'explication principale des importations croissantes de produits agricoles par les pays du tiers monde réside dans les gains considérables de productivité réalisés par l'agriculture des pays développés ; de ce fait, le coût de production des produits agricoles devient plus faible dans les pays développés que dans le tiers monde.

En conclusion, Bairoch affirme qu'il n'existe pas de lois absolues : « à structures différentes, évolution et lois différentes. L'histoire ne se répète pas nécessairement et jamais exactement. » L'ouvrage de Bairoch permet de bousculer une vingtaine d'idées reçues. Ses conclusions ne sont cependant pas toutes indiscutables ; ainsi, Jean-Charles Asselain, dans la post-face du livre, affirme que, contrairement à ce que pense Bairoch, le libre-échange serait un facteur de croissance économique.

# 35 Empire colonial et capitalisme français

## *Histoire d'un divorce*

### Jacques Marseille

Ce livre (Albin Michel, 1984, 458 p.) est la version allégée de la thèse de doctorat d'État que Jacques Marseille a soutenu à la Sorbonne le 5 mai 1984. L'édition publiée comporte des notes, une abondante bibliographie et des index. Le texte original est à la bibliothèque universitaire de la Sorbonne.

L'auteur étudie la colonisation française dans la longue durée, des années 1880-1890 aux années 1950-1960 pour répondre à une question fondamentale : l'empire colonial a-t-il été un moteur ou un frein pour le développement du capitalisme français ? Le livre est structuré en trois parties : « Mythes et réalités du bilan colonial », « Redéploiement ou protectionnisme ? » et « À la recherche de l'État ».

## 1) « Mythes et réalités du bilan colonial »

### A. Les apparences : l'importance de l'empire pour le capitalisme français

**L'empire joue un rôle essentiel dans le commerce extérieur de la France.** Il lui fournit des matières premières agricoles et minières (vin, café, phosphates, arachides...) tandis qu'il constitue un débouché pour de nombreuses industries métropolitaines (cimenteries, industrie cotonnière, métallurgie, automobile). Premier partenaire commercial de la France en 1929, il représente encore plus de 37 % de ses exportations et plus de 27 % de ses importations en 1958. Les colonies constituent également un partenaire commercial sûr, très utile en particulier dans les périodes de difficultés ou de crises économiques. Alors que les relations commerciales avec les pays étrangers connaissent parfois de grandes fluctuations, celles qui se font avec l'empire montrent une grande stabilité sur le long terme.

**L'empire constitue un champ privilégié pour les investissements extérieurs.** Ceux-ci se font par des transferts de capitaux ou la création de sociétés coloniales. Ils mettent l'empire colonial au 3e rang pour les placements extérieurs en 1914. Ils représentent en 1939, 40 à 50 % de la valeur totale des placements français à l'étranger.

### B. La réalité : pourtant la disparition de l'empire n'a eu aucune conséquence grave pour le capitalisme français

**Derrière les statistiques, se cache l'intérêt des produits échangés.** Or, ceux « *que la France importait de son empire n'étaient ni des produits rares, ni des produits dont les prix étaient inférieurs aux cours mondiaux* ». Il faut donc en relativiser l'importance. Les importations sont constituées « *de produits dont le poids global diminuait* », ce qui atténue progressivement la nécessité de les faire venir de l'empire, d'autant plus que certains d'entre eux concurrencent directement les produits métropolitains comme les céréales ou le vin.

**L'exportation de capitaux privés n'a pas été synonyme de véritable impérialisme.** L'histoire de la Compagnie occidentale de Madagascar montre davantage un « *bluff* » qu'un véritable investissement. Créée en 1895, elle extorque près de 10 millions de francs-or à ses souscripteurs jusqu'en 1929, quelques années avant sa faillite. Ce cas n'est pas isolé et montre bien la nécessité d'un examen approfondi des données statistiques. En réalité, il est difficile « *d'assimiler exportations de capitaux et investissements* ». Les exportations de capitaux « *n'ont pas modifié les économies locales* ». Comment dans ces conditions, affirmer l'existence d'un « *impérialisme dynamique et conquérant ?* ».

### C. Les années trente correspondent à une charnière dans l'évolution

**Jusqu'en 1930, le monde des affaires fait de l'empire un « *champ privilégié d'expansion* ».** Il se trouve en phase avec la situation économique de la France fondée sur un capitalisme industriel qui recherche avant tout un débouché sûr et protégé pour des secteurs en essor comme la métallurgie et le textile. L'opinion reste cependant majoritairement indifférente à la colonisation.

**À partir des années trente, la crise des industries traditionnelles entraîne la crise de l'impérialisme colonial.** Le marché colonial est « *accaparé par des branches dont le poids décline* » alors que les secteurs nouveaux « *semblent s'en désintéresser* ». Simultanément, les capitaux publics prennent le relais des capitaux privés. Ces années trente apparaissent donc cruciales « *pour les différentes fractions du capitalisme français intéressées à la mise en valeur de l'empire* », qui doivent faire des choix dans le cadre d'un contexte nouveau.

## 2) « Redéploiement ou protectionnisme ? »

Le capitalisme français face à la mise en valeur de l'empire à partir des années trente hésite entre trois stratégies.

### A. La stratégie « *autarcique* »

**Il s'agit de constituer une zone économique entre la France et ses colonies.** À l'intérieur de celle-ci, les échanges commerciaux sont complémentaires (produits primaires contre produits industriels). La protection douanière interdit toute concurrence extérieure, ce qui permet des prix élevés.

**Elle permet de défendre les secteurs économiques qui entrent en crise à cette date.** C'est le cas de certaines branches du monde agricole ainsi que de l'industrie cotonnière. Cette ancienne industrie, peu concentrée financièrement et géographiquement, est alors de plus en plus concurrencée par des producteurs extra-européens soit parce que la main-d'œuvre est bon marché (Inde, Japon), soit parce que la productivité est plus élevée (États-Unis). Le débouché colonial apparaît alors comme une planche de salut. Véritable « *ligne Maginot de branches industrielles vieillissantes* », cette stratégie fondée sur le repli peut-elle être efficace ?

### B. La stratégie « *libérale* »

**Ses partisans veulent rétablir les lois du marché.** Par conséquent, il est nécessaire de rechercher la « *clientèle solvable* » des pays développés pour remplacer les débouchés trop étriqués des colonies, en pratiquant une politique de bas prix. La crise est « *l'occasion de liquider les entreprises parasitaires qui avaient pullulé à l'ombre des tarifs protecteurs* ».

**Une partie du monde des affaires est favorable, mais le contexte international est difficile.** La crise des années trente renforce partout le protectionnisme. Dans un monde hérissé de barrières douanières, il semble téméraire de faire triompher la thèse libre-échangiste. Cependant les fabricants de produits de luxe traditionnellement exportateurs (industrie de la soie, de la laine) appuient cette thèse, épaulés par les milieux d'affaires marseillais.

### C. La stratégie « *anticipatrice* »

**Elle suppose la rupture avec la division internationale du travail** (des producteurs de matières premières d'un côté, des producteurs de biens manufacturés de l'autre). La solution préconisée est l'industrialisation des colonies et le développement du marché colonial. « *En devenant des pays industriels, les colonies deviendraient en fait de bien meilleurs clients pour les métropoles car l'expérience démontrait que les pays riches étaient les meilleurs débouchés des pays riches.* »

**Elle est soutenue activement par un capitalisme favorable à un redéploiement.** Pour celui-ci, « *la domination politique directe présente plus d'inconvénients que de commodités* », industrialisation et autonomie politique allant de pair.

**Mais elle n'a pas réussi à s'imposer dans l'immédiat.** Le patronat accroché à la solution autarcique a fini par l'emporter (Syndicat général de l'industrie cotonnière en particulier). Dans ce débat, le rôle de l'État a pesé lourd.

## 3) « *À la recherche de l'État* »

### A. Le dilemme

**La solution du protectionnisme est sage sur le plan social mais risquée sur le plan économique.** La concurrence absente maintient le calme social dans l'empire et donc la présence politique française, mais le repli finit par stériliser l'économie et l'affaiblir par rapport aux autres puissances puisque cette politique soutient des secteurs en perte de vitesse.

**La solution de l'ouverture favorise l'expansion économique mais présente des risques sociaux.** Elle suppose « *un alignement des prix de la production coloniale sur les prix mondiaux* » avec l'industrialisation des territoires. À ce titre, des troubles sociaux peuvent remettre en question la domination politique de la France.

### B. Les hésitations

**Une grande prudence caractérise les gouvernements successifs.** Sauf peut-être sous Vichy où de nombreux rapports insistent sur la nécessité d'industrialiser les colonies « *pour traiter sur place certains produits* [...] *et élever le niveau de vie de l'indigène* », les responsables politiques ne se sont pas engagés en faveur d'une telle orientation (du Front populaire au plan Monnet en passant par la conférence de Brazzaville en 1944). L'idée d'une évolution des territoires hors du cadre français est exclue.

**Certains hommes politiques sont cependant sensibles au « *complexe hollandais* ».** L'abandon de l'Indonésie par les Pays-Bas en 1949 et la croissance de l'économie néerlandaise qui a suivi fournit des arguments à ceux qui sont favorables à un « *divorce par consentement mutuel* » entre la France et son empire. Plusieurs membres du Comité central de la France d'outre-mer « *n'étaient pas loin d'estimer que la France pouvait gagner à rompre ses liens politiques avec l'empire pour sauver l'essentiel, c'est-à-dire les liens monétaires et financiers* ».

## C. Le divorce

**Le mouvement « *moderniste* » partisan d'une décolonisation impose progressivement ses conceptions.** Il regroupe des hommes « *pour lesquels l'analyse du chiffre oblitérait le plus souvent la passion partisane, pour lesquels la puissance de la France ne s'identifiait pas avec la possession d'un empire* ». Pour eux, celui-ci étant devenu un « boulet », il fallait s'en séparer. Paradoxalement, au même moment, « *les Français dans leur majorité, pensaient que la France avait intérêt à garder ses colonies* ».

**La thèse du divorce triomphe définitivement à la fin des années cinquante et au début des années soixante.** Dès 1954, Pierre Mendès-France déclare « *qu'entre l'Indochine et le redressement économique de la France, il fallait choisir* ». Le général De Gaulle après son retour en 1958 affirme nettement que « *la décolonisation est notre intérêt, et par conséquent notre politique* ».

Avant d'entreprendre son travail en 1970, l'auteur pensait, selon une vision marxiste-léniniste largement répandue, que la croissance du capitalisme était liée à l'exploitation économique des colonies, que les guerres d'Indochine et d'Algérie s'expliquaient par le refus d'abandonner ce qui rapportait beaucoup. Ses recherches, achevées en 1983, lui ont permis de découvrir que l'abandon de l'empire n'avait « *causé aucun dommage au capitalisme français* », et qu'il « *avait été l'une des conditions et l'accompagnement logique de sa modernisation* ». Le colonialisme, jugé autrefois par Lénine comme le prolongement normal du capitalisme (L'impérialisme, stade suprême du capitalisme, 1917) a fini par entrer en contradiction avec les nécessités d'une croissance « capitalistique » moderne.
En revanche, les plus grandes difficultés se présentent aux nouveaux États indépendants. « *C'est donc, conclut Jacques Marseille, l'histoire d'un divorce, avec un divorcé joyeux, la métropole, et un divorcé malheureux, les colonies* » (entretien avec la revue *Enquête sur l'histoire*, 1993).

# 36 Histoire économique de la France entre les deux guerres

Alfred Sauvy

En 1984, Alfred Sauvy publie les trois tomes de ce livre, version refondue de l'édition de 1965, vaste étude fondée sur l'analyse de documents. Cet ouvrage (Économica, 1 300 p.) aborde tous les aspects économiques et démographiques de la période sous l'angle chronologique et thématique. Le tome I traite des événements, le tome II examine des secteurs particuliers à l'exception des questions financières auxquelles est consacré le tome III, où figurent également des chapitres sur des économies étrangères, une comparaison entre la crise des années trente et celle des années quatre-vingt ainsi que des études d'autres auteurs. En raison du caractère très composite de l'ouvrage, la présente fiche est centrée sur l'évolution chronologique de 1918 à 1939.

## 1) 1919-1931 : Les lendemains amers d'une victoire chèrement acquise

### A. La trilogie pertes-réparations-reconstruction

**La guerre a touché la France humainement et matériellement**. « *Aucun pays, sauf la Serbie, n'a payé de tribut aussi important* » avec 10,5 morts pour 100 hommes actifs. En ajoutant la sous-natalité, « *aucune guerre n'avait dans les temps modernes, provoqué une telle saignée* ». Les destructions expliquent la baisse de la production, les pertes financières sont lourdes et l'État est très endetté. La récupération de l'Alsace-Lorraine apparaît comme une bien maigre compensation.

**L'Allemagne considérée comme responsable doit payer ces dommages**. « *L'Allemagne paiera !* » devient un leitmotiv. La France doit obtenir 52 % des 132 milliards de marks-or demandés, mais devant les tergiversations allemandes, le gouvernement opte pour une politique dure en occupant la Ruhr. Finalement les plans Dawes (1924) et Young (1929) réduisent le montant des réparations et la crise y met un point final. Des trois grands pays vainqueurs en 1918, « *la France est celui qui a le moins bien défendu ses intérêts* ».

**Dans ces conditions, les frais de reconstruction vont peser lourd dans le budget de l'État**. Les gouvernements ont employé une solution de facilité pour les financer, le recours à l'emprunt. Cette politique est lourde de conséquences car « *la monnaie n'a pas tenu sous ce poids. Les libéralités envers les sinistrés de la guerre ont finalement créé les sinistrés de la monnaie* ».

## B. Un problème majeur : la dépréciation monétaire

**Ce sont les problèmes financiers qui font tomber la plupart des gouvernements à partir de 1919.** Par rapport à la livre et au dollar, le franc perd de sa valeur inexorablement. L'inflation a d'inévitables conséquences sociales car elle nuit au pouvoir d'achat des Français. Les gouvernements hésitent sur la politique à suivre pour la combattre. Faut-il « *fixer un plafond impérieux aux billets en circulation* » ou « *priver le commerce de moyens pour ralentir la spéculation ?* » La volonté politique manque trop souvent et les « *incantations rituelles* » sont davantage « *propres à soulager le cœur qu'à résoudre le problème* ».

**Le fétichisme de l'or n'est pas étranger à cette attitude.** Depuis sa création en 1803, le franc-germinal a conservé la même valeur-or, par conséquent « *si solide est le dogme de l'étalon-or qu'il prime toute considération économique* ». La solution, impensable pour beaucoup, serait de dévaluer la monnaie. C'est en effet le recours à « *cette arme diabolique* » qui assainira provisoirement la situation.

## C. Une brève prospérité

**Poincaré, président du Conseil en juillet 1926, rétablit la confiance.** Il établit un budget en équilibre. Mais il doit trancher entre partisans de la revalorisation de la monnaie et partisans de la dévaluation. Il opte finalement pour la dévaluation, « *acte de sagesse réaliste* » qui provoque entre « *la France et le franc-germinal un divorce de raison* ».

**Un redressement s'opère mais la crise mondiale se déclenche.** L'assainissement financier porte ses fruits, « *les impôts rentrent, l'activité s'améliore, la production augmente* ». Cette situation cache en réalité des lendemains difficiles. La conjoncture mondiale se détériore dès le début de 1929, avant le krach boursier de Wall Street, « *mais la population française dans son ensemble, y compris ses dirigeants, ne songe absolument pas aux malheurs qui la menacent* ».

# 2) 1931-1939 : L'écroulement du mythe de la France « *île heureuse* »

## A. Un problème fondamental et pourtant mal perçu : l'écart entre les prix français et les prix mondiaux

**La dévaluation de la livre en septembre 1931 met le feu aux poudres.** Dans un climat social tendu, la monnaie anglaise est décrochée de l'or et baisse rapidement par rapport aux autres monnaies. Or, le poids de l'Angleterre est à ce moment encore considérable sur les marchés mondiaux de telle sorte que « *la dévaluation de la livre détruit l'équilibre mondial* ». De nombreux pays dévaluent à leur tour et adoptent un contrôle des changes.

**L'économie française ne peut résister à ce nouveau choc.** « *L'île heureuse est à son tour envahie par les eaux* » et les indices économiques sont à la baisse. La reprise de 1932 est éphémère et illusoire. La dévaluation du dollar en 1933 frappe les pays qui, comme la France, sont restés fidèles à l'étalon-or, en accentuant les effets de la décision anglaise de 1931. En conséquence, les prix français sont au début de 1935 supérieurs de 22 % aux prix anglais, asphyxiant ainsi les exportations et la production. C'est bien ce problème qui « *va dominer toute la période, sans retenir de l'opinion l'attention qu'il mérite* ».

## B. Entre la déflation et la dévaluation : un choix difficile

**Cette alternative n'apparaît vraiment qu'à partir de 1934.** La politique de déflation destinée à maintenir une monnaie forte suppose l'application d'un strict équilibre budgétaire. Elle doit permettre en comprimant les salaires, d'abaisser les prix et de faciliter ainsi les exportations. Le recours à la dévaluation doit redonner une compétitivité aux produits nationaux sur les marchés étrangers. Le dilemme tient en fait à une attitude par rapport à la monnaie.

**C'est sur cette question que les forces politiques doivent se déterminer.** Or, au début de la crise, « *tous les partis sont d'accord : aucun ne met en cause la valeur-or du franc* ». Seules quelques voix isolées, dont la plus insistante est à droite celle de Paul Reynaud, clament en vain la nécessité de dévaluer. Dans ces conditions, la droite et les radicaux, ensemble ou séparément, pratiquent la déflation jusqu'en 1936. Mais celle-ci avive le mécontentement social et, en comprimant le pouvoir d'achat, empêche la reprise. Le principe de la dévaluation est admis par le Front populaire mais n'est pas inscrit dans le programme car « *il s'agit toujours, aux yeux de l'opinion, d'un artifice* [...] *propre à dépouiller la population* ». Elle est décidée malgré tout en octobre 1936, mais n'entraîne pas les résultats escomptés.

# 3) 1919-1939 : « *La période des grandes erreurs* »

## A. Droite, gauche : un même constat d'échec

**L'alternance politique suit un scénario qui se répète à trois reprises.** Une majorité conservatrice sort des urnes en 1919 (Bloc national). Par la suite, toutes les élections sont favorables à la gauche (1924, 1932, 1936) mais celle-ci n'en profite pas et laisse la place à la droite après deux ans de gouvernement (1926, 1934, 1938).

**Ces majorités mènent des politiques inadaptées et inefficaces.** La droite qui gouverne en 1929-30 ne profite pas de la restauration financière due à la dévaluation de 1928 car « *les mesures prises à ce moment* [...] *ne sont pas d'une parfaite opportunité* ». L'adoption de la semaine de 40 heures en 1936 par la gauche « *équivaut à donner 2 mois de congés supplémentaires en sus des 2 semaines légales* ». En définitive, la réforme monétaire décidée par Poincaré en 1928 est « *la seule à avoir été réfléchie, voire calculée. Un îlot de raison dans un océan d'erreurs* ».

## B. Les causes de ces échecs

**L'ignorance des faits peut expliquer en partie ces défaillances.** Les problèmes économiques et monétaires, très techniques, sont complètement nouveaux après la guerre ; non seulement l'opinion ne les comprend pas, mais les hommes politiques, par leur formation littéraire et juridique ne sont nullement préparés à y faire face. Cette « *ignorance profonde des mécanismes économiques* » ajoutée à l'absence de comptabilité nationale et à la grande pauvreté du matériel statistique est à l'origine d'appréciations erronées et de décisions maladroites de la part d'hommes « *débordés par les événements* ».

**La tradition malthusienne française se poursuit dans l'entre-deux-guerres.** La France semble avoir « *peur de l'avenir parce que engagée depuis longtemps dans un processus de vieillissement* ». Le malthusianisme imprègne tous les domaines : réduction de la production agricole, crainte du progrès technique, contingentement des importations, affaiblissement démographique… « *toujours des réductions, de vaines réductions qui n'atteignent pas leur but* ».

**Cette attitude rejoint la volonté d'isolement.** L'idée la plus répandue est que « *la France est un jardin* » et qu'elle peut se suffire à elle-même. Par conséquent, les échanges extérieurs la laissent indifférente d'autant plus qu'elle peut vivre repliée sur son empire. La dévaluation de la livre concerne les Anglais, et celle du dollar les Américains. Cependant, les problèmes pouvant venir de l'étranger, une protection est nécessaire aussi bien sur le plan économique que sur le plan militaire, « *barrières douanières et fortifications Maginot ou autres sont l'antidote spécifique aux troubles venant de l'extérieur* ».

« *Période longtemps négligée par les historiens et les économistes* » selon l'auteur, l'entre-deux-guerres est dominée par les questions économiques. Mais Alfred Sauvy, passionné toute sa vie par la démographie, montre fréquemment la liaison essentielle entre économie et population. Lui qui résumait sa conception de l'action par la nécessité « *d'être en état permanent de rupture imminente, d'être happé par ce qu'on jette devant soi* », *n'est pas tendre pour les hommes politiques de l'entre-deux-guerres à l'exception de Poincaré en 1928* et *de Reynaud en 1938 qui ont* « *su rétablir l'économie en détresse* ». Il accorde malgré tout aux hommes politiques des circonstances atténuantes en constatant avec « *déchirement l'ignorance profonde de ces hommes à l'égard des choses qu'ils entendent manier* ». C'est pourquoi il a toujours voulu informer, connaître « les données essentielles ». Son ouvrage répond à ce souci.

# 37 Voyage dans le temps économique

## John Kenneth Galbraith

Cet ouvrage, écrit en 1993 et publié en français en 1995 (Le Seuil, 286 p.), est, comme l'indique son sous-titre, un « témoignage de première main » sur l'histoire économique du XX^e^ siècle. J. K. Galbraith, « observateur activement engagé » fait en 25 chapitres la chronique de ce qu'il a vu et appris et se donne pour objectif d'expliquer, « en langage clair, et mis ainsi à la portée du lecteur cultivé et intéressé », les réalités économiques et sociales de ce siècle. Si la démarche est peu originale – les événements sont racontés dans l'ordre chronologique –, le regard porté et les jugements, très personnels, confèrent un grand intérêt à cet ouvrage.

## 1) De la Première à la Seconde Guerre mondiale

### A. Guerre et après-guerre

**La Grande Guerre fut un « *grand tournant de l'histoire économique moderne* ».** Elle mit fin en Europe à un système politique et économique dans lequel l'État était « *la chasse gardée des anciennes classes foncières et jadis féodales* », alors que les grands capitalistes étaient exclus du pouvoir politique. Dans les pays en guerre, « *la direction politique et militaire se situait à un niveau minimal de compétence intellectuelle* » et la mentalité féodale des chefs de guerre explique l'effroyable coût humain de 14-18. Les États-Unis modernes sortirent vainqueurs de ce conflit qui leur permit de construire leur puissance économique sur les erreurs des classes dominantes d'Europe.

**La conférence de Versailles en 1919 fut le théâtre d'une monstrueuse erreur économique** qui se révéla aussi une effroyable erreur politique et participa au malheur de l'Europe. Faire payer l'Allemagne, sans se préoccuper de savoir comment, « *vision d'une simplicité frisant le grotesque* », c'était entraîner ce pays dans l'hyper-inflation et le malheur. J. M. Keynes, membre de la délégation britannique, démissionna et dénonça dans un livre, *Les conséquences économiques de la paix*, l'aberration d'un traité qui, au lieu de restaurer l'économie européenne, créait les conditions d'un nouveau conflit.

**Les années vingt « *ne furent pas une époque de bien-être universel* ».** Hyperinflation suivie d'une situation économique récessive en Allemagne, retour à l'étalon-or, « *erreur peut-être la plus dommageable de toute la politique économique et financière moderne* », entraînant stagnation économique et chômage en Grande-Bretagne, spéculation et prospérité apparentes mais conditions de travail et de vie très difficiles pour une grande partie de la population aux États-Unis : le constat est celui de « *craquements inquiétants* ».

### B. Krach, dépression et guerre

**Le krach était prévisible mais les autorités politiques et économiques se montrèrent aveugles, grisées par le boom spéculatif.** L'euphorie caractérisait l'état d'esprit national américain tandis que « *la dynamique interne d'auto-alimentation du boom spéculatif* » était en marche. Encouragée par tous ceux qui savaient en tirer parti, la spéculation fut aussi facilitée par le mécanisme du levier soit dans sa « *forme simple* » (achat des actions à crédit, la hausse du cours permettant de rembourser), soit dans sa forme « *plus sophistiquée* » (à travers les échafaudages de sociétés d'investissement à capital fixe qui faisaient monter artificiellement le cours de l'action de la société mère). Lorsque s'effondra la confiance donc la demande et par suite les cours de la Bourse, le levier joua à l'envers, et « *beaucoup de gens virent arriver les nuages noirs du chagrin et de la ruine personnelle* ».

**La grande dépression dura dix ans, s'étendit au monde entier et ne se termina qu'avec un tout autre drame : la Seconde Guerre mondiale.** Au krach boursier succéda une chute de la demande (entraînée par la ruine de très nombreux acheteurs potentiels) et une dépression économique qui donna raison à la théorie keynésienne selon laquelle un équilibre de sous-emploi peut durer si la demande est insuffisante. Faillites bancaires et effondrement des prix et des revenus agricoles, résultat d'une « *surproduction endémique* », consolidèrent la dépression. Les autorités de Washington, le président Hoover en tête, mais aussi Roosevelt à ses débuts, tenants de l'orthodoxie économique, ne prirent aucune mesure concrète contre la dépression, affirmant l'imminence de la reprise d'autant que « *les deux chefs d'État avaient une base sociale où un grand nombre de gens préféraient, personnellement, une situation de dépression économique aux mesures nécessaires pour la redresser* ».

**Entouré de conseillers (dont l'auteur) « *brouillés avec l'idée, plus tout à fait crédible, de la bienveillance du marché* », Roosevelt prit cependant assez vite des mesures inspirées par « *une sorte d'activisme pragmatique* ».** Le New Deal mit en place des programmes économiques divers mais unis par leur caractère hétérodoxe par rapport à la pensée libérale dominante : ainsi le National Recovery Act permit aux entreprises de chaque branche de s'entendre pour limiter les baisses de prix, l'Agricultural Adjustment Act organisa un contrôle de la production et des prix dans le domaine agricole, la Federal Reserve mena une politique à la fois orthodoxe (baisse des taux d'interêt) et plus « *exotique* » : un programme d'achat d'or destiné à faire remonter le prix de l'or et l'ensemble des prix par la même occasion, le Public Works Administration et le Works Progress Administration créèrent des emplois, enfin, le Social Security Act assura « *à des niveaux certes fort modestes et même primitifs, des retraites aux personnes âgées et des indemnités aux chômeurs* ».

**La vie économique pendant la Seconde Guerre mondiale se déroula différemment selon les pays.** Les États-unis qui disposaient d'énormes réserves d'usines et de main-d'œuvre, « *cadeau imprévu et inattendu de la dépression* », surent tirer la leçon de la Première Guerre et évitèrent l'inflation mais en revanche ne surent pas réorienter avec efficacité la production civile vers la production militaire même si finalement ils « *devinrent, de fait, l'arsenal de la démocratie* ». La guerre joua un rôle positif sur l'économie américaine. La Grande-Bretagne sut mobiliser ses énergies pour mettre en place une économie de guerre et devint « *grâce au soutien du prêt bail américain mais surtout grâce à la détermination de ses citoyens un redoutable producteur d'armements* ». Contrairement à ce que croyaient Britanniques et Américains, l'économie de guerre allemande, entravée par l'insuffisance de main-d'œuvre sans emploi et de capacités productives inutilisées, gênée par son incapacité à jauger et utiliser à fond les réactions de la population et surtout confiée à des hommes « *dont la culture générale et économique était franchement inadéquate* » se révéla peu performante.

## 2) De la paix au « *miracle incertain* » des années 1990

### A. Paix, années fastes et menaces cachées

**Les États-Unis sortirent vainqueurs sur tous les plans et aidèrent les Alliés à reconstruire leur économie.** L'économie américaine bénéficia de la grande réserve de pouvoir d'achat non dépensé pendant la période de guerre et d'un très important remboursement de la dette de guerre et « *plaça fermement la responsabilité de la gestion macroéconomique entre les mains de l'État* ». On évita les erreurs de la première guerre : les réparations imposées à l'Allemagne furent vite abandonnées, pour cause d'inefficacité et d'impact social démoralisant, ce fut aussi le cas du contrôle de la gestion des économies vaincues, jugé impossible compte tenu de « *l'infinie complexité* » d'une économie industrielle moderne. Pour permettre aux belligérants ruinés de reconstruire leur économie (mais aussi par crainte du communisme), les États-Unis mirent en œuvre le plan Marshall : 13 milliards de dollars, versés sanscontrepartie aux Alliés, aidèrent ces derniers à renouer avec la croissance économique en faisant notamment des achats de denrées, matières premières et biens d'équipement auprès de l'économie américaine qui profita ainsi, indirectement, de la manne qu'elle avait distribuée.

**Les années cinquante et soixante furent des années fastes pour les pays développés tandis que la décolonisation posait le problème du développement économique du tiers monde.** La période de la reconstruction fut suivie d'une prospérité partagée par les États-Unis et les pays d'Europe de l'Ouest et, dans une moindre mesure, de l'Est. Deux traits essentiels caractérisent les économies de cette ère : le rôle essentiel de l'État, dit providence, dans le domaine social surtout et l'unification politique et/ou économique de l'Europe, conséquence de l'internationalisation du capitalisme et de la multiplication des firmes transnationales. Dans le même temps eut lieu la décolonisation inspirée par un mobile politique (le droit des peuples à disposer d'eux-mêmes) mais surtout par un mobile économique : « *les colonies n'apportaient plus aucun avantage économique susceptible de les justifier.* » La plupart des pays décolonisés n'accédèrent pas au développement économique, malgré les programmes d'aide, pour des raisons endogènes : population non instruite, instabilité politique, domination des classes féodales, erreurs de stratégie, rôle écrasant de l'État, sacrifice de l'agriculture, explosion démographique. Mais il existe un « *autre facteur contribuant à la désastreuse situation interne des pays pauvres : les erreurs des riches secourables* », notamment l'impérialisme du modèle des économies avancées et la militarisation de l'aide et des économies des pays pauvres par « *peur viscérale du communisme* ».

**La prospérité américaine des années Kennedy et des années Johnson laissa dans l'ombre un phénomène de paupérisation de certaines couches de la population.** Les années Kennedy, auxquelles l'auteur fut étroitement associé, furent riches d'initiatives : politique anti-inflationniste de modération des prix et salaires, politique macroéconomique keynésienne, réduction d'impôt, libéralisation du commerce international, nouveau programme d'aide aux pays pauvres à travers le Peace Corps. Ces années furent aussi le temps du mouvement pour les droits civiques qui fut « *une révolution économique* » en permettant la seconde émancipation des Noirs et en élargissant leur participation à la vie économique et sociale. Ces années-l à furent aussi celles d'un phénomène grandissant de pauvreté.

### B. Ultimes bouleversements

**La décennie soixante-dix amorça le déclin des États-Unis contrastant avec les performances de l'Allemagne, du Japon et de l'Italie.** Quatre facteurs expliquent la « *stagflation* » subie par l'économie américaine : la spirale inflationniste prix-salaires et les réticences à la contrer, le triplement des prix de l'énergie en dollars constants, la perte de confiance en l'État et la baisse de compétitivité de l'économie américaine. Nombreuses furent les erreurs commises en matière de politique économique, par exemple la rigueur de la politique monétaire qui cassa l'investissement, donc la compétitivité (et finalement la croissance) par des taux d'intérêt élevés, ou la déréglementation qui, dans le domaine des transports aériens notamment, causa de nombreux dégâts. Le déclin américain contrastait avec des réussites comme celles de l'Allemagne, du Japon et de L'Italie qui bénéficièrent de considérables atouts dont furent privés les États-unis : la force de l'ambition consécutive à la défaite, la conviction que l'État est au service de l'économie et donc la mise en place de politiques industrielles efficaces, la perte d'influence du pouvoir militaro-industriel, la jeunesse de leurs firmes et enfin une « *main-d'œuvre revigorante* ».

**La décennie quatre-vingt fut celle des années Reagan qui enrichirent encore les riches aux États-Unis, mais aussi celle de la grande implosion de l'Europe de l'Est**. L'échec de la politique économique reaganienne est patent. Pour « *effacer autant qu'on le pourrait les pauvres de la conscience publique* », l'administration Reagan fit des choix clairs qui servirent les intérêts des riches : limitation des dépenses sociales, réductions massives des taux d'imposition marginaux, destruction du pouvoir syndical, politique de rigueur monétaire. Pour « *combattre vigoureusement la menace communiste* », elle accrut les dépenses militaires si bien que « *le président Reagan, vu le rôle de soutien qu'il donna aux dépenses publiques, fut le keynésien le plus clairement convaincu depuis les années Kennedy, peut-être depuis J. M. Keynes lui-même* »! La révolution en Union soviétique et en Europe de l'Est fut totalement imprévue car le monde capitaliste surestimait la puissance du communisme et était incapable de « *comprendre les forces portant la révolution* ». L'incapacité à satisfaire les besoins de consommation courante contrastant avec la puissance de l'industrie lourde et le mépris affiché des dirigeants pour les droits de l'homme, alors que « *au-del à d'un certain stade de succès économique, les droits de l'homme deviennent non seulement un droit mais un fait inévitable* », expliquent cette révolution.

**Les années quatre-vingt-dix se présentent sous le signe du « *miracle incertain* ».** La récession se prolonge et « *la possibilité d'un équilibre dépressif ne saurait être ignorée plus longtemps* ». À des causes temporaires – impact récessif venu du système bancaire et de la spéculation qu'il a financée, faillites des « *infâmes* » caisses d'épargne (*Savings and loan associations*), multiplication des fusions et achats d'entreprises financés par une dette à impact dépressif, effondrement des junk bonds –, s'ajoutent des causes permanentes qui menacent les chances de reprise : l'inégale répartition des revenus est une entrave terrible au comportement efficace d'une économie de marché moderne tandis qu'une partie de la population (fonctionnaires, professions libérales, retraités, employeurs) préfère le sous-emploi aux mesures qui s'y attaqueraient et qui pèseraient sur ses revenus.

Ouvrage d'histoire économique, ce livre est aussi une histoire personnelle (J. K. Galbraith raconte par bribes sa longue et riche carrière) et une histoire de la pensée économique marquée par la révolution de J. M. Keynes, pour lequel J. K. Galbraith ne cache pas son admiration. L'auteur ignore la langue de bois et manie l'humour voire l'ironie, si bien que la lecture de cet ouvrage – qui ne constitue en aucun cas une bible d'histoire économique mais propose une vision personnelle, parfois de l'intérieur – est à la fois instructive et divertissante.

# 38 La croissance française

## Jean-Jacques Carré, Paul Dubois, Edmond Malinvaud

Ce livre s'inscrit dans une problématique fondamentale de la science économique : rechercher les tenants et les aboutissants du phénomène de croissance. Rompant avec le pessimisme classique de l'état stationnaire, que l'on trouve chez Smith ou Ricardo, une reformulation fondée sur l'analyse keynésienne (modèle Harrod Domar) puis néoclassique (avec le modèle de Solow) relance, dans les années cinquante, le débat sur le phénomène de croissance qui reste, par de nombreux aspects, assez mystérieux. Parallèlement à ces développements théoriques, des travaux économétriques et historiques interrogent, dans le contexte de forte croissance des Trente Glorieuses, les facteurs de croissance dans le but de dégager les principes permettant de favoriser la poursuite d'une croissance équilibrée.
C'est dans cette perspective que l'on peut placer les travaux de J.-J. Carré, P. Dubois et E. Malinvaud. Ce livre (Le Seuil, 1972, 630 p.) est donc au carrefour de trois évolutions : la croissance particulièrement forte d'après 1945 associée au développement du rôle régulateur de l'État, qui cherche à préserver et à prolonger le phénomène de croissance ; un cadre conceptuel renouvelé par les récentes théories de la croissance ; les progrès de l'analyse économétrique, liés au développement de la Comptabilité nationale et de la statistique (E. Malinvaud était administrateur de l'Insee).

## 1) Les composantes de la croissance économique

### A. Les grandes étapes de la croissance française

**La restitution de l'arrière-plan historique de la croissance, permettant de dégager les rythmes et les phases, est indispensable à la compréhension du phénomène lui-même, et permet d'éviter toute approche moniste et réductrice.** De la révolution industrielle à 1945, les travaux des historiens de l'économie (J.-C. Toutain, J. Marczewski, I. Markovitch) ont montré que la croissance française est relativement modérée : 1,1 % de moyenne annuelle, contre 1,4 % en Allemagne et 1,6 % en Grande-Bretagne. Le phasage de la croissance française peut être résumé ainsi :

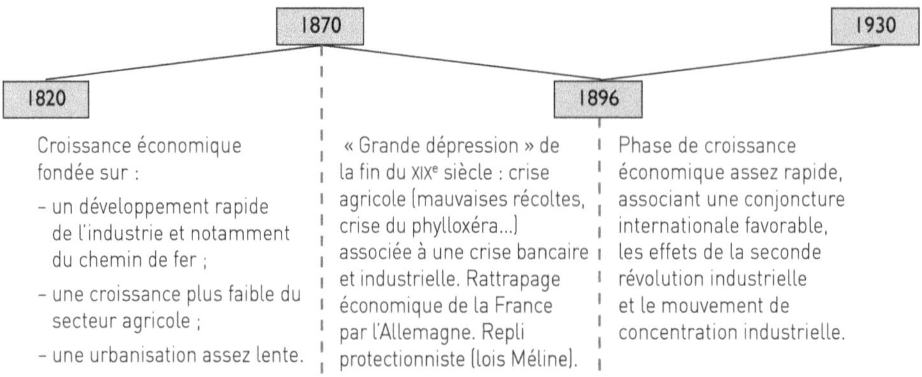

Les auteurs insistent toutefois sur les problèmes de fiabilité des statistiques disponibles, parfois lacunaires et partielles, ainsi que sur les difficultés conceptuelles et de méthode portant sur la définition des opérations productives et les indices utilisés.

**Le changement de rythme d'après 1945 est impressionnant.** Si l'industrie confirme ses taux de croissance du XIXe siècle, les services et l'agriculture connaissent les progrès les plus nets. Le phasage de la croissance d'après-guerre fait apparaître quatre périodes : 1945-1951, période de reconstruction et de redémarrage économique, suivie de trois cycles (1951-1957, 1957-1963, 1963-1970), qui se déroulent suivant un schéma relativement homogène : « *croissance inflationniste, intervention déflationniste du gouvernement désireux de stabiliser les prix, ralentissement de la croissance pendant un an ou deux, puis reprise à des rythmes de 5 à 6 % par an, stimulée par des incitations gouvernementales.* » Il s'agit donc clairement de politiques de *stop and go* d'inspiration keynésienne.

## B. Facteurs de production et croissance économique

**L'examen du rôle du facteur travail dans la croissance suppose une étude de l'évolution des variables démographiques.** Durant le XIXe siècle, la croissance de la population française a été particulièrement faible. L'influence malthusienne est très nette à la fin du XIXe et au début du XXe siècle, avec un taux de croissance moyen annuel de 0,2 %, à comparer aux 0,8 % de l'Allemagne, aux 1,1 % de la Grande-Bretagne et aux 2,3 % des États-Unis. La situation des années trente peut même être qualifiée de catastrophique.

L'immédiat après-guerre (dès 1943, en fait), on assiste à un véritable renouveau démographique. Les auteurs avancent plusieurs explications :

– « *Paradoxalement, la guerre, c'est-à-dire l'expérience de l'insécurité dans une société qui avait alors jusque-l à multiplié les sécurités, a pu contribuer à abaisser les normes de sécurité individuelle qui, entre autres, commandent l'intensité de la restriction des naissances* » ;

  une réaction anti malthusienne, comme en témoigne le Code de la famille de 1938, impulsée par une attention nouvelle aux questions démographiques (influence de A. Sauvy et A. Landry) ;

– une explication en termes de cycle d'Easterlin.

Ces évolutions conditionnent les variations de la population active et donc le facteur travail ; mais il faut tenir compte des taux d'activité et des changements de la structure par sexe et âge de cette population active. Ainsi, la population active française est en quasi-stagnation de 1896 à 1962 :

| Période | Taux de croissance moyen annuel |
|---|---|
| 1896-1931 | +0,15 % |
| 1931-1936 | -1,20 % |
| 1936-1946 | 0 % |
| 1946-1962 | +0,1 % |

Cette situation s'accompagne d'une baisse du taux d'activité qui passe de 51 % en 1896 à 41 % en 1968. Enfin, la structure par sexe témoigne d'une baisse de l'activité féminine des années vingt au milieu des années soixante.

L'évolution du chômage montre que celui-ci reste à bas niveau sur la période étudiée, avec toutefois une pointe lors de la crise de 1921 (2,7 % de la population active) et lors de la crise des années trente (4,5 % soit 860 000 chômeurs en 1936). Après un niveau particulièrement bas durant les années cinquante, la dégradation de l'emploi se manifeste dès 1965 : la composante démographique des causes du chômage est très nette dans le cas français.

**La croissance du capital est le résultat de l'effort d'investissement.** Trois formes d'investissement sont distinguées : les investissements productifs, en logements, et ceux des administrations civiles.

La part de ces trois composantes a légèrement varié au cours de l'après-guerre, avec notamment une montée de l'investissement en logements.

Mais la donnée fondamentale est le rapport investissement/PIB, qui mesure l'effort d'investissement de la nation.

| | 1949 | 1952 | 1954 | 1960 | 1963 | 1966 | 1969 |
|---|---|---|---|---|---|---|---|
| Taux d'investissement (% du PIB) | 19,7 | 17,8 | 18,5 | 21,2 | 22,7 | 24,1 | 25 |

L'effort d'investissement a donc été soutenu et en progression durant les années de croissance.

## 2) L'analyse des effets combinés des divers facteurs physiques de la croissance et la mise en lumière du « résidu »

### A. Une démarche économétrique fondée sur l'étude de la fonction de production

**La mesure de la contribution des facteurs de production à la croissance permet de mettre en lumière l'existence d'un « *résidu* ».**

L'analyse repose sur l'utilisation d'une fonction de production de type Cobb-Douglas, d'inspiration néoclassique, dont les caractéristiques semblent convenir aux choix méthodologiques des auteurs.

Le niveau de production à la période t, noté $Q_t$, est fonction des quantités de capital ($K_t$) et de travail ($N_t$) utilisées. Ainsi : $Q_t = f(K_t, N_t) = A \,.\, N_{\alpha} \,.\, K_{1-\alpha}$ (A représente un coefficient donné, $\alpha$ une valeur comprise entre 0 et 1 représente l'élasticité de la production par rapport au facteur travail, et $(1 - \alpha)$ représente l'élasticité de la production par rapport au facteur capital). Les recherches économétriques ont permis d'estimer les valeurs de ces deux élasticités dans le cas français et pour la période analysée par les auteurs : $\alpha$ est égale à 0,7 ($1 - \alpha = 0,3$).

$$\frac{dQ_t}{Q_t} = \alpha \frac{dN_t}{N_t} + (1-\alpha)\frac{dK_t}{K_t}$$

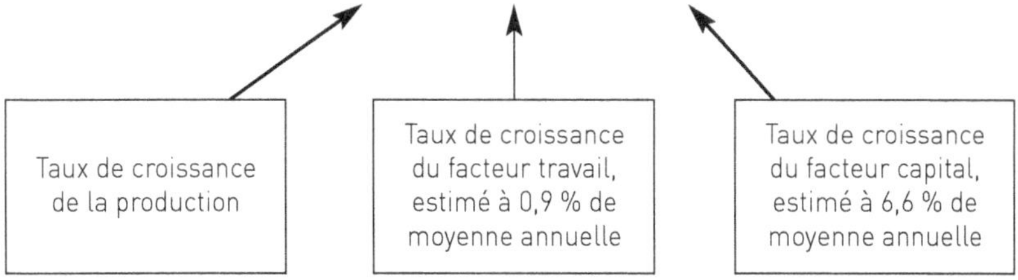


Puisqu'il s'agit de rendre compte de phénomènes d'accroissement, on utilisera cette fonction sous forme de différentielle totale.

En conséquence, si l'on calcule la contribution des facteurs travail et capital à la croissance économique, on obtient le résultat suivant :

$$\frac{dQ_t}{Q_t} = (0{,}7 \times 0{,}9\ \%) + (0{,}3 \times 6{,}6\ \%) = 2{,}6\ \%$$

**L'analyse de cette équation permet de mettre en lumière le résidu**. En effet, le taux de croissance réel de l'économie française pour la période considérée est de 5 %. L'accroissement du volume des facteurs travail et capital n'explique que 2,6 % sur les 5 % observés ; cette différence, tout à fait considérable, constitue le « *résidu* » qu'il s'agit d'expliquer. Il est à remarquer que les travaux menés par E. Denison (*Why do Growth rates differ ?* 1967), portant sur les États-Unis et quelques pays européens, aboutissent sensiblement aux mêmes conclusions : la part du résidu est d'environ la moitié du taux de croissance global.

## B. Le problème du résidu et les recherches causales de la croissance

**L'explication du résidu doit donc permettre de compléter les analyses de la croissance par le jeu des facteurs primaires, trop restrictives**. Or, une telle explication s'avère difficile. L'élément essentiel évoqué par les auteurs est le progrès technique. Les travaux économétriques de Carré, Dubois et Malinvaud rejoignent alors les analyses théoriques du progrès technique présentées dans le modèle de R. Solonotamment. Ce progrès technique recouvre en particulier la généralisation de l'organisation scientifique du travail et les économies d'échelle.

**En définitive, les auteurs s'efforcent d'écarter toute explication de type moniste** : « *Attribuer la responsabilité première à un seul facteur nous paraît relever d'un esprit de système que l'examen objectif des faits ne justifie pas* ». Et c'est bien l à l'argument essentiel du livre : la croissance est un phénomène complexe qui, dans le cas français, ne saurait s'expliquer par le seul rattrapage spontané, mais plutôt par la conjonction, à un moment historique donné :

- du jeu des facteurs primaires, capital et travail, dynamisé par l'effet du progrès technique (le résidu de la croissance) ;
- d'un phénomène particulièrement important dans le cas français, qui est le rattrapage démographique et la fin d'un « *malthusianisme craintif et paralysant* » : les mutations qui

conditionnent la croissance auraient été ainsi socialement acceptées alors qu'elles étaient autrefois refusées ;

– de grandes réformes institutionnelles, réalisées dans l'immédiat après-guerre, comme la planification ou les nationalisations, qui ont favorisé le développement des secteurs de base.

Approche pluridisciplinaire, faisant appel à un vaste appareil statistique, cet ouvrage constitue une somme impressionnante sur la croissance française d'après-guerre. Quelques critiques, d'ordre méthodologique notamment, peuvent toutefois être émises.

Au-del à de la conclusion finalement peu originale (la croissance comme phénomène multiforme et irréductible à un seul élément explicatif), on peut regretter que l'approche économétrique choisie repose sur une fonction de production très sommaire, et qui suppose l'adhésion à l'analyse marginaliste du producteur rationnel, critiquable sur de nombreux points (travaux de H. Simon sur la rationalité limitée, d'ailleurs contemporains de l'ouvrage de Carré, Dubois et Malinvaud). De plus, le choix d'une fonction de production à rendements constants n'est pas réellement justifié. Enfin, les aspects internationaux de la croissance sont peu étudiés, les auteurs privilégiant les causes internes.

# Les Trente glorieuses

## *ou la révolution invisible de 1946 à 1975*

Jean Fourastié

39

Les Trente Glorieuses représentent les trente années qui se sont écoulées de la fin de la Seconde Guerre mondiale à la crise. Durant cette période, l'économie française s'est affranchie des contraintes de la rareté qu'elle subissait depuis des millénaires.
Le titre de l'ouvrage (Hachette, 1979, 288 p.) a été choisi par Fourastié par analogie aux « Trois Glorieuses » de la révolution de Juillet, c'est-à-dire les trois jours d'insurrection des 27, 28 et 29 juillet 1830.
Le livre compare la situation des années 1975-1978 à celle des années 1946-1950 puis il analyse les causes de la révolution économique et sociale pour ensuite aborder les perspectives postérieures aux Trente Glorieuses. « *La réflexion sur le présent et le récent passé nous permettra, je l'espère, de mieux orienter notre avenir.* »

## 1) Une révolution économique et sociale

### A. De Madère à Cessac, de Marie à Séverine

**Madère est un village sous-développé dans un état pré-industriel, Cessac est un village économiquement développé dans un état post-industriel.** En laissant croire au lecteur qu'il compare deux villages différents à une même époque (Madère et Cessac), J. Fourastié évoque la transformation d'un village entre 1946 et 1975 : Douelle en Quercy. L'histoire de ce village est révélatrice des mutations de l'économie et de la société françaises. Madère est marqué par les caractéristiques suivantes : un taux de mortalité infantile élevé, une espérance de vie à la naissance faible, une population active essentiellement agricole travaillant dans de petites exploitations, un faible niveau technologique, un taux d'activité élevé, un faible niveau de scolarité, un prix réel des marchandises élevé, une alimentation rudimentaire absorbant l'essentiel du budget des ménages, une grande sédentarité. Cessac est marqué par des caractéristiques opposées. « *Ne doit-on pas dire glorieuses les trente années qui séparent Madère de Cessac, et ont fait passer et Douelle et la France de la pauvreté millénaire, de la vie végétative traditionnelle, aux niveaux de vie et aux genres de vie contemporains ?* »

**Les profondes transformations économiques et sociales sont à l'origine de la naissance d'un homme nouveau, que J. Fourastié illustre avec l'exemple de Marie et de Séverine.** Séverine est une jeune femme de 1975, son aïeule Marie est née deux cents ans plus tôt. Séverine est l'archétype de cet être humain nouveau, issu d'une longue évolution qui s'est accélérée durant les Trente Glorieuses. Marie a eu de nombreux frères et sœurs décédés en bas âge. Elle-même a échappé à une longue maladie ; elle a été orpheline de père alors qu'elle n'était qu'une jeune adolescente et elle n'a jamais connu ses grands-parents. Elle a travaillé dès l'enfance. Elle s'est mariée vers 25 ans, beaucoup de ses enfants sont morts très jeunes ; veuve après 15 ans de mariage, elle est décédée à l'âge de 50 ans. Séverine est la petite-fille de la petite-fille de Marie. Elle a 18 ans, elle est étudiante ; son frère unique, ses parents et ses grands-parents sont vivants. Elle a déj à voyagé et a eu plusieurs amis intimes. Elle se mariera vers 23 ans aura un ou deux enfants, puis divorcera peut-être. À 45 ans, âge auquel Marie était la seule survivante de sa génération et voyait la mort se rapprocher, Séverine sera dégagée de toute obligation maternelle et elle pourra prétendre vivre encore 34 années paisibles et confortables. « *Naguère, la mort était au centre de la vie, comme le cimetière au centre du village ; aujourd'hui, la mort est exilée aux marges de la vieillesse.* »

## B. De la France de 1946 à celle de 1975

**Les transformations majeures sont avant tout celles de la population**. Elle croît fortement de 1946 à 1975, passant de 40 à 53 millions d'habitants ; la densité de la population est multipliée par 1,33 (de 75 à 100 habitants au km$^2$).

La population française a augmenté en raison du taux d'accroissement naturel élevé. Cela s'explique par la diminution du taux de mortalité de 13,1 pour mille durant la période 1946-1950 à 10,6 pour mille durant la période 1971-1975. « *Aujourd'hui, un grand nombre de maladies cèdent devant la technique médicale et chirurgicale ; à l'échelle des grands nombres, on peut dire que seules deux "maladies" n'ont pas cédé : le cancer et la vieillesse.* » Le taux de mortalité infantile passe de 85 pour mille après la Seconde Guerre mondiale, à 14 pour mille en 1975. L'espérance de vie à la naissance augmente : de l'ordre de 25 ans au XVIIIe siècle, de 55 ans en 1898-1903, de 59 ans en 1933-1938 et de 73 ans en 1975. Mais l'élévation de l'accroissement naturel s'explique aussi parce qu'à partir de 1946 le taux de fécondité a considérablement augmenté. Le taux de fécondité de 8,9 enfants durant la période 1935-1937, passe à 12,6 durant la période 1946-1947. Enfin la population totale s'est accrue sous l'effet de l'augmentation du solde migratoire.

**La France de 1946 était encore largement agricole et rurale ; la France de 1975 est déj à fortement tertiaire et elle s'est urbanisée ; les gains de productivité sont les plus importants jamais réalisés**. Les agriculteurs même s'ils sont minoritaires représentent environ le tiers de la population active en 1946. En 1975, ils ne sont plus qu'un dixième. « [...] *en 1946, un agriculteur nourrissait (mal) 5 à 6 personnes, tandis qu'en 1975 un agriculteur en nourrit (très bien) 26.* » Entre 1946 et 1975, l'agriculture a perdu les trois quarts de ses effectifs. Le nombre d'actifs dans le secondaire n'a été multiplié que par 1,2, par contre celui du tertiaire l'a été par 1,6. La population rurale représente 85 % de la population totale en 1700, 50 % en 1946, mais elle ne représente plus qu'un tiers de la population totale en 1975.

Grâce aux gains de productivité, un actif finance par ses cotisations la charge de 1,36 inactif en 1700, de 1,98 inactif en 1946 et de 2 en 1978 : une augmentation de 45 % en 150 ans puis de 20 % en trente ans. Le taux d'activité de 51 % en 1946 se réduit à 41 % en 1975 et la durée de la scolarité s'allonge.

## C. Une accélération du processus de développement

**La France de 1946 ressemble plus à celle de 1700 qu'à celle de 1975**. « *On voit aisément que, de 1946 à 1975, la France a changé plus vite que de 1846 à 1946, et, à plusieurs points de vue, plus que de 1700 à 1946.* » Ainsi par exemple, la baisse de la population active agricole n'a pas été très forte entre le début du XVIIIe siècle et la fin de la Seconde Guerre mondiale : elle équivaut en 1946 à 65 % de ce qu'elle était en 1700. Par contre en 1975, elle est égale à 27 % seulement de ce qu'elle était en 1946.

L'évolution entre 1946 et 1975 consiste en une accélération de tendances antérieures. On peut même admettre que le démarrage des Trente Glorieuses a été lent jusqu'à la moitié des années cinquante et que l'accélération la plus forte s'est produite surtout entre 1968 et 1975. « *On observera qu'en ordre de grandeurs, le minimum vital subjectif s'est élevé autant au cours des "Trente Glorieuses" et même en 26 ans, de 1949 à 1975, que de 1700 à 1939 : un triplement de Louis XIV à Daladier, un autre de Jean Monnet à Georges Pompidou…* »

## 2) La croissance et le développement

### A. L'élévation du niveau de vie et la transformation du genre de vie

**Après avoir fortement baissé au cours de la guerre et dans les années qui suivirent, le niveau de vie dont l'indicateur est le revenu national moyen réel par tête, est en 1975 le triple de ce qu'il était en 1949**. Ce n'est qu'en 1949 que le niveau de vie, qui avait chuté pendant la Seconde Guerre mondiale, retrouve son niveau de la fin des années trente.

Le pouvoir d'achat est exprimé en francs constants, c'est-à-dire en valeurs déflatées ou avec des prix réels, c'est-à-dire des prix relatifs exprimant la valeur d'un produit en nombre d'heures de travail.

L à où la productivité a augmenté, le prix réel du produit a diminué. « *On pourrait multiplier les tests montrant que les produits à grand progrès technique ont tous engendré de fortes hausses du pouvoir d'achat, tandis que les prix de produits ou services à faible progrès ont augmenté presque aussi vite que les salaires.* »

L'augmentation du niveau de vie a induit une transformation de la structure de la consommation : le coefficient budgétaire de l'alimentation est passé de 44 % en 1949, à 26 % en 1974 ; celui de l'habitation de 12 % à 22 % et celui du poste hygiène-santé de 6 % à 14 %. En même temps, les taux d'équipement des ménages en biens durables ont augmenté. « *Schématiquement : le réfrigérateur et la machine à laver ont pris dans le budget ouvrier la place du pain quotidien.* »

**Le niveau de vie est la capacité moyenne de consommation des habitants d'un pays ; le genre de vie désigne les éléments plus qualitatifs de la vie quotidienne**. De 1946 à 1975, les taux de scolarisation augmentent surtout pour l'enseignement pré-élémentaire et pour le secondaire, puis pour l'enseignement supérieur de masse. Le niveau de diplôme s'élève même si la part des « sans diplômes » est encore de 20 %.

L'abaissement de l'âge de la retraite et l'allongement de la scolarité ont augmenté le temps de loisirs : « […] *si très peu de nos ancêtres connaissaient le loisir, c'est parce que le travail absorbait toute la durée de la vie consciente en dehors du repos dominical et de jours fériés.* »

Le stock de logements existants a pu passer de 14 millions en 1954, à plus de 21 millions en 1975, avec un niveau de confort supérieur. Alors que le nombre moyen de personnes par logement est de 3,7 en 1954, il n'est plus que de 2,5 en 1975.

## B. Une forte réduction des inégalités

**L'éventail des revenus s'est considérablement réduit durant les Trente Glorieuses.** On constate une réduction de l'ordre de 10 à 7 de l'écart de salaires nets moyens des cadres et de ceux des ouvriers entre 1939 et 1976.

« *La croissance progressive du salaire indirect, issu des transferts sociaux, a été facteur d'égalisation plus fort encore. [...] Le poids du salaire indirect dans le salaire ouvrier total, de l'ordre de 20 % en 1938, atteignait 40 % en 1975.* »

**On pense à tort que l'élévation du niveau de vie provient d'une plus grande justice sociale et de la redistribution des revenus.** En fait, l'augmentation du niveau de vie s'explique uniquement par l'accroissement de la production. Les inégalités étaient autrefois perçues comme une fatalité, elles sont désormais assimilées à une injustice sociale et politique.

## C. Le progrès technique à l'origine de la croissance et du développement

**La crise des années trente a cassé l'optimisme qui régnait, on a alors cru que la croissance et le développement cessaient.** Le tort de Keynes a été de tout ramener à des problèmes financiers de court terme, et d'ignorer l'importance du progrès technique et de la productivité. « *Ainsi la chaîne, progrès technique-progrès économique, a pour moteur le progrès scientifique et pour conséquence le progrès social.* »

**L'évolution du nombre d'actifs dans chaque secteur d'activité résulte de la variation de la productivité et de la consommation.** Le progrès technique a été plus rapide pour l'industrie que pour l'agriculture, il a par contre été lent dans le tertiaire. La population active migre et change de secteur ou d'activité lorsque la productivité augmente plus vite que la consommation.

« *Si la consommation croissante change de structure, alors la production croissante doit aussi changer de structure. Cela ne peut se faire à moyen terme, et cela ne se fait que par des migrations professionnelles.* »

**L'augmentation de la productivité, si elle est assez forte, doit permettre de réduire la durée du travail et d'améliorer les conditions de travail.**

« *La durée du travail a, depuis 1946, diminué selon cinq modes. On commence moins jeune à travailler professionnellement ; on cesse plus tôt ; enfin, dans l'année normale de travail, on fait moins de semaines par an, moins de jours par semaine et moins d'heures par jour.* »

Un homme de 75 ans avait travaillé 220 000 heures en 1880, 110 000 en 1946, 82 000 en 1975. La perspective est de 40 000 heures pour la fin du siècle.

Le taux de chômage est resté inférieur à 3 % de 1946 à 1974, le chômage des Trente Glorieuses n'était donc qu'un chômage frictionnel ou résiduel. « *Le grave problème du chômage ne s'est donc pas posé pendant les "Trente Glorieuses", mais il se pose aujourd'hui et se posera demain.* »

*Les Trente Glorieuses* est un ouvrage largement documenté qui présente une démarche pédagogique à laquelle nuisent des redondances et des redites. Aujourd'hui, après plus de vingt années de crise et donc un plus grand recul de l'histoire, l'analyse de J. Fourastié mériterait un regard nouveau.

« Les Trente Glorieuses » est une expression passée à la postérité pour désigner cette période exceptionnelle de l'histoire économique.

L'auteur affirme à la fin du livre que la crise commencée en 1973 n'est pas simplement économique, il s'agit selon lui d'une crise de civilisation marquée par l'effondrement des croyances religieuses, la crise de la morale sexuelle traditionnelle, l'usure des idéologies politiques et plus généralement le désarroi des jeunes ; la perte de l'enthousiasme, la chute de l'ardeur de vivre, et l'effondrement de la natalité.

« [...] *l'Occident ne connaîtra plus, d'ici plusieurs lustres, un progrès économique comparable à celui qu'il vient de vivre pendant ce quart de siècle.* »

# 40 Halte à la croissance ?

## *Rapport sur les limites de la croissance*

**Donnella H. Meadows, Dennis L. Meadows, Jorgens Randers, William W. Behrens**

En 1970, à la demande du Club de Rome, une équipe du Massachussets Institute of Technology dirigée par Donnella Meadows a entrepris de collecter des séries statistiques démographiques et économiques afin de bâtir une des premières modélisations de la croissance par ordinateur et d'étudier les interactions d'un certain nombre de facteurs pouvant conduire à dérégler le système planétaire. Remettant profondément en question la possibilité d'une croissance continue, le rapport Meadows bouleversait profondément les idées de l'époque et semblait alors être de bien mauvais augure.
Ce rapport a été publié en français en 1972, sous le titre *Halte à la croissance ?*, augmenté d'une enquête sur le Club de Rome présentée par Janine Delaunay (Fayard, 314 p.).

## 1) La croissance atteindra rapidement ses limites

### A. La croissance présente un caractère exponentiel

**La croissance de la population mondiale s'accélère d'année en année.** En 1650, la population mondiale ne s'élevait qu'à environ 500 millions d'habitants et n'augmentait qu'à raison de 0,3 % par an, ce qui correspondait à un doublement en 250 ans. En 1970, la population mondiale atteint déj à 3,6 milliards. Comme la mortalité diminue bien plus rapidement que la natalité, cette population s'accroît à un rythme de 2,1 % par an, ce qui correspond à un doublement en 32 ans seulement. Au milieu du XXI$^{e}$ siècle, il est fort probable que la population soit quatre fois plus élevée qu'en 1970.

**La croissance économique mondiale évolue à un rythme encore supérieur.** Entre 1963 et 1968, la production industrielle a crû à un rythme de 7 % par an, le temps de doublement n'étant que de dix ans. Néanmoins, cette croissance économique n'est pas équitablement répartie puisqu'elle se concentre essentiellement dans les pays développés. En définitive, « *les riches s'enrichissent et les pauvres font des enfants* ». La croissance économique ne fait qu'accroître le fossé qui existe entre les riches et les pauvres à l'échelle mondiale. Or, ce rythme exponentiel ne peut qu'être momentané. « *Il est peu probable que les taux de croissance* [...] *demeurent inchangés et cela même avant la fin de notre siècle. Beaucoup de facteurs seront modifiés d'ici 30 ans.* »

### B. Il existe des limites à la croissance

**Les ressources alimentaires sont limitées.** « *La surface totale des terres susceptibles d'être cultivées n'excède pas 3,2 milliards d'hectares* », ce qui correspond à un peu plus de trois fois la superficie des États-Unis. Comme les terres les plus riches, environ la moitié du total, sont déj à aujourd'hui cultivées, la mise en valeur de nouveaux espaces demandera des investissements supérieurs pour des rendements plus faibles. En outre, du fait de l'urbanisation et de l'érosion des sols, le manque de terres arables devrait s'accroître avec le temps. En raison de la croissance de la population mondiale, nous pourrons « *passer en quelques années d'un état d'abondance à un état de disette* ». Il est certes possible techniquement de doubler, voire de quadrupler les rendements agricoles, mais cela ne ferait que reculer dans le temps l'échéance de la crise. S'ajoute à cela le problème de l'approvisionnement en eau douce, dont les disponibilités à l'échelle du globe sont tout autant limitées.

**Les ressources minérales ne sont pas renouvelables**. Les réserves d'énergies fossiles comme le pétrole ou le gaz tout comme celles de métaux sont insuffisantes pour faire face à la croissance exponentielle des besoins. Même dans l'hypothèse où de nouvelles découvertes feraient quintupler le stock actuellement connu, ces réserves seront épuisées au cours des XXIe et XXIIe siècles. Tant que la production continuera à croître, la découverte de produits de substitution et le recyclage des matériaux ne feront qu'en retarder l'échéance. Il est en fait fort probable que « *la grande majorité des ressources naturelles non renouvelables les plus importantes auront atteint des prix prohibitifs avant qu'un siècle ne se soit écoulé* ».

**La croissance génère une forte pollution**. Cette pollution paraît croître elle aussi à un rythme exponentiel, plus rapide que celui de la population mondiale. La combustion du charbon et du pétrole dégage du gaz carbonique et réchauffe l'atmosphère. L'énergie nucléaire produit des déchets radioactifs. Des métaux toxiques tels le plomb ou le mercure, des pesticides sont rejetés dans les cours d'eau. Or, « *un temps très long peut s'écouler entre le moment où une substance polluante est libérée dans l'environnement et celui où les effets s'en font sentir* », notamment en parcourant la chaîne alimentaire. S'il est impossible actuellement de connaître avec précision les seuils maxima de tolérance à la pollution, il est évident que la terre présente une capacité limitée à absorber des polluants en quantité croissante.

## 2) L'écosystème mondial est appelé à s'effondrer brutalement

### A. Le monde est un système global

**Tous les facteurs sont en interrelation**. Certains facteurs génèrent des rétroactions ou des « *boucles* » positives qui renforcent ou accélèrent d'autres facteurs. Par exemple, la croissance de la population mondiale peut conduire à renforcer la demande, stimuler les investissements et accélérer la croissance économique. Dans le même temps, la plupart des facteurs génèrent aussi des rétroactions négatives qui conduisent à limiter d'autres phénomènes. Ainsi, « *les activités industrielles et agricoles peuvent toutes deux être cause de pollution* [...]. *La pollution peut avoir un effet direct sur la mortalité et aussi un effet indirect en ce sens qu'elle diminue la production agricole* ».

**Il existe un « *effet de seuil* » pour chacun des facteurs.** À l'approche de ce seuil, certains facteurs peuvent tendre vers un état d'équilibre, mais la plupart décroissent fortement « *par suite de surconsommation de quelque ressource naturelle non renouvelable et de première nécessité* ». La population risque ainsi de régresser par manque de nourriture ou à cause d'une trop forte pollution et la croissance risque de s'arrêter par manque de ressources. « *La planète n'est pas assez vaste et ses ressources ne sont pas suffisantes pour tolérer plus longtemps le comportement égocentrique et agressif de ses habitants. Plus nous nous approchons des limites matérielles de la terre, plus ce problème risque d'être insoluble.* »

## B. La croissance s'arrêtera au plus tard au cours du XXIe siècle

**Plusieurs scénarios sont possibles.** Le système peut s'effondrer par suite d'une pénurie de matières premières agricoles ou minérales. Si les ressources naturelles sont plus importantes que celles actuellement estimées, « *c'est le niveau de pollution qui est la cause essentielle de l'arrêt de la croissance. Le taux de mortalité monte rapidement sous l'action conjointe des polluants et du manque de nourriture.* »

**Les progrès techniques ne feront que décaler les problèmes dans le temps.** Même en imaginant que la totalité des ressources puisse être recyclée et que la pollution puisse être contrôlée, le quota alimentaire s'effondrera à cause de la surpopulation et de l'usure des sols. En définitive, « *le comportement fondamental de l'écosystème mondial est défini par une croissance exponentielle de la population et des investissements, suivie d'un effondrement* [...]. *Le résultat unique à plus ou moins long terme est l'effondrement du système, même si cet effondrement peut être différé* ».

# 3) Il faut passer d'un état de croissance à un état d'équilibre

## A. Il faut délibérément limiter les facteurs de croissance

**Seul un état d'équilibre pourrait éviter la crise.** Cet état serait caractérisé « *par une population et un capital essentiellement stables, les forces qui tendent à les accroître ou à les diminuer étant soigneusement équilibrées* ». Cet état ne peut être atteint brutalement, mais le monde « *doit tendre vers cet objectif par approches successives* », sachant que plus longtemps sera maintenue la croissance exponentielle, plus faibles seront les chances de parvenir à un équilibre final.

**La population mondiale doit donc être rapidement stabilisée.** Cela ne pourrait se faire qu'en prenant partout des mesures draconiennes visant à équilibrer taux de natalité et taux de mortalité, avec pour objectif final deux enfants par couple.

**La croissance de la production industrielle doit aussi s'arrêter.** Les capitaux devraient être prélevés sur l'industrie pour servir à l'agriculture, aux services, au recyclage et au contrôle de la pollution. « *Pour contrebalancer cet effet, il faudra élever la durée de vie du capital industriel, ce qui implique une meilleure conception des machines et des produits destinés à leur conférer une durée de vie bien plus grande, ainsi que la possibilité de réparation et de rénovation. Le matériel ne devra plus se périmer aussi rapidement qu'aujourd'hui.* »

## B. Il faut chercher en même temps à atteindre un optimum

**L'optimum économique doit être atteint.** Il se caractérise par la satisfaction des besoins humains fondamentaux : nourriture, logement et loisirs. Cette satisfaction des besoins ne pourra se faire qu'en répartissant la richesse mondiale de manière plus équitable pour aboutir à « *un affranchissement de la faim et du dénuement qui reste, aujourd'hui encore, le privilège de si peu d'hommes sur la terre* ».

**L'équilibre économique n'entraîne pas un arrêt du progrès.** Le progrès social peut continuer, l'éducation, la culture peuvent largement se diffuser. Les progrès techniques pourraient contribuer à maintenir durablement un état d'équilibre, en apportant par exemple de nouvelles solutions aux problèmes du recyclage des déchets, de l'allongement de la durée de vie des produits manufacturés, de la domestication de l'énergie solaire ou de la régulation des naissances. La croissance de la productivité du travail peut continuer à la condition qu'elle ne serve plus à accroître la production manufacturée, mais qu'elle serve essentiellement à augmenter le nombre d'heures de loisir. L'amélioration des conditions de vie peut donc encore continuer. « *Cet équilibre global ne signifie ni la fin du progrès, ni celle du développement de l'homme. Dans cet état, au contraire, les possibilités d'évolution sont presque illimitées.* »

Même s'il existe des raisons d'espérer, les motifs d'inquiétude restent grands. Une croissance exponentielle durable dans un domaine fini est impossible. « *Chaque jour pendant lequel se poursuit la croissance exponentielle rapproche notre écosystème mondial des limites ultimes de sa croissance. Décider de ne rien faire, c'est décider d'accroître le risque d'effondrement [...]. Nous estimons, en l'état actuel de nos connaissances sur les limites physiques de la planète, que la phase de croissance ne pourra durer un siècle de plus. Mais encore une fois, étant donné les temps de réponse du système, si l'on attend que ces limites deviennent évidentes, il sera trop tard.* »

Rédigé à un moment où les possibilités de croissance paraissaient infinies, le rapport Meadows a suscité de vives polémiques mais a été partiellement confirmé par la crise apparue dans les pays développés à partir de 1973. Les rythmes de croissance atteints durant les « Trente Glorieuses » ont été uniques dans notre histoire. Ce rapport a été l'une des premières études à entraîner un éveil des consciences quant aux possibilités limitées de notre planète et pousser à la mise en œuvre de mesures visant à une gestion durable de nos ressources. La conférence internationale de Rio, tenue en juin 1992, pour trouver un compromis viable entre l'environnement et le développement et assurer l'avenir de la planète en est l'une des premières concrétisations.

# 41 Régulation et crises du capitalisme

## Michel Aglietta

La décennie soixante-dix représente une période de rupture économique. À partir du choc pétrolier de 1973, les pays développés à économie de marché (PDEM) connaissent une situation économique originale que les économistes baptisent « stagflation ». C'est aussi à partir de cette période que sont remises en cause les politiques économiques dites keynésiennes. Les PDEM entrent alors dans une crise économique dont les formes semblent échapper aux explications traditionnelles. La thèse de M. Aglietta, soutenue en 1974 et parue en 1976, apparaît comme fondatrice d'une nouvelle approche : l'École de la régulation. Cet ouvrage, maintenant réédité avec l'ajout d'une postface (Odile Jacob, 1997, 360 p.), développe une conceptualisation originale qui est mise en œuvre pour analyser l'évolution du capitalisme américain sur une longue période.

## 1) La conceptualisation

### A. La problématique

**L'approche de l'École de la régulation est construite sur une critique des théories économiques** – notamment l'approche en termes d'équilibre général –, qui semblaient dans l'incapacité, selon M. Aglietta, d'expliquer le passage de la croissance à la crise de façon « endogène » et qui évacuaient le temps historique de leurs modélisations. Il s'agissait donc d'une part d'expliquer pourquoi et comment le capitalisme, et plus particulièrement le capitalisme américain, avait pu connaître des périodes de croissance forte pendant une longue période et, d'autre part, pourquoi et comment cette « régulation » de la croissance se transformait pendant des périodes de « *grandes crises* » qui débouchaient sur de nouveaux « *régimes de croissance* ». À une problématique en termes de passage d'un équilibre à un autre équilibre, l'École de la régulation substitue une problématique en termes de reproduction.

**La croissance est expliquée par un processus d'interaction dynamique,** souvent appelé « cercle vertueux », entre les gains de productivité et la croissance de la demande, soutenue par l'augmentation du pouvoir d'achat des salariés. La dynamique puissante de l'accumulation capitaliste paraît alors, pendant un temps, apprivoisée par la société. La crise fait cependant partie du mode de régulation capitaliste. D'abord, la croissance naît des réponses apportées aux situations de crise. Ensuite, elle contient en germe la crise puisque le capitalisme demeure défini par les conflits entre les classes sociales. Cette crise « *a pour traits fondamentaux une contradiction croissante entre la socialisation des modes de vie et des progrès de la productivité d'une part, la privatisation à outrance des pouvoirs de décision sur les processus de l'accumulation capitaliste et l'exacerbation d'une concurrence sans perspective à long terme d'autre part* ».

## B. Les « formes structurelles »

**La conceptualisation développée en 1976 par M. Aglietta emprunte beaucoup, pour ne pas dire pour l'essentiel, à la tradition économique marxiste** et à ses concepts : plus-value, exploitation... Elle s'en écarte en introduisant la notion de « *forme structurelle* » ayant une dimension économique et une dimension non économique. Cette notion doit rendre compte du degré de cohérence atteint par le système capitaliste à un certain moment de son histoire. Cette cohérence fait que les contradictions de ce système sont, en partie, freinées. Elle s'en écarte aussi en intégrant des apports de la « *révolution keynésienne* » qui postule la possibilité pour la société, incarnée par l'État et les organisations représentatives des salariés, d'orienter la dynamique capitaliste. Elle s'en écarte enfin en refusant l'idée d'une unité sociale portée par une classe privilégiée, notamment la classe ouvrière, supposée pouvoir abolir la violence sociale une fois pour toutes.

« ***Nous appellerons "formes structurelles" les rapports sociaux complexes organisés en institutions, qui sont des produits historiques de la lutte des classes.*** » La forme structurelle la plus développée dans l'ouvrage de 1976 est celle du « *salariat* », les économistes de la régulation popularisant plus tard l'expression de « *rapport salarial* ». M. Aglietta analyse la mise en place du rapport salarial fordiste aux États-Unis. Les institutions les plus importantes de ce rapport salarial sont les conventions collectives qui représentent les compromis institutionnalisés entre les classes sociales.

## C. L'évolution de la conceptualisation

**La postface rédigée pour l'édition de 1997 s'écarte de la conceptualisation précédente.** Les références au vocabulaire marxiste sont moins présentes. M. Aglietta fait référence de façon plus positive à la théorie économique néoclassique et à ses développements concernant les problèmes liés aux asymétries d'information et aux externalités. D'autres concepts, comme celui de « *société salariale* », sont mis en avant. L'accent est surtout mis sur la forme « *monnaie* » et sur les formes structurelles institutionnalisées dans les systèmes financiers. La notion de « *forme structurelle* » fait place à celle de « *médiation* » et celle de mode de production à celle de mode de régulation. Un mode de régulation de l'économie capitaliste est alors défini comme « *un ensemble de médiations qui maintiennent les distorsions produites par l'accumulation du capital dans des limites compatibles avec la cohésion sociale au sein des nations* ».

**L'analyse de la monnaie est mise au départ de la théorie.** La reproduction de la forme monnaie et la dynamique de l'endettement occupent alors une place décisive dans la conceptualisation : « *L'individu qui poursuit ses intérêts propres n'en appartient pas moins à la société, parce qu'il est nécessairement inséré dans la division du travail. Celle-ci noue une dette réciproque entre chaque individu et la société. Pour inscrire ses fins dans une activité autonome, un agent économique doit dépenser, c'est-à-dire prélever des ressources sur la société. Il est donc en dette vis-à-vis de la collectivité, responsable de l'usage des ressources qu'il a prélevées. Mais la société est de son côté en dette de reconnaissance de l'individu, dans la mesure où cet usage participe à la reconstitution de la division du travail.* »

## 2) L'évolution du capitalisme américain

### A. Les transformations du rapport salarial : les lois de l'accumulation capitaliste (édition de 1976)

**M. Aglietta met en avant le mode spécifique de pénétration du capitalisme américain : le principe de la frontière.** Le principe de frontière ne doit pas occulter les autres facteurs historiques, comme le rôle joué par les États-Unis pendant les deux guerres mondiales. Mais ce principe accélère la dynamique capitaliste. « *Le principe de la frontière n'était pas la traduction de son contenu initial, c'est-à-dire l'aménagement d'un espace géographique, c'était un principe idéologique exprimant la capacité de la nation américaine à polariser les activités industrielles dans un sens de progrès. C'est pourquoi la bourgeoisie industrielle a pu faire avaliser ultérieurement par l'ensemble de la nation les transformations technologiques induites par la plus-value relative en les présentant comme l'édification d'une "nouvelle frontière".* » Ainsi, le développement du capitalisme et la construction de la nation furent identifiés dans la conscience des masses populaires... Toute mise en cause de la liberté d'entreprise fut perçue comme une atteinte à « *l'intégrité de la nation* ».

**Cette idéologie expliquerait, malgré l'existence de forts conflits sociaux, pourquoi les innovations générales que furent le « *taylorisme* », le « *fordisme* » et le « *néo-fordisme* » se diffusèrent avec un temps d'avance dans l'économie et la société américaines** permettant ainsi le passage à un « *régime de croissance intensive* » fondée sur de grandes organisations. Elle expliquerait aussi la moindre importance accordée par l'opinion américaine aux questions liées à la pauvreté et aux inégalités sociales, et la plus grande importance attribuée au niveau de consommation rendu possible par l'augmentation des revenus et à la mobilité sociale. Malgré l'existence d'un État-providence, le capitalisme américain apparaîtrait alors comme fortement intégrateur mais aussi comme profondément destructeur : « *l'arme la plus puissante du capitalisme américain pour créer des conditions d'exploitation exceptionnelles est la permanence de rapports idéologiques hérités de l'esclavage : c'est le racisme.* »

### B. Les transformations des rapports intercapitalistes : les lois de la concurrence (édition de 1976)

**M. Aglietta met en évidence l'exceptionnel processus de concentration et de centralisation du capitalisme américain sur la longue période incarné par l'« *entreprise géante* » et le « *groupe financier* ».** Ce processus résulte de la mise en place de conditions financières donnant la possibilité aux firmes d'investir comme la création d'un vaste marché financier et l'« *abondance du cash-flonon lié en entreprise* ». À mesure que le régime de croissance devient un « *régime d'accumulation intensive* », se met en place ce que les économistes nomment une « *économie d'endettement* » qui confère un rôle déterminant au système bancaire dans le financement de l'investissement. Cette évolution ne s'effectue pas sans crises tout au long de l'histoire du capitalisme américain.

**Ces crises résultent, selon M. Aglietta, des contradictions du système capitaliste** mises à jour par K. Marx, notamment la loi tendancielle à la baisse du taux de profit. Le livre étant écrit en 1976, M. Aglietta fait du développement de l'inflation la solution momentanée trouvée par le capitalisme américain pour retarder les effets de loi. Ainsi : « *Le processus inflationniste est la forme prise par la crise financière dans le régime d'accumulation à prédominance intensive établi* *après le New Deal, lorsque la contrainte monétaire s'exprime en tant que formation d'une monnaie nationale sous l'imposition du cours forcé. Le processus inflationniste a donc les fondements théoriques de la crise financière. C'est une manifestation de la suraccumulation du capital.* »

## C. L'évolution du capitalisme américain depuis 1976 (édition de 1997)

**Les années soixante-dix correspondent à la prise de conscience d'un déclin de la puissance économique américaine mais aussi à celle de dysfonctionnements croissants du mode de régulation fordiste.** Depuis 1976, de nombreuses mutations sont intervenues : révolution technologique majeure, mondialisation, poursuite du vieillissement de la population des pays développés... Dans sa postface, M. Aglietta souligne la capacité d'adaptation du capitalisme américain tout en mettant en valeur les enjeux liés à la mise en place d'un nouveau mode de régulation.

**Cette capacité d'adaptation résulte de la place particulière que le capitalisme américain occupe sur la scène mondiale.** L'économie américaine a plus bénéficié que les autres capitalismes nationaux du processus de globalisation financière qu'elle avait elle-même impulsé pendant les années soixante-dix, drainant ainsi une partie de l'épargne mondiale. Elle n'a pas non plus connu les contraintes d'ajustement macroéconomiques que les économies européennes se sont imposées pour accélérer leur intégration. Il faut, sur ce point, souligner la souplesse de la politique monétaire américaine contrastant avec la rigidité des politiques monétaires européennes. Cette adaptation a été aussi conduite par les grandes entreprises américaines qui participent activement au processus actuel de globalisation des modes de gestion. Ces adaptations n'ont pas été sans coûts sociaux importants comme une montée historiquement exceptionnelle des inégalités sociales et de la pauvreté, même si la définition de la pauvreté a évolué. Par ailleurs, le capitalisme américain se trouve confronté à des défis qui touchent toutes les formes nationales de capitalisme : protection de l'environnement, déclin de la chose publique...

La richesse du livre de M. Aglietta ne doit pas masquer une certaine difficulté éprouvée par le lecteur à trouver une cohérence entre l'ouvrage de 1976 et la postface qui date de 1997. Il semble bien que la pensée de M. Aglietta ait profondément évolué entre ces dates. Aux contradictions du capitalisme américain établies sur une base théorique héritée de K. Marx succède une analyse des défis qui se posent à la société salariale. Une problématique en termes de dépassement du salariat fait place à une problématique en termes de gestion de la société salariale. L'économie monétaire qui se généralise avec la société salariale n'est-elle pas la forme économique qui permet de prévenir une violence sociale qui précède historiquement l'avènement du capitalisme ? La légitimité du capitalisme est fortement remise en cause en 1976, beaucoup moins en 1997. M. Aglietta évoque, dans sa postface, quelques pistes pour créer, à l'échelle mondiale, un nouveau mode de régulation passant principalement par une redéfinition de l'action de l'État parallèlement à une réhabilitation de l'action politique : prise en compte des dégradations sur l'environnement, action des salariés au sein des fonds de pension, réformes des systèmes financiers, nouvelle citoyenneté fondée sur un revenu minimum garanti, formation continue...

# 42 Capitalisme contre capitalisme

Michel Albert

L'effondrement du bloc soviétique a dévoilé « *l'arriération lamentable des économies communistes* ». La victoire du capitalisme est alors totale. Cependant, celui-ci est « *multiple, complexe comme la vie* ». Dans son ouvrage (Seuil, 1991, 318 p.), M. Albert montre que « *cette diversité tend à la bipolarisation entre deux grands types de capitalisme d'importance comparable et entre lesquels l'avenir n'est pas joué* ». Plutôt que d'opposer un capitalisme anglo-saxon à un capitalisme germano-nippon qui, dans chaque cas, rapprocherait des pays trop divers, M. Albert préfère comparer un modèle néo-américain (les États-Unis) et un modèle rhénan (l'Allemagne, pour l'essentiel), même si parfois, il lui paraît utile de faire référence à la Grande-Bretagne dans le premier cas et au Japon dans le second. Pour cet auteur, le modèle néo-américain du capitalisme est moins performant que le modèle rhénan. Pourtant, ce dernier connaît aujourd'hui de nombreuses difficultés.

## 1) Les performances du modèle néo-américain du capitalisme doivent être relativisées

### A. Le leadership américain a été restauré au cours des années 1980

**Au début des années quatre-vingt, Ronald Reagan affirme que « *l'Amérique est de retour* ».** Au cours de la décennie soixante-dix, la puissance américaine est ébranlée, tant sur le plan externe (défaite au Viet Nam…) que sur le plan interne (scandale du Watergate…). « *Au milieu des années quatre-vingt, l'Amérique de Reagan brille à nouveau comme les étoiles qui ornent son drapeau* » : sur la scène internationale, le défi de la « guerre des étoiles » lancé à l'URSS tourne à l'avantage des États-Unis ; sur le plan intérieur, une « révolution conservatrice » (baisse des impôts, exaltation de l'entrepreneur…) paraît sortir le pays de sa torpeur.

**Les fondements de la puissance américaine reposent sur un héritage que Ronald Reagan a trouvé à son arrivée à la Maison Blanche.** Les États-Unis bénéficient d'un énorme stock de capital accumulé depuis la fin de la guerre et d'importantes ressources naturelles. Ils disposent d'une avance technologique que le *brain drain* entretient. Le dollar, monnaie nationale et instrument de réserves internationales, « *permet à l'Amérique de payer, d'emprunter et de financer des dépenses avec sa propre monnaie* ». Enfin, l'hégémonie culturelle renforce la domination économique.

### B. Cependant, « l'Amérique nouvelle se dégrade »

**Le dualisme social s'accentue.** Les États-Unis constituent « *une société où les différentes catégories de population vivent, en fait, sur deux planètes différentes qui s'éloignent chaque année un peu plus l'une de l'autre* ». Ce dualisme est le résultat de la politique libérale de Ronald Reagan qui a induit une « *nouvelle géographie sociale : des pauvres plus pauvres face à des riches plus riches* ».

**Sur le plan économique, les motifs d'inquiétude se multiplient**. Le nombre d'emplois diminue dans l'industrie ; la qualité de la production est déficiente ; les firmes américaines perdent des parts de marché face à des concurrents agressifs... Par ailleurs, « *ce qui menace le plus l'Amérique* [...], *c'est les déficits vertigineux, sans précédent* ». Déficits budgétaires et déficits extérieurs accentuent l'endettement. La faiblesse du taux d'épargne des Américains est en cause : « *ils se jettent à corps perdu dans l'endettement pour la consommation, la jouissance immédiate.* »

### C. Les marchés financiers imposent leur tutelle au détriment de l'économie réelle

**La décennie quatre-vingt est marquée par « *l'explosion de la finance* »**. « *Le marché financier en vient* [...] *à exercer une véritable tutelle sur l'économie en général* » : les actionnaires exigent au plus vite un profit maximum. En conséquence, les dépenses les moins urgentes (recherche, formation...) sont réduites. Or, ce sont celles qui préparent l'avenir.

**La recherche du profit maximum à court terme nuit au développement**. Les actionnaires n'ont plus d'attache, autre que pécuniaire, avec l'entreprise, qui devient alors une marchandise comme une autre. Ils en disposent comme ils l'entendent, sans se soucier du sort du personnel. En outre, « *la tyrannie de la finance* » conduit les managers à ne pas prendre de risques industriels. L'esprit d'entreprise est alors bridé, hypothéquant la croissance et le développement : « *trop faire pour le profit aujourd'hui nuit au profit de demain.* »

## 2) Le capitalisme rhénan est un mode d'organisation supérieur au modèle néo-américain

### A. Le capitalisme rhénan (Allemagne, pays scandinaves, Autriche, Suisse, et partiellement le Japon) concilie l'économie de marché et le progrès social

**La place de l'économie de marché est moins grande**. « *Dans le modèle néo-américain, les biens marchands tiennent une place sensiblement plus grande que dans le modèle rhénan. En revanche, les biens mixtes, qui relèvent pour partie du marché et pour partie des initiatives publiques, sont plus importants dans le modèle rhénan.* » Par exemple, aux États-Unis, les salaires sont fixés par le marché (la force de travail est un bien marchand) alors que d'autres modalités (conventions collectives, ancienneté...) sont également prises en compte dans le modèle rhénan (la force de travail est un bien mixte).

**L'entreprise n'est pas un bien comme un autre, mais une communauté**. En Allemagne, par exemple, les participations croisées entre principales banques et grandes entreprises constituent « *une communauté industrialo-financière* ». La cogestion au sein des entreprises consolide le dialogue social et le sentiment d'appartenance à une communauté.

**L'exemple allemand montre la voie d'un capitalisme social**. L'instauration d'une économie sociale de marché, en 1949, est fondée sur l'idée que le marché est le meilleur garant du dynamisme économique ; il ne doit pas pour autant régir l'intégralité de la vie sociale. L'État doit intervenir pour garantir des conditions de concurrence égales et pour maintenir la cohésion sociale. C'est « l'ordo-libéralisme » : « *il incarne une synthèse réussie entre le capitalisme et la social-démocratie.* »

## B. Le modèle rhénan affiche sa supériorité économique

**L'actionnariat bancaire favorise la croissance des entreprises.** « *Les banquiers, par la force des choses, seront soucieux du développement à long terme des entreprises avec lesquelles ils se trouvent liés.* » Ainsi, la prise de risque, l'esprit d'entreprise sont préservés. De plus, la fiabilité des principaux actionnaires réduit quasiment à néant les risques de prise de contrôle. Les dirigeants peuvent alors se consacrer à leur activité productive.

**La puissance monétaire de l'Allemagne et du Japon est facteur de croissance.** La solidité du mark et du yen incite les firmes allemandes et japonaises à accroître leurs investissements à l'étranger qui « *permettent aux pays rhénans de contrôler plus étroitement leurs marchés d'exportation* ». Par ailleurs, « *la stratégie de la monnaie forte semble à première vue, âpre et difficile, pour ne pas dire héroïque* ». Cependant, elle impose aux entreprises de rechercher des gains de productivité, d'améliorer leur compétitivité structurelle (hors prix), notamment en innovant, etc.

**Les performances économiques des pays rhénans résultent de facteurs structurels.** L'attention portée à la qualité des produits et à la réduction de leurs coûts, la mise en œuvre de méthodes de production valorisant la ressource humaine, un effort marqué de recherche et développement, expliquent les performances économiques du modèle rhénan. À cela, il faut ajouter « *une force de frappe commerciale très efficace* ». Par ailleurs, une forte propension à épargner permet de financer les investissements. Enfin, la volonté des pouvoirs publics de renforcer la position internationale de l'économie est permanente.

## C. La supériorité du modèle rhénan est aussi sociale

**Le capitalisme rhénan est moins inégalitaire que le capitalisme néo-américain.** Aux États-Unis, la pauvreté n'est pas un problème politique puisqu'elle est considérée comme une sanction du marché. *A contrario*, la lutte contre l'exclusion est systématique dans les pays rhénans. En outre, la fourniture de biens collectifs (santé, éducation…) est mieux assurée dans ces pays et pour un coût moindre qu'aux États-Unis. Cependant, la viscosité sociale est plus forte dans ces sociétés.

**La hausse des prélèvements obligatoires n'est pas systématiquement un frein à la croissance économique.** Les critiques libérales, bien que partiellement justifiées, sont allées trop loin : « *la vulgate des années quatre-vingt a quasiment diabolisé les prélèvements obligatoires en les rendant responsables de toutes les difficultés économiques.* » En fait, le poids des cotisations sociales dans les pays rhénans « *signifie qu'il existe un socle de solidarité au profit des moins favorisés* », réduisant ainsi les inégalités. Or, « *les sociétés les plus harmonieuses sur le plan social sont souvent celles dont les économies sont les plus performantes* ».

# 3) Toutefois, le modèle rhénan connaît des difficultés

## A. Les signes d'affaiblissement du modèle rhénan se multiplient

**La cohésion sociale est menacée.** La volonté de réduire les inégalités n'est plus générale et le consensus social est remis en cause dans plusieurs pays : par exemple, « *la montée de l'individualisme est particulièrement nette en Suède. L'État-providence y est dorénavant contesté* […]. *Le recul de l'esprit civique fait que les salariés ont tendance à abuser de plus en plus de la générosité du système social* ».

**Du fait de la globalisation, les activités financières gagnent en importance.** « *La globalisation est le vecteur principal et superpuissant de la propagation du modèle ultra-libéral.* » Au Japon, au cours de la décennie quatre-vingt, se développe « *une véritable frénésie entraînant une hausse record des cours du désormais célèbre Nikkeï* ». En Allemagne, les grandes banques se lancent dans des opérations financières internationales… « *L'argent facile s'introduit peu à peu au cœur des économies du modèle rhénan.* »

## B. La lutte entre les deux formes de capitalisme tourne à l'avantage du moins performant, le capitalisme néo-américain

**Le capitalisme rhénan pâtit « *de l'air du temps, de la sensibilité du moment* ».** L'argent facile fait davantage rêver que la sagesse rhénane. Par ailleurs, la crise des idéologies et la montée de l'individualisme sont propices à la diffusion du message du capitalisme néo-américain : « *un maximum de profit tout de suite* ». Enfin, l'effondrement des économies socialistes dévalorise « *de proche en proche et injustement, tout ce qui se rattachait de près ou de loin à l'idéal socialiste, réformateur ou tout simplement social* ».

**La victoire du capitalisme néo-américain est d'autant plus surprenante que les firmes multinationales (FMN) américaines n'appliquent pas ses principes.** « *Les FMN américaines se sont développées essentiellement par croissance interne, sur un projet industriel porté par l'innovation technologique et commerciale. Elles n'ont donc cessé de raisonner à long terme.* […] *Les grandes FMN américaines relèvent plutôt du modèle rhénan.* » Pourtant, elles ne se désintéressent pas des marchés financiers auxquels elles recourent pour financer leurs investissements. Les FMN américaines ouvrent peut-être les « *perspectives d'une synthèse d'optimalisation entre les deux modèles de capitalisme* ».

## C. Les difficultés du modèle rhénan augurent mal de l'évolution du capitalisme français

**Au cours des années quatre-vingt, le capitalisme français a dérivé vers le modèle anglo-saxon.** « *La tradition française, c'est le social-colbertiste : l'État qui commande l'économie au nom d'une ambition politique et d'une volonté de progrès social.* » Pourtant, durant la décennie quatre-vingt, les inégalités se sont accentuées, la déréglementation s'est accélérée, les marchés financiers se sont développés et l'État-providence a été contesté…

**La France a pourtant besoin du modèle rhénan.** « *Tout autant que pour maintenir sa protection sociale, la France a besoin du modèle rhénan pour renforcer la capacité et la stabilité financière de ses entreprises.* » Toutefois, la France est dans la Communauté européenne. Seule une véritable union politique permettra à l'Europe, et donc à la France, de stopper sa dérive vers le modèle thatchérien.

L'effondrement des sociétés socialistes d'Europe de l'Est ne marque pas « la fin de l'histoire », contrairement à ce que soutient l'Américain Francis Fukuyama. Le capitalisme néo-américain n'est pas l'unique voie envisageable, et encore moins la plus souhaitable. L'alternative entre capitalismes rhénan et néo-américain est sans doute une simplification, mais elle a le mérite de montrer que l'avenir est ouvert.

# 43 Un autre monde

## *Contre le fanatisme du marché*

**Joseph Stiglitz**

« *Ce que je voudrais prouver* [...], *c'est qu'une mondialisation bien gérée* [...] *peut beaucoup apporter aux pays en développement comme aux pays développés.* » Dans cet ouvrage (Éditions Fayard, 452 p., 2006), Joseph Stiglitz veut donc montrer qu'un « autre monde est possible » à la condition de prendre en compte les échecs de la mondialisation : il faut améliorer son fonctionnement pour tirer les bénéfices dont elle est porteuse, et en particulier, pour favoriser le développement des pays pauvres.

## 1) « Un autre monde est possible »

### A. La mondialisation doit être maîtrisée

**La mondialisation est mal gérée.** Elle est fondée sur des règles injustes conçues dans l'intérêt des pays les plus riches. Elle « *fait passer les valeurs matérielles avant d'autres, telles que le souci de l'environnement ou de la vie même* ». Elle met à mal la souveraineté des États de nombreux pays pauvres. Beaucoup de pays, de personnes, ont pâti de la mondialisation. Enfin, elle s'est traduite par l'extension du « *modèle libéral anglo-américain* » qui est inadapté aux pays en développement.

**La mondialisation a accentué la pauvreté.** « *En dehors de la Chine, la pauvreté a augmenté dans le monde en développement depuis 20 ans* [...]. *L'échec le plus dramatique est l'Afrique.* » La pauvreté n'est pas réductible à un manque d'argent. Elle se traduit aussi par l'insécurité, notamment du fait de la précarité du travail. Si dans les pays développés l'État peut venir en aide aux pauvres, dans les pays en développement (PED), « *les pauvres ne peuvent compter que sur eux-mêmes* ». Ils ne sont pas écoutés, leur situation n'est pas suffisamment prise en compte par la communauté internationale.

**La mondialisation doit être mieux organisée.** « *Désormais, on voit clairement qu'en soi ouvrir les marchés* [...] *ne "résoudra" pas le problème de la pauvreté ; cela pourrait même l'aggraver.* » Il faut accroître l'aide en direction des pays les plus pauvres et promouvoir un commerce plus équitable. Le souci de protéger l'environnement doit être permanent ; il faut démocratiser les grandes organisations internationales (FMI, Banque mondiale, OMC) qui ne prennent pas suffisamment en compte des intérêts des PED. Enfin, face à la mondialisation, il est urgent d'organiser « *une action collective forte* » pour que les peuples et les pays puissent régler leurs problèmes en commun. « *Nous devons penser globalement, mondialement, et nous considérer comme partie prenante d'une communauté mondiale* [...]. *Cela veut dire se mettre à la place des autres.* »

## B. Les pays en développement doivent pouvoir tirer profit de la mondialisation

**La mondialisation doit contribuer à l'amélioration de la vie des gens.** La mondialisation « *apporte à la fois des risques inouïs et des opportunités sans précédent* » aux PED. L'ouverture au monde extérieur peut stimuler la croissance et les revenus mais de manière inéquitable si une large partie de la population n'en bénéficie pas : « *si la croissance économique n'est pas partagée dans toute la société, c'est que le développement a échoué.* »

**L'État a un rôle important à jouer dans les PED.** Pour les libéraux, le salut des PED viendrait du désengagement de l'État. Cette stratégie a échoué. Il faut « *changer radicalement de stratégie et adopter une approche très large du développement* [...]. [Cette approche] *exige de renforcer les marchés. Mais il est tout aussi important de renforcer l'État et de trouver pour chaque pays, à chaque étape, le bon dosage entre l'État et le marché* ». La réussite des pays émergents d'Asie s'explique par le fait que leurs gouvernements ont su trouver un tel dosage. Les domaines d'intervention de l'État sont nombreux : éducation de base, infrastructures, protection sociale, institution d'un cadre juridique propre à favoriser l'activité économique...

**L'engament collectif des communautés locales est un facteur fondamental du développement.** « *Le marché, l'État et l'individu sont les trois piliers d'une stratégie de développement réussie ; il y en a un quatrième : les collectifs, les gens qui travaillent en commun souvent avec l'aide de l'État et des ONG.* » Le développement est le fruit de la mobilisation des populations autour de projets locaux de développement, qu'elles ont elles-mêmes définis et qu'elles cherchent à réaliser. Par exemple, à Bali, en Indonésie, ce sont les villageois eux-mêmes qui construisent et entretiennent avec efficacité les canaux d'irrigation et assurent un partage équitable de l'eau entre les villageois et les villages.

# 2) Il faut améliorer les relations commerciales et financières internationales

## A. Le commerce international doit être équitable

**Un protectionnisme temporaire peut être nécessaire dans les PED.** Tous les PED ne profitent pas de l'ouverture. En fait, « *les pays en développement doivent protéger leurs entreprises jusqu'au moment où elles seront assez fortes pour concurrencer des géants internationaux bien établis* ». C'est l'argument de « *l'industrie naissante* ». Pour éviter que ce protectionnisme ne favorise des intérêts très minoritaires, ceux d'un petit nombre d'industries protégées, il vaut mieux « *opter pour un protectionnisme à large base, par exemple des droits de douane prélevés uniformément sur tous les produits manufacturés. C'est l'argument de l'économie naissante* ». Outre qu'elle favorise l'essor du secteur industriel, cette politique commerciale fournit à l'État des ressources qui lui sont nécessaires pour financer ses dépenses d'éducation, de santé, d'infrastructures...

**Il faut promouvoir le « *juste échange* » plutôt que le libre-échange.** « *Les pays en développement doivent bénéficier d'un traitement différent.* » Les pays riches doivent davantage ouvrir leurs marchés en acceptant que les PED n'en fassent pas autant. Les PED les plus avancés doivent procéder de manière analogue au bénéfice des pays les moins avancés. Il faut également en finir avec les subventions dont les pays riches font bénéficier leurs agriculteurs. « *La vache* *européenne reçoit une subvention de 2 dollars par jour* [...]. *Plus de la moitié des habitants du monde en développement vivent avec moins.* » Ces subventions faussent la concurrence au détriment des agriculteurs des PED, en particulier des plus pauvres. Les pays développés doivent aussi libéraliser le commerce des services à forte intensité de main-d'œuvre.

**Il faut réformer les ADPIC.** Depuis 1995, les accords sur les aspects des droits de propriété intellectuelle touchant au commerce (ADPIC) traduisent « *le triomphe des intérêts d'affaires américains et européens sur les intérêts généraux de milliards d'habitants du monde en développement* ». En effet, ces accords permettent aux firmes des pays riches de bénéficier pour une durée trop longue de la situation de monopole que leur confèrent les brevets ou les copyrights. Il faut réformer les ADPIC : « *nous devons exiger des régimes séparés pour les pays les moins développés, les pays à revenu moyen, et les pays industriels avancés.* » Par exemple, les pays pauvres doivent pouvoir importer des médicaments au prix coûtant ; d'autres PED, en produire sans payer des droits aux industries pharmaceutiques occidentales. C'est ce qui a commencé à être mis en œuvre en 2003, mais qui pour le moment ne va pas assez loin. Les discussions sur la protection de la propriété intellectuelle ne doivent plus intervenir au sein de l'OMC qui fait passer le libre-échange avant les intérêts nationaux mais dans une organisation spécifique.

## B. Les firmes multinationales doivent être contrôlées

**Les firmes multinationales (FMN) ont des effets contradictoires sur les économies nationales.** Les FMN peuvent imposer aux États des choix contraires à leurs intérêts. Par exemple, elles peuvent exiger une réduction des impôts qui diminue les ressources budgétaires des États et ainsi leur capacité à financer des dépenses destinées à améliorer le bien être de leur population. Leurs activités peuvent détruire l'environnement hypothéquant le bien être des générations futures. Enfin, elles pèsent sur le contenu des accords commerciaux internationaux pour qu'ils leur soient bénéfiques. Mais, par ailleurs, les FMN « *ont été au cœur de l'effort pour apporter aux pays en développement les bénéfices de la mondialisation, en contribuant à élever le niveau de vie d'une grande partie de la planète* ». Leurs filiales implantées dans les PED ont induit des exportations, ont été à la source de transferts de technologie, ont créé de nombreux emplois...

**Les FMN peuvent nuire à l'intérêt collectif.** « *Les entreprises ont pour objectif de gagner de l'argent. C'est ce qui fait leur force et leur faiblesse.* » Pour maximiser leurs gains, les FMN sont souvent amenées à adopter de mauvaises pratiques. Par exemple, « *sans réglementation et sans pression publique, les entreprises n'ont aucune incitation à protéger suffisamment l'environnement* ». La corruption est également une pratique à laquelle elles peuvent se livrer au détriment de l'intérêt général. En outre, « *il n'est que trop facile à des dirigeants d'entreprise de se cacher sous le voile de la société anonyme* [...]. *Pour aggraver les choses, il y a la responsabilité limitée* ». Dès lors, les conséquences sur leurs dirigeants des dégâts environnementaux et sociaux causés par les firmes sont minimes, ce qui constitue une incitation à les perpétuer.

**Plusieurs réformes sont nécessaires.** La responsabilité sociale des entreprises doit être valorisée et complétée par une réglementation plus stricte afin que les FMN œuvrent à l'amélioration du sort de leurs salariés – et pas seulement de leurs actionnaires – et des pays où elles s'implantent. Il est également nécessaire de lutter contre les monopoles (par exemple Microsoft) par l'instauration d'une autorité mondiale chargée de faire respecter les règles de la concurrence. La responsabilité personnelle des chefs d'entreprise doit être instaurée.

Pour réduire la corruption, le secret bancaire devrait être prohibé par la communauté internationale. Enfin, « *nous devons créer des cadres juridiques internationaux et des tribunaux internationaux* » : les consommateurs et les travailleurs du monde entier doivent pouvoir faire valoir leurs droits quand les firmes les bafouent.

### C. Il faut améliorer l'insertion des PED dans les flux financiers mondiaux

**Réduire l'endettement externe des PED est une priorité.** Les PED endettés subissent un lourd fardeau. Une partie de leurs ressources est consacrée au remboursement de la dette et fait donc défaut pour financer les investissements. De plus, ils appliquent des politiques d'austérité bloquant leur croissance, imposées par le FMI et la Banque mondiale qui en font une condition de l'octroi de leurs aides financières. Ces institutions internationales, à l'instar du FMI, agissent en fait en faveur des banques : « *quand il y avait crise, le FMI prêtait de l'argent par une opération dite couramment de "renflouement" – mais cet argent* [...] *renflouait les banques occidentales.* » Les banques sont alors encouragées à prêter davantage et elles le font souvent à court terme et à taux d'intérêt élevés, fragilisant le financement des investissements. En outre, le moindre doute quant à la capacité de remboursement des PED provoque une sortie de capitaux, facteur de crise dans ces pays. Il est donc nécessaire d'alléger très rapidement la dette des pays pauvres : « *avec davantage d'aide sous forme de dons et plus de diligence chez les prêteurs, on risquerait moins de revoir, à l'avenir, tant de pays très pauvres écrasés par un endettement excessif.* » Mais il faut aussi que les PED mobilisent davantage leur propre épargne pour financer les investissements.

**Instaurer un nouveau système de réserve mondiale est nécessaire.** Les réserves détenues par les banques centrales des PED sont constituées d'actifs (titres et liquidités) le plus souvent libellés en dollars. Or, le rendement de ces actifs est faible. Ces fonds auraient été plus utiles en participant au financement des investissements dans les PED. Pour mieux faire fonctionner la mondialisation, il est nécessaire de réformer le système de réserve mondiale. Pour cela, « *il existe une solution d'une simplicité remarquable, trouvée depuis longtemps par Keynes : la communauté internationale pourrait fort bien émettre une monnaie fiduciaire nouvelle qui servirait de monnaie de réserve* ». Cette monnaie internationale (« *greenbacks mondiaux* »), qui ferait partie des réserves des banques centrales, pourrait être utilisée par les pays pour payer leur déficit externe. La création des « *greenbacks mondiaux* » pourrait permettre de financer la fourniture de biens publics mondiaux (par exemple, des programmes de vaccination mondiaux) ou renforcer l'aide au développement. Ainsi, « *le nouveau système de réserve mondiale* [...] *pourrait donner à la communauté mondiale un moyen de manifester son engagement pour la justice sociale au niveau planétaire* ».

## 3) Il faut sauver la planète et politiser la mondialisation

### A. Le souci de préserver la planète doit être permanent

**Les problèmes environnementaux sont planétaires.** « *Lorsqu'il existe une ressource commune que tout le monde peut utiliser gratuitement et librement, aucun usager ne pense aux possibles effets négatifs de ses actes sur les autres ; chacun perd de vue le bien commun.* »

Par exemple, chaque pays développe sa flotte de pêche industrielle, composée de bateaux de plus en plus nombreux et puissants. Dès lors, le stock de poissons s'épuise au détriment de tous, sans que le préjudice subi soit indemnisé par ceux qui le causent. Ces externalités négatives de l'activité économique sont nombreuses et dégradent l'environnement. Réduire les externalités négatives ne peut reposer que sur « *une forme de gestion publique mondiale des ressources naturelles mondiales* » et l'obtention de bons résultats nécessite la participation de l'ensemble des grands pays à cette gestion publique des externalités.

**Comment mieux faire fonctionner la mondialisation pour affronter le réchauffement de la planète ?** Il est nécessaire que les États-Unis ratifient le protocole de Kyoto, défini en 1997 et destiné à réduire les émissions de gaz à effet de serre que provoque l'activité humaine. Les PED devraient également en appliquer les règles mais en fonction d'objectifs d'émission appropriés à leur niveau de développement. Il faudrait établir dans tous les pays une taxe commune sur les émissions de gaz à effet de serre. Dès lors, les entreprises comme les ménages seraient incités à diminuer leurs émissions en réduisant leur activité polluante. Cette taxe, dont les recettes seraient conservées par les pays, permettrait par exemple de réduire les impôts pesant sur l'épargne et l'investissement ou sur le travail et stimulerait de ce fait l'activité. Par ailleurs, des sanctions doivent être prévues contre les pays peu respectueux de l'environnement : par exemple, l'OMC devrait adopter le principe de sanction commerciale contre des pays dont les industries dégradent l'environnement sans qu'ils n'en supportent les coûts.

## B. Les PED doivent pouvoir échapper à la « malédiction des ressources naturelles »

**De nombreux PED sont confrontés au « *paradoxe de l'abondance* ».** Des PED riches en ressources naturelles enregistrent pourtant une croissance faible et leur population souffre de la pauvreté. Les causes de cette « *malédiction des ressources naturelles* » sont multiples : effets désincitatifs des richesses « *qui ne viennent pas de l'effort ou de l'épargne, mais tout simplement de la chance d'avoir du pétrole ou d'autres minerais* » ; tendances sécessionnistes de régions dotées de ressources naturelles au sein de pays à l'identité nationale faible, qui alimentent des troubles intérieurs, sources d'instabilité ; captation des richesses par une oligarchie dans des pays non démocratiques... Trop souvent, les PED bradent leurs ressources naturelles et ne peuvent disposer des moyens financiers nécessaires au développement de l'éducation, de la santé, des infrastructures... Ils peuvent gaspiller les recettes qu'ils tirent de leurs ressources naturelles en dépenses somptuaires et d'armement. Par ailleurs, les PED sont confrontés à l'instabilité des cours des ressources naturelles. Or, « *les PED n'ont pas les moyens de supporter le retournement de leurs recettes d'exportation comme les pays développés* ».

Comment éviter « ***la malédiction des ressources naturelles*** » ? La création de fonds de stabilisation dans les PED, alimentés par une partie des recettes tirées de l'exploitation des ressources naturelles, permettrait de faire face aux effets de l'instabilité des cours ou des récessions. L'exploitation des ressources naturelles fait croître le PIB mais sans tenir compte de l'épuisement des gisements ou de l'utilisation inadéquate de l'argent retiré de leur exploitation. Le calcul d'un « *produit national vert* » est donc souhaitable. Un tel indicateur serait alors plus incitatif pour les gouvernements afin qu'ils fassent en sorte de ne pas épuiser trop rapidement les ressources naturelles. Les pays développés devraient accroître leur aide aux PED qui mettent en œuvre des politiques adaptées à la valorisation et à la préservation de leurs ressources naturelles et de l'environnement.

## C. Réformer la mondialisation est un problème politique

**Il faut démocratiser la mondialisation.** Les échecs des politiques prônées par les grandes institutions internationales (FMI, Banque mondiale, OMC) sont en fait ceux des États qui les ont promues. Cependant, « *on ne peut pas tout reprocher à ces gouvernements : leurs électeurs ont leur part de responsabilité* ». En effet, ils privilégient leurs intérêts particuliers. « *Pour que la mondialisation fonctionne, il faudra un changement d'état d'esprit : nous devons penser et agir plus mondialement.* » Les électeurs des pays riches ont délégué « *à des technocraties la rédaction des règles du jeu économique* ». Le processus de prise de décision est alors dépolitisé et favorise ainsi l'expression d'intérêts privés.

**La montée des interdépendances entre pays rend nécessaire une action collective.** « *L'action collective mondiale doit se concentrer sur un besoin – faire cesser les externalités négatives [...] ; et sur une possibilité : promouvoir, en agissant ensemble, le bien être de tous par la fourniture de biens publics mondiaux dont jouiront les populations du monde entier.* » Ces biens publics mondiaux concernent plusieurs domaines : la paix mondiale, la préservation de l'environnement mondial, la santé mondiale... Pour financer la fourniture de tels biens, il faut envisager une réforme du système de réserve mondial (voir *supra*), prévoir la mise en place de marchés des droits d'usage des ressources naturelles (vente aux enchères des droits qui procurera des ressources utiles) et une taxation commune contre « *les externalités négatives mondiales* » (ventes d'armes, pollution, flux de capitaux volatils...).

**Il faut réformer les institutions internationales.** La réduction du déficit démocratique mondial commande d'engager une réforme des institutions internationales. Il est nécessaire de « *changer les structures des droits de vote au FMI et à la Banque mondiale pour donner plus de poids aux PED* ». Le fonctionnement des institutions internationales doit être transparent et prendre en compte d'autres voix que celles des États ou des FMN (il faut écouter les ONG notamment). Les pays développés doivent œuvrer à « *renforcer la capacité des Pays en développement à participer réellement à la prise de décision* ». Les évaluations des politiques menées par les grandes institutions internationales doivent être le fait d'instances indépendantes pour en mesurer les impacts réels. Dans le domaine commercial, il faut mieux faire respecter le droit international. Par exemple, les accords bilatéraux et régionaux sont de plus en plus nombreux : « *il faut qu'un tribunal international détermine, au moment où chaque accord est proposé, s'il est légal, en faisant reposer la charge de la preuve sur les pays qui tentent de morceler le système commercial mondial.* »

Joseph Stiglitz n'est pas opposé à la mondialisation mais il souhaite qu'elle soit maîtrisée : « *ce qu'il faut pour que la mondialisation fonctionne, c'est un régime économique international où le bien-être des pays développés et celui du monde en développement soient mieux équilibrés ; un nouveau contrat social mondial entre pays développés et pays moins développés.* » Si, comme le pense Stiglitz, la survie de la planète est en jeu, il est grand temps de mettre en œuvre un tel contrat.

44

# Inégalités mondiales

## Branko Milanović

Branko Milanović est un économiste américain d'origine serbe, professeur à la City University of New York et économiste en chef à la Banque mondiale entre 1993 et 2001 ; il a dirigé à cette occasion un programme de recherche sur les inégalités lui permettant de construire une importante base de données sur les revenus des habitants d'environ 130 pays. Ce travail a abouti à la publication en 2016 de *Global Inequality. A new Approach for the Age of Globalization*, devenue un ouvrage de référence.

### 1) Les gains de la mondialisation ne sont pas équitablement répartis

#### A. Les gagnants et les perdants de la mondialisation

**Si la phase de *mondialisation intense* (1988-2008) a constitué la période la plus mondialisée de l'histoire de l'humanité (intégration à l'économie mondialisée de la Chine et des pays d'Union Soviétique et d'Europe de l'Est), les gains de la mondialisation n'ont pas été équitablement répartis.** Les principaux bénéficiaires ont été les personnes se situant au milieu de la distribution mondiale des revenus : « *neuf fois sur dix, elles vivent dans les pays émergents d'Asie, essentiellement en Chine, mais aussi en Inde, en Thaïlande, au Vietnam et en Indonésie* », ce que l'on peut appeler « la classe moyenne émergente mondiale » mais aussi les 1 % les plus riches qui sont pour l'écrasante majorité originaires des pays développés.

**En revanche, les classes moyennes inférieures des pays riches (des individus comptant parmi les plus favorisés de la planète mais qui à l'échelon national appartiennent à la classe moyenne) ont vu leur revenu réel stagner pendant cette période.** Lorsqu'on représente la distribution mondiale des revenus en centiles, la croissance de ces revenus entre 1988 et 2008 représente une courbe en forme d'éléphant.

#### B. Les grands gagnants de la mondialisation ont été les plus riches

**Parmi les 1 % les plus riches, il faut distinguer les hyper-riches dont le nombre (735) a été multiplié par cinq sur cette période, soit un patrimoine cumulé de 4 500 milliards de dollars, ce qui équivaut à un doublement de leur fortune rapporté au PIB mondial (de 3 à 6 %).** Ce phénomène a fait émerger une « véritable ploutocratie mondiale ». Cette évolution est, avec l'expansion de la classe moyenne émergente mondiale, l'évolution la plus significative de la période de mondialisation intense qui s'est ouverte à la fin des années 1980.

**Cette interprétation doit toutefois être nuancée si on considère la distribution des gains absolus.** « *Les écarts considérables de revenu réel entre le sommet, la médiane et le bas de la distribution mondiale des revenus fait qu'une faible progression des revenus des plus riches* *représentera une large part des gains absolus, ce qui rend leurs gains encore plus impressionnant* ». L'avantage dont bénéficie un individu né dans un pays riche correspond à une « rente de citoyenneté » et peut déterminer jusqu'à 2/3 des revenus que l'on peut percevoir durant sa vie, ce qui peut inciter à migrer d'un pays à un autre à la recherche d'un meilleur revenu.

## 2) La dynamique des inégalités au sein des pays

### A. La remontée des inégalités dans les pays riches remet en cause l'hypothèse de Kuznets

**Selon Kuznets, « *les inégalités sont faibles dans les pays à faibles revenus, s'accroissent au fur et à mesure que les économies se développent, et diminuent finalement dans les pays à hauts revenus* ».** La baisse des inégalités au XX^e^ siècle (le grand nivellement) est liée à des « mécanismes néfastes », les guerres (destructions de propriété et progressivité de l'impôt), et bénéfiques, l'État social ; les deux façons dont les inégalités peuvent être réduites dans les sociétés modernes. Mais la Première guerre mondiale doit être endogénéisée. En effet, elle est le résultat des fortes inégalités de revenus et de patrimoines de la période précédente, tout comme les « *forces bénéfiques* » qui découlent du choc de la guerre.

**Depuis les années 1980, on assiste à une nouvelle « *vague de Kuznets* ».** Les inégalités augmentent à nouveau car la révolution technologique a fortement récompensé les travailleurs les plus qualifiés, la rémunération du capital a progressé, la concurrence des pays émergents a pénalisé les travailleurs les moins qualifiés et la politique fiscale est devenue plus favorable aux riches. « *Les écarts de revenus entre le haut et le bas de la distribution se sont creusés au sein du monde riche, la mondialisation a favorisé ceux qui, dans les pays riches, étaient déj à les mieux lotis* ».

### B. La dynamique des inégalités dans les pays riches et émergents

**L'évolution des inégalités en Chine et aux États-Unis illustre bien la dynamique de ce phénomène dans les économies riches et émergentes.** La Chine pourrait voir ses inégalités de revenu diminuer après avoir atteint un plateau, conformément à la théorie de Kuznets. Après une hausse des inégalités correspondant à une transformation structurelle de son économie, plusieurs forces bénéfiques habituelles les réduiraient : l'élévation du niveau d'éducation, le vieillissement de la population et la demande corrélative de plus de sécurité et de transferts sociaux, enfin, une hausse des salaires liée à une plus forte mobilisation de la main-d'œuvre.

**Aux États-Unis, l'hypothèse la plus probable, c'est que les inégalités se maintiennent voire s'accentuent.** En raison de la forte concentration des revenus du capital, de l'homogamie, et du renforcement du pouvoir politique des riches qui mettent en œuvre des programmes politiques qui leur sont favorables. Une menace pour la démocratie qui peut vaciller entre ploutocratie et populisme.

La principale force de cet ouvrage est de mettre en perspective l'évolution des inégalités sur une période longue et à grande échelle (130 pays). Si pour la première fois depuis la révolution industrielle, on assiste à une baisse des inégalités mondiales entre pays, l'auteur nous alerte sur les dangers d'une remontée des inégalités dans les pays riches (ploutocratie et populisme). Milanović insiste sur la nature fondamentalement ambivalente de la mondialisation, « *une force pour le meilleur et pour le pire* », sur ses effets à la fois favorables et défavorables selon les groupes de personnes ou de pays auxquels nous appartenons, qui rend impossible toute unanimité concernant ses effets.

# Le nouvel âge du capitalisme

Elie Cohen

45

Dans cet essai (Fayard, 2005, 408 p.), Elie Cohen explique que la crise de confiance qui a frappé le capitalisme au début du XXI$^{e}$ siècle, à la suite de l'éclatement de la bulle Internet, n'a pas freiné la diffusion du capitalisme financier américain à l'échelle planétaire.
Elie Cohen croise l'histoire de deux entreprises emblématiques de la déréglementation et de l'innovation financière des années 1990 (Vivendi & Enron). « *L'une et l'autre expriment un état limite de deux capitalismes qui, partis d'univers différents, étaient en train de converger et ont été amenés à se remettre en cause avec la séquence des crises de ce début de siècle.* »
Les faillites frauduleuses de ces firmes américaines et européennes ont posé trois problèmes : celui de la responsabilité et du statut des intermédiaires financiers garants de la confiance (analystes, agences de notation, auditeurs comptables, gérants de fonds…), celui de l'efficacité de la régulation dans une économie d'innovation et celui de la réalité des bénéfices tirés des déréglementations. Quelles leçons en tirer ?

## 1) L'itinéraire de deux entreprises emblématiques des années 1990

### A. Grandeur et décadence de Vivendi

**Jusqu'en 2001, Vivendi Universal apparaît comme une entreprise modèle.** En 1994, Jean-Marie Messier prend la tête de la Compagnie générale des Eaux (CGE) qu'il rebaptisera bientôt « Vivendi » puis « Vivendi Universal ». On attend de lui qu'il mette en œuvre une nouvelle gouvernance, qu'il modifie l'image de l'entreprise et surtout qu'il la redresse financièrement. Pour trouver des moyens financiers, il multiplie les acquisitions dans le secteur des communications. Mais pour ne fâcher personne, il maintient les investissements dans les métiers historiques de la CGE. En attendant, « *le jeune PDG sait qu'il doit raconter une histoire aux marchés financiers* » pour dissimuler ses ambitions pour les NTIC. En 1998, la CGE, après avoir absorbé Havas, devient Vivendi. En 1999, l'action du nouveau groupe atteint son cours le plus haut et Vivendi prend le contrôle de Canal +. La société apparaît à la fois comme un géant de la communication et un conglomérat hétéroclite. La stratégie de Messier commence à être contestée et le titre Vivendi décroche au second semestre 1999. L'alliance avec Vivazzi et Vodafone fait taire provisoirement les critiques. En juin 2000, Vivendi fusionne avec Seagram, propriétaire d'Universal, et fonde « Vivendi Universal », numéro deux mondial de la communication. Fasciné par l'Amérique, Messier va partir à la conquête des États-Unis courant 2001 où il décide de s'installer à New York.

**À partir de 2001, Vivendi Universal amorce sa chute.** Au moment où il s'installe aux États-Unis, la santé financière de Vivendi Universal commence à être inquiétante, le groupe gaspille des moyens en multipliant des opérations dont l'opportunité est discutable tandis que le titre continue à dévisser. « *Au total, Vivendi s'engage fortement et ne se désengage presque* *jamais. À chaque fois que Messier s'amourache d'un nouveau secteur d'activité* [...] *et qu'il infléchit sa stratégie en conséquence, il n'ose pas se débarrasser de ses anciennes conquêtes.* » En mars 2002, « *six mois seulement après les acquisitions qui devaient faire de lui un des maîtres d'Hollywood, il est démis par son Conseil d'administration* ».

## B. Grandeur et décadence d'Enron

**Jusqu'en 2001, Enron apparaît également comme une entreprise modèle.** Enron naît en 1985 à la suite de la fusion entre Houston Natural Gas et Internoth. Cette fusion de deux entreprises gazières est rendue possible grâce à la libéralisation des services publics en réseaux. Enron va rapidement s'enrichir grâce à sa politique de lobbying en faveur de la libéralisation et grâce à son PDG, Kenneth Lay qui, proche du pouvoir politique, obtient des aides publiques et un accroissement des déréglementations. À la fin des années 1990, Enron se lance dans l'électricité et connaît une expansion impressionnante. Partout, on célèbre les résultats de l'entreprise qui devient « *un des plus beaux fleurons de la nouvelle économie* ». Première entreprise internationale de distribution de gaz naturel, elle est désormais un champion mondial du secteur énergétique. En 2000, elle déclare 100,8 milliards de chiffre d'affaires.

**À partir de 2001, Enron amorce sa chute.** « *Personne ne semble remarquer que ces profits sont réalisés au prix de risques considérables, puisqu'ils découlent de montages financiers qui peuvent se retourner contre leur concepteur, mais surtout, qu'ils sont, pour une large part, totalement fictifs.* » L'activité de l'entreprise est plus virtuelle que réelle et Enron ne cesse de faire de très mauvaises acquisitions. Des montages financiers très complexes sont mis en place pour masquer les pertes de l'entreprise et faire croire qu'elle dégage des bénéfices. Toutes les innovations comptables sont imaginées pour truquer les comptes. Tout est fait pour faire grimper le cours des actions et enrichir les dirigeants qui possèdent des stocks-options. En fait, la valorisation boursière n'a rien à voir avec la valeur réelle de la firme. Comble du cynisme : « *alors que les dirigeants du groupe ont largement incité les salariés à investir en actions Enron* [...], *ils quittent le navire en cédant leurs titres pendant que les salariés piégés voient leur retraite partir en fumée.* »

# 2) Le plus grand krach boursier depuis 1929

## A. La formation de la bulle numérique

**Le mythe de « la convergence numérique » s'est emparé de tous les esprits dans les années 1990.** L'apparition des industries numériques a été élevée « *au rang de mythe rationnel, de référent absolu et indiscuté à partir duquel tout devait être reconsidéré : la croissance économique comme le commerce, le modèle d'affaires des opérateurs de télécommunications comme celui de l'industrie du disque, la théorie du marché comme les règles de valorisation des entreprises* ». Une nouvelle ère allait s'ouvrir dans laquelle toute l'économie devait converger autour de la révolution des technologies numériques. Les économistes se sont tous mis à parler d'une « *nouvelle croissance* » et d'une « *nouvelle économie* » engendrées par une nouvelle grappe d'innovations (les NTIC). Or, « *l'histoire nous montre que les contemporains des révolutions technologiques en sous-estiment toujours la portée à long terme et en surestiment la portée à court terme* ». Il n'est donc pas étonnant que les marchés financiers aient fait de la convergence numérique l'alpha et l'oméga de leur stratégie de croissance. Le problème, c'est qu'« *au moment où l'Internet triomphe en Bourse, aucune application de l'Internet n'est décisive et pourtant l'engouement boursier est tel qu'on ne lui trouve qu'un seul précédent, celui des années 1920 – c'est-à-dire le moment où une véritable révolution industrielle avait eu lieu* ».

**Les germes de la bulle numérique ont été semés dès 1995.** « *Entre 1994 et 1999, le Dow Jones triple quand la richesse nationale n'augmente que de 30 % et les profits des entreprises de 60 %.* » Dès l'introduction en Bourse de Netscape en 1995, on peut déceler les signes avant-coureurs d'une bulle. L'action Netscape, qui n'avait été évaluée qu'à 12 dollars, atteint 71 dollars pour sa première cotation. Alan Greespan dénonce, en 1996, « *l'exubérance irrationnelle* » des marchés. Mais l'irrationalité des marchés n'explique pas tout ; il existe de nombreuses autres causes : l'ubiquité technologique d'Internet et les perspectives de croissance qu'elle fait espérer ; un contexte macroéconomique favorable (maîtrise des dépenses publiques et baisse de l'impôt sur le capital) ; les erreurs d'analyse de Greenspan, qui reconnaît l'existence d'une « nouvelle économie » et légitime les investissements dans les NTIC ; le discours des banques d'affaires et de leurs analystes financiers qui popularisent et démocratisent l'achat de valeurs technologiques ; le désengagement de l'État ; la croyance indéfectible en l'efficience des marchés répandue dans tous les esprits, etc.

### B. L'éclatement de la bulle numérique

**Après le dégonflement de la bulle Internet en mars 2000, trois entreprises phares de la « nouvelle économie » (Enron, Vivendi & Worldcom) s'effondrent brusquement entre décembre 2001 et juillet 2002.** « *La chute de ces entreprises fut si rapide, la destruction de leur valeur boursière si large, le démantèlement de leurs actifs si radical qu'elles laissèrent la communauté économique pantoise devant la soudaine révélation que ces colosses reposaient sur de biens fragiles fondamentaux.* » Le monde découvre les malversations, la fragilité financière, l'inconsistance stratégique et l'incompétence des managers.

**Enron et Vivendi sont enfin démasqués et les acteurs financiers changent leur façon de considérer la « nouvelle économie ».** Enron est confrontée à l'obligation soudaine d'honorer ses engagements et la baisse de son action « *entraîne alors une réaction en chaîne où l'ensemble des montages financiers s'écroule comme un jeu de dominos* ». On découvre tous les conflits d'intérêts. « *Andersen, à la fois auditeur et conseil de l'entreprise, valide les montages qu'il a contribué à imaginer. Les dirigeants font de l'enrichissement personnel contre les intérêts des actionnaires.* » Quant aux membres du Conseil d'administration, ils n'ont rien dit. « *L'annonce de la faillite d'Enron, bientôt suivie par celle de Worldcom, donne le coup de grâce à Vivendi.* » En réalité, Enron comme Vivendi Universal sont morts d'un changement de référentiel de la communauté financière qui, après avoir encensé la « nouvelle économie », a remis les pieds sur terre.

## 3) Une nouvelle ère du capitalisme ?

### A. La convergence des responsabilités

**Les comptables ont fraudé et les acteurs financiers ont été cupides.** Détournement de fonds, abus de biens sociaux, faux en écriture, montages financiers complexes, contournement des règles, innovations financières, créativité comptable ont caractérisé cette période. La cupidité s'est conjuguée au trucage : les dirigeants ont géré l'entreprise en fonction du cours de la Bourse et ont usé immodérément de stock-options. « *Mais la cupidité ne suffit pas* *à expliquer ces errements, car leurs racines sont à rechercher bien au-del à des comportements répréhensibles de quelques brebis galeuses.* » C'est dans l'analyse des failles systémiques qu'on pourra davantage trouver l'explication.

**Les conflits d'intérêts ont été au cœur de la faillite du système.** On peut identifier quatre domaines où les conflits d'intérêt ont pu déboucher sur des manipulations ou des malversations. Le premier concerne les analystes financiers qui travaillent pour le grand public mais dépendent de leur banque d'affaires qui travaille pour les entreprises. Le deuxième conflit d'intérêt est celui qui existe entre les activités d'audit et de conseil : ceux qui auditent sont en même temps ceux qui conseillent d'où l'intérêt de falsifier l'audit pour être recruté comme conseil, puisque ce dernier est plus rémunérateur. Le troisième conflit oppose ceux qui, au sein des agences de notation, sont chargés de noter et ceux qui conseillent l'entreprise sur les moyens d'améliorer cette note. Enfin, le quatrième conflit est « *susceptible d'émerger au sein d'une banque universelle entre ses différentes activités de prêteur, d'architecte financier et de placeur de titres* ».

## B. La convergence des capitalismes

**Vivendi incarne l'alignement du capitalisme français sur le capitalisme américain.** « *Contrairement au capitalisme américain, caractérisé par une économie de marchés financiers ouverte et régulée par des autorités rigoureuses et concurrentes, le capitalisme français est souvent présenté comme étatiste et dirigiste.* » Or, depuis le mouvement de déréglementation des marchés financiers lancé en 1984 et le mouvement de privatisation initié en 1986, le système financier français s'est américanisé. Cela s'est notamment traduit par la déspécialisation des banques, la désintermédiation et la débonification du crédit.

**La convergence autour du système américain touche tous les pays de l'Union européenne.** « *La double faillite d'Enron et de Vivendi Universal a précipité le processus de convergence des systèmes capitalistes nationaux américain et européen qui était déj à à l'œuvre, pour des raisons qui tenaient à la globalisation financière, au développement financier et, dans le cas français, aux politiques de libéralisation et de privatisation. Alors que ces faillites auraient pu retarder, infléchir, voire inverser le processus, elles l'ont au contraire accéléré ; la rapidité et l'unité de la réponse fournie par les Américains ayant permis aux normes américaines de s'imposer.* »

> « *La nouvelle économie, comme la nouvelle vague ou le nouveau roman est d'abord une trouvaille de journaliste.* » Elle n'a été qu'une parenthèse dont les conséquences méritent d'être méditées. Aujourd'hui, les NTIC restent un secteur à forte croissance mais la « nouvelle économie » a vécu.
>
> La leçon à en tirer est la suivante : « *Les idées complaisamment répandues par les intégristes du marché sur l'absence de régulation ou l'auto-régulation par les professionnels ne tiennent pas.* » L'ouvrage d'Elie Cohen permet d'illustrer avec minutie cette évidence ; il constitue une analyse précieuse des dernières crises qui ont touché le cœur du capitalisme et un outil de réflexion innovant pour les partisans d'une régulation sans idéologie.

# PARTIE IV

# Mondialisation et environnement international

# 46 Système national d'économie politique

## Friedrich List

Trop souvent, l'économie politique de F. List est assimilée à la promotion d'un protectionnisme au service du nationalisme allemand. Dans son ouvrage paru en 1841, à la veille d'une phase libre-échangiste d'une trentaine d'années, il explore une stratégie destinée à contrecarrer la suprématie industrielle britannique : la protection des industries nouvelles y joue un grand rôle. En outre, il souhaite convaincre les États allemands de la nécessité d'une union nationale allant au-del à de l'union douanière mise en œuvre en 1834 (« zollverein »). Mais, une lecture minutieuse de ce livre (Gallimard, 1998, 578 p.) dévoile une pensée beaucoup plus complexe : List a l'ambition d'ancrer sa théorie dans l'histoire pour réfuter rigoureusement les thèses de Quesnay, Smith ou Say. Par ailleurs, son apologie de l'industrialisation va au-del à de la contestation de la domination britannique : il y voit le moyen d'accéder à un degré de civilisation supérieur.

## 1) L'économie politique doit être fondée sur une analyse détaillée des faits historiques

### A. L'histoire enseigne que l'industrialisation résulte des contacts entre nations et de la politique volontariste des États

**Les nations attardées ont bénéficié de leurs relations économiques avec les pays plus avancés.** Pour les pays attardés, en particulier les plus grands d'entre eux, « *la libre importation de produits manufacturés et l'exportation de leurs produits agricoles étaient les moyens les plus certains et les plus efficaces de développer leurs forces productives, d'accoutumer au travail des habitants paresseux et querelleurs, d'intéresser les propriétaires du sol et les nobles à l'industrie, d'éveiller l'esprit d'entreprise endormi chez les marchands, en un mot d'accroître leur culture, leur industrie et leur puissance* ». C'est ainsi que, du XIVe au XVIe siècle, la Grande-Bretagne a largement bénéficié de ses relations commerciales avec les Italiens, les villes de La Hanse, les Flamands et les Hollandais.

**Certains de ces États, notamment la Grande-Bretagne à la fin du XVIe siècle, ont mis en œuvre des politiques protectionnistes en faveur de leur industrie.** Leurs gouvernements ont compris « *que le plus haut point de culture, de puissance et de richesse ne pouvait être atteint qu'au moyen de l'association des manufactures et du commerce avec l'agriculture ; ils sentirent que les manufactures récentes du pays ne pourraient soutenir avec succès la libre concurrence des manufactures anciennes de l'étranger* [...]. *Ils cherchèrent, en conséquence, par des restrictions, par des faveurs et par des encouragements, à transplanter sur leur propre sol les capitaux, l'habileté et l'esprit d'entreprise des étrangers* ».

## B. L'histoire révèle le rôle primordial des institutions sociopolitiques dans le développement des sociétés

**Le développement des nations est fortement dépendant de leurs institutions sociopolitiques.** Le respect des lois, une administration efficace et honnête, un État puissant, facteur d'unité nationale, promouvant le développement d'infrastructures et appliquant une politique commerciale adaptée à la situation économique des pays… constituent autant de conditions nécessaires au développement. Par exemple, l'industrialisation de la Russie, au début du XIX^e^ siècle, a été entravée par « *le défaut de civilisation et d'institutions politiques* ». Le gouvernement impérial aurait dû intervenir en « *établissant une bonne organisation municipale et provinciale, en restreignant peu à peu, puis en abolissant le servage, en faisant surgir une classe moyenne instruite et des paysans libres, en améliorant les conditions de transport à l'intérieur* ».

**La liberté est une condition du développement des forces productives de la nation.** « *L'histoire ne connaît pas de peuple riche, […], qui n'ait été en même temps un peuple libre.* » Dans les pays où l'initiative est opprimée et les libertés civiles bafouées, le développement économique ne peut voir le jour. « *L'oppression conduit les forces vives des nations à s'expatrier vers les contrées garantissant leurs libertés. Sans les extravagances des gouvernements du continent, l'Angleterre serait difficilement parvenue à la suprématie industrielle.* » Par exemple, le dogmatisme religieux en France a conduit à la révocation de l'Édit de Nantes en 1685. La conséquence en fut le départ, en trois ans, d'un « *demi-million de ses habitants les plus industrieux, les plus adroits, les plus riches* », dont une partie a trouvé refuge en Grande-Bretagne.

## C. L'histoire montre que « les peuples […] peuvent et doivent changer de système à mesure qu'ils font des progrès »

**Le libre-échange doit être adopté par les grandes nations agricoles, prédestinées à l'industrialisation.** Le libre commerce avec les nations plus avancées permet aux agriculteurs de moderniser leur activité et ainsi de se procurer davantage de produits industriels. En outre, le développement de l'agriculture implique celui des secteurs industriels qui lui sont liés (laine par exemple). Mais la concurrence des pays plus avancés est redoutable. De plus, l'absence ou la taille réduite d'une flotte marchande place ces pays attardés en situation de dépendance à l'égard d'autres nations.

**Par la suite, le protectionnisme doit être adopté pour promouvoir l'industrialisation et accroître le commerce extérieur.** Dans la première moitié du XIX^e^ siècle, cette politique est mise en œuvre par les États-Unis et l'Allemagne (« zollverein »). Antérieurement, la Grande-Bretagne avait compris que « *de deux pays qui trafiquent librement l'un avec l'autre, celui qui vend des produits fabriqués domine, tandis que celui qui ne peut offrir que des produits agricoles obéit* ». C'est l'application de restrictions commerciales – par exemple, les actes de navigation de 1651 – qui a conduit à sa suprématie industrielle (la guerre ayant également joué un grand rôle).

**Enfin, lorsque les nations ont atteint le plus haut degré de richesse et de puissance, les principes du libre-échange doivent être rétablis graduellement.** L'adoption du libre commerce par les pays ayant atteint un haut niveau de développement de leur agriculture, de leur industrie et de leur commerce « *préserve de l'indolence leurs agriculteurs, leurs manufacturiers et leurs négociants, et les tient en haleine afin de conserver la suprématie qu'ils ont* *acquise* ». La Grande-Bretagne a sans conteste atteint ce stade dans la première moitié du XIXe siècle ; la France en est très proche. S'il devait être perpétué, le protectionnisme conduirait au déclin économique de ces nations.

## 2) Les thèses du courant libéral (« l'École ») ne sont pas recevables

### A. « L'École » ignore la nation

**Une nation dispose d'attributs particuliers.** Une « *nation normale* » doit disposer d'un littoral, de fleuves, d'une flotte marchande et militaire, d'un vaste territoire aux ressources variées. Sa population doit être « *considérable* [...]. *Il n'est pas vrai que la population s'accroisse avec plus de rapidité que la production de subsistance* ». Il reste suffisamment de terres disponibles et le progrès technique accentue l'efficacité du travail humain. La théorie de Malthus est donc erronée. Elle est aussi « *horrible* [...]. *Elle érige en loi l'égoïsme le plus sec, elle demande que nous fermions notre cœur à ceux qui ont faim* [...]. *Elle met le calcul à la place de la pitié* ».

**« *L'économie cosmopolite* » promue par « *l'École* », voudrait faire croire « *que la politique et la puissance de l'État n'ont rien de commun avec l'économie politique* ».** Quesnay, Smith, Malthus et Say ne tiennent aucun compte « *des nationalités, de leurs intérêts, de leur état particulier* » qui fondent leurs oppositions, leurs conflits. L'erreur de « *l'École* » est d'avoir voulu analyser l'économie « *du genre humain tout entier* ». Mais, « *l'association universelle* » des nations est loin d'être réalisée et les guerres ne sont pas rares. Parfois, elles permettent aux nations d'accéder à un niveau de développement plus élevé : ce fut le cas des États-Unis après leur guerre d'indépendance contre la Grande-Bretagne.

**Il convient d'opposer à « *l'économie cosmopolite* », une économie politique qui tienne compte des intérêts et de la situation particulière des nations.** Le développement des nations passe par quatre étapes : « *état sauvage, état pastoral, état purement agricole, état agricole, manufacturier* et *commerçant.* » Si le libre-échange permet de passer plus facilement de la première à la deuxième étape, puis à la troisième, l'accès à la quatrième nécessite une forte intervention de l'État pour protéger l'industrie nationale.

### B. Le rôle protecteur de l'État est injustement dénoncé par « l'École »

**« *L'École* » n'a pas compris le système mercantiliste.** L'histoire de la Grande-Bretagne montre que le véritable mercantilisme ne préconise pas l'accroissement des exportations et la prohibition des importations, « *ce qui serait une absurdité* ». Il s'agit pour un pays désireux d'accroître sa puissance, d'exporter des produits industriels et d'importer des produits bruts et des denrées alimentaires. En revanche, l'erreur du mercantilisme est de ne pas avoir perçu que le libre-échange est nécessaire aux sociétés situées aux premières étapes de leur développement et à celles parvenues à la suprématie manufacturière.

**La protection n'élimine pas la concurrence.** Si la concurrence extérieure est exclue, il n'en est pas de même de la concurrence intérieure : l'État protège l'industrie nationale mais « *il laisse chacun maître d'employer son capital comme il le jugera convenable* et *de choisir la profession qui lui plaît* ». En outre, si les industries nécessitant une grande quantité de capital et de travail et facteur d'indépendance nationale doivent prioritairement être protégées, ce n'est pas le cas des autres industries, ni de l'agriculture.

### C. « L'École » développe une analyse incomplète de la division du travail

**La capacité d'une nation à créer des richesses ne dépend pas seulement de ses forces productives.** « *L'état social et politique et, en particulier,* [le] *degré auquel la nation a réalisé chez elle la division du travail et l'association des forces productives* » sont primordiaux. Exactement comme la division du travail entre individus crée des complémentarités et élève ainsi l'efficacité du travail de tous, c'est l'association du commerce, de l'agriculture et de l'industrie qui fait la force des nations : les interrelations entre ces trois secteurs fécondent chacun d'entre eux et entretiennent le développement de l'économie nationale.

**Le considérant comme improductif, « *l'École* » néglige le rôle, pourtant fondamental, du travail intellectuel.** La doctrine matérialiste de « *l'École* » estime à tort que « *celui qui élève des porcs est dans la société un membre productif ; celui qui élève des hommes est un membre improductif* [...]. *Selon cette conception, un Newton, un Watt, un Kepler ne sont pas aussi productifs qu'un âne, qu'un cheval, qu'un bœuf de charrue* ». Pourtant, le développement des valeurs morales, de la liberté, de la sécurité des personnes, un bon niveau d'éducation... relèvent de ces travailleurs intellectuels.

**La nature détermine la division internationale du travail.** Il n'est pas possible de produire du thé sous toutes les latitudes. Une nation serait alors infondée de vouloir produire des biens « *pour lesquels elle n'est pas douée par la nature et que la division internationale du travail, ou le commerce extérieur, pourrait procurer meilleurs et à plus bas prix* ». La nature commande que les pays de « *la zone tempérée* » produisent et exportent des biens manufacturés tandis que ceux de « *la zone torride* » produisent et exportent des produits bruts. Il serait vain pour les pays de cette zone de vouloir s'industrialiser.

## 3) Le « système national d'économie politique » exalte l'industrialisation des grandes nations

### A. L'industrialisation favorise le développement des forces productives

**Les sociétés industrielles sont des sociétés de progrès.** « *Les manufactures sont filles des sciences et des beaux-arts, et ce sont elles aussi qui les entretiennent et les nourrissent.* » Ainsi, toute société industrielle évolue vers la civilisation : « *à mesure que fleurissent l'industrie manufacturière et l'agriculture, l'esprit humain est moins enchaîné, la tolérance gagne du terrain et la vraie morale, le véritable sentiment religieux remplace la contrainte des consciences.* »

**L'industrialisation contribue au « *développement des forces productives naturelles* » de la nation.** L'essor de l'industrie se traduit par une demande accrue de ressources naturelles dont la production et la commercialisation sont facilitées par le développement des infrastructures (rails, routes, canaux...), impulsé par l'industrialisation. De manière générale, l'industrialisation implique non seulement une utilisation plus intense des ressources naturelles mais également l'amélioration de leur qualité intrinsèque : par exemple, la demande accrue de laine entraîne l'amélioration de la race ovine.

**L'industrialisation contribue au développement des « *capitaux matériels et intellectuels* » de la nation.** La formation du capital matériel de la nation n'est pas suspendue à l'existence d'une épargne préalable. D'ailleurs, si chacun épargne « *et se prive le plus qu'il peut, il n'y a point de stimulant à produire* [...]. *Le moyen pour une nation d'augmenter la masse de ses capitaux matériels consiste principalement dans la faculté de transformer les forces inemployées de la nature en capital matériel.* » Ainsi, la protection de l'industrie incite à transformer les ressources naturelles du pays en capital productif.

Le capital intellectuel bénéficie également de l'industrialisation : celle-ci amène les populations rurale et urbaine à se mêler (il en va de même des populations des différentes nations). Ce mélange des peuples renforce « *la race humaine* ». Enfin, « *une quantité considérable de capitaux étrangers, intellectuels aussi bien que matériels* » entrera dans le pays pour participer au développement industriel de la nation.

## B. L'industrialisation est le vecteur du développement économique

**Le développement industriel implique celui de l'agriculture et du commerce.** La hausse des revenus dans l'industrie initie celle de la demande de produits agricoles, et par conséquent celle du revenu des agriculteurs. De plus, la présence d'industries valorise le sol : par exemple, l'industrie lainière valorise les prairies sur lesquelles paissent les moutons. La rente foncière, c'est-à-dire le revenu que procure la propriété de la terre, s'élève. Par ailleurs, le développement industriel et agricole commande celui des activités commerciales : le commerce est productif dès lors qu'il sert l'intérêt des agriculteurs et des industriels en assurant l'écoulement de la production. De même, ce n'est pas le commerce extérieur qui impulse l'industrialisation mais l'inverse. L'extension du commerce extérieur s'appuiera sur une flotte marchande et militaire qui accroîtra la puissance des nations industrialisées. La colonisation est alors la conséquence inéluctable et souhaitable du développement industriel des nations avancées. Les colonies, par nature confinées à la production de produits bruts, constituent un débouché et une source d'approvisionnement pour leurs métropoles et ouvrent des perspectives de migrations à leur population surnuméraire et des opportunités de placements à leurs capitaux.

**L'exportation de produits industriels confère une plus grande « *puissance d'échange* » que celle des produits agricoles.** Les nations industrielles exportent des biens manufacturés dont les prix sont élevés relativement aux prix des produits agricoles qu'elles importent. De plus, lorsque les prix des biens industriels diminuent, leur demande s'accroît. Il en résulte une augmentation des recettes d'exportation. Ce n'est pas le cas des produits agricoles. Aussi, les nations industrialisées tirent davantage profit de leur commerce extérieur que ne le font les nations agricoles.

## C. Le moyen de conforter l'industrie manufacturière des nations en cours d'industrialisation réside dans la mise en œuvre d'un système douanier efficace

**La législation douanière est « *un moyen d'éducation industrielle* ».** Pour tout pays, la taxation des importations de produits bruts n'est concevable que s'il s'agit de procurer des revenus au pays et si ces taxes sont modérées. Les grandes nations ayant atteint un haut niveau de développement agricole et « *un haut degré de civilisation et d'éducation politique* », et « *dont les* *fabriques sont encore dans l'enfance* », doivent se prémunir de la concurrence des pays plus avancés par l'adoption d'une législation douanière adaptée.

**La législation douanière doit être appliquée de manière sélective.** Les grandes nations en voie d'industrialisation doivent privilégier le développement des industries « *de consommation générale* » dont l'impact économique est largement plus important que celui des produits de luxe qui « *ne doivent appeler l'attention qu'en dernier lieu* ». Les biens d'équipement entreront en franchise (ou faiblement taxés) dans le pays, tant que la nation ne sait pas les produire. À mesure que l'industrialisation se développe, les droits protecteurs seront accrus mais les subventions à l'exportation ne seront qu'exceptionnelles. Plus tard, des traités de commerce accorderont des concessions douanières réciproques qui se traduiront par un abaissement graduel des tarifs protecteurs.

**Cependant, il ne faut jamais perdre de vue que le protectionnisme est une condition nécessaire mais non suffisante de l'industrialisation.** Le manque de voies de communication, de connaissances techniques, d'esprit d'entreprise, d'institutions adaptées... constituent autant de facteurs sans lesquels la politique douanière resterait sans effets.

La théorie de List ouvre la voie à l'École historique allemande et au courant institutionnaliste qui connaîtra d'importants développements dans la seconde moitié du XIXe siècle, outre-Atlantique. Elle fonde, par ailleurs, les stratégies d'industrialisation mises en œuvre dans certains pays en développement

Les libéraux ont largement dénoncé la promotion du protectionnisme, préjudiciable à l'allocation de ressources au niveau mondial. D'autres économistes ont souligné la nécessité d'un protectionnisme défensif destiné à faciliter les restructurations industrielles ou d'un protectionnisme agricole, facteur d'indépendance nationale. Or, ces deux éventualités sont rejetées par List. Enfin, sa vision linéaire du développement des nations et son approche ethnocentriste du développement industriel celui-ci ne serait concevable qu'au sein des pays de « la zone tempérée » – sont très discutables.

Malgré ces critiques, la théorie de List reste un exemple d'une approche historique des phénomènes économiques, développée aujourd'hui par de nombreux courants de l'analyse économique.

# 47 Le capitalisme mondial

## Charles-Albert Michalet

Ce livre ambitieux de Charles-Albert Michalet (PUF, 1976) cherche à comprendre la nature du capitalisme contemporain. Il part pour cela d'une étude rigoureuse des firmes multinationales puis démontre que les théories traditionnelles de l'économie internationale sont impuissantes à décrire le phénomène de la multinationalisation, avant de proposer un cadre théorique et une réflexion sur le système de l'économie mondiale. Le livre a été republié en 1985 dans une édition entièrement refondue de 368 pages.

## 1) Le phénomène de multinationalisation

### A. La formation des firmes multinationales (FMN)

**L'investissement direct à l'étranger a cinq déterminants** :

- l'accès aux matières premières a justifié les premières formes de multinationalisation. Avec la décolonisation, les FMN ont souvent dû abandonner le stade de la production pour dominer la commercialisation ;
- les différentes formes d'entraves à l'échange international, comme les barrières protectionnistes (quotas ou droits de douane), ont incité les entreprises à substituer à l'exportation la production sur place ;
- l'intensification de la concurrence liée à la crise constitue un facteur décisif. Le freinage de la croissance sur le marché d'origine accélère la multinationalisation. Ce peut être aussi le résultat d'un comportement d'imitation. « *Dans l'hypothèse où une firme leader décide d'aller produire à l'étranger, dans un pays donné, l'effet d'imitation va jouer* » ;
- la perte d'un avantage technologique peut aussi conduire une firme à se délocaliser pour conserver sa part de marché menacée par la concurrence étrangère. Cette explication avancée par R. Vernon se fonde sur sa théorie du cycle de vie du produit ;
- les coûts salariaux plus faibles dans le tiers monde sont aussi un facteur explicatif de la multinationalisation, et ceci d'autant plus que les FMN, grâce à leur organisation et le matériel utilisé, parviennent à obtenir des niveaux de productivité semblables d'un pays à l'autre.

**Les stratégies des FMN sont au nombre de quatre, non exclusives l'une de l'autre :**

- la stratégie d'approvisionnement caractérise les FMN du secteur primaire. Elle correspond à la volonté d'accéder à des matières premières ou à des sources d'énergie à bas prix ;
- la stratégie de marché, qui consiste dans l'implantation de filiales près des débouchés, résulte des entraves aux échanges, des structures oligopolistiques et partiellement de la perte d'un avantage technologique. L'objectif est la conquête ou la défense des parts de marché « *par une autre voie que celle traditionnelle des exportations* ». Pour cela, la firme crée des « *filiales-relais* » ;

- la stratégie de rationalisation de la production s'explique par la recherche de coûts salariaux moins élevés ou d'économies d'échelles nées de la forte spécialisation des unités délocalisées, les « *filiales-ateliers* » ;
- la stratégie technofinancière en voie de généralisation repose sur la vente de technologies : brevets, licences, usines clés en main, savoir-faire, ingénierie, assistance technique.

## B. Le fonctionnement de la multinationale

**Le principe de l'internalisation est à la base du fonctionnement de la FMN.** L'internalisation consiste à faire soi-même des tâches qui étaient confiées à d'autres (concessionnaires, importateurs...). Elle permet de réduire les coûts de transaction, particulièrement importants lors des opérations internationales. C'est aussi un moyen de conserver un avantage spécifique à l'échelle mondiale : « *les filiales permettent aux multinationales de segmenter les marchés nationaux et d'utiliser la discrimination des prix pour maximiser leur profit mondial.* » Grâce à l'internalisation, les FMN peuvent donc minimiser leurs coûts et maximiser leurs recettes. Elles profitent ainsi des disparités nationales tout en réduisant les contraintes nées de l'existence des États-nations.

**Les modalités d'intégration à l'échelle internationale résultent des stratégies poursuivies** :
- l'intégration horizontale, caractérisée par l'existence de filiales-relais, permet de défendre un avantage monopolistique ;
- « *L'intégration verticale est définie par l'existence, dans plusieurs pays, de filiales dont la production est constituée par des produits différents.* » L'objectif est de minimiser les coûts de production grâce à des filiales-ateliers ;
- l'intégration diversifiée peut correspondre à l'implantation de filiales dans différentes branches, à une diversification géographique ou encore à de nouvelles formes d'investissements (joint-venture, accords de licences). Elle convient à la stratégie technofinancière.

**Dans l'espace créé par la FMN, les produits, capitaux, connaissances et managers circulent de façon largement indépendante des déterminants nationaux.** Les produits échangés à l'international le sont de plus en plus d'une unité de FMN à une autre, à des prix de transfert et selon une logique fixés par la société-mère et qui ne relèvent guère des mécanismes de l'offre et de la demande ou des avantages comparatifs. Les FMN sont aussi le principal vecteur du transfert de technologies. Elles ont généralement la capacité de fournir à leurs filiales une assistance globale allant de l'engineering aux techniques de commercialisation. La circulation des capitaux est déterminée par le souci de profiter d'un différentiel de taux, de spéculer sur une monnaie, de réduire la pression fiscale. L'objectif final étant toujours la maximisation du cash-flodu groupe. Différentes techniques sont employées : dividendes, remboursement de prêts, manipulation des prix de transfert, allongement des délais de règlement. « *Dans tous les cas, les flux engendrés par ces pratiques peuvent être indifféremment verticaux ou horizontaux* » et ne sont généralement pas facilement contrôlables par les autorités locales. La circulation internalisée du travail est plus restreinte : elle ne concerne que l'élite des managers car la FMN embauche au maximum des cadres locaux qu'elle assimile rapidement. Les FMN réussissent ainsi à produire un espace mondial homogène dans un environnement fractionné par l'existence d'États-nations.

## 2) L'émergence de l'économie mondiale

### A. L'impact des FMN sur les économies nationales doit être contrôlé

**L'impact économique des FMN sur les pays en développement qui les accueillent est mitigé.** « *L'investissement direct ne se traduit pas nécessairement par un élargissement des capacités productives* » car souvent les FMN privilégient l'acquisition d'entreprises existantes. Leur arrivée parfois souhaitée pour dynamiser les entrepreneurs locaux peut conduire à l'élimination de ces derniers « *si l'État reste dans une stricte position de neutralité* ». Les effets d'entraînement sont souvent limités car les FMN ne trouvent pas toujours sur place de partenaires qui satisfassent leurs exigences en termes de « *qualité-coût-délai* ». Les pays d'accueil attendent souvent aussi une amélioration de leur balance commerciale. Les filiales-relais, en effet, favorisent la réduction des importations de biens de consommation et les filiales-ateliers stimulent les exportations. Il faut toutefois prendre en compte les importations de biens d'équipements induites. Pour les mouvements de capitaux, il semble qu'au total les sorties soient supérieures aux entrées même quand les administrations cherchent à contrôler le rapatriement des bénéfices. L'impact sur l'emploi est par contre favorable même s'il est déséquilibré (embauche d'une main-d'œuvre jeune, féminine, peu qualifiée le plus souvent) et peut avoir des conséquences directes (élimination d'activités artisanales concurrentes) ou indirectes (accentuation de l'exode rural, gonflement des bidonvilles) néfastes. L'apport en connaissances scientifiques et techniques est souvent limité car la diffusion en dehors de la FMN est peu importante, se faisant essentiellement par le canal de la sous-traitance et surtout des ventes ; de plus, ces connaissances ne sont pas forcément adaptées aux économies des pays d'accueil moins développés.

**L'impact sur les pays industriels présente des similarités avec ceux décrits pour les pays en développement.** Par exemple, les filiales des FMN ont une plus forte propension à importer que les entreprises nationales. Au Nord comme au Sud, « *les avantages comparatifs des différentes économies deviennent dans l'optique de la FMN des avantages de localisation* ». La « *contrainte extérieure* » est modifiée : l'opposition entre le national et l'international cesse d'être pertinente pour les États-nations qui deviennent les « *auxiliaires subordonnés* » des FMN. Les théories traditionnelles de l'économie internationale cessent alors d'être pertinentes.

### B. Les théories traditionnelles ne peuvent expliquer la multinationalisation

**La théorie néoclassique de l'échange international ne peut, sans renier ses hypothèses de base, prendre en compte l'internationalisation de la production.** Au début du XIXe siècle, Ricardo a démontré que l'échange international apportait des gains aux deux partenaires même quand ceux-ci étaient inégalement productifs. C'est la théorie des avantages comparatifs. Au XXe siècle, Heckscher et Ohlin puis Samuelson ont, sur ces bases, énoncé la règle de la spécialisation internationale en fonction des dotations factorielles : un pays exporte les biens qui utilisent intensément le facteur de production le plus abondant. Cette théorie est basée sur les hypothèses suivantes : immobilité des facteurs de production, concurrence pure et parfaite au niveau national et international. L'existence des FMN conduit à l'éclatement de la théorie : il ne devrait plus exister d'échanges puisque les capitaux bougent ; la loi de l'avantage absolu se substitue à celle de l'avantage comparatif et les FMN prennent la place des États-nations comme agents de la division internationale du travail.

**L'analyse marxiste ne permet pas plus d'appréhender la multinationalisation des firmes.** K. Marx et R. Luxemburg montrent que le marché mondial est nécessaire au développement du capitalisme. Les importations de biens de subsistance bon marché permettent d'abaisser la valeur de la force de travail et donc contrecarrent la baisse tendancielle du taux de profit. Les relations entre les espaces nationaux « *sont donc exclusivement marchandes* » et « *conçues strictement dans le cadre ricardien de la division internationale du travail* », même si celle-ci est vue comme un processus historique. Rompant avec les analyses précédentes qui raisonnaient dans le cadre du capitalisme concurrentiel, Lénine reconnaît la nature monopoliste du capitalisme. À ce stade, les « *groupements économiques* » se partagent le monde, le rôle des États cesse d'être déterminant. L'exportation des capitaux devient alors la caractéristique majeure de l'impérialisme. Elle permet le contrôle des sources de matières premières ou l'obtention d'un taux de profit plus élevé. L'analyse léniniste n'envisage ici que « *le capital-argent* » et ne permet donc pas suffisamment de progresser pour comprendre l'internationalisation de la production, « *à savoir la phase du capital productif* ».

## C. À la recherche d'une autre problématique, celle du système de l'économie mondiale

**Précédés par les historiens de « *l'économie monde* », les économistes contemporains proposent des approches variées de l'économie mondiale.** La dichotomie « *centre-périphérie* » forgée par S. Amin a le mérite d'intégrer le tiers monde dans le système mondial mais ne prend pas en compte la délocalisation de certains secteurs industriels. Pour les tenants d'une approche « *sectorielle* » comme W. Andreff, « *les FMN apparaissent comme le produit des contradictions internes des économies nationales* » mais la nature spécifique de l'économie mondiale n'est pas analysée.

**L'économie mondiale est une réalité en formation.** En face des FMN existent encore des firmes, des administrations d'État et de nombreux salariés pour qui l'horizon économique « *reste délimité par les frontières nationales* ». Les FMN homogénéisent l'espace mondial en étendant le salariat, en uniformisant les normes, en limitant de fait l'indépendance des politiques économiques des États qui cherchent d'ailleurs à renforcer leurs propres groupes multinationaux. Le fractionnement de l'espace mondial est nécessaire aux FMN pour maintenir les inégalités de rémunération. « *L'État-nation doit demeurer un espace clos pour le facteur travail.* » Il ne doit pas par contre gêner la mobilité du capital. « *L'économie mondiale reproduit les États mais efface les nations.* » Le système de l'économie mondiale trouve l à ses limites.

L'ouvrage de C.-A. Michalet peut intéresser par sa description des FMN. Il offre aussi un panorama critique des théories de l'économie internationale. Sa synthèse pour comprendre la dynamique de l'économie mondiale s'inscrit dans le prolongement des analyses marxistes du capitalisme contemporain et dépasse donc le cadre habituel des livres traitant de la mondialisation. Si l'on peut y trouver une analyse théorique intéressante de par sa globalité, on y cherchera en vain une analyse détaillée des conséquences de la multinationalisation.

# 48 L'économie mondialisée

## Robert Reich

La transformation économique majeure de cette fin de siècle est la mondialisation de l'économie. Le phénomène bouleverse les sociétés industrielles, modifie la nature des emplois et aggrave les inégalités. Dans ce nouvel environnement, penser en termes de firmes nationales, de technologies ou d'industries nationales, voire d'économies nationales est anachronique.
Dans son livre (Dunod, 1993, 330 p.), Robert Reich décrit et analyse cette transformation à travers le cas des États-Unis et propose des pistes pour une nouvelle politique économique.
L'enjeu de l'ouvrage est de savoir si, alors même que la nation n'existe plus en tant qu'entité économique, elle existe encore comme communauté capable de maintenir un lien entre ses composantes.

## 1) De l'économie-nation au réseau mondial

### A. L'économie-nation

**Dans les années cinquante, les succès des grandes firmes américaines sont identifiés à ceux de l'économie nationale.** Le noyau de l'appareil productif est alors formé d'environ 500 firmes qui assurent la moitié de la production industrielle du pays. Elles créent des millions d'emplois et contribuent au développement de la classe moyenne, symbole du capitalisme américain, et ainsi à la réduction des inégalités. E.C. Wilson, alors président de General Motors, peut ainsi déclarer : « Ce qui est bon pour notre pays est bon pour General Motors, et réciproquement. »

**S'instaure alors un « *compromis national* » entre l'État, les grandes firmes et leurs salariés.** Les firmes développent la production de masse en maintenant des profits substantiels grâce à des ententes sur les prix. Les syndicats acceptent de modérer leurs revendications, en échange d'une participation des salariés à la croissance de la consommation. Le gouvernement s'abstient d'intervenir dans les décisions des firmes. Son domaine d'intervention est limité à la politique conjoncturelle, à la formation de travailleurs disciplinés et à la défense nationale qui permet le développement du complexe militaro-industriel.

**Cependant le retour du boomerang se produit dans les années soixante-dix.** L'Europe et le Japon ont développé à leur tour un système de production de masse standardisée et créé leurs propres champions nationaux. Les diverses stratégies alors mises en place aux États-Unis pour faire face à la concurrence ne permettent pas d'enrayer la chute des profits des firmes américaines. La « compétitivité déclinante » des États-Unis est alors rendue responsable des difficultés. Cette façon de voir le problème est trompeuse ; elle suppose « *l'existence d'entités – les firmes américaines, les secteurs industriels américains, même l'économie américaine dans son ensemble – dont la vitalité doit être restaurée pour améliorer le niveau de vie américain* ».

Or, il n'y a plus de firme « américaine », voire d'économie « nationale » à l'intérieur de laquelle l'ensemble des Américains réussirait ou échouerait.

## B. Le réseau mondial

**La firme de la fin du XX$^{e}$ siècle ne ressemble guère à celle du milieu du siècle.** Elle est passée de la production de masse à la production personnalisée. Cela lui permet à la fois de pratiquer des sur-prix et d'éviter l'imitation. La production standardisée est abandonnée aux pays en développement. Elle produit essentiellement des services (ex. : 10 % seulement du prix d'achat d'un ordinateur sert à payer la fabrication proprement dite). Sa structure et son organisation sont également modifiées. À la structure traditionnelle pyramidale et bureaucratique, succède la structure souple d'une entreprise-réseau, où le rôle du capital humain est déterminant, et où la propriété et le pouvoir deviennent diffus. La notion de nationalité du produit ou de la firme devient de plus en plus floue. Dans les réseaux mondiaux, les assemblages sont internationaux. Ainsi, dans les 20 000 $ payés à GM pour une Pontiac-Le Mans, 4 % seulement reviennent aux Américains. Le reste est partagé entre la Corée pour l'assemblage, le Japon pour les composants de pointe, l'Allemagne pour le dessin de la carrosserie, Taïwan pour les petits composants, la Grande-Bretagne pour le marketing et l'Irlande pour le traitement des données. Ces flux qui ignorent les frontières représentent désormais la majeure partie du commerce international des pays industriels.

**C'est donc la fin du « *champion national* ».** « *Quelle est la différence entre une firme "américaine" qui fabrique ou achète à l'étranger la majeure partie de ce qu'elle vend dans le monde, et une firme "étrangère" qui fabrique ou achète aux États-Unis la majeure partie de ce qu'elle vend ?* » Cette transformation affecte les firmes de tous les pays industriels qui deviennent de véritables réseaux mondiaux. « *L'entreprise mondiale de production personnalisée évolue vers un partenariat international de personnes dont les compétences sont combinées les unes avec les autres, et qui passent des contrats avec des travailleurs non qualifiés partout dans le monde pour toute la production de masse standardisée.* »

# 2) De l'éclatement de la société américaine à la définition d'une nouvelle politique

## A. L'économie mondialisée bouleverse la nature des emplois et aggrave les inégalités

**Une nouvelle typologie des emplois est nécessaire pour comprendre les positions compétitives des actifs dans l'économie mondiale.** Trois grandes catégories d'emplois émergent : les « *services de production courante, les services personnels et les manipulateurs de symboles* ». Les premiers concernent tous les travaux routiniers et peu qualifiés. Ils représentent un quart des emplois américains en 1990, et sont en baisse. Les services personnels rassemblent les employés de commerce, les caissiers, les secrétaires, les infirmières... Ces tâches simples et répétitives n'exigent pas une formation élevée. Cependant, à la différence des premiers, ils échappent en partie aux contraintes du marché global. Ils concernent 30 % des emplois et sont plutôt en progression. La dernière catégorie (plus de 20 % des emplois et en forte hausse) est celle des services de « *manipulation des symboles* » : chercheurs, ingénieurs, avocats, informaticiens, consultants, publicitaires, journalistes... Niveau d'études supérieur, contenu créatif du travail et concurrence mondiale les caractérisent. Ainsi, l'emploi occupé détermine une position compétitive spécifique et cette différenciation explique en partie la montée des inégalités.

**On observe en effet une tendance à la croissance des inégalités de revenus depuis le milieu des années soixante-dix.** Ainsi, entre 1977 et 1990, le revenu moyen des 20 % d'Américains les plus pauvres diminue de 5 %, tandis que celui des 20 % les plus aisés croît de 9 %, et aujourd'hui 5 % des Américains les plus riches se partagent 26 % du revenu national. Comment expliquer cette aggravation des inégalités alors même qu'aux États-Unis, ce n'est pas le nombre des emplois qui est en cause ?

**C'est que les destins économiques des nouvelles catégories d'emplois sont fort différents face à la mondialisation.** Si les Américains étaient autrefois tous dans le même bateau, on peut dire qu'ils sont à présent dans des bateaux différents. Le bateau des travailleurs routiniers coule rapidement : la concurrence des pays à bas salaires, la robotisation et la forte désyndicalisation ne leur permet pas de résister à la baisse de leur niveau de vie. Le bateau des services personnels est également en train de sombrer, mais plus lentement et de façon inégale. Celui des manipulateurs de symboles a en revanche le vent en poupe. La demande mondiale croissante d'idées et d'innovations permet à la fois leur progression en nombre et la hausse de leurs rémunérations. Les États-Unis sont particulièrement bien placés sur ce segment de marché du travail : si l'enseignement primaire et secondaire souffre en effet de manque de moyens, l'Université américaine excelle dans la formation de ses élites, qui profitent ensuite des effets d'apprentissage grâce à l'extrême concentration des cerveaux.

## B. Pour une nouvelle politique économique

**La question centrale est aujourd'hui de savoir comment améliorer le niveau de vie de la majorité des Américains appartenant aux catégories perdantes dans l'économie mondiale.** Le problème s'accroît du fait que l'idée d'unité nationale a perdu de sa vigueur. Les manipulateurs de symboles sont en train de faire « *sécession* » en s'organisant pour eux, entre eux, et en se passant du reste de la nation. Les travailleurs routiniers et les services personnels ont perdu tout pouvoir de négociation pour imposer un meilleur partage du revenu national.

**Il faut alors s'interroger sur le nouveau rôle de l'État dans une économie mondialisée, où les frontières cessent d'exister.** Une fausse solution serait un « *nationalisme à somme nulle* », prenant la forme d'un renouveau protectionniste ou d'une course aux armements. Cette vision à court terme risquerait de menacer la prospérité mondiale. Une autre solution inopérante serait celle du « *cosmopolitisme indifférent* » : se sentir seulement citoyen du monde risque de déresponsabiliser les individus, coupés d'une véritable communauté politique.

**En revanche, on peut souhaiter un « *nationalisme économique positif* ».** « *Les citoyens de chaque nation prennent une responsabilité importante dans l'amélioration des capacités de leurs compatriotes à rendre leurs vies pleines et productives, mais ils travaillent aussi avec les autres nations pour s'assurer que ces améliorations ne se font pas au détriment du reste de l'humanité.* » Dans cette approche, l'intervention de l'État est indispensable. Le noyau de la politique économique nationale doit être constitué par toutes les dépenses publiques qui améliorent les aptitudes des individus à valoriser leurs compétences (enseignement et infrastructures de bonne qualité). Ceci est évidemment nouveau dans un pays comme les États-Unis qui a connu une forte régression de l'investissement public au cours des dernières décennies. L'État doit aussi subventionner les firmes, sans distinction de nationalité, mettant en œuvre au sein de la nation une production à forte valeur ajoutée pour favoriser les effets d'apprentissage de la population active. Au niveau mondial, on pourrait aussi créer une sorte de « *GATT pour* *l'investissement direct à l'étranger* » afin d'éviter en ce domaine les pratiques déloyales, financer également la recherche fondamentale, et aider au développement des pays du Sud, en particulier en réduisant le poids de leur dette.

L'auteur s'appuie principalement sur le cas américain, mais son analyse le déborde largement et peut être étendue à la plupart des pays industriels. Si le nouvel environnement d'une économie mondialisée et des firmes-réseaux rend obsolète le concept traditionnel de nation, il renvoie cependant à de nouvelles responsabilités. R. Reich invite en particulier à une réhabilitation de l'intervention publique, ce qui aux États-Unis est révolutionnaire. Il rejoint en ce sens les nouvelles théories de la croissance endogène.

# 49 La mondialisation n'est pas coupable

## *Vertus et limites du libre-échange*

Paul R. Krugman

« *D'où vient qu'aux débats sérieux sur le commerce mondial se soit substituée* [...] *la théorie pop du commerce international ?* » L'économiste américain Krugman tente de répondre à cette question, dans cet ouvrage réunissant une série d'articles (La Découverte, 1998, 219 p.). Ce qu'il nomme « *pop internationalism* » (titre de l'édition originale américaine, 1996) recouvre une « *pseudo-théorie* » dont la popularité (justifiant l'expression « pop ») tient au fait qu'elle est marquée du sceau de l'évidence. Face à « *la paresse intellectuelle* » de ceux « *qui se veulent sages et avertis* », il est nécessaire de démontrer le caractère erroné et dangereux de cette « *contrefaçon de la théorie du commerce international* », qu'il faut abandonner pour comprendre les véritables enjeux de la mondialisation.

## 1) Depuis les années quatre-vingt, se développe « *la théorie pop du commerce international* »

### A. Cette théorie s'articule autour d'une « *rhétorique de la compétitivité* » erronée et dangereuse

**Elle promeut fallacieusement l'idée de compétition entre nations.** Pour « *la théorie pop* [...], *il va de soi que le problème économique de tout État est principalement celui de la compétition sur les marchés mondiaux, que le Japon et les États-Unis sont en compétition exactement de la même façon que Coca-Cola l'est avec Pepsi* ». Dans cette logique, les performances économiques des pays résulteraient de leur réussite sur les marchés mondiaux. Pourtant, « *la compétitivité est un mot vide de sens lorsqu'il est appliqué aux économies nationales* ». Si on peut comprendre que la réussite de Pepsi nuise à Coca-Cola, il en va autrement pour les pays : « *ils constituent, les uns pour les autres, le principal marché d'exportation ainsi que la principale source d'importations* [...]. *Le commerce international n'est pas un jeu à somme nulle.* »

**Le discours sur la compétition entre nations est dangereux.** Le discours sur la compétition entre nations peut conduire au protectionnisme et à la guerre commerciale : « *si la rhétorique décrivant le commerce international en termes de combat continue à dominer le discours,* [...], *le système actuel de marchés relativement ouverts se désintégrera parce que personne, en dehors de quelques professeurs d'université, ne croira plus à l'idéologie de libre-échange.* »

## B. Indûment, cet « *ersatz de théorie économique* » lie la détérioration du marché du travail dans les pays avancés aux échanges internationaux

**Le déclin de l'emploi industriel dans les pays avancés n'est pas dû au commerce extérieur.** La hausse des importations industrielles de ces pays est en grande partie compensée par leurs exportations de produits manufacturés. Ainsi, aux États-Unis par exemple, il apparaît que « *le commerce international n'explique qu'une petite partie du déclin de l'importance relative de l'industrie manufacturière dans l'économie* ». Les raisons de ce déclin sont principalement internes : l'évolution de la consommation intérieure qui se porte davantage sur les services, des gains de productivité plus élevés dans l'industrie que dans les services, etc.

**La quasi-stagnation, voire la baisse, des salaires réels dans les pays industrialisés, ne résulte pas de l'échange international.** Les données statistiques montrent que le ralentissement des hausses de salaires dans les pays avancés est imputable à celui des gains de productivité, dont les causes sont purement internes. La baisse des salaires des travailleurs non qualifiés peut être expliquée par une diminution de la demande de ce type de travail : « *l'utilisation des outils informatiques pourrait être une explication ; mais dans tous les cas, la mondialisation ne peut avoir joué le rôle principal.* » La demande de travail (qualifié et non qualifié) découle de la « *modification de la demande interne à chaque secteur d'activité* » et non pas des évolutions du commerce extérieur. De ce point de vue, les effets des politiques économiques internes ne sont pas négligeables : aux États-Unis, par exemple, l'impact sur l'emploi des variations des taux d'intérêt initiées par la FED est plus significatif que celui du commerce extérieur.

## C. La « *théorie pop* » privilégie l'orthodoxie monétaire aux dépens du libre-échange

**Les organismes internationaux ont élaboré une doctrine partiellement fausse.** Ce qu'il convient d'appeler la « *doctrine de Washington* » (celle des grands organismes internationaux dont le siège est dans cette ville : FMI, BIRD...) peut se résumer par l'équation « *marchés libres + monnaie saine = prospérité* ». Or, cette doctrine comporte un fond de vérité (il faut promouvoir les « *marchés libres* », c'est-à-dire le libre-échange) et une erreur (la foi en la monnaie saine, c'est-à-dire, « *le refus d'admettre l'utilité d'une politique monétaire active et de quelques réajustements occasionnels des parités* »). Il est notamment faux que, « *quelles que soient les circonstances, la dévaluation soit une stratégie inutile et inefficace* ».

**Depuis le début de la décennie quatre-vingt-dix, le libre-échange a été partiellement remis en cause.** L'idée d'un monde formé de trois blocs commerciaux (Amérique, Europe, Japon) aux intérêts économiques divergents, est un non-sens puisque le commerce international profite à tous. Cette idée conduit à récuser le libre-échange, d'abord par ignorance de ses vertus, ensuite parce que « *dès 1990, les gens de bon sens étaient fermement convaincus que la dévaluation n'était plus une option politique possible* ». Il faut revenir sur un tel choix, y compris dans les pays en développement, en sauvegardant le libre-échange et en adoptant des politiques monétaires plus volontaristes, par exemple en dévaluant la monnaie si nécessaire pour parachever les réformes structurelles en cours.

## 2) Vouloir comprendre les véritables enjeux de la mondialisation commande d'abandonner la « *théorie pop du commerce international* »

### A. Comment appréhender la question de la compétitivité internationale ?

« *La concurrence internationale ne met pas les États en faillite.* » Il existe toujours des produits pour lesquels les pays disposent d'un avantage comparatif et la dépréciation de la monnaie peut rétablir les écarts de compétitivité entre firmes. Par ailleurs, le développement des pays émergents constitue de nouveaux débouchés, sources de croissance. Il faut d'ailleurs s'inquiéter du caractère extensif de la croissance des pays émergents d'Asie qui se heurtera, dans un avenir plus ou moins lointain, à l'obstacle des rendements d'échelle décroissants. Il en résultera un freinage de la demande mondiale.

**Les avantages comparatifs peuvent être créés.** Les avantages comparatifs peuvent naître de « *différences plus ou moins permanentes entre les ressources, le climat et la structure sociale des divers pays* ». Les produits primaires correspondent assez bien à ce schéma. Mais l'échange de produits manufacturés révèle que les avantages comparatifs peuvent être créés par des interventions étatiques (par exemple, des subventions à certains secteurs, la protection plus ou moins sévère d'un marché...), dont la conséquence peut être d'exclure certaines nations de quelques secteurs.

### B. Le libre-échange n'est pas dépassé

**Les nouvelles théories de l'échange international confirment l'idée d'un commerce international profitable à tous.** Contrairement aux modèles traditionnels du commerce international (Ricardo...), les nouvelles théories, élaborées depuis les années soixante et soixante-dix, raisonnent dans un univers de concurrence imparfaite et de rendements d'échelle croissants. La hausse des exportations, l'élargissement de la taille des marchés, contribuent à la réduction des coûts unitaires, créant des avantages comparatifs *ex post* chez les partenaires commerciaux, source d'expansion des échanges.

**Cependant, l'interventionnisme étatique peut sembler justifié.** Le modèle de James Brander et Barbara Spencer fonde le concept de politique commerciale stratégique en démontrant que, « *au moins dans certains cas, un État peut améliorer le bien-être national au détriment d'un autre en soutenant ses propres entreprises dans la concurrence internationale* ». Par exemple, le soutien des États européens au consortium Airbus permet à celui-ci de capter une partie des profits de l'échange international, jusqu'alors appropriés par Boeing.

**Le libre-échange reste, pourtant, la moins mauvaise des solutions (optimum de second rang).** La mise en œuvre des politiques commerciales stratégiques et plus généralement l'intervention de l'État en faveur des entreprises nationales risquent de conduire à des guerres commerciales entre nations. « *Le meilleur moyen d'éviter une guerre commerciale est de continuer à faire du libre-échange le noyau de tout accord international.* » De plus, les pratiques protectionnistes des États réduisent la taille des marchés sur lesquels peuvent opérer les firmes, limitant ainsi l'ampleur des économies d'échelle. Le libre-échange est donc préférable, d'autant plus qu'il « *est aussi un principe simple permettant de résister aux pressions des groupes organisés autour d'intérêts particuliers* ».

## C. Ce n'est pas la mondialisation qui explique les difficultés des pays avancés mais le progrès technologique

**Le progrès technologique induit une demande de travail qualifié.** « *Depuis 1970, le progrès technique a augmenté la prime que le marché donne aux travailleurs hautement qualifiés* », au détriment des travailleurs non qualifiés, essentiellement du fait de changements intervenus dans la manière de produire. Le développement de l'usage de l'ordinateur et plus généralement de l'informatique dans le système productif constitue une première explication. En outre, les inégalités de revenus se creusent également au sein des professions les plus qualifiées en raison de l'effet « *superstar* », analysé par Sherwin Rosen : grâce aux nouvelles technologies de l'information et de la communication, un même individu peut prendre en charge un plus grand nombre d'affaires que jadis. Aussi, ceux qui sont jugés les meilleurs – « *les superstars* » – capteront un volume de clientèle plus important, laissant un volume réduit à leurs collègues jugés moins performants.

**Le progrès technologique ne va pas nécessairement continuer à favoriser les travailleurs les plus qualifiés.** « *L'histoire enseigne* [...] *que c'est souvent une grave erreur que de croire que les tendances récentes vont perdurer.* » Il n'y a, par exemple, aucune raison de penser que « *la technologie ne puisse devenir économe en éducation supérieure* », du fait de l'élaboration de logiciels de plus en plus spécialisés. Parallèlement, « *les milliers de services qui vont représenter une part croissante de notre consommation* » représenteront une demande de travail propre à diminuer le chômage des travailleurs les moins diplômés. Aussi, « *je prédis que l'ère de l'inégalité cédera la place à une ère d'égalité* ».

L'ouvrage de P. Krugman s'inscrit dans un débat, récurrent depuis les années soixante-dix, sur le concept de compétitivité. En dénonçant les poncifs de la « théorie pop », P. Krugman soutient que seules les entreprises sont en concurrence et non les nations. Cependant, d'autres auteurs, qu'il n'est pas possible de rattacher à la « théorie pop », cherchent à démontrer que la compétitivité des firmes est dépendante du contexte socio-économique dans lequel elles interviennent (voir, par exemple A. Brender en France). Le débat reste donc ouvert.

# 50 Les multinationales globales

Wladimir Andreff

Cet ouvrage (La Découverte, 1996, 115 p.) offre un texte très dense et parfois très technique, des tableaux statistiques, de nombreux encadrés et une bibliographie de 149 titres qui permettent de faire le point sur le phénomène des multinationales globales. Loin des polémiques, l'auteur, en pédagogue, cherche à répondre à toutes les questions soulevées par le développement de ces firmes.

## 1) Organisation et stratégie des multinationales

### A. L'investissement direct étranger

**L'investissement direct étranger (IDE), fondement de la multinationalisation des firmes, est en général sous-évalué.** Défini comme « *un capital investi dans la propriété d'actifs réels pour implanter une filiale à l'étranger ou pour prendre le contrôle d'une entreprise étrangère existante* », l'IDE est difficile à mesurer avec précision : ainsi, une partie de l'IDE se fait par réinvestissement sur place de profits qui ne figurent pas dans les flux des balances de paiements et ne sont donc pas comptabilisés. Phénomène séculaire, l'IDE représente aujourd'hui près de 2 000 milliards de dollars.

**L'investissement direct étranger se concentre sur la Triade.** Contrairement à ce que le terme global pourrait faire croire, « *l'IDE est, pour l'essentiel, un mode de relations économiques entre les pays développés à économie de marché (PDEM)* » car ceux-ci sont à la fois les principaux investisseurs et les principaux pays hôtes, ce qu'attestent les statistiques fournies à la fois sur les flux et les stocks d'investissement. Le tiers monde, zone d'accueil dont l'importance relative ne cesse de diminuer, fait l'objet d'une véritable discrimination, tandis qu'à l'Est, les pays en transition font aujourd'hui l'objet d'une stratégie de conquête.

**L'investissement direct étranger subit « *une tertiarisation massive et durable* »**, due au fait que « *les principaux pays investisseurs qui sont aussi les principaux pays hôtes sont devenus des économies de services* ». En 1990, 48 % du stock d'investissement entrant en PDEM relève du tertiaire (contre 24 % en 1970).

### B. La multinationale (MN) : une organisation

**La MN doit être définie de façon dynamique et évolutive à partir du concept d'organisation.** « *Les dimensions de la MN sont devenues si complexes et globales qu'elles ne se laissent pas enfermer dans une définition.* » Il faut donc faire appel à la notion d'organisation : « *la MN est une organisation, une forme de coordination entre des intérêts variés (actionnaires-dirigeants), voire divergents (actionnaires-salariés), devant coopérer entre eux.* » La MN passe en plusieurs étapes de la forme simple (une direction générale, deux filiales dont une étrangère) à une « *organisation matricielle qui abandonne le principe d'unité de commandement, chaque dirigeant de filiale dépendant à la fois d'un responsable de produit (mondial) et d'un directeur de région* ».

**Le développement de la MN engendre un marché interne entre société mère et filiales étrangères.** « *Une circulation interne de produits, de techniques, de capitaux et d'hommes* » se développe et modifie la configuration des échanges internationaux, d'autant que « *dans leur commerce internalisé, les MN appliquent non pas les prix du marché mondial, mais des prix de transfert internes établis indépendamment de la concurrence* ». L'externalisation de certaines fonctions des MN dans le cadre de la sous-traitance internationale, et la multiplication des accords OEM (*original equipment manufacturing arrangement*) participent au développement d'un commerce international différent du « *commerce extérieur traditionnel* ».

**Les MN contribuent à étendre le rapport salarial dans les pays en voie de développement (PED), avec des conditions différentes de celles des PDEM.** La salarisation de la population active du tiers monde par les MN se fait surtout dans des zones franches dans lesquelles les conditions de travail pourtant médiocres et précaires restent attractives pour des populations pauvres et chroniquement sous-employées. Le développement des MN japonaises incite à se demander si le toyotisme l'emportera sur le fordisme et à y répondre par le doute, car ce système de gestion ne paraît pas adaptable sans heurts « *hors du contexte social japonais* ».

## C. L'évolution des stratégies

**L'histoire du développement des MN révèle une évolution des stratégies industrielles.** Les premières MN menaient une « *stratégie d'approvisionnement* », puis jusqu'aux années soixante se développèrent des « *MN à stratégie de marché* » dont les filiales relais se substituent à la société mère sur les marchés étrangers. Vers le milieu des années soixante s'est imposée une troisième stratégie de « *filiales-ateliers* ». Dans les années quatre-vingt, de nouvelles stratégies ont vu le jour formant ensemble une « *stratégie globale d'intégration mondiale de la production* ». Parmi celles-ci, « *la stratégie de rationalisation de la production* » a été adoptée par les MN dont la production se prête à « *une décompostion internationale du processus de production* ».

**L'activité technologique des MN est de plus en plus globalisée et intense.** Les années quatre-vingt sont aussi celles de la respécialisation des MN et du constat de l'épuisement des techniques fordistes face à « *l'apparition d'une demande personnalisée et versatile* » qui ont incité les MN à des mutations technologiques exigeant un gros effort de recherche-développement internationalisé. On assiste donc à « *une délocalisation de la RD* » qui « *est l'indice d'une globalisation technologique du moins au sein de la Triade* ».

**Aujourd'hui des « *MN de style nouveau* » adoptent des stratégies globales.** Il y a globalisation de la stratégie lorsque simultanément, « *la MN a une vision mondiale des marchés et de la concurrence, connaît bien ses rivaux, a le pouvoir de contrôler ses opérations dans l'espace de la Triade, se comporte comme un joueur global, opère dans des industries à haute technologie, localise ses activités l à où elles sont le plus rentable, a des activités coordonnées à l'aide des technologies d'information et de production flexibles, organise ses usines et filiales spécialisées en réseau intégré, et s'intègre dans un réseau d'alliances avec d'autres MN* ».

## 2) La globalisation

### A. La tertiarisation des multinationales

**L'internationalisation des services mène au complexe tertiaro-industriel global.** Les années récentes ont été le théâtre d'un développement formidable de l'IDE tertiaire, concentré sur un petit nombre de MN, situées essentiellement dans le secteur financier (avec de nombreuses banques multinationales, BMN) et localisées dans la Triade. Les technologies actuelles de l'informatique, des télécommunications, etc. « *tendent à industrialiser la production de services et à tertiariser la production de biens* », si bien que « *la frontière devient floue entre internationalisation secondaire et tertiaire* ».

**La financiarisation multinationale engendre la globalisation financière.** Les MN « *financiarisées* » sont devenues d'importants opérateurs sur les marchés financiers internationaux. Les opérations des BMN « *forment un seul marché planétaire des changes* » dont le volume des opérations est « *cinquante fois plus important que celui du commerce mondial de biens et services* ». Au total, les MN et les BMN ont constitué « *un système financier global privé* », qui leur confère « *un véritable pouvoir monétaire international* », et accroît l'instabilité du système monétaire international, car « *les autorités monétaires d'un pays n'ont plus le pouvoir de défendre leur taux de change face à la spéculation et les politiques économiques nationales perdent de leur autonomie et de leur efficacité* ».

### B. L'État et la globalisation

**Le poids accru des MN constitue la base d'intégration d'un nouveau système productif mondial.** Les 37 530 MN et leurs 206 960 filiales recensées en 1990 « *contrôlent une part appréciable du commerce mondial* » et leur production internationalisée « *est estimée à un tiers du produit mondial* ». Globalisation du commerce (ou des marchés) et globalisation de la production bouleversent les règles du jeu économique et le rôle régulateur des États, d'autant qu'il n'existe « *aucune instance de régulation globale des activités des MN* ».

**L'impact des MN sur les économies nationales est important.** Résultats du commerce extérieur, équilibre de la balance des capitaux, niveau des recettes fiscales, niveau de l'activité économique, distribution des revenus, emploi, mode de vie et de consommation, vie politique sont affectés par la présence des MN. L'analyse du phénomène est complexe (en matière d'emploi notamment : « *aucune étude n'a pu mettre au point une méthodologie démontrant systématiquement que les effets positifs ou négatifs l'emportent* »), mais sa force n'est pas niable.

**Les États des pays hôtes mènent aujourd'hui des « *politiques systématiques d'attractivité* » de l'IDE.** Après avoir conduit jusqu'à la fin des années soixante-dix des politiques d'accueil restrictives, les pays hôtes sont passés à des politiques libérales d'accueil et, dans les années quatre-vingt-dix, à une véritable offensive pour attirer une part de l'IDE mondial. En effet, avec la crise, ce sont les pays hôtes qui sont en concurrence : « *la politique d'attractivité de l'IDE devient une politique de long terme, stratégique et globale de l'État, et non plus seulement commerciale, sectorielle ou industrielle.* » Le risque est celui d'une surenchère mondiale entre les États.

## C. Les approches théoriques

**L'approche des MN à travers la théorie de l'économie internationale et à travers les théories de l'économie industrielle ne rend pas compte de la réalité**. L'explication par les différences internationales de prix des facteurs de production ne résiste pas à l'examen : ainsi, les comparaisons salariales omettent de prendre en compte les différences de productivité liées à la qualité du capital humain. De même, la théorie néoclassique de la spécialisation internationale est insatisfaisante, notamment parce que « *par nature, une explication fondée sur les dotations de facteurs ne peut saisir qu'un pays est à la fois un lieu d'IDE entrant et sortant* ». L'explication fondée sur « *le cycle international du produit nouveau* » est critiquée pour ses nombreuses lacunes et « *les rares vérifications du cycle international du produit ne concernent que quelques biens de consommation durables* ». Quant aux théories de l'oligopole international qui présentent l'IDE comme une arme entre les mains de MN oligopolistiques, elles reposent sur des bases contestables, supposant par exemple « *une mondialisation instantanée de tout marché par réaction* ».

**L'approche des MN à travers l'économie institutionnelle, dominante aujourd'hui, est incomplète tandis que l'approche des MN à travers les théories systémiques est popularisée par la notion de globalisation**. La théorie de « *l'avantage spécifique* » (la firme, organisation, dispose d'actifs spécifiques que l'IDE lui permet de rentabiliser), la théorie de l'internalisation (« *si les coûts de transaction dépassent ceux de la coordination au sein de l'organisation, la firme internalise le marché : la MN remplace l'exportation par l'IDE* »), et la théorie « *éclectique* » (« *elle repose sur le paradigme OLI décrivant les types d'avantages à devenir une MN : l'avantage spécifique à la firme tiré d'actifs intangibles (O = organisation), l'avantage à la localisation à l'étranger (L) et l'avantage à l'internalisation (I)* ») sont toutes trois contestées. Selon les tenants de la théorie systémique, « *les MN organisent le monde au point que la hiérarchie des économies nationales découle de l'organisation du pouvoir à l'intérieur des MN. Les fonctions économiques de l'État finiraient par être transférées aux MN* ». Pour désigner ce phénomène, on parle de « *système de l'économie mondiale* », de « *système industriel mondial* », « *d'industrie globale* », « *d'économie mondialisée* ». Toutes ces thèses négligent le fait que « *les États ne sont pas les subordonnés passifs des MN.* »

Ce petit ouvrage très dense est absolument indispensable à tous ceux qui veulent s'initier aux multinationales. Il fournit également les éléments d'un approfondissement sur de nombreux points, notamment grâce aux recherches de nombreux auteurs dont Wladimir Andreff se fait l'écho. Le lecteur n'y trouvera aucune réponse toute faite et définitive aux questions qu'il peut se poser et restera sur la certitude de la complexité du phénomène.

# 51 L'impératif de solidarité

## *La France face à la mondialisation*

### Anton Brender

Pour A. Brender, deux erreurs d'appréciation faussent les débats actuels sur les effets de la mondialisation. La première est de croire que les États ne disposent pas de marge de manœuvre. La seconde est de réduire la compétition mondiale à un affrontement entre entreprises. En fait, celles-ci établissent leurs projets d'investissements en fonction du rapport coûts/avantages des différents espaces nationaux. D'où l'importance de ce qui confère aux nations un avantage de compétitivité : infrastructures, organisation sociale, système éducatif… Cette thèse soutenue dans un précédent ouvrage, *Un choc des nations* (Hatier, 1988), trouve son prolongement dans ce livre (La Découverte, 1997, 151 p.) : A. Brender y développe l'idée que face aux menaces réelles de la mondialisation, nous ne devons pas rester inactifs et prendre en compte les changements survenus dans l'économie mondiale pour mieux définir le cap que nous souhaitons tenir.

## 1) Face à la mondialisation, nous ne devons pas rester inactifs

### A. La mondialisation menace notre niveau de richesse

**Certes, tous les Français ne sont pas riches, mais les inégalités socio-économiques ne doivent pas masquer notre réel niveau de richesse.** Dans notre société, les plus démunis comme les plus favorisés peuvent bénéficier, en principe, des mêmes droits collectifs (protection sociale, usage d'équipements collectifs, protection juridique, etc.) que peu de pays connaissent. Telle est notre véritable richesse.

**Notre niveau de richesse repose sur un patrimoine collectif accumulé de générations en générations.** Il se compose de quatre éléments : d'abord, un « *capital matériel* » constitué des moyens de production durables (machines, bâtiments…) et des infrastructures (routes, voies ferrées…) ; ensuite, « *un capital humain* » permettant la mise en œuvre avec efficacité de l'appareil productif. Mais il y a encore plus important : « *un relatif accord sur les règles du jeu social, sur les principes qui président au partage du revenu national.* » C'est notre « *capital social* » : il soude notre société. Enfin, la « *paix civile* » constitue le quatrième fondement de notre richesse. Résultat d'une longue histoire, elle n'exclut pas les conflits revendicatifs mais elle préserve la société de l'éclatement.

**La mondialisation menace notre richesse en sapant ses fondements les plus importants : le capital social et la paix civile.** La compétition mondiale rejette les plus faibles, notamment les travailleurs les moins qualifiés, mis en concurrence avec les salariés des pays en développement. Ainsi, dans notre société, les inégalités se creusent et l'exclusion progresse mettant à mal la solidarité nationale. Notre cohésion sociale en souffre au risque de remettre en cause la paix civile.

### B. « L'impératif de solidarité » est une priorité qu'il faut réactiver

**Le capitalisme n'a jamais fonctionné selon les principes du libéralisme pur prônés notamment par F. Von Hayek.** Depuis plus d'un siècle, « *notre société n'a cessé de réduire la marge de liberté du capitalisme et de lui imposer des contraintes* ». Ainsi, c'est l'État qui a permis la forte croissance des « *Trente Glorieuses* » ; il a également évité que les crises qui se sont succédé depuis les années soixante-dix ne dégénèrent en effondrement.

**Imposer un impératif de solidarité concourt au progrès social.** « *Le capitalisme est une formidable machine à produire, certes, mais sa puissance est aveugle.* » Partis politiques, syndicats, État..., « *chacun à son époque a contribué à faire entrer dans les faits la même aspiration au progrès social* ». Mais cette force qui impose « *l'impératif de solidarité* » n'est rien en elle-même car elle ne produit rien. C'est donc la complémentarité entre le capitalisme et les forces ayant contribué à le « *domestiquer* » qui a permis d'atteindre notre niveau de richesse actuel.

## 2) Les changements intervenus dans l'économie mondiale peuvent nous être favorables

### A. L'intégration des pays du Sud et de l'Est à l'économie mondiale offrira une opportunité de croissance si les pays industrialisés savent prendre les mesures nécessaires

**Les « *perdants de la mondialisation* », c'est-à-dire les travailleurs non qualifiés, doivent être soutenus.** L'échange commercial avec les pays à bas salaires, comme le progrès technique, détruit les emplois les moins qualifiés. De plus, l'ouverture extérieure impose d'accroître la productivité du travail au détriment de ce type d'emploi. En revanche, les consommateurs et les travailleurs qualifiés sont les gagnants de la mondialisation. « *Il est donc essentiel, si l'on veut que l'échange international soit accepté, de redistribuer d'une manière ou d'une autre, ces gains.* »

**Pour stimuler la croissance mondiale, le crédit international doit financer le développement des pays à bas salaires plutôt que des opérations spéculatives ou le remboursement des dettes.** « *Les pays à bas salaires ne dépensent pas plus que ce qu'ils arrivent à gagner* [en exportant]. » Grâce aux crédits alloués par le système bancaire international, ils pourraient dépenser davantage pour financer leur développement. La croissance mondiale serait renforcée, l'emploi dans nos sociétés également.

**Enfin, les pays industrialisés doivent mettre en œuvre des politiques macroéconomiques favorables à une croissance soutenue et régulière.** En effet, les pays potentiellement emprunteurs, assurés de trouver davantage de débouchés du fait de la croissance dans les pays industrialisés, sauront qu'un endettement accru ne les placera pas dans une situation critique. C'est aussi pour cette raison que les taux d'intérêt et les cours du change des monnaies ne doivent pas varier de manière erratique.

### B. Face à la globalisation des marchés financiers, les États doivent se montrer déterminés

**La mondialisation des marchés financiers contribue au bon fonctionnement de l'économie mondiale.** La croissance économique est liée au dynamisme de l'investissement. Celui-ci dépend du calcul économique des entreprises, « *mais les ressources financières* *mobilisables jouent aussi un rôle crucial. L'épargne à laquelle l'économie est prête à consentir en commande le montant* ». La globalisation financière participe à la mobilisation de l'épargne aux fins d'investissements.

**Cependant, pour que la globalisation financière remplisse pleinement son rôle, il faut la « *domestiquer* »**. Les États, plus exactement les banquiers centraux, ont largement les moyens de le faire : les marchés financiers mettent « *en permanence à l'épreuve la cohérence des politiques menées et la détermination de ceux qui les mènent.* [...] *Ils ne décident pas des ces politiques* ». La Banque centrale américaine, par exemple, a largement montré sa capacité à influer sur les marchés financiers. Par ailleurs, l'interdépendance des marchés financiers rend nécessaire la coordination des politiques monétaires des pays industrialisés.

### C. L'Union européenne dispose des moyens de mettre en œuvre une politique macroéconomique de croissance

**Le traité de Maastricht offre une chance de peser sur les évolutions de l'économie mondiale.** « *L'Europe est privée aujourd'hui d'une monnaie qui, à l'instar du dollar et du yen, pourrait être utilisée comme moyen de règlement et d'endettement par ceux qui commercent avec elle.* » L'euro pourra participer au financement de la croissance des pays de l'Est et du sud de la Méditerranée. De plus, la monnaie européenne fera contrepoids au yen et au dollar sur les marchés des changes et contribuera ainsi à leur stabilisation.

**Faire de l'euro une monnaie internationale suppose que son pouvoir d'achat soit préservé.** La stabilisation des prix européens conduit à celle des taux d'intérêt. Ainsi, les pays à bas salaires seront incités à s'endetter en euros pour financer leur croissance. Il est donc totalement fondé que la future Banque Centrale Européenne (BCE) garantisse la stabilité des prix. Mais cela ne l'autorise pas à mener des politiques monétaires excessivement rigoureuses dans le seul but de renforcer son autorité : « *les pays européens accepteront la discipline de la monnaie unique si, en renonçant au droit d'inflation, ils retrouvent le droit à la croissance. L à se jouera finalement la crédibilité de la future BCE.* »

**La réussite de la politique macroéconomique européenne de croissance dépendra en fait de la capacité des pays européens, membres de l'Union, à harmoniser leurs politiques budgétaires.** Chaque État-membre ne doit pas pouvoir mettre en œuvre une politique budgétaire indépendamment des intérêts de l'Union. Par ailleurs, chaque État doit pouvoir décider du montant de ses dépenses et de ses recettes publiques mais en visant un objectif de solde budgétaire déterminé en concertation avec les membres de l'Union, la BCE veillant à la stabilité des prix.

## 3) Face à la mondialisation, quel cap faut-il tenir ?

### A. Il faut promouvoir l'investissement

**La croissance de la productivité est nécessaire.** D'une part, quel que soit le système de retraite adopté, le vieillissement de la population commande que les actifs produisent davantage pour préserver le niveau de vie de tous. D'autre part, sans gains de productivité, la réduction des inégalités, indispensable au maintien de notre cohésion sociale, se traduirait par un nivellement par le bas : il faudrait prélever beaucoup sur peu de personnes et redistribuer peu au plus grand nombre. Mais, la hausse de la productivité ne suffit pas : il faut aussi « *une volonté délibérée et collective pour que la progression des revenus les plus bas soit effectivement plus forte* ».

**La hausse de la productivité résulte de celle des investissements.** « *Ce ne sont pas des écritures dans les comptes d'un fonds de pension ou d'une compagnie d'assurances qui augmenteront la productivité du travail, mais les investissements plus ou moins judicieux que l'épargne aura financés.* » Ainsi, pour préserver notre richesse, il faut entretenir et faire croître notre capital matériel (dont les infrastructures) mais aussi notre capital humain. Pour une bonne part, leur financement relève de l'État. Il doit prendre également en charge les dépenses destinées à maintenir notre cohésion sociale, qu'il ne faut plus considérer comme improductives mais comme de véritables investissements.

## B. Le prix élevé de notre travail doit être justifié pour qu'il ne se traduise pas par du chômage

**Une main-d'œuvre qualifiée mérite d'être chère.** Dans les sociétés riches, les consommateurs exigent des produits de qualité et dont la production comme l'usage préservent l'environnement. Ces exigences impliquent une main-d'œuvre dont la qualification, la motivation… justifient son coût.

**Une main-d'œuvre productive mérite d'être coûteuse.** Une population « *désespérée* » peut-elle être productive ? Si la formation professionnelle est nécessaire, « *une certaine sérénité d'esprit est aujourd'hui tout aussi importante* ». C'est pourquoi la collectivité doit se mobiliser pour consolider ses infrastructures sociales (Sécurité sociale, système éducatif…). Celles-ci ont un coût élevé mais elles sont aussi garantes d'une cohésion plus grande, facteur d'efficacité et de compétitivité de la nation.

## C. Il faut redonner du sens à l'État-providence et à la politique

**L'État-providence doit être ressuscité pour imposer « *l'impératif de solidarité* ».** L'État doit mobiliser les ressources disponibles sur les grands appareils sociaux (éducation, justice, système de santé…) et remettre en état les infrastructures économiques et sociales.

**En revanche, l'État-entrepreneur n'a plus lieu d'être.** Les privatisations doivent se poursuivre et certains services publics devront être concédés au secteur privé, l'État conservant un pouvoir de contrôle.

**Il faut redonner du sens à la politique.** Le rôle de la politique est de restaurer notre capacité à décider collectivement, de permettre à chacun de s'inscrire dans un projet collectif. C'est ainsi que nous saurons maîtriser la mondialisation.

> « *Plus que jamais, chaque société doit donc fixer le cap vers lequel elle veut être portée par les forces du marché.* » A. Brender convie le lecteur à ce qu'il appelle le « débat obligé », celui auquel chacun de nous doit participer pour que la mondialisation soit un vecteur du progrès économique et social. C'est la complémentarité entre État et marché qui préservera notre cohésion et évitera l'explosion sociale. Encore faut-il que nous en soyons conscients.

# 52 La globalisation financière : l'aventure obligée

## Michel Aglietta, Anton Brender, Virginie Coudert

Objet d'un rapport du CEPII (Centre d'Études prospectives et d'informations internationales), ce livre s'inscrit dans la tradition de l'École de la régulation dont M. Aglietta, spécialiste des questions financières et monétaires, est l'un des fondateurs. Cet ouvrage (Economica, 1990, 325 p.) a été écrit à la fin d'une période d'orientation exacerbée de la finance dans la plupart des économies développées, avec comme aboutissement le krach de 1987. En effet, les années quatre-vingt ont été celles de la finance par le développement d'une sphère financière globalisée. Le tout est de savoir si cette globalisation financière peut servir l'économie mondiale ou le handicaper. Partant des fondements de la globalisation financière, ce livre, grâce à des modèles économétriques et théoriques, en analyse dans le détail les mécanismes et les évolutions, pour enfin proposer de nouvelles régulations.

## 1) L'apparition d'une sphère financière globalisée dans les années 1970/1980

### A. Les origines de la globalisation financière sont à rechercher dans la montée des déséquilibres internationaux et dans l'augmentation de l'épargne des ménages du Nord

**La globalisation financière représente ce mouvement de hausse et de réorientation des capitaux vers le Nord associé au phénomène de mondialisation et d'innovations financières.** Le système financier mis en place dans les années soixante-dix avait servi d'amortisseur à la crise par le recyclage des pétro-dollars en soutenant l'activité mondiale. Cette première étape de la globalisation financière va être suivie d'une implosion du système provenant en grande partie du retournement de la politique monétaire américaine à partir de 1979 (forte augmentation des taux d'intérêt consécutive à la politique monétariste menée par P. Volcker) créant un transfert de l'épargne mondiale du Japon et de l'Allemagne vers les États-Unis. Le centre de gravité des mouvements de capitaux s'est donc déplacé vers le Nord. « *Les mouvements des capitaux Sud-Sud font ainsi place aux mouvements Nord-Nord.* »

**Le vieillissement des populations du Nord devrait se traduire, selon la théorie du cycle de vie, par une augmentation moyenne de l'épargne des ménages jusqu'en 2010.** Cette évolution expliquerait à la fois le rôle massif des ménages dans la sphère financière, la capacité croissante à financer les déficits ainsi qu'un surplus d'épargne pouvant être canalisé vers des zones à besoin de financement. « *L'autre force sous-jacente à la globalisation financière tient au rôle désormais central du cycle de vie dans la circulation financière.* » Ainsi, cette épargne plus importante et plus financière, issue des évolutions démographiques, participe à l'accélération de la globalisation financière.

## B. L'efficacité des systèmes financiers réside dans la transformation du surplus d'épargne en investissement productif

**L'efficacité des systèmes financiers dépend du comportement des ménages dans la répartition entre droits de propriété et droits de créances.** Il faut faire une différence entre les droits de propriété (or, biens immobiliers, actions) et les droits de créances (obligations ou actifs financiers). Tous les marchés des droits de propriété vont rentrer dans une logique spéculative en raison de la rigidité de l'offre et de la durée de vie illimitée de ces droits. La spéculation va se nourrir d'elle-même car les spéculateurs vont rechercher une plus-value d'autant plus forte que les risques d'effondrement sont importants, et des bulles spéculatives vont apparaître. Dans ce cas, la bourse ne peut plus jouer le rôle de régulateur de l'investissement productif à court terme. Pour que l'épargne serve l'investissement productif, il est nécessaire qu'elle prenne majoritairement la forme de droits de créances.

**L'efficacité dépend aussi de la structure financière des entreprises et des devises étrangères.** Une orientation du patrimoine financier des entreprises vers plus d'actions n'est pas favorable à l'investissement productif. « *Dans la mesure où la montée du prix des actions n'est pas exploitée par une augmentation de capital, l'afflux de ressources d'épargne longue alimente plus la formation de plus-values que l'investissement.* » Le krach boursier de 1987 nous en donne la preuve. Avant le krach, la hausse des taux d'intérêt avait affaibli la composante obligataire et renforcé la composante spéculative. Après, la baisse des taux d'intérêt a dopé le crédit à la consommation et aux entreprises entraînant une croissance forte non prévue en 1988. Cette reprise n'a pu être réalisée que par l'arrêt de la spéculation boursière et l'orientation de l'épargne vers l'investissement productif. De plus, la spéculation sur le dollar (en 1984 et 1985) a orienté la structure financière des entreprises vers une part croissante en droits de propriété. Ceci montre le rôle incontournable des devises dans la structure financière des agents et dans la globalisation financière.

## C. Un marché financier au rôle primordial dans une économie globalisée

**Le marché financier a une fonction d'arbitrage et d'information.** Le marché doit assurer l'équilibre entre les plans d'épargne et les projets d'investissement. « *Dans le cas d'une économie fermée – qui est celui de l'économie globalisée – le réglage du flux d'endettement par le taux d'intérêt exerce une influence décisive sur le niveau d'activité.* » Cet arbitrage doit être assuré par une faible volatilité du taux d'intérêt. La préoccupation du marché financier n'étant pas nécessairement le plein emploi, ce sera à la Banque centrale, par sa politique de taux, d'orienter le marché financier vers un ajustement tourné vers le plein emploi.

**Les innovations financières et la titrisation ont rendu plus floue la frontière entre finance directe et indirecte.** Dans les systèmes financiers, on peut distinguer la finance directe (celle des marchés qui met en relation directe un prêteur et un emprunteur) et la finance indirecte (celle des intermédiaires financiers comme les banques, les compagnies d'assurance, les caisses de retraites...). Les innovations financières (titrisation, swaps, marchés à terme des instruments financiers, marchés des futures...) ont rendu cette frontière de plus en plus floue car on a assisté à la fois à un développement de la place des intermédiaires financiers sur les marchés et à l'apparition de nouveaux marchés sur lesquels les intermédiaires intervenaient.

Cette interrelation entre marchés et intermédiaires est caractéristique de la globalisation financière.

La titrisation peut permettre une régulation de l'équilibre plus aisée en assurant une négociabilité d'actifs auparavant non négociables et en mobilisant l'épargne du cycle de vie auprès des intermédiaires. « *La titrisation peut contribuer à atténuer les distorsions mais elle est loin de permettre une marchéisation complète de la finance.* »

## 2) L'émergence du risque de système dans la sphère financière globalisée

### A. La globalisation financière accroît le risque de système

**Le risque de système se distingue de la crise financière mais il est le reflet de l'imperfection des systèmes financiers marqués par l'instabilité et l'incertitude.** La crise financière était la manière dont s'exprimait le désordre global jusqu'au milieu du XX^e siècle comme avec la crise de 1929. Cependant, le krach de 1987 a été différent de par ses conséquences positives. « *Le monde, hanté par la mémoire de 1929, a découvert avec étonnement qu'au krach pouvait succéder autre chose que la crise.* » Les marchés ne pouvant se corriger eux-mêmes, l'instabilité financière apparaît dangereuse car elle repose sur l'incertitude et la crée. Le système financier n'est pas parfait et le risque de système résulte de ce que la cohérence des plans de dépenses des agents économiques n'est pas toujours assurée. Les agents font des paris, les entreprises produisent sans connaître les marchés, l'investissement n'est jamais financé par une épargne mais anticipe une épargne future. Tous ces comportements peuvent se transformer en crise financière lorsque règne un climat d'incertitude. Le risque de système devient la forme que prend la crise financière lorsque l'on parvient à en maîtriser les effets catastrophiques.

**La croissance de l'économie mondiale dépend de la capacité des autorités monétaires à garder collectivement le contrôle de l'évolution des structures et du réglage du fonctionnement de la sphère financière globalisée.** Cette globalisation financière provoque une interconnexion croissante des systèmes financiers et donc, une interdépendance accrue des économies. Dans cette sphère financière globalisée, le risque de système est présent et s'accroît avec des modalités différentes :

- la panne : défaillance interne non technique du système financier. C'est un risque réduit ;
- l'accident : forme dramatique du risque de système. Il provient d'un choc externe issu d'un décalage entre le système financier et son environnement ;
- la dérive : forme pernicieuse du risque de système provenant d'un biais dans l'utilisation des ressources. Au contraire de l'accident, c'est le dynamisme même des structures financières qui est à l'origine d'une dérive du mouvement économique, révélant l'emprise du système financier sur l'ensemble de l'économie. « *La globalisation financière en cours a relancé le débat sur la coopération des Banques centrales pour fournir ensemble le service d'un prêteur international en dernier ressort.* »

## B. La nécessité d'une coopération dans un système monétaire polycentrique

**Dans un contexte d'instabilité des monnaies et des taux d'intérêt, la politique monétaire doit être coopérative.** Le développement des marchés internationaux entraîne une plus grande mobilité des capitaux et les tensions financières déteignent sur les marchés des changes. Par ailleurs, l'instabilité des taux de change influence la formation des prix des actifs financiers (augmentation du risque de change et donc des primes et des produits pour couvrir ce risque). La politique monétaire, dans un système monétaire tripolaire (dollar, yen et écu), doit être coopérative et elle ne peut se construire sur la seule politique des taux de change car elle risquerait de laisser indéterminé le niveau général des taux d'intérêt. Or, c'est ce niveau instable qui menace la croissance mondiale en accroissant les distorsions des taux de change réels, facteurs de déséquilibres financiers internationaux.

**Il faut adapter les leçons du passé à l'actuel système monétaire polycentrique afin de trouver les axes d'une nouvelle régulation monétaire.** Avant 1914, c'est la Banque d'Angleterre qui jouait le rôle de régulateur de l'économie mondiale à travers sa politique de réescompte des lettres de crédit. Le taux d'intérêt fixé par la Banque d'Angleterre résumait les tensions de la conjoncture mondiale et permettait le financement du commerce international. Ainsi, l'économie mondiale, financièrement très intégrée, pouvait être gérée sans coopération monétaire. Cependant, les piliers de l'ordre monétaire du passé sont irrévocablement révolus. La nouvelle régulation devrait être axée sur :

- une coresponsabilité des politiques des dettes publiques ;
- une flexibilité contrôlée des taux de change afin d'absorber les chocs financiers ;
- une convergence de l'action des Banques centrales sur le niveau général des taux d'intérêt ;
- un transfert des capacités d'épargne du Nord vers les pays en développement du Sud et de l'Est.

« *L'efficacité des systèmes financiers va se mesurer par leur aptitude à mettre cette hausse potentielle de l'épargne des ménages du Nord au service d'un accroissement des capacités de croissance de l'économie mondiale.* » La globalisation financière peut donc permettre à l'économie mondiale de renouer avec la croissance même si elle apparaît comme « *une aventure… mais une aventure obligée* ».

Ce livre replace la globalisation financière dans une perspective structurelle (modes de financement des économies, évolutions démographiques…). Il permet de comprendre les nouveaux enjeux de l'économie mondiale à travers la mobilisation efficace par le marché financier d'une épargne de plus en plus importante même si le propos se situe à la fin des années quatre-vingt, au lendemain du krach de 1987. « *Il dépendra de la qualité des politiques monétaires que cela soit possible sans inflation. Tel est l'enjeu de la globalisation financière.* » Si la globalisation financière peut être une chance pour un retour à la croissance, elle est aussi un risque, le tout est de savoir si l'orientation de cette épargne sera productive ou spéculative, dans une pure tradition keynésienne.

# 53 Éloge du libre-échange

Jagdish Bhagwati

Dans ce livre (Éditions d'organisation, 130 p.), Jagdish Bhagwati fait état de ses convictions libre-échangistes. Il dénonce les coûts du protectionnisme, le plus souvent sous-estimés, alors que les gains que procure le libre-échange sont sous-évalués. En fait, le libre-échange est une politique commerciale efficace qui répond aux défis d'aujourd'hui. Il convient alors de s'intéresser aux conditions de sa mise en œuvre.

## 1) Le libre-échangisme est une politique commerciale efficace

### A. La doctrine libre-échangiste se heurte à des résistances

**Les arguments favorables au libre-échange ne convainquent pas suffisamment les populations.** Les populations accordent trop d'importance aux emplois perdus du fait de la concurrence mondiale mais pas assez aux emplois qu'elle crée. En outre, de « *jeunes idéalistes dont la conscience sociale se nourrit de la conviction que le capitalisme est une source d'injustice* » véhiculent l'idée que le libre-échange est néfaste au bien-être. Enfin, les économistes convaincus des vertus du libre-échange ne s'engagent pas assez dans l'espace public pour faire valoir leurs arguments.

**Les défaillances des marchés font douter des vertus du libre-échange.** Les keynésiens pointent l'incapacité du marché à rétablir le plein emploi en cas de chômage de masse. Ils sont alors amenés à valoriser le protectionnisme comme moyen d'orienter la demande intérieure vers la production domestique. D'autres économistes développent l'idée que le protectionnisme est nécessaire au développement des « *industries émergentes* ». D'autres enfin font valoir que, la concurrence étant imparfaite, « *le libre-échange n'est pas nécessairement la meilleure politique* ».

### B. La correction des imperfections des marchés doit être combinée au libre-échange

**Les imperfections des marchés d'origine domestique peuvent être corrigées par des politiques publiques appropriées.** Par exemple, en cas de rigidité des salaires dans un pays, le libre-échange peut réduire le bien-être de la population : dans un contexte de concurrence accrue, le coût du travail devient trop élevé et provoque une hausse durable du chômage. Une politique de flexibilisation du marché du travail peut améliorer le fonctionnement du marché et ainsi permettre de recommander l'adoption du libre-échange. Par conséquent, « *si vous êtes confrontés à une distorsion domestique, elle sera surmontée par une politique nationale ; et la maximisation des bénéfices commerciaux passe par le libre-échange* ».

**Les imperfections des marchés peuvent aussi être d'origine externe.** La concurrence mondiale est imparfaite. Ainsi, certains pays et grandes firmes, du fait de leur place prépondérante dans l'économie mondiale disposent d'un « *pouvoir commercial monopolistique* ». Ces pays ou firmes ont donc la capacité d'influer sur les prix mondiaux. Les marchés ne sont donc pas régis par les règles de la concurrence pure et parfaite. *A priori*, « *l'abandon du libre-échange est constitutif de la politique commerciale la meilleure possible pour compenser cette distorsion* » puisqu'il n'est pas possible de mettre en œuvre des politiques nationales pour supprimer les imperfections des marchés dont l'origine n'est pas domestique.

### C. Mais en fait, même quand les dysfonctionnements des marchés sont d'origine externe, le libre-échange doit être privilégié

**Le libre-échange accroît la contestabilité des marchés nationaux, c'est-à-dire leur exposition à la concurrence mondiale.** Le « *pouvoir commercial monopolistique* » des grands pays ou des grandes firmes rend la concurrence imparfaite mais l'ouverture des marchés nationaux en limite fortement les conséquences négatives. En outre, l'adoption de mesures protectionnistes risque d'entraîner des représailles commerciales des pays victimes des barrières douanières. Cette situation sera néfaste à tous les pays.

**Le coût du protectionnisme est trop souvent sous-estimé.** Aux coûts traditionnels de la protection (hausse du coût de la vie, désincitation à innover...), il faut ajouter ceux attachés aux « *activités de recherche de profit directement improductives* » : gaspillage de ressources lié aux pratiques de *lobbying* des agents espérant tirer profit du protectionnisme, aux activités de contrebande, au recours à des intermédiaires entre importateurs et exportateurs puisque le commerce n'est pas libre, à la multiplication des procédures administratives auxquelles sont soumis les échanges...

**Les gains attendus du libre-échange sont sous-estimés.** Le libre-échange favorise les économies d'échelle et la diversification de l'offre contribue à la diffusion du progrès technique entre les pays... Le libre-échange peut ne pas stimuler la croissance mais « *les résultats les plus courants (dans la période de l'après-guerre) sur cette question suggèrent qu'un commerce plus libéralisé tend malgré tout à déboucher sur plus de croissance* ». Enfin, il favorise la démocratie : la croissance générée par la libéralisation des échanges « *alimente la prospérité qui, à son tour, crée ou agrandit la classe moyenne qui alors cherche à mettre fin à l'autoritarisme* ».

## 2) Le libre-échange permet de répondre aux défis d'aujourd'hui

### A. Le libre-échange est compatible avec la préservation de l'environnement

**Certains accusent le commerce international d'être inéquitable.** Certains pays s'exposent moins que d'autres à la concurrence internationale et/ou s'affranchissent de règles ou normes d'intérêt commun que d'autres respectent. Par exemple, « *il est désormais courant de lancer des accusations de commerce inéquitable dès lors que les entreprises étrangères appliquent des normes environnementales et sociales moins contraignantes* ». Ces accusations sont souvent infondées. Il n'est pas non plus prouvé que la concurrence mondiale conduise à un alignement des normes environnementales (et sociales) par le bas. « *Le monde serait même engagé dans la voie d'un alignement des normes vers le haut et non vers le bas.* »

**Le libre-échange doit être privilégié.** Le libre-échange peut causer des dégâts environnementaux du fait, par exemple, de la nécessité de réduire les coûts de production qui amène les firmes à ne pas engager de dépenses de protection de l'environnement que leur activité détériore. Il convient que les États concernés mettent en œuvre des politiques environnementales appropriées. « *Finalement le libre-échange s'impose comme la politique la plus appropriée, mais bien sûr en tandem avec une politique de l'environnement.* »

## B. Le libre-échange est compatible avec le progrès social

**Les critiques contemporaines à l'adresse du libre-échange dénoncent son impact négatif sur le progrès social.** La concurrence qu'amplifie le libre échange inciterait les États à réduire les coûts qu'ils engagent pour améliorer le bien-être social ou les conduirait à ériger des barrières douanières pour se protéger de la concurrence des pays moins soucieux du bien-être de leurs populations ou pour les inciter à changer d'attitude. Les accords commerciaux devraient alors contenir des clauses conditionnant l'accès aux marchés, au respect de certaines normes sociales.

**Inclure des clauses sociales dans les accords commerciaux traduit trop souvent les préférences protectionnistes des États.** « *Les réclamations pour inclure une clause sociale dans l'OMC ont mis en péril la libéralisation des échanges.* » Ces réclamations ont été le fait des pays développés ; les pays en développement y ont perçu une volonté des pays riches de leur imposer des normes qu'ils ne peuvent respecter en raison de leur niveau de développement et donc de faire obstacle par des moyens détournés à leurs exportations.

**Le libre-échange doit rester la politique commerciale privilégiée.** La théorie économique montre qu'il convient d'adopter deux politiques pour atteindre deux objectifs : la maximisation des bénéfices commerciaux est le résultat des politiques libre-échangistes que l'OMC est chargée de promouvoir ; pour maximiser le bien-être social, il faut que les États engagent des politiques nationales adaptées et puissent les coordonner dans le cadre d'une institution internationale spécifique (par exemple, l'actuelle Organisation internationale du travail dont les moyens seraient renforcés).

## C. Le libre-échange ne menace pas les salariés des pays riches ni les pauvres dans les pays en développement

**Le libre-échange ne fait pas baisser les salaires dans les pays riches.** Les syndicats de travailleurs des pays riches craignent que le libre-échange fasse baisser les salaires réels du fait de la concurrence des pays pauvres. C'est pour cela qu'il faudrait ériger des barrières douanières à l'encontre des pays en développement. Mais « *l'inquiétude des syndicats* [...] *est largement infondée* ». Dans les pays riches, l'abandon des secteurs concurrencés par les pays à bas salaires et le recentrage sur de nouvelles activités créent de nombreux emplois mieux rémunérés que ceux qui sont détruits par la concurrence.

**Le libre-échange n'implique pas durablement l'extension de la pauvreté dans les pays en développement.** « *En délaissant l'autarcie pour une intégration plus étroite avec l'économie mondiale, le résultat obtenu sur le front de la réduction de la pauvreté est non pas plus mauvais,* *mais bien meilleur.* » Le libre-échange peut contribuer à réduire la pauvreté en stimulant la croissance. Mais, en général, sa mise en œuvre doit être progressive et non brutale. En outre, la pauvreté peut s'accroître dans un premier temps suite à la libéralisation du commerce extérieur. Il revient alors à l'État – avec l'aide des institutions internationales (FMI et Banque mondiale) – d'y faire face par des politiques d'aide aux pauvres.

## 3) Comment instaurer le libre-échange ?

### A. Plusieurs méthodes sont envisageables pour instaurer le libre-échange

**Quatre méthodes peuvent être utilisées pour libéraliser le commerce mondial.** « *L'unilatéralisme agressif* » consiste pour un pays à imposer à d'autres pays la réduction de leurs barrières douanières – y compris en brandissant la menace protectionniste. « *L'unilatéralisme traditionnel* » consiste pour un pays à réduire ses propres barrières douanières. La réduction réciproque des obstacles douaniers intervenant dans le cadre de négociations multilatérales constitue une troisième méthode de libéralisation des échanges. La quatrième méthode prévoit la réduction des barrières douanières dans le cadre d'accords préférentiels entre des pays (constitution de blocs régionaux par exemple).

**« Unilatéralisme traditionnel » et réciprocité font progresser le libre-échange.** « *L'ère de l'unilatéralisme agressif, aussi inhérent soit-il à une superpuissance, est terminée.* » La création de l'OMC y est pour beaucoup. « *L'unilatéralisme traditionnel* » fait progresser le libre-échange car les pays qui adoptent unilatéralement le libre-échange ouvrent la voie à d'autres : « *l'unilatéralisme mène alors à la réciprocité par étapes.* » Mais la réduction réciproque des barrières douanières aurait plus d'effets. Ainsi, « *il faut aller de l'avant seul (c'est-à-dire par un abaissement unilatéral des barrières douanières commerciales) si personne ne vous suit. Si les autres vous suivent du même pas (c'est-à-dire que la réduction des barrières douanières commerciales est réciproque), c'est encore mieux* ».

### B. Certaines pratiques doivent être évitées

**La constitution de blocs régionaux et les autres accords préférentiels peuvent être néfastes.** Ces arrangements réduisent l'efficience de l'économie mondiale. En effet, le développement du commerce entre les pays qui s'accordent des préférences douanières peut limiter les importations moins coûteuses en provenance des pays tiers au détriment du niveau de vie des populations. En outre, les débouchés se réduisent pour les pays tiers.

**Il faut éviter la prolifération d'accords commerciaux préférentiels.** La situation tourne « *au bol de spaghettis* » : les pays constituent des blocs régionaux qui nouent des accords avec d'autres blocs et pays. Cet « *écheveau incontrôlable d'accords* » s'avère discriminatoire à l'égard des pays non concernés par les accords préférentiels. En fait, « *la solution la plus avantageuse aurait été la recherche d'une libéralisation des échanges qui ne soit pas discriminatoire* ».

**Il faut contrôler les flux internationaux de capitaux.** Les mouvements de capitaux contribuent à l'instabilité mondiale et débouchent sur des crises financières. Les États perdent leur indépendance dans l'élaboration de leurs politiques économiques. Enfin, les gains attendus de la libéralisation des flux de capitaux sont minimes lorsque sont pris en compte les effets négatifs de l'instabilité et des crises financières. En fait, les firmes financières de Wall Street font pression sur le Trésor américain pour œuvrer à la libéralisation financière. Le « *complexe Wall Street-Trésor* » constitue « *un réseau bien établi de notables aux mêmes convictions* » incapables de considérer d'autres intérêts que les leurs. « *Il est temps de faire pencher la balance non pas en faveur de ceux qui sont partisans d'une libéralisation des marchés des capitaux mais de ceux qui y sont opposés.* »

*L'Éloge du libre-échange* traduit les convictions de J. Bhagwati et sa volonté de s'impliquer dans le débat public. Toutefois, cet auteur ne sous-estime-t-il pas certaines vertus du protectionnisme et ne devrait-il pas s'intéresser aux avantages des politiques commerciales pragmatiques mêlant protectionnisme et libre-échange, comme l'ont fait avec succès plusieurs pays émergents ?

# Un monde de ressources rares

54

Erik Orsenna

Cet essai (Perrin, 2007, 208 p.) est issu des travaux réalisés par le Cercle des économistes aux rencontres d'Aix-en-Provence de 2006. Il s'inscrit également dans la continuité du *Petit précis de mondialisation sur le Voyage au pays du coton* qu'Erik Orsenna a publié en 2006. Ayant consacré toute son existence à l'étude des matières premières (caoutchouc, monnaie, grammaire, coton, etc.), l'académicien et économiste tente de décrypter les raretés d'hier et d'aujourd'hui puis de dégager des pistes de réflexion pour les juguler.

## 1) L'identification de la rareté

### A. La persistance de la rareté comme enjeu économique

**La rareté constitue un enjeu géostratégique majeur.** Dans un monde qui se fragmente en grands blocs rivaux, la rareté du pétrole, du gaz, de l'accès à l'eau, de la nourriture, des médicaments, des infrastructures, de la santé, du capital, du travail... semble conduire inéluctablement à des conflits à l'échelle mondiale.

**Le métier de l'économiste consiste à identifier et à gérer la rareté.** « *Comme l'explique Samuelson : "Quoi", "Comment" et "Pour qui" produire ne constitueraient pas des problèmes si les ressources étaient illimitées, si une quantité infinie de chaque bien pouvait être produite ou si les besoins humains étaient complètement satisfaits.* » Dans cette hypothèse, il n'y aurait aucun intérêt à étudier l'économique ou « l'art d'économiser ». Ainsi, il appartient aux économistes de discerner et de hiérarchiser les nouvelles formes de rareté liées à la croissance mondiale et d'alerter le monde sur la nature des mesures à prendre.

**L'identification des raretés peut se faire de plusieurs manières.** Premièrement, l'économiste doit essayer de prévoir les risques que les raretés font peser sur la croissance. Deuxièmement, il doit anticiper les désordres que peut causer la rareté et définir des politiques préventives. Troisièmement, il doit déterminer les zones sur la planète qui sont les plus exposées à ces problèmes pour mieux les aider. « *Or, rien n'est plus imprévisible que cette rareté qui existe partout, dans l'agriculture, dans l'eau, dans les qualifications, dans l'énergie, et que l'on ne pourra gérer qu'à l'échelle mondiale.* »

### B. L'existence de raretés de natures très diverses

**Il existe des raretés anciennes qui persistent et de nouvelles raretés qui émergent.** Les raretés anciennes (pétrole, gaz et matières premières traditionnelles) ont un caractère cyclique et nécessitent des réponses conjoncturelles. Les nouvelles raretés (l'air, l'eau et tout ce qui est lié à l'environnement) ont un caractère permanent et appellent des réponses structurelles. Enfin, il y a également des raretés anciennes (nourriture, médicament...) qui soulèvent de nouveaux enjeux et qui exigent un traitement rapide.

**Il existe naturellement des raretés plus ou moins dangereuses.** Quatre raretés représentent un risque majeur : le manque de matières premières, la question de l'eau potable, l'insuffisance des subsistances et le manque d'air. Trois raretés sont à l'origine d'inégalités sociales : la mauvaise allocation de l'épargne et du capital dans le monde ; la pénurie mondiale de travail qualifié, de recherche et d'innovation ; le manque d'infrastructures publiques (en particulier dans le domaine de la santé).

**Il existe des « raretés opiniâtres » et « des raretés non radicales ».** Les raretés opiniâtres (eau, biens publics, innovation en particulier) sont celles pour lesquelles il est difficile de trouver des solutions et que la seule puissance publique sera en mesure de solutionner. À leurs côtés, on trouve des raretés non radicales pour lesquelles « *le marché n'est généralement en échec que dans le court ou moyen terme. À la longue, malgré les viscosités, les prix et les productions réussissent souvent à s'adapter, la substitution à se faire, le progrès technique à faire sauter le verrou d'une rareté particulière* ».

## 2) Les politiques de lutte contre la rareté

### A. À court terme : l'urgence de la lutte contre certaines raretés

**La première urgence est de lutter contre la rareté de l'eau.** Les chiffres sont bien connus : 1 milliard d'habitants de la planète n'ont pas accès à l'eau ; 2,6 milliards vivent sans système d'évacuation des eaux usées ; 25 000 personnes meurent chaque jour faute d'eau, dont la moitié sont des enfants. Contrairement à une idée reçue, le manque d'eau n'est pas imputable aux gaspillages de l'eau domestique (qui ne représente que 6 % de la consommation d'eau mondiale) mais à l'utilisation de l'eau pour les besoins de l'agriculture (73 %) et de l'industrie (21 %). En outre, le problème est plus celui de l'accessibilité de l'eau et du traitement des eaux usées que celui de la rareté. Dans les PED, 40 à 60 % des eaux sont perdus en raison d'infrastructures défaillantes. Il faut donc prioritairement axer l'aide publique au développement sur la collecte et de la gestion de l'eau mais surtout résoudre la question de la consommation d'eau pour l'agriculture des pays développés.

**La seconde urgence est de lutter contre la rareté de la nourriture.** La FAO recense 39 pays affectés par des crises alimentaires dont 25 en Afrique. Or, on sait que la population devrait compter 70 millions d'habitants supplémentaires par an jusqu'en 2025, dont la plupart vivent dans ces pays. L'objectif du Sommet mondial de l'Alimentation de 1996 qui consistait à réduire de moitié la faim d'ici 2015 ne sera pas atteint. Seules les innovations technologiques (ex : OGM) permettront de prendre de vitesse les contraintes démographiques et d'accroître les subsistances.

**La troisième urgence est de lutter contre la rareté de certaines énergies.** « *Le défi du présent siècle, c'est de produire davantage d'énergie pour alimenter le développement économique des pays émergents et des pays les plus pauvres tout en gérant de façon durable le changement climatique.* » Jusqu'à présent, la politique énergétique était définie exclusivement au niveau national ; il faut dorénavant qu'elle soit pilotée au niveau mondial, européen et régional. Par ailleurs, « *le nucléaire n'est pas LA solution* » mais « *c'est une partie de la solution, d'ores et déj à disponible* » (Anne Lauvergeon). Il s'agit de diversifier les types d'énergie tout en privilégiant l'électricité comme pilier central car les énergies renouvelables ont encore trop peu d'impact. Alors que l'énergie nucléaire avait suscité l'enthousiasme dans les années 1970, on ne construit pratiquement plus de centrales depuis 20 ans. Pourtant, le nucléaire bénéficie de nombreux atouts écologiques : faible occupation de l'espace, absence de pollution atmosphérique, transport et stockage faciles, sécurité relative (ex : pas de marée noire possible avec cette énergie).

## B. À long terme : la nécessité de l'innovation, de la connaissance et des infrastructures publiques

**Le premier défi à relever à long terme est celui de l'innovation.** « *L'innovation est la façon de sortir de la rareté dans tous les domaines* [...]. *Tous les travaux montrent que, quand on veut résister à la concurrence des pays émergents et éviter de voir effondrer ses parts de marché, il ne faut pas traiter le problème de coût au sens habituel, mais s'attaquer à la nature des produits. Les pays qui s'en sortent sont les pays qui ont réussi à changer de gamme, à monter en gamme, à innover* » comme le Japon, l'Allemagne ou les pays scandinaves. Paradoxalement, un pays comme l'Allemagne, qui a des coûts salariaux beaucoup plus élevés que la Chine, gagne des parts de marché grâce un effort d'innovation sur ses produits. Le niveau pertinent pour l'innovation des grandes entreprises est l'échelle européenne tandis que c'est le niveau local-régional pour les PME. L'Europe développe beaucoup l'aide publique en matière de recherche-développement mais accuse un retard dans la recherche privée, en comparaison des États-Unis et du Japon.

**Le second défi à relever à long terme est celui du capital humain.** « *Depuis l'irruption des dragons asiatiques dans les années 1970, les sociétés européennes ont progressivement admis que l'industrie des pays riches ne pouvait pas concurrencer celle des pays à bas salaires dans les secteurs intensément utilisateurs de travail faiblement qualifié.* » De ce point de vue, l'institut Mc Kinsey prévoit que les pays émergents compteront dès 2008 autant de jeunes ingénieurs et davantage de comptables que les pays développés. **L'accumulation de capital humain dans les pays émergents est spectaculaire.** « *Tout se passe comme si, au contraire des USA, l'Europe avait choisi d'asseoir sa prospérité sur le capital physique plutôt que sur le capital humain* », ce qui est payant à court terme mais dangereux à plus long terme.

**Le troisième défi à relever à long terme est celui des infrastructures publiques.** « *Le développement nécessite des infrastructures publiques suffisantes (électricité, transport, eau...) pour acheminer les marchandises, dégager du temps de travail pour la production en âge de travailler. Le nombre de voies ferrées et de route est très insuffisant en Asie du Sud, en Turquie, en Afrique, au Moyen-Orient, en Amérique latine.* »

# 3) La gouvernance mondiale de la rareté

## A. Une gouvernance mondiale fondée sur le développement durable

**Il existe deux visions du développement durable : l'approche libérale et l'approche régulationniste.** La première repose sur l'idée que la concurrence généralisée reste la meilleure voie pour le développement et qu'il faut s'interdire toute régulation car les entreprises joueront la carte du développement durable pour préserver leur possibilité de profits à long terme. Les partisans de la seconde approche sont convaincus qu'une croissance plus écologique passe par des interventions publiques. Il est urgent d'infléchir la croissance dans un sens plus qualitatif (plus d'éducation, de santé, de qualité de vie, de protection de l'environnement...). Certains régulationnistes plus radicaux défendent même la thèse de la décroissance.

**Le développement durable a plusieurs finalités.** Il s'agit d'abord de régler la question du réchauffement climatique et de la préservation des ressources naturelles. Il s'agit ensuite d'offrir aux pays pauvres l'espoir d'un développement équitable en leur laissant les moyens de l'autonomie. Il s'agit également de répartir plus efficacement et équitablement les capitaux à travers le monde. Il s'agit enfin de résoudre la question démographique en essayant de répondre aux besoins liés à l'augmentation de la population des pays les plus pauvres (grâce au progrès technique) et de dynamiser la population des pays européens (en recourant notamment raisonnablement à l'immigration).

## B. Une gouvernance multilatérale fondée sur de nouvelles institutions

**Le multilatéralisme et la régulation doivent être privilégiés.** « *La discussion sur la rareté doit être internationale.* » Il faut mettre en place une gestion internationale concertée des biens publics mondiaux. La déclaration du Millénaire a dressé une liste de ces biens publics mondiaux, comme le fait de « *réduire l'extrême pauvreté et la faim* » ou d'« *assurer l'accès universel à l'éducation de base* ». Sur ces sujets, il convient d'agir collectivement en partageant la rareté « *pour des raisons éthiques, économiques et politiques, et en prévention de conflits potentiels* ». Car « *la globalisation pourrait fort bien se révéler sensiblement plus fragile que ses propagandistes ne le croient. Il n'est jamais inutile de rappeler que la première vague de globalisation, 1860-1914* [...] *s'est terminée en catastrophe mondiale* ».

**L'action des institutions internationales doit être repensée et renforcée.** « *Les institutions internationales, pour la plupart issues de l'après-guerre ou des années 1970, ont rendu d'immenses services à l'économie mondiale mais elles ont vieilli et, souvent, elles ont mal vieilli.* » « *Un ordre économique international juste, c'est d'abord un état du monde où chacun est reconnu à sa juste place. Il faut donc recomposer la base géopolitique des institutions économiques.* » Plusieurs pistes sont envisageables : ouvrir le G8 aux puissances émergentes et le remplacer par le L20 (20 leaders) ; créer un Conseil économique à l'image du Conseil de sécurité de l'ONU ; créer une agence internationale de l'Environnement et du développement durable ; organiser un « éco-développement » avec les PED et à ne plus laisser le monopole de la coercition à l'OMC et à ses objectifs de libéralisation ; exiger des entreprises qu'elles se soumettent à des normes et des évaluations en matière de développement durable.

La malédiction de la rareté mondiale peut être conjurée si la mondialisation politique et son train de vie de sénateur rattrape la mondialisation économique qui se déplace « à la vitesse de la lumière ». La création d'un Conseil de sécurité économique irait dans ce sens. Le lecteur apprendra beaucoup de ce voyage au pays de la rareté où l'auteur bouscule bien les idées reçues et renouvelle bien des débats autour de cette question séculaire de la science économique.

# Quand le capitalisme perd la tête

55

## Joseph Stiglitz

Cet essai du Prix Nobel de l'année 2001 (Le Livre de Poche, 2003, 566 p.) est le deuxième ouvrage d'une trilogie consacrée au procès du libéralisme avec *La Grande désillusion* (2001) et *Un autre monde* (2006). Fort de son expérience passée au sein de l'Administration Clinton et à la Banque mondiale, Joseph Stiglitz explique comment le capitalisme triomphant de la fin du XX^e^ siècle a pu se retrouver en capilotade au début du XXI^e^ siècle. Il dessine également les contours d'un « idéalisme démocratique » capable de trouver un juste équilibre entre le marché et l'État, en s'appuyant sur des valeurs de justice sociale.

## 1) Les échecs des années 1990

### A. Les excès de la libéralisation de l'économie

**Les années 1990 ont été marquées par la déréglementation et la frénésie financière.** Les dirigeants politiques, à l'image de Bill Clinton, ont pensé qu'il fallait continuer à déréglementer les marchés financiers et s'interdire toute politique budgétaire. Tout le monde s'est laissé piéger par le discours idéologique de la déréglementation qui devait accroître la productivité, rendre les marchés plus concurrentiels, faire baisser les prix et augmenter les profits, « *au lieu de nous demander comment bien réglementer, c'est-à-dire où renforcer les règlements et où les assouplir* ». Résultat : un endettement gigantesque, un trucage permanent des comptes et des faillites en chaîne.

**Dans les années 1990, les États-Unis ont imposé leur modèle au reste du monde et ont pratiqué chez eux le contraire de ce qu'ils préconisaient pour les autres pays.** Ils ont forcé les PED à ouvrir leurs marchés pendant qu'ils pratiquaient le protectionnisme et subventionnaient leurs exportations. Ils ont conseillé aux pays en récession de réduire leurs dépenses publiques alors que pour sortir de leur propre récession, ils creusaient leurs déficits internes. Ils ont demandé à leurs partenaires d'équilibrer leur balance commerciale alors qu'ils continuaient à vivre au-dessus de leurs moyens. Ils ont reproché aux PED de ne pas respecter les droits de la propriété intellectuelle, ce qu'ils avaient pourtant fait depuis toujours. Ils ont maintenu une grande partie de leur système public de retraite tandis qu'ils recommandaient aux autres de le privatiser. Ils ont estimé que la Fed devait soutenir la croissance alors qu'ils suggéraient aux banques centrales étrangères de se concentrer uniquement sur l'objectif d'inflation. Ainsi, « *l'Oncle Sam est devenu le Docteur Sam et s'est mis à délivrer des ordonnances au reste du monde : réduisez ce budget. Baissez vos droits de douane. Privatisez cette centrale électrique* ».

**La fin des années 1990 et le début des années 2000 se sont soldés par une multiplication de crises financières.** Les crises se sont succédé : crises coréenne, indonésienne et thaïlandaise en 1997, crise russe en 1998 ou crise brésilienne en 1999. Aux États-Unis, les actions technologiques de la nouvelle économie se sont effondrées à partir de 2002 où « *une* *nuée de scandales* » a commencé à éclater (Enron, Arthur Andersen, etc.). « *Le troisième trimestre 2002, à lui seul, a vu plus de 1 600 milliards de dollars disparaître des bilans financiers des ménages. Des gens qui ont travaillé toute leur vie se sont réveillés un matin en découvrant que les calculs qu'ils avaient faits pour leur retraite ne tenaient plus.* » Moralité : « *mieux vaut regarder la vérité en face : des germes de destruction ont été semés pendant l'expansion et n'ont donné leurs fruits vénéneux qu'au bout de plusieurs années.* » Les investisseurs ont versé des milliards de dollars pour des entreprises qui ne réalisaient pas de profits. La comptabilité a été maquillée pour donner de fausses informations à ces investisseurs. Des dirigeants grassement rémunérés grâce au système des stocks-options ont conseillé à leurs salariés de conserver l'argent de leur retraite placé en actions alors qu'ils connaissaient la fragilité du système. Les banques ont largement dissimulé les problèmes structurels de nombreuses firmes, aggravant les asymétries d'information.

## B. Les carences de la politique économique

**La politique budgétaire de réduction des déficits n'a pas nécessairement été une bonne solution.** Alors que l'économie était en récession, l'administration Clinton a fait le choix de réduire les déficits pour plaire aux marchés financiers. Les partisans de la baisse du déficit expliquaient qu'elle finirait pas engendrer une baisse des taux d'intérêt à long terme et qu'elle provoquerait une hausse de l'investissement, laquelle relancerait l'économie. Ce cercle vertueux a effectivement fonctionné : les banques américaines ont recommencé à prêter de l'argent aux agents économiques. « *On pourrait qualifier cette réduction "d'erreur heureuse" : ce fut une bonne décision prise pour de mauvaises raisons.* » Malheureusement, trop peu d'investissements ont été réalisés à cette période dans l'éducation, les infrastructures, la recherche, ce qui a pénalisé plus tard le pays.

**La politique monétaire de la Fed (qualifiée de « *greenspanologie* ») n'a pas été une réussite incontestable.** Alan Greespan a eu raison de parler « *d'exubérance irrationnelle* » des marchés dès 1996, mais il n'en a pas tiré toutes les conséquences. Il a refusé pendant trop longtemps d'augmenter les taux d'intérêt pour éviter l'éclatement de la bulle, pensant qu'il pouvait « *sauver le pays avec des mots* ». Contrairement à ce qu'on raconte souvent, il a privilégié l'objectif d'inflation et s'est surtout attaché à défendre les intérêts des marchés financiers. Quant à Bill Clinton, il n'a pas accepté de faire supporter un risque modeste d'inflation au pays et s'est même « *converti corps et âme à la règle du* no comment ». Personne n'a osé remettre en cause la technocratisation de la politique monétaire. Mieux, « *la nouveauté des années 1990, c'est que cette idée a gagné la faveur des journalistes, des simples citoyens et, plus surprenant encore, d'une administration démocrate* ».

**La politique fiscale de baisse des impôts n'a pas été la solution idéale.** Les gagnants des années 1990 ont fait pression pour avoir moins d'impôts à payer sur leurs plus-values. Certains économistes ont expliqué que la baisse des prélèvements contribuerait à augmenter les recettes. En effet, l'annonce d'une baisse du taux d'imposition sur les moins-values devait conduire les détenteurs d'actions à vendre pendant que l'impôt était en solde et à remplir ainsi les caisses de l'État. Conséquence : les rentrées fiscales ont effectivement beaucoup augmenté à court terme mais quand la bulle a éclaté, les recettes d'impôts se sont effondrées. Qui plus est, une telle baisse d'impôt comportait quatre limites potentielles : aggravation des déficits, accroissement des inégalités, faible effet sur l'offre, comportements boursiers court-termistes.

## 2) Trouver un nouvel équilibre entre l'État et le marché

### A. Les contours d'une nouvelle politique économique

**Le choix de la réglementation demeure pertinent car « *des réglementations fortes font un capitalisme fort* ».** L'administration Clinton a trop souvent fait le choix du désengagement de l'État et cédé aux sirènes des marchés. « *C'est bien la carence de l'État, le manque et non l'excès de réglementation, qui a été à la source du problème des folles années 1990 et de leurs suites. La réglementation publique peut souvent aider les marchés à mieux fonctionner, par exemple en limitant les conflits d'intérêts, qui n'ont cessé de se manifester dans les cabinets d'experts-comptables, les entreprises, les institutions financières.* » Aujourd'hui, « *après tant de déréglementations désastreuses, le discours dérégulateur reste très fort* [...]. *Certains sont même allés jusqu'à reprocher à l'administration Clinton de ne pas avoir assez déréglementé* ». Pour autant, si l'Administration Clinton a commis des erreurs, elle a toutefois mieux réussi que ses prédécesseurs et successeurs quand elle s'est montrée interventionniste : « *nous n'étions sûrement pas des dieux. Nous avons commis notre part d'erreurs* [...] » mais « *quand nous avons choisi la voie de la réglementation, nous avons résolu de nombreux problèmes* » et au final, « *nous avons légué une économie d'une force impressionnante à George Bush* ». En conséquence, l'action de l'État demeure légitime en matière d'emploi, d'éducation, de promotion de la technologie, de protection sociale des personnes âgées et des personnes défavorisées, etc.

**La politique économique doit être davantage définie au niveau international.** « *Avec la mondialisation, nous sommes tous interdépendants. On disait autrefois : lorsque les États-Unis éternuent, le Mexique s'enrhume. Aujourd'hui, lorsque les États-Unis éternuent, le monde attrape la grippe* [...]. *Le problème, c'est que la mondialisation économique et allée plus vite que la mondialisation politique.* » Parce que les problèmes de la démocratie et de la justice sociale se posent désormais à l'échelle planétaire, il est nécessaire d'implanter une gouvernance politique mondiale fondée sur davantage d'actions collectives internationales. Le monde ne pourra se stabiliser qu'au moyen d'accords économiques équitables. S'agissant du rôle des États-Unis dans cette gouvernance mondiale, J. Stiglitz fait le commentaire suivant : « *à mon sens, quand on exerce un leadership démocratique, on ne peut pas tenter de refaire le monde uniquement dans son propre intérêt.* » Par conséquent, les États-Unis devraient supprimer leurs subventions à l'agriculture, ouvrir leurs marchés aux services, abroger de nombreuses mesures protectionnistes, inciter les autres pays à avoir les mêmes priorités qu'eux-mêmes (emploi, sécurité, retraite, santé). Il faut essayer de construire un monde socialement plus juste dans lequel « *notre sens de la solidarité humaine franchirait les frontières* ». Pour ce faire, « *les biens publics mondiaux et les externalités mondiales doivent être traitées au niveau international* ».

### B. Les contours d'un nouvel « idéalisme démocratique »

**Le concept « d'idéalisme démocratique » propose une troisième voie entre le socialisme et le libéralisme.** « *À mes yeux, le marché est un instrument puissant qui peut faire beaucoup de bien mais qui, dans la pratique, n'a pas tenu ses promesses, a produit de nombreux laissés-pour-compte et a même aggravé la situation de certains* [...]. *Je me situe quelque part entre les partisans d'une économie dominée par l'État et ceux qui préconisent de le cantonner à un rôle minimal ; mais aussi* entre les censeurs qui tiennent le capitalisme pour un système pourri jusqu'à la moelle et les adorateurs qui ne voient aucun défaut dans l'économie de marché. »

Tenter d'obtenir un équilibre entre l'État et le marché est le meilleur moyen de stabiliser l'économie et d'obtenir une croissance durable.

**Le concept « d'idéalisme démocratique » repose sur trois grandes valeurs.** En premier lieu, la justice sociale est liée à la question de l'égalité des chances ; il faut ainsi donner aux individus les moyens de l'emploi, de l'autonomie et de l'équité intergénérationnelle. En second lieu, « *l'idéalisme démocratique* » repose sur la transparence et l'incorruptibilité du pouvoir politique ainsi que sur la liberté de choix des citoyens. Enfin, « *l'idéalisme démocratique* » invite à repenser les liens entre l'individu et la société. La société occidentale privilégie l'individu et les conservateurs exacerbent cet individualisme. D'une part, l'État peut encore jouer un rôle dans la stimulation de l'action collective s'il accepte de se réformer. « *Contribuer à améliorer l'efficacité et le rendement de l'État doit être l'un de nos objectifs : si nous ne nous y employons pas, les citoyens feront moins confiance à l'État, ce qui réduira la marge de manœuvre pour satisfaire les besoins ne pouvant être réglés que par l'action collective.* » D'autre part, l'État n'est pas le seul outil de l'action collective : les ONG ou les coopératives, par exemple, peuvent également jouer un rôle déterminant.

Dans cet ouvrage, J. Stiglitz déboulonne les mythes de « *la réduction des déficits* », de « *la main invisible* », du « *grand méchant État* », du « *triomphe du capitalisme à l'américaine* »... et stigmatise « *l'idéologie, l'intérêt et la cupidité* » de la logique du capitalisme international.

Si l'économie mondiale a connu des crises systémiques à la fin des années 1990 et au début des années 2000, c'est parce que les États ont semé « *de mauvaises graines* ». Or « *quand une route comporte un virage et qu'une voiture, un jour, y a un accident, on peut se dire que c'est la faute du conducteur ; mais quand, jour après jour, de multiples accidents ont lieu au même endroit, on se doute que c'est la route qui est mauvaise* ». Voil à qui invite à modifier le code de la route international.

Pour autant, J. Stglitz est conscient que la régulation connaît des limites. « *Nous aurons toujours besoin de la confiance des normes* [...] *mais on ne peut compter sur la confiance et sur les normes que jusqu'à un certain point.* »

# L'ordre économique international

## *Fondements et évolutions*

56

W. Arthur Lewis

Issu de conférences données à l'université de Princeton en 1977, ce livre est sorti en 1978 aux États-Unis puis a été traduit et édité en France en 1980 (Economica, 70 p.). Dans ce court ouvrage, W. Arthur Lewis, prix nobel d'économie pour ses travaux sur le développement, présente une analyse originale de l'ordre économique actuel. Il examine les rapports entre tiers monde et pays industrialisés sous deux angles : les termes de l'échange et la dépendance, pour comprendre d'où vient et comment peut évoluer l'ordre économique international.

## 1) Les termes de l'échange sont défavorables au tiers monde

### A. Les faibles prix des produits de base s'expliquent par l'insuffisance de la productivité agricole

**Les facteurs économiques expliquent le partage du monde entre pays industrialisés et pays exportateurs de denrées agricoles.** La division du monde entre pays industriels et pays non industriels remonte à la fin du XIX$^{e}$ siècle. La colonisation ne peut suffire à l'expliquer car des pays indépendants comme les pays latino-américains n'ont pas réussi à devenir des puissances industrielles. L'étroitesse du marché intérieur a joué un rôle plus important car « *il est [...] difficile de démarrer un processus d'industrialisation en vendant sa production industrielle à l'étranger* ». L'absence de révolution agricole préalable ou concomitante dans les pays du Sud a privé le secteur industriel d'une clientèle prospère nationale. La classe politique au pouvoir, d'origine terrienne, profitait d'importations de produits manufacturés bon marché et ne cherchait pas à favoriser l'émergence d'une classe industrielle.

**Les prix des produits tropicaux dépendent en partie du revenu des immigrants.** Le XIX$^{e}$ siècle a connu deux grandes migrations internationales, une en provenance d'Europe vers des pays en zone tempérée (Canada, Australie...), l'autre en provenance de l'Inde et de la Chine vers les pays tropicaux. Pour retenir les immigrants, les pays d'accueil devaient leur proposer des niveaux de revenus supérieurs à ceux de leurs pays d'origine. Quand l'Europe s'adressa aux nouveaux établissements en zone tempérée pour obtenir de la laine, de la viande puis du blé, « *il lui fallut payer ses achats à des prix assurant un niveau de vie plus élevé qu'en Europe* ». Par contre, quand elle se procura du thé, du caoutchouc ou des arachides dans la ceinture tropicale, des prix faibles suffirent pour permettre une amélioration de niveau de vie aux paysans immigrés chinois ou indiens. Ceci fut vite compris par les travailleurs des pays neufs qui s'opposèrent à l'entrée d'immigrés indiens ou chinois pour ne pas voir baisser leurs salaires.

**Seule une augmentation des rendements dans le secteur vivrier peut améliorer les termes de l'échange de la zone tropicale.** « *Les pays tropicaux ne peuvent rééquilibrer à leur* *profit les termes de l'échange en accroissant la productivité dans les secteurs où ils exportent, car cette amélioration a pour seul effet d'abaisser les prix de leurs exportations.* » Les tentatives volontaristes d'élever les prix des produits de base au-dessus des cours du marché dans le cadre d'accords internationaux ne peuvent concerner que quelques cas : « *il est suicidaire d'élever les prix des denrées agricoles quand on ne maîtrise pas l'extension des cultures.* » Seule l'augmentation des rendements de la production agricole destinée au marché national, en tarissant la source d'une main-d'œuvre rurale quasiment gratuite, peut conduire à la hausse des prix des produits tropicaux dont la culture sinon cesserait d'être rentable.

### B. L'industrialisation n'apporte pas d'amélioration notable des termes de l'échange

**La crise des années trente est à l'origine de la création d'industries dans les pays tropicaux.** La grande dépression provoqua l'effondrement du pouvoir d'achat des nations du Sud en les privant de débouchés et en faisant baisser les prix des produits de base. Privés de moyens financiers pour acheter à l'étranger, les pays tropicaux créèrent des industries destinées à remplacer les importations. Les résistances politiques ayant disparu, le mouvement s'accéléra après la Seconde Guerre mondiale. La saturation du marché intérieur amena rapidement chaque pays à se lancer dans l'exportation de produits manufacturés.

**Les pays industrialisés, d'abord hostiles, favorisèrent l'industrialisation du tiers monde à partir des années soixante.** Les pays industrialisés ont d'abord soumis les produits manufacturés venus du tiers monde à de forts droits de douane ou à des restrictions diverses pour protéger leurs industries nationales. L'expansion qui suivit la Seconde Guerre mondiale fit évoluer leurs positions. « *Les nations industrielles ont connu en même temps le plein emploi et la stagnation démographique...* » L'importation de biens industriels fabriqués dans le tiers monde permit de diminuer les tensions sur le marché du travail des pays développés. « *Dans les années soixante, l'économie internationale a donc entamé une mutation totale. Les pays développés ont investi dans les nations démunies pour y créer des industries exportatrices.* »

**Les termes de l'échange ne se sont pas pour autant améliorés.** L'existence de termes de l'échange défavorables au tiers monde n'est pas liée à la nature agricole des produits exportés. Les prix des biens industriels qu'ils vendent sont tout aussi faibles. « *Le jeu des termes de l'échange est défavorable aux seuls produits tropicaux, que ceux-ci viennent de l'agriculture ou de l'industrie, parce que, dans cette partie du monde, la main-d'œuvre non qualifiée reçoit sur le marché, indépendamment de ce qu'elle produit, un salaire fondé sur l'existence d'une réserve illimitée d'agriculteurs faiblement productifs.* » L'augmentation de la productivité des actifs agricoles permettrait de fournir des débouchés nationaux à la production industrielle locale et donc de diminuer la dépendance par rapport aux pays industriels.

## 2) La dépendance du tiers monde

### A. Le boom démographique et une urbanisation rapide sont les causes d'un fort endettement

**La pauvreté, le manque d'épargne ou les multinationales ne sont pas les responsables de l'endettement.** Au XIX^e^ siècle, « *les États-Unis, l'Australie ou l'Argentine, pays emprunteurs, bénéficiaient d'un revenu individuel plus élevé que le Royaume-Uni, la France ou l'Allemagne qui* *prêtaient de l'argent* ». La pauvreté du tiers monde ne peut donc expliquer sa dépendance financière. Le manque d'épargne ne peut non plus être retenu : les taux d'épargne des pays en développement sont assez peu différents de ceux que connaissaient la France et la Grande-Bretagne quand ils sont devenus les créanciers du monde à partir de 1860. Imputer l'endettement aux multinationales étrangères n'est pas davantage fondé ; les capitaux privés étrangers ne sont attirés en général que par quelques secteurs et ils apportent une compétence en gestion, une aide technique et l'ouverture sur de nouveaux marchés.

**La croissance démographique joue le rôle déterminant.** Il faut financer les infrastructures nécessitées par le boom démographique. « *Le recours à l'emprunt restera probablement nécessaire tant que l'excédent des naissances sur les décès n'aura pas baissé jusqu'aux alentours de 1 p. 100 par an.* »

**Le développement urbain, consécutif au boom démographique, accentue la dépendance financière.** La croissance démographique rend l'exode rural inévitable. Or, l'habitat urbain exige des infrastructures plus importantes que l'habitat rural. L'investissement nécessaire y est aussi plus coûteux car « *à la campagne, [...] chacun contribue, dans une plus large mesure, à la réalisation des équipements qui lui sont nécessaires* ». L'exemple du XIX$^{e}$ siècle montre que les pays prêteurs ont été ceux où la population urbaine augmentait de moins de 3 % par an alors que les pays emprunteurs avaient tous un rythme supérieur.

## B. La conséquence : une dépendance inquiétante

**La part des financements à court terme est davantage déterminante que la charge totale de l'endettement.** Les emprunts contractés sont souvent supérieurs aux exportations annuelles. La charge de l'endettement augmente alors rapidement et devient plus lourde quand les prix des matières premières baissent. Pourtant si les emprunts sont rentables, c'est-à-dire s'ils accroissent le revenu dans une proportion supérieure à leur coût, le montant total de l'endettement cumulé n'a aucune importance (plus il est élevé, mieux cela vaut). Il suffit que l'économie soit capable de transformer le supplément de revenu en devises étrangères et que des financements à court terme ne soient pas utilisés pour des investissements à long terme. C'est ce que firent pourtant les nations du tiers monde à partir des années cinquante, faute de pouvoir trouver des capitaux privés à long terme. « *Il nous faut créer un flux suffisant de financement à long terme de types variés [...] pour que la charge de l'endettement du tiers monde cesse d'être inquiétante.* » L'exemple des pays neufs au début du XX$^{e}$ siècle confirme cette analyse : l'Australie et le Canada étaient proportionnellement plus endettés que les emprunteurs d'aujourd'hui et il n'y eut pas de défaillance. Le danger de la situation actuelle réside donc dans la part excessive des crédits à court terme plus que dans le montant total de l'endettement.

**La dépendance financière rend le tiers monde plus sensible aux fluctuations internationales.** Les pays du tiers monde sont souvent exportateurs de matières premières. Le prix de leurs exportations fluctue donc au cours du cycle économique des pays industrialisés. Vient s'ajouter la variation des flux d'investissement et des possibilités de crédit ; c'est au moment où ils en ont le plus besoin, quand leurs recettes baissent, que les capitaux extérieurs se détournent d'eux. Dès lors, « *il est impossible de protéger le tiers monde des effets des crises longues et profondes* ». Toutefois un mécanisme de financement public à long terme compensatoire au niveau international pourrait remédier en partie à la situation de crise.

**Le marché intérieur devrait être, plus que les exportations, le moteur de la croissance.** Le remboursement des emprunts et la nécessité de payer les importations dont ils ont besoin ont incité les pays du tiers monde à exporter vers les pays industrialisés. Leurs débouchés évoluent donc en fonction de la croissance et de l'ouverture des marchés des pays riches. Cette dépendance commerciale pourrait être réduite en augmentant les échanges mutuels entre pays pauvres et surtout en donnant plus d'importance au marché intérieur. « *La tâche prioritaire sur le front du développement est de transformer le secteur alimentaire, de produire des excédents agricoles pour nourrir la population urbaine et de créer de la sorte, au plan national, les fondements de l'industrie et des services modernes.* » C'est alors que pourra naître un nouvel ordre économique international.

Inscrit dans une problématique qui a marqué les années soixante-dix, l'ouvrage de Sir Arthur Lewis montre qu'une croissance durable dans les pays en voie de développement ne peut pas s'appuyer exclusivement sur les exportations vers les pays développés mais exige une révolution agricole et un recentrage sur le marché national. Ses conclusions ainsi que ses analyses sur les termes de l'échange et la dépendance gardent toute leur actualité.

# L'échange inégal et la loi de la valeur

57

Samir Amin

Publié la première fois en 1973 aux éditions Anthropos, l'ouvrage de Samir Amin est enrichi depuis 1988 (248 p.) par l'ajout de plusieurs études. L'auteur signale dans la préface qu'il a choisi de ne pas actualiser le texte central de l'ouvrage : « *Nous éviterons ainsi l'exercice qui consiste à masquer les faiblesses éventuelles de l'argument, espérant créer ainsi de meilleures conditions pour l'approfondissement du débat.* »
Pour Samir Amin, comme pour l'ensemble des auteurs d'inspiration marxiste, le sous-développement est le produit du développement du système capitaliste. Selon lui, toutes les économies sont intégrées dans le système mondial. Le centre (les pays développés) exerce sur la périphérie (les pays en développement) une domination qui conduit à un échange inégal. Pour ce faire, l'auteur reprend la thèse de l'échange inégal proposée par Arghiri Emmanuel (Maspero, 1969) et il affirme la dépasser.

## 1) La loi de la valeur et de l'échange inégal

### A. La loi de la valeur

**A. Emmanuel affirme que la force de travail a une valeur unique.** Il reprend la théorie de la valeur définie par K. Marx, selon laquelle la valeur d'échange d'une marchandise est égale à la quantité de travail qui a été nécessaire pour la produire. Ainsi selon lui, si deux marchandises produites dans deux pays du monde incorporent la même quantité de travail, elles ont obligatoirement la même valeur. « *La thèse de la mondialisation de la valeur, expression de celle du système productif, implique que la force de travail n'ait qu'une seule valeur pour l'ensemble du système mondial.* » D'après A. Emmanuel, l'heure de travail a la même valeur quelle que soit l'économie nationale.

« *Il en résulte que l'heure de travail simple au Congo et en Allemagne génère la même valeur, comme c'est le cas dans une usine de Detroit ou chez un coiffeur de New York, parce que le travail du producteur congolais et celui de l'allemand produisent des marchandises mondiales, destinées au même marché capitaliste mondial.* »

**Bien que la force de travail ait une valeur unique, son prix au centre diffère de celui pratiqué à la périphérie.** L'heure de travail est moins rémunérée à la périphérie qu'au centre, sans que des différences de productivité ne le justifient. Ainsi, des salaires inférieurs dans les pays de la périphérie expliquent que les taux de profit des capitalistes y soient plus élevés. Le prix de la force de travail diffère d'un pays à l'autre, car il dépend de conditions politiques, économiques et sociales propres à chaque pays. « *Ne pas voir qu'ici c'est la vente de la force de travail qui commande le système, c'est donc ne pas comprendre l'unité du système mondial* [...]. »

## B. L'échange inégal

**L'échange international est inégal car l'exploitation des travailleurs à la périphérie est supérieure à celle des travailleurs du centre.** « *En lieu et place d'échange inégal, il vaudrait donc mieux parler des conditions inégales d'exploitation.* » Le taux d'exploitation qui provient de l'importance relative du profit par rapport au salaire est plus élevé à la périphérie. C'est pourquoi le capital international émigre du centre vers la périphérie afin de relever son taux de profit. « *Nier cette évidence éclatante conduit nécessairement à rejoindre Rostow : le capitalisme périphérique serait alors seulement une étape vers le capitalisme achevé (central).* » Le commerce international a pour fonction de transférer des richesses de la périphérie où elles sont créées vers le centre dominant : la théorie ricardienne de « *l'avantage comparatif* » est dénoncée.

**Avec l'impérialisme, une émigration internationale du capital monopolistique se produit et explique « *l'échange inégal* ».** Dès la fin du XIXe siècle, apparaît une coupure fondamentale dans l'histoire du capitalisme que Lénine a nommé l'impérialisme. L'émigration du capital existe uniquement après l'apparition de monopoles ; auparavant l'émigration du capital était rare, car l'entreprise était essentiellement familiale. À la périphérie, des secteurs d'exportation primaires se sont développés. Le mode d'organisation d'origine précapitaliste s'intègre au système mondial par l'échange marchand avec le capitalisme. Le capital prédominant est étranger et il est limité aux secteurs exportateurs.

**Le pillage impérialiste du tiers monde a favorisé la croissance au centre.** À la fin du XIXe siècle au centre, le capitalisme sauvage devient un capitalisme social et des augmentations de salaires sont consenties. Cet accroissement des salaires, destiné à éviter la révolution, renforce la concurrence entre les capitaux, stimule le progrès technique et élargit les débouchés en augmentant le pouvoir d'achat de la population. Par contre, cela affaiblit le taux de profit du capital. Ainsi, chaque conquête sociale au centre induit une nouvelle expansion impérialiste destinée à relever le taux de profit moyen grâce à l'exploitation plus grande des travailleurs de la périphérie.

# 2) La « *déconnexion* » est nécessaire au développement

## A. De l'échange inégal au développement inégal

**Le maintien de l'infériorité de la rémunération de la force de travail à la périphérie permet un « *échange inégal* » dont le centre bénéficie.** « [...] *l'échange inégal ne suppose pas nécessairement que ces modes de production chez les partenaires soient capitalistes : il suffit que les marchandises produites soient destinées au marché capitaliste international.* » L'ordre économique établi permet au centre d'importer des marchandises provenant de la périphérie à des prix réduits, et d'exporter vers la périphérie des marchandises à prix élevés. Lors d'un échange, le centre obtient plus de valeur de la périphérie qu'il ne lui en transmet. Grâce à l'échange international, les capitalistes internationaux compensent les coûts salariaux élevés du centre et ils maintiennent ainsi leurs profits moyens. Le centre bloque donc toute tentative de développement de la périphérie qui contribuerait à relever les salaires, augmenterait le prix des marchandises importées, annulerait le transfert de richesses et pénaliserait les profits. « *L'échange inégal est avant tout à l'origine d'un développement inégal.* »

**La théorie de l'échange inégal dénonce la loi des avantages comparatifs de Ricardo en affirmant que le commerce international sous l'emprise du centre nuit au développement de la périphérie**. L'hégémonie que le centre exerce sur la périphérie emprisonne le tiers monde dans des relations économiques et commerciales qui ne lui permettent pas de rendre effectifs son développement et sa croissance potentiels. « [...] *l'intérêt à long terme est de développer les secteurs de la production où les perspectives des progrès de la production sont les meilleures, et cela même si ce choix doit se faire au détriment de l'échange.* »

**L'exploitation des travailleurs est plus élevée à la périphérie qu'au centre, mais ce n'est pas le prolétariat du centre qui profite du transfert de richesses produit par « *l'échange inégal* ».** Le niveau des salaires au centre est normalement élevé, il est par contre anormalement faible à la périphérie. L'écart est imposé par le capital et non par le prolétariat du centre. Ce dernier ne peut donc pas être jugé responsable de l'exploitation de la force de travail à la périphérie qui maintient le sous-développement.

## B. Une stratégie de développement autocentré

**Puisque le sous-développement résulte de la division internationale du travail (DIT) et de « *l'échange inégal* », le développement de la périphérie ne peut être enclenché que par sa « *déconnexion (delinking)* » vis-à-vis de la DIT.** Cette « *déconnexion* » est une condition nécessaire, même si elle n'est pas suffisante, d'un « *développement autocentré* ». Celui-ci n'est possible qu'à la condition qu'il soit populaire. Pour y parvenir, il est indispensable que l'augmentation de la productivité bénéficie prioritairement et immédiatement au peuple. « *Il y a donc synonymie, pour le tiers monde, entre développement autocentré et développement national et populaire.* » La périphérie n'a plus d'autre choix que celui de la « *déconnexion,* [...] *non pour revivre l'illusion d'un repli culturel illusoire, mais pour faire progresser la perspective universaliste du socialisme.* » Le sous-développement de la périphérie, loin d'être dû à un retard, est en fait le produit du développement du centre.

**Le « *développement autocentré* », préconisé depuis 1957 par l'auteur, s'oppose aux stratégies extraverties.** « *Tandis que dans le modèle de l'accumulation autocentrée les relations extérieures sont soumises à la logique et aux impératifs de l'accumulation interne, dans le modèle du développement extraverti, ce sont au contraire les relations avec l'extérieur qui déterminent presque intégralement le rythme et les caractères de l'accumulation interne.* » Dans le modèle autocentré, les rémunérations du travail doivent augmenter au rythme du progrès de la productivité, alors que selon le modèle extraverti, les rémunérations du travail peuvent être déconnectées de la croissance de la productivité. Cette stratégie de développement doit être renforcée par une coopération et une intégration économique entre les pays du tiers monde. Elle nécessite par ailleurs la mise en place d'un nouvel ordre économique international fondé sur le relèvement des prix des matières premières et le contrôle des ressources naturelles, l'accès des produits manufacturés du tiers monde aux marchés des pays développés et une accélération des transferts de technologies lorsqu'elles sont indispensables.

**Le surplus de richesses réalisé dans les secteurs les plus modernes doit être consacré à la modernisation des secteurs les plus attardés ; le développement de l'agriculture vivrière est une priorité absolue**. Dans les activités dont la productivité est la plus élevée, les revenus qui y sont distribués ne doivent pas être supérieurs à ceux accordés dans l'agriculture. L'industrialisation doit être conçue pour soutenir le progrès de la productivité dans l'agriculture et pour satisfaire la demande non alimentaire des populations. Il faut ensuite, qu'à partir de cette demande, une stratégie de remontée de filière soit menée en développant les industries intermédiaires et d'équipement qui conditionnent la production nationale de biens de consommation. « *Il va de soi qu'on ne peut renoncer à cette industrie nationale en lui substituant des importations. Car celles-ci doivent être payées en exportations et les avantages comparatifs sont ceux qui résultent du système des prix et revenus du système mondial, en conflit avec la cohérence politique esquissée ci-dessus. L'importation doit donc être réduite à chaque étape au minimum.* »

Sur la base des travaux d'Arghiri Emmanuel, la thèse de Samir Amin est une force de proposition constructive, alors que le libre-échange et la mondialisation sont présentés par la pensée unique actuelle comme une fatalité. Ainsi, il est encore possible d'affirmer aujourd'hui que l'échange international est inégal et qu'il maintient les pays du tiers monde dans le sous-développement.

L'ouvrage de Samir Amin manque d'homogénéité car il est constitué de différents chapitres rédigés à des dates différentes. La dernière édition datant de 1988, il ne prend pas en compte l'histoire économique récente ; ainsi l'écroulement des économies socialistes d'Europe centrale ou d'Europe de l'Est n'est pas évoqué.

# Théorie économique et pays sous-développés

## Gunnar Myrdal

58

« *Les inégalités économiques entre pays développés et sous-développés se sont, dans l'ensemble, accrues.* » Ce constat, établi au cours des années 1950 par Gunnar Myrdal, traduit une réalité, celle d'un grand nombre de pays pauvres confrontés au défi du développement. Dans ce livre réunissant les textes de deux conférences (Éditions Présence Africaine, 1959, 192 p.), Myrdal élabore une analyse du sous-développement fondée sur les structures mêmes des pays sous-développés et la domination des pays riches. Seule une forte intervention de l'État et une relative déconnexion du « jeu des forces du marché » permettraient à ces pays de sortir du sous-développement. Par ailleurs, il est nécessaire d'élaborer une nouvelle théorie du développement s'affranchissant des dogmes de la théorie traditionnelle incapable d'appréhender la situation spécifique des pays pauvres.

## 1) Les pays sous-développés sont marginalisés

### A. Les inégalités se creusent entre pays développés et pays sous-développés

**La situation des pays sous-développés se détériore.** Dans l'économie mondiale se côtoient un petit nombre de pays à haut niveau de vie et un grand nombre de pays pauvres. De surcroît, ces derniers connaissent en leur sein de fortes inégalités interrégionales. La prise de conscience de ces inégalités progresse dans les pays pauvres. Leurs peuples et leurs porte-parole « *manifestent une tendance à rejeter la responsabilité de leur pauvreté sur le reste du monde et en particulier sur les pays plus aisés* ».

**Le sous-développement est un processus cumulatif.** Les analyses du sous-développement font fréquemment référence aux cercles vicieux dont sont victimes les pays pauvres. Par exemple, la pauvreté conduit à la sous-alimentation qui réduit les capacités physiques des travailleurs et donc leur productivité, impliquant de faibles revenus qui perpétuent la pauvreté. Mais la causalité circulaire des cercles vicieux est en fait un processus cumulatif tel que la situation des pays sous-développés empire de période en période, accentuant l'écart les séparant des pays riches. Un processus analogue intervient au sein même des pays sous-développés pour creuser les inégalités interrégionales dont ils souffrent.

### B. Le développement des pays pauvres est entravé du fait même de leur pauvreté

**Des « *effets de remous* » et des « *effets de propagation* » interviennent dans le processus de développement économique.** « *L'expansion d'une localité provoque des effets de remous dans les autres* » : l'essor de certains pays ou régions mobilise des ressources qui font défaut à d'autres pays, régions ou activités. Ainsi, la recherche de la rentabilité qui motive les agents économiques conduit à l'essor des pays développés : ceux-ci polarisent les échanges commerciaux et attirent les flux de capitaux et de main-d'œuvre au détriment des pays sous-développés qui soufrent d'un manque de ressources. Par conséquent, « *les forces du marché jouent dans le sens* *de l'inégalité* ». Toutefois, des « *effets de propagation* » peuvent contrer les « *effets de remous* » : dans ce cas, l'essor de pays ou de régions agit favorablement sur d'autres par effets d'entraînement. Mais le faible niveau de développement des pays pauvres limite grandement ces effets.

**Les « *effets de propagation* » sont plus forts dans les pays riches que dans les pays sous-développés.** La croissance dans les pays développés permet de réduire les inégalités interrégionales du fait des effets d'entraînement qu'exercent les régions riches sur les régions pauvres et des transferts publics de ressources au profit de ces dernières qu'autorise la croissance du revenu national. Il en va autrement dans les pays sous-développés ; de plus, en leur sein, le développement de certaines régions absorbe les ressources disponibles, marginalisant les autres régions. « *De façon générale, un bas niveau de développement économique, impliquant une relative faiblesse des effets de propagation, les forces de la concurrence sur les marchés tendront constamment, par causation circulaire, à la création des inégalités.* » Le creusement des inégalités interrégionales participe alors au retard économique des pays sous-développés.

## 2) Comment sortir du sous-développement ?

### A. Les obstacles externes et internes au développement

**Les pays sous-développés sont dominés.** Qu'ils aient été ou non colonisés, les pays sous-développés sont soumis à la domination économique des pays riches. Si la colonisation a pu apporter quelques bienfaits (construction d'infrastructures, progrès médicaux...), elle a surtout été un frein au développement des pays pauvres dont l'économie était organisée selon les intérêts des pays riches. La décolonisation n'a pas mis un terme à ce lien de subordination. Ainsi, les colonisateurs ont été amenés à « *s'allier avec les classes privilégiées des pays dépendants, les créant même parfois pour les besoins de la cause* ». Ces groupes favorisés, qui dirigent les nouveaux États après leur indépendance, sont davantage intéressés au maintien de leurs privilèges qu'au changement social.

**Les structures internes des pays sous-développés freinent leur développement.** Les structures institutionnelles des pays sous-développés renforcent les inégalités et favorisent la domination des pays riches. Il en est ainsi des clivages raciaux et religieux, du système des castes, de la dépendance des campagnes par rapport aux villes plus riches... « *Les institutions où s'endurcit l'inégalité sont l'ennemi du progrès économique dans chaque pays sous-développé.* » Ces institutions entravent les « *effets de propagation* » à l'intérieur des pays pauvres et permettent en outre aux pays développés de maintenir leur domination économique. Ainsi, « *une nation pauvre et arriérée s'apercevra, si elle ne le sait déjà, que l'indépendance politique ne signifie certes pas l'entrée automatique dans la voie du développement économique* ».

### B. Les pays sous-développés doivent faire valoir leurs intérêts nationaux

**Les pays sous-développés doivent promouvoir une forme de nationalisme.** L'acquisition de leur indépendance constitue pour les pays sous-développés « *leur bien le plus précieux* [...]. *Leur pauvreté les dispense de tenir compte d'autres considérations d'ordre international que celles qui jouent dans leur propre intérêt* ». Les politiques mises en œuvre par les gouvernements des pays sous-développés doivent donc être guidées par « *un nationalisme sain et sensé* », c'est-à-dire au service de l'amélioration du bien-être des populations dont le sentiment d'appartenir à une même communauté tendra ainsi à se renforcer. Pour autant, ce nationalisme ne doit pas conduire à un rejet total des valeurs promues dans les pays riches : « *sur le plan de la culture, il y a lieu de prendre des leçons du monde entier.* »

**Les pays sous-développés doivent renforcer leur pouvoir de négociation internationale.** Le développement des pays pauvres réduira l'écart les séparant des pays riches et leur conférera un pouvoir de négociation plus fort au plan international, et ce d'autant plus qu'ils coopéreront : « *les pays sous-développés peuvent, tous ensemble, conquérir pour leur compte un respect qu'ils n'auraient pas pu obtenir individuellement.* » Dès lors, les pays sous-développés pourront faire évoluer l'ordre économique international pour qu'il leur soit plus favorable.

### C. L'intervention de l'État est indispensable

**Les pays sous-développés doivent instaurer une planification économique nationale.** Dans les pays sous-développés, « *on attend du gouvernement national qu'il assume, par le moyen du plan et du système coordonné d'interventions étatiques qui en constitue la partie opératoire, la responsabilité de la direction de tout le développement économique du pays* ». La planification doit favoriser l'essor des investissements en tenant compte de leur nécessité pour le développement indépendamment de leur rentabilité à court terme. Mais il ne s'agit pas pour autant de gaspiller les ressources disponibles. Le plan doit renforcer « *les effets de propagation des poussées de développement d'une région ou d'une branche d'activité à l'autre* » et faire évoluer les structures socio-économiques des pays sous-développés.

**Certains obstacles sont à franchir.** L'État peut être sous le contrôle de groupes sociaux conservateurs et servi par une administration inefficace, voire corrompue. Les pays sous-développés ont donc besoin d'un régime politique démocratique pour limiter ces dysfonctionnements. Par ailleurs, l'essor des investissements suppose celui de l'épargne destinée à les financer et donc le maintien pour un temps d'un bas niveau de consommation des populations alors qu'elles souffrent déj à de la pauvreté. Enfin, l'efficacité de la planification sera réduite si l'État ne met pas en œuvre une politique démographique pour maîtriser la fécondité excessive qui pèse sur les ressources disponibles.

**Le plan doit organiser le commerce extérieur.** Le plan doit déterminer le volume des importations de biens d'équipement – et si nécessaire, réduire les importations de biens de consommation dont ceux de luxe – et donc fixer le volume des exportations destinées à les financer. Une politique douanière protectionniste doit encourager la production nationale qui se substituera progressivement aux importations : « *la protection contre la concurrence extérieure peut donner leur chance aux industries locales.* » Celles-ci généreront des « *effets de propagation* » bénéfiques à l'ensemble de l'économie nationale. Dans le même temps, afin de stimuler les exportations, « *les pays sous-développés sont rationnellement fondés à réclamer aux pays développés une libéralisation unilatérale de leur commerce* ».

## 3) Pourquoi la question des inégalités est-elle insuffisamment prise en compte ?

### A. La réalité des inégalités a longtemps été sous-estimée

**La « *doctrine de l'égalité* » prédomine.** Le principe de l'égalité entre les hommes disposant des mêmes droits émerge au siècle des Lumières et devient un des fondements de la « *civilisation occidentale* » et, singulièrement, de la théorie économique qui s'y développe.

La « *doctrine de l'égalité* [...] *est l'expression d'un idéal de vie et, en tant que telle, un élément de la réalité sociale* ». Dès lors, la « *doctrine de l'égalité* » devient une idéologie forte et dominante. Paradoxalement, elle n'élimine pourtant pas « *la vieille croyance réactionnaire en des différences de qualités innées entre les groupes de population* », alors même qu'elle minimise de telles différences.

**Une forme d'ignorance « *opportuniste* » a permis de sous-estimer l'importance des inégalités.** « *Les individus plus aisés* [...] *ont essayé de rester dans l'ignorance de la misère et de la détresse des pauvres gens.* [...]. *L'ignorance est* [...] *plutôt une attitude hautement opportuniste.* » C'est l'adoption de régimes démocratiques qui a conduit les plus riches à prendre en considération la situation des pauvres, d'autant plus que ceux-ci pouvaient se révolter. Un processus identique prévaut s'agissant de l'attitude des pays développés : « *une solide ignorance de la pauvreté du monde sous-développé était* [...] *commode et opportune pour les peuples des pays riches.* » L'indépendance des colonies, les revendications exprimées par les pays pauvres, l'émergence d'un courant d'opinion favorable aux pays sous-développés au sein des pays développés..., ont contribué « *à démolir, dans nos esprits, la barrière de l'ignorance opportuniste* ».

## B. Les défaillances de la théorie économique traditionnelle

**La théorie économique traditionnelle ne permet pas de comprendre les causes du sous-développement.** « *La théorie économique, telle qu'elle s'est développée, représentait jusqu'à un certain point une rationalisation des intérêts et des aspirations du milieu où elle avait germé.* » Plusieurs des « *prédilections* » de cette théorie constituent autant « *d'antidotes à la doctrine de l'égalité* » : l'intervention de l'État dans l'économie doit être minimale, le laissez-faire – singulièrement le libre-échange – doit être privilégié, le libre jeu des forces du marché suffit au rétablissement des déséquilibres... Ces « *prédilections* » sont en grande partie erronées et contribuent à perpétuer le sous-développement des pays pauvres et à creuser les inégalités entre les pays et au sein même des pays pauvres.

**De nouvelles théories sont nécessaires.** Les spécialistes des sciences sociales doivent multiplier leurs recherches empiriques pour mieux appréhender les inégalités entre les pays et en leur sein. Ces recherches doivent être élaborées sur la base de nouvelles théories aptes à mieux traiter de la question du développement : « *il nous faut des théories nouvelles qui, si abstraites soient-elles, seront plus réalistes, en ce sens qu'elles seront adéquates aux faits.* » Ces nouvelles théories doivent s'affranchir « *du lourd et encombrant fardeau des prédilections tendancieuses et inadéquates et des approches théoriques dénuées de réalisme et de pertinence que nous impose notre tradition académique* ».

Myrdal ambitionne de construire une nouvelle théorie économique propre à mieux appréhender la question du développement. La confiance qu'il place dans l'intervention de l'État et sa méfiance à l'égard des « forces du marché » prêtent à discussions et il ne semble par tenir suffisamment compte de la grande hétérogénéité des pays sous-développés. Il reste que son analyse a participé à la prise de conscience d'un défi qui reste encore à relever pour un grand nombre de pays : celui du développement.

# Le tiers monde dans l'impasse

59

Paul Bairoch

Jusqu'au XVIIIe siècle, l'écart économique et technique entre les différents pays du monde reste faible. Avec la révolution industrielle, les pays occidentaux connaissent une croissance accélérée alors que les trois quarts de l'humanité accumulent les retards. Ce livre cherche à expliquer pourquoi, en près de deux siècles, l'écart qui sépare les pays développés des pays du tiers monde n'a fait que s'accentuer d'année en année.
Cet ouvrage (Gallimard, 1971) a fait l'objet de deux rééditions successives, avec d'importants ajouts et une mise à jour de la plupart des données chiffrées, l'une en 1983, l'autre en 1992 (660 pages).

## 1) Le tiers monde n'a pas pu suivre le modèle de l'Europe du XIXe siècle

### A. La révolution industrielle occidentale constitue un modèle pour les pays du tiers monde

**Révolution agricole et transition démographique sont un préalable à la révolution industrielle.** Les progrès agricoles apparus en Grande-Bretagne dans la première moitié du XVIIIe siècle, comme le mouvement des *enclosures* ou la généralisation de nouvelles plantes telles les légumineuses ou la pomme de terre, ont fait progressivement reculer la mortalité. En stimulant la transition démographique, ils ont permis à la fois de dégager de nouveaux profits dans l'agriculture et d'augmenter sensiblement la demande industrielle.

**La révolution industrielle est le moteur du démarrage économique.** Plus encore que la généralisation des chemins de fer, assez tardive, la mécanisation de l'agriculture et de l'industrie textile ont fortement développé la sidérurgie. Il faut attendre en fait le milieu du XIXe siècle pour que la mise au point de machines à vapeur plus efficaces permette une révolution des transports terrestres et maritimes. La révolution industrielle est en définitive « *un processus complexe de développement généralisé et, surtout, auto-entretenu* ».

**Certains facteurs structurels ont facilité la révolution industrielle.** Au XIXe siècle, les investissements nécessaires restaient très limités. Comme les profits étaient élevés, les entreprises pouvaient se développer en ayant presque exclusivement recours à l'autofinancement. L'absence de législation du travail, le protectionnisme douanier, les faibles besoins en main-d'œuvre qualifiée, eu égard à la simplicité des techniques utilisées, ont aussi favorisé les entreprises.

## B. Mais les pays du tiers monde n'ont pas pu suivre ce modèle

**Les conditions géographiques n'ont pas permis la diffusion des techniques.** Même si l'écart des niveaux de développement entre les pays occidentaux et les autres pays du monde restait encore faible au XIXe siècle, les difficultés de communication, la densité de peuplement et surtout les différences climatiques ont handicapé le processus de transmission des révolutions agricole et industrielle.

**La domination coloniale a été un obstacle au développement du tiers monde.** Depuis plus de quatre siècles, une grande partie des pays d'Amérique latine, d'Afrique et d'Asie ont été des espaces dépendants des métropoles européennes, exploités pour leurs ressources en matières premières agricoles ou minérales, voire pour leur main-d'œuvre. L'expansion coloniale a ainsi « *causé, d'ailleurs non volontairement dans la plupart des cas, des dommages incalculables à l'économie de la majorité des sociétés non européennes* ». Seul le Japon, fermé depuis le XVIIe siècle à toutes les tentatives coloniales, a été « *l'exception qui confirme la règle* » et a réussi depuis l'ère Meiji à se développer.

**Le tiers monde a longtemps été un débouché marginal pour les industries des pays occidentaux.** « *Le démarrage de la révolution industrielle en Angleterre ainsi que celui de la plupart des pays occidentaux n'ont pratiquement pas été aidés par le phénomène colonial.* »

# 2) Le démarrage économique des pays du tiers monde reste difficile

## A. Les conditions ont sensiblement évolué depuis 1900

**L'agriculture présente un caractère dualiste.** Les cultures d'exportation comme les agrumes, les bananes, le cacao ou le café, produites dans de grandes exploitations, ont connu une forte expansion jusque dans les années soixante-dix. Depuis, les besoins des pays développés sont arrivés à saturation et les exportations de produits tropicaux se sont nettement ralenties. L'agriculture vivrière, qui emploie la majorité des actifs du tiers monde, a connu une croissance plus faible que celle de la démographie : le déficit alimentaire s'est donc accru avec le temps. Conséquemment, « *le tiers monde a cessé d'être un exportateur important de produits agricoles* ». L'Afrique et le Moyen-Orient sont aujourd'hui devenus des importateurs de produits agricoles, ce qui accroît leur dépendance. « *La priorité à l'agriculture ne constitue pas, pour la plupart des pays du tiers monde, une option mais une nécessité immédiate.* »

**La croissance industrielle a été limitée.** Les industries extractives, dont les produits sont surtout destinés aux industries des pays développés, ont certes connu un accroissement considérable jusqu'en 1973, mais au prix d'un gaspillage des ressources compromettant parfois « *les chances d'une industrialisation future plus aisée* ». Lorsque la production manufacturière se développe, c'est au prix d'une dépendance accrue envers les sociétés multinationales, ou d'une exploitation de la main-d'œuvre locale. L'industrialisation, longtemps considérée comme le moyen le plus sûr pour atteindre un niveau de vie plus élevé, ne conduit pas nécessairement au développement.

**Les écarts entre pays riches et pays pauvres se sont accrus.** Depuis les années cinquante, les termes de l'échange des pays du tiers monde se sont détériorés. Les prix des produits de base ont généralement régressé, contrairement à ceux des produits manufacturés, déséquilibrant par là même les balances commerciales de nombreux pays en développement, souvent mono-exportateurs de produits bruts. En raison même de la dégradation des termes de l'échange, l'aide financière des pays riches s'est sensiblement accrue durant la même période. Cette « aide » a essentiellement pris la forme de prêts à taux d'intérêt très élevé. D'année en année, la charge est devenue de plus en plus écrasante, et les possibilités de remboursement de plus en plus difficiles. Progressivement, les inégalités se sont à la fois accrues entre pays du tiers monde et pays développés, mais aussi entre les pays du tiers monde eux-mêmes, puisque l'Asie du Sud-Est a connu une croissance bien supérieure à l'Amérique latine, a fortiori à celle de l'Afrique, où certains pays ont même régressé. « *L'égalité des mondes n'est pas pour demain, ni pour après-demain.* »

## B. De nombreux obstacles s'opposent à leur démarrage

**L'« *inflation démographique* » est le plus grand obstacle au développement du tiers monde.** Entre 1950 et 1980, la population des pays du tiers monde a plus que doublé alors qu'en Europe, au XIXe siècle, la population n'avait doublé qu'en 90 ans. Cette croissance inégalée s'explique surtout par l'application de la médecine ordinaire des pays développés, qui fait rapidement baisser la mortalité. « *Étant donné la structure actuelle de la pyramide des âges de la population du tiers monde, même une forte baisse de la fécondité n'entraînerait pas un ralentissement à court terme du taux de progression démographique.* » La transition démographique, effectuée de manière accélérée, génère des effets pervers : la superficie cultivable par actif agricole diminue, l'exode rural est renforcé, l'urbanisation est anarchique, l'industrie n'arrive pas à absorber le surplus de main-d'œuvre, les conditions sociales s'aggravent dramatiquement, les problèmes d'éducation et de formation s'accentuent.

**L'obstacle technique s'accroît avec le temps.** Alors qu'au XIXe siècle les techniques mises en œuvre restaient rudimentaires, celles d'aujourd'hui se complexifient constamment et nécessitent des niveaux de formation et d'investissement sans cesse accrus. « *L'impossibilité pratique d'une imitation, à l'aide des ressources traditionnelles, des machines et des techniques en usage actuellement jointe au problème de formation réduisent fortement les incitations à la création d'une industrie locale de production de machines et d'outillages.* » Cette situation renforce inéluctablement la dépendance du tiers monde envers les pays développés pour la fourniture de biens d'équipement, ce qui bloque leur industrialisation. De fait, lorsqu'on enregistre un certain développement économique, celui-ci conduit généralement à une hypertrophie du secteur tertiaire, facteur supplémentaire d'inertie.

**La baisse des coûts des transports renforce les difficultés des pays du tiers monde.** Davantage qu'au XIXe siècle, les coûts du kilomètre parcouru, sur terre mais plus encore sur mer, ont sensiblement baissé depuis la Première Guerre mondiale. Cette évolution a entraîné une « *suppression de la barrière protectrice que représentaient les coûts de transport pour les industries naissantes* », les entreprises locales se trouvant immédiatement confrontées à la concurrence des industries plus productives des pays développés. Cette évolution conduit aussi à renforcer les spécialisations régionales. Elle constitue une « *incitation à une spécialisation dans la production agricole non vivrière* », plus rémunératrice, mais qui tend à accroître dangereusement la dépendance alimentaire de ces pays. Elle renforce par ailleurs les « *possibilités d'établissement d'exploitations minières sans création d'industries de transformation* ».

Ces difficultés peuvent « *donner, à juste titre, l'impression que la plupart des pays du tiers monde se trouvent dans une impasse en ce qui concerne leurs chances d'un développement économique rapide. Il y a l à une série impressionnante d'obstacles dont chacun d'entre eux pris isolément est presque suffisant pour bloquer un processus de développement* ». Dans la situation actuelle, le développement économique reste néanmoins une nécessité impérieuse. Il ne sera possible qu'en freinant sérieusement la progression démographique, en donnant d'abord la priorité au développement de l'agriculture, en protégeant assez longuement le marché national par des barrières douanières élevées, mais aussi en accentuant les efforts en matière de formation et en rationalisant l'utilisation des ressources locales. Il pourrait même s'accélérer si le monde développé consentait à réaliser un véritable effort vis-à-vis des pays les plus pauvres.

# Mirages et miracles

## *Problèmes de l'industrialisation dans le tiers monde*

60

Alain Lipietz

L'industrialisation est bel et bien devenue une réalité dans un certain nombre de pays de ce tiers monde que l'on disait voué à l'exportation de matières premières et à l'importation de produits manufacturés. C'est cette réalité que tente d'analyser Alain Lipietz dans son ouvrage (La Découverte, 1986, 177 p.). Il opère d'abord une critique de la théorie de la « dépendance » qui érige en dogme l'inéluctable « développement du sous-développement ». En utilisant les concepts de l'École de la régulation à laquelle il est rattaché (centre, périphérie, régime d'accumulation, fordisme…), l'auteur essaie ensuite de comprendre l'émergence d'une nouvelle division internationale du travail, puis d'expliquer les difficultés rencontrées par les nouveaux pays industrialisés (NPI) à la fin des années quatre-vingt.

## 1) Critique des théories de l'impérialisme et de la dépendance

### A. L'évolution historique contredit les thèses tiers-mondistes

**La théorie de l'impérialisme développée par Lénine et R. Luxembourg naît en période de croissance extensive (obtenue grâce à l'augmentation des facteurs de production) au centre (pays développés).** Dans ce contexte où l'accumulation de capital (l'investissement) ne s'accompagne pas d'une extension de la demande, la périphérie (pays du tiers monde) constitue un débouché nécessaire pour les produits du centre dans un premier temps, pour leurs capitaux par la suite. « *L'extérieur est aussi un réservoir où le capitalisme va puiser ce qu'il ne peut créer, mais seulement transformer (les matières premières) et contribuer à reproduire (la force de travail).* » Peu à peu s'instaure une division internationale du travail (DIT), le Sud se spécialisant dans la production et l'exportation de produits primaires, le Nord dans celle des biens manufacturés.

**Cependant, le capitalisme développe son marché intérieur, et le rôle du Sud comme débouché devient secondaire.** Avec l'épanouissement du fordisme au centre, c'est-à-dire le passage à une croissance intensive (obtenue grâce aux gains de productivité) fondée sur la consommation de masse, le capitalisme résous la question des débouchés. Au milieu des années soixante, la part des exportations dans la production manufacturière du centre atteint son point le plus bas, celle des exportations de biens industriels vers la périphérie représente 2 % de la PIB pour la CEE et 0,8 % pour les États-Unis : le centre n'a plus besoin de la périphérie ! Quant à l'importation de produits primaires, « *il est abusif de dire que le pillage du tiers monde ait eu quantitativement une grande importance dans la croissance du centre, et encore plus de dire que telle fut, après comme avant la Seconde Guerre mondiale, la fonction de la périphérie* ».

**Les thèses de la « *dépendance* » doivent donc être relativisées.** L'idée selon laquelle le Sud ne peut se développer parce que le Nord a toujours de plus en plus besoin du sous-développement est battue en brèche à la fois par l'histoire et par l'émergence des NPI. Si les pays du Sud connaissent des difficultés à s'industrialiser, il faut s'interroger sur la responsabilité de facteurs internes.

### B. Le rôle important des facteurs internes dans les difficultés de l'industrialisation

**Une première tentative d'industrialisation s'ébauche autour de la stratégie de « *substitution d'importation* ».** L'Amérique latine dans les années trente, et la Corée dans les années cinquante, inaugurent un modèle fondé sur l'utilisation des recettes d'exportation des produits primaires dans l'industrie des biens de consommation jusque-l à importés. Pour ce faire, il est nécessaire d'importer les biens d'équipement au centre et de protéger les industries naissantes par des barrières tarifaires. Malgré des succès initiaux, cette stratégie rencontre de grandes difficultés.

**On peut qualifier cette stratégie de « *fordisme incomplet* ».** « *Ce modèle d'industrialisation à la périphérie, par adoption partielle et souvent illusoire du modèle central de production et de consommation, mais sans l'adoption des rapports sociaux correspondants, échoue en effet à s'insérer dans le "cercle vertueux" du fordisme central.* » En premier lieu, les gains de productivité ne s'y manifestent guère, par « *absence d'une classe ouvrière expérimentée et de personnel d'encadrement nécessaires à la mise en œuvre des modes d'opération fordistes* ». En second lieu, faute d'une augmentation significative du pouvoir d'achat ouvrier et paysan, les débouchés demeurent limités à la classe dominante, par ailleurs peu encline à consommer des produits standardisés. Enfin, le modèle bute sur le coût des importations de biens d'équipement et le déficit grandissant du commerce extérieur. Ainsi, l'échec de la « *substitution d'importation* » est davantage imputable à une structure sociale interne demeurée fortement inégalitaire qui empêche la réalisation d'un fordisme autonome, qu'à la domination du centre.

## 2) L'émergence d'une nouvelle DIT : vers une mondialisation du fordisme ?

### A. Une nouvelle stratégie : la « substitution d'exportation »

**Dans les années soixante, se développe la stratégie de « *substitution d'exportation* ».** Elle consiste à substituer aux exportations traditionnelles de produits primaires celles de produits industriels. Les raisons de ce choix résident d'abord dans l'échec de la stratégie de substitution d'importation, mais également dans la crise latente du mode de régulation fordiste dans les pays du Nord : il s'agit pour eux à la fois d'augmenter les gains de productivité par l'élargissement de l'échelle de production, et la rentabilité par la recherche de zones à bas salaires. Deux configurations se dessinent alors ; elles vont parfois se succéder dans le même pays (cas de la Corée du Sud).

**La première peut être qualifiée de « *taylorisation primitive* ».** Elle consiste en une « *délocalisation de segments précis et limités de circuits de branches dans les États à très fort taux d'exploitation (salaires, durée et intensité du travail), les produits étant réexportés vers le centre* *principalement* ». Les branches concernées sont le textile et l'électronique. C'est l'organisation du travail taylorienne et non fordienne qui est implantée, peu coûteuse en capital, mais gourmande en travail abondant et bon marché. On parle de taylorisation « *primitive* », ou « *taylorisation sanguinaire* », car à l'instar de l'accumulation primitive en Europe, « *cette logique vise à extorquer le maximum de plus-value d'une main-d'œuvre qu'on ne cherche même pas à reproduire régulièrement* ». L'État local joue un rôle majeur dans la gestion de la force de travail : absence de législation du travail, zones franches, répression... Ainsi, en Corée, au milieu des années soixante-dix, 30 % des ouvrières travaillent plus de 15 heures par jour.

**La seconde configuration est celle du « *fordisme périphérique* ».** Elle se développe dans les années soixante-dix en Corée, mais aussi au Brésil et au Mexique. C'est un « *fordisme* » authentique dans la mesure où on assiste à une véritable mécanisation de l'organisation du travail, et à la croissance des débouchés des biens de consommation durables. Mais il demeure « *périphérique* », car il est limité à des niveaux de production déqualifiés, et surtout parce que l'extérieur constitue encore l'essentiel des débouchés.

### B. Une nouvelle DIT se substitue peu à peu à l'ancienne

**On observe donc la naissance d'une nouvelle DIT caractérisée par un double mouvement.** D'abord, la part des biens manufacturés dans les exportations de certains pays croît de manière spectaculaire. Ensuite, les flux du commerce des biens primaires en particulier agricoles se renversent : c'est désormais le Nord (Europe et États-Unis) qui nourrit le Sud.

**Les échanges Sud-Sud s'intensifient.** L'ancienne périphérie éclate et en son sein se développent de nouveaux flux du style de l'ancienne DIT : les NPI deviennent les fournisseurs industriels de pays moins avancés, ils y exportent également de la technologie.

**Cette nouvelle répartition des activités n'est pas orchestrée par le centre, même si les FMN et les banques y participent.** Les firmes multinationales trouvent évidemment l'opportunité de nouveaux marchés. Cependant, l'essentiel des investissements directs à l'étranger demeure concentré au centre pendant la période. Quant aux banques, elles disposent d'abondantes liquidités en pétrodollars qu'elles placent volontiers dans les pays demandeurs. Ici encore, « *ce n'est plus le centre qui décide de s'installer dans le tiers monde mais les classes dominantes des pays dominés qui choisissent une stratégie nécessitant un apport rapide en capitaux* ». Cependant, c'est cette forte injection de capitaux bancaires qui va provoquer pour une large part les problèmes ultérieurs. S'y ajoutent en outre les difficultés inhérentes à la logique du fordisme périphérique lui-même.

## 3) Les malheurs du fordisme périphérique

### A. Les causes internes des difficultés

**L'explosion démographique constitue le premier facteur de crise.** De nombreux pays du tiers monde connaissent en effet la transition démographique. Il en résulte une augmentation, certes temporaire, mais très lourde de la charge économique pesant sur les actifs. Ce phénomène rend compte en partie de la stagnation du niveau de vie dans nombre de pays en développement.

**Le fordisme périphérique bute à son tour sur des contradictions internes**. Le coût croissant des biens d'équipement importés pèse à nouveau sur l'équilibre extérieur. Les débouchés rétrécissent au centre à cause de la croissance ralentie. Dans la périphérie, « *certes, le salariat se développe, mais le salaire unitaire est bridé par la nécessité de rester compétitif (par rapport au centre… et aux concurrents de la périphérie)* ».

**On assiste enfin à un véritable « *chaos des rapports sociaux* »**. « *Coexistent à la fois des structures autoritaires nécessaires au maintien de très forts taux d'exploitation dans les secteurs exportateurs* » et des poussées de démocratisation liées à la montée des classes moyennes urbaines et à un début d'organisation syndicale.

## B. La crise de la dette

**Si l'endettement d'un pays en voie d'industrialisation n'est pas nocif en soi, le problème commence quand il devient cumulatif**. C'est ce qui se produit dans les années soixante-dix, malgré une très grande diversité des situations. « *Une part croissante des nouveaux emprunts sert donc à payer les intérêts des dettes anciennes et le renouvellement du principal.* » Ainsi la dette se nourrit d'elle-même et s'autonomise partiellement par rapport au financement de l'industrialisation.

**Le choc monétariste vient alors étrangler le fordisme périphérique**. Le tournant monétariste de la politique économique américaine au début des années quatre-vingt engendre la hausse des taux d'intérêt et celle de la valeur du dollar. Or, la dette du tiers monde est pour l'essentiel contractée en dollars et à taux d'intérêt variables. Confrontés en outre à la récession généralisée et donc à la contraction de leurs marchés extérieurs, les NPI entrent alors dans une crise de financement. Durant l'été 1982, le Mexique se déclare en cessation de paiements, et, suivi par d'autres pays débiteurs, il demande une renégociation de sa dette. Les années quatre-vingt sont celles de l'entrée en scène du FMI qui, en échange de nouveaux crédits, impose un ajustement structurel provoquant pour de longues années la stagnation économique des pays concernés.

Dans cet ouvrage, Alain Lipietz nous invite à ne pas négliger dans l'analyse du sous-développement et des problèmes de l'industrialisation la responsabilité de facteurs internes aux pays du tiers monde. Les relations entre le centre et la périphérie ne sont pas de simples relations de dépendance et de domination. Il n'existe pas de « maestro » qui imposerait un ordre économique et une répartition des activités entre pays, même si cet ordre peut effectivement servir les intérêts des pays dominants. « Les hommes et les nations font leur propre histoire », et aujourd'hui « en fait, c'est un nouveau modèle d'industrialisation, de nouveaux modes de consommation, de nouvelles relations sociales qu'il s'agit d'inventer au Nord comme au Sud, et nécessairement ensemble. »

# Penser l'Europe

## Edgar Morin

61

En 1987, l'Europe reste un continent divisé après 40 années de guerre froide. La Perestroïka de M. Gorbatchev en URSS, dont l'échec permettra indirectement l'ouverture du « rideau de fer » et la chute du communisme, n'en est encore qu'à ses débuts. Le titre du prologue du livre, « Souvenirs d'un anti-européen », n'est pas sans rappeler de façon contraire le titre d'un ouvrage de l'écrivain autrichien Stefan Zweig écrit peu avant son suicide en 1942 : *Le Monde d'hier, souvenirs d'un Européen*. Mais Edgar Morin se convertit progressivement à l'idée européenne. Après avoir porté un regard sur l'histoire et la culture européennes, il analyse dans cet ouvrage (Gallimard, 1987, 220 p.) ce que pourrait être le destin commun du continent.

## 1) Un voyage dans l'histoire et la culture européennes

### A. Les « *métamorphoses d'Europe* »

**Les limites géographiques de l'Europe ont toujours été incertaines**. Si, à l'Ouest et au Sud, elles s'appuient sur l'océan et la Méditerranée, à l'Est en revanche, elles sont artificielles, l'Europe étant le prolongement de l'Asie. L'Oural, qui n'est pas une barrière, n'a jamais empêché les grands mouvements de peuples dans les deux sens : « *L'Asie a déferlé sur l'Europe à l'époque des grandes invasions, puis les Tatars ont submergé la Russie de Kiev, puis la Russie a, à son tour, submergé les Tatars pour finalement répandre l'Europe en Asie jusqu'à Vladivostok.* » À l'intérieur, l'Europe est très fragmentée et sans unité géographique. « *Son originalité est, pour ainsi dire, son manque d'unité.* »

**L'Europe est cependant devenue une entité historique**. « *Elle se définit, non par ses frontières, mais par ce qui l'organise…* » Les divisions et les conflits se sont succédé depuis le Moyen Âge : schisme religieux de 1054, rupture liée à la Réforme, divisions politiques en États nationaux, multiplication des guerres. Cependant des traits d'unité restent visibles : développement des échanges (foires de Champagne, villes de la Hanse), diffusion des techniques, principe diplomatique de l'équilibre européen… « *Ainsi, tout ce qui forme l'Europe moderne la divise et tout ce qui la divise la forme.* » Ce sont les nationalismes à partir du XIXe siècle, la course aux armements qui entraînent une Europe à son apogée au début du XXe siècle dans deux guerres suicides qui aboutissent à sa division après 1945 ; « *depuis la guerre froide, l'Europe est écartelée entre Orient et Occident.* »

**L'Europe a ainsi connu tout au long de son histoire, une succession de métamorphoses**. De l'Europe des États à l'Europe des États-nations… de l'Europe marchande à l'Europe industrielle… de l'Europe maîtresse du monde à l'Europe province sous tutelle. « *Aussi son identité ne se définit-elle pas en dépit des métamorphoses mais dans les métamorphoses.* » À partir du XVe siècle, s'affirme l'idée d'une supériorité de la civilisation européenne sur toutes les autres. Cette civilisation européenne s'est répandue dans le monde entier par la colonisation et l'émigration, si bien que « *aujourd'hui, ce sont les frontières civilisationnelles qui sont floues* ».

Enfin, en raison de la variété des différentes cultures, la recherche d'un principe d'unité est difficile puisque « *l'ordre de l'Europe, c'est le désordre du chantier tumultueux* ».

### B. Le « *bouillon de culture* »

**L'espace culturel commun européen ne doit pas cacher une réalité culturelle polycentrique.** La base de cette culture est constituée par l'héritage juif, chrétien, grec et latin, base sur laquelle « *l'Europe a produit une civilisation originale, marquée par la spiritualité, l'humanisme, la rationalité, la démocratie...* ». Malgré cela, des cultures nationales prennent forme ; celles-ci sont « *en osmose les unes avec les autres, mais chacune a ses caractères dominants ou ses sphères d'excellence* ».

**L'Europe moderne naît culturellement de l'éclatement de ses fondements judaïque, chrétien, grec et latin.** « *Le devenir culturel européen moderne s'effectue dans la dislocation et la dérive de ce qui était étroitement uni dans la pensée médiévale* », c'est-à-dire principalement la Foi, la Raison, la Nature. À partir de la Renaissance, ces trois éléments de base de l'héritage (juif, chrétien, grec et romain) restent complémentaires tout en devenant conflictuels, créant ainsi un « *bouillonnement dialogique permanent* ». Dans toute l'Europe, ce bouillonnement culturel se traduit par la multiplication des idées et des théories à la « *recherche de nouveaux fondements* ». Véritable tourbillon « *qui emporte et fait culturellement l'Europe* », se déplaçant d'une ville à l'autre dans l'ensemble du continent, « *de Florence à Amsterdam, Londres, Paris, Iéna, Berlin, Vienne...* ».

**Dans tous les domaines, la culture européenne évolue selon une dialogique permanente.** L'Europe apparaît à la fois comme fille de la chrétienté et comme fille de la Grèce ; de ces deux sources, chacun peut puiser des notions telles que la Liberté ou la Justice. Raison et Foi ont dû tenir compte l'une de l'autre et s'accepter mutuellement, « *la Raison a dû accepter la Foi comme la Foi avait dû accepter l'autonomie de la Raison...* ». La science européenne est « *propulsée entre rationalisme et empirisme, entre imagination et vérification* ». Le problème du sens de l'histoire, l'élaboration de philosophies fondées sur le devenir, les théories de l'évolution sont aussi bien des « *produits que des producteurs typiques de la culture européenne* ». En définitive, « *ce que l'Europe a produit de plus original s'est aujourd'hui universalisé pour le pire et pour le meilleur* ». Mais cette universalisation pose le problème de ce qui reste spécifiquement européen.

## 2) La prise de conscience d'un destin commun

### A. L'éveil d'une conscience européenne

**Après des débuts timides, la nouvelle conscience européenne s'affermit à partir des années 1960-1980.** Au lendemain de la guerre, « *l'édification de la première Europe trouve peu de maçons et peu de ciment* ». Elle se construit cependant mais essentiellement sur le terrain économique (1957 : le traité de Rome fonde la communauté économique européenne), et sous le regard méfiant des intellectuels de gauche qui « *voient dans la première cristallisation ouest-européenne plus un obstacle qu'une transition vers une Humanité réconciliée* ». Après 1960, la réconciliation franco-allemande, la transformation interne et l'uniformisation des pays qui « *vivent désormais au même rythme* », l'achèvement de la décolonisation qui « *purifie l'idée* *d'Europe* » sont autant de facteurs qui lèvent des « *obstacles à l'adhésion européenne, mais sans vraiment y conduire* ».

**La conscience européenne est la conscience d'un « *héritage singulier à valeur universelle* » mais d'une grande fragilité.** Le choc pétrolier de 1973-1974 a révélé la forte dépendance énergétique de l'Europe. La crise démographique se traduit par la baisse de la fécondité et le vieillissement de la population. La menace est aussi politique et militaire ; il s'agit d'une part du totalitarisme incarné par l'URSS « *menace étrange, certaine et incertaine* », et d'autre part « *l'exterminationnisme* » représenté par le risque thermonucléaire. La menace est enfin culturelle, la diversité européenne risquant de se fondre en un magma uniformisateur. Des forces de résistance existent néanmoins : les mouvements écologistes, mais aussi les mouvements régionalistes, reflets « *d'aspirations infra-nationales fortes* [...] *qui veulent sauvegarder la variété et l'identité européennes* ».

## B. La réalisation du destin commun

**Le passé européen est essentiellement fait de divisions et de conflits.** Il faut retrouver dans ce passé des éléments communs qui pouvaient autrefois apparaître comme secondaires par rapport aux guerres, et qui permettraient de forger une communauté de destin. Le plus grand risque serait l'incapacité des Européens d'assumer ce destin commun. « *La crainte de voir l'Europe périr* » peut leur fournir la volonté nécessaire. Mais il faut pour réussir, faire du projet européen autre chose que « *du beurre excédentaire, des quotas laitiers, des luttes fratricides entre porcs hollandais et français, des réunions interminables où l'on arrache au petit matin un 0,01 de hausse ou de baisse sur la betterave...* ». Réduite à des discussions entre technocrates à Bruxelles ou à Strasbourg, l'Europe manquerait de souffle et de pouvoir d'attraction.

**Les intellectuels pourraient jouer un rôle « *d'éclaireurs actifs* » de la « *nouvelle conscience européenne* ».** Ils seraient ainsi les héritiers des humanistes du XV^e siècle ou des philosophes des Lumières en exprimant « *la conscience du destin commun et de l'identité commune* », toujours présents pour poser les problèmes essentiels, pour intervenir dans les grands débats, les conflits, les crises. Reste à savoir s'ils seraient dignes de cette confiance, alors que beaucoup d'entre eux ont été aveuglés par le marxisme après la guerre, et n'ont prêté attention au message des intellectuels dissidents de l'Est que parfois fort tard. Avec réalisme mais aussi enthousiasme, « *les intellectuels européens d'aujourd'hui doivent prendre du mot Aufklärer, non pas le sens éblouissant de porteur de Lumière, mais le sens avancé du mot Éclaireur* ».

**Une double métamorphose de l'Europe est nécessaire.** Elle doit accomplir « *deux conversions, apparemment contradictoires, en fait complémentaires,* [...] *se métamorphoser à la fois en province et en méta-nation* ». L'Europe est, en effet, devenue une province par rapport aux grands États de la planète. À ce titre, si elle veut continuer d'exister, elle ne peut rester divisée. « *C'est sa provincialisation qui exige paradoxalement qu'elle dépasse ses nations pour les conserver et qu'elle se constitue en loi supérieure aux États.* » Sentiment national et sentiment européen ne sont pas incompatibles, mais ce dernier, encore dans l'enfance, doit se développer. Cette transformation qui aboutira à faire de l'Europe une « *province méta-nationale* » est en cours : « *Nous ne sommes ni chenille, ni libellule, nous sommes encore dans la chrysalide.* »

Edgar Morin cherche à démontrer la nécessité de la construction européenne, vaste chantier commencé après la Seconde Guerre mondiale et qui, depuis la parution de cet ouvrage, a largement progressé dans deux directions : élargissement géographique et approfondissement. D'autre part, la chute du système communiste à l'Est permet à nouveau d'imaginer l'entreprise européenne dans le cadre d'un continent réunifié. L'auteur a voulu aussi « penser l'Europe » à partir de méthodes et de principes qui lui sont chers : le principe dialogique, qui unit deux notions contradictoires mais indissociables pour comprendre une même réalité ; et le principe de récursion, conçu comme une boucle génératrice où chaque élément du processus est en même temps le produit et le producteur.

# Paris et le désert français

## Jean-François Gravier

62

Dès l'automne 1947, dans cet essai au titre provocateur, Jean-François Gravier dénonçait l'ampleur du déséquilibre entre une capitale qui avait confisqué les forces vives du pays et une province qui s'en trouvait anémiée, voire désertifiée. Réédité en 1958 et en 1972 (Flammarion, 277 p.), ce livre démontre que, malgré les efforts pour aménager le territoire, le poids de Paris reste déterminant. Dans la troisième édition, présentée ici, l'auteur, après avoir montré que les déséquilibres Paris-province ne datent que du XIXe siècle, et exposé les politiques menées depuis la fin de la guerre, propose des solutions pour revitaliser le « désert » français et atténuer l'importance de Paris, en organisant sur de nouvelles bases les pouvoirs régionaux et locaux.

## 1) Paris responsable du désert français

### A. La centralisation excessive explique l'hypertrophie parisienne

**Jusqu'à la fin du XVIIIe siècle, les hommes et les activités sont équitablement répartis dans l'espace français.** La monarchie a largement favorisé une déconcentration, voire une décentralisation administrative. La Révolution, en divisant la France en départements cherche à modérer le rôle de Paris. Au moment du premier recensement en 1801, « *rien ne semblait préparer les déséquilibres ultérieurs* ».

**L'importance de Paris est le résultat d'une double centralisation** ; la centralisation politique et administrative mise en place par Napoléon s'est maintenue globalement par la suite ; la centralisation intellectuelle assure à Paris une véritable hégémonie (Université, grandes écoles), concentrant les élites dans la capitale.

### B. L'évolution démographique et économique jusqu'en 1940 accentue cette orientation

**La croissance de Paris coïncide avec le déclin démographique de la France.** Contrairement à celle de ses voisins, la démographie française « *se caractérise par une dénatalité précoce et par une mortalité anormalement forte* » engendrant un moindre dynamisme et un vieillissement démographique. Paris va absorber la plus grosse part de cette croissance pourtant faible pendant que de nombreux départements se dépeuplent. « *La France est la seule nation européenne où la croissance globale se soit traduite par une perte de substance pour 95 % du territoire.* »

**La construction du réseau ferré renforce la centralisation parisienne.** La révolution paléotechnique du XIXe siècle fondée sur le fer et le charbon ne s'est développée en France que tardivement et lentement ; « *elle n'aurait guère changé le visage du pays, contrairement à ce qui s'était passé en Grande-Bretagne* », mais l'adoption du plan Legrand par l'État va mettre la capitale au cœur d'un réseau ferré en étoile alors « *qu'aucun impératif économique ou technique ne justifiait ce schéma* ».

**Une véritable situation coloniale intérieure s'est ainsi mise en place entre 1850 et 1940.** « *Paris a confisqué les activités directrices et laissé au reste de la France les activités subordonnées.* » De surcroît, Paris a agi comme une métropole qui se désintéresse de la mise en valeur de ses colonies ; « *la bourgeoisie parisienne en était venue à croire que la province* [...] *ne méritait aucun effort d'investissement.* »

## 2) Un remède possible : la politique d'aménagement du territoire

### A. Un nouveau contexte après 1945

**Le passage de l'ère paléotechnique à la civilisation néotechnique modifie les données.** La mutation énergétique au détriment du charbon, la décentralisation du potentiel industriel qui en découle, le développement des communications favorisent la « *liberté géographique des activités* ». Les exemples allemand, néerlandais et suisse montrent que l'ère néotechnique « *offre des chances concrètes aux pays jadis dépourvus de vocation industrielle, aux petites villes et aux villages* ».

**Le redressement de la natalité provoque un rajeunissement démographique.** La législation familiale, amorcée dès 1939 et poursuivie après 1945, favorise le maintien d'une vitalité démographique qui tranche avec le déclin d'avant-guerre. En 1962, « *les moins de vingt ans représentent 33,1 % de la population totale, au lieu de 30,2 % en 1936* ».

**Une renaissance économique accompagne cet essor démographique.** Le plan Monnet lance un programme de modernisation et d'équipement « *rompant délibérément avec le malthusianisme d'avant-guerre* ». Le redressement industriel est rapide (sidérurgie, pétrochimie).

### B. Aménager le territoire pour lutter contre le déséquilibre Paris-province

**La politique d'aménagement du territoire se met en place lentement.** Les décentralisations des années trente avaient surtout un caractère stratégique. Après 1945, elles se poursuivent timidement d'abord, plus systématiquement ensuite. Simultanément, les conditions d'implantation de nouvelles entreprises dans la région parisienne deviennent plus sévères. Mais c'est surtout avec la création de la Délégation à l'aménagement du territoire et à l'action régionale (DATAR) en 1963 qu'une action plus volontariste se développe. Un schéma directeur d'aménagement et d'urbanisme de Paris voit le jour en 1965. L'idée de réforme régionale est lancée à partir de 1968-1969.

**Les actions menées dans les années soixante constituent le temps fort de cette politique** : programme d'équipement touristique, ouverture de parcs naturels, politique des métropoles d'équilibre, politiques de rénovation rurale, création de nouvelles universités notamment dans le Bassin parisien.

### C. Ces mesures ne sont cependant pas toujours à la hauteur de l'enjeu

**Les recensements de 1962 et de 1968 révèlent une nouvelle géographie humaine et industrielle.** La croissance de la population parisienne est freinée tandis qu'une reprise démographique revivifie la province où « *d'innombrables petites villes se réveillent* ». L'emploi industriel diminue à Paris et progresse dans de nombreux départements.

**Malgré cela, la position de la région parisienne n'est pas vraiment entamée.** Le solde migratoire y est toujours fortement positif ; « *les anomalies et les contradictions léguées par le colonialisme parisien à son apogée* [...] *n'ont pas disparu* [...] *le monopole parisien demeure.* »

**Plusieurs causes expliquent le maintien de cette situation.** Le schéma directeur cherche plus à canaliser qu'à limiter l'expansion parisienne. Spéculation et opérations onéreuses se multiplient alors que les problèmes parisiens ne sont pas résolus. La politique suivie par les pouvoirs publics est fragmentaire, trop centralisée et parfois incohérente (autorisations de construction de bureaux par exemple).

## 3) Des propositions pour réanimer le « *désert français* »

### A. Les leçons à tirer de l'examen du territoire français et de quelques expériences étrangères

**Les « *aires privilégiées* » couvrent la plus grande partie du territoire.** Dans ces conditions, « *tout recommande un pluralisme et non la domination exclusive d'une seule métropole* ». Ces aires ont pourtant des densités limitées. De véritables déserts s'étendent de l'Ardenne aux Pyrénées. Revitaliser ces zones, c'est connaître le seuil à partir duquel les équipements viennent à disparaître. Favoriser un cadre urbain « *vivable* », c'est aussi penser que métropole et gigantisme ne sont pas nécessairement synonymes.

**Les pays voisins peuvent offrir des pistes intéressantes.** Le fédéralisme allemand fondé sur la « *dispersion des services à compétence nationale sur un grand nombre de villes* » décentralise fortement les responsabilités. Le Randstad Holland crée « *un système polycentrique formé de villes complémentaires à l'échelle humaine* ». La « *régionalisation* » italienne rompt avec la centralisation, mais son application est discutable en raison de « *la défaillance des institutions* ».

### B. Une décentralisation « à la française »

**La situation administrative et géographique de la France est complexe.** Plusieurs niveaux se superposent ; au-dessus du « *pays* », le département constitue aujourd'hui un cadre trop étroit. Ce seraient donc les régions (avec des regroupements nécessaires) qui « *fourniraient des structures d'accueil robustes à une décentralisation authentique* ».

**C'est en effet cette dernière et non un utopique fédéralisme qui permettrait de lutter efficacement contre le centralisme.** Il faut refondre la carte administrative en promouvant le canton au rang de véritable collectivité locale, en mettant en place des institutions régionales qui coopèrent avec l'État. Une réforme des finances locales s'avère également indispensable. Pour y parvenir, il faut faire naître une « *nouvelle société administrative* » en « *abaissant la féodalité administrative parisienne* » trop marquée par le centralisme.

## C. Les réformes devraient aboutir à un territoire équilibré

**Le schéma directeur de Paris doit être revu.** La création d'une ceinture verte pour bloquer l'extension urbaine, l'amélioration des transports collectifs, une meilleure répartition de l'emploi sont quelques priorités pour tenir en échec le « Léviathan » parisien.

**Des schémas sectoriels et régionaux planifieraient les différents aménagements.** Ils déboucheraient sur « *une harmonie interne conforme aux indications de la géographie* ». L'analyse de la situation de deux départements (la Lozère et la Creuse) et de deux régions (la Champagne-Ardenne et les Alpes du Sud), quatre ensembles largement sous-peuplés, indique les directions à suivre : valorisation de l'environnement (tourisme), croissance de petites villes…

**La France peut redevenir ainsi une « *nouvelle Arcadie* ».** La décolonisation intérieure étant achevée, Paris « ***sera tourné vers le service de la nation, et le désert français aura partout refleuri*** ».

Le livre de Jean-François Gravier est devenu un « classique ». Il a été à l'origine de la prise de conscience des excès d'une trop forte centralisation après la guerre et a inspiré dans une large mesure la politique d'aménagement du territoire. Certaines décisions prises depuis la dernière édition de 1972, comme la décentralisation administrative de 1982, la politique de l'environnement (ex. : lois sur la montagne, l'eau, les paysages), la délocalisation de services publics parisiens vers la province (ex. : ÉNA), les progrès de l'intercommunalité, sont allées, au moins partiellement, dans le sens des propositions de l'auteur. Mais l'hypertrophie de Paris demeure cependant, et pour certains, elle se justifie même aujourd'hui par la tendance mondiale à la métropolisation.

# La nouvelle France

## Emmanuel Todd

63

Les travaux d'Emmanuel Todd constituent une brillante tentative d'explication des comportements électoraux par les structures sociales et culturelles, un exemple de l'intérêt que peut présenter le croisement des données de la géographie, de la sociologie, de l'économie, de l'histoire et des sciences politiques.

Selon lui, les concepts de nation et de société françaises sont des mythes. L'espace français a toujours été hétérogène et ouvert à de multiples influences. L'échelle régionale permet de mieux restituer les forces profondes qui justifient bien des attitudes et des façons de penser, en particulier les comportements électoraux. Dans cet ouvrage (Seuil, 1990, 281 p.), l'auteur superpose les cartes électorales des années 1970-1980 à de multiples cartes thématiques des structures familiales, économiques, culturelles, afin de mettre en évidence sinon des causalités, du moins des corrélations.

## 1) Le paysage politique traditionnel français est héritier d'une géographie sociale et culturelle pluriséculaire

### A. Catégories idéologiques et catégories familiales

**Dans les régions du Sud, à l'exception de la façade méditerranéenne, dominaient jadis des organisations familiales dites « familles souches », dont les valeurs étaient autoritaires et inégalitaires**. Dans ce type de familles cohabitaient sous le même toit plusieurs générations, sous l'autorité du chef de famille, et où l'héritage revenait en priorité à l'aîné. Ce mode de transmission du patrimoine permettait en particulier de ne pas diviser les terres, dans des régions où le mode de faire-valoir était essentiellement direct, c'est-à-dire où l'agriculteur était à la fois propriétaire et exploitant. Le système familial était donc à la fois autoritaire et inégalitaire. Historiquement, la France du Sud apparaît aussi depuis le milieu du Moyen Âge à la fois comme un espace d'activisme religieux mais aussi de contestations et de réformes, massives et diverses : Cathares et Vaudois dès le XII^e siècle, protestants dès le XVI^e siècle. Les périphéries vendéennes, bretonnes, flamandes, lorraines et alsaciennes connaissaient le même type de structures familiales et agraires, de type autoritaire et inégalitaire, mais elles sont restées au contraire fortement marquées par le catholicisme.

**Le système familial communautaire, autoritaire et égalitaire, ne touchait jadis que le nord-ouest du Massif central ainsi que l'arc méditerranéen**. Il associait simultanément sous un même toit parents et enfants mariés, sans qu'un frère soit avantagé par rapport aux autres dans l'héritage. Elle coïncidait avec les zones de métayage, où l'exploitant louait sa terre à part de fruit à un propriétaire. Ces régions ont fait partie des premières à connaître la déchristianisation, dès le milieu du XVIII^e siècle.

**Centré sur le Bassin parisien, le cœur du pays correspondait à des zones de familles nucléaires, libérales et égalitaires.** Ces régions dans lesquelles dominaient depuis fort longtemps des familles associant parents et enfants non mariés, et à système d'héritage égalitaire, étaient tout autant déchristianisées que les précédentes, mais leur spécificité s'était surtout affirmée à l'occasion de la Révolution française. Ce sont essentiellement des régions de grandes exploitations. L'est de la Bretagne, une partie du Jura connaissaient aussi la structure familiale nucléaire, mais l'héritage favorisait plus souvent l'aîné.

## B. Le système politique traditionnel

**Le socialisme s'est facilement développé dans les régions où dominaient jadis les familles souches.** « *Ce qui mène de la famille souche au socialisme, c'est le principe d'autorité.* » Le socialisme conçoit en effet un rôle et une autorité de l'État importants. « *L'intervention de l'État dans la vie économique et sociale succède à celle des parents dans la vie professionnelle et personnelle.* » En outre, le socialisme accepte l'idée qu'il existe des différences entre les individus, « *n'exige pas l'homogénéisation absolue du système social.* » Tolérant, il accepte par ailleurs la pratique religieuse : le socialisme peut donc coïncider avec le protestantisme ou le catholicisme.

**La droite traditionnelle reste quant à elle fermement et durablement implantée aux marges du pays** : Pays basque, Vendée, Bretagne, Lorraine, Alsace, une partie du Jura et de la Savoie. La ressemblance entre cette géographie et la carte du catholicisme est évidente. « *Le catholicisme implique une orientation de droite.* » Le catholicisme reconnaissant l'autorité de l'Église tout en acceptant l'inégalité entre les hommes, il correspond aussi spatialement au type anthropologique de la famille souche, autoritaire et inégalitaire.

« ***Le communisme est la plus récente et la moins stable des quatre grandes forces idéologiques qui se partagent l'espace français.*** » Ses principaux bastions se situent surtout dans le Nord-Pas-de-Calais, la Région parisienne, le Centre-Limousin et la façade méditerranéenne. Pour ces deux dernières régions, les facteurs économiques (importance quantitative du prolétariat dans les régions fortement industrialisées) ne peuvent expliquer son implantation. Le vote communiste correspond aux zones de familles communautaires, égalitaires et autoritaires, anciennement déchristianisées.

**Le gaullisme s'inscrit essentiellement dans les secteurs où domine la famille nucléaire, libérale et égalitaire, essentiellement le Bassin parisien.** Pour Emmanuel Todd, « *le gaullisme n'est pas un accident historique, œuvre d'un homme seul ; il s'appuie sur des forces profondes et stables* ». De Gaulle représentant lui-même l'exemple du refus de l'autorité légale, « *la conception gaulliste du pouvoir doit être présentée comme centraliste et personnelle plutôt que comme autoritaire* ». En cela, il existe une réelle filiation du bonapartisme au gaullisme. Le gaullisme représente par ailleurs en grande partie une droite populiste, égalitariste et laïque.

## 2) L'évolution actuelle du paysage politique est la conséquence de profondes transformations sociales

### A. Les transformations sociales

**La classe ouvrière tend rapidement à disparaître.** Si elle n'a jamais été majoritaire dans le pays, elle représente en 1975 le groupe socio-économique le plus nombreux, avec 38 % de la population active, chiffre qui constitue son maximum historique. Sept ans plus tard, au recensement de 1982, elle n'en représente déj à plus que 34 %. Cette évolution est en fait la conséquence d'une véritable contre-révolution industrielle. « *Le prolétaire industriel devient tragiquement superflu.* » Les branches motrices du XIXe siècle (charbonnages, sidérurgie, textile, chimie de base) se sont effondrées, plongeant les vieilles régions industrielles du Nord et de l'Est dans une crise profonde. Aujourd'hui, l'industrie moderne se localise préférentiellement dans les régions de l'Ouest et du Sud, plus attractives, mais ne conduit pas à la naissance d'une nouvelle classe ouvrière. Le monde ouvrier, en déclin, se dilue désormais davantage dans l'espace.

**Parallèlement les classes moyennes, constituées essentiellement des cadres et des employés, se sont fortement développées, constituant aujourd'hui la majorité de la population française.** Dans le détail, « *deux classes moyennes émergent, dont les qualifications professionnelles sont très proches, mais dont les fonctions économiques et les styles de vie sont différents. L'une anime l'État et les services sociaux, l'autre l'entreprise et l'activité marchande* ». La première prédomine essentiellement à la périphérie de l'espace national, la seconde surtout dans le Bassin parisien et le couloir rhodanien.

**Les cadres religieux traditionnels sont fortement ébranlés, quelles que soient les régions.** La généralisation de l'éducation secondaire et l'effondrement de la fécondité, deux phénomènes qui coïncident géographiquement, témoignent en effet de profondes mutations mentales. « *Le catholicisme, qui avait survécu, dans certaines régions, à la crise protestante et à la Révolution française, semble aujourd'hui succomber définitivement sous les coups invisibles d'une révolution culturelle et sexuelle d'autant plus irrésistible qu'elle se passe d'enveloppe idéologique ou d'apparence doctrinale.* »

**La question de l'immigration, enfin, paraît de plus en plus préoccupante.** Cette question n'est pas récente puisque la France a toujours été une terre d'immigration. Les difficultés d'intégration des familles d'immigrés s'expliquent certes par la crise économique, mais sont renforcées par la baisse tendancielle de leur niveau de formation ainsi que par leurs différences culturelles. L'intégration de populations européennes, espagnoles, portugaises ou italiennes était par le passé beaucoup plus facile que celle aujourd'hui des travailleurs nord-africains. Elle n'est pas impossible mais se fait « *en l'espace de deux générations plutôt que d'une* ».

### B. L'implosion politique

**La victoire socialiste de 1981 a été permise par l'effondrement du Parti communiste.** Cet effondrement est sensible jusque dans les bastions anciens du PC. Elle s'explique par le déclin irrémédiable de ses anciennes bases socio-économiques. L'accession au pouvoir de

François Mitterrand démontre donc paradoxalement « *l'inexistence profonde de la gauche française en tant qu'unité idéologique* ».

**La montée en puissance du Parti socialiste s'explique aussi d'un autre côté par la dissolution du catholicisme, plus particulièrement dans les régions périphériques de la France, traditionnellement à droite**. « *Les populations passent au Parti socialiste, mais reportent sur l'État le respect, ou l'amour, qu'elles portaient autrefois à l'Église. Une gauche autoritaire succède à une droite autoritaire.* »

**Le Parti socialiste a donc accédé au pouvoir en remplissant les vides laissés par le communisme et la droite catholique**. Les deux grands débats politiques de jadis, « *l'amour ou la haine du catholicisme, l'identification ou la négation de la classe ouvrière* » ne sont plus d'actualité. Symétriquement, la droite laïque, surtout représentée par le gaullisme, en a aussi partiellement profité. Une nouvelle logique de pouvoir, celle de la cohabitation, pouvait être mise en pratique.

**Cette décomposition des thèmes traditionnels définissant le conflit gauche-droite conduit surtout à un flottement idéologique**. Cette situation d'« *anomie idéologique* » marquée par une absence de règles et de valeurs organisant l'existence des individus se manifeste essentiellement par la montée de l'abstentionnisme et par le vote pour le Front national. Ce vote est semble-t-il exclusivement contestataire, lié « *à un moment historique de désarroi* ». Pour Emmanuel Todd, « *le Front national n'a pas d'avenir parce qu'il n'existe pas vraiment. Il n'est pas greffé sur des zones anthropologiques et sur des valeurs systémiques particulières* » et exploite momentanément le débat de l'immigration.

Malgré la profondeur des changements sociaux intervenus durant les années 1970-1980, les valeurs systémiques ancrées dans les systèmes familiaux régionaux marquent encore fondamentalement les mentalités et s'imposent à la droite comme à la gauche. « *La désintégration des systèmes des partis n'implique donc pas une abolition des traditions idéologiques nationales.* » La France « *ne cessera pas d'être elle-même* ».
L'originalité du travail d'Emmanuel Todd réside essentiellement dans l'analyse des forces socioculturelles profondes, structurelles, qui animent des comportements électoraux à première vue purement liés à la conjoncture. En cela, la première partie de son travail possède plus de force que la seconde.

# La gloire des nations, ou la fin de l'Empire soviétique

64

## Hélène Carrère d'Encausse

La première partie de l'ouvrage (Fayard, 1991, 472 p.) rappelle « L'incompréhension » des tensions nationalistes de la part des promoteurs de la Perestroïka qui entretiennent le mythe d'un espace unifié et de « l'amitié des peuples » soviétiques. Dans la deuxième partie, l'auteur étudie les « Explosions » nationalistes contre la tutelle russe au Kazakhstan et dans un Caucase « libanisé » par les affrontements interethniques. La troisième partie est consacrée à « La fin du fédéralisme » sous la pression populaire, privé du soutien traditionnel du Parti communiste de l'Union soviétique (PCUS) et de l'Armée Rouge. Dans la quatrième partie, « Après l'Empire », l'auteur rappelle les efforts de Gorbatchev pour rassembler les peuples dans une « maison commune » refusée par les républiques. Désormais les minorités ethniques, et notamment les Russes, sont considérées comme des « populations déplacées » dont le sort est incertain. Elle conclut sur l'idée que le renouveau du sentiment national est favorable au retour à la démocratie.

## 1) « L'incompréhension » des revendications nationalistes par le pouvoir central

### A. Le Russe Mikhaïl Gorbatchev méconnaît la question des nationalités

« ***Camarades, nous sommes en droit d'affirmer que nous avons réglé la question des nationalités*** », proclame Mikhaïl Gorbatchev devant le XVIII^e^ congrès du parti communiste de l'Union soviétique en 1986, un an après son accession au pouvoir. En l'occurrence, il ne manifeste pas sa lucidité habituelle. Alors que le promoteur de la « restructuration » (Perestroïka) analyse clairement la nécessité de réformes économiques radicales, les menaces d'éclatement de l'Empire sont sous-estimées. De par ses origines, sa formation et son parcours dans la nomenklatura, il n'est pas à même de comprendre les forces centrifuges qui divisent la société multiethnique de l'URSS. Il se raccroche à la fiction de l'« *amitié des peuples de l'URSS* » et après Lénine et Staline, il prétend que « *le peuple soviétique est une communauté sociale et internationale d'un type nouveau où les oppressions et les inégalités ont été supprimées* » et « *remplacées par le respect des cultures nationales et la dignité nationale de tous* ».

**Il assimile les forces centrifuges à la corruption**. Le « *localisme* » est dû au népotisme des élites politiques des républiques qui préfèrent promouvoir aux postes de responsabilité des compatriotes plutôt que des Soviétiques compétents. La lutte contre la corruption généralisée, contre la « mafiacratie », fournit l'occasion de renforcer la main mise du pouvoir central sur la société russe et d'accentuer la russification de l'encadrement politique dans les républiques. En fait, la multiplication des conflits inter-ethniques donne la mesure de la déliquescence du pouvoir. Les griefs nationalistes prennent la forme de révoltes de la périphérie contre le centre ou de conflits inter-ethniques ou interculturels. Les langues locales ont les mêmes droits que la langue russe mais cette dernière est imposée par l'administration pour véhiculer la culture soviétique. C'est contre la russification forcée que se révoltent les minorités.

## B. « *Explosions* » anti-russes dans le Kazakhstan et interethniques dans le Caucase

« ***Le Kazakhstan aux Kazakhs et seulement aux Kazakhs*** », scandent des milliers de manifestants en décembre 1986 à Alma Ata. Ils sont dispersés puis présentés comme des hooligans. En fait, le malaise est profond. Le Kazakhstan est une terre de colonisation. Les populations nomades ont été sédentarisées par la contrainte et le territoire a dû recevoir un grand nombre d'Allemands, de Tatars, d'Ukrainiens et d'Ouzbeks, des « *populations punies* » et déportées depuis Staline. Les Russes détiennent les pouvoirs politiques et économiques. L'identité du peuple kazakh, devenu minoritaire, est menacée, mais le dynamisme démographique lui donne la force de sa révolte. Désormais, il entend gérer lui-même le problème des minorités. Un Comité des relations interethniques est créé en janvier 1986. Les Russes en sont absents.

**Le Caucase est « *libanisé* » dès 1988**, tant la question arménienne divise la région et affaiblit le pouvoir établi. Les Arméniens revendiquent le rattachement à l'Arménie de la région autonome du Nagorny-Karabakh, enclavée en Azerbaïdjan. Le dynamisme démographique des Arméniens, devenus majoritaires en Nagorny-Karabakh, renforce leurs positions. La dégradation de l'environnement, particulièrement grave en République arménienne fournit un sujet de mécontentement supplémentaire car le modèle soviétique d'industrialisation en est considéré comme responsable. En 1988, le soviet du Nagorny-Karabakh vote son rattachement à la République d'Arménie. Le pouvoir central de Moscou est incapable de réagir.

**En Géorgie, la minorité musulmane abkhaze rejette l'autorité de la république**. En 1988, elle exige un statut indépendant et demande son rattachement à la République de Russie. Les nationalistes géorgiens, piqués au vif, manifestent contre les sécessionnistes à Tbilissi. La répression est réprimée dans le sang, sans doute à l'instigation des Soviétiques. Le sentiment anti-russe s'en trouve exacerbé. Les Géorgiens réagissent en novembre 1989 en votant un amendement à leur Constitution qui leur donne le droit de rejeter toute loi fédérale contraire aux intérêts de la Géorgie. Le nationalisme géorgien s'est réveillé avec l'affaire abkhaze et s'oppose désormais ouvertement au pouvoir central. Moscou subit un deuxième échec et s'en trouve discrédité.

**Partout, le nationalisme réveille les anciennes rancœurs**. Elles sont particulièrement vives contre les populations russes déplacées depuis l'époque stalinienne pour coloniser les périphéries. Les échecs économiques et les désastres écologiques, comme celui de la Mer d'Aral, sont attribués au système soviétique tandis qu'une véritable explosion démographique aggrave les tensions. Moscou s'est révélé incapable d'assurer la cohésion de son Empire par la prospérité économique et le centralisme démocratique inapte à résoudre les conflits interethniques de la périphérie. La crise d'efficacité s'est vite transformée en crise de légitimité.

## 2) « *La fin du fédéralisme soviétique* » sous la pression populaire

### A. La révolte n'est pas le fait de chefs dissidents mais de la société civile

**Les « *fronts populaires* » trouvent leur légitimité dans le suffrage universel.** Le fédéralisme perd le soutien de ses deux piliers traditionnels, le Parti communiste et l'Armée Rouge, eux-mêmes divisés par les conflits inter-ethniques. Une société civile émerge et s'exprime par la création de « *fronts populaires* » dans les pays baltes, puis en Moldavie, en Biélorussie et en Ukraine en 1988, puis dans les Républiques caucasiennes et asiatiques en 1989. Les rappels de l'histoire nationale cimentent les mouvements populaires qui organisent bientôt des consultations électorales malgré Moscou. Les premiers résultats sont relativement favorables à Gorbatchev, considéré comme le promoteur de la Perestroïka, mais le mouvement reste incompris par Moscou et débouche sur la proclamation de l'indépendance des pays baltes dans les années 1988-1990. Les pays baltes ne sont jamais entrés de plein gré dans l'Union soviétique. Ils en sortent les premiers alors que jusqu'ici, c'était dans les républiques musulmanes d'Asie centrale que les tendances à la dissidence paraissaient les plus fortes. Le Caucase et l'Asie centrale prennent eux aussi leurs distances à l'égard d'un pouvoir déj à bien lointain. Désormais, la législation nationale prime sur les lois de l'Empire et la diplomatie nationale sur la diplomatie centrale.

**Le « *modèle balte* » suscite des émules même en Russie.** Des groupes d'intellectuels, encouragés au départ par Gorbatchev, veulent retrouver leurs racines russes et les traditions paysannes malmenées pendant des décennies. Leur faiblesse est que la distinction entre culture russe et culture soviétique est de plus en plus difficile, après trois quarts de siècle de communisme. Le mouvement national russe est affaibli par l'amalgame historique établi entre patriotisme et socialisme, entre Russie et URSS.

Différentes tendances se manifestent dans ce renouveau culturel. Les uns revendiquent un gouvernement indépendant, d'autres le retour de la propriété privée au profit de la paysannerie, d'autres enfin la séparation de l'Église et de l'État. Les élections de 1990 relancent ce mouvement jusqu'à l'élection de Boris Eltsine à la présidence de la Russie.

Un État national russe apparaît alors, créant des conditions favorables à la démocratisation. Les difficultés majeures qui subsistent sont de se séparer de l'Empire, d'accepter l'hétérogénéité ethnique de la Russie, d'assumer l'héritage de l'URSS et de conduire à leur terme les réformes politiques et économiques indispensables.

### B. « *Après l'Empire* » : pourquoi Gorbatchev a-t-il échoué ? Quels lendemains pour l'ex-Empire soviétique ?

**La question nationale a toujours été tenue pour secondaire par le Kremlin.** Face aux difficultés économiques et aux problèmes de rivalités personnelles, les dirigeants ont considéré comme marginal le problème latent des périphéries. Les républiques n'ont vu que des mesures vexatoires dans le projet de réforme constitutionnelle de 1988, alors que Gorbatchev souhaitait instaurer plus de démocratie. Il l'a amendé en conséquence mais trop tardivement. Les républiques recherchaient déj à les modalités de leur indépendance. La méconnaissance de la question nationale par Gorbatchev est apparue dans la maladresse de ses réformes, dans ses hésitations et dans son incapacité à endiguer à temps les mouvements de dissidence.

**Le problème des « *personnes déplacées* » reste patent**. « *Staline avait transformé la société de son pays en déplaçant les hommes.* » Les difficultés sont aujourd'hui aggravées par la déliquescence des pouvoirs et par la pénurie généralisée. Les personnes déplacées sont représentées par les Russes et les Ukrainiens, dispersés par Moscou dans l'Empire avec la mission d'assurer les bases du pouvoir central. Ils sont aujourd'hui des colons, des « *pieds-noirs* », repoussés notamment par les populations musulmanes. S'y ajoutent les Tatars de Crimée, qui veulent retrouver leur place sur un territoire occupé par des Ukrainiens hostiles, les Allemands installés en Asie centrale depuis un demi-siècle, les Juifs qui n'ont pas tous profité de l'ouverture des frontières pour émigrer. « *Les Soviétiques découvrent l'incapacité des pouvoirs publics à assurer un accueil minimal à ceux que la guerre chasse de leurs foyers sans leur avoir permis de préparer leur départ.* »

Un mouvement nationaliste, spontané, sans chef de file charismatique, a fait basculer le communisme dans l'histoire des utopies mortes. Pour Hélène Carrère d'Encausse, l'affirmation de la nation est une étape nécessaire et décisive dans un processus de modernisation car « *la communauté ethnoculturelle est le cadre naturel de toute société digne de ce nom* ». Même si, dans un premier temps, la prise de conscience des héritages historiques exacerbe intolérance et agressivité, l'avenir doit déboucher sur un nationalisme « *apaisé et ouvert* » à la démocratie. Après l'âge des révolutions, vient l'âge des nations.

Ce livre propose un récit historique très documenté, orienté sur une ligne directrice déj à définie dans l'Empire éclaté, en 1978, sans complaisance pour le système ni pour les hommes politiques soviétiques. L'histoire a donné raison à l'auteur, à quelques détails près, et l'implosion finale de l'Empire, en 1991, après la rédaction du manuscrit de l'ouvrage, était inscrite dans les lignes de force analysées un an plus tôt. L'auteur pose le problème toujours latent des véritables limites géo-politiques de la Russie et de ses relations avec son ancien empire.

# Socialisme et économie de pénurie

65

Janos Kornai

Cet ouvrage, du plus connu des économistes hongrois, Janos Kornai, publié en 1980 et traduit en français en 1984 (Economica, 600 p.), a pour ambition de présenter une analyse générale du fonctionnement des économies socialistes centralement planifiées. Partant de la production, passant ensuite à la consommation, introduisant tardivement les prix, Kornai démonte méticuleusement le système économique pour trouver les causes de la pénurie, laissant à d'autres le soin d'exploiter son analyse pour remédier aux problèmes.

## 1) Une offre limitée par les ressources

### A. La rareté des ressources est la principale contrainte limitant l'activité en économie socialiste

**L'économie socialiste est une économie contrainte par les ressources.** Trois groupes de contraintes peuvent empêcher un accroissement de production : les contraintes de ressources (stocks de pièces détachées, de produits semi-finis, de matières premières, machines et équipements, ouvriers qualifiés), les contraintes de demande, les contraintes de budget. Une seule contrainte suffit pour limiter la production, la plus étroite. « *Pour l'entreprise capitaliste classique c'est normalement la contrainte de la demande qui est limitative, alors que pour l'entreprise socialiste traditionnelle c'est la contrainte de ressources.* » Cela ne signifie pas que la production d'une entreprise socialiste soit parfaitement indépendante de la demande. Mais quand le plan est donné, c'est essentiellement les inputs disponibles qui peuvent limiter l'activité, la contrainte budgétaire étant assez lâche.

**Dans une économie contrainte par les ressources, pénurie et excédents peuvent apparaître simultanément.** L'entreprise socialiste ne craint pas la faillite ; sa demande n'est pas restreinte par des considérations de solvabilité. Les planificateurs, en lui fixant un plan « tendu », l'encouragent à atteindre la production la plus élevée. Pour éviter une pénurie d'inputs qui empêcherait sa production, l'entreprise essaie d'en acquérir le plus possible, mais elle se heurte de manière réitérée à une des contraintes de ressources : machine tombant en panne, ouvrier absent. « *La pénurie signifie que les inputs requis pour l'accomplissement d'un dessein sérieux n'étaient pas disponibles.* » Conséquence du goulot d'étranglement, d'autres ressources qui étaient en quantités suffisantes pour satisfaire le plan de production vont devenir excédentaires mais elles seront impossibles à mobiliser.

### B. L'économie socialiste souffre de la pénurie de main-d'œuvre

**La pénurie de main-d'œuvre est une des contraintes de ressources les plus importantes du système.** Dans les économies capitalistes, le marché du travail est un « *marché d'acheteurs* » avec une forte réserve de main-d'œuvre potentielle car la production est limitée par la demande. Dans les économies socialistes, le secteur des entreprises et des organisations publiques non marchandes a absorbé la réserve de main-d'œuvre potentielle : petits producteurs indépendants, professions libérales, femmes au foyer... Le marché du travail est un « *marché de vendeurs* », contraint par les ressources.

**L à encore, pénurie et excédent coexistent.** « *La pénurie intensive de la main-d'œuvre provoque une tendance à faire des réserves de main-d'œuvre.* » Chômage sur le lieu de travail, relâchement de la discipline, détérioration de la qualité du travail sont les principales conséquences micro-économiques de cette situation. Sur le plan macro-économique, c'est un des principaux obstacles à la croissance.

La planification perpétue la rareté des ressources. Certaines entreprises reçoivent un plan facile à réaliser, d'autres un plan irréalisable. La majorité a un plan « *tendu* ». Pour le réaliser dans les délais, les entreprises multiplient les heures supplémentaires, diminuent la qualité des produits. Globalement les objectifs du plan sont atteints et le plan suivant sera tout aussi exigeant malgré les difficultés.

## 2) Une demande insatiable

### A. La demande des entreprises tend vers l'infini

**La tendance à amasser les matières est la conséquence des pénuries et contribue à les intensifier.** L'entreprise qui se trouve face à une pénurie partielle va déplacer sa demande vers un autre marché mieux approvisionné. Elle s'efforce ensuite d'amasser les inputs essentiels ou difficilement substituables, d'une part pour accroître sa production, d'autre part pour faire face à l'incertitude. Quand un rationnement central existe pour les inputs en question, l'entreprise exagère ses besoins par sécurité. Cette demande fictive et l'accumulation de stocks « *gelés* » entretiennent l'état de pénurie.

**La « *soif d'investissement* » des entreprises est une conséquence et une cause de la pénurie générale.** Pour augmenter leur pouvoir personnel, pour bénéficier d'avantages plus élevés ou par identification à leur travail, des dirigeants d'une organisation manifestent une volonté d'expansion que la pénurie intensifie encore. « *Les investissements sont nécessaires pour que ceux qui font la queue puissent obtenir davantage.* » L'ensemble des demandes dépasse donc toujours les contingents d'investissements prévus. De plus, les projets approuvés exigent souvent plus d'inputs que ce qui est planifié. Il y a donc « *tension de l'investissement* ». Plus celle-ci est forte, plus la demande d'investissement a un effet d'éviction sur les ressources d'autres domaines, amplifiant par conséquent les pénuries générales. « *S'il n'y avait pas d'autres facteurs exerçant une influence dans cette direction, la soif d'investissement et son résultat, la tension de l'investissement, suffiraient pour transformer le système en une économie de pénurie.* »

### B. La demande des ménages est limitée mais se heurte aussi à la pénurie

**La demande de biens par les ménages est limitée par une contrainte budgétaire dure.** La composante principale du revenu monétaire total du ménage est le salaire. Celui-ci limite l'accès aux « *produits vendus pour de la monnaie* » car le recours à l'endettement est restreint. Pour augmenter sa consommation, un ménage peut s'efforcer d'obtenir plus de prestations gratuites ou quasi gratuites.

**La pénurie est inévitable pour la plupart des consommations gratuites ou quasi gratuites.** Une des spécificités des économies socialistes est la proportion relativement élevée de consommations non marchandes. « *L'offre* de services non marchands *n'étant pas suffisante pour saturer les besoins,* [...] *il est certain qu'une pénurie doit apparaître.* » Celle-ci peut apparaître comme un prix à payer pour bénéficier d'avantages sociaux tels que soins et enseignement gratuits.

**Le marché des biens de consommation n'échappe pas à la pénurie.** Les biens et services acquis sur un marché connaissent aussi des phénomènes de pénurie car les ménages, les entreprises et les organisations non marchandes se livrent une concurrence à l'achat. Or, celle-ci est inégale car les entreprises ont une contrainte budgétaire lâche et peuvent intercepter les produits avant qu'ils arrivent au magasin en essayant de gagner les faveurs du vendeur. Le consommateur, face à une pénurie partielle, peut modifier ses dépenses, soit par soif de consommation, soit pour se constituer un stock de sécurité, soit par crainte d'une hausse des prix. Il peut aussi épargner. Dans une économie de pénurie, il faut en effet disposer d'une épargne plus importante que dans une économie capitaliste pour remédier aux carences du système de crédit et pour être capable « *de saisir l'occasion d'achat au moment où elle se présente* ». Le consommateur, tout en étant victime de la pénurie, participe ainsi à son extension.

## 3) L'économie de pénurie est une économie semi-monétaire et paternaliste

### A. Les économies socialistes sont des économies semi-monétaires

**Les prix ont peu d'influence sur les entreprises.** Lorsque l'entreprise veut acheter un input quelconque, un prix élevé ne la décourage pas car elle sait que tôt ou tard elle pourra mettre à la charge de l'acheteur ou de l'État ses coûts accrus. De même, aucun problème de financement ne se pose : l'entreprise préfère emprunter et payer des intérêts plutôt que de laisser échapper une possibilité d'achat. La banque d'État finit toujours par accepter le projet. « *Dans le système contraint par les ressources, la quantité de la monnaie détenue par l'acheteur n'est pas une contrainte effective.* » Pour les biens d'investissement, les difficultés de financement peuvent être plus importantes, contraignant l'entreprise à ralentir son programme, mais le projet est systématiquement exécuté.

**Les entreprises influencent les prix.** Il est souvent admis que dans les économies socialistes, les prix sont fixés par l'État, mais la réalité est plus complexe. La régulation des prix par l'État exige une description complète du produit puis un contrôle des conditions de vente. Ceci est possible pour des biens standards de production de masse : charbon, essence, sucre, lait... Mais la grande partie de la production dans des économies développées est composée de produits dont la description exigerait la prise en compte de centaines de paramètres. Les entreprises peuvent alors facilement échapper au contrôle administratif des prix en sortant de nouveaux produits plus chers ou en réduisant les coûts de fabrication par l'emploi de matériaux plus médiocres. Les deux cas correspondent à une hausse des prix camouflée. Or, « *l'entreprise socialiste, tant comme vendeur que comme acheteur, est stimulée à accroître les prix* ». En situation de pénurie, l'acheteur est enclin à tolérer une hausse du prix de l'input, il peut d'ailleurs la proposer sachant qu'il la répercutera plus tard quand il sera le vendeur.

Ce phénomène de « *traction de la demande* » est particulièrement tangible sur les marchés des biens d'investissement et des services. La tendance à l'accroissement des prix ne mène pas à la réduction de la pénurie. L'explication de celle-ci ne peut être cherchée dans la sphère monétaire, mais plutôt dans les rapports institutionnels.

## B. Les relations paternalistes entre l'État et les agents économiques sont aux sources de la pénurie

**La politique économique centrale ne peut éliminer la pénurie.** L'État peut lutter contre les tendances inflationnistes en contrôlant le revenu nominal des ménages. Ainsi, la hausse des prix n'atteint pas les biens de consommation car la demande globale de la totalité des ménages est limitée par la monnaie qu'ils détiennent. De fait, les économies socialistes connaissent en général une stabilité des prix. Par contre, malgré différentes tentatives, la pénurie ne peut être éliminée. « *La politique économique centrale a les moyens de protéger certaines sphères de la pénurie et de la déplacer vers d'autres sphères.* » Elle peut être transformée par exemple en un déficit de la balance des paiements. Son intensité générale peut être réduite ou augmentée en planifiant un taux de croissance plus rapide ou plus modeste, en accroissant ou en diminuant les projets d'investissements centralisés, mais les causes essentielles de la pénurie sont plus profondes.

**Le faible rôle de la contrainte budgétaire pour les entreprises est une cause suffisante de la pénurie et provient du paternalisme de l'État.** Dans le système socialiste, les autorités centrales assument toute la responsabilité de la situation économique. Les membres de l'appareil vont donc multiplier les actions « *pour former le cours de la vie économique* ». Cette tendance au paternalisme venue « *d'en haut* » est complétée par une demande venant « *d'en bas* ». « *Le paternalisme signifie une protection et une sécurité absolues.* » L'État aide l'entreprise par des facilités d'impôts, des crédits avantageux, des subventions, provoquant ainsi le relâchement de la contrainte budgétaire et donc les phénomènes reliés à la pénurie : tendance à amasser, demande presque insatiable de main-d'œuvre, soif d'investissement... Les relations paternalistes expliquent ainsi que l'entreprise cherche systématiquement à « *pomper* » les autres entreprises vendant des inputs et les autorités supérieures. C'est donc les conditions institutionnelles, notamment la « *propriété sociale des moyens de production* », qui produisent la pénurie avec ses effets positifs (croissance rapide, plein emploi) et négatifs (queues, dégradation de la qualité des produits...).

L'ouvrage de Janos Kornai offre une représentation simplifiée de la vie économique dans le système socialiste : l'économie informelle et l'agriculture sont ignorées ; la planification et le commerce extérieur ne sont abordés qu'en quelques pages pour les besoins de la démonstration. Pourtant, c'est un livre majeur pour qui veut comprendre ce qu'a été le fonctionnement des économies planifiées. Après sa lecture, il devient clair que les réformes ne pouvaient pas réussir, que la pénurie était inhérente au système, même si elle pouvait être réduite, et qu'elle était intimement liée à la sécurité économique dont bénéficiaient entreprises et ménages. Kornai, pour cela, a su utiliser une approche originale ; en n'hésitant pas à décrire le quotidien des producteurs et consommateurs, en le resituant dans le cadre théorique des marchés non walrasiens, en forgeant parfois de nouveaux concepts et en reléguant en annexes les formalisations mathématiques, il a rendu son livre accessible à tous.

# PARTIE V

# Travail, emploi et chômage

# 66 L'atelier et le chronomètre

## *Essai sur le taylorisme, le fordisme et la production de masse*

### Benjamin Coriat

Benjamin Coriat publie cet ouvrage en 1979. Son livre, à nouveau édité en 1982 et 1994 chez Christian Bourgeois (298 p.), est issu de sa thèse de doctorat qu'il a soutenue en 1976. Il présente une analyse des rapports entre travail et accumulation du capital. Il montre que la production de masse et « l'ouvrier-masse » ont révolutionné l'histoire des faits et des idées économiques, à travers les réalisations de Taylor puis de Ford et les études de Keynes.

## 1) De l'ouvrier de métier à « *l'ouvrier-masse* »

### A. L'ouvrier de métier est devenu un obstacle à l'accumulation capitaliste

**L'industrialisation a nécessité l'exercice du savoir-faire de l'ouvrier de métier.** « *À la naissance de l'industrie [...], la main de l'ouvrier, son "métier" sont une réserve où le capital avant toute chose doit d'abord s'alimenter, dont il tire sa substance.* » Ce qui caractérise l'ouvrier de métier est « *le sentiment de la lime* », c'est-à-dire le métier patiemment acquis. Ainsi par exemple, pour parvenir au balancement de la paume et au mouvement des doigts appropriés pour limer, un long apprentissage est nécessaire.

**À terme cependant, le métier constitue un obstacle à l'accumulation du capital.** Le nombre d'ouvriers de métier n'est plus suffisant, l'essor du capitalisme est freiné. Les ouvriers de métier sont alors en position de force et ils exercent une pression sur les conditions d'embauche, le salaire ou le temps de travail, par l'intermédiaire d'associations ouvrières et de syndicats. Cela exige que l'on mette fin au métier.

**Certaines pratiques pré-tayloriennes tentent de lutter contre le métier en recourant à la machine, à l'enfant ou au tâcheron, mais elles sont insuffisantes.** L'utilisation de la machine peut accroître le rythme de travail, lutter contre l'insubordination et l'indiscipline ouvrières. L'intérêt de la force de travail de l'enfant est d'être docile et souple. Le tâcheron est chargé par l'entrepreneur de surveiller et de soumettre les autres travailleurs. Il recrute les ouvriers, il les contrôle, il organise leur travail et il gère leur paiement pour le compte de l'entrepreneur. « *En bref, faute de pouvoir le briser ou l'éliminer, il s'agit d'utiliser le métier contre lui-même en employant un homme de métier pour surveiller et contrôler le travail des autres.* »

### B. L'accumulation capitaliste nécessite l'existence de « l'ouvrier-masse »

**Le *Scientific Management* élaboré par Taylor, c'est-à-dire l'organisation scientifique du travail (OST), met fin à la maîtrise ouvrière des modes opératoires industriels et des temps de production.** « *Briser l'ouvrier de métier, "libérer" le procès de travail du pouvoir qu'il y* *exerce pour y instaurer la loi et la norme patronales, telle sera la contribution historique du taylorisme.* » Par le moyen du « *time and motion study* », c'est-à-dire l'analyse des temps et des mouvements, l'ouvrier est dépossédé de la maîtrise des modes opératoires. Son savoir-faire est décomposé en gestes élémentaires, il perd également la maîtrise du temps par la réduction des temps morts, ce qui allonge la durée effective du travail. Le travail de conception est strictement séparé du travail d'exécution et ce dernier est parcellisé. La productivité et l'intensité du travail s'en trouvent accrues.

Par ce moyen, Taylor rend possible l'entrée en masse de travailleurs non qualifiés et peu coûteux dans la production. Ce sont par exemple des immigrés, des femmes ou des travailleurs chassés des campagnes. « *L'ouvrier-masse* » ainsi apparu se substitue à l'ouvrier de métier, il n'est pas organisé et il est rarement syndiqué.

**En introduisant la norme et le chronomètre, Taylor franchit une étape décisive dans la destruction du métier.** Des normes de travail sont imposées à « *l'ouvrier-masse* », elles inversent l'ordre du savoir et du pouvoir dans l'atelier. Le chronomètre contrôle le déroulement des gestes et des opérations de travail ; il est surtout un instrument politique de domination du travail. « *Ce que le chronomètre entend briser en attaquant la confrérie des "compagnons", c'est la figure haute et la plus avancée de la résistance ouvrière* [...]. »

## 2) « *L'ouvrier-masse* » constitue l'un des supports essentiels de la croissance moderne

### A. L'essor de la production de masse

**La chaîne introduite par Ford renforce l'OST.** De nouvelles normes de production sont adoptées, elles sont destinées à mettre en place une production en grande série de marchandises standardisées, dont la valeur en temps de travail est réduite. La chaîne est un convoyeur qui assure la circulation d'un ensemble de pièces, devant des ouvriers fixés à leurs postes de travail de plus en plus parcellisés. Cela marque le passage de la machine universelle à la machine spécialisée qui ne requiert le plus souvent que des ouvriers peu qualifiés.

« *La chaîne dans ce contexte est le principe organisateur de l'ensemble de l'usine et des rapports qui s'y établissent entre les différents groupes de travailleurs.* » La chaîne impose aux ouvriers une cadence élevée. La rémunération à la journée se substitue au salaire aux pièces qui n'est plus utile. Une économie de main-d'œuvre de manutention est réalisée. De plus, la diminution des temps morts augmente le temps de travail productif.

« *À l'origine de la chaîne, violence calculée, systématiquement appliquée contre le travail des hommes, ce rêve originel du capital à la recherche du "mouvement perpétuel" de la fabrique* [...]. *L'usine "rationnelle" est née.* »

**Taylorisme et fordisme ne sont pas uniquement des modifications du procès de travail, ils modifient aussi l'accumulation du capital par le mécanisme de la production de masse.** Les nouvelles normes augmentent à la fois l'intensité du travail et la productivité. « *Seule en effet une augmentation de la productivité du travail peut favoriser l'essor de l'accumulation du capital.* » Il en résulte aussi un bouleversement général puisque la valeur de la production s'accroît même si la valeur unitaire des marchandises standardisées produites en grande série diminue.

« *La production capitaliste de masse sous la forme "moderne" que nous lui connaissons aujourd'hui trouve ici son origine.* »

**L'analyse keynésienne parachève les travaux et les réalisations de Taylor et de Ford.** Keynes élabore une thèse selon laquelle l'État doit impérativement intervenir afin d'assurer le bon fonctionnement du système économique. « *Après la théorie et la pratique de la production de masse au sein de l'atelier, la théorie et la pratique du type d'État et de régulation qui lui correspondent.* » L'État est en mesure de restaurer l'équilibre lorsqu'une crise survient, comme ce fut le cas durant les années trente. Plus généralement, il doit mener une politique du travail et du salaire. Ainsi édifie-t-il des règles et des normes qui encadrent les rapports d'exploitation en matière de durée du travail, d'heures supplémentaires, de travail des enfants, ou de salaire. « *L'ouvrier fou de Chaplin, mais aussi la Sécurité sociale et l'État : les "Temps modernes" sont nés.* »

### B. L'essor et la maîtrise des salaires

**L'adoption du principe de la « *réserve* » permet de réduire le coût de la main-d'œuvre que la grande industrie supporte.** Les entreprises sont exonérées d'une partie de la charge de la production ou de la reproduction de la force de travail. Des structures étatiques ou para-étatiques peuvent verser un salaire indirect aux ménages, ce qui permet de réduire le salaire direct versé par les entreprises à leurs salariés. « *Pour le capital, dès lors qu'on s'engageait dans des politiques institutionnelles d'Assistance, le danger devenait celui que se répande dans la population ouvrière l'illusion qu'un certain revenu pouvait être obtenu sans travail.* » C'est pourquoi, ne doivent bénéficier d'une assistance, que ceux qui subissent une cessation forcée de travail salarié, c'est-à-dire le chômage et la vieillesse et éventuellement l'accident de travail.

**Le salaire demeure une stimulation au travail et un instrument de régulation.** Il faut parvenir à verser un meilleur salaire aux ouvriers sans qu'ils aient besoin de recourir au syndicat, ce qui contribue à casser le métier et les syndicats.

Le *five dollars day* mis en place par Ford en 1914 s'inscrit dans cette logique. Il s'agit d'un relèvement important du taux de salaire nominal, puisque la rémunération moyenne par jour qui était comprise chez Ford entre 2,5 et 2,30 dollars, passe à 5 dollars. Cependant des conditions d'âge, d'ancienneté et de bonne moralité ainsi qu'une application réservée aux hommes, limitent le nombre des bénéficiaires dans l'entreprise Ford. Les hauts salaires freinent le *turn-over* ou taux de rotation du personnel et réduisent l'absentéisme. En augmentant le pouvoir d'achat des ouvriers, ils participent surtout à la mise en place d'un nouveau mode de consommation, indispensable à la poursuite de l'accumulation capitaliste.

## 3) La mise en cause de l'organisation scientifique du travail

### A. Les méthodes tayloriennes et fordiennes sont dépassées

**Les limites « technico-économiques » de la ligne de montage proviennent des contradictions liées au « *temps de transfert* », de la difficulté à effectuer « *l'équilibrage* ».** Le « *temps de transfert* » est celui durant lequel le produit, en cours de fabrication, passe d'un poste à un autre. Or, en voulant combattre les temps morts, la parcellisation du travail allonge le « *temps de transfert* » et les fait réapparaître. « *L'équilibrage* » est la gestion de l'ensemble des postes de travail individuels et leur coordination. La parcellisation rend cette opération plus complexe et moins efficace.

**Les luttes ouvrières font perdre sa légitimité à l'OST et son efficacité économique s'effondre.** « *Crise de légitimité et crise d'efficacité, mais dont l'intelligence n'est pas divisible.* » Le rejet de « *l'ouvrier-masse* » est au centre du nouveau cycle de lutte ouvrière qui s'ouvre au milieu des années soixante. L'absentéisme, le *turn-over*, ou le manque de soin dans la production sont des indices mais aussi des causes de la perte d'efficacité. L'absentéisme et le *turn-over* expriment une résistance en amont du processus productif, le manque de soin révèle une résistance dans l'exercice du travail.

L'appareil de production moderne rationalisé et spécialisé est vulnérable, car lorsqu'un atelier produisant une pièce essentielle s'arrête, l'ensemble du processus de production est paralysé.

« *L'ouvrier de métier, cassé par la ligne de montage, voit l'OS assurer le relais, ouvrir un terrain nouveau de lutte et de recomposition.* »

Le ralentissement des gains de productivité qui marque la crise déclenchée au milieu des années soixante-dix, s'explique par l'épuisement des méthodes tayloriennes et fordiennes d'organisation du travail. L'intensité capitalistique continuant de s'accroître, la rentabilité du capital s'affaiblit.

## B. Le travail en îlots ou par petits groupes de travailleurs autonomes

**L'adoption du travail en îlots sur la ligne de montage révèle de nouveaux principes d'organisation du travail au cours des années soixante-dix.** Il s'agit de renouer avec les gains de productivité et l'augmentation de l'intensité du travail, en procédant à la recomposition de la ligne de montage. Cela exige la reconnaissance de l'entreprise comme un « *système sociotechnique* ».

La ligne de montage est segmentée en espaces de travail distincts occupés par de petits groupes de travailleurs (de 3 à 6 en général). La direction fixe un objectif de production à atteindre à chaque groupe, celui-ci gère ensuite librement le temps à l'intérieur des contraintes imposées, il est donc en autonomie contrôlée. La production à flux continu est reconduite, les différents groupes étant reliés par un convoyeur central qui assure la circulation du produit.

Les désavantages d'un travail trop parcellisé et répétitif étant supprimés, des gains de productivité sont réalisés. L'entreprise profite des aptitudes des ouvriers sans reconstituer des métiers socialement reconnus.

**Le temps est économisé et le contrôle est plus efficace à réaliser.** Chaque groupe autonome assure son propre contrôle au cours de la production ; l'autonomie devient un instrument d'autodiscipline. Le groupe identifie sa production, par exemple par un poinçon, et le contrôle du produit est ensuite effectué par le marché. Au-del à d'un certain seuil de défectuosité, des sanctions sur salaires sont possibles. La présence d'un contremaître en cours de production, ou celle d'un contrôleur en bout de ligne de montage, ne sont donc plus nécessaires.

Le fonctionnement du système est moins vulnérable à une grève, car l'entreprise n'est pas paralysée lorsque seuls quelques îlots arrêtent leur travail.

Benjamin Coriat signale que son analyse adopte la même démarche que celle de la théorie de la régulation et qu'elle en est complémentaire. Cet ouvrage, dont le contenu est aujourd'hui relativement bien connu, demeure une référence en économie du travail.

L'auteur, affirmant que les méthodes tayloriennes et fordiennes sont dépassées, précise toutefois à la fin de l'ouvrage que le taylorisme continue de peser lourdement dans les faits et les mentalités.

# Le travail en miettes

## Georges Friedmann

67

Dans cet ouvrage (Gallimard, 1964, 2e éd., 374 p.), Georges Friedmann s'interroge « *sur les problèmes que pose aujourd'hui la spécialisation des tâches et sur les perspectives qu'elle offre à l'humanisation du travail* ». Il étudie les effets pervers de l'organisation scientifique du travail et propose des solutions pour les atténuer.
Ce livre est émaillé de nombreux exemples concrets et de nombreuses références à des auteurs aussi bien sociologues, économistes que philosophes ; un appendice très documenté propose de nombreuses informations.

## 1) L'éclatement du travail industriel

### A. La division du travail mène à la spécialisation et à l'éclatement du travail

**La thèse de Durkheim est trop optimiste**. Durkheim a publié son livre *De la division du travail social* en 1893 ; la même année, Taylor décidait, en tant qu'ingénieur consultant, de diffuser la mise en œuvre de l'organisation scientifique du travail (OST). Pour Durkheim, la division du travail est un facteur de complémentarité et de solidarité entre les hommes ; il ne nie pas « *les effets dégradants de la spécialisation industrielle* », mais il pense que ces effets ne découlent pas systématiquement de la division du travail. Friedmann considère au contraire que « *l'interdépendance mécanique ne suscite pas nécessairement la solidarité morale* » et que la division du travail provoque l'éclatement du travail.

**Une caractéristique importante du travail moderne est la spécialisation qui menace le métier** de base et qui est due à l'évolution technique. La spécialisation concerne tous les métiers, même les plus qualifiés comme celui de médecin. Friedmann reconnaît que la spécialisation « *présente des avantages incontestables et correspond à une évolution qu'il serait absurde de nier et de vouloir totalement inverser* », mais il faut voir qu'il existe une « *différence essentielle entre le professionnel spécialiste et l'ouvrier spécialisé* ». Le premier acquiert sa spécialisation sur la base d'une culture, d'un savoir alors que le second est déqualifié et effectue un travail en miettes.

### B. Le travail en miettes

**Le travail en miettes se compose de « *tâches éclatées, très simples, effectuées à une cadence rapide* »**. Dans la société moderne, « *la simplification des tâches est portée à l'extrême* ». Ainsi, les ouvriers répètent de nombreuses fois les mêmes gestes ; ils sont eux-mêmes pris par la répétitivité de leur travail, qui leur permet de s'évader, de penser à autre chose. Friedmann utilise le terme « *accoutumance* » pour expliquer « *une certaine répugnance au changement* » ; « *quand ça change, il faut penser à son travail.* »

**Le travail en miettes provoque une perte du métier**. L'ouvrier n'a besoin que d'une qualification réduite. « *Rien d'étonnant à ce que l'apprentissage de tâches ainsi préparées soit fort réduit.* » La principale qualité demandée est la rapidité. Dans le choix du personnel destiné aux tâches très simples, souvent les employeurs préfèrent embaucher les moins intelligents car les autres pourraient prendre des initiatives et « *il s'agit de retenir les stéréotypés, d'écarter les éveillés* ». La perte du métier se caractérise aussi par le déclin dans la connaissance du matériau : « *la rationalisation* [...] *a dépouillé les travailleurs de ce qui était un des contenus les plus précieux de leur activité professionnelle : le contact avec le matériau et sa connaissance.* »

### C. Le travail en miettes comporte de nombreux dangers

**Le travail en miettes déresponsabilise les salariés**. « *L'OST orthodoxe, par sa sur-fonctionnalisation et les pratiques qui s'en suivent, a en fait privé les salariés de toute possibilité de participer à la vie économique de leur entreprise.* » Les ouvriers se sentent déresponsabilisés et exclus : « *l'ouvrier, n'effectuant jamais un travail en entier avec lequel il puisse identifier son activité personnelle, se trouve privé d'intérêt et frustré.* » Le travail perd toute signification, ce qui incite le salarié à se sentir de moins en moins responsable à l'égard de sa tâche ; en réaction, l'entreprise alourdit la pression et la surveillance, ce qui suscite des comportements de résistance d'où un nouvel alourdissement de la surveillance...

**Le travail en miettes est nocif à la santé des salariés**. Le travail en miettes provoque une fatigue nerveuse importante. « *L'atomisation du travail réduit à un seul mouvement, augmente la fatigue, conduit à des dommages physiologiques et nerveux (tics, maux de tête, surdité, névrites).* » De plus, « *l'ouvrier est astreint à suivre la cadence de l'opérateur le plus lent de la chaîne, sans pouvoir travailler à son rythme personnel ; d'où, ici encore, fatigue, irritabilité, à-coup et nervosité* ». La monotonie et la répétitivité des tâches provoquent l'ennui.

**Le travail en miettes est, en conséquence, préjudiciable aux rendements des entreprises**. « *L à où les travaux sont trop spécialisés, à la fois le rendement et le moral laissent à désirer.* » En raison de leur fatigue, les salariés sont moins productifs ; en raison du peu d'intérêt qu'ils éprouvent à travailler, la qualité de la production est mauvaise ; l'absentéisme et le *turn-over* augmentent ; les coûts de surveillance des entreprises s'alourdissent... Friedmann est persuadé que, dans la plupart des cas, le travail en miettes n'est une bonne solution ni pour les salariés, ni pour les entreprises.

## 2) Les solutions et les espoirs

### A. Il faut revaloriser le travail

**La rotation des postes améliore les conditions de travail, mais elle est insuffisante**. Afin de lutter contre la monotonie et l'ennui, certaines entreprises introduisent une rotation des postes qui permet aux ouvriers de circuler sur la chaîne et d'effectuer tour à tour toutes les tâches ; grâce à cette amélioration de l'organisation traditionnelle du travail, les ouvriers peuvent de nouveau « *éprouver de la satisfaction dans leur travail, voire une certaine fierté de l'œuvre achevée, du produit "total"* ». Dans tous les cas étudiés par Friedmann, la rotation des postes est positive pour les salariés et pour l'entreprise : « *même s'il y a, après rotation, en certains cas, diminution du rendement, l'amélioration de la qualité, la décroissance du turn-over et de l'absentéisme peuvent largement la contrebalancer.* »

La rotation des postes n'est toutefois pas une panacée pour l'ouvrier, « *nous doutons qu'il puisse atteindre une véritable revalorisation intellectuelle* », l'élargissement des tâches est préférable.

**L'élargissement du travail est le meilleur moyen pour enrichir le travail**. Élargir le travail, c'est recomposer les tâches ; « *on entend par l à l'extension du travail actuel de l'ouvrier, l'accroissement de sa variété et de son intérêt, l'encouragement donné à le mieux accomplir.* » Dans la grande majorité des cas, l'élargissement du travail a diminué les frais des entreprises, a élevé leur rendement et offert au consommateur des produits de meilleure qualité. IBM est une firme pionnière. De nombreuses tâches y ont été élargies, les efforts de formation ont été considérables, le travail des ouvriers est devenu plus complet et donc plus satisfaisant.

Le bilan est très positif : « *les avantages ont été triples. Du point de vue de l'entreprise : main-d'œuvre plus satisfaisante, frais généraux de la production diminués, qualité accrue du produit. Du point de vue ouvrier, accroissement à la fois du salaire et de la satisfaction du travail. Du point de vue du consommateur, un nouveau progrès dans la qualité du produit.* » Toutes les expériences, qu'elles soient américaines ou britanniques parviennent à la même conclusion : on est allé trop loin dans la parcellisation du travail, il faut élargir et recomposer les tâches.

**Comme toutes les tâches ne pourront être élargies, il est nécessaire de promouvoir la « *pluri-spécialisation* » des ouvriers**. On peut espérer que l'augmentation des tâches de contrôle et de surveillance de machines automatiques et polyvalentes participe à la valorisation du travail, mais ni l'automation, ni l'élargissement ne permettront de supprimer totalement les tâches répétitives. L'automation n'est pas une panacée : les hommes ne dirigent plus la machine, « *ils sont enchaînés à la machine* ». Ce qui inquiète Friedmann, c'est aussi la disparition de l'utilité de l'homme dans des usines « *presse-bouton* ». La revalorisation du travail ne peut être complète, il existera toujours des millions de tâches qui ne pourront être ni recomposées ni revalorisées.

Friedmann préconise alors que l'ouvrier soit pluri-spécialisé afin qu'il « *bénéficie de l'intégration de toute une série de tâches partielles qu'il sait accomplir* ». L'ouvrier n'est plus limité à une seule tâche, il devient polyvalent ; cette nouvelle qualification pourrait « *susciter un type original et neuf d'ouvrier qualifié, capable de fierté et de satisfaction* ».

## B. Le loisir peut constituer une riposte à l'insatisfaction du travail

**Le loisir n'a pas toujours les effets positifs que l'on pourrait espérer**. Friedmann ne définit pas le loisir comme l'absence d'activité, mais comme l'activité libre. Il devrait être une riposte à l'insatisfaction du travail. Malheureusement le loisir ne peut pas toujours tenir ce rôle car pour beaucoup, « *leur temps hors travail est menacé par une fatigue souvent plus psychique que physique qui pèse, jusqu'à la briser, sur leur capacité de se divertir et même de se réparer* ».

De plus, le loisir est souvent peu actif et nombreux sont les ouvriers qui l'utilisent à « *tuer le temps* ». L'homme aliéné, dans la civilisation technique du capitalisme, est malheureux. Friedmann cite Erich Fromm : « *en consommant de l'amusement, il cherche à réprimer la conscience de son malheur. Il s'ingénie à gagner du temps et ensuite il s'inquiète de tuer le temps qu'il a gagné.* »

**Il faut promouvoir les loisirs actifs**. Puisqu'il est peu probable que l'on pourra améliorer significativement toutes les conditions de travail, le loisir a une grande importance « *pour* *l'humanisation de la civilisation technique* ». Lorsque le travail ne peut être revalorisé, « *la réalisation de soi et la satisfaction ne peuvent être* cherchées que dans les activités de loisir, et plus précisément dans le "temps libre" progressivement accru par la réduction de la semaine de travail ». Une part de cet épanouissement moral et intellectuel peut être trouvé dans la lutte collective au sein des organisations syndicales et politiques. Friedmann cite Georges Navel : « il y a une tristesse ouvrière dont on ne guérit que par la participation politique. »

Georges Friedmann est un humaniste que l'on peut considérer comme l'un des fondateurs de la sociologie du travail. Il considère que, quoique souvent aliénant, le travail a une fonction sociale fondamentale comme en témoignent les problèmes liés au chômage et à la retraite, que Friedmann étudie particulièrement. « *La privation prolongée de travail est véritablement une menace pour la santé mentale de l'individu.* »
Ce livre très riche aborde un grand nombre de pistes qui restent à défricher. Mais avant tout, la leçon que propose Friedmann est que « *le progrès technique ne donnera des fruits bienfaisants que s'il est accompagné du progrès des sciences sociales et de leur judicieuse application aux problèmes de l'individu et de la cité* ».

# La machine et le chômage

## *Le progrès technique et l'emploi*

**Alfred Sauvy**

68

Dans ce livre, préfacé par Wassily Leontief (prix Nobel), Alfred Sauvy explique que l'opinion presque unanime est que la machine crée du chômage, mais que l'observation des faits dans les pays industriels démontre le contraire. L'objectif de son ouvrage (Dunod, 1980, 300 p.) est de répondre à la question suivante : « quelle influence ont, sur le nombre des emplois dans la nation, les décisions inspirées par les découvertes techniques et prises le plus souvent dans le souci d'améliorer le rendement financier d'une fraction de l'économie ? »

## 1) Historique : de tout temps et en tout lieu, la machine a été accusée de provoquer du chômage

### A. Le refus de la machine

**De l'Antiquité jusqu'au XVIIIe siècle, le refus de la machine est presque unanime.** Même des personnalités aussi avisées et progressistes que Colbert ou Montesquieu se sont méfiées de la machine.

Les révoltes contre les machines se multiplient en Grande-Bretagne à partir du XVIIe siècle ; ces révoltes ne résultent pas seulement de la crainte de l'élimination des travailleurs, « *mais aussi d'une crainte à l'égard du surnaturel, presque diabolique* ». Les machines sont cassées, les inventeurs souvent pourchassés et parfois assassinés ; signe caractéristique, la peine de mort sera décrétée en 1812 en Grande-Bretagne contre les briseurs de machines.

**À partir du XVIIIe siècle, la situation change, la mécanisation va grand train et semble dorénavant inéluctable** ; les défenseurs de la machine, dont les économistes classiques, sont de plus en plus nombreux, toutefois les misères ouvrières augmentent. Les révoltes perdurent, le problème devient toutefois différent : « *il ne s'agit plus de refuser la machine qui supprime des emplois, mais d'améliorer le sort de l'ouvrier, tant en salaire qu'en conditions de travail, au besoin, en changeant de régime.* »

**Au XXe siècle, le débat sur les effets du progrès technique et plus largement du progrès économique se poursuit.** Il est accentué par le chômage de l'entre-deux-guerres qui met en valeur les thèses stagnationnistes affirmant que le progrès économique est limité. Heureusement, Keynes, en préconisant une intervention de l'État, offre de nouveaux horizons à l'économie.

Après la Seconde Guerre mondiale, le débat porte essentiellement sur les effets de l'automation. Georges Friedmann l'accuse de détruire des emplois. L'opinion publique lui fait écho : « *la vue localisée d'une entreprise licenciant du personnel, par suite de l'adoption de machines, inspire l'opinion, plus encore, peut-être, qu'aux siècles précédents, car, placée de façon continue devant des statistiques de chômage alarmantes, elle lie fatalement les deux aspects.* »

### B. L'expérience montre que la machine n'est pas préjudiciable à l'emploi

**L'examen des réalités économiques du XIXe siècle montre que l'augmentation de l'emploi a accompagné le progrès technique.** Le nombre de personnes ayant un emploi augmente parallèlement à la durée du travail ; l'exode rural témoigne d'ailleurs de l'effet positif du progrès technique sur l'emploi industriel. En revanche, le chômage, souvent déguisé, est important dans les pays « *restés sans machine* », formant le tiers monde.

L'étude des réalités du XIXe siècle montre aussi que le progrès technique n'a pas été accompagné d'une diminution du niveau de vie ; ce dernier a au contraire augmenté, lentement durant la première partie du siècle, rapidement lors de la seconde. De la même façon, l'espérance de vie a fortement augmenté, passant de 27,5 ans pour les hommes vers 1789 à 48,5 ans vers 1910. Sauvy conclut donc que « *le progrès technique a ouvert la voie à une prospérité et un pouvoir de l'homme, sans doute mal exploités, mais que même les utopistes n'imaginaient pas, sur certains points* ».

**Le XXe siècle nous montre que « *dans tous les pays où la productivité a augmenté, le nombre des emplois a également augmenté*,** *à salaires égaux, du moins en régime libéral* ». C'est par exemple le cas de la période des Trente Glorieuses. Ainsi, de 1952 à 1972 en France, « *pour l'ensemble des branches, la productivité a à peu près triplé et le nombre d'emplois a augmenté de 4,1 %, dépendant bien plus de la population active que du niveau technique* ». Force est de considérer que l'automation aux États-Unis a été accompagnée d'une hausse des emplois et que les progrès potentiels sont encore importants (énergies nouvelles, progrès médicaux, nucléaire...).

## 2) Les perturbations directes et indirectes du progrès technique

« Tout changement décidé par une entreprise, dans le but d'améliorer sa rentabilité, provoque de proche en proche, des perturbations dans l'ensemble de l'économie, en particulier sur l'emploi. »

### A. Les effets directs du progrès technique

« Quelle que soit la situation initiale, elle est détruite par tout progrès technique, par tout changement de la façon de travailler. »

**Certaines perturbations dues au progrès technique sont directement réductrices d'emplois.** Il s'agit des progrès techniques induisant des économies directes de personnel, de ceux qui permettent des économies d'autres facteurs de production comme les matières premières ou l'outillage qui peuvent provoquer des perturbations sur l'emploi des activités situées à l'amont ; la perte d'emplois peut aussi concerner des entreprises concurrentes : « *les entreprises qui produisent les mêmes produits que les entreprises bénéficiant du progrès, sans être en mesure de bénéficier de ce progrès sont mises en difficulté et parfois dans l'obligation de supprimer des emplois.* »

**Il est possible de distinguer trois types de progrès technique en fonction de leurs effets directs sur l'emploi** : d'une part, le « *progrès refouleur* » qui permet d'économiser le travail (*labour saving*) et diminue le volume de l'emploi ; d'autre part, le « *progrès neutre* » qui maintient le nombre d'emplois, mais qui augmente la rémunération des travailleurs ; et enfin, « *le progrès multiplicateur* » qui crée des emplois en ouvrant de nouvelles opportunités de production, en effet « *le progrès* technique permet, peu à peu, de tirer parti de ressources naturelles jugées longtemps sans valeur et de donner à une matière un ouvrage de plus en plus poussé ».

## B. L'effet indirect du progrès technique : le déversement

**Le progrès technique crée des emplois.** Les trois arguments classiques le plus souvent cités sont « *le travail consacré à la production de la machine ; l'accroissement de la vente des produits bénéficiant du progrès, grâce à la baisse de leur prix et la production de masse ; l'apparition de consommations nouvelles ou l'augmentation de consommations anciennes* ». C'est sur ce dernier point, qu'il appelle « *déversement* », que Sauvy insiste.

**Le progrès technique dans un secteur permet d'augmenter la consommation et donc la production de nombreux autres produits ; c'est ce que Sauvy nomme « *le déversement* ».** Chaque progrès bénéficie à au moins un individu qui voit son pouvoir d'achat augmenter ; cela peut être le chef d'entreprise dont le profit s'accroît, les salariés si leur rémunération augmente, les consommateurs si les prix baissent ou même l'État s'il profite du progrès technique pour augmenter les impôts. « *Quel que soit le bénéficiaire et quels que soient les justifications ou les reproches qui peuvent être formulés, l'utilisation de ce ou de ces revenus supplémentaires crée des emplois ailleurs, mais ces emplois ne sont identiques ni en nature, ni en nombre aux emplois perdus.* » Ainsi, l'augmentation des rémunérations ou la baisse des prix permettent d'augmenter la consommation d'autres produits et donc la production d'autres activités, ce qui a un effet positif sur l'emploi.

**Le progrès technique crée des perturbations en vagues successives.** Les secteurs perturbés par un progrès technique mis en œuvre dans un autre secteur vont eux aussi provoquer à leur tour de nouvelles perturbations. « *Compte tenu de ces répercussions massives de proche en proche, il n'est guère de secteur qui ne soit atteint par un changement d'une certaine importance.* »

Dans l'absolu, les effets peuvent être illimités, la personne ayant profité du progrès technique peut décider d'acheter une voiture, le garagiste, grâce à ce revenu supplémentaire un meuble, le vendeur de meubles un tableau... Le déversement s'effectue aussi en partie par l'État ; le déversement public a trois orientations principales : il sert « *à rémunérer des emplois publics ; à acquérir le matériel nécessaire au fonctionnement des services ; à verser des rentes ou des pensions aux ayants droit* ».

# 3) Obstacles divers et politiques de l'emploi

## A. Les différents obstacles au déversement

**Le premier obstacle au déversement est l'inélasticité relative de l'offre par rapport à la demande.** Dans certains secteurs, l'offre reste assez rigide, il s'agit par exemple des logements en milieu urbain ; dans ce cas, le déversement s'effectue moins bien et l'augmentation de la demande risque d'accroître les prix. Sauvy remarque que les secteurs à offre élastique concernent davantage les consommations des catégories favorisées (services divers dont les loisirs par exemple). Il en déduit que la redistribution, quoique socialement souhaitable et financièrement neutre, peut être défavorable à l'emploi.

**Les rigidités du travail sont aussi des obstacles au déversement.** Ces rigidités résultent de nombreux facteurs : ententes professionnelles, allocations chômage (« *progrès social, mais régression économique* »), entraves au licenciement, résistance aux changements, formation non conforme aux besoins, refus par la population active de certains emplois par crainte de la déchéance sociale, cristallisation du logement dans les villes en raison du blocage des loyers, rigidité à la baisse des prix et des rémunérations... Toutes ces rigidités freinent le déversement car « *toute rigidité est conservatrice et s'oppose au mouvement* ».

L'ampleur et le succès du déversement dépendent aussi de la rémunération des travailleurs dans la branche qui va en profiter. « *Ainsi, de fortes rémunérations, dans les secteurs d'accueil, freinent le déversement vers elles, ainsi que la récupération du nombre des emplois.* »

**Le déversement s'effectue de plus en plus vers le secteur tertiaire et est donc moins favorable à l'emploi.** « *Pendant longtemps, le déversement s'est fait de l'agriculture, secteur à rendement souvent décroissant, vers l'industrie, domaine où le rendement croît, pendant quelques temps, avec les quantités : abandon de terres pauvres d'un côté, et gain en productivité de l'autre. Le déversement actuel du secteur secondaire vers les services est loin de présenter les mêmes avantages.* » En effet, le secteur tertiaire présente deux caractères défavorables : les rémunérations y sont généralement élevées (c'est par exemple le cas des rémunérations des professions libérales) et la croissance du rendement selon les quantités produites (économies d'échelle) y est moins importante que dans les deux autres secteurs.

## B. La politique de l'emploi

**Pour éclairer les orientations de la politique économique, il faudrait bâtir « *la matrice de l'emploi* ».** À l'image du tableau des échanges interindustriels de la comptabilité nationale qui comptabilise les échanges croisés de consommations intermédiaires, il faudrait bâtir une matrice de l'emploi. Au lieu d'utiliser une unité monétaire, l'unité employée serait la quantité de travail nécessaire pour chaque produit, c'est-à-dire « *l'équivalent travail d'une production* ». À partir de là, l'étude des besoins potentiels de chaque catégorie de la population permet de mesurer les effets sur l'emploi des différentes augmentations de revenu.

Cela permettrait d'évaluer les effets exacts en termes d'emplois du progrès technique. « *La protestation de l'opinion publique et des syndicats, contre tout licenciement peut conduire à freiner ou interdire des investissements de productivité, chaque fois que la récupération des emplois n'apparaît pas à première vue.* » L'étude de l'impact réel du déversement sur l'emploi permettrait d'informer l'opinion publique et de faire plus largement accepter les investissements de productivité.

**Il faut aussi assouplir le fonctionnement du marché du travail en enrayant certaines rigidités, notamment celles concernant les rémunérations.** Il faudrait, par exemple, modifier l'échelle des rémunérations en faveur des professions peu recherchées et au détriment des services libéraux et semi-libéraux dont les fortes rémunérations freinent le déversement, ainsi qu'au détriment des travailleurs du service public, ce qui permettrait, pour une dépense identique, d'embaucher plus de personnes et de mieux couvrir les besoins.

« ***La recherche immédiate d'emplois, au détriment de la production, ne peut aboutir qu'à des résultats éphémères.*** » Sauvy est opposé à toutes les mesures qui ne profitent pas durablement à l'emploi ; ainsi il refuse la baisse de la durée du temps de travail, sauf pour des raisons sociales, car elle conduit à un alourdissement du coût du travail, ce qui augmente les dépenses, et donc supprime des emplois.

Wassily Leontief affirme dans la préface que « *Alfred Sauvy traite le sujet avec un ensemble peu commun de compétence technique, de sens de l'Histoire et de bon sens, que ses collègues plus spécialisés et le public en général ont appris à attendre de lui* ». Si la nécessité du progrès technique et des investissements de productivité pour la croissance et pour l'emploi ne fait plus de doute aujourd'hui, c'est certainement grâce à la contribution d'Alfred Sauvy.

69

# Le travail

## *Une valeur en voie de disparition*

Dominique Méda

Les sociétés industrielles connaissent aujourd'hui le paradoxe suivant : les énormes gains de productivité qu'elles enregistrent leur permettent de produire toujours plus en économisant du travail. Or, ce qui pourrait être reconnu comme une chance est considéré comme un mal social majeur. Les réflexions contemporaines sur le travail, prenant appui sur la tradition constituée au XIX^e^ siècle par le christianisme, le marxisme et l'humanisme, considèrent que le travail est une catégorie anthropologique, c'est-à-dire qu'il est l'essence de l'homme. Il serait à la fois le lieu de réalisation de soi et celui du lien social.
Dominique Méda, dans cet ouvrage (Alto-Aubier, 1995, 358 p.), opère une analyse critique de ce concept « inventé » récemment. Ce qui lui permet alors de repérer les contradictions des actuelles pensées de légitimation du travail, et de remettre ainsi ce dernier à sa vraie place.

## 1) L'invention du travail

### A. Le travail n'a pas toujours existé

**Dans les sociétés primitives, la notion même de travail n'existe pas**. Les activités de subsistance y occupent une place réduite, compte tenu des besoins limités ; elles ne sont pas accomplies en fonction du gain individuel, ni de l'échange. Le lien social est fondé sur des logiques sociales et sacrées.

**Dans la Grèce ancienne, le travail est assimilé à des tâches dégradantes**. Les philosophes grecs distinguent la sphère de la nécessité : celle du travail, et la sphère de la liberté : celle de la pensée, de l'activité éthique et de l'activité politique. Cette dernière seule est valorisée. En aucun cas par ailleurs, le travail ne constitue le fondement du lien social.

**Au Moyen Âge, le travail demeure une activité dévalorisée**. L'Église condamne l'idée de gain et de nombreux métiers sont considérés comme illicites.

### B. L'invention du travail

**Le concept de travail est construit au XVIII^e^ siècle.** Adam Smith dans *Recherches sur les causes de la richesse des nations* en 1776 lui donne une définition abstraite : le travail fonde la valeur des marchandises et crée la richesse, celle-ci étant conçue de manière très restrictive, limitée aux seuls objets matériels. Il est lui-même une marchandise au centre d'un échange et, de ce fait, acquiert un prix. Il devient le nouveau rapport social qui structure la société dont le cœur est l'échange marchand.

**Cette invention du travail comme catégorie centrale est en partie liée à la naissance du protestantisme**. Celui-ci valorise les activités terrestres comme signe de l'élection divine (c'est l'interprétation de Max Weber).

Mais plus profondément, elle prend sa source dans le bouleversement des représentations traditionnelles du monde opéré au XVIIe siècle. D'abord, l'idée d'un ordre naturel du monde imposé à l'homme cède la place à celle d'une maîtrise de la nature par l'homme. Ensuite, se développe l'affirmation d'un individu souverain. Dans cette logique, le travail acquiert une nouvelle position qui devient centrale au cours des deux siècles suivants.

### C. Le travail devient une valeur centrale

**Au XIXe siècle, le travail est conçu comme modèle de l'activité créatrice.** Le bouleversement conceptuel s'opère d'abord en Allemagne. K. Marx oppose le « *vrai travail* », essence de l'homme, à la « *réalité du travail* » qui n'en est qu'une forme aliénée. Le capitalisme réduit en effet le travail à un facteur de production et à un moyen d'enrichissement, il l'empêche donc d'être l'activité consciente d'humanisation de la nature et d'expression de soi. La société communiste permettra la fin de l'aliénation du travail.

**Au XXe siècle, on passe du concept de travail à celui d'emploi.** Dès le début du siècle et surtout après la Seconde Guerre mondiale, l'État-providence s'efforce de rendre le rapport salarial plus supportable sans le remettre en cause. « *Le travail n'a plus véritablement besoin d'être libéré, puisqu'il est à l'origine d'avantages certains, en particulier de la participation aux fruits de la croissance.* » Le rôle de l'État est donc de fournir à chacun un emploi qui lui permettra l'accès aux richesses et à un statut social assorti de droit à la formation et à la protection sociale.

## 2) Les contradictions des discours de légitimation du travail

### A. Le travail serait un moyen de réalisation de soi

**S'inspirant de la tradition développée au XIXe siècle, un premier discours fait du travail le lieu de l'épanouissement individuel.** Dans la réalité, le travail est davantage perçu comme une contrainte que comme un moyen d'expression de soi, sauf pour certaines professions intellectuelles, qui représentent une petite minorité.

**Ce discours oublie la dimension historique et économique du travail.** « *Le travail n'est pas apparu comme une fin, poursuivie pour elle-même par des individus cherchant à se réaliser. Dans les discours comme dans la réalité, il a été dès l'origine un moyen, pour la nation d'augmenter les richesses produites, pour l'individu d'acquérir un revenu, pour la classe capitaliste de faire du profit.* [...] *Il est également apparu comme moyen permettant d'aménager la nature et plus tard comme moyen d'humaniser le monde.* » D'autre part, le travail salarié dominant dans le système capitaliste est caractérisé par un lien de subordination entre l'employeur et l'employé. On ne voit pas, dans ces conditions, comment le travail pourrait constituer le lieu de l'autonomie et de l'épanouissement.

### B. Le travail serait le fondement du lien social

**Selon cette logique, le travail permettrait l'apprentissage de la vie sociale, il serait la mesure des échanges sociaux, le moyen d'avoir une utilité sociale, et le lieu essentiel de sociabilité.** Cette approche est éminemment réductrice. Car si le travail est certes un élément constitutif du lien social, il ne l'est pas en soi, mais de manière dérivée, et quand il remplit cette fonction, il ne le fait pas toujours au mieux.

**Cette conception résulte en fait de la réduction du lien social au lien économique.** C'est la représentation léguée par Smith, puis par Marx, selon laquelle l'activité humaine fondatrice du rapport social est la production.

### C. Le travail serait un moyen d'intégration sociale

**Les pensées de légitimation du travail considèrent enfin le travail comme un moyen de renforcer les solidarités collectives.** L'entreprise, microcosme de la société, devient alors le lieu de cette coopération et de cette intégration.

**Or, l'entreprise est d'abord le lieu de combinaison des facteurs de production pour aboutir à un produit.** « *Elle ne peut pas être considérée comme une communauté d'égaux qui coopéreraient ; elle est bien plutôt éclatée entre des logiques et des légitimités diverses.* »

Ces contradictions sont fondées sur la domination de la pensée économique qui assigne au travail une place centrale et sur le dépérissement de la politique.

## 3) Pour un nouveau modèle de société

### A. La critique de l'économie

**L'économie est devenue la science dominante de notre temps.** Elle constituerait la meilleure solution au problème du lien social. Grâce à l'échange, les individus mus par le désir d'abondance tissent des liens non volontaires. Il en découle ainsi un ordre social naturel. Son objet est l'accroissement des richesses et les moyens d'y parvenir. Le problème de la répartition est secondaire. L'économie ne fait que « *dévoiler la répartition naturelle* ». Mais « *on sait pourtant qu'il n'existe pas de loi naturelle. Il n'y a pas plus de contribution naturelle et calculable d'un individu à la production que de valeur naturelle du diplôme. Pourquoi un diplôme de polytechnicien, d'énarque ou d'élève d'une école de commerce devrait-il être plus payé qu'un autre, pourquoi posséder un tel diplôme signifierait-il une plus grande contribution à la production ?* »

**L'économie se croit donc neutre vis-à-vis de toute conception éthique ou philosophique.** Elle prétend à l'universalité de ses catégories. Ainsi, l'ensemble des activités humaines peut être inclus dans son champ d'analyse. Mais c'est oublier les conditions historiques de sa naissance. « *Au lieu de reconnaître qu'elle s'enracinait dans l'histoire, elle a transformé le contexte de sa naissance et les données historiques du problème qu'elle avait à résoudre en données universelles.* »

**Elle s'est donc substituée dès le XVIII^e^ siècle à la politique.** Dans la mesure où elle a réduit l'objectif de toute société à l'abondance, il n'y a plus de débat possible sur les fins, mais seulement sur les moyens. La classe politique est alors réduite à une technocratie spécialisée dans le choix des moyens.

## B. La nécessaire réinvention de la politique

**Les questions urgentes posées aujourd'hui (cohésion sociale, exclusion, inégalités) exigent de redéfinir les fondements du lien social.** « *Nos sociétés occidentales industrialisées traversent aujourd'hui une crise où leur capacité à constituer un lieu d'ancrage des identités individuelles est en jeu.* »

**Il est donc nécessaire de subordonner l'économie à la politique.** Nous devons réfléchir à une nouvelle « *représentation de la société comme une communauté ayant un ou plusieurs biens propres (parmi lesquels sa propre cohésion)* » et à « *une conception de l'État comme symbole de l'unité sociale et comme instance utilisant de façon légitime les instruments propres à rendre celle-ci concrète* ».

## C. Le désenchantement du travail

**La place du travail doit être diminuée au profit d'autres logiques, d'autres valeurs exerçant les fonctions d'épanouissement de la personne et de lien social.** « *Le travail est chargé de toutes les énergies utopiques qui se sont fixées sur lui au long des deux siècles passés. Il est "enchanté" au sens où il exerce sur nous un "charme" dont nous sommes aujourd'hui prisonniers. Il nous faut maintenant briser le sortilège, désenchanter le travail.* »

**On doit alors revoir l'organisation du travail dans sa fonction de distribution des richesses, c'est-à-dire repenser la répartition.** La société nouvelle devrait garantir un égal accès au travail, viser à un partage acceptable de l'ensemble travail, revenu, statuts, protections, et enfin accepter d'autres moyens de distribution du revenu que le seul travail.

Il s'agit d'un ouvrage extrêmement documenté, qui s'inscrit de façon critique dans le large courant de réflexion actuel autour du travail. Si la conclusion (la nécessaire transition vers une société où l'économique ne serait plus dominant) peut paraître utopique car difficile à mettre en œuvre, elle met l'accent sur la nécessité de remettre le travail à sa place, et de « réenchanter » le monde à travers d'autres espaces que celui de la production.

# 70 La fin du travail

## Jeremy Rifkin

Publié en 1995 aux États-Unis, la traduction française de cet ouvrage (La Découverte, 1997, 460 p.) est complétée d'une préface de Michel Rocard et d'une postface d'Alain Caillé. Le texte en lui-même est partagé en cinq chapitres : les deux premiers traitent des révolutions industrielles ; les deux suivants des conséquences de la troisième révolution industrielle sur l'emploi et les inégalités sociales ; le dernier, intitulé « l'aube de l'ère postmarchande », est centré sur les solutions proposées par l'auteur pour sortir de ce qui est, pour lui, une crise de civilisation.

## 1) Les révolutions industrielles

### A. Les deux visages de la technologie

**La société moderne voue un véritable culte à la technologie**. Les « *utopistes technologiques* » (des industriels, des ingénieurs voire des écrivains de science-fiction) estiment qu'elle est susceptible de résoudre tous les problèmes que rencontre l'humanité. Les économistes participent à cette célébration en affirmant qu'elle crée plus d'emploi qu'elle n'en détruit. En s'appuyant sur la théorie de J.-B. Say selon laquelle « l'offre crée sa propre demande », la « théorie du déversement » expose les mécanismes par lesquels l'emploi se déverse des secteurs primaire et secondaire vers le secteur tertiaire.

**Le progrès technique détruit des emplois**. La théorie du déversement est, aujourd'hui, invalidée par la troisième révolution industrielle qui détruit des emplois dans tous les secteurs y compris dans les services en raison de l'informatisation de ces activités. « *L'informatique et les télécommunications menacent des dizaines de millions d'emplois dans les années à venir* », nous dit Rifkin. Le déversement des emplois ne se fait plus et nous sommes, aujourd'hui, en présence d'un chômage d'origine technologique.

### B. La troisième révolution industrielle

**Nous sommes entrés dans une société de l'information**. La troisième révolution industrielle fondée sur l'informatique et les télécommunications nous fait entrer dans la société de l'information et du savoir. Amorcée dès la fin de la Seconde Guerre mondiale, cette révolution ne commence qu'aujourd'hui à peser sur la manière dont sont organisées les activités économiques.

**Le postfordisme accroît les contraintes exercées sur les travailleurs**. Dans le domaine industriel, l'ancienne organisation du travail, trop hiérarchisée, a laissé place à un postfordisme dont l'objectif est d'accroître la productivité grâce à une plus grande rapidité de transmission des informations. Cependant, les contraintes exercées sur les travailleurs se sont accrues avec le développement des flux tendus. Afin de répondre plus rapidement aux demandes des clients,les entreprises ont intensifié le travail, développé le « *management by stress* » et, finalement, réduit l'autonomie des salariés.

## 2) Les conséquences de la troisième révolution industrielle

### A. Le déclin mondial du travail

**L'emploi est en voie de disparition dans l'agriculture et l'industrie.** Les pays en développement prennent l'agriculture des pays développés comme modèle. L'emploi agricole devrait donc fortement régresser à l'échelle de la planète. « *Pour des centaines de millions de paysans du monde entier, c'est l'horizon de leur élimination définitive du processus économique qui s'avance.* » Par ailleurs, l'automatisation et l'informatisation de l'industrie sont un phénomène mondial. La conséquence prévisible est que « *d'ici au milieu du siècle prochain, les travailleurs en col-bleu seront tombés dans les oubliettes de l'histoire* ».

**L'informatisation va considérablement réduire l'emploi dans les services.** La troisième révolution industrielle permet l'informatisation des services et, pour la première fois, l'augmentation de la productivité dans ce secteur. L'augmentation de l'emploi devrait donc se ralentir à l'image de ce qui se passe déj à dans le commerce et l'hôtellerie qui étaient pourtant à la pointe des créations d'emploi au cours des deux dernières décennies. Or, aucune autre branche hormis celle du savoir ne semble susceptible d'émerger. Cette menace pèse d'abord sur les emplois peu qualifiés : « *les secrétaires seront les premières victimes de la révolution bureautique.* » Mais tous les emplois sont menacés puisque « *la machine intelligente remonte imperturbablement la hiérarchie administrative, phagocytant non seulement les tâches administratives simples, mais aussi les travaux classiquement du ressort de l'encadrement* ». Le secteur tertiaire ne pourra donc pas accueillir la totalité des millions de chômeurs rejetés par les secteurs primaire et secondaire. Nous progressons donc vers une « *société de l'information presque dépourvue de travailleurs* ».

### B. La progression des inégalités et de la violence

**Les gagnants de la troisième révolution industrielle sont les actionnaires et l'élite des travailleurs du savoir.** Groupe social dominant de la société industrielle, les propriétaires d'entreprises bénéficient, aujourd'hui, de la hausse du cours des actions consécutive aux vagues de licenciement. Cependant, le groupe social qui devrait être le principal bénéficiaire de la société de l'information est celui des travailleurs du savoir. « *Ce sont les créateurs, les manipulateurs, et les pourvoyeurs du flot d'informations qui caractérise l'économie mondiale postindustrielle et post-tertiaire.* » L'élite de ces travailleurs du savoir est en train de se constituer en nouvelle aristocratie. Le fossé qui les sépare des « *multitudes mal payées du tertiaire* » est en train de se creuser.

**Les perdants sont les ouvriers et les membres des classes moyennes.** La diminution de l'emploi industriel a favorisé la constitution d'une « *nouvelle armée de réserve* » composée de travailleurs précaires dont la concurrence tire les salaires ouvriers vers le bas. Les classes moyennes américaines sont également victimes des licenciements, de la baisse des salaires et de la multiplication des emplois à temps partiel. Ce « *déclin des classes moyennes* » a été atténué par l'arrivée sur le marché du travail des épouses des cadres moyens. Cependant, l'augmentation du nombre des salariés à temps partiel au sein d'une famille ne permet pas toujours de compenser la perte d'un emploi à plein temps et bien rémunéré. Cela donne parfois aux observateurs l'illusion d'une société prospère et créatrice d'emplois.

**La violence est une des conséquences de la progression des inégalités**. La coexistence d'une Amérique extrêmement riche et d'une autre extrêmement pauvre conduit Robert Reich, ministre du Travail, à s'interroger sur la solidité du lien social : « *que doivent les uns aux autres les membres d'une même société qui n'habitent plus dans la même économie ?* » Rifkin rappelle que cette inégalité est source de violence et de répression : 3 % des Américains ont affaire avec la justice ou sont en prison. L'exclusion d'une partie d'entre eux du marché du travail contribue à la réduction du nombre des chômeurs.

## 3) L'aube de l'ère postmarchande

### A. Ni le marché ni l'État ne peuvent être la solution à notre crise de civilisation

**Le marché détruit du travail**. Sur le marché du travail, le libre jeu de l'offre et de la demande aboutit à une diminution des salaires et du travail. Alors que les salariés à temps plein travaillent de plus en plus, le nombre de personnes en situation de sous-emploi augmente. Le nombre d'emplois peut augmenter, comme c'est le cas aux États-unis, mais ces emplois sont souvent peu qualifiés, peu payés et à temps partiel. Ils n'offrent pas à leurs détenteurs un statut social valorisant et devraient disparaître en raison du progrès technologique. Le marché n'apportera pas spontanément de solutions à cette crise.

**L'action de l'État est neutralisée**. L'État n'est pas en mesure de corriger cette évolution spontanée car la crise financière qu'il connaît actuellement l'empêche de jouer son rôle « *d'employeur en dernier ressort* ». La mondialisation de la concurrence a réduit le pouvoir de l'État sur les agents économiques nationaux. Sur le long terme, le passage à une société de l'information « *réduit encore d'avantage l'importance de l'État-nation en tant que garant du bon fonctionnement du marché* ».

### B. Baisse du temps de travail et développement du tiers secteur constituent les solutions

**La baisse du temps de travail est une solution partielle à cette crise**. La baisse du temps de travail est une nécessité. Rifkin reprend à son compte l'analyse d'un syndicaliste américain : « *le temps libre est une certitude. À nous de choisir entre chômage et loisirs.* » Cette diminution a permis jusqu'à maintenant de compenser les pertes d'emplois mais cela ne sera plus le cas à l'avenir en raison de l'extension des gains de productivité aux services.

**Le développement du tiers secteur est la solution préconisée par Rifkin**. Ce tiers secteur est constitué par l'ensemble des activités « *dans lesquelles les accords fiduciaires cèdent le pas aux liens communautaires* ». Rifkin donne comme exemple d'activités relevant de ce secteur le militantisme associatif ou mutualiste, le bénévolat, le travail social, etc.

Ce tiers secteur devrait permettre de créer de la solidarité et du lien social en se substituant partiellement au marché et à l'État. Il faut, selon l'auteur, réintroduire au niveau local une solidarité que l'État-providence a prétendu gérer de façon centralisée. Il s'agit de « *recréer des collectivités locales viables qui protégeront les individus des forces impersonnelles du marché mondial et d'autorités centrales de plus en plus faibles et incompétentes* ».

Le rôle de l'État devrait alors se borner à aider au financement du tiers secteur. Cela pourrait se faire sous forme d'exonérations fiscales dont bénéficieraient les associations. Cela pourrait également prendre la forme d'un « *salaire social* » attribué à des millions de pauvres en échange de leur travail dans l'économie sociale. Rifkin envisage enfin la création d'un « *revenu social* » destiné aux travailleurs qualifiés afin de les attirer dans le tiers secteur. La TVA pourrait être utilisée afin de financer ces dépenses publiques.

Le premier mérite de l'ouvrage de Rifkin est de nous inviter à remettre en question nos certitudes. Que le progrès technique crée des emplois est pour les économistes une évidence maintes fois mesurée. Il convient, toutefois, de distinguer le travail de l'emploi. Or, dans le cas de la France, si l'emploi a effectivement augmenté en un siècle, le volume de travail (le nombre d'heures de travail mis en œuvre) a très nettement diminué. La diminution du travail se traduit-elle automatiquement par des créations d'emplois ? Rifkin répond par la négative et nous invite à reconsidérer la théorie du déversement.

Le second mérite de « La fin du travail » est de nous proposer les pistes pour lutter contre le chômage. La loi française sur les « 35 heures » et les créations des « emplois-jeunes » s'inscrivent dans la logique de ses propositions. On peut craindre, cependant, que la coexistence d'un secteur productif et d'un tiers secteur n'officialise une société à deux vitesses.

# 71 Le chômage paradoxal

## Philippe d'Iribarne

Le chômage de cette fin de siècle défie autant les gouvernants que les économistes. Pourquoi cette diversité des taux de chômage malgré des évolutions conjoncturelles similaires ? Pourquoi cette diversité de la durée du chômage ? Pourquoi le maintien du chômage dans certains pays, même en période de « haute conjoncture » ? Ce sont les questions auxquelles tente de répondre Ph. d'Iribarne dans cet ouvrage (PUF, 1990, 170 p.).

Après avoir passé en revue les différentes explications du chômage et en avoir posé les limites, l'auteur invite à une approche plurielle « *intégrant l'histoire, les institutions et la culture dans l'analyse économique* ».

La construction de l'appareil productif et le fonctionnement du marché du travail ne sont pas seulement, selon lui, régis par une logique universelle de concurrence mais par l'existence de logiques sociales propres à chaque pays. C'est à l'étude des interférences entre ces deux logiques dans différents pays que l'auteur procède, le cas exemplaire de la France étant particulièrement détaillé.

## 1) Les interférences entre logique marchande et logique statutaire : diversité des situations nationales

### A. Le cadre d'analyse

**Deux logiques de fonctionnement du marché du travail interfèrent : logique marchande et logique statutaire.** La logique marchande est celle de la mise en concurrence. Elle refuse les distinctions entre les personnes. « *Elle conduit chacun, soumis à la pression de la concurrence, à ne pouvoir se fournir ou offrir ses services qu'au prix du marché.* » La logique statutaire à l'inverse reconnaît les êtres humains comme marqués par un statut. Elle opère alors des distinctions selon la nationalité, le sexe, l'âge… et établit des règles de rétribution en corrélation avec ces différences. « *Pendant que la première de ces logiques oppose le compétitif au non compétitif, le rentable au non rentable, la seconde oppose le légitime au non légitime.* »

**Deux modèles de plein emploi difficiles à combiner découlent de ces logiques.** Dans la logique marchande, « *le plein emploi suppose que le fonctionnement réel du marché soit identique à celui du marché parfait* ». Ce sont alors en particulier les rigidités de salaires qui sont génératrices de sous-emploi. Dans la logique statutaire, « *le plein emploi repose sur le fait que la communauté assigne à chacun une place* (un statut) impliquant une certaine insertion dans le processus de production et le protège de toute concurrence susceptible de lui faire perdre sa place ». Toutes les sociétés associent les deux logiques. Le problème est alors de savoir quelles sont les combinaisons de ces deux logiques plus ou moins génératrices de chômage, dans un contexte mondial qui s'est profondément transformé.

**Au cours de ces dernières décennies, de nombreuses mutations affectent le relatif équilibre entre la logique de marché et les considérations de légitimité.** Pendant les Trente Glorieuses, le compromis taylorien régit la situation des moins productifs : les postes peu qualifiés abondent, et le niveau global d'études est peu poussé. Mais l'ouverture progressive des frontières, la montée des exportations des pays à bas salaires, et l'évolution des possibilités d'automatisation développent un handicap concurrentiel des moins qualifiés. Ces derniers se trouvent alors « *pris en tenaille entre une logique marchande qui pousse à réviser leur position à la baisse, et des considérations sociales relatives aux positions (et en particulier aux salaires) qui peuvent légitimement leur échoir* ». Ce sont les divergences entre ces deux logiques qui produisent des effets plus ou moins importants sur l'emploi selon les pays : dans certains, la baisse des salaires est acceptée, dans d'autres, elle est refusée et provoque alors l'exclusion du marché du travail.

## B. La diversité des réponses nationales

**Aux États-Unis, c'est la logique marchande qui domine.** « *Nulle part sans doute la distance n'est plus faible entre ce qui est conforme à une logique marchande et ce qui paraît légitime.* » La solution est la flexibilité des salaires : les hommes sont payés à leur « juste prix », c'est-à-dire en fonction de leur efficacité supposée. On a donc vu se développer des emplois tertiaires peu qualifiés où les individus les moins performants restaient compétitifs. Ces emplois sont d'autant plus facilement acceptés que le problème de leur honorabilité ne se pose pas. Ainsi, les États-Unis ont-ils connu, en dehors des chocs pétroliers, une relative stabilité de leur taux de chômage, avec un chômage frictionnel assez élevé mais un faible chômage de longue durée.

**La Suède est marquée par une forte pression communautaire.** Les niveaux de chômage y sont assez bas jusqu'à une date récente. On peut parler de modèle communautaire dans la mesure où « *la collectivité prend tout le monde en charge, tout en exerçant une forte autorité sur ses membres* ». Cela passe par une politique très développée d'aide étatique aux moins employables ; en revanche, un chômeur ne peut refuser un emploi proposé.

**Le Japon est caractérisé par le dualisme.** On y observe une capacité à créer des secteurs peu performants abrités de la concurrence internationale dans les services marchands et même dans l'industrie où les éléments les moins compétitifs peuvent trouver leur place. Ceci conduit donc à une évolution très différenciée de la productivité et des salaires. Ce dualisme est rendu possible par l'absence de distinction entre activités plus ou moins nobles, et l'absence d'attachement au métier.

**En revanche, la Communauté européenne semble plus attachée à des identités professionnelles bien définies et son chômage demeure à un niveau élevé.** La productivité y a progressé de façon homogène et l'écart intersectoriel des salaires est faible, un peu comme si on s'y refusait de laisser la logique du marché régir la hiérarchie des salaires. Ainsi, on peut faire l'hypothèse que les différences entre les pays où le chômage est peu éloigné de ce qu'il était il y a vingt ans et ceux où il a fortement crû sont liées à la difficulté de concilier dans ces derniers les considérations marchandes et les considérations de légitimité.

## 2) Le « chômage paradoxal » en France

### A. Les résistances au « *déclassement* » et l'émergence de catégories peu employables

**La logique de statut occupe une place centrale dans la société française.** Les diverses positions professionnelles sont très hiérarchisées selon une échelle de prestige fondée en grande partie sur le niveau de diplôme. Ainsi, il importe pour chacun de « *tenir son rang* ». On considère donc qu'un emploi est « acceptable » pour un chômeur lorsqu'il n'entraîne pas de dégradation de son salaire ou d'un autre aspect de son travail, et pour un jeune sorti du système éducatif lorsqu'il n'est pas inadéquat à la formation reçue. Tout écart par rapport à cette « norme » est vécu comme un « *déclassement* » ou une « *déqualification* ». Vont alors se produire des résistances au déclassement assimilables parfois à du chômage volontaire : refus de l'emploi proposé et surtout allongement de la durée du chômage. Ces résistances peuvent provoquer des modifications des choix d'organisation des entreprises privilégiant l'automatisation de tâches considérées comme peu nobles et favorisant ainsi les emplois qualifiés. L'ampleur des résistances au déclassement est une constante de la société française. Le problème actuel est la montée de catégories peu employables.

**La montée de catégories peu employables est le résultat de plusieurs événements.** D'une part, l'explosion scolaire et la hausse du nombre de diplômés qui l'accompagne ont été plus fortes que l'augmentation des emplois qualifiés. Entre 1962 et 1985 par exemple, le nombre d'emplois de cadres et de professions intermédiaires a quasiment doublé tandis que la population étudiante faisait plus que quadrupler. D'autre part, comme dans les autres pays industriels, l'ouverture des frontières, le progrès technique et la remise en cause de l'organisation taylorienne du travail, augmentent l'avantage concurrentiel des plus qualifiés. Le conflit entre les considérations de concurrence et de légitimité s'aiguise alors, et comme il est impossible de baisser les salaires, le chômage des moins qualifiés augmente.

### B. La montée du chômage global

**Le gonflement de catégories que des raisons sociales mettent en situation concurrentielle difficile a joué un rôle décisif dans l'évolution du taux de chômage global.** Il provoque un chômage de segmentation, lié aux désajustements qualitatifs entre offre et demande de travail, et un chômage « *lié aux aspirations de la main-d'œuvre* », qui s'ajoutent à un éventuel chômage classique ou keynésien. En situation de haute conjoncture (la fin des années quatre-vingt par exemple), ces types de chômage résistent et expliquent le maintien d'un taux de chômage global élevé.

**La reconnaissance du poids des racines socioculturelles du chômage propres à chaque pays implique une révision des politiques d'emploi.** Quelques pistes peuvent être proposées. D'abord, il est nécessaire de « *limiter la pression du marché à un niveau compatible avec les conceptions relatives aux positions légitimes* ». Entretenir quelques secteurs protégés, à faible productivité, comme le fait le Japon, est souhaitable. Ensuite, il faut « *revoir la politique d'éducation, en donnant le pas à l'amélioration de la qualité de la formation, à diplôme donné, sur l'inflation des diplômes* ». Sinon, le mouvement général de « déclassement » s'accentuera. On doit enfin trouver une place aux moins compétitifs, en développant les entreprises d'insertion.

**Des facteurs extra-économiques influencent donc de manière diversifiée les fonctionnements des marchés nationaux du travail.** On peut les représenter selon le schéma suivant :

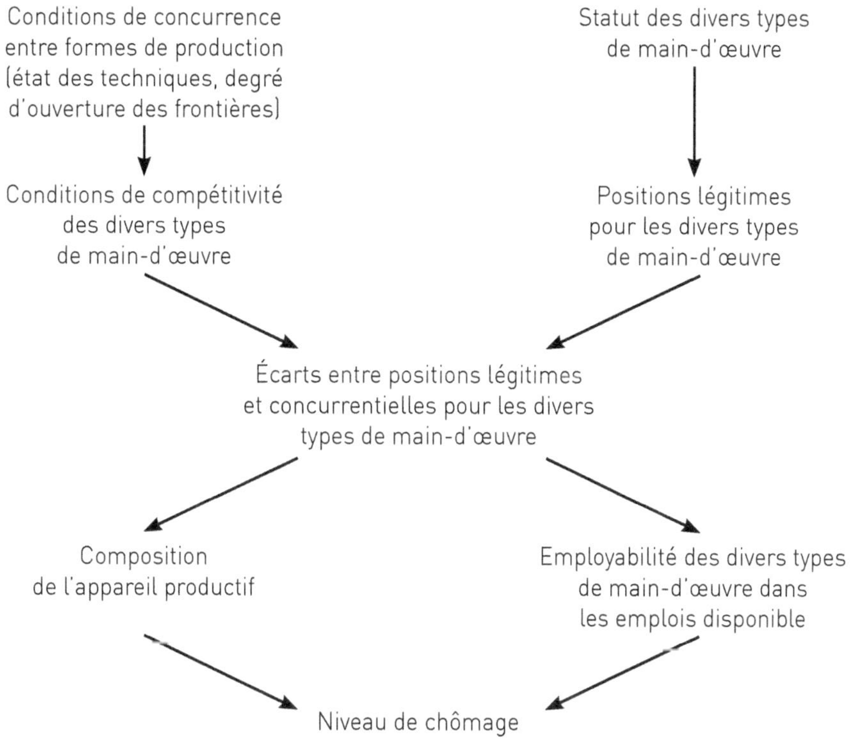


L'intérêt de l'ouvrage est de tenter d'expliquer les disparités nationales en matière de chômage et de montrer que les théories classiques, trop universalistes et abstraites, ne peuvent en rendre compte. L'économie doit s'ouvrir à d'autres disciplines telles que la sociologie et l'histoire et intégrer de la sorte les contextes institutionnels, sociaux et culturels de chaque nation pour comprendre les contraintes sociales qui pèsent sur le fonctionnement des marchés du travail. L'auteur nous invite donc à la combinaison de l'approche économique et sociologique.

# 72 Le travail en France

## Olivier Marchand et Claude Thélot

L'ambition des deux auteurs de cet ouvrage (Nathan, 1997, 255 p.) est de retracer l'évolution du travail en France de 1800 à 1996 en croisant les analyses historiques, économiques et sociales. Les trois premiers chapitres sont consacrés à la population active ; le chapitre 5 traite de la structure sociale ; les quatre autres sont consacrés la qualification de la main-d'œuvre, au temps de travail, à la productivité du travail et aux salaires. Les séries statistiques qui servent de référence aux auteurs sont rassemblées en fin d'ouvrage.

## 1) La population active

### A. L'augmentation de la population active

**La population active augmente rapidement au cours du XIXe siècle.** Forte au début du siècle, cette croissance se ralentit pourtant après 1850. Les facteurs démographiques expliquent la majeure partie de cette croissance mais la hausse des taux d'activité masculin et féminin renforce cette évolution. Le décollage économique du pays à partir des années 1830 est à l'origine de cette flexion des taux d'activité.

**La période 1911-1962 constitue un palier**. Le nombre d'actifs est même légèrement inférieur en 1962 à son niveau de 1911 alors que le territoire était amputé de l'Alsace et de la Lorraine. Entre 1931 et 1935, la population active diminue de 1,2 million de personnes. La crise économique est évidemment à l'origine d'un retrait d'un certain nombre de personnes de la population active. Les taux d'activité diminuent et celui des femmes, en baisse depuis 1906, retrouve en 1962 le niveau qu'il avait en 1806. Mais l'essentiel de cette évolution est d'origine démographique : le déficit des naissances lié à la guerre de 14-18 s'est traduit par une diminution des jeunes actifs au cours des années trente.

**L'augmentation de la population active depuis 1962 est spectaculaire** (de l'ordre de 1 % par an sur l'ensemble de la période). Elle s'explique par des phénomènes démographiques (arrivée des jeunes du baby-boom sur le marché du travail, rapatriés d'Algérie en 1962, immigration forte jusqu'en 1975). Globalement l'effet des taux d'activité est légèrement négatif puisque l'augmentation importante du taux d'activité des femmes âgées de 25 à 54 ans depuis le début des années soixante a été un peu plus que compensée par une baisse du taux d'activité des hommes, des jeunes (hommes et femmes) et des plus de 54 ans.

**La population active pourrait diminuer à partir de 2006**. Déj à l'accroissement de la population active s'est ralenti depuis 1982. Sous les hypothèses d'une stabilité du taux de fécondité, d'une immigration faible et d'une poursuite de la diminution du taux d'activité aux âges extrêmes de la vie active, la population active devrait culminer à près de 28 millions en 2006 (contre 26,6 millions en 1996) avant de diminuer. Un recul de cinq ans de l'âge de la retraite prolongerait et accentuerait la croissance de la population active qui ne diminuerait qu'à partir de 2040. Un tel scénario de remontée de l'âge de la retraite pourrait se justifier, selon les auteurs par « *l'allongement de l'espérance de vie en bonne santé, par la montée de l'âge d'entrée dans la vie active ou encore par les risques de déséquilibre des régimes de retraite* ».

## B. Les fluctuations puis l'explosion du chômage

**Le chômage se développe avec le salariat.** Le chômage n'est mesuré en France que depuis 1896. Cette notion n'a, en effet, pas de sens dans une société de travailleurs indépendants où le travail ne fait pas l'objet d'un échange marchand et où il n'y a pas de coupure entre le travail social orienté vers le revenu et le travail domestique destiné à satisfaire les besoins du groupe domestique. « *L'histoire du chômage est donc celle de l'extension du salariat.* »

**Le chômage reste faible au cours des trente premières années du XX$^{e}$ siècle.** En dépit des imperfections de l'appareil statistique, on peut estimer que le taux de chômage reste inférieur à 2 % exception faite de 1921, année ou l'économie est en crise. Toute cette période se caractérise par une croissance économique relativement soutenue qui a profité, en premier lieu, à l'industrie. L'emploi industriel progresse donc et compense la diminution de l'emploi dans l'agriculture.

**Le chômage augmente à l'occasion de la crise des années trente.** Ressentie tardivement, cette crise ne se traduit par une augmentation significative du chômage qu'au milieu des années trente : le taux de chômage culmine à 4,5 % en 1936 contre seulement 2,1 % en 1931. Pourtant l'emploi industriel a fortement pâti de la crise mais une partie des salariés privés d'emploi s'est retirée du marché du travail. La diminution du taux d'activité, celle du nombre des jeunes actifs nés pendant la guerre et l'imperfection de l'appareil statistique dans les campagnes expliquent que le chômage soit resté à un niveau qui nous paraît, aujourd'hui, faible.

**Les Trente Glorieuses sont une période de plein emploi.** « *Les "Trente Glorieuses" constituent véritablement une période de plein emploi, voire de suremploi* » en raison d'une croissance économique élevée. Le taux de chômage ne dépasse jamais les 2 % jusqu'au début des années soixante. Il augmente à partir de 1967 alors que la durée du chômage diminue. Ceci est caractéristique d'un chômage d'adaptation : entre l'offre et la demande de travail d'une part, entre l'offre et la demande de biens d'autre part, puisque cette période est marquée par des restructurations industrielles liées à l'internationalisation de l'économie française.

**La montée du chômage de masse (1974-1996).** Le chômage augmente très rapidement sur toute la période exception faite des deux périodes de reprise économique 1987-90 et 1994-95. En fin de période, le taux de chômage culmine à 12,3 %. S'il est légitime de parler de « *chômage de masse* », ce serait une erreur d'imaginer que la vulnérabilité de tous les groupes sociaux soit identique. Les taux de chômage des jeunes ainsi que celui des salariés peu ou pas qualifiés sont très supérieurs à la moyenne. Mais ces deux groupes ne sont pas dans une même situation : les jeunes sont fréquemment au chômage mais, pour la majorité d'entre eux, ils trouvent un emploi dans l'année qui suit leur inscription à l'ANPE alors que les personnes plus âgées sont moins souvent au chômage mais y restent plus longtemps. Pour les jeunes, la poursuite d'études est une stratégie individuelle pertinente pour trouver un emploi puisque le taux de chômage décroît avec la qualification.

## C. La qualité de la main-d'œuvre a progressé

**La formation de la main-d'œuvre est deux fois plus longue qu'il y a 100 ans.** Alors que les deux tiers des actifs ne savaient pas lire au début du XIXe siècle, seuls 10 % d'entre eux sont dans cette situation à la veille de la guerre de 1914. L'urbanisation de la société française et les progrès de la scolarité expliquent cette évolution. Les lois Guizot (1833) et Ferry (1880-1882) ont favorisé puis rendu obligatoire la scolarisation primaire qui ne devient effective pour l'ensemble d'une génération qu'au tournant du siècle. Cela se traduit par une augmentation de la durée moyenne des études qui s'accélère au cours des années soixante à la suite de la prolongation de l'âge de la scolarité de 14 à 16 ans. Le lycée ne devient un « *lycée de masse* » qu'à partir de la fin des années quatre-vingt et la scolarisation secondaire semble achevée au milieu des années quatre-vingt-dix puisque 68 % d'une génération parvient au niveau du bac. Cette massification du secondaire provoque une augmentation des flux en direction du supérieur et, en particulier, de l'université. Au total, la durée moyenne des études est passée de 4,3 ans en 1850 à 18,9 ans en 1995, l'âge moyen de sortie de l'école étant proche de 21 ans.

**Le capital humain a plus que triplé depuis deux siècles.** Pour les théoriciens du capital humain, la qualité de la main-d'œuvre est un des facteurs de la croissance économique, au même titre que le volume du travail et celui du capital. Le volume du capital humain qui est le produit du volume du travail par la qualité moyenne des actifs a été multiplié par (au moins) 3,3 entre 1831 et 1996. Son accroissement est particulièrement élevé depuis 1950 et résulte d'une progression rapide du nombre d'actifs et surtout de la qualité de ces actifs en raison de l'augmentation de la scolarité. Cette amélioration de la qualité de la main-d'œuvre se traduit, au niveau individuel, par une augmentation des salaires et, au niveau collectif, par une plus grande compétitivité.

# 2) La structure sociale

## A. La « *déprolétarisation* » des paysans

**La quasi-extinction des salariés agricoles** constitue, pour les auteurs, le phénomène majeur dans l'agriculture. En 1866, la France comptait 3,4 millions de salariés agricoles ; ils sont moins de trois cent mille aujourd'hui. Ce déclin date du milieu du XXe siècle et a alimenté pratiquement à lui seul l'exode rural jusqu'en 1914. « *Ce sont surtout les ouvriers agricoles qui partent en ville* », notent les auteurs, qui parlent de « *déprolétarisation des paysans* » pour résumer « *l'évolution de la structure interne de la classe paysanne.* »

**Le nombre des agriculteurs diminue après 1914.** Jusqu'à la Première Guerre mondiale, l'exode rural ne concerne que marginalement les agriculteurs dont le nombre se maintient au alentour de 5,8 millions. Il en va tout autrement après 1914. L'exode rural devient plus massif et s'étend aux propriétaires d'exploitation agricole. Le nombre d'agriculteurs diminue alors rapidement tout particulièrement sur la période 1965-1975. Ce déclin est plus rapide pour les agriculteurs non-propriétaires que pour les propriétaires. La part de ces derniers dans l'ensemble des agriculteurs augmente.

## B. Les indépendants : ascension-stabilité-déclin

**Le poids des artisans-commerçants-industriels diminue.** Ils représentaient 17,5 % des actifs sous le Second Empire ; ils ne représentent plus que 6,6 % de la population active aujourd'hui. Ce déclin semble enrayé depuis le début des années quatre-vingt. Les auteurs expliquent ce phénomène par une « *renaissance de l'esprit d'entreprise* » que favorisent les grandes et moyennes entreprises en externalisant leurs activités. En valeur absolue, l'évolution des indépendants non-agricoles est caractérisée par une ascension, une stabilité puis un déclin : ascension lors du décollage industriel, stabilité sous la III^e République, déclin depuis avec, semble-t-il, un nouveau palier depuis une quinzaine d'années.

**La frontière entre les ouvriers et les artisans est perméable.** La moitié des artisans et commerçants sont d'anciens ouvriers Pour les auteurs, cela « *illustre bien la proximité entre ces deux positions* ». Mais ce qui vaut pour les origines ne vaut pas pour les destinées : « *les chances des fils d'ouvriers d'accéder à l'artisanat ou au commerce sont actuellement modestes* » (un fils d'ouvrier sur 10).

## C. Progression et transformation du monde salarié

**Montée et déclin des ouvriers.** La montée des ouvriers est continue du début du XIX^e siècle jusqu'en 1980, à l'exception de la période correspondant à la crise de 1929. Il y avait 3,5 millions d'ouvriers en 1866 et 8,3 millions en 1982 au point culminant de cette ascension telle qu'elle est mesurée à l'aide des PCS. Cette croissance est maximum avant 1914 quand on la mesure en pourcentage et après 1945 si l'on s'en tient aux valeurs absolues. La baisse du nombre d'ouvriers depuis 1980 marque certainement la fin de cette évolution. Les auteurs jugent possible une quasi-disparition des ouvriers à l'image de ce qui s'est passé pour les actifs agricoles.

**Apogée et déclin de la domesticité.** L'apogée des cochers, maîtres d'hôtel, lingères, cuisinières et femmes de ménage se situe au début des années 1880. La domesticité (hors salariés agricoles) représente alors 1 100 000 personnes (300 000 hommes, 800 000 femmes). Leur déclin, après cette date, concerne d'abord les hommes dont les professions pouvaient soit être exercées par des femmes (cuisiniers) soit être supprimées (cochers). La domesticité féminine qui décline lentement après 1914 régresse rapidement au cours des Trente Glorieuses.

**L'irruption des employés et des cadres** constitue, pour les auteurs, le fait marquant de l'évolution de la structure sociale depuis 1945. Employés et cadres forment, pour les auteurs, le groupe social le plus important puisqu'il rassemble 60 % des actifs. Si cette évolution se poursuivait, la société française pourrait être « *constituée de 15 % de paysans, artisans, commerçants et ouvriers, et de 85 % de salariés tertiaires, employés et cadres* ». Cependant, une analyse plus fine de la structure sociale obligerait à opérer plusieurs distinctions à l'intérieur de ce « *groupe social* ». La première consiste à distinguer les cadres, des professions intermédiaires et des employés ; la seconde à séparer le magasin (commerce et industrie) du bureau (services non marchands).

## 3) Temps de travail, salaires et productivité

### A. La baisse historique du temps de travail

**La loi encadre la réduction du temps de travail.** Faute de système de contrôle efficace, les lois sur le temps de travail n'ont qu'une valeur symbolique tout au long du XIXe siècle : elles rappellent que la « *liberté* » du travail doit être limitée. À partir de 1890, la législation sur le temps de travail devient de plus en plus contraignante mais se contente, le plus souvent, d'officialiser et de régulariser des pratiques déj à existantes. La loi des 40 heures de 1936 fait exception à la règle puisqu'elle a été imposée par les pouvoirs publics.

**La référence prise pour mesurer le temps de travail s'est déplacée au cours du siècle.** Au début du siècle, l'objectif était de réduire la journée de travail. Entre les deux guerres, la volonté d'encadrer la durée hebdomadaire du travail s'est substituée à ce premier objectif. Depuis 1974, l'année de travail est devenue, selon les auteurs, la référence pertinente lors de toute négociation sur la durée du travail. Cette réduction annuelle du travail « *est devenue indissociable d'une politique plus générale de réorganisation des processus de production s'appuyant sur une moindre rigidité du droit du travail* ».

**La durée annuelle du travail a été réduite de moitié depuis cent ans.** Sur très longue période, le temps de travail annuel de tous les actifs occupés, salariés et non-salariés, à temps complet ou à temps partiel a diminué de 44 % entre 1896 et 1996 (1631 heures contre 2913). La durée du travail est restée pratiquement stable au XIXe siècle. Sa réduction s'est amorcée avant 1914 et s'est accélérée entre les deux guerres et au cours de la période 1965-1980. Ce processus s'est accompagné d'un mouvement d'uniformisation des durées offertes. Les années quatre-vingt marquent la fin de ces deux tendances. Les entreprises cherchent depuis à aménager le temps de travail et augmentent parfois la durée effective du travail à plein temps alors qu'elles multiplient les temps partiels.

### B. L'accroissement des salaires

**Le pouvoir d'achat du salaire ouvrier est multiplié par 7,5 entre 1820 et 1995** mais cette augmentation est irrégulière. Jusqu'en 1855, le salaire réel ne progresse pas. Il est, ensuite, multiplié par deux entre 1856 et 1914. Il ne progresse que faiblement au cours de la première moitié du XXe siècle alors que se mettent en place les prémices d'un système d'assurances sociales et que le temps de travail diminue.

« *L'amélioration de la condition ouvrière passe plus par le développement de la protection sociale et par une réduction du temps de travail.* » Au cours des Trente Glorieuses, de 1946 à 1976, le pouvoir d'achat de l'ouvrier est multiplié par 3,3, le rythme de sa croissance annuelle étant de 4 %. Depuis 1976, le salaire ouvrier progresse dix fois moins vite que durant les Trente Glorieuses à un rythme annuel de 0,4 %.

**Les inégalités salariales ont fortement diminué sur longue période.** Celles entre Paris et la province ont beaucoup diminué sans, pour autant, disparaître. Celles entre professions se sont fortement réduites : en 1820, un conseiller d'État gagnait 45 fois plus qu'un ouvrier ; il en gagnait 3,8 fois plus en 1948. Par contre, les inégalités de salaire entre les hommes et les femmes n'ont commencé à diminuer que tardivement (après 1921) et lentement : dans l'industrie, les ouvrières percevaient la moitié du salaire des hommes en 1821 comme en 1896 et un peu plus de 80 % en 1951.

## C. La croissance de la productivité

**La production a été multipliée par 10 au cours des cent dernières années mais cette progression est irrégulière.** La croissance annuelle moyenne du PIB est de l'ordre de 1,5 % pour la période allant de 1831 à 1911 avec une accélération au moment du décollage dans les années 1830 et un ralentissement entre 1866 et 1896. Par la suite, le taux de croissance du PIB est particulièrement élevé au cours des années vingt (3,6 % par an) et des Trente Glorieuses (5,1 %). En revanche, la croissance est faible de 1931 à 1949 et depuis 1974 puisque le taux de croissance du PIB, sur cette dernière période, est inférieur de moitié à celui enregistré précédemment. Sur très longue période (de 1896 à 1996), la production augmente de 2,3 % par an en moyenne, ce qui correspond à une multiplication par 9,95.

**Le volume de travail a diminué.** Le volume de travail, c'est-à-dire le nombre d'heures travaillées, est le produit de l'emploi par le temps de travail annuel. Il a diminué de 0,3 % par an au cours des 100 dernières années, les Trente Glorieuses étant la seule période au cours de laquelle le volume de travail ait augmenté (de 0,1 % par an en moyenne).

**L'heure de travail est 28 fois plus productive qu'au début de l'industrialisation.** Le décollage de l'économie française à partir de 1830 ouvre une période qui va durer soixante ans au cours de laquelle la productivité horaire du travail augmente de 1 % par an en moyenne. Cette croissance double au cours de la période suivante qui s'étend de 1890 à 1930 en raison de la diminution du temps de travail et des gains de productivité dans l'industrie dans les années vingt. Les vingt années suivantes marquent une première rupture puisque la croissance de la productivité se ralentit pour retrouver un rythme proche de celui du siècle précédent. Les Trente Glorieuses sont, au contraire, caractérisées par une croissance forte de la productivité (la productivité par tête croît de 4,6 % par an en moyenne et la productivité horaire de 5 %). La crise de 1974 constitue une seconde cassure puisque le rythme de croissance de la productivité a été divisé par deux depuis (la productivité par tête croît de 2 % par an et la productivité horaire de 2,8 %). Cependant, « *même ralenti, le rythme actuel est très élevé à l'échelle historique. [...] Nos années de "langueur" sont tout de même, au regard de l'histoire, des années de dynamisme* ». Au total, la productivité par tête a été multipliée par 15 depuis 1830 et la productivité horaire par 28.

La volonté affichée par Olivier Marchand et Claude Thélot de replacer les évolutions récentes de l'emploi en France dans une perspective de très long terme permet de relativiser les « ruptures » actuelles. Certains des choix opérés par les auteurs pour délimiter les groupes sociaux ou pour périodiser une évolution peuvent être contestés. Les nombreuses séries détaillées rassemblées en annexe permettent, le cas échéant, de le faire. C'est l à un des signes de la qualité de ce travail, que l'on souhaiterait voir étendre aux autres pays développés.

# 73 Retour sur la condition ouvrière

## Stéphane Beaud et Michel Pialoux

Écrit par deux sociologues français, Stéphane Beaud et Michel Pialoux, *Retour sur la condition ouvrière* a été publié en 1999 par Fayard et réédité en livre de poche dans la collection 10/18 en 2005. Cet ouvrage est le résultat d'un travail de type monographique mené pendant une quinzaine d'années auprès d'ouvriers travaillant dans les usines Peugeot à Sochaux. Suite à un certain nombre de publications annonçant la fin des ouvriers, ces deux sociologues se sont interrogés sur les transformations de ce groupe. Cela les a amenés à analyser les rapports entre l'école et l'usine ainsi que les relations intergénérationnelles, tant à l'usine que dans les familles ouvrières. Cet ouvrage de 468 pages est composé de 3 parties : les transformations de l'usine, le salut par l'école, la destruction du groupe ouvrier.

## 1) Les transformations de l'usine

### A. Les conditions de travail

**L'usine taylorienne était un agent de la socialisation ouvrière.** Implantée dès 1910 à Sochaux, l'usine Peugeot a connu un fort développement dans les années 1960-1970. Organisée sur la base du taylorisme et donc fortement hiérarchisée, elle était un lieu de tensions entre les ouvriers non qualifiés – les « Ouvriers Spécialisés » (OS) – et la maîtrise chargée de les encadrer. Caractérisé par une culture bien affirmée avec ses valeurs, ses normes et ses rites (la cigarette ou la bière sur le lieu de travail), encadré par des militants syndicaux, le groupe ouvrier « *pouvait se penser encore en terme de classe* » et « *offrait un cadre d'identification et de socialisation aux nouveaux venus dans le groupe* ».

**La modernisation de l'usine au début des années 1980 a modifié les relations entre les ouvriers.** Au début des années 1980 a été mise en place une nouvelle organisation du travail qui avait pour objectif d'augmenter la productivité du travail en renforçant l'implication des salariés. Au cœur de ce dispositif, la responsabilité des individus et/ou du collectif de travail sur la qualité des produits a partiellement substitué un autocontrôle du groupe à un contrôle disciplinaire exercé par la maîtrise.

« *Le groupe d'ouvriers est chargé de rappeler à l'ordre les déviants, ce qui entraîne la marginalisation de ceux qui ne veulent pas accepter les formes minimales de participation impérativement requises.* »

### B. Les stratégies patronales et les résistances ouvrières

**Le patronat a voulu à la fois moderniser techniquement l'usine et en finir avec certaines pratiques ouvrières.** La modernisation de l'usine est d'abord physique, avec la création de nouveaux ateliers plus propres et mieux dotés en robots. Mais cette modernisation physique se double d'une volonté de remettre en question des pratiques autrefois tolérées (les cigarettes, les bières...), qui sont des marques d'autonomie du groupe. Cette modernisation a donc été l'occasion de modifier et, finalement, de renforcer le cadre normatif en imposant de nouveaux interdits et de nouvelles obligations.

**Les ouvriers ont cherché à résister à ce nouveau cadre normatif.** Les ouvriers ont apprécié l'amélioration technique de l'outil de travail, mais beaucoup ont été réticents devant les nouvelles exigences qu'ont leur imposait. Il s'est développé une forme de « *résistance sourde, passive, marquée par la peur d'être désarmé, de ne pas se sentir à la hauteur* ». Cette résistance a pu s'exprimer à la suite des nombreux dysfonctionnements qui ont accompagné la mise en place des nouveaux ateliers, mais elle n'a jamais réussi « *à déboucher sur la définition d'objectifs stratégiques* ».

**À la suite d'une grève, la direction a toléré le retour de certaines pratiques anciennes tout en préservant ses objectifs** : l'augmentation de la productivité et de la qualité des produits du fait d'une plus grande implication dans le travail, d'une baisse de l'absentéisme et du maintien des cadences.

### C. Le blocage de la mobilité

**Le groupe des ouvriers professionnels a régressé.** Les ouvriers professionnels (OP) sont des ouvriers qualifiés qui formaient une « aristocratie ouvrière », servant de groupe de référence à l'ensemble des ouvriers. « *Ils incarnaient localement l'idéal du nous ouvrier.* » Or, depuis les années 1970, ce groupe des OP connaît un double déclin : numérique d'une part, puisqu'il est supplanté par celui des OS, et symbolique d'autre part, car le prestige social dont il était doté a été progressivement transféré au groupe des techniciens bénéficiant d'une formation post-bac.

**La diminution du nombre des ouvriers professionnels a réduit les possibilités de promotion sociale des ouvriers spécialisés.** On assiste à un « *grippage du système de promotion des OS* » et « *les possibilités d'échapper à la chaîne ou d'éviter les postes durs hors chaîne se raréfient* ». Cette concurrence accrue a favorisé le développement d'une forme de jalousie entre collègues.

## 2) Le salut par l'école

### A. La poursuite d'étude

**L'enseignement professionnel s'est éloigné de la culture ouvrière.** La réforme de l'enseignement professionnel s'est traduite par la création des « Bac professionnels » qui ont entraîné la dévalorisation des BEP et CAP. Ces « Bac pro » sont vécus par les enfants d'ouvriers comme une poursuite d'étude leur permettant d'échapper à la situation de leur père. En stage dans les entreprises, ils incarnent la modernité face à des ouvriers vieillissants. Ils sont des « vecteurs de cette nouvelle culture technicienne » qui valorise l'efficacité et la productivité. Ces élèves sont en rupture avec leur culture d'origine : « *les fils – élèves stagiaires, pleins de bonne volonté scolaire et professionnelle, et largement désouvriérisés – "tuent le père" ouvrier à l'atelier.* »

**L'enseignement général est un lieu d'acculturation pour les enfants d'ouvriers.** Certains enfants d'ouvriers vont au lycée général dans l'espoir d'échapper à la condition ouvrière. Ils y côtoient des lycéens issus des classes moyennes et porteurs de nouvelles normes vestimentaires, langagières, comportementales… Cela débouche sur « *une lutte des classes au quotidien dont l'enjeu est la définition sociale du lycéen* », c'est-à-dire du comportement que le groupe de jeunes va considérer comme normal. La relation à l'institution ne va pas non plus de soi en raison d'une « *distance vis-à-vis de la culture scolaire* ». La solution à cette tension passe souvent par du « *bricolage, des combines pour faire face* ». Certains élèves se rassurent par une forme de conformisme scolaire qui donne la priorité au travail et au sérieux au détriment, parfois, du fond. D'autres élèves optent pour « *une contestation diffuse des normes scolaires* » dont les formes principales sont l'absentéisme, la fraude et le chahut.

**L'école est un facteur essentiel de la transformation du groupe ouvrier.** Quelle que soit la filière suivie, tous les élèves qui ont poursuivi des études en sortent avec une culture différente de celle de leurs parents. Le simple fait qu'ils aient un diplôme de niveau bac marque une distance entre les générations. « *L'allongement de la scolarité depuis quinze ans dans les milieux populaires entretient un rapport étroit avec la dévalorisation de la condition ouvrière.* »

### B. Les parents

**Les parents sont désorientés.** Les parents qui ont fait des études courtes incitent leurs enfants à faire des études longues. « *Dans ces lieux d'habitat où le sentiment de relégation sociale est très vif, l'école est l'objet d'un véritable "investissement" des parents.* » Mais ils ne connaissent pas le système scolaire et n'en comprennent pas toujours les logiques. « *La progression dans le système scolaire se fait le plus souvent " à l'aveugle".* » D'où un certain attachement à « *une tradition scolaire désuète, notamment à des emblèmes vieillots de l'ancien ordre scolaire (le cartable, le livre)* » qui les oppose à leurs enfants.

**La distance à l'école est encore plus forte pour les parents immigrés.** Ceux-ci n'ont aucune référence scolaire mais ils valorisent l'école sans toujours mesurer le décalage qui existe entre les résultats scolaires de leurs enfants et l'avenir objectif qui s'offre à eux.

### C. Le conflit générationnel dans les familles

**La scolarité des enfants favorise un conflit de génération.** Il se crée une opposition entre des parents qui survalorisent l'école et qui la souhaitent sévère, mais juste, et des enfants qui bricolent leur passage à l'école. « *Le passage par le lycée crée, et parfois avive, le conflit entre l'ethos ouvrier des parents et l'ethos lycéen des enfants.* » Les lycéens déplorent « *l'inculture* » de leurs parents, tandis que ces derniers leur reprochent soit d'être des « *snobinards* », soit d'avoir pris des libertés avec les exigences scolaires.

**Ces lycéens sont en rupture d'héritage.** Les lycéens issus d'une famille ouvrière ne se retrouvent plus dans la culture parentale qu'ils considèrent comme dépassée. Ils estiment leurs parents incapables de leur transmettre des valeurs et des normes adaptées à leur situation nouvelle.

## 3) La destruction du groupe ouvrier

### A. Le conflit générationnel à l'usine

**Il existe un conflit générationnel à l'usine.** La culture des jeunes, centrée sur la méritocratie, l'individualisme et la technicité, s'oppose à celle des « vieux » ouvriers faite de résistances à un ordre qu'ils considèrent comme imposé. Les jeunes cherchent à « *se tenir à distance d'eux, des rituels propres à l'ancienne génération* ».

**L'identité des jeunes ouvriers est incertaine.** Ces jeunes ont rompu avec une identité ouvrière oppositionnelle (« *ils ont perdu une espèce d'assurance de classe, même s'ils y ont gagné autre chose : une ouverture au monde, une curiosité, une sensibilité qui tend à les éloigner de leur culture familiale d'origine* »), mais ils ont le sentiment d'être une « *génération bernée* » dans la mesure où ils se retrouvent ouvriers.

## B. La crise du militantisme

**Les militants étaient valorisés dans les années 1970.** Les OS formaient une population privée de ressources culturelles qui comptait sur les militants ou sur le contremaître pour résoudre les problèmes. Les militants étaient valorisés à la fois parce qu'ils étaient ouvriers et parce qu'ils étaient dotés de ressources leur permettant de s'imposer, mais aussi de passer des compromis avec la maîtrise. Ils fournissaient des services aux OS et vivaient une sorte d'aventure intellectuelle qui les sortait symboliquement de leur condition.

**La nouvelle organisation de l'entreprise a déstabilisé les militants.** La culture d'opposition des militants est entrée en contradiction avec la culture managériale de la direction. Ces militants ont été présentés comme les défenseurs d'une ancienne morale qui n'avait plus de raison d'être. L'utilisation de jeunes intérimaires persuadés que la précarité est la norme a accentué la marginalisation des syndicalistes en rendant difficile le passage de relais entre les deux générations. Ces jeunes, qui ne se vivent pas comme des ouvriers traditionnels et ne se reconnaissent pas dans le vocabulaire syndical, « *sont sans porte-parole* » et dénoncent plus facilement les agences d'intérim ou l'État que la direction de l'entreprise dans laquelle ils travaillent. « *Ils sont bloqués à un stade d'expression "prépolitique" et "préouvrière", à l'écart des partis, des mots d'ordre, condamnés à une révolte individuelle.* »

## C. Les tensions racistes

**Les ouvriers immigrés ne sont pas l'objet d'une suspicion particulière.** Étant de moins en moins nombreux, de plus en plus âgés et, le plus souvent, sur des postes difficiles, les ouvriers « immigrés » ne sont pas vécus comme des concurrents par les ouvriers français.

**Les tensions racistes se cristallisent sur les jeunes issus de l'immigration.** Les jeunes issus de l'immigration constituent un point de fixation. Il est essentiellement reproché aux « familles immigrées » de faire trop d'enfants, de ne pas les éduquer correctement et de bénéficier de prestations sociales. Le racisme s'affiche parfois ouvertement et le vote ouvrier en faveur du Front national s'est développé.

**La respectabilité ouvrière est l'enjeu véritable des tensions racistes.** Le racisme ouvrier est l'expression d'une crainte de l'exclusion sociale. L'arrivée de familles immigrées dans un quartier est vécue comme un facteur de dévalorisation de l'habitat et la présence d'enfants issus de l'immigration dans les écoles est présentée comme une menace pour la réussite scolaire des autres enfants.

La grande originalité de Stéphane Beaud et Michel Pialoux est d'avoir analysé les conséquences de la scolarisation sur les transformations du groupe ouvrier et d'avoir insisté sur la coupure intergénérationnelle qui rend impossible la transmission de la culture ouvrière. Ils ont montré que la classe ouvrière traditionnelle était bien en voie de disparition, mais qu'il existait toujours des ouvriers assujettis à une domination qui, elle aussi, se transformait.

# 74 Le chômage, fatalité ou nécessité ?

## Pierre Cahuc et André Zylberberg

« *Nous connaissons aujourd'hui un peu mieux qu'hier les grandes lignes des réformes pour diminuer le chômage et créer des emplois.* » C'est à l'exposé de ces « *grandes lignes* » que s'attellent Pierre Cahuc et André Zilberberg dans cet ouvrage (Flammarion, 2005, 1re édition, 2004, 197 p.). S'appuyant sur les recherches les plus récentes, ces deux économistes étudient les mécanismes présidant au processus de destructions/ créations d'emplois dans les pays industrialisés et s'interrogent sur les moyens d'améliorer le fonctionnement du marché du travail.

## 1) Le nombre d'emplois ne se décrète pas

### A. Les destructions et les créations d'emplois accompagnent le processus de croissance

**Les destructions et les créations d'emplois revêtent une grande ampleur.** Dans tous les pays industrialisés, « *il y a quelque pertinence à envisager une loi des 15 % [...]. À l'échelle d'une nation, chaque année, environ 15 % des emplois disparaissent et chaque année environ 15 % d'emplois nouveaux apparaissent* ». Ce processus est principalement intrasectoriel. « *Jamais un secteur d'activité ne fait que créer, ou, à l'inverse, que détruire des emplois. Au contraire, tous les secteurs sont toujours en train de créer et de détruire beaucoup d'emplois.* » Par exemple, des emplois sont détruits dans le textile traditionnel tandis que d'autres sont créés dans les textiles artificiels. Dans certains secteurs, le nombre d'emplois détruits est un peu plus élevé que le nombre d'emplois créés (par exemple, le textile) ; dans d'autres cas, c'est l'inverse (par exemple, la pharmacie / parfumerie). Dès lors, la part des différents secteurs dans l'emploi total évolue, mais cette évolution s'effectue lentement.

**Le processus de destructions/créations d'emplois accompagne la croissance.** Selon J. A. Schumpeter, les innovations sont à la source d'un « *processus de destruction créatrice qui est la cause principale de la croissance* ». Les entreprises doivent sans cesse innover pour préserver ou améliorer leur rentabilité. Certaines échouent, d'autres réussissent, ce qui influe sur le nombre et la qualité des emplois. Cette « *destruction créatrice* » crée du chômage d'ampleur variable selon les pays car « *leurs marchés du travail sont organisés différemment* » (différences entre les systèmes de protection sociale, entre les procédures d'embauches et de licenciements...). Le processus de destructions/créations d'emplois attaché à la croissance « *forme la matrice principale des économies de marché fondées sur la propriété privée des moyens de production* ».

**Partager le travail pour diminuer le chômage est illusoire.** « *L'idée selon laquelle l'économie d'un pays, et a fortiori l'économie mondiale, contient un nombre fixe d'emplois ou d'heures de travail, devant être partagés d'une manière ou d'une autre,* est fausse. » Ainsi, l'afflux d'un plus grand nombre de candidats à l'embauche n'est pas cause de chômage : « le nombre des emplois rejoint plus ou moins vite le nombre de personnes désirant travailler. » Mais il est impératif que le capital nécessaire à la mise au travail des personnes désirant travailler soit disponible ou que rien ne s'oppose à ce qu'il le devienne. Par ailleurs, il est vain de croire qu'il suffit de réduire la durée du travail pour créer systématiquement des emplois et faire reculer le chômage : le nombre d'heures de travail dans une économie nationale n'est pas une donnée fixe mais varie selon l'activité des entreprises dans leur secteur.

## B. Les salaires jouent un rôle important dans le processus de destructions/créations d'emplois

**La hausse des salaires n'induit pas nécessairement celle du chômage.** « *Le salaire n'est pas (toujours) l'ennemi de l'emploi.* » En effet, tant que les employeurs réalisent un gain du fait d'une productivité du travail supérieure au montant du salaire, l'embauche s'accroît même quand les salaires augmentent. Ce processus trouve sa limite lorsque les salaires rejoignent le niveau de la productivité du travail. Ainsi, aux États-Unis, le salaire minimum est fixé à un bas niveau en regard de la productivité du travail. Son augmentation s'accompagne donc de l'accroissement du nombre d'emplois. En revanche, les hausses successives du SMIC en France l'ont amené à un niveau proche de celui de la productivité des travailleurs faiblement qualifiés, et ce d'autant plus que s'ajoutent des charges sociales élevées, contrairement aux États-Unis. Dans ces conditions, la hausse du SMIC risque de se traduire par une chute de l'emploi et la montée du chômage : « *tout laisse à penser qu'aujourd'hui, en France, le coût du travail au niveau du salaire minimum est l'ennemi de l'emploi.* »

**Il n'est pas nécessaire de diminuer les salaires pour stimuler l'emploi.** Le coût salarial peut être réduit par l'allègement des charges sociales sans diminution des salaires. « *L'efficacité des ces politiques ne fait guère de doute.* » La réduction des charges sur les bas salaires permet de doper l'emploi des travailleurs les moins qualifiés et améliore la compétitivité et la rentabilité des firmes. Celles-ci vont alors également embaucher davantage de travailleurs qualifiés. Finalement, la hausse de l'emploi réduira le coût financier pour les administrations publiques de la réduction des charges. En France, il faut donc poursuivre la baisse des charges entamée depuis plusieurs années. Refuser une telle politique, c'est courir le risque d'accroître les inégalités « *en empêchant les personnes les moins qualifiées d'accéder à un emploi* ». Pour financer l'allègement des charges sociales – en particulier celles afférentes aux bas salaires –, l'imposition des revenus des ménages les plus aisés doit être plus élevée. Mais cela ne peut suffire : « *faire payer les riches rapporte peu* ». L'augmentation des impôts doit concerner une plus large proportion de la population.

**Il faut renforcer l'incitation à travailler.** Lorsque travailler n'est pas assez rémunérateur, « *en moyenne, moins de gens iront travailler* ». En France, il en est ainsi des bénéficiaires des minima sociaux, versés au nom de la solidarité nationale, qui ne peuvent espérer accéder qu'à des emplois aux salaires peu élevés. Dès lors, l'incitation à la recherche d'emploi est faible pour la majeure partie de ces personnes. Celles-ci se trouvent alors enfermées dans une « *trappe à inactivité* » ou dans une « *trappe à chômage* ». Diminuer le montant des minima sociaux pour davantage inciter leurs bénéficiaires à rechercher un emploi ne ferait qu'augmenter la pauvreté et les inégalités. Augmenter fortement le salaire minimum pour qu'il soit incitatif à la recherche d'emploi risque de le placer au niveau de la productivité du travail et freinerait la demande de travail. Pour rendre le travail payant – ou plutôt très payant – il serait donc préférable que

« *l'État verse un supplément de salaire à toute personne bénéficiant du régime de solidarité si, et seulement si, elle trouve un emploi* ».

## 2) Il faut accroître l'efficacité de la recherche d'emploi et des politiques publiques

### A. Comment rendre plus efficace la recherche d'emploi ?

**La recherche d'emploi est une activité utile à la société.** Rechercher un emploi « *assure la réallocation de la force de travail vers les emplois les plus efficaces et constitue ainsi une source essentielle de la croissance. La recherche d'emploi est donc une activité économique utile. Il faut la rémunérer comme telle* ». De ce point de vue, « *le chômage est utile* ». Le versement d'allocations de chômage est donc justifié. Des allocations trop généreuses peuvent retarder la sortie du chômage. Mais, « *plutôt que d'"affamer les chômeurs", il faut chercher à élaborer un système juste et efficace, en rétribuant et en guidant la recherche d'emploi* ». Les chômeurs doivent bénéficier d'indemnités élevées à la condition qu'ils s'engagent à rechercher activement un emploi jugé convenable (la définition d'un emploi convenable devant être explicitée), que tout refus d'un emploi proposé soit fondé, qu'ils acceptent de suivre les programmes susceptibles de faire aboutir leur recherche d'emploi et enfin qu'un système de sanctions crédibles et explicites soit prévu en cas de manquement aux engagements contractés par les chômeurs.

**Protéger l'emploi peut générer des effets pervers.** « *Une législation rendant plus difficile les licenciements a un effet ambigu sur le volume d'emploi.* » Elle peut diminuer les destructions d'emplois mais aussi désinciter les entrepreneurs à en créer par crainte de ne pas pouvoir ensuite supprimer des emplois devenus non rentables. De nombreux travaux menés dans ce domaine montrent qu'une protection de l'emploi renforcée ne diminue pas le chômage et tend à accroître sa durée ; elle diminue le taux d'emploi (part des personnes occupant un emploi dans la population en âge de travailler), principalement des jeunes et des plus de 50 ans. Par ailleurs, « *la protection de l'emploi stabilise le revenu de certains salariés, mais au détriment d'un accroissement de l'incertitude pour les autres* » : par exemple, les entreprises sont amenées à recourir davantage aux contrats à durée déterminée (CDD) quand la législation protège l'emploi. Dès lors, les salariés en CDD subissent l'instabilité de leur emploi et de leur revenu, contribuant à creuser les inégalités de revenus avec les salariés titulaires d'un emploi protégé.

**Il faut protéger l'emploi efficacement.** « *Un mécanisme de bonus-malus dans lequel le taux de cotisation à l'assurance chômage d'une entreprise augmente avec le nombre de licenciements auxquels elle a procédé, permet de limiter les destructions d'emplois inefficaces.* » Il s'agit de taxer les destructions d'emplois et de subventionner les créations, ce qui réduit le coût du travail. Cette « *fiscalisation de la protection de l'emploi* » permettrait d'inciter les entreprises à ne pas recourir à des licenciements abusifs sans qu'il soit nécessaire d'exercer un contrôle bureaucratique excessif pour vérifier le bien-fondé des causes de licenciements. Par ailleurs, il faut alléger les coûts de reclassement des salariés que la législation de l'emploi fait peser sur les entreprises qui sont amenées à licencier pour des motifs économiques.

## B. Comment faire évoluer les politiques publiques ?

**Les politiques publiques d'éducation et de formation doivent être mieux ciblées.** La formation pour adultes défavorisés n'est pas socialement efficace et n'implique pas des hausses de revenus significatives pour ceux qui en bénéficient. « *Il vaut mieux subventionner l'embauche de cette catégorie de travailleurs grâce, par exemple, à des abaissements de charges sociales ou des réductions d'impôts.* » En revanche, « *les aides ciblées sur des jeunes enfants issus de milieux défavorisés sont* nettement plus efficaces que celles portant sur les adultes. » Ces aides sont d'autant plus efficaces qu'elles s'inscrivent dans des programmes mobilisant aussi les parents car le milieu social exerce une forte influence sur le devenir des enfants. Ces programmes améliorent surtout « les capacités non cognitives » (par exemple, la motivation, la capacité à nouer des relations sociales...) et pas ou peu les « capacités cognitives » (performances en termes de connaissances). Par ailleurs, « un saupoudrage des aides sur l'ensemble des enseignements primaires et secondaires n'est pas socialement efficace » : il faut au contraire concentrer les aides sur un nombre plus restreint d'établissements scolaires dont le public est ciblé.

**Il faut changer les politiques publiques de l'emploi.** Les aides à l'emploi dans le secteur public ou associatif consistent le plus souvent à « *créer des emplois d'une durée limitée accessibles à des publics en difficulté* ». Dans le secteur privé, la réduction des charges sociales et les subventions versées dans le but de favoriser l'embauche de publics ciblés constituent l'essentiel des aides à l'emploi. Plusieurs études tendent à montrer que les aides les plus efficaces et les moins coûteuses pour l'État concernent les subventions à l'emploi dans le secteur privé : les aides à l'emploi sont d'autant plus efficaces que l'emploi aidé correspond à un emploi régulier dans le secteur privé. L'efficacité de la formation en entreprise et des remplacements temporaires est moindre (pour ces deux cas, la probabilité de retrouver un emploi régulier est quasiment la même que pour un chômeur n'ayant pas participé à un programme d'aide). Enfin, l'emploi temporaire dans le secteur public et la formation hors entreprises constituent les aides à l'emploi les moins efficaces et les plus coûteuses pour l'État. Toutefois, « *dans tous les domaines où l'intervention publique apparaît complémentaire des activités du secteur privé, la création d'emplois publics est susceptible d'augmenter l'emploi privé* » (par exemple, une amélioration des transports publics nécessitant plus de personnels va favoriser l'activité économique du secteur privé).

L'ambition des auteurs de cet ouvrage est de contribuer à une meilleure connaissance du fonctionnement du marché du travail, afin de mieux comprendre les causes du chômage et d'élaborer des politiques publiques de l'emploi plus efficaces. En permanence, ils cherchent à ancrer leur démonstration sur les résultats de nombreux travaux de recherche internationaux. Mais certains de ces résultats sont contestés (par exemple, ceux concernant l'effet de l'allègement des charges sociales sur l'emploi). En outre, l'approche des auteurs est centrée sur les dysfonctionnements du marché du travail, particulièrement sur les facteurs qui brident l'offre de travail. Elle néglige alors d'autres facteurs, tels ceux qui limitent la quantité de capital disponible ou, au contraire, ceux qui expliquent pourquoi ce capital est sous-utilisé, rendant, dans les deux cas, la recherche d'emploi inefficace.

# 75 La question syndicale

## Pierre Rosanvallon

Entre 1976 et 1987, les syndicats en France perdent plus de la moitié de leurs adhérents, et le taux de syndicalisation y est aujourd'hui le plus bas des grands pays industriels. Ce déclin syndical ne s'explique pas seulement par des motifs d'ordre conjoncturel. Dans cet ouvrage (Calmann-Lévy, 1987, 268 p.), Pierre Rosanvallon démontre que « *c'est l'essence même du syndicalisme qui est actuellement mise en cause* ». La forme syndicale reposait sur trois fonctions : représentation des intérêts des salariés, régulation des conflits et organisation de la solidarité. Historiquement, le syndicat s'est construit comme un « fait social total » qui cumulait ces trois fonctions. Or, chacune d'elles s'est à la fois progressivement autonomisée et fortement modifiée. La perte de légitimité des syndicats renvoie au problème des nouvelles conditions de la gestion du social dans la société française de la fin des années quatre-vingt.

## 1) La fonction de représentation

### A. La crise de la représentation syndicale

**Historiquement, le syndicalisme s'est construit comme un « *fait social total* ».** Il est à la fois l'organe d'expression des revendications de la classe ouvrière, son instrument de lutte et de conquête sociale et une contre-société. « *Être adhérent ne signifiait pas seulement cotiser à une organisation, mais entrer dans une communauté.* » L'adhérent et le militant sont alors confondus.

**Or, le rapport des salariés à l'organisation syndicale s'est complètement modifié.** Les salariés ont une conception de plus en plus utilitariste du syndicat. Celui-ci devient un outil utilisé de manière ponctuelle. Le *turn-over* des adhérents, de l'ordre de 20 %, en est un signe. À l'adhérent-militant, se substitue l'adhérent-client.

**Par ailleurs, le fait syndical est aujourd'hui relativisé et banalisé.** Il est devenu une forme parmi d'autres de la représentation des intérêts d'un groupe. Ceci renvoie à un « *pluralisme sociétal* », l'individu trouve en effet sa place dans la société de multiples manières, en dehors des relations du travail. En outre, le mouvement syndical déborde largement la sphère du travail (syndicats de locataires, d'usagers du service public...). La notion de représentation n'est plus l'apanage du syndicat, elle se diffuse considérablement en particulier dans l'univers associatif. Cette banalisation du syndicat prend également la forme du développement des syndicats autonomes et catégoriels. En ce sens, on peut dire que la crise du syndicalisme est principalement celle des organisations confédérées.

### B. Syndicalisme de services ou syndicats sans adhérents ?

**On pourrait penser qu'une issue à la crise du syndicalisme réside dans le syndicalisme de services.** On observe en effet que les pays dont les taux de syndicalisation demeurent élevés (Allemagne, pays scandinaves) sont ceux où il existe un syndicalisme de services.

Cette constatation rejoint la thèse du « *sous-produit* » de Mancur Olson : l'acte d'adhésion n'est déclenché que s'il correspond à la fourniture d'un service. Au XIXe siècle, les premiers syndicats s'étaient construits autour de services aux adhérents : sociétés de secours mutuel, bibliothèques… Le modèle n'a pas été généralisé en France. Il semble aujourd'hui difficile de trouver une issue dans cette voie pour une raison commerciale puisque les « *produits* » proposés doivent être compétitifs et pour une raison culturelle.

**À la limite, on pourrait imaginer un syndicat sans adhérents.** Ces derniers seraient alors confondus avec les permanents. La légitimité du syndicat serait, comme dans le cas des partis politiques, purement électorale. Mais dans ce cas se poserait le problème du financement des organisations syndicales.

## 2) La fonction de régulation sociale

### A. L'institutionnalisation croissante du syndicat

**La naissance du syndicalisme a également répondu à une contrainte de régulation sociale.** À côté de la fonction de défense des intérêts d'un groupe social et de conquête sociale, le syndicat est dès sa naissance « *perçu aussi comme un principe d'organisation d'une société d'individus, nécessaire pour la rendre plus aisément gouvernable* ». Il permet de canaliser les revendications et de résoudre pacifiquement les conflits du travail. Dans la logique de Durkheim, il constitue une institution intermédiaire entre l'État et les individus atomisés. En France, à la fin des années quatre-vingt, on compte 430 000 « *représentants sociaux* », autant que de représentants politiques. Ces élus exercent une double tâche, interne et externe à l'entreprise.

**C'est surtout à l'extérieur de l'entreprise que leur rôle d'« *agence sociale* » s'est renforcé.** Ils participent à la gestion d'institutions économiques et sociales parapubliques : Sécurité sociale, Prud'hommes, Conseil économique et social… Bref, le syndicat devient un « *fonctionnaire du social exerçant des tâches d'intérêt général* », au grand bénéfice de l'État, « *qui limite ainsi ses engagements et assouplit les termes de son face-à-face avec la société* ». Cette dimension de gestion du social va probablement encore se développer. Elle dépend en effet moins de la représentativité que de la compétence technique des élus. En revanche, ces derniers doivent complètement réévaluer leur rôle à l'intérieur de l'entreprise.

### B. La régulation interne à l'entreprise

**Dans l'entreprise, la régulation des rapports sociaux est exercée par les délégués du personnel et les délégués au comité d'entreprise.** Ici, le syndicat doit affronter le défi du changement opéré par l'entreprise qui devient principalement un réseau d'informations. Or, « *dans une société d'information, il est indispensable qu'un* pluralisme de l'expertise existe et que des informations contradictoires ou complémentaires puissent être produites par des sources indépendantes ». Parallèlement à la direction ou à la hiérarchie, le syndicat doit alors faciliter la production et la circulation de l'information. Ainsi, « à la figure de l'acteur-protecteur relativement unifiée, se substitueront les nouveaux visages de l'agence sociale (dans la régulation sociale globale), du producteur et circulateur de l'information (dans la régulation des organisations) et de l'avocat-procureur (dans la gestion des crises) ».

## 3) La fonction de solidarité

### A. La crise morale du syndicalisme

**Enfin, l'essence du syndicalisme repose sur sa fonction de cohésion de la classe ouvrière.** Au XIXe siècle, le prolétaire désigne un homme exclu de la vie sociale, un citoyen de seconde zone. Le syndicat est alors la forme organisatrice de la culture du monde ouvrier. Il lui donne cohésion et identité à travers une conception du progrès social « *appréhendé comme un affrontement entre deux blocs* ». Cette culture de la séparation articule les éléments d'une sociologie, d'une économie et d'une morale implicites. « *La sociologie : une société coupée en deux. L'économie : un surplus virtuellement disponible pour le redistribuer. La morale : il est juste et légitime de revendiquer.* »

**Plusieurs facteurs contribuent actuellement à épuiser cette culture sociale.** Des facteurs sociologiques d'abord : le salariat est de moins en moins un bloc homogène. Des clivages apparaissent en son sein : chômeurs/non-chômeurs, salariés exposés/salariés protégés… Ainsi, disparaît le « *tiers responsable* », le bouc émissaire. Du point de vue économique, le surplus à partager s'amoindrit depuis les années soixante-dix. Enfin, le déclin des idéologies révolutionnaires oblige à repenser le concept de justice sociale.

**Le syndicat traverse alors une crise morale.** Sa force résidait auparavant dans l'identification de son action à l'idée de solidarité. Toute action, même localisée, avait tendance à se diffuser à l'ensemble de la population salariée (exemple de la quatrième semaine de congés payés aux usines Renault). Or, la question de la solidarité se pose aujourd'hui dans des termes nouveaux. Ainsi, au modèle de la diffusion du progrès social se substitue un modèle de la segmentation : ce que gagne un groupe de salariés l'est souvent au détriment d'un autre. Par ailleurs, le syndicat se trouve incapable de prendre en charge les situations d'exclusion les plus criantes. Enfin, la légitimité de certaines de ses revendications apparaît contestée et limitée par le « *coût de solidarité* » qu'elles risquent d'entraîner, ce que manifeste par exemple l'attitude de l'opinion publique à l'égard de certaines grèves du service public.

### B. La nouvelle tâche d'arbitrage social

**Le syndicat doit alors s'orienter vers une fonction d'« *arbitrage social* ».** Puisque c'est l'idée même de solidarité qui est ébranlée, il doit participer à une nouvelle définition des normes de solidarité, à la reformulation d'un « *intérêt général* » entre des revendications parfois contradictoires. Il a donc une fonction d'« *arbitrage social à l'intérieur de la population salariée* ». « *À côté de sa participation à la négociation collective (patronat/salariat), il doit être un instrument d'intra-négociation entre les salariés.* »

**C'est un profond changement culturel que doit affronter le syndicat.** Il doit en effet passer d'une philosophie de « *l'agrégation revendicative* » à une philosophie de la « *construction démocratique* », d'une « *culture de la mobilisation à une culture de la gestion* ».

**Cette nouvelle tâche correspond à un retour du politique, en ce sens qu'elle implique une réflexion sur la démocratie.** En effet « *penser la démocratie, c'est parler de la question de vivre ensemble, de la capacité d'accepter et de reconnaître les divisions et les différences, de la difficulté d'élucider les mécanismes par lesquels une société se donne implicitement des seuils de solidarité, se fixe silencieusement des remparts contre l'égalité qu'elle proclame* ».

La crise du syndicalisme est en définitive, selon l'auteur, celle de sa légitimité. Depuis sa naissance, le syndicalisme bénéficiait d'une légitimité sociologique, fondée sur la cohérence du groupe des salariés. Elle se trouve concurrencée par de nouvelles formes d'expression des travailleurs (groupes d'expression directe de la loi Auroux, coordinations, référendums dans l'entreprise...). Le syndicalisme, en perdant ainsi le monopole de la représentation sociale, est obligé de redéfinir sa spécificité, et de « *clarifier la nature du rapport qui le rattache aux salariés* ». P. Rosanvallon pense que c'est actuellement la CFDT qui a le plus avancé sur cette voie, non sans risques d'ailleurs.

# PARTIE VI

# État, justice sociale et inégalités

# 76 Léviathan

## *Traité de la matière, de la forme et du pouvoir de la république ecclésiastique et civile*

### Thomas Hobbes

Thomas Hobbes publie *Léviathan* en 1651. Son édition actuelle (Sirey, 1994, 780 p.), est une traduction du manuscrit original rédigé en anglais. Léviathan est le monstre de la mythologie phénicienne évoqué dans la Bible dans les deux premiers versets du 41e chapitre du livre de Job. Il s'agit d'un être au pouvoir immense que rien n'effraie mais qui, comme toutes les créatures terrestres, est mortel. T. Hobbes désigne par Léviathan le souverain ou l'État qu'il appelle également République. La République est un être artificiel créé par l'homme afin d'assurer sa défense et sa protection. La souveraineté est son âme. Les fonctionnaires et les magistrats sont ses articulations, leurs tâches judiciaires et exécutives sont ses nerfs. La prospérité et la richesse mesurent sa force. L'équité et les lois sont sa raison, la concorde désigne sa santé, les troubles civils déclarent sa maladie et la guerre civile cause sa mort.

## 1) En dépit de sa raison, la condition naturelle de l'homme est la guerre

### A. L'homme pense

**Les sensations sont toujours à l'origine de la pensée de l'homme.** La sensation est causée par ce qui exerce une pression sur les organes, comme le fait par exemple le son sur l'oreille. Les yeux fermés, l'homme conserve une image de ses sensations, appelée imagination. Elle se dégrade progressivement, on la nomme donc également souvenir. L'expérience provient d'une accumulation de souvenirs, elle explique la prudence. Il s'agit d'une prescience, c'est-à-dire de la capacité à anticiper. L'animal peut aussi être prudent et comprendre la volonté humaine, mais seul l'homme peut déceler les pensées d'autrui.

**Le discours mental est la succession des pensées, c'est-à-dire la consécution des imaginations.** Les pensées ne se succèdent jamais fortuitement : soit les pensées vagabondent, dans ce cas une idée en appelle toujours une autre ; soit les pensées sont guidées par un but. Les animaux comme les hommes sont capables de rechercher la cause d'un effet imaginé ou les moyens qui le produisent. En revanche, partant de l'observation d'une chose, seuls les hommes sont en mesure d'imaginer ce que seront ses différents effets et leur utilité éventuelle.

**La parole est essentielle à la pensée.** Elle consiste « *en des dénominations ou appellations et dans leur mise en relation, invention grâce à laquelle les hommes enregistrent leurs pensées, les rappellent quand elles sont passées et aussi se les déclarent l'un à l'autre, pour leur utilité naturelle et pour communiquer entre eux* [...] ». L'usage général de la parole permet de transformer le discours mental en discours verbal.

## B. La raison de l'homme le conduit à la science

**La raison de l'homme, qui est sa capacité à calculer, l'amène à la science.** À la différence de l'animal, l'homme cherche à savoir quelles sont les conséquences de ce qu'il conçoit, puis grâce au langage, il en tire des règles générales nommées théorèmes ou aphorismes qui l'amènent à la science. « *On voit par l à que la raison ne naît pas avec nous comme la sensation et le souvenir, et ne s'acquiert pas non plus par la seule expérience, comme la prudence, mais qu'on l'atteint par l'industrie* [...] *; pour en arriver à la connaissance de toutes les consécutions des dénominations qui concernent le sujet dont on s'occupe ; et c'est l à ce que les hommes appellent science.* »

**La science se distingue des sensations et elle n'est ni une opinion, ni une croyance.** La science est la connaissance de la consécution qui lie une affirmation à une autre : « *elle est conditionnelle ; c'est le cas, quand on sait si la figure proposée est un cercle, alors toute ligne droite passant par le centre la divisera en deux parties égales.* » Elle est la connaissance que l'on exige d'un philosophe puisqu'il prétend raisonner. Elle n'est donc pas comme la sensation et le souvenir, la simple connaissance du fait. La science n'est pas non plus une opinion qui est une affirmation non démontrée et éventuellement absurde ou incompréhensible. La science se distingue de la croyance et de la foi qui proviennent de ce qu'on ne met pas en doute ce qu'un homme ou une religion affirment.

**Les différentes sciences se distinguent selon la nature et l'objet des connaissances.** L'histoire est le registre des connaissances du fait, la philosophie est le registre de la science, c'est-à-dire de la connaissance et de ses conséquences. Elle se subdivise en philosophie naturelle qui étudie les accidents des corps naturels et en philosophie civile appelée aussi politique qui étudie les accidents des corps politiques. La philosophie naturelle regroupe la philosophie première, la géométrie, l'arithmétique, l'astronomie, la géographie, la science des ingénieurs, l'architecture, la navigation, la météorologie, la sciographie (science des conséquences de la lumière des astres), l'astrologie, l'optique, la musique, l'éthique, la poétique, la rhétorique, la logique et la science du juste et de l'injuste.

## C. À l'état de nature, les hommes sont dans un état de guerre

**À l'état de nature, les hommes sont presque égaux physiquement et intellectuellement, mais ils vivent dans un état de guerre.** « *De cette égalité des aptitudes découle une égalité dans l'espoir d'atteindre nos fins. C'est pourquoi, si deux hommes désirent la même chose alors qu'il n'est pas possible qu'ils en jouissent tous les deux, ils deviennent ennemis* [...]. » Certains hommes sont prêts à déposséder quelqu'un des fruits de son travail et à lui supprimer sa liberté ou sa vie. Aussi chacun se défie des autres et recourt à la violence et à la ruse pour écarter le danger. « *Dans un tel état, il n'y a pas de place pour une activité industrieuse, parce que le fruit n'en est pas assuré* [...] ; *la vie de l'homme est alors solitaire, besogneuse, pénible, quasi animale, et brève.* »

**L'état de guerre ne cause pas d'injustices.** Dans cet état de guerre, rien ne peut être injuste : « *l à où il n'est pas de pouvoir commun, il n'est pas de loi ; l à où il n'est pas de loi, il n'est pas d'injustice.* » Ainsi, en l'absence de loi, la propriété de quelqu'un est ce qu'il s'approprie et elle ne dure que tant qu'il est en mesure de la garder. La crainte de la mort et le désir de vivre plus agréablement grâce à leur travail peuvent inciter les hommes à s'entendre sur les lois à adopter en mettant à profit leur raison pour sortir de cette condition.

## 2) La république est l'état de paix

### A. Seul le consentement des hommes peut faire cesser l'état de guerre

**Il s'agit de renoncer à certains droits et d'en transmettre volontairement à l'État.** « *Le plus grand des pouvoirs humains est celui qui est composé des pouvoirs du plus grand nombre possible d'hommes, unis par le consentement en une seule personne naturelle ou civile, laquelle a l'usage de tous leurs pouvoirs sous la dépendance de sa volonté, comme c'est le cas d'une république* [...]. » La république est un dieu mortel, Léviathan auquel on doit la paix et la protection. Afin de garantir le respect des lois, les hommes passent un contrat par lequel ils concèdent à la république le pouvoir de coercition. « *Et les conventions, sans glaive, ne sont que des paroles, dénuées de la force d'assurer aux gens la moindre sécurité.* »

**Les hommes doivent respecter des lois de nature.** Le droit de nature est la liberté totale d'user de son propre pouvoir pour se préserver mais il conduit à la guerre. Les lois de nature sont des qualités qui disposent les hommes à la paix et à l'obéissance mais qui ne deviennent lois qu'une fois la république établie. Les lois de nature mettent en avant l'équité, la justice, la pitié, l'humilité et les autres vertus morales. Elles exigent que les hommes se dessaisissent mutuellement de certains droits et limitent ainsi réciproquement leur liberté.

**Les hommes sont contraints par leur consentement et ils peuvent être châtiés lorsqu'ils transgressent les lois.** Le respect de la parole donnée vient de la crainte de sanction ou de la fierté. Enfreindre une convention est injuste. « *Car la définition de l'injustice n'est rien d'autre que la non-exécution des conventions. Est juste tout ce qui n'est pas injuste.* » Même une convention extorquée par la crainte est valide ; il en est ainsi quand un pays vaincu signe la paix contraint et forcé par le pays vainqueur. En revanche, si en aucun cas un homme ne peut renoncer au droit de résister à un acte de violence commis à son égard et à se défendre, le droit de se rebeller contre la république ne peut pas exister, car il mettrait en cause la convention. Le châtiment d'un crime ne doit pas intervenir avant que la cause n'ait été officiellement entendue, il doit être proportionnel à la gravité de la transgression et il ne doit pas être plus sévère que celui prévu par la loi. « *Les châtiments humains sont ceux qui sont infligés en vertu d'un commandement humain : ce sont les peines corporelles, les peines pécuniaires, les peines infamantes, l'emprisonnement, l'exil, ou une combinaison de ces divers éléments.* »

### B. Les droits de la souveraineté sont absolus

**Pour assurer une paix stable et durable, la république bénéficie de garanties.** Le souverain est juge de ce qui est nécessaire pour la paix et la défense de ses sujets, il décide des moyens à utiliser et des doctrines qu'il convient de leur enseigner. Il lui appartient également le droit de rendre la justice et de décider la guerre ou la paix, selon ce qui lui paraît le meilleur. Aucune nouvelle convention ne peut rejeter une convention antérieure, on ne peut donc pas changer de gouvernement sans l'autorisation du souverain. Nul ne peut sans injustice protester contre le souverain : si des sujets prétendent qu'il a enfreint la convention, on revient à l'état de guerre.

**Il faut que la république ait les moyens de financer ses actions.** Le droit à la fin implique le droit aux moyens. En effet, celui à qui on donne le droit de gouverner doit disposer des moyens de prélever l'impôt afin de pouvoir effectuer les dépenses, notamment pour financer l'armée et rémunérer les magistrats : « [...] *celui qui vend un moulin ne peut pas détourner le cours d'eau qui le meut.* » L'imposition doit être fonction de la consommation et non de la fortune. Puisque tous les hommes bénéficient de la même protection de la république, il serait anormal d'imposer davantage celui qui travaille et qui épargne beaucoup, que celui qui vit à ne rien faire, qui a de faibles revenus et qui les dépense intégralement. En cas de nécessité, un homme doit bénéficier de la charité publique, mais s'il est assez vigoureux, il faut le forcer à travailler.

## C. Les différentes sortes de républiques

**Toute république n'est pas chrétienne.** Dans une république qui n'est pas chrétienne, l'Église est illégale si le souverain civil ne l'autorise pas. Une des lois de Dieu qui font partie des lois de nature et qui sont indiquées dans les Saintes Écritures, est d'obéir au souverain civil même si c'est un infidèle. Cela ne viole pas la foi d'un homme car elle peut demeurer intérieure et invisible. Le croyant doit supporter d'être éventuellement martyrisé par le souverain mais cela est rare car, n'ayant rien à craindre de ce sujet, le roi n'a pas besoin de le persécuter. Dans une république chrétienne, le souverain est chrétien, il cumule alors le droit politique et le droit ecclésiastique. Les évêques tiennent leur autorité du souverain civil ; leur pouvoir ecclésiastique est celui d'enseigner et non de commander. Le pape n'est pas un monarque, il n'a qu'un pouvoir didactique : « *son pouvoir ne peut être que celui du maître d'école et non celui du chef de famille.* »

**La république d'institution et la république d'acquisition fondent leur domination sur une crainte différente.** La république d'institution exerce une domination paternelle sur les hommes, comme celle du parent sur son enfant. Les hommes se soumettent à la république d'institution comme l'enfant obéit à ses parents en échange de sa sécurité. La république d'acquisition est celle où le pouvoir souverain est acquis par la force ; le vaincu se soumet pour éviter que le vainqueur ne lui inflige la mort. Ce n'est pas le succès des armes, mais la convention passée entre vainqueur et vaincu qui détermine la domination.

**La monarchie est supérieure à l'aristocratie ou à la démocratie.** La monarchie désigne le cas où un seul homme est souverain. Lorsque le souverain est l'assemblée de tous les hommes, il s'agit d'une démocratie ou d'une république populaire. Si l'assemblée d'une partie des hommes est souveraine, il s'agit d'une aristocratie. La monarchie est préférable à la démocratie ou à l'aristocratie. En effet, un gouvernant, quel qu'il soit, défend l'intérêt général mais aussi comme n'importe qui, son intérêt privé. Or, dans la monarchie, l'intérêt privé est le même que l'intérêt public, puisque la richesse, le pouvoir et l'honneur d'un monarque ne reposent que sur la richesse la force et la réputation de ses sujets. En revanche, dans une démocratie ou dans une aristocratie, la prospérité publique n'ajoute pas autant à la fortune privée d'un gouvernant. Il peut alors chercher à satisfaire son intérêt privé par la corruption ou la trahison.

Le contrat social défini par T. Hobbes est un pacte de soumission qui requiert le pouvoir absolu du souverain. « Chacun donne à celui qui les représente tous l'autorité qui dépend de lui en particulier, reconnaissant pour siennes toutes les actions accomplies par le représentant. » En cela, le contrat social défini au XVIIIe siècle par J.-J. Rousseau s'en distingue, car il s'agit alors d'un pacte d'association dans lequel le peuple demeure souverain quel que soit le régime politique. Ces deux conceptions différentes proviennent principalement de ce que selon T. Hobbes, l'état de nature est un état de guerre, alors que selon J.-J. Rousseau il est un état de félicité.

# 77 Second traité du gouvernement civil

## John Locke

Les cinquante années qui, en Angleterre, précèdent la publication de l'ouvrage de John Locke sont particulièrement fertiles en événements : guerre civile entre le roi et les parlementaires, exécution de Charles Ier et proclamation de la République en 1649, rapidement confisquée par Cromwell, restauration de la monarchie qui, avec Jacques II, tente de rétablir l'absolutisme après 1685. Le Parlement offre alors la couronne à son gendre Guillaume d'Orange, un prince protestant de Hollande qui débarque en Angleterre en 1688 et devient roi l'année suivante après avoir accepté la Déclaration des droits (« Bill of Rights »), qui limite ses pouvoirs. La « Glorieuse Révolution », toute pacifique celle-là, écarte définitivement l'absolutisme et enracine en Angleterre un régime de monarchie tempérée dans lequel les pouvoirs du roi sont limités par le Parlement. John Locke peut être satisfait : ce sont ses conceptions qui triomphent. Réfugié en Hollande depuis 1683, il revient dans son pays en février 1689, et publie anonymement chez Awnsham Churchill à Londres l'année suivante les Deux traités du gouvernement civil qui exposent des idées que Locke méditait déj à depuis longtemps. Le premier Traité qui porte en sous-titre *The false principles and foundations of Sir Robert Filmer and his followers are detected and overthrown* est en fait une réfutation de la Patriarcha, ouvrage paru en 1680 dans lequel son auteur défend la conception d'une monarchie absolue de droit divin. Seul le *Second traité du gouvernement civil*, de sa véritable origine, de son étendue et de sa fin est étudié ici à partir d'une traduction de David Mazel (5e édition de Londres en 1728) et publiée à Paris en 1795. En dehors du texte du Traité, l'édition utilisée (Flammarion, 1984, 408 p.) regroupe une chronologie, une biographie de John Locke, la liste de ses œuvres, une analyse des Traités et un appendice contenant notamment la Déclaration des droits de 1689. Après avoir recherché l'origine du gouvernement civil issu de l'état de nature, l'auteur expose son organisation politique, c'est-à-dire les principes d'un régime représentatif.

## 1) L'origine du gouvernement civil

### A. L'état de nature

**L'état de nature qui précède l'état civilisé est un état de liberté et d'égalité, réglé par la raison.** Les hommes sont libres « *de faire ce qui leur plaît et peuvent disposer de ce qu'ils possèdent et de leurs personnes* ». Ils sont aussi parfaitement égaux entre eux ; par conséquent, « *tout pouvoir et toute juridiction sont réciproques, un homme n'en ayant pas plus qu'un autre* ». Cependant, cet état de liberté et d'égalité n'entraîne pas pour autant la licence ou la guerre car il repose sur la raison qui « *enseigne à tous les hommes, s'ils veulent bien la consulter, qu'étant tous égaux et indépendants, nul ne doit nuire à un autre, par rapport à sa vie, à sa santé, à sa liberté, à son bien* ».

**Ainsi les droits naturels que chaque homme possède sont protégés, parce qu'inaliénables.** Au premier rang se trouve le droit de propriété. Dieu a donné la terre en commun à tous les hommes, mais il leur a aussi donné la raison « *pour faire de l'un et de l'autre l'usage le plus avantageux à la vie et le plus commode* ». Les fruits que l'homme récoltera résultent de son propre travail. Il acquiert donc par l à un droit d'appropriation de la terre et de sa production qui, par la force des choses, reste limité à la surface qu'il « *peut labourer, semer et cultiver, et dont il peut consommer les fruits pour son entretien* ». Il n'y a donc dans l'état de nature aucun risque d'empiéter sur la propriété d'autrui. La terre est raisonnablement partagée entre les hommes en fonction de leurs possibilités et de leurs besoins. La liberté individuelle et la sûreté de sa propre personne constituent d'autres droits fondamentaux que la loi de nature doit assurer à l'homme face au pouvoir arbitraire d'un despote. L'esclavage est donc illégitime car « *celui qui ne peut s'ôter la vie, ne peut, sans doute, communiquer à un autre aucun droit sur elle* ». Enfin, si quelqu'un porte atteinte aux droits d'autrui, le droit naturel de punir permet de condamner le fautif selon des peines proportionnées au délit.

## B. De l'état de nature à l'état de société

**L'état de nature est bon pour l'homme mais présente cependant des inconvénients qui expliquent le passage à l'état de société.** Trois choses manquent à l'état de nature ; d'abord des lois acceptées par tous permettant de « *terminer les différends qui s'élèveraient* » ; ensuite, un juge impartial qui ait « *l'autorité de terminer tous les différends* » en s'appuyant sur les lois établies ; enfin un pouvoir dont le rôle est d'exécuter le jugement. Par conséquent, « *la jouissance d'un bien propre, dans cet état, est mal assurée, et ne peut guère être tranquille* ». La nécessité de se défendre et de « *conserver leurs propriétés* » avec plus d'efficacité incite donc les hommes à constituer l'état de société ou société politique. Mais le changement d'état (de l'état de nature à l'état de société) n'a pu se réaliser que par consentement puisque « *les hommes étant tous naturellement libres, égaux et indépendants* », il apparaît impossible de les obliger à « *être soumis au pouvoir politique d'autrui* » sans leur accord. C'est ce consentement mutuel, garantissant les hommes libres contre « *ceux qui voudraient leur nuire et leur faire du mal* », qui fonde un gouvernement légitime.

**Il n'y a donc aucun rapport entre le pouvoir politique et le pouvoir paternel.** Les théoriciens de l'absolutisme commettent une erreur en présentant le pouvoir royal comme le prolongement du pouvoir paternel, la société politique étant pour eux comparée à la famille, le roi étant à ses sujets ce que le père est à ses enfants. Sans doute ceux-ci dépendent-ils de leur père, mais cela n'implique pas nécessairement une autorité absolue. Le pouvoir du père correspond seulement au devoir de préparer les enfants à exercer leur raison et leur liberté, « *un père de famille ne saurait avoir un pouvoir absolu sur toute sa famille, vu qu'il n'a qu'un pouvoir limité sur chacun de ceux qui en sont membres* ».

**Puisqu'un consentement populaire peut seul légitimer un gouvernement, la monarchie absolue est incompatible avec la société civile.** Dans un tel régime politique, un seul homme possède les pouvoirs que possédaient tous les hommes antérieurement. Cette situation serait donc pire que celle de l'état de nature. De surcroît, il est faux d'imaginer que « *le pouvoir absolu purifie le sang des hommes et élève la nature humaine* ». L'histoire du XVIIe siècle (comme d'ailleurs des siècles précédents) en fournit aisément la preuve.

## 2) L'organisation du gouvernement civil

### A. Le régime politique

**En entrant dans l'état politique, l'homme délègue ses pouvoirs à la société qui en devient ainsi la dépositaire.** Les deux pouvoirs que l'homme possède dans l'état de nature, « *le pouvoir de faire tout ce qu'il juge bon pour lui et pour les autres* », c'est-à-dire le pouvoir législatif, et « *le pouvoir de punir les crimes commis contre les lois naturelles* », c'est-à-dire le pouvoir exécutif, sont confiés à des représentants déterminés en vertu d'un véritable contrat fondé sur un consentement volontaire. Le pouvoir souverain ne peut donc être en aucune manière un pouvoir absolu puisqu'il est issu d'une délégation temporaire. Un troisième pouvoir, lié en réalité à l'exécutif s'occupe des questions extérieures : le « *pouvoir fédératif* ».

**La séparation des pouvoirs est un gage essentiel du respect de la souveraineté naturelle.** Si le pouvoir exécutif et le pouvoir fédératif ne peuvent être « *remis entre les mains de personnes qui agissent séparément* », par contre il est impératif que le pouvoir législatif, « *celui qui a droit de régler comment les forces d'un État peuvent être employées pour la conservation de la communauté et de ses membres* », soit distinct du pouvoir exécutif. En effet, alors qu'il n'est pas nécessaire au pouvoir législatif d'être constamment assemblé puisqu'il « *n'a pas toujours des affaires qui l'occupent* », il faut au contraire faire appliquer la loi en permanence, ce qui oblige le pouvoir exécutif à être toujours présent. D'autre part, il serait dangereux de confier aux mêmes personnes le droit de faire la loi et celui de la faire appliquer, car elles pourraient en abuser par exemple pour « *s'exempter elles-mêmes de l'obéissance due à ces lois* ». La séparation des pouvoirs garantit un fonctionnement régulier du gouvernement dans le respect du « *bien public* ».

**Si les pouvoirs législatif et exécutif sont séparés, ils ne sont pas pour autant égaux entre eux.** Le plus important est le premier ; il constitue « *le pouvoir souverain* » car tout vient de lui. Le pouvoir exécutif y est subordonné. Malgré tout, son rôle ne doit pas être trop strictement enfermé dans l'application pure et simple de la loi. D'une part, c'est lui qui convoque l'assemblée des législateurs ; d'autre part, « *le bien de la société demande qu'on laisse quantité de choses à la discrétion de celui qui a le pouvoir exécutif* », c'est-à-dire le roi dans le cas d'une monarchie modérée. Le pouvoir législatif ne peut en effet ni tout prévoir, ni pourvoir à tout. Ce pouvoir discrétionnaire constitue « *la prérogative* », et introduit une certaine souplesse dans le fonctionnement du gouvernement ; mais elle ne doit en aucun cas devenir le bon plaisir du prince, car le « *pouvoir suprême* » est détenu par l'assemblée des législateurs qui n'a toutefois pas le pouvoir absolu.

**Le régime de monarchie absolue et le régime représentatif se différencient sur la question des droits naturels :** non respectés par le premier, ils constituent au contraire le véritable fondement du second. Dans ce dernier, la filiation entre état de nature et état de société apparaît ainsi très clairement : les droits naturels de l'homme restent inchangés ; ils sont seulement confiés au gouvernement civil pour être mieux protégés et mieux garantis. La condition des hommes s'en trouve donc améliorée puisque « *les obligations des lois de la nature ne cessent point dans la société, elles y deviennent même plus fortes en plusieurs cas* ». Le pouvoir législatif n'a de limites que celles d'agir pour le bien public, c'est-à-dire « *mettre en sûreté et conserver les propriétés de chacun en remédiant aux défauts de l'état de nature* ».

## B. Les limites du pouvoir politique

**Le pouvoir politique n'appartient que temporairement aux gouvernants dans le cadre d'un véritable contrat qui, lorsqu'il est rompu, rend les hommes à leur état de nature.** Plusieurs cas se présentent ; premièrement, un cas « *extérieur* » : une force étrangère conquiert un pays et cherche à y imposer sa volonté et sa loi. Elle est ainsi en « *état de guerre* » et « *ne peut avoir droit sur ce qu'elle a conquis* ». La société et le gouvernement s'en trouvent « *dissous* » et chaque individu reprend immédiatement sa condition primitive ; c'est donc à lui désormais d'assurer sa propre sécurité. Deuxièmement, à l'intérieur : l'initiative de la rupture peut venir de l'exécutif quand le prince « *néglige ou abandonne son emploi* », ou modifie arbitrairement les lois, livre le pays à une puissance étrangère et devient en définitive un véritable tyran, qui propose « *sa volonté comme règle* » et qui cherche « *à satisfaire son ambition particulière, sa vengeance, son avarice ou quelque autre passion déréglée* ». La cause de la rupture peut venir aussi de la faillite du législatif, lorsque les personnes qui en sont en charge transgressent les limites de leur pouvoir, légifèrent sans être expressément mandatées par le peuple et s'adonnent à toutes sortes de malversations comme la corruption ou l'abus de confiance. Les législateurs « *se mettent dans l'état de guerre avec le peuple* ». Dans tous les cas, celui-ci, seul souverain véritable, est délié de ses obligations, et retourne à l'état de nature.

**Le peuple peut employer la force contre un gouvernement qui abuse de ses pouvoirs :** « *le peuple en vertu d'une loi qui précède toutes les lois positives des hommes et qui est prédominante* [...] *s'est réservé un droit qui appartient généralement à tous les hommes lorsqu'il n'y a point d'appel sur la terre, savoir : le droit d'examiner s'il a juste sujet d'en appeler au Ciel.* » Lorsque toutes les possibilités sont épuisées, le devoir le plus sacré est la résistance ; le droit d'insurrection s'en trouve ainsi justifié. Sans doute y a-t-il l à un certain risque d'anarchie et de fréquents désordres, voire d'une agitation permanente. Ce risque apparaît cependant limité car le peuple a peu « *de disposition naturelle à abandonner ses anciennes constitutions* ». D'autre part, l'ordre ne peut être accepté à n'importe quelle condition puisque « *le bien public et l'avantage de la société* » sont « *la véritable fin du gouvernement* ». S'étant insurgé contre un gouvernement qui ne respectait plus le contrat, le peuple pourra alors remettre « *la suprême puissance, dont il se trouve alors entièrement et pleinement revêtu, entre de nouvelles mains, comme il le juge à propos* ».

Locke apporte ainsi une justification à la révolution anglaise et au nouveau système constitutionnel auquel Guillaume d'Orange prête serment de fidélité. Mais au-delà, comme l'écrira Bertrand Russell, « *il est le premier qui ait exposé d'une manière compréhensible la philosophie libérale* ». La définition des types de régimes politiques l'intéresse peu ; dans son ouvrage, il n'y consacre que quelques lignes en distinguant démocratie, oligarchie et monarchie, car pour lui, la notion d'État correspond d'abord à une société indépendante (« *civitas* » des Latins). L'idée essentielle est de condamner sans appel l'absolutisme et d'en réfuter systématiquement les arguments. Ainsi Locke, libéral et protestant apparaît-il comme un anti-Bossuet catholique et défenseur de la monarchie absolue de droit divin. De ce point de vue, Locke inspirera nombre de philosophes des Lumières comme Montesquieu qui, dans *L'Esprit des lois*, reprend les thèmes de liberté politique et de séparation des pouvoirs, ou Diderot qui dans *L'Encyclopédie* aborde celui du consentement de la nation (article « Autorité politique »). La Déclaration d'indépendance américaine de 1776 rédigée par Thomas Jefferson et Benjamin Franklin, la Déclaration des droits de l'homme et du citoyen des Constituants en 1789, exaltent les droits naturels tels que la liberté, la sûreté et la résistance à l'oppression. Ces droits ont acquis une valeur universelle et ont été la pierre angulaire du combat contre les dictatures du XX^e siècle. Par là, la philosophie de Locke dépasse le cadre temporel du XVII^e siècle pour devenir un patrimoine intellectuel de toute l'humanité.

# Théorie de la justice

John Rawls

78

Ce livre de plus de 600 pages, publié en 1971 pour la version originale, est en grande partie le regroupement, sous forme synthétique et analytique, de l'ensemble des articles publiés par J. Rawls pendant la période 1958-1971. Les traductions françaises de 1987 et 1997 (Le Seuil) reprennent le texte remanié de 1975 après que Rawls eut intégré certaines critiques qui lui avaient été adressées (en particulier par H.L.A. Hart dès 1973). Pour Rawls, la théorie de la justice doit servir l'équité et la démocratie constitutionnelle. Il propose une « théorie de la justice comme équité » se substituant à l'utilitarisme dominant. L'utilitarisme, c'est-à-dire le comportement qui consiste à rechercher le maximum de satisfaction personnelle tout en limitant au mieux les efforts (J. Bentham), ne peut fournir une base satisfaisante aux institutions d'une démocratie. La solution apparaît être le contrat social.

## 1) La « *théorie de la justice comme équité* » est une solution supérieure aux conceptions utilitaristes de la justice

### A. Les modalités de la définition des principes de justice sociale

**Un accord social sur la conception de la justice est une condition préalable indispensable à l'existence de toute société humaine.** Toute société, même lorsqu'elle recherche l'avantage mutuel, se caractérise à la fois par des intérêts identiques et des intérêts conflictuels. C'est pour cela qu'il faut définir les principes de la justice sociale : « *ils fournissent un moyen de fixer les droits et les devoirs dans les institutions de base de la société et ils définissent la répartition adéquate des bénéfices et des charges de la coopération sociale.* » Certes, les individus ont des projets différents mais le fait de partager cette même idée de la justice établit des liens sociaux fondamentaux limitant leurs projets personnels tout en permettant de les réaliser. Une véritable coopération sociale pourra s'instaurer à partir du moment où il y aura un accord sur la définition, dans une société, du juste et de l'injuste. L'objet principal de la justice sociale est de fonder la structure de base de la société c'est-à-dire « *la façon dont les institutions sociales répartissent les droits et les devoirs fondamentaux et déterminent la répartition des avantages tirés de la coopération sociale* ».

***Les principes généraux qui définissent la conception de la justice doivent faire l'objet d'un accord originel.*** « Ce sont les principes mêmes que des personnes libres et rationnelles, désireuses de favoriser leurs propres intérêts et placées dans une position initiale d'égalité, accepteraient et qui, selon elles, définiraient les termes fondamentaux de leur association. » Ces principes déterminent ensuite à la fois les formes de coopération sociale, les formes de gouvernement, les règles pour les accords ultérieurs ainsi que les critiques et réformes éventuelles. La « théorie de la justice comme équité » consiste à définir au préalable ce qui doit être tenu pour juste et pour injuste.

**Ces principes de la justice sont choisis derrière « *un voile d'ignorance* ».** La position originelle d'égalité n'est pas une situation réelle mais une situation purement hypothétique permettant de définir une conception de la justice. C'est seulement dans l'ignorance de leur position sociale et de leurs futures trajectoires sociales que les individus peuvent choisir les principes de justice sociale. Ils ne peuvent donc choisir des principes qui les avantageraient. « *Tout ceci nous explique la justesse de l'expression "justice comme équité" : elle transmet l'idée que les principes de la justice sont issus d'un accord conclu dans une situation initiale elle-même équitable.* » Ces principes choisis librement assurant la coopération basée sur la volonté. « *La position originelle représente le statu quo initial qui garantit l'équité des accords fondamentaux qui pourraient y être conclus.* »

### B. Les principes de la théorie de la justice susceptibles d'être retenus

**Le principe consistant à maximiser le niveau d'utilité (de satisfaction) de la population n'est pas compatible avec les principes de la « *justice comme équité* ».** En effet, si les personnes se considèrent comme égales, elles ne vont pas consentir une diminution des perspectives de vie de certains au nom d'une augmentation dont jouiraient les autres. De plus, personne n'a avantage à voir sa propre satisfaction diminuer afin que la satisfaction totale augmente.

**La « *théorie de la justice comme équité* » est une théorie du contrat.** Cette théorie suppose que les principes de justice soient choisis par des êtres rationnels dans des situations différentes et parfois conflictuelles. « *Le contrat suggère cette pluralité ainsi que les conditions d'une répartition adéquate des avantages, à savoir qu'elle doit se faire en accord avec des principes acceptables par tous les partenaires.* » Le caractère public du contrat lui donne sa force car tous les citoyens ont connaissance des principes suivis par les autres.

**Les principes de la justice sont justifiés parce qu'ils emportent l'adhésion et permettent de définir un « *état final d'équilibre réfléchi* ».** Les principes adoptés ne doivent pas être affectés par des aspirations individuelles. Il faut aussi que les individus « *aient tous les mêmes droits dans la procédure du choix des principes* ». En cela, ils ont la même capacité à comprendre les principes adoptés et à agir sur eux. Cette position originelle acceptée dans un processus dynamique d'ajustement entre les principes retenus et les convictions des citoyens débouchera sur un état final d'équilibre réfléchi. Ces principes peuvent être simples ou non mais « *l'accord originel établit les limites dans lesquelles les personnes sont prêtes à faire des compromis et des simplifications afin d'établir les règles de priorité nécessaires à une conception commune de la justice* ».

## 2) Les principes de base qui sont les conditions d'une démocratie constitutionnelle

### A. Trois principes hiérarchisés assurent la justice sociale

**Le premier principe est le respect des libertés fondamentales (« *valeur équitable des libertés* »).** Il s'agit à la fois des libertés de base, liberté de pensée, liberté de conscience… et de la liberté de mouvement et du choix par les individus de leurs occupations. Ainsi, en vertu de cette première priorité, personne ne peut être forcé à s'engager dans telle ou telle activité de travail ; chacun est libre de choisir ses occupations.

**Le deuxième principe est le respect de l'égalité des chances** (« ***égalité équitable des chances*** »). Si on considère que le premier principe de la liberté égale pour tous est satisfait (tous les individus ont les mêmes droits légaux d'accès à toutes les positions sociales pourvues d'avantages), le deuxième principe ne sera réalisé que dans l'interprétation démocratique de l'égalité des chances. À don égal, l'égalité des chances doit être respectée ; cela signifie que les différentes positions doivent être ouvertes à tous.

**Le troisième principe est le principe de différence : les inégalités doivent procurer le plus grand bénéfice aux membres les plus défavorisés de la société.** D'un côté, le système social doit garantir l'égalité des libertés de base et de l'autre, il doit organiser la répartition des inégalités économiques et sociales de manière à ce que chacun en bénéficie. « *L'injustice alors est simplement constituée par les inégalités qui ne bénéficient pas à tous.* » Donc, en vertu de l'égalité des chances et du principe de différence, « *les inégalités sociales et économiques doivent être organisées de façon à ce que, à la fois, elles apportent aux plus désavantagés les meilleures perspectives et elles soient attachées à des fonctions et à des positions ouvertes à tous, conformément à la juste égalité des chances.* »

## B. La « *théorie de la justice comme équité* » est la base des institutions d'une démocratie constitutionnelle

**Le principe de l'égalité des chances garantit un système basé sur une justice procédurale pure.** La théorie de la justice considère la société comme une entreprise de coopération en vue d'avantages mutuels. Pour cela, elle se doit de définir des règles justes sur une base procédurale pure c'est-à-dire équitable. « *Pour appliquer à la répartition la notion de justice procédurale pure, il est nécessaire de créer un système d'institutions justes et de l'administrer impartialement. La juste procédure n'existe que si la structure de base est elle-même juste ce qui inclut la justice de l'organisation des institutions socio-économiques et de la constitution politique.* » Cette justice procédurale pure peut s'appliquer à tous dans n'importe quelle circonstance à partir du système public de règles.

**Le principe de plus grande liberté ainsi que celui de la juste égalité et de différence sont les meilleurs moyens pour définir les bases d'une société juste.** Pour que cette conception de la justice émerge, les acteurs doivent définir librement leurs attentes en matière d'avantages sociaux. Ces avantages étant en quantités limitées, cette répartition se réalisera dans un cadre de conflit. Des conditions pèsent également sur la définition du juste. « *Une conception du juste est un ensemble de principes généraux dans leur forme et universels dans leur application qui doit être publiquement reconnu comme l'instance finale pour hiérarchiser les revendications conflictuelles des personnes morales.* »

**Être rationnel et ne pas connaître sa situation sociale sont des conditions pour définir la position de départ.** Le voile d'ignorance garantit une information pertinente et identique à tout moment. En effet, les individus ne connaissent pas leur situation économique, sociale, générationnelle… Cette ignorance de la différence leur permet d'être convaincus par la même argumentation et de ne pas élaborer des principes pour leur propre avantage. « *Le voile d'ignorance rend possible un choix unanime d'une conception particulière de la justice.* » Les acteurs sont considérés comme libres et rationnels, c'est-à-dire qu'ils essaient de trouver les principes qui leur permettent d'obtenir le maximum de biens sociaux possibles. Ils répondent à leur propre motivation sans pour autant être égoïtes car ils sont mutuellement désintéressés. Une fois les principes de la position originelle trouvés, les acteurs s'y doivent d'obéir. Il y a une obligation morale, imposée par l'individu lui-même, à respecter le contrat.

**Partager une conception commune de la « *justice comme équité* » permet de déboucher sur une démocratie constitutionnelle.** Cette théorie de la justice garantit de la manière la plus solide les libertés car elle repose sur l'exigence que toute inégalité soit justifiée par le bien des plus désavantagés et la priorité de la liberté. Elle constitue donc la base d'une véritable démocratie constitutionnelle.

L'analyse de Rawls a deux objectifs majeurs : fournir une analyse convaincante de la justice et compléter cette analyse par une conception de l'égalité démocratique. Son livre s'inscrit dans la pure tradition de la théorie du contrat que l'on retrouve aussi bien chez Aristote, Rousseau ou bien Kant.

C'est une œuvre constructive, originale dans sa conception de l'égalité et donc de l'inégalité et en cela critiquable et qui a été fortement critiquée. À l'heure de l'exclusion ou de la fracture sociale, ce livre nous permet de poser les questions de l'équité et de l'égalité sous des formes philosophiques, n'excluant en rien le positionnement politique, tout au contraire.

En 2001, Rawls a publié un nouvel ouvrage intégrant ses nouvelles réflexions et certaines critiques qui lui avaient été faites : *La justice comme équité*, une reformulation de *La théorie de la justice* (Éditions La Découverte, 2003).

# L'économie est une science morale

**79**

## Amartya Sen

Sen fut récompensé pour ses travaux par le prix Nobel d'économie en 1998. Il a consacré sa contribution à restaurer la dimension éthique du débat économique et social en combinant des outils d'analyse philosophiques et économiques. *L'économie est une science morale*, ouvrage publié en 1999 aux éditions La Découverte et Syros, est en fait un recueil de deux articles : le premier article développe les conséquences économiques et sociales de l'éthique selon laquelle la liberté individuelle est considérée comme une valeur essentielle ; le second article s'interroge sur la tension qui existe entre les « responsabilités publiques » de la société d'un côté, et la nécessité d'observer une certaine modération financière d'un autre côté. S'il est vrai que les sociétés modernes ont une responsabilité étendue à l'égard de leurs membres (soutien aux plus défavorisés, qui sont particulièrement exposés aux problèmes liés à la maladie, à la vieillesse et au chômage), il est vrai aussi qu'il faut contenir dans des limites raisonnables le déficit budgétaire et la dette publique. Comment concilier ces préoccupations concurrentes ?

## 1) « La liberté individuelle : une responsabilité sociale »

(Ce texte est le fruit d'une conférence prononcée par A. Sen le 5 mars 1990, publié sous le titre « Libert à individuale come Impegno sociale », traduit en français dans la revue *Esprit* en mars/avril 1991 par Monique Canto Sperber.)

### A. Liberté positive, liberté négative et rupture par rapport aux théories antérieures

**Il est d'usage de distinguer une conception négative et une conception positive de la liberté** (Isaiah Berlin, *Four Essays on Liberty*, Oxford University Press, 1969). La liberté considérée en termes positifs représente ce qu'une personne est capable d'accomplir, indépendamment des contraintes imposées par autrui ou le gouvernement. La liberté au sens négatif met l'accent sur les entraves qui existent dans l'exercice concret de celle-ci, entraves qui peuvent provenir des limites imposées par un individu, une institution quelconque ou un État.

**A. Sen se propose dans cet essai de se soucier avant tout de la liberté positive.** Il accorde une place primordiale au fait qu'une personne puisse mener la vie qu'elle a choisie, ce qui ne signifie pas pour autant que la liberté négative ne doive pas faire l'objet d'une attention particulière, car ces deux aspects sont intimement liés dans la réalité (« *La responsabilité de la société pour assurer la liberté individuelle doit porter à la fois sur la liberté positive et sur la liberté négative ainsi que sur l'intégralité de leurs relations réciproques* »). Par exemple, on peut très bien démontrer, à partir des famines qui ont sévi au cours du XX^e^ siècle en Inde et en Chine, qu'il y a un lien causal entre un ensemble de libertés négatives caractéristiques d'un système démocratique (liberté de critiquer, de publier, de voter) et des libertés positives comme celle de ne pas mourir de faim. Les libertés négatives s'avèrent efficaces pour garantir les libertés positives des populations les plus vulnérables.

**La théorie de Sen, qui souligne donc l'importance de la liberté, est en rupture avec la théorie utilitariste.** D'après l'utilitarisme (Jeremy Bentham, John Stuart Mill...), l'essentiel n'est pas dans la liberté d'accomplir mais dans les résultats accomplis. En outre, l'utilitarisme évalue les résultats en fonction d'une caractéristique mentale qui est le plaisir ou le déplaisir (« l'utilité »). Cela ne signifie pas que les utilitaristes sont indifférents à la liberté, mais que celle-ci n'entre pas en compte dans le calcul économique de l'individu et il peut même arriver que « *les principes utilitaristes se trouvent en conflit avec les exigences de la liberté individuelle* ». Un autre point à considérer dans la critique de l'utilitarisme est que celui-ci suppose les individus égaux en matière d'appréciation des plaisirs et des peines ; or, c'est loin d'être le cas car « *pour ceux qui, démunis de façon chronique, manquent du courage de désirer beaucoup plus que ce qu'ils ont et qui retirent toute la joie qu'ils peuvent des moindres circonstances favorables, le calcul utilitariste est d'une partialité fondamentale puisque, par rapport à ce critère faussé des plaisirs et des désirs, leurs privations semblent moins aiguës* ».

**La théorie de Sen s'éloigne aussi de certaines critiques du raisonnement utilitariste,** comme celle qu'a pu présenter John Rawls (*A theory of Justice*, Harvard University Press, 1971). En effet, si Rawls, dans ses principes de justice, attire l'attention sur l'importance de la liberté individuelle, puisqu'il propose de sauvegarder la priorité de cette liberté, sous réserve qu'une liberté semblable soit accordée à tous, il met aussi au premier plan la distribution des « biens premiers » qui sont les moyens tels le revenu, la richesse, les libertés publiques... qui aident les individus à poursuivre leurs objectifs respectifs. Or, pour Sen, si ces biens sont des moyens de liberté, ils ne peuvent représenter toute l'étendue de cette liberté ; au lieu de se focaliser sur les biens premiers, Sen propose de centrer l'analyse sur les vies réelles que des individus peuvent choisir de vivre, qui représentent, selon lui, des modes de fonctionnement humain fondamentaux (« *human functionings* »), permettant d'épanouir la plénitude des potentialités humaines (« *human flourishing* »). Cette liberté de mener différentes sortes de vie est nommée « capabilités » (« *capabilities* ») ou possibilités de développer des modes de vie permettant de vivre une vie digne et sensée, et la responsabilité de la société à l'égard de l'individu est d'accroître ces possibilités, ce qui fait que le choix de l'organisation sociale doit être fait en fonction de sa capacité à promouvoir les capabilités humaines.

## B. Capabilités et choix collectifs

**La mise au premier plan des capabilités, et non des ressources matérielles, amène à aborder autrement l'analyse empirique des inégalités sociales.** En effet, la pauvreté ne sera pas exclusivement considérée en termes de faible revenu mais comme une liberté insuffisante de mener une vie convenable. « *À titre d'exemple, on peut dire d'une personne qui n'est pas particulièrement pauvre en termes de revenu mais qui doit dépenser l'essentiel de ce revenu en dialyse, que cette personne est victime de la pauvreté, pauvreté due au fait que la liberté de cette personne pour accéder aux modes de fonctionnement humain les plus désirables est une liberté réduite.* » Dans ces conditions, si la liberté individuelle est une responsabilité sociale, il faut accorder une attention beaucoup plus grande aux dépenses de santé et d'éducation ; et force est de constater que quelques-uns des pays les plus riches de la planète se montrent incapables à cet égard de prendre les mesures appropriées. C'est ainsi que les États-Unis ont des dispositions en faveur de la santé publique très inférieures à celles que l'on trouve dans bon nombre d'autres pays beaucoup plus pauvres et que cette insuffisance affecte tout particulièrement des groupes précis, tels les Noirs ; inversement, l'expérience de pays aussi divers que la Chine, le Costa Rica, la Jamaïque, la Corée du sud, le Sri Lanka et l'État de Kerala en Inde, montre clairement que le fait de procéder à une planification en faveur de la santé publique peut avoir de considérables effets positifs.

**D'une manière plus théorique maintenant, l'analyse de Sen renouvelle les problématiques de la décision collective.** Alors que Kennett Arrow, en 1951 (*Social Choice and Individual Values*) avait montré l'impossibilité de déduire une relation de préférence collective cohérente à partir des relations de préférence de chacun des membres de la société (sauf à considérer des solutions « dictatoriales »), généralisant par l à même le paradoxe de Condorcet, Sen s'attache à montrer que les conflits entre les principes de décision collective sont dus, en dernière analyse, à des divergences au niveau de la « base informationnelle », chaque principe de choix social ne retenant qu'une catégorie de faits jugés pertinents. Par exemple, le principe de Pareto, selon lequel tout changement qui accroît l'utilité collective est juste dans la mesure où il ne détériore pas la situation d'individus donnés, ne se rapporte qu'à l'information « utilité » et peut entrer en conflit avec les exigences minimales en matière de respect de la liberté personnelle. Sen considère au contraire que les comparaisons dans les libertés dont jouissent les différentes personnes doivent fournir la base d'information requise pour le choix social, ce qui le conduit à rejeter la primauté donnée à l'utilité ou encore à la richesse.

**Toutefois, la perspective qui consiste à voir la liberté individuelle comme une responsabilité sociale ne supprime pas pour autant les conflits entre groupes et individus.** Les conflits d'intérêt sont en effet radicaux et très répandus, confortés par toutes les théories économiques où l'on décrit les êtres humains comme des stricts maximisateurs de l'intérêt personnel. Mais, comme l'a bien noté Albert Hirschman (*Rival Vieof Market Society*, Viking, 1986), les individus sont influencés non seulement par la perception de leurs propres intérêts, mais aussi par leurs passions qui peuvent s'avérer « désintéressées ». Dans ces conditions, la possibilité existe qu'ils soient capables de dépasser la sphère du calcul utilitaire et que l'on puisse parvenir à une répartition plus équitable en matière de libertés individuelles (« *Au nombre des choses qui semblent capables d'ébranler les hommes, il y a le souci des autres et le respect pour les idées* »).

## 2) « Responsabilité sociale et démocratie : l'impératif d'équité et le conservatisme financier »

(Texte publié pour la première fois dans *Living as Equals*, Clarendon Press, Oxford, 1996 ; traduit de l'anglais par Nicolas Guilhot.)

### A. Responsabilité sociale ou conservatisme financier ?

**Il y a apparemment un conflit entre l'engagement d'une société en faveur de l'équité sociale et la rigueur économique et financière qui vise à éviter les dépenses excessives.** En fait, il s'agit l à d'un vrai dilemme au sens de John Dewey (*Ethics*, Holt, New York, 1932), à savoir d'une « lutte avec soi-même » et non d'un conflit entre une bonne chose d'un côté et une mauvaise chose de l'autre. En réalité, l'équité sociale et la recherche des équilibres économiques et financiers sont des choses également désirables et il convient d'examiner les raisons pour lesquelles elles sont susceptibles d'être valorisées chacune de leur côté.

**La responsabilité sociale se fonde sur le principe d'obligations réciproques.** C'est la reconnaissance du fait que « *la vie des individus entraîne des interdépendances, ce qui implique des obligations réciproques liées aux relations économiques, politiques et sociales qu'ils entretiennent mutuellement* ». Ce principe d'obligations sociales réciproques n'a rien de nouveau : on le trouve déj à sous la plume du philosophe Emmanuel Kant à la fin du XVIII^e siècle, avec le concept « d'impératif catégorique » qui reflète l'acceptation totale des obligations que nous avons les uns envers les autres. Cependant, l'étendue des interdépendances s'est renforcée avec le développement du capitalisme, en principe farouchement individualiste, mais qui a tout de même accentué cette tendance à l'intégration sociale : « *de façon plus dialectique, le fait que la plus grande prospérité des uns aille de pair avec le maintien des autres dans le dénuement, a renforcé les arguments en faveur d'une responsabilité sociale à l'endroit de ceux que les processus économiques favorisent le moins.* » Par ailleurs, les critiques adressées au capitalisme ont aussi été produites par la pensée socialiste, et cela malgré les échecs pratiques des solutions préconisées par ce courant de pensée (comme la « *nationalisation des moyens de production* » ou encore « *le contrôle de l'investissement par l'État* ») : tout le monde s'accorde généralement aujourd'hui pour reconnaître la nécessité de combattre la pauvreté et les inégalités trop prononcées. Parmi les obligations qu'une société a à l'égard de ses membres, on trouve bien sûr les soins de santé, la garantie d'une éducation minimale, la lutte contre la pauvreté, mais aussi et surtout pour Sen, l'exercice des droits civils et politiques, et notamment le droit de participer aux décisions publiques qui affectent la vie des citoyens : « *la possibilité effective de participer représente l'une des responsabilités sociales fondamentales sans laquelle on ne peut affronter les dilemmes sociaux qui sont les nôtres aujourd'hui.* »

**D'un autre côté, le conservatisme financier mérite d'être discuté.** Il s'appuie sur des arguments forts ; c'est ainsi que Michael Bruno, dans son analyse critique des expériences internationales en matière d'inflation et de croissance (*Inflation, Growth and Monetary Control : Non-linear Lessons from « Crisis and Recovery »*, texte de la Paolo Baffi, lecture tenue à la Banque d'Italie en 1995) croit pouvoir observer que l'inflation élevée va de pair avec de forts effets négatifs sur la croissance et que, inversement, la stabilisation relative de l'inflation entraîne des effets positifs marqués sur l'augmentation du produit intérieur brut. Cela dit, si le conservatisme financier nous invite à garder à l'esprit les coûts probables qu'il y aurait à tolérer une inflation excessive et des déficits publics trop importants, il ne débouche pas pour autant sur les solutions extrêmes que représentent la recherche de « l'inflation zéro » et de « l'équilibre budgétaire à tout prix ». Pour Sen, ces solutions extrêmes ont été appliquées aux États-Unis en imposant aux plus défavorisés plus de sacrifices qu'il n'était nécessaire pour atteindre les objectifs louables du conservatisme financier ; elles ont été aussi appliquées en Europe et le sont toujours, avec la priorité accordée au contrôle de l'inflation au détriment de la lutte contre le chômage : « *indépendamment du fait que l'on accepte ou non l'idée qu'il y ait un taux de chômage naturel, il est difficile de ne pas diagnostiquer, dans ce qui passe fréquemment en Europe pour du conservatisme financier, une forme d'extrémisme marqué par un préjugé systématique contre la priorité à l'emploi.* »

## B. Responsabilité sociale et choix de la participation

**L'élaboration des décisions collectives ne relève pas seulement de la technique, mais d'une discussion publique approfondie.** C'est un des acquis fondamentaux de la théorie du choix social que d'avoir montré que l'on peut parvenir à des décisions partagées malgré des préférences et des intérêts initiaux divergents. Frank Knight (*Freedom and Reform*, Harper,

New York, 1947) a ainsi montré que les valeurs sont établies et reconnues à travers la discussion, qui est une activité à la fois sociale, intellectuelle et créative. James Buchanan (« Social choice, Democraty, and Free Markets », *Journal of Political Economy*, n° 62, 1954) montre de son côté que la démocratie n'est autre que le gouvernement par la discussion et que les valeurs individuelles peuvent changer et changent en effet au cours du processus de décision. Si on admet cela, il faut alors admettre aussi que les priorités des dépenses publiques ainsi que les choix en matière d'équilibre économique et financier doivent faire l'objet de débats et d'échanges publics approfondis.

**Sen invite ainsi à mettre fin au pilotage unilatéral qui est trop souvent celui des gouvernements nationaux et des institutions élargies.** Pour lui, il est urgent de « *considérer la liberté individuelle comme une responsabilité sociale, ce qui inclut la participation aux décisions cruciales pour la vie des personnes concernées* ». Ce n'est que par cette démocratie élargie que l'on pourra trancher les dilemmes sociaux, à travers des processus de choix publics fondés sur la participation, le dialogue et les débats ouverts. Si on applique cette idée, par exemple, au fonctionnement de l'Union européenne, cela signifie non seulement qu'il faut donner toute sa place au débat public mais aussi élargir le contenu des discussions souvent concentrées exclusivement sur la discipline budgétaire et sur la maîtrise de l'inflation. Pour Sen, un examen attentif de la nécessité d'un engagement européen en faveur de l'emploi et de l'éradication de la pauvreté transformerait totalement la nature des débats. Dans le même ordre d'idée, il convient de réexaminer toutes les affectations des fonds publics au cours des décisions collectives. Par exemple, les évaluations nécessaires ne doivent pas seulement porter sur les systèmes de soins, la sécurité sociale et les retraites, mais aussi sur les allocations budgétaires qui vont aux programmes militaires. Jusqu'à présent, selon Sen, le poids des priorités militaires par rapport aux programmes civils a échappé à tout examen critique digne de ce nom.

Dans ce livre, comme dans toute son œuvre, A. Sen renoue le dialogue de l'économie avec la philosophie morale et politique. S'il faut lui chercher une affiliation idéologique, on peut le relier à la tradition radicalement égalitaire du libéralisme politique qui, comme dans le cas de John Stuart Mill (1806-1873), finit par partager un certain nombre de convictions avec les courants démocratiques du mouvement ouvrier socialiste. On peut aussi le rattacher à l'Adam Smith de la « *Théorie des sentiments moraux (1759), admirateur des stoïciens grecs, et qui écrivait à leur propos que « l'homme devrait se considérer non pas comme séparé et détaché de tout mais comme un citoyen du monde, un membre de la vaste communauté de la nature ; dans l'intérêt de cette grande communauté, il devrait à tout instant être prêt à sacrifier son propre petit intérêt* »... S'il est vrai que, sur le fond, A. Sen ne nous apprend rien sur l'arbitrage dépenses sociales/restriction budgétaire qui est un déterminant majeur de nos économies depuis une trentaine d'années, il a le mérite de nous rappeler les vertus de la « thérapie consensuelle » qui a si bien réussi dans un pays comme Israël. À l'heure où le débat collectif se centre en France sur la gestion de la dette publique, les propos de Sen sur la nécessité de concilier la responsabilité sociale et le conservatisme financier sont tout à fait d'actualité. En effet, si la recherche des équilibres économiques et financiers est de la plus haute importance, elle doit s'accompagner d'un débat public élargi sur les priorités et les finalités à donner à l'action politique, débat qui fait encore cruellement défaut dans un pays comme la France, où la volonté de réforme échoue souvent à cause d'un manque de dialogue social approfondi.

# 80 La crise de l'État-providence

## Pierre Rosanvallon

Dès la première phrase de son ouvrage (Le Seuil, 1981, 200 p.), Pierre Rosanvallon affirme : « *l'État-providence est malade de la crise.* » Cette crise, qui se caractérise par les déficits de la protection sociale, la bureaucratisation, le refus de la population face à la hausse des prélèvements obligatoires, etc., risque d'ouvrir la voie à une solution libérale qui serait regrettable, selon Rosanvallon. Il faut donc trouver une troisième voie entre le scénario social-étatiste qui se nourrit de la hausse des prélèvements obligatoires et le scénario libéral.

## 1) La crise de l'État-providence

### A. Les manifestations de la crise de l'État-providence

**L'État-providence est un approfondissement de l'État-protecteur** qui avait « *une double tâche : la production de la sécurité et la réduction de l'incertitude* ». En plus des interventions de protection, l'État-providence s'est doté d'actions positives comme la redistribution des revenus, la réglementation des relations sociales ou la prise en charge de certains services collectifs.

**Trois raisons sont généralement évoquées pour expliquer la crise de l'État-providence** : « *il se trouve dans une impasse financière, son efficacité économique et sociale décroît, son développement est contrarié par certaines mutations structurelles.* » Ce diagnostic est irréfutable, mais il occulte la question centrale : « *y a-t-il une limite sociologique au développement de l'État-providence et au degré de redistribution que son financement implique ?* » En effet, il est toujours mécaniquement possible d'augmenter les cotisations et les impôts, mais cette hausse peut être refusée par la population ; le problème de l'État-providence est donc avant tout d'ordre politique et sociologique.

### B. La crise de l'État-providence est due à une perte de légitimité, à une crise de la solidarité et à une crise de « *l'équation keynésienne* »

**La crise de l'État-providence s'explique d'abord par le doute de ses finalités.** Il a pour objectif de répondre aux besoins sociaux, mais ceux-ci sont illimités et ne peuvent jamais être entièrement satisfaits ; ensuite, et c'est cela le plus important, un doute essentiel traverse l'État-providence : « *l'égalité est-elle une valeur qui a encore un avenir ?* » La valeur « égalité » est en crise et cela peut s'expliquer par quatre raisons principales :

- la demande sociale envers l'État-providence se tourne de plus en plus vers la sécurité physique, notamment dans les grandes villes : « *la demande de sécurité tend à relativiser la demande d'égalité* » ;

- le développement récent de l'État-providence n'est pas le résultat d'une explosion sociale ; « *c'est une progression mécanique qui s'est développée à froid.* » La réduction des inégalités apparaît alors moins légitime ;
- le financement de l'État-providence ne provient plus d'une minorité de privilégiés car les contribuables représentent dorénavant une part importante de la population : « *l'idée qu'il suffisait de faire payer "les autres" n'a plus guère de sens* » ;
- la société n'est plus homogène ; elle est de plus en plus segmentée en différentes catégories sociales. Dans ces conditions, chacun cherche à se placer dans le segment le plus favorable. « *L'État clientèlaire commence à s'édifier dans l'État-providence.* »

**La crise de État-providence correspond aussi à une crise de la solidarité organisée par l'État** qui est, aux yeux des citoyens, opaque et abstraite ; la solidarité « *ne peut s'exercer que si la morale sociale qu'elle traduit repose sur un minimum de visibilité des rapports sociaux* ». Chacun a besoin de savoir comment est utilisée sa contribution, or « *aujourd'hui l'interface étatique est devenue largement opaque* ».

« ***L'équation keynésienne ne fonctionne plus.*** » L'État-providence est fondé sur « *l'équation keynésienne* » selon laquelle, grâce à l'intervention de l'État, la croissance économique va de pair avec le progrès social. Or, depuis le début des années soixante-dix, les politiques de relance sont inefficaces pour enrayer la crise ; l'efficacité économique et le progrès social semblent redevenir contradictoires, tout au moins à court terme. « *Il y a entrecroisement de critiques de droite et d'insatisfactions de gauche.* »

## 2) Le libéralisme : de la critique de l'État-providence à la théorie de la société sans État

### A. Le nouveau libéralisme se fonde sur la mise en cause de l'efficacité de l'État et sur une conception différente de la justice

**Le retour du libéralisme est le trait marquant de la période actuelle.** Il se caractérise par « *la critique de la critique de l'économie de marché* ». Ce nouveau libéralisme reconnaît les défaillances du marché, mais il considère qu'elles sont moindres que celles de l'État ; il se fonde donc sur la seule base d'un calcul coûts-avantages qui conclut que le marché est moins inefficace que l'État.

**Les libéraux affirment que certaines inégalités sont légitimes.** Les premiers libéraux, comme Smith, préconisaient une « *justice commutative* », ils considéraient que l'égalité de droit est la seule égalité nécessaire. L'inégalité de fait doit donc être acceptée car elle provient de l'usage différent que les individus font de leur liberté ; certains « *peuvent décider de travailler moins ou de prendre moins de risques que d'autres par exemple* ». Rawls repense, dans une logique libérale, le concept de justice ; il affirme que pour assurer l'égalité des chances, la société doit apporter davantage à ceux qui sont dans les situations sociales défavorables. Cette conception de la justice est celle de la « *justice distributive* ». L'objectif est d'assurer l'égalité des chances, les inégalités de fait demeurent légitimes. Rawls considère qu'il existe de justes inégalités.

## B. La critique de la pensée libérale

**La conception libérale de l'État est floue.** Rosanvallon affirme que les penseurs fondateurs du libéralisme, comme Smith ou Bentham, sont incapables de fixer clairement les limites de l'intervention de l'État. Ils considèrent que deux États coexistent : « *un État de droit, gardien de la démocratie et garant des libertés individuelles, et un État interventionniste, destructeur de ces libertés* », mais ils sont incapables de les distinguer nettement. Ils ne développent donc pas de réelle théorie de l'État.

**La critique néolibérale de l'État-providence se fonde sur la « *négation du social* ».** L'autonomie de l'individu est au centre de la pensée néolibérale ; celui-ci est « *un tout parfait et solitaire* », il ne ressent pas d'envie et donc son regard ne se fixe jamais sur ce que l'autre possède ; il est totalement indifférent aux autres individus. La pensée libérale est donc « *radicalement a-sociologique* ». Pourtant, « *ils sont actuellement les seuls à penser au-del à de l'État-providence. C'est ce qui fait leur force* ». Rosanvallon énonce alors l'objectif de son ouvrage : « *c'est contre cette utopie de la raison qu'il nous faut penser une alternative positive à l'essoufflement actuel de l'État-providence.* »

# 3) État-providence et société solidaire

## A. Il faut sortir de « *l'alternative privatisation/étatisation* »

Deux scénarios sont généralement proposés : le « *scénario social-étatiste* » et le « *scénario libéral* ». Aucun de ces scénarios n'est souhaitable.

**Le scénario social-étatiste correspond à une fuite en avant.** « *Le scénario « social-étatiste » se heurterait à de graves difficultés financières dans la situation actuelle, mais surtout il serait confronté à une résistance sociologique diffuse difficilement surmontable.* » De nouvelles augmentations des prélèvements obligatoires conduiraient à un blocage social et au développement de nombreux effets pervers comme l'amplification de l'économie souterraine et du travail au noir et l'accélération de la segmentation du marché du travail.

**Le scénario libéral est un scénario de « *régression sociale* ».** Il risque de provoquer des révoltes sociales et il nécessite donc un État fort pour y faire face. « *Au fond, ce scénario n'aurait de sens que s'il s'inscrivait dans la perspective cynique d'une coalition sociale qui s'établirait au détriment exclusif de la minorité la plus démunie de la population.* »

## B. Rosanvallon préconise « *une société solidaire* »

**Il faut réduire la demande de l'État et réencastrer la solidarité dans la société.** L'État-providence ne doit plus rester l'unique instrument de la solidarité. Il faut « *transférer à des collectivités non publiques (associations, fondations, groupements divers) des tâches de service public : c'est la voie de l'autonomisation* ». Les espaces de solidarité doivent être encastrés dans la société civile de façon à la rendre plus « *épaisse* ». Il faut réinsérer les individus dans des réseaux de solidarité et créer des « *auto-services collectifs* » ou « *services publics ponctuels d'initiative locale* ». Pour cela, il est d'abord nécessaire que le droit soit modifié, de façon à créer un véritable droit social qui contribue à rendre la société plus flexible ; il est souhaitable « *que des segments de la société civile (groupes de voisinage, réseaux d'entraide, structures de prise en charge d'un service collectif, etc.) puissent être reconnus comme des sujets de droit* ».

Il est aussi nécessaire que les individus disposent de temps libre pour élargir leurs activités de voisinage et se rendre des services mutuels. « *Dans cette perspective, la réduction du temps de travail n'apparaît plus seulement comme une exigence économique de réduction du chômage, elle est la condition de l'apprentissage de nouveaux modes de vie.* »

**Le fonctionnement de l'État-providence doit aussi être amélioré**. Pour cela, il faut « *débureaucratiser et rationaliser la gestion des grands équipements et fonctions collectives* » ; il faut surtout aménager les services publics pour les rendre plus proches de l'utilisateur, et donc décentraliser afin de contrer la tendance à la prolifération des règlements administratifs.

Il est aussi nécessaire d'accroître la visibilité sociale ; « *l'État-providence fonctionne dans un certain brouillard.* » Il serait mieux accepté si son fonctionnement était explicite. Cette nouvelle visibilité créerait des interrogations sur les différents objectifs sociaux à mettre en œuvre, sur le degré d'égalité souhaité..., de nombreuses questions essentielles qui sont actuellement éludées. Il faudrait alors réanimer des espaces publics et démocratiques pour que la société civile prenne en main la solidarité nationale.

Rosanvallon propose un « espace post-social-démocrate » qui permette de « redéfinir les frontières et les rapports entre l'État et la société » de façon à mettre en œuvre un mode de régulation autogestionnaire. Sa proposition semble utopique et irréalisable sur le court terme, mais elle a l'avantage de montrer que la déréglementation, l'abandon de la solidarité et l'accroissement des inégalités ne sont pas les seules issues de la crise de l'État providence.

81

# État modeste, État moderne

## *Stratégies pour un autre changement*

Michel Crozier

Cet ouvrage (Fayard, 1987, 320 p.) paraît au moment où éclate au grand jour le paradoxe d'un État condamné pour cause d'inefficacité alors que la demande d'interventions publiques se fait plus pressante dans l'opinion. Le couple infernal d'un État autoritaire et d'une société civile plus exigeante est menacé d'éclatement. L'auteur explore les voies de la réconciliation. Dans une première partie intitulée « Diagnostic », il analyse la détérioration des relations entre l'État et la société française. Dans la deuxième partie intitulée « Problèmes », il montre que l'État est irremplaçable mais que l'administration n'a pas évolué en même temps que la société. Enfin, dans la troisième partie, intitulée « Stratégies », il propose de promouvoir la société civile et le professionalisme des fonctionnaires.

## 1) « *Diagnostic* » : l'État ne joue plus le rôle qui devrait être le sien

### A. L'État est resté insensible aux aspirations de la société

**L'État n'a pas compris la crise de mai 1968.** Alors que l'explosion anti-bureaucratique était due à la détérioration des rapports entre le pouvoir et la société, l'État français n'apporte comme palliatif que la recherche matérielle d'un supplément à une croissance économique illusoire.

**Les tentatives de réformes ont été mal perçues.** Les technocrates libéraux étaient compétents mais ils obéissaient à une rationalité étroite, ignorant les problèmes vécus sur le terrain. Les réformateurs socialistes prétendaient changer la société plutôt que l'État. L'opinion mesura vite l'écart qui sépare « *la générosité de l'appel socialiste et la contrainte bureaucratique que la mise en œuvre de programmes idéalistes entraîne nécessairement* ». En bref, l'État a multiplié les « *occasions perdues* » depuis trente ans car « *on ne modernise pas plus les relations sociales qu'on ne change la société par décret* ».

### B. L'État freine le dynamisme d'une France en pleine évolution

**La société postindustrielle est dynamique.** Les Français ont fait face aux grandes mutations de l'appareil productif, aux nouvelles technologies et au renforcement de la concurrence extérieure. Le développement rapide du secteur tertiaire témoigne de leur esprit d'entreprise et de leurs qualités d'adaptation. Ils investissent massivement leurs ressources financières et humaines dans les services marchands.

**L'État est absent de cette mutation fondamentale.** Il reste attaché au système politico-syndical qui était le fondement de l'ancienne société industrielle. Au moment où l'emploi se tertiairise, il défend des secteurs condamnés. « *On découvrira avec le temps que les Français avaient raison de préférer investir* dans la restauration et l'hôtellerie et que l'État avait tort de dépenser tant de milliards dans l'acier. »

### C. La gestion publique est en crise

**L'écart se creuse entre l'État et les comportements sociaux.** Notre culture évolue vers plus de simplicité, vers moins de formalisme dans les relations entre les hommes mais les rapports avec l'administration centralisée et hiérarchisée restent impersonnels. L'ouverture au monde de la société se confirme mais l'État ne tient pas compte des expériences étrangères pour se réformer lui-même.

**L'« *économie de commande* » est devenue inefficace.** Après la Libération, le Plan facilitait la concertation et fournissait des perspectives à l'initiative privée. Il a été efficace tant qu'il est resté un organisme marginal par rapport à l'administration. Par la suite, il s'est institutionnalisé et bureaucratisé, se fixant des objectifs seulement quantitatifs. Aujourd'hui, la « ***commande directe*** » ne répond plus aux besoins qualitatifs dans le domaine de l'éducation, de la recherche-développement et dans le règlement des tensions sociales.

L'État n'a pas su se réformer lui-même. « *La logique administrative est d'ores et déj à condamnée pour tout ce qui concerne les services immatériels.* » L'État a perdu son efficacité car « *les réformateurs ont voulu moderniser la société en utilisant l'outil administratif tel qu'il était... Ils n'ont pas senti que la transformation de cet outil était plus importante que les objectifs qu'on lui fixait* ».

## 2) « Problèmes » : une meilleure approche de la régulation sociale doit permettre de réformer l'État

### A. L'amalgame des néolibéraux entre régulation et réglementation est abusif

**Régulation n'est pas synonyme de réglementation.** La régulation désigne l'action de « *tous les mécanismes correcteurs qui maintiennent un système en existence* ». Trois régulations existent, la régulation automatique par le marché, la régulation par la concertation entre les agents et la régulation par la réglementation étatique. En anglais, le terme de *regulation* désigne exclusivement la réglementation étatique, d'où la confusion des néolibéraux entre réglementation et régulation.

Les néolibéraux ignorent la régulation par les agents. Ils n'ont pas conscience que le marché n'est pas « *un état de nature que viennent troubler ça et l à des interventions extérieures abusives* » mais « *un construit humain qui pour émerger, s'affirmer et se développer, demande d'énormes efforts collectifs* ». Dans la pratique, les agents définissent eux-mêmes la régulation qui régit leurs relations mercantiles. Ils sollicitent parfois l'intervention réglementaire de l'État pour la faire respecter car la concurrence a besoin de règles qui la limitent et la protègent.

**La fonction de l'État est de faciliter la concertation entre les hommes de terrain.** Il appartient à ces derniers de fixer eux-mêmes leurs règles de conduite car « *la réglementation la plus efficace est celle qui s'appuie sur les régulations déj à existantes* ». Cette nouvelle philosophie de l'intervention de l'État est éloignée du « *rêve impossible* » des néolibéraux car plus la société est complexe, plus elle exige d'intervention publique. « *Il faut beaucoup d'organisation pour assurer davantage de liberté à un plus grand nombre de personnes.* » Il convient donc de réformer l'État plutôt que d'en restreindre la mission.

## B. À la recherche de la quantité doit succéder la recherche prioritaire de la qualité

**À l'époque de la société industrielle, le quantitatif imposait sa logique.** Il s'agissait alors de faire reculer la pénurie matérielle. L'économique et le social étaient dissociés. Le domaine de la production économique était celui du quantitatif. Le domaine du social était celui du qualitatif, de la recherche de la justice sociale par la redistribution.

**Aujourd'hui, le qualitatif devient « *le moteur de la société postindustrielle* ».** L'économique et le social sont étroitement imbriqués. De la qualité de la gestion des ressources humaines dépend la performance productive. Comme les services sont affaire de relations humaines, la richesse produite par l'administration est avant tout déterminée par la motivation des fonctionnaires et par la qualité de leurs rapports avec les usagers.

## C. Le critère de la qualité s'impose aux agents de l'État

**La priorité à l'investissement immatériel et les réformes de fonctionnement s'imposent.** La condition de réussite de la réforme est l'amélioration de « *la formation des hommes, l'organisation des rapports humains, la recherche... le développement culturel* ». De plus, la collusion de l'État et des institutions représentatives des personnels doit disparaître. Le « *condominium* » informel exercé par l'administration centrale et par les grandes fédérations syndicales empêche de faire prévaloir l'intérêt pour le client sur les intérêts catégoriels.

**L'administration doit promouvoir sa propre réforme.** La réforme doit s'appuyer sur la compétence et sur le sens du service des fonctionnaires. Les hauts fonctionnaires détiennent au premier chef les clés de la réussite. « *Le problème n'est pas de s'attaquer aux élites* [...] *mais de les faire bouger et de transformer le mode de raisonnement qui est le leur.* »

# 3) « *Stratégies* » : pour améliorer la décision, l'évaluation de la qualité et pour redéfinir les professions administratives

## A. Les méthodes de prise de décision et de contrôle de qualité doivent être réexaminées

**La prise de décision et le contrôle de la qualité par les pouvoirs établis sont défectueux.** Le système politico-administratif jouit d'un « *quasi-monopole de la préparation des décisions, de la direction de leur mise en œuvre et de l'évaluation de leurs résultats* ». Il ne tient pas assez compte de la réalité du terrain.

Les hommes politiques sont démunis pour contrôler la qualité de l'administration car ils sont soumis à la pression de leur électorat. L'autocontrôle de l'administration est inefficace, car lorsque « *l'administration se juge elle-même, elle empêche les fonctionnaires de s'écarter de la ligne. Mais elle est totalement incapable de juger de l'utilité de cette ligne* ».

**Le contrôle par les citoyens est actuellement aléatoire.** Les consultations électorales ne permettent pas aux citoyens de s'exprimer sur l'action quotidienne de l'administration. L'abus de la voie procédurière et la multiplication des procès systématiquement intentés à l'État, comme aux États-Unis, sont nocifs car les citoyens ignorent l'intérêt collectif et ne participent pas à l'amélioration des services publics.

## B. Un nouveau système d'évaluation de l'efficacité de l'administration doit être mis en place

**La création de « *cellules de préparation à la décision* » devrait être efficace.** Ces cellules, composées ni de fonctionnaires ni de politiques, seraient libres de toute responsabilité pratique. Leur professionnalisme leur permettrait de suggérer des stratégies en accord avec les rapports humains tels qu'ils sont vécus. L'expérience du Japon est éclairante à cet égard.

**Il appartient aux citoyens de s'exprimer en dernier ressort.** Deux moyens sont également expérimentés au Japon : les études d'opinion par des sondages et la création d'agence locales destinées à recueillir les observations et les plaintes formulées par des comités de bénévoles.

La réussite d'une telle démarche dépend du professionnalisme et de l'indépendance des évaluateurs issus de la société civile, mais elle exige aussi une grande fluidité de l'information circulant entre le citoyen, l'administration et le sommet de l'État.

## C. La réforme implique de restaurer le prestige du « métier » et de réviser la conception du leadership

**La qualité individuelle des fonctionnaires n'est pas assez appréciée par l'administration.** Elle influence peu leur carrière, garantie par un statut. Ce statut doit être conservé, pour le moment, en dépit de la pression des néolibéraux, car il les protège contre les interventions des administrés et contre le favoritisme des supérieurs. Mais cela impose des contreparties.

Leur professionnalisme doit être nettement amélioré. La plupart des métiers exercés dans le cadre de la fonction publique correspondent à des actions « *d'animation, de conseil, d'arbitrage et d'arrangements humains* ». Si le métier est revalorisé, « *le fonctionnaire moyen ne sert plus l'État mais le client* » et « *c'est le métier qui commande, non les supérieurs* ».

**Les cadres doivent devenir des « *patrons* ».** Une nouvelle philosophie du commandement doit animer les dirigeants. Les supérieurs hiérarchiques ont un rôle prééminent car « *il n'est pas d'innovation sans innovateur, de réforme sans réformateur, de risque assumé sans leadership, de leadership sans leader* ». Des « *patrons* » vraiment responsables, plutôt que des technocrates interchangeables, conduiront la réforme administrative. Il ne s'agit pas de restaurer le mythe du chef autocrate mais de valoriser le rôle « *d'un dérangeur, d'un éveilleur, d'un animateur* ». Des recherches en ce sens sont conduites aux États-Unis et en Suède.

En conclusion, l'auteur précise la fonction du politique. « *Le suffrage universel donne le droit de gouverner [...]. Il ne peut consacrer le droit de changer de société ni même de changer la société* » comme le prétend l'État totalitaire. « *L'État moderne n'est pas un État faible, c'est un État modeste* » qui se réforme lui-même, respecte les valeurs de la société et aide les citoyens à définir leurs propres régulations. La postface rédigée pour la réédition de 1991 porte un jugement plutôt favorable sur la réforme du service public amorcée en 1989.

L'audience de cet ouvrage a été considérable dès sa publication. Michel Crozier est un « dérangeur » qui s'oppose autant aux conservateurs qu'aux néolibéraux. Il a clairement posé la question de la qualité dans l'administration, influençant directement les réformes amorcées en France. Il a inspiré la formule du « mieux d'État » pour dépasser l'alternative du « plus » ou du « moins » d'État.

# 82 Les trois mondes de l'État-providence

## Gosta Esping-Andersen

*Les Trois Mondes de l'État-providence*, dont le sous-titre est *Essai sur le capitalisme moderne*, est un ouvrage du sociologue Gosta Esping-Andersen paru en 1990, mais publié en France seulement en 1999. L'auteur poursuit deux objectifs : expliquer pourquoi les États-providence ont évolué de manière différente et se demander si ces évolutions en font des systèmes différents. Prenant appui sur une analyse statistique détaillée portant sur 18 pays développés, il dresse une typologie maintenant célèbre en distinguant trois formes d'États-providence : libéral, corporatiste et social-démocrate. Mais l'ouvrage propose d'aller plus loin : c'est d'abord une réflexion sur l'humanisation du capitalisme et une interrogation sur le devenir de l'État-providence dans une société post-industrielle. La première partie porte sur l'évolution des États-providence, la seconde sur les effets de ces institutions sur l'emploi dans les sociétés modernes.

## 1) Les trois régimes d'État-providence

### A. Les trois économies politiques de l'État-providence

Sur la base de l'analyse de 18 pays développés, Gosta Esping-Andersen élabore trois types idéaux d'État-providence tout en précisant qu'aucun pays étudié n'est parfaitement conforme à l'un ou l'autre de ces modèles.

**L'État-providence libéral (ou résiduel) répond à une logique d'assistance.** Dans ces pays (États-Unis, Canada et Australie), l'État providence est peu développé, centré sur les pauvres et n'intervient qu'en complément du marché. C'est un État-providence « *dans lequel l'assistance est fondée sur l'évaluation des besoins et dans lequel les transferts universels modestes ou les plans d'assurance sociale modestes prédominent* ». La focalisation de l'aide sociale sur les plus pauvres entraîne une dualité sociale et une stigmatisation des publics aidés.

**L'État-providence corporatiste répond à une logique d'assurance.** En Autriche, en France, en Allemagne ou en Italie, l'État-providence repose sur des assurances sociales propres à chaque catégorie de travailleurs (les corporations). De ce fait « *le maintien des différences de statut prédomine* » et l'influence sur les inégalités est faible. Instituées à une époque où les femmes étaient peu nombreuses à travailler, ces assurances, dont les droits sont attribués aux travailleurs (principalement des salariés), entérinent la coupure entre le travail professionnel et domestique et concourent au maintien de la famille traditionnelle.

**L'État-providence social-démocrate est universaliste.** Les pays du nord de l'Europe (Suède, Norvège) ont un « *État-providence qui encourage une égalité des plus hauts standards et non une égalité des besoins minimaux* ». Ces allocations sont universelles, d'un haut niveau et attribuées à des individus. C'est pourquoi L'État-providence social-démocrate « *renforce la possibilité d'une indépendance individuelle* ». Dans la mesure où, à la différence des deux autres, il vise explicitement le plein emploi, il favorise le travail des femmes. C'est enfin, et peut-être surtout, celui qui démarchandise le mieux le travail.

## B. La démarchandisation du travail

**Le capitalisme a fait du travail une marchandise.** Les relations marchandes existaient dans les sociétés pré-capitalistes mais le travail n'était pas une marchandise. Il ne le devient que lorsque le paiement d'un salaire est la contrepartie du travail fourni. Les salariés sont libres mais cette liberté est *souvent fictive. « En tant que marchandises, les travailleurs sont remplaçables, aisément licenciés, et atomisés.* »

**Les États-providence ont tous en commun une démarchandisation du travail.** La démarchandisation du travail est une revendication forte du mouvement ouvrier, qu'il soit syndical ou politique, car cela renforce le travailleur et affaiblit l'autorité absolue de l'employeur. L'objectif est de permettre à des individus ou des familles de vivre décemment, même sans participation immédiate à l'activité productrice. « *La démarchandisation survient lorsqu'un service est obtenu comme un dû et lorsqu'une personne peut conserver ses moyens d'existence sans dépendre du marché.* »

**Les trois formes d'État-providence ont des niveaux différents de démarchandisation.** Gosta Esping-Andersen construit un indicateur de démarchandisation à partir de trois séries de critères : les conditions d'accès aux différentes indemnisations, le niveau de ces indemnisations et l'éventail des risques sociaux couverts. Il arrive aux conclusions suivantes : l'État-providence libéral démarchandise peu car il ne fournit que de faibles allocations à un public restreint ; l'État-providence corporatiste ne conduit pas automatiquement à une démarchandisation substantielle car les indemnités sont conditionnées à la participation au salariat ; le système social-démocrate est le plus démarchandisant à condition que les allocations soient élevées et donc que les individus aient la possibilité de ne pas travailler.

## C. Les facteurs du développement de l'État-providence

**Deux types de théories s'opposent pour expliquer le développement de l'État-providence.** Les théories fonctionnalistes mettent en avant le niveau de développement ou le poids des personnes âgées dans la population. Les analyses de T. H. Marshall, pour qui la redistribution ne peut intervenir qu'à partir d'un certain niveau de développement économique sont les plus connues de ces théories. Les théories du pouvoir mettent l'accent sur les rapports de force politique et, en particulier, sur l'action du mouvement ouvrier. Gosta Esping-Andersen cherche à valider les théories en présence en testant cinq variables : les deux premières relèvent des analyses fonctionnalistes (le niveau de développement, la part des personnes âgées dans la population ; les trois dernières relèvent des théories du pouvoir (le pouvoir politique de la gauche, celui des catholiques et la tradition absolutiste).

**Les théories du pouvoir ont une capacité explicative supérieure à celle des théories fonctionnalistes.** La forme prise par l'État-providence dépend essentiellement des variables politiques dérivées des théories du pouvoir. L'État-providence corporatiste s'est développé dans les pays marqués par la tradition absolutiste et par l'influence du catholicisme qui est favorable à la famille traditionnelle. L'État-providence universaliste a été favorisé par l'influence politique de la classe ouvrière lorsqu'elle a su s'allier avec d'autres classes, la paysannerie dans un premier temps, la classe moyenne ensuite. L'État-providence libéral n'a pu se mettre en place que dans des pays où l'influence du mouvement socialiste était faible.

## 2) La protection sociale dans la structure de l'emploi

### A. L'État-providence et le marché de l'emploi

**L'État-providence structure le marché du travail.** De façon à ne pas interférer directement avec le marché du travail, l'action de l'État-providence a, lors de sa mise en place, été centrée sur les personnes qui ne pouvaient pas travailler. Il a pourtant une influence immédiate sur l'offre de travail car les prestations interviennent dans le choix entre l'inactivité et l'activité. Après 1973, la montée du chômage et l'adoption de politiques passives de l'emploi (les préretraites par exemple) ont accentué cette influence.

**Les trois types d'État-providence ont des conséquences différentes sur l'emploi.** l'État-providence social-démocrate favorise l'emploi en incitant les femmes et les personnes âgées à travailler ; les premières travaillent souvent dans les services sociaux et, dans le cas de la Suède, les personnes âgées ont le choix entre une retraite partielle combinée avec un travail lui-même à temps partiel, une formation ou un travail protégé. L'État-providence corporatiste décourage le travail des femmes par sa politique familiale et celui des seniors par l'adoption de mesures de préretraites. En dépit de la neutralité de l'action de l'État-providence libéral vis-à-vis du travail des femmes et de celui des seniors, l'emploi de ces deux catégories est néanmoins élevé.

### B. L'État-providence et le plein emploi

**Les relations entre les salariés, les employeurs et l'État diffèrent selon les pays.** Les pays dont l'État-providence est de type universaliste (Norvège, Suède) se sont appuyés sur des syndicats forts mais respectueux des prérogatives patronales pour passer des compromis sociaux favorables au plein emploi mais parfois défavorables aux salaires. Au cours des années 1950 et 1960, l'Allemagne s'est retrouvée proche du modèle nordique. Aux États-Unis, à l'inverse, la faiblesse relative de l'influence des syndicats incite les salariés à adopter des comportements opportunistes et des avantages salariaux immédiats sont souvent préférés au plein emploi. En dépit de ce qui les sépare, tous ces pays ont connu une période de plein emploi plus ou moins longue au cours des Trente Glorieuses.

**Depuis 1973, aucun État-providence n'a réussi à concilier plein emploi et croissance équilibrée.** Par croissance équilibrée, l'auteur entend une croissance qui n'est acquise ni au prix de l'accumulation d'un déficit de la balance des paiements ou d'un déficit du secteur public, ni au prix de l'inflation. Aux États-Unis, la mise en œuvre de politiques économiques expansives a conduit à des déficits budgétaires et commerciaux. Dans les pays nordiques, la progression de l'emploi a été la contrepartie de déficits publics. En Allemagne, le chômage a fortement augmenté. Il est donc devenu impossible d'assurer à la fois le plein emploi et « *l'harmonie dans la distribution des revenus* ».

## C. Les trois trajectoires de l'emploi dans les sociétés post-industrielles

**Tous les pays développés sont confrontés à un déclin industriel.** Cela se traduit par un déclin (au moins relatif) de l'emploi industriel au profit de l'emploi tertiaire composé, selon l'auteur, des services d'aide à la production, des services sociaux et des services ménagers (restauration, loisirs).

**L'emploi dépend de la forme prise par l'État-providence.** Gosta Esping-Andersen oppose l'Allemagne, la Suède et les États-Unis. L'Allemagne est le pays qui s'est le moins tertiarisé car les compromis sociaux ont favorisé la hausse des salaires au détriment de l'emploi. À l'inverse, les États-Unis et la Suède sont devenus des pays post-industriels. En Suède, la tertiarisation de l'économie s'explique principalement par le développement des services sociaux. Ces nouveaux emplois étant majoritairement féminins et à temps partiel, le taux d'emploi des femmes s'est rapproché de celui des hommes mais les inégalités de revenus entre les hommes et les femmes restent élevées. Aux États-Unis, la faiblesse de l'État-providence a provoqué un développement particulièrement marqué des services privés, que ce soit les assurances ou les services ménagers. Cela s'est accompagné d'une forte inégalité entre groupes socioprofessionnels sans que les femmes soient particulièrement discriminées.

Même si l'objectif essentiel de Gosta Esping-Andersen n'était pas d'élaborer une typologie des États-providence, celle à laquelle est associé son nom s'est imposée dans l'étude de la protection sociale. En s'inspirant des travaux de Titmuss, il a permis au lecteur français de dépasser l'opposition trop européo-centrée entre un État-providence bismarkien et un État-providence béveridgien. Sa typologie a servi de bases à nombre de travaux postérieurs et a souvent été affinée. Ainsi, François-Xavier Merrien, qui est son traducteur français a, dans ses propres ouvrages, opéré une distinction utile entre un système universaliste fort (ex-pays du nord de l'Europe) et un système universaliste faible (le Royaume-Uni). On pourrait également élaborer un modèle d'État-providence correspondant aux pays du sud de l'Europe, dans lesquels la famille joue un rôle particulièrement important dans la solidarité ou, encore, pour ceux des pays d'Europe centrale. Il faudrait ensuite tenir compte des évolutions de ces États-providence. La protection sociale suédoise, souvent donnée en exemple dans l'ouvrage, a beaucoup évolué depuis la publication de celui-ci. On ne peut donc que souligner les limites de toute typologie : lorsque l'analyse se veut fine, chaque situation devient particulière.

# 83 Les métamorphoses de la question sociale

## Robert Castel

Dans cet ouvrage (Fayard, 1995, 490 p.), R. Castel s'interroge sur les formes prises par l'exclusion sociale dans les sociétés occidentales et sur les différents traitements de cette « question sociale ». Dans la première partie de l'ouvrage, « De la tutelle au contrat », l'auteur expose les limites du traitement de la question sociale dans le cadre de la société préindustrielle et les solutions préconisées par les penseurs libéraux du XVIIIe siècle. Dans la seconde partie, « Du contrat au statut », il retrace l'échec du projet libéral, expose la solution apportée par la « société salariale » et s'interroge sur la dernière métamorphose en date de la question sociale.

### 1) De la tutelle au contrat

#### A. La prise en charge des marginaux dans la société préindustrielle

**Les réseaux primaires de sociabilité permettent souvent l'intégration des « *désaffiliés* ».** Les membres des sociétés paysannes sont enserrés dans des relations d'interdépendances locales qui, en principe, ne laissent personne à l'écart de la communauté. Ceux qui pourraient l'être (les orphelins, les handicapés, etc.) bénéficient, le plus souvent, d'une forme de solidarité parfois dévalorisante dans le cadre d'une « *famille providence* ».

**L'assistance est ciblée sur les marginaux socialement acceptables.** Après l'an mil, la société féodale occidentale se dote d'institutions spécialisées dans le secours aux nécessiteux. Le public visé est celui des indigents originaires de la collectivité qui les assiste, dans l'incapacité de travailler et respectueux de l'ordre social. Pour eux, se met en place un assistanat local qui permet aux habitants les plus fortunés de faire preuve de charité en finançant les institutions hospitalières.

**Les vagabonds sont exclus de ce dispositif.** Par contre, la société féodale n'a pas de réponse à apporter à une pauvreté de type démographique ou économique qui n'a pas son origine dans une infirmité physique ou mentale. Or, à partir du XIVe siècle apparaît « *un nouveau profil d'indigent caractérisé par un rapport impossible au travail* ». L'ébranlement des rapports sociaux suite à la saignée démographique occasionnée par la peste noire a poussé sur les routes les « *inutiles au monde* » qui « *viennent de la terre qui ne les nourrit pas* ». Au début du XVIe siècle, la poussée démographique, cette fois, « *ruine les pauvres* » et alimente le vagabondage. Déliés de leur appartenance communautaire, et physiquement capables de travailler, les vagabonds ne bénéficient pas de l'assistanat local.

La société féodale réprime le vagabondage. Il n'existait pas de solution, autre que répressive, dans le cadre des rapports sociaux féodaux. Ne voulant pas mettre en question « *les statuts immuables de l'organisation du travail* », les autorités ont cherché à limiter la mobilité géographique et professionnelle des travailleurs par l'adoption d'un code du travail rigide.

Le vagabondage a été réprimé et puni de peines aussi lourdes que le bannissement, la peine de mort, le travail forcé, la peine de galère, la déportation dans les colonies et même la mise en esclavage.

## B. La libération du marché du travail

**Il n'y a pas de marché du travail dans la société préindustrielle.** Jusqu'au XVIIIe siècle, le travail est réglementé par des corporations dont l'objectif est d'empêcher la mise en concurrence des membres d'une même communauté de métier et des communautés entre elles. Le travail ne pouvant pas être vendu et acheté « librement », il n'existe pas de marché du travail. Les salariés occupent une place supérieure à celle du vagabond, mais inférieure à celle de tous ceux qui ont un statut. « *Le salariat reste structurellement périphérique par rapport aux formes légitimes de la division du travail.* »

**Puis, le travail devient une marchandise.** L'attention portée au travail s'accroît tout au long du XVIIIe siècle. Alors même que les famines disparaissent, les contemporains prennent conscience de l'existence d'une « *vulnérabilité de masse* ». Ils identifient mieux le rôle joué par les mouvements démographiques ou économiques dans le processus d'exclusion sociale. Parallèlement, les économistes libéraux insistent sur le rôle du travail dans la création des richesses et sur la nécessité de créer un marché du travail. « *La liberté des échanges suppose la liberté du travail, et donc la libéralisation du travail ouvrier.* » C'est chose faite en France avec l'adoption du décret d'Allarde et de la loi Le Chapelier, qui interdisent corporations et coalitions.

**La libération du marché du travail était présentée comme une solution au problème du vagabondage.** Dans l'esprit des révolutionnaires qui ont libéralisé le marché du travail, cette mesure devait résoudre la question sociale telle qu'elle se posait à l'époque en stimulant la création de richesses et en permettant aux indigents de trouver du travail. Dans ces conditions, l'oisiveté devait être combattue mais une assistance étatique était envisagée pour ceux qui n'étaient pas en mesure de travailler. Cette protection sociale préfigurant notre État-providence ne sera pas effective, pas plus que ne sera reconnu un « droit au travail ».

# 2) Du contrat au statut

## A. La gestion du paupérisme par les « *réformateurs sociaux* »

**Le paupérisme est le signe de l'échec du projet libéral.** Les observateurs les plus avertis du début du XIXe siècle remarquent que les pays ayant réalisé leur révolution industrielle sont à la fois les plus riches et ceux dans lesquels la misère semble la plus profonde. Il est évident qu'« *il existe une indigence qui n'est pas due à l'absence de travail mais à une nouvelle organisation du travail, c'est-à-dire au travail libéré* ». Loin de supprimer la pauvreté, la création d'un marché du travail semble l'avoir développée. Castel note que « *le paupérisme est d'abord une immense déception qui sanctionne l'échec de l'optimisme libéral façon XVIIIe* ».

**Les « *réformateurs sociaux* » ont tenté de promouvoir un assistanat moralisateur.** Castel qualifie de « *réformateurs sociaux* » les individus qui ont cherché à atténuer la misère du peuple sans poser le problème en termes politiques. Églises, œuvres de charité, entreprises parfois, ont développé des programmes d'assistance dont la contrepartie était la moralisation des pratiques des bénéficiaires. Assujettis à des devoirs et privés de droits, les pauvres n'étaient pas reconnus comme des citoyens à part entière.

**Cette gestion du paupérisme n'a pas rencontré l'adhésion du peuple.** Cet assistanat vécu comme une forme de « *mansuétude des gens de biens envers les misérables* » est resté extérieur à la culture et au mode d'organisation ouvrier. Acceptée, faute de mieux, par les pauvres et, souvent, dénoncée par les organisations ouvrières, cette gestion de la question sociale était condamnée.

## B. La mise en place de la société salariale

**La reconnaissance d'une « *propriété sociale* » est une solution alternative à l'assistanat.** À une logique d'assistanat, les républicains les plus lucides ont opposé une logique d'assurance sociale fondée sur les droits d'individus égaux entre eux. Considérant que « *chacun a des dettes à l'égard de tous* » à l'intérieur d'une société, ils soutiennent que seul l'État « *peut donner à ceux qui sont créanciers et faire payer ceux qui sont débiteurs* ». Tout se passe comme si chaque salarié bénéficiait d'une « *propriété sociale* » (des droits sociaux) dont l'État était le garant et qui lui apportait de la sécurité. D'abord lents en France, les progrès de cet « *État social* » ont été plus rapides après la Seconde Guerre mondiale.

**Le statut des salariés s'est amélioré.** Tant que seule la propriété d'un capital assurait à ses détenteurs une sécurité matérielle, le salariat ne bénéficiait que d'un statut indigne, c'est-à-dire auquel n'était associée aucune dignité. Le développement de la « propriété sociale », celui du droit du travail et l'augmentation des salaires ont contribué à valoriser le statut de salarié.

**La « *société salariale* » est notre présent.** La salarisation croissante de notre société fait que le salariat est devenu le fondement de l'identité sociale de la plupart de ses membres. Mais les salariés forment un groupe social hétérogène au sein duquel les ouvriers sont minoritaires. Dans la mesure où la possession d'un capital a perdu de son importance, la société « *n'est plus traversée par un conflit central entre les salariés et non-salariés, c'est-à-dire entre prolétaires et bourgeois, capital et travail* ». Les contradictions sociales n'ont pas disparu pour autant mais « *les antagonismes prennent la forme de luttes pour les placements et les classements plutôt que celle de la lutte des classes* ».

## C. La nouvelle question sociale

**La précarisation de l'emploi est à l'origine de la nouvelle question sociale.** L'explosion du chômage depuis 1974 ne constitue que l'élément le plus visible de la dégradation du salariat. La « *précarisation de l'emploi* » est un phénomène plus significatif pour trois raisons :

- il « *déstabilise les stables* » en fragilisant la position d'individus que la société salariale avait préalablement intégrés ;
- il conduit des populations dont « *l'identité par le travail s'est perdue* » à s'installer dans la précarité et à développer une « *culture de l'aléatoire* » ;
- il traduit un « *déficit de places occupables dans la structure sociale si l'on entend par places des positions auxquelles sont associées une utilité sociale et une reconnaissance publique* ».

**Ni les entreprises ni l'État n'ont su répondre à cette nouvelle question sociale.** Le fonctionnement des entreprises est à l'origine de cette précarisation de l'emploi. Il est illusoire de leur demander de résoudre ce problème au moment même où « est *remise en* *question la fonction intégratrice de l'entreprise* ». Les politiques d'insertion menées par l'État en direction des « *valides invalidés par la conjoncture* » ont limité les dégâts sociaux sans, pour autant, enclencher de processus généralisé d'intégration sociale.

**L'avenir de la société salariale est en suspens**. La société salariale qui reste notre présent est minée par la crise de l'État social et l'effritement de la condition salariale. L'avenir n'étant jamais écrit, R. Castel envisage quatre scénarios possibles :

- la solution libérale consistant à laisser faire le marché conduirait à une augmentation de la précarité et à une dégradation du salariat ;
- le renforcement des politiques d'insertion permettrait de maintenir la précarité à son niveau actuel sans résoudre le problème sur le fond ;
- le développement d'activités sociales alternatives au travail productif a pour ambition de fonder l'utilité sociale sur d'autres pratiques que le travail rémunéré mais risquerait de créer une catégorie de sous-citoyens ;
- le partage des « *ressources rares que sont le travail productif et les protections sociales* » est la solution qui a les faveurs de l'auteur. La réduction négociée du temps de travail lui semble indispensable pour assurer à tous un emploi permettant de vivre dignement. L'État, ensuite, doit assumer « *sa fonction proprement régalienne de sauvegarde de l'unité nationale* » et les citoyens doivent accepter d'en payer le coût.

L'ouvrage de Robert Castel illustre la fécondité d'une méthode qui consiste à solliciter l'histoire, la sociologie et l'économie pour nous éclairer sur les phénomènes sociaux les plus actuels. Cela permet d'analyser une situation dans sa complexité sans la réduire à l'une ou l'autre de ses composantes.

Cette démarche lui permet de traiter de la crise sociale actuelle sans s'enfermer dans une problématique réductrice qui consiste à opposer les « exclus » aux « inclus ». Il montre ainsi que la « précarité économique » qui peut être plus ou moins prononcée et dont le chômage n'est qu'une des formes favorise la « désaffiliation sociale » (la perte du lien social).

# 84 Les formes élémentaires de la pauvreté

## Serge Paugam

*Les formes élémentaires de la pauvreté* (PUF, 2005, 237 p.), écrit par Serge Paugam, est un ouvrage pédagogique et rigoureux, tant dans sa forme que dans sa démarche. La pauvreté y est définie et illustrée dans une perspective interactionniste, par la relation qui se manifeste entre les pauvres et la société dans laquelle ils se trouvent. Très structuré, il est composé de deux parties comportant respectivement deux et cinq chapitres, auxquelles s'ajoute une annexe. Le livre est émaillé de documents statistiques et d'extraits d'ouvrages sociologiques de référence.
L'ambition de l'auteur est de dresser une typologie des formes élémentaires de la pauvreté, puis d'en valider empiriquement l'existence dans différents pays.

## 1) Pauvreté et être pauvre

### A. Les différentes approches de la pauvreté

**La notion de pauvreté est fondée principalement sur une conception relative. On distingue trois approches : monétaire, subjective, ainsi qu'une approche en termes de conditions de vie :**

- l'approche monétaire est la plus répandue. La norme reconnue en France et en Europe est le seuil de 50 % ou de 60 % du revenu médian. Est considéré comme pauvre un ménage dont le revenu par unité de consommation est inférieur à ce seuil ;
- l'approche subjective est fonction de l'opinion des personnes interrogées sur leur situation. Sont pauvres ceux qui ne sont pas « à l'aise ». Le problème est que cette expression n'a pas le même sens partout ;
- l'approche en termes de conditions de vie met en évidence le fait que c'est davantage le cumul de handicaps qui caractérise la pauvreté, que le manque matériel.

**La sociologie de la pauvreté ne peut pas se réduire à une approche descriptive et quantitative.**
L'approche monétaire tend à réduire la pauvreté à une question de revenu. On peut considérer plus largement, comme Amartya Sen, que la pauvreté s'appréhende en termes de capacités des individus à faire des choix, la pauvreté étant alors une situation de pénurie des capacités.
Selon le seuil de pauvreté retenu, le périmètre de la pauvreté varie énormément. Ainsi en 2001 en France, au seuil de 50 %, la population comporte 6 % de pauvres, alors qu'au seuil de 60 % la part est de 12,4 %.

**Être pauvre est une situation qui se définit en interaction avec la société.** Au début du XX^e siècle, Georg Simmel caractérise le statut de pauvre par la situation « *d'assistance qu'une personne reçoit de la collectivité* ». « *Être assisté est la marque identitaire de la condition de pauvre, le critère de son appartenance sociale à une strate spécifique de la population.* » Le pauvre intériorise alors le fait d'être indésirable ; son image est négative.

## B. La naissance d'une sociologie de la pauvreté

**Dans, *Mémoire sur le paupérisme* (1835), Tocqueville définit la pauvreté comme un état de privation et de dépendance à l'égard d'autrui.** Il la distingue de la misère qui est un état généralisé à l'ensemble d'une région ou d'un pays. À la différence de Marx, il ne perçoit pas que la pauvreté résulte d'une loi économique du capitalisme. Tocqueville dénonce les risques que pourrait entraîner un système généralisé de secours publics aux indigents, ce qu'il nomme la charité légale en opposition à la charité privée. Il relativise la notion de pauvreté en soulignant que les besoins varient selon la société et l'époque ; il n'étudie pas la pauvreté de façon substantialiste. « *En sociologue, il a établi dans ce mémoire que la pauvreté n'existe pas en elle-même, mais par rapport à l'état d'une société prise comme un tout.* »

**Dans le premier volume du *Capital* (1867), Marx évoque la question des surnuméraires.** L'armée industrielle de réserve est une surpopulation relative qui fait pression sur l'armée ouvrière active. La crainte du chômage conduit à accepter les pires conditions de travail et à modérer les prétentions de rémunération. « *Ainsi, les surnuméraires ne sont pas une anomalie du système de production, mais bien une condition vitale du processus d'accumulation capitaliste.* » La masse des pauvres n'est pas en perpétuelle augmentation comme le croyait Tocqueville ; elle résulte avant tout des variations périodiques du cycle industriel.

**Marx et Tocqueville sont les précurseurs de la sociologie de la pauvreté, Simmel en est le fondateur.** L'apport de Georg Simmel dans son texte consacré à la pauvreté (1907) et réédité dans son ouvrage *Sociologie* (1908) est déterminant. Son approche est constructiviste. « *[L]a pauvreté, telle que l'entend Simmel, n'est pas seulement relative, elle est construite socialement. Son sens est celui que la société lui donne.* » Les pauvres sont dans une situation de dépendance à l'égard de la collectivité. La sociologie de la pauvreté ainsi édifiée est donc une sociologie du lien social.

Selon Simmel, la pauvreté résulte d'une stigmatisation. « *À partir du moment où le pauvre est pris en charge par la collectivité pour sa subsistance et son entretien quotidien, il ne peut plus prétendre à un autre statut social que celui d'assisté* [...]. » Les pauvres demeurent des membres de la société dont ils constituent la dernière strate.

# 2) Le rapport social à la pauvreté

## A. La disqualification sociale

**L'expérience de la disqualification sociale se décline en trois types de relation à l'assistance : la dépendance, la fragilité et la marginalité.**
La dépendance est une relation régulière et contractuelle aux services d'action sociale, elle correspond à la situation d'assistés définie par Simmel.
En amont, la fragilité se caractérise par un besoin d'aide ponctuelle.
En aval, la marginalité marque le plus souvent une situation de rupture sociale, notamment vis-à-vis de la famille et des institutions.
Cette typologie est construite à la fois par la catégorisation définie par les services sociaux et par le sens que mettent les individus à leur situation.

**La pauvreté correspond moins à un état qu'à un processus.** Elle concerne des populations hétérogènes qui cumulent progressivement diverses difficultés. Le concept de disqualification sociale a été élaboré pour rendre compte de ce phénomène. « *La disqualification sociale met donc l'accent sur le caractère multidimensionnel, dynamique et évolutif de la pauvreté.* »

La fragilité est un apprentissage de la disqualification sociale ; l'individu se méfie et se sent humilié de devoir faire appel aux travailleurs sociaux. La compensation de la perte de revenu et de la précarité par le recours aux aides de l'assistance peut conduire à la dépendance.
La rupture du lien social survient lorsque les aides cessent et que les personnes cumulent différents handicaps. « *Il s'agit de la phase ultime du processus, le produit d'une accumulation d'échecs qui a conduit à une forte marginalisation. N'ayant plus aucun espoir de s'en sortir véritablement, ces personnes ont le sentiment qu'elles sont inutiles à la société. Elles ont perdu le sens de leur vie.* »
Quand il y a absence de relation stable avec la famille, le processus de disqualification sociale peut s'accélérer et on peut alors basculer directement de la fragilité à la rupture sans passer par la dépendance.

**La représentation sociale de la pauvreté est fonction d'un effet structurel propre à la situation de chaque pays et d'un effet de conjoncture lié à l'évolution du marché de l'emploi.** Les représentations sociales de la pauvreté varient en fonction de trois facteurs : le degré du développement économique et du marché de l'emploi, la forme et l'intensité des liens sociaux, la nature du système de protection sociale et d'action sociale.

- Le développement économique et marché de l'emploi : être pauvre diffère selon le niveau de vie du pays.
- La forme et l'intensité des liens sociaux : lien de filiation (origines familiales), lien de participation élective (en fonction des groupes d'appartenance), lien de participation organique (profession), lien de citoyenneté (nationalité). Ces quatre types de lien sont complémentaires. « *Ils constituent en quelque sorte, par leur entrecroisement, le tissu social qui enveloppe l'individu.* »
- Le système de protection sociale et d'action sociale. La forme de l'État-providence a un effet sur la constitution de la catégorie des pauvres prise en charge au titre de l'assistance.

## B. Typologie des formes élémentaires de la pauvreté

**Trois formes élémentaires de pauvreté peuvent être distinguées : la pauvreté intégrée, la pauvreté marginale et la pauvreté disqualifiante.** « *Une forme élémentaire de la pauvreté correspond à un type de relation d'interdépendance entre une population désignée comme pauvre – en fonction de sa dépendance à l'égard des services sociaux – et le reste de la société.* »

- La pauvreté intégrée : les pauvres ne sont pas fortement stigmatisés ; leur niveau de vie est bas, mais ils sont bien intégrés.
- La pauvreté marginale concerne une petite frange de la population inadaptée à la civilisation moderne ; elle est constituée de personnes sous la tutelle des professionnels du social et qui sont stigmatisées.
- La pauvreté disqualifiante touche un nombre croissant d'individus refoulés de la sphère productive, qui deviennent dépendants des institutions d'action sociale. Leur grande précarité face à l'emploi se cumule à plusieurs autres handicaps. Ils ont un sentiment d'être pris dans un engrenage conduisant à l'inutilité sociale et subissent une dévalorisation sociale d'autant plus difficile à supporter que ces exclus ne sont pas nés dans la misère.

**La pauvreté intégrée est ressentie comme un héritage.** À Madère, la pauvreté est la plus forte du Portugal avec 40 % des habitants en dessous de seuil de pauvreté, fixé à 60 % du revenu médian. Pourtant, la pauvreté subjective, qui est fonction de ce qu'estiment les habitants, y est la plus faible de toutes les régions du Portugal. « *Elle [la pauvreté] est intégrée au* *système social et constitue par la même une façon de vivre et un destin plus ou moins accepté par le poids des contraintes. Dans ces régions, la pauvreté paraît normale. Elle ne fait pas scandale.* »

La pauvreté correspond à un phénomène structurel dans les pays du Sud, alors que dans les pays du Nord, elle apparaît davantage comme un phénomène conjoncturel.

**La pauvreté marginale est celle qui, sans avoir disparu, est devenue socialement presque invisible.** La croissance économique et l'action de l'État-providence rendent résiduelle la sphère de l'assistance. Selon Gosta Esping-Andersen, trois modèles de welfare regime se distinguent :

- le modèle nordique ou social-démocrate, dans lequel existe une universalité des droits ;
- le modèle continental ou corporatiste, qui est fondé sur le système des assurances obligatoires organisé dans un esprit de défense des intérêts et des droits acquis ;
- le modèle libéral, qui soumet le versement d'allocations d'assistance à des conditions de ressources. Les transferts sociaux à caractère universel sont modestes ; le système d'assurances sociales est limité. L'intervention de l'État pour assurer une protection sociale élémentaire est minimale ; les pouvoirs publics cherchent parfois à favoriser l'essor des assurances privées.

La pauvreté marginale se maintient, alors même que le bien-être se généralise dans toute la société. Les pauvres marginaux sont victimes de préjugés : ils représentent une anormalité, une infirmité et un danger. « *Le quart-monde ne pouvait être qu'une survivance, certes honteuse, mais si marginale dans la société d'abondance qu'il était possible d'en occulter, au moins partiellement, l'existence et la question politique qu'elle soulevait.* » Les pauvres sont souvent considérés comme des paresseux lorsqu'ils vivent dans une société de plein emploi et sont, par conséquent, plus fortement stigmatisés.

**La pauvreté disqualifiante est subie par ceux ne parviennent plus à participer à l'activité productive et aux échanges de l'économie moderne.** Leur situation s'explique principalement par un chômage d'exclusion qui tend à provoquer un déclassement ou un sentiment d'échec. Le chômage entraîne une perte de niveau de vie, un affaiblissement de la vie sociale, une marginalisation vis-à-vis des autres travailleurs. Une rupture sociale peut alors survenir. La pauvreté disqualifiante marque le retour de l'insécurité sociale par la dégradation du marché de l'emploi. Selon l'expression de Robert Castel, « *la société salariale* » est en crise.

La dégradation de la situation sociale dans les pays riches, conduit les pouvoirs publics à multiplier et à diversifier leurs actions. « *Autrement dit, à défaut de pouvoir régler ce problème de fond, l'action, souvent volontariste, des pouvoirs publics contribue à faire patienter les populations en difficulté dans des dispositifs conçus pour pallier des situations d'urgence en risquant ainsi d'accroître leur disqualification sociale.* » Un autre effet pervers peut en résulter : un individu ne correspondant pas à l'une des situations répertoriées, peut ne pas bénéficier d'une aide. C'est pourquoi, un certain nombre de structures traditionnelles d'assistance, comme l'aide alimentaire d'urgence, se maintient dans des pays riches.

Selon Serge Paugam, son ouvrage *Les formes élémentaires de la pauvreté* valide un cadre analytique pour définir et étudier la pauvreté dans les sociétés modernes, ce qui est indispensable à l'action politique dans ce domaine. « *Il ne débouche pas sur un programme particulier, mais il entend stimuler la réflexion pour contribuer sinon à éradiquer, du moins à soulager les souffrances de ceux et celles dont le destin, un jour ou l'autre, croise celui de la pauvreté.* »

# 85 Changer de modèle

## Philippe Aghion, Gilbert Cette et Elie Cohen

Ph. Aghion, G. Cette et E. Cohen sont trois économistes français, spécialisés respectivement dans les théories de la croissance et de l'innovation, sur les questions de productivité et de marché du travail, et dans le domaine des institutions et des politiques industrielles. Dans *Changer de modèle* (Odile Jacob, 2014, 272 p.), leur approche complémentaire leur permet de repenser plus globalement l'économie, d'envisager un changement de modèle économique et institutionnel susceptible de relancer durablement la croissance. En s'appuyant sur l'expérience réussie de plusieurs pays développés, ils montrent que la France peut renouer avec une croissance inclusive si elle change son mode de pensée et engage des réformes structurelles profondes.

## 1) Le déclin de la France nécessite de penser autrement l'économie

### A. Une dégradation continue des principaux indicateurs économiques et sociaux depuis plus de dix ans

**La situation économique de la France se dégrade.** En termes de PIB/habitant, la France se paupérise vis-à-vis des États-Unis et de nombreux pays européens. Ce décrochage s'explique essentiellement par une « *diminution relative de la mobilisation au travail de la population en âge de travailler* ». La performance extérieure de l'économie française s'est elle aussi dégradée, qu'il s'agisse de la balance courante ou des parts de marché à l'international. Une évolution qui va de pair avec une désindustrialisation rapide, la part de l'industrie dans la valeur ajoutée passant de 18 % en 2000 à 12,5 % en 2011. Ce phénomène s'explique principalement par la détérioration de la situation financière des entreprises qui les empêche d'innover suffisamment. Enfin, le taux d'emploi est faible, surtout chez les jeunes, et les finances publiques se caractérisent par une forte dégradation, la France apparaissant comme l'un des pays les « *moins capables de contrôler la dynamique de sa dette publique* ».

**Les inégalités les plus importantes concernent l'école et les revenus**. La France a un système éducatif très inégalitaire, comme le soulignent les études PISA. Elle fait partie des pays où le milieu socio-économique d'origine a la plus forte influence sur la réussite scolaire. Parmi les élèves défavorisés, la part de ceux qui réussissent est inférieure à la moyenne des pays de l'OCDE. Enfin, « *la France donne moins de chances aux enfants issus de l'immigration, puisque ceux-ci sont largement plus susceptibles de compter parmi les moins bons résultats que leurs camarades* ». Si les inégalités salariales sont relativement faibles en France en raison de l'importante revalorisation du Smic depuis sa création, les inégalités de revenus avant redistribution sont, quant à elles, relativement fortes. Cela s'explique par le fait que la France est « *plus inégalitaire concernant l'accès à l'emploi et donc aux revenus du travail lui-même* ».

**Un retard dans la diffusion des innovations technologiques.** La France ne bénéficie que de façon modérée de la dernière révolution technologique associée aux TIC. [...] « *Son niveau* *de productivité s'abaisse alors progressivement par rapport à celui des États–Unis à partir du milieu des années 1990* ». Cela est le résultat d'une moindre diffusion des TIC dans les entreprises françaises. « *Les principaux facteurs explicatifs semblent être une moindre flexibilité du marché du travail, un environnement moins compétitif sur le marché des biens et enfin un moindre niveau d'éducation moyen de la population en âge de travailler.* » Les deux premiers facteurs expliqueraient l'écart de diffusion des TIC par rapport aux États-Unis et le moindre niveau d'éducation de la population en âge de travailler.

### B. La France doit penser autrement et changer de paradigme

**Il faut rompre avec un interventionnisme inadapté à des économies de l'innovation.** Le « *keynésianisme primitif* » n'est plus adapté à une économie de l'innovation et mondialisée, « *la gestion macroéconomique par la demande perd de son efficacité* ». La politique industrielle doit être repensée ; elle passe par « *une meilleure définition du rôle des acteurs, une gouvernance des aides plus rigoureuse et une articulation pensée entre politiques macro et politiques sectorielles* ». L'État doit cesser d'augmenter les impôts pour résorber ses déficits mais réduire les dépenses publiques.

**Il faut s'interroger sur une fiscalité plus incitative et sur le rôle du Smic.** Le financement de la protection sociale repose principalement sur les cotisations sociales. La France doit s'interroger sur l'opportunité de transférer une partie de ce financement sur une hausse de la TVA, afin d'améliorer la compétitivité des entreprises avec des effets comparables à une dévaluation monétaire. Cela est d'autant plus envisageable que la France taxe moins la consommation que la moyenne des pays de l'Union européenne. Il faut aussi moins taxer le capital, donc l'épargne, car cela décourage l'investissement et s'avère nuisible dans le cas « *d'une économie où la croissance est tirée par l'innovation et la création de nouvelles entreprises* ». Enfin, les règles d'indexation du Smic méritent d'être rediscutées au regard de ses effets négatifs sur l'emploi et de son incapacité à réduire la pauvreté laborieuse.

## 2) Les réformes à engager pour relancer une croissance inclusive

### A. Les réformes structurelles à engager pour relancer la croissance

**Réformer l'école permet de stimuler l'activité et d'accroître la mobilité des individus.** La réussite exemplaire du système éducatif finlandais suggère d'agir principalement sur deux leviers : d'une part, un accompagnement individuel renforcé des élèves, en particulier dans les territoires défavorisés ; d'autre part, un renforcement de la formation initiale et continue des enseignants. « *Tout autre débat [...] nous paraît d'importance secondaire par rapport à la priorité qui doit être consacrée à ces deux leviers* ».

**Les barrières à l'entrée doivent être assouplies pour dynamiser la croissance.** Les réglementations anticoncurrentielles agissent défavorablement sur l'activité, car « *elles pérennisent les productions ou technologies existantes en empêchant ou retardant l'entrée d'innovations, et elles permettent aux firmes en place de s'endormir sur leurs lauriers au lieu d'innover pour échapper à la concurrence* ». En France, de nombreux secteurs échappent à une réelle concurrence (professions fermées, électricité, distribution), ce qui empêche une « destruction créatrice » favorable à l'activité économique mais aussi à la mobilité sociale. « *En résumé, dynamiser le marché des biens est un moyen de générer de la croissance inclusive* ».

**La réforme du marché du travail doit permettre de concilier la protection des travailleurs et l'efficacité économique.** Cela passe par la mise en place d'une véritable flexisécurité. Il s'agit d'instaurer « *un système qui réconcilie la flexibilité d'embauche et de licenciement pour les entreprises avec à la fois une sécurité des revenus et une formation professionnelle efficace pour les travailleurs* ». Il faut par ailleurs réduire la dualité sur le marché du travail en alourdissant le taux de cotisation chômage pesant sur les CDD et l'intérim, sauf lorsqu'un accord collectif en prévoit les modalités ; cela « *dynamiserait la négociation collective et favoriserait le développement du droit conventionnel* ».

## B. L'indispensable réforme de l'État

**La réforme de l'État est indispensable pour que celui-ci puisse agir efficacement dans l'économie.** L'État doit investir dans les secteurs porteurs de croissance, et « *en même temps limiter la pression fiscale de manière à ne pas décourager les talents et l'innovation* ». Diminuer les dépenses publiques donnera au gouvernement les marges de manœuvre nécessaires pour atteindre simultanément ces deux objectifs. Cela permettra aussi à l'État d'assainir ses finances publiques et de « *mener plus facilement une politique budgétaire contracyclique* ». Pour maîtriser la dépense publique, il est nécessaire de « *remettre à plat les missions publiques afin de fixer des priorités claires, des objectifs et des échéanciers* ». Continuer à pratiquer la politique du « coup de rabot », comme la France le fait trop souvent, se révèle en effet inefficace « *pour réduire nos déficits et notre dette tout en évitant la surtaxation* ».

**Les pays qui ont engagé des réformes ont connu un succès à la fois économique et politique.** C'est le cas de l'Australie, du Canada et de la Suède qui ont mené des politiques de consolidation fiscale dans les années 1990 avec des effets positifs durables en matière de PIB/tête, de taux de chômage et de ratio de dette publique. D'un point de vue politique, l'analyse montre que les pays qui ont su conduire des réformes vigoureuses sont aussi des pays où les gouvernements sont restés le plus longtemps au pouvoir. « *Un gouvernement qui poursuit les réformes avec succès est systématiquement réélu, souvent pour une période assez longue, et peut profiter d'une période plutôt prospère économiquement* ».

**Il existe quatre réformes essentielles à engager pour que la France renoue avec un plus grand dynamisme économique.** Il faut réformer radicalement « *le millefeuille territorial, avec différents niveaux de gouvernement se superposant et empiétant les uns sur les autres* ». Dans le domaine de la santé, les axes de réformes doivent conduire à une réduction de l'inégalité d'accès aux soins et une meilleure maîtrise de la dépense, notamment en redéfinissant le socle de soins totalement couverts par la Sécurité sociale. Le système de retraite doit être revu dans le sens d'une plus grande lisibilité, d'une plus grande égalité et d'une plus grande efficacité assurant un équilibre financier à long terme ; cela passe par une augmentation du nombre d'annuités pour bénéficier d'une retraite à taux plein. Enfin, la réforme de l'indemnisation chômage doit « *à la fois éviter les trajectoires de pauvreté et de pertes en capital humain, et associer plus réellement l'indemnisation à la recherche d'emploi et à la formation* ».

Face au déclin de l'économie française, il est nécessaire d'inventer un nouveau modèle de croissance. La mise en œuvre d'un programme de réformes ambitieuses est susceptible d'apporter une réponse à l'horizon d'un à dix ans au déclin économique de la France. « *L'engagement de telles réformes n'est plus qu'une question de volonté politique* ».

# PARTIE VII

# Population et société

# 86 La réforme sociale en France

## *déduite de l'observation comparée des peuples européens*

## Frédéric Leplay

Contemporain du docteur Villermé, Frédéric Le Play publie en 1855 *Les ouvriers européens*, vaste enquête regroupant 36 monographies de familles ouvrières réparties dans une douzaine de pays européens, chef-d'œuvre de science sociale, par la méthode et les résultats.
Il n'est pas seulement l'observateur minutieux de la condition ouvrière, il est aussi le théoricien du catholicisme social. Dans *La réforme sociale en France*, paru en 1864 (Slatkine, 1982, 802 p.), il donne à la droite conservatrice et catholique sa philosophie sociale. Ses idées influencèrent à la fois certaines pratiques du paternalisme patronal et la constitution de la doctrine sociale de l'Église (encyclique *Rerum novarum* de Léon XIII en 1891).
La première partie de l'ouvrage est consacrée à l'analyse des « fondements de la société », et la seconde présente les principes d'une « réforme sociale », dont « *l'urgence est signalée en France par l'antagonisme et l'instabilité qui agitent le corps social* ».

### 1) Les fondements de la civilisation

#### A. La religion, premier fondement de toute société

**L'observation des peuples européens nous indique une corrélation entre prospérité et maintien du sentiment religieux.** Par exemple, la Russie, l'Angleterre et les États-Unis « *sont les nations chez lesquelles, depuis deux siècles, nonobstant la diversité des constitutions sociales et l'inégalité des points de départ, le mouvement de progrès est le plus marqué. Cette supériorité se révèle à la fois par l'harmonie sociale et par la stabilité de l'État ; elle se manifeste aux esprits les moins attentifs par l'extension rapide des territoires occupés par leur race ou soumis à leur domination. Or, ces trois peuples sont en même temps ceux chez lesquels les croyances, malgré des nuances fort tranchées, se conservent avec le plus de fermeté* ».

**En revanche, la France a connu à la fin du XVII^e^ siècle un développement du scepticisme qui perdure et lui est défavorable.** Ce déclin du sentiment religieux s'est formé en réaction à la corruption, à l'intolérance et à l'action politique du clergé. S'il était alors justifié, cet affaiblissement des croyances religieuses développe tous les vices. « *Lorsqu'elles n'ont point pour sauvegarde des habitudes invétérées de travail et d'épargne, les populations, en perdant le sentiment religieux, tombent dans un matérialisme grossier : l'ivrognerie devient la seule diversion au travail et en absorbe les produits ; les femmes et les enfants restent dans le dénuement, tandis que les vieux parents, considérés comme une charge inutile, subissent des traitements odieux.* »

**Il est donc nécessaire de restaurer le sentiment religieux, tout en respectant certaines conditions.** La séparation des pouvoirs politique et religieux est par exemple indispensable.

## B. La propriété, second fondement de la civilisation moderne

**La propriété privée doit être reconnue comme le système le plus juste et le plus raisonnable.** Ceux qui veulent rétablir la propriété collective se trompent. En effet, cette dernière est injuste car « *la fatigue du travail et les privations de la tempérance y retombent directement sur les personnalités les plus éminentes, tandis que la richesse épargnée est également attribuée à tous et même aux membres les moins sobres et les plus indolents de la communauté* ».

L'observation des peuples européens montre d'ailleurs que la propriété individuelle s'est établie « *spontanément chez tous les peuples élevés à un certain degré de civilisation* », ce qui est justifié car elle est la « *récompense du travail et de l'épargne* ».

**À la liberté de possession individuelle, doit s'adjoindre la liberté de transmission.** En effet, la caractéristique des régimes de succession, c'est que « *plus que toutes les autres institutions civiles, ils ont le pouvoir de rendre fécondes ou stériles la propriété et les familles de propriétaires* ». On peut ramener l'extrême diversité des régimes de succession en Europe à trois types principaux. Le premier est celui de la « *conservation forcée* », dont le modèle est le droit d'aînesse sous l'Ancien Régime ; s'il présente beaucoup d'avantages, il se heurte aujourd'hui au principe de liberté individuelle. Le second est celui du « *partage forcé* » ; la loi du partage successoral égal du 7 mars 1793 l'institue en France. Ses conséquences sont désastreuses : le bien familial disparaît le plus souvent à la mort du père par morcellement entre tous les héritiers. Pour éviter cette situation, les familles sont contraintes de réduire leur fécondité. Le dernier régime, celui qu'il faut encourager, est celui de la « *liberté testamentaire* ». Dans ce régime, où le propriétaire, ayant de nombreux enfants, peut disposer librement de ses biens et se choisir un héritier qui lui succédera, la continuité de l'industrie familiale est assurée, la fécondité peut se développer, et la liberté individuelle est respectée.

## C. La famille se présente comme la vraie unité sociale

**On peut distinguer deux types de famille extrêmes : la famille patriarcale et la famille instable.** La « *famille patriarcale* » se rencontre encore chez les pasteurs de l'Orient, chez les paysans russes et les Slaves de l'Europe centrale. Le père y conserve chez lui tous ses fils mariés et il exerce sur eux et leurs enfants une autorité très étendue. La propriété y est indivise. La « *famille instable domine chez les populations ouvrières soumises au nouveau régime manufacturier de l'Occident, et se propage chez les classes riches sous l'influence notamment du partage forcé* ». Elle est constituée par l'union de deux époux, augmente d'abord par la naissance des enfants, diminue ensuite lorsque ces derniers s'établissent au-dehors, et se dissout à la mort des parents. Elle ne joue pas le rôle de protection que l'on trouve dans la famille patriarcale.

**La famille-souche, type intermédiaire, « *concilie dans une juste mesure l'autorité du père et la liberté des enfants, la propension à la nouveauté et le respect de la tradition* ».** Dans ce modèle, que l'on rencontre dans certaines régions de France, par exemple dans les Pyrénées, ou dans le nord-est et le midi de l'Allemagne, « *le père de famille établit et marie au foyer domestique, en l'associant à ses travaux, celui de ses enfants qu'il juge le plus capable de continuer l'œuvre de la famille* ». Bien entendu, il aide les autres enfants à s'établir au-dehors « *en les dotant selon les traditions et les ressources de la maison* ». Cette forme familiale, caractérisée donc par la cohabitation entre trois générations et un partage successoral inégalitaire, puisqu'un seul enfant hérite de la propriété, évite son morcellement. Elle permet ainsi à la fois

« *d'assurer le bonheur des individus et de contribuer par ses nombreux rejetons à la puissance de l'État et à l'expansion de la race* ».

Une fois redéfinis les fondements principaux de toute société, on peut proposer les principes d'une réforme nécessaire au rétablissement de l'harmonie sociale.

## 2) Les principes d'une réforme sociale

### A. La réforme des rapports privés

**L'inégalité n'a pas disparu malgré la suppression des privilèges de l'Ancien Régime.** Le paupérisme, engendré par l'apparition du système manufacturier et des crises qui l'accompagnent s'est même considérablement développé. Or, on ne peut attendre son élimination des seules associations ouvrières ou des institutions de bienfaisance.

**Le « *patronage* » est le seul remède adapté à la réduction du paupérisme ouvrier.** Fonction essentielle des classes dirigeantes, on peut le définir comme l'ensemble des « *mœurs et des institutions tendant à garantir la sécurité des masses imprévoyantes* ». Le régime du patronage « *se reconnaît surtout à une permanence de rapports maintenue par un ferme sentiment d'intérêts et de devoirs réciproques. L'ouvrier est convaincu que le bien-être dont il jouit est lié à la prospérité du patron, et celui-ci, de son côté, se croit toujours tenu de pourvoir aux besoins matériels et moraux de ses subordonnés* ». Ce dernier doit surtout convaincre ses ouvriers de la nécessité de l'épargne qui leur permettra d'acquérir leur logement, et les inciter à la fondation de familles souches, « *où la mère ne descend jamais à la condition d'ouvrier, parce qu'elle trouve au foyer même, pour ses précieuses facultés, un emploi sans limites* ».

Certes, ce remède à l'inégalité, « *fondé sur l'harmonie des classes extrêmes de la société* », sera difficile à mettre en œuvre, tant est grand leur antagonisme, engendré à la fois par le nouveau régime manufacturier et les utopies révolutionnaires.

L'État peut utilement intervenir, soit par des enquêtes sur les meilleurs exemples de patronage, soit par l'octroi de distinctions honorifiques aux patrons les plus dévoués.

### B. La réforme du gouvernement

**L'observation comparée des différentes institutions publiques européennes nous permet de repérer les meilleures.** C'est la Constitution britannique qui nous offre le modèle de tolérance et de paix publique. « *Elle n'est devancée par aucune autre nation dans les voies du gouvernement local et dans la pratique de la liberté civile et politique ; elle n'a point d'égale dans sa merveilleuse aptitude à conjurer la corruption et à accomplir les réformes.* »

**La France en revanche est marquée par l'intolérance et la bureaucratie.** L'intolérance est par exemple illustrée par l'inexistence d'une véritable liberté de la presse. Quant à la bureaucratie, son origine remonte au pouvoir royal qui se crée des auxiliaires dans une multitude « *d'officiers de justice et de finances* ». Ses caractères sont partout les mêmes. « *Les agents de la bureaucratie ont, sous tous les régimes, le même moyen de succès : ils doivent plaire au chef* [...]*, quel que soit l'homme chargé de conduire, selon le sytème du jour, leur groupe administratif, ils veulent se rendre indispensables à force de zèle et de souplesse* [...]*. Ils sont ingénieux à épargner leur peine ; capables de tous les efforts sous un chef laborieux et perspicace, ils se dédommagent sous un successeur indolent et inexpérimenté.* » Enfin, « *leur grand art* est de persuader à un chef confiant qu'en créant de nouveaux bureaux, il travaillera au bien public et accroîtra sa propre importance ».

**Cette situation provoque des effets désastreux.** L'intolérance la plus redoutable est celle qui, « *depuis 1791, porte nos partis politiques à imposer violemment à la nation la pratique de leurs doctrines* ». Elle tend donc naturellement à restreindre la liberté. De son côté, la bureaucratie envahit progressivement la vie des particuliers par l'excès de réglementations qu'elle engendre, et la prétention et la paresse de certains de ses agents rendent intolérables les relations des citoyens avec leur administration. Par ses abus, elle contribue à aviver l'instabilité sociale. D'autre part, elle a des effets pervers ; en particulier, « *elle excite chez les citoyens la recherche des fonctions publiques salariées* » au détriment de professions plus utiles socialement, et « *elle les habitue à vivre aux dépens de l'État au lieu de lui venir en aide* ». C'est pourquoi, la réforme du gouvernement passe nécessairement par une décentralisation du pouvoir, qui doit être réparti plus judicieusement entre la commune, la province et l'État.

L'originalité de l'ouvrage réside surtout dans la méthode inductive et comparative choisie par F. Le Play. C'est de l'observation sur le terrain des faits et des comportements qu'il dégage les principes d'une réforme morale et sociale. « *La science socialea surtout pour but de rendre les peuples à la fois libres et prospères.* »

En tant que penseur social, il est difficilement classable. Certes, c'est un conservateur, ce dont témoigne le rôle fondateur qu'il attribue à la famille, ainsi que celui, non moins important qu'il donne à la religion et à la propriété privée. Pour autant, et malgré les attaques portées au régime d'après 1789, ce n'est pas un traditionaliste désireux d'un retour à l'Ancien Régime dont il dénonce fortement l'absolutisme monarchique, ni d'un retour à la terre : le nouveau régime manufacturier, malgré ses maux, doit seulement être régulé pour porter ses fruits.

C'est aussi un libéral, méfiant à l'égard de l'État dont il dénonce la centralisation croissante et ses abus. En ce sens, son analyse de la bureaucratie est saisissante de modernité et préfigure celle de M. Weber. Mais il ne méconnaît pas l'importance du droit. « *La réforme ne se produira que par l'action simultanée de la loi et des mœurs.* »

C'est enfin un penseur moraliste et c'est surtout à un changement des mœurs qu'il convie ses concitoyens. Les dernières phrases de son ouvrage sont éloquentes : « *Comptons sur l'exemple plus que sur les préceptes. Propageons le sentiment de l'honneur par la pratique du devoir ; l'esprit d'indépendance par la tempérance et le travail ; l'harmonie sociale par l'amour du prochain et la tolérance !* »

# 87 Théorie de la classe de loisir

## Thorstein Veblen

Ce livre, publié aux États-Unis en 1899 (Gallimard, 1970, 279 p.), est le premier ouvrage de Thorstein Veblen. Dès sa première édition, il connut un grand succès. L'auteur y développe une analyse, aussi minutieuse que critique, de la classe dominante au sein des sociétés industrielles. Une perspective évolutionniste l'amène à considérer cette classe comme l'héritière d'un lointain passé : jadis, l'exemption de tout travail productif constituait le principe distinctif de cette classe ; dans les sociétés modernes, s'y ajoute la consommation ostentatoire. Par ailleurs, une approche institutionnaliste conduit Veblen à préciser le rôle joué par cette « classe de loisir » ou « classe oisive » dans le processus de changement social.

## 1) La « classe de loisir » ou « classe oisive » se démarque des autres classes sociales

### A. Historiquement, la « classe oisive » a fondé sa suprématie sur le « loisir ostentatoire »

« *Dans le cours de l'évolution culturelle, l'émergence d'une classe oisive coïncide avec les débuts de la propriété* ». La propriété instaure « *une lutte pour la possession de biens* » : c'est « *une distinction provoquante* ». Elle « *devient la preuve la plus facilement reconnaissable d'une estimable réussite* » et entretient une « *rivalité pécuniaire* » entre les hommes : facteur de distinction sociale, elle suscite l'envie et l'estime d'autrui.

**Conjointement à la propriété, le loisir ostentatoire assure la suprématie de la classe oisive.** C'est par le travail que les classes inférieures peuvent espérer accéder à la propriété. Or, « *un court-circuit de l'esprit amène à considérer le travail lui-même comme intrinsèquement vil* ». Le travail devient alors la marque des faibles. *A contrario*, s'abstenir ouvertement de tout travail productif, c'est-à-dire s'adonner au loisir ostentatoire, est pour la classe oisive, la marque de sa supériorité. À l'époque moderne, se consacrer à l'apprentissage des langues anciennes ou des différents genres de musique, suivre la mode, s'occuper d'animaux de compagnie ou de chevaux de course… traduisent une « *consommation improductive du temps* » qui permet à la classe oisive de se différencier du reste de la société. C'est également à cette fin qu'elle emploie de nombreux serviteurs dont le rôle est « *d'être béatement aux petits soins pour la personne de leur maître* ». L'épouse, « *tout au long de l'âge économique où elle est avant tout servante – c'est-à-dire dans la très longue période où le mâle domine la maison* », exerce une fonction analogue.

## B. Dans les sociétés modernes, la « classe oisive » exprime sa supériorité par sa consommation ostentatoire

**La classe oisive se différencie des autres classes par sa consommation.** Dans les sociétés modernes, même si elle est toujours effective, la pratique du loisir ostentatoire est moins perceptible par autrui qu'elle ne l'était dans les sociétés traditionnelles. La consommation ostentatoire, par nature visible de tous, atteste plus nettement la supériorité, « *l'honorabilité* », du riche. Celui-ci « *consomme comme il sied* », c'est-à-dire en respectant les manières distinctives pratiquées par la classe à laquelle il appartient. Par ailleurs, la consommation de son épouse constitue une « *consommation par procuration* » de « *l'homme pécuniairement supérieur* ». Ainsi, « *la décence exige que l'épouse use ostensiblement de certains articles afin que la maison de son chef fasse bonne figure* ». Cette attitude étant présente dans toutes les classes, la nature des biens consommés marquera la distance qu'il convient entre la classe oisive et le reste de la société.

**Les sociétés modernes sont alors des sociétés de gaspillage.** Une consommation est un gaspillage dès lors qu'elle ne contribue pas à « *l'élévation de la vie humaine en général* ». Or, la consommation ostentatoire ne vise qu'à « *rabaisser autrui par comparaison pécuniaire* ». Il s'agit donc d'un gaspillage. Cependant, pour « *l'homme pécuniairement supérieur* », elle revêt le caractère « *d'une nécessité vitale* ». En outre, l'ostentation entretient une émulation qui est « *le plus puissant, le plus constamment actif, le plus infatigable des moteurs de la vie économique proprement dite* ».

## C. La classe oisive impose à l'ensemble de la société sa manière de vivre

**Le mode de vie de la classe oisive est un modèle pour le reste de la société.** Lorsque les besoins de base sont satisfaits, le consommateur désire vivre « *conformément à une norme conventionnelle, prescrivant ce qui, décemment, se consomme en quantité et en qualité* ». C'est la « *classe pécuniairement supérieure* » qui détermine « *quel mode de vie, la société doit tenir pour recevable et générateur de considération* ». De plus, le « *principe d'ostentation* » s'impose à l'ensemble des classes sociales. Au sein de chaque classe, ce principe est appliqué avec plus ou moins de force : « *l'esprit de comparaison provoquante nous pousse à consommer de manière ostensible, nous incite à laisser plus bas que nous les gens de notre condition.* »

**Le « *principe du gaspillage ostentatoire* » définit le bon goût.** Le principe du gaspillage ostentatoire constitue un « *principe directeur* » qui influe sur nos conduites et nos sentiments et définit le bon goût. Par exemple, « *les signes de la cherté se font accepter comme élément de beauté [...]. Est méritoire la consommation coûteuse* ». L'objet strictement utilitaire, produit en série, ne peut donc être beau ni de bon goût, puisque peu coûteux. Sa qualité sera en outre contestée : « *le consommateur est conduit à refuser, comme étant de mauvaise qualité, les marchandises qui ne contiennent pas un élément considérable de gaspillage ostentatoire.* »

## 2) La classe oisive est une institution exerçant un rôle déterminant sur l'évolution sociale

### A. Les sociétés sont fondées sur des institutions

**La classe de loisir est une institution de la société.** « *Les institutions sont des habitudes mentales prédominantes, des façons très répandues de penser les rapports particuliers et les fonctions particulières de l'individu et de la société.* » En application des thèses de Darwin, l'évolution sociale se traduit par « *une sélection naturelle des habitudes mentales les plus recevables* », c'est-à-dire des institutions. La classe oisive, définissant le principe d'honorabilité comme « *habitude mentale dominante* », devient elle-même une institution.

**Les institutions forment un tout cohérent.** « *Les hommes reçoivent d'une époque antérieure les institutions* [...] *qui gouvernent leur vie.* » Celles-ci « *tendent à perdurer indéfiniment* » et « *forment donc un facteur de conservation. C'est le facteur d'inertie sociale, d'inertie psychologique, de conservatisme* ». De plus, « *le code de connaissances, conventions et usages en vigueur à tel moment et chez tel peuple, présente peu ou prou le caractère d'un tout organique* ». Par conséquent, il est particulièrement difficile de modifier un des éléments du tout, sans modifier totalement ce dernier. « *On répugne à changer* [...], *on redoute avant tout le tracas de se réadapter, qui suivra par nécessité tout changement.* » Néanmoins, sous la pression de circonstances particulières, extérieures aux individus, les sociétés évoluent : les conditions nouvelles issues de ces circonstances « *ne tolèrent plus les habitudes de pensée formées dans d'autres conditions* ».

### B. La classe oisive est une classe, par essence, conservatrice

**La classe oisive est capable de résister aux forces, essentiellement économiques, qui poussent à la transformation de la société.** « *Le besoin de se procurer de quoi vivre* », c'est-à-dire la nécessité ressentie d'accroître le niveau de vie, incite les individus à « *rebâtir le mode de vie* » et constitue le fondement principal des forces transformatrices de la société. Or, la classe oisive est largement à l'abri des nécessités économiques. Elle est donc moins encline que les autres classes au changement.

**La classe oisive oriente en sa faveur l'évolution de la société.** Lorsqu'elle ne pourra plus s'opposer au changement, la classe oisive favorisera l'émergence de nouvelles institutions, dans le seul but de préserver ses intérêts propres. Cependant, à terme, le système industriel pourra conduire à l'élimination de cette classe par dilution de l'un de ses fondements, la propriété, au sein de « *la société par actions sans âme* ».

**Le conservatisme de la classe oisive s'étend au reste de la société.** Le conservatisme de la classe dominante « *prend valeur honorifique* [...]. *Il est de bon ton* ». Il est alors « *du devoir de toutes les personnes honorables de suivre cet exemple* ». L'évolution sociale en est freinée. En outre, « *le principe d'ostentation érigé en principe d'honorabilité* » conduit l'ensemble des classes à y consacrer toutes leurs forces au lieu de les mobiliser pour le progrès. Enfin, la résistance au changement se révélera être particulièrement forte chez les plus démunis : ceux dont l'essentiel des efforts est consacré à la satisfaction de leurs besoins vitaux « *ne peuvent réfléchir à l'après-demain* ». Ils ne peuvent donc pas envisager un avenir différent du présent.

## C. La classe oisive détermine « le tempérament réel de la société » et celui des autres classes sociales

**La classe oisive valorise certains traits de caractère.** « *Les principes de la rivalité pécuniaire et de l'exemption du travail d'industrie* […] *gouvernent les façons de penser* » et déterminent ainsi « *le tempérament réel de la société* ». Pour être le mieux armé dans la société dominée par la classe oisive, l'individu doit faire preuve d'égoïsme, d'esprit de clan, de « *sournoiserie* », d'un « *tempérament prédateur* » orienté vers l'acquisition, la propriété, plutôt que la production de richesses. De ce point de vue, la figure emblématique de la classe oisive est « *le capitaine d'industrie* » – ou mieux encore, « *le capitaine de finance* » – « *plus avisé qu'ingénieux* », qui se décharge, sur ses subordonnés, de toute responsabilité en matière de production. « *L'homme de finance idéal* […] *convertit sans scrupules hommes et biens à ses propres fins* » ; il méprise « *les sentiments et aspirations d'autrui* » et « *se soucie fort peu du résultat éloigné de ses actes* ». En cela, il est semblable à un délinquant.

**La domination de la classe oisive altère le tempérament des autres classes.** L'efficacité industrielle commande des qualités très différentes de celles que valorise la classe de loisir : il faut citer « *la probité, la diligence, les façons paisibles, la bonne volonté, la solidarité* », le « *tempérament* » ou « *l'instinct artisan* », c'est-à-dire le goût de l'effort, du travail bien fait… Le modèle de l'*homo oeconomicus* est donc sans utilité pour analyser les comportements des actifs.

Un « *tempérament prédateur* » va donc caractériser les classes supérieures tandis que les classes « *qui s'adonnent aux travaux mécaniques* » manifestent un tempérament producteur. Néanmoins, les classes, comme les individus, sont engagées dans la « *rivalité pécuniaire* » impliquée par le principe d'ostentation. La classe industrielle est donc également soumise à ce principe. Par conséquent, « *l'institution de la classe de loisir* […] *a pour effet de réduire le rendement industriel de la société* » en regard de ce qu'il pourrait être si la classe industrielle était dominante.

Selon Raymond Aron, qui signe la préface de cet ouvrage, Veblen est, paradoxalement, à la fois célèbre et méconnu. Il est en tout cas inclassable. Par exemple, il développe une approche en termes de classes sociales sans pour autant adhérer à la problématique de Marx : jamais, il n'appelle à la lutte de classes ou à la révolution. Par ailleurs, il s'oppose aux néoclassiques en rejetant le modèle de l'homo oeconomicus et en adoptant une perspective institutionnaliste. Enfin, la dimension philosophique n'est pas absente de son analyse, au point où certains ont davantage vu en lui un moraliste qu'un sociologue.

Bien évidemment, cet ouvrage ne résume pas l'ensemble de l'œuvre de Veblen : il marque plutôt le début d'une réflexion qui le conduira à prédire la fin de la « classe oisive » en raison du développement du machinisme et de la montée en puissance de la classe des ingénieurs. Même si cette prédiction n'est toujours pas réalisée, il reste que son analyse critique permet encore aujourd'hui d'éclairer certains débats sur la nature et les comportements des classes dirigeantes.

# 88 Évolution agraire et pression démographique

## Ester Boserup

Au cours des années cinquante, le très fort essor démographique des pays du tiers monde réactive le discours malthusien. Par exemple, selon Ansley Coale et Edgar Hoover (1958), l'accroissement démographique excessif pèse sur l'épargne donc sur l'investissement et, par conséquent, freine la croissance économique. À l'opposé, un courant anti-malthusien, animé en France par Alfred Sauvy, voit dans l'augmentation de la population un facteur de croissance et de développement. C'est à ce courant qu'il faut rattacher Ester Boserup. Dans son ouvrage, *The Conditions of Agricultural Growth* (1965) dont l'édition française est parue en 1970 (Flammarion, 221 p.), elle analyse le développement des sociétés rurales traditionnelles soumises aux effets d'une densification démographique : celle-ci, en contribuant à l'intensification des cultures, concourt à la transformation des structures agraires.

### 1) Dans les sociétés traditionnelles, la pression démographique induit une intensification de l'exploitation du sol

#### A. Le développement de l'agriculture au cours de l'histoire résulte de l'adoption, très progressive, de modes d'exploitation du sol de plus en plus intensifs

**L'exploitation du sol est devenue plus intensive.** Les systèmes d'utilisation du sol peuvent être classés en plusieurs catégories par ordre d'intensité croissante : les cultures à jachère longue (la durée de celle-ci variant de 5 ou 6 ans à plus de 20 ans) ; les cultures à jachère courte (1 ou 2 ans) ; les cultures à jachère très courte ou sans jachère (une à plusieurs récoltes par an). « *Il n'y a guère de raisons de douter, semble-t-il, que la séquence typique du développement de l'agriculture ait été un changement graduel,* [...] *allant des types extensifs aux types intensifs.* »

**Le mode d'utilisation du sol détermine le genre d'outil agricole utilisé par les cultivateurs (bâton pointu, houe, charrue...).** La jachère courte exige l'usage de la charrue tandis que la jachère longue suppose au mieux la houe. Cependant, si le genre d'outil est déterminé, « *chaque système de culture peut se pratiquer avec des outils très primitifs ou très perfectionnés* ». Par exemple, la charrue utilisée dans le cadre de la jachère courte peut être une simple araire ou être davantage perfectionnée ; la houe, en jachère longue, peut être plus ou moins rudimentaire...

## B. L'intensification de l'usage du sol accroît la production agricole mais, dans un premier temps, réduit la productivité horaire du travail

**Le passage à une agriculture plus intensive nécessite une quantité de travail plus importante.** « *L'évolution de l'emploi agricole, dans une région donnée, à la suite de la croissance démographique et de l'intensification de l'utilisation agricole du sol, correspond à un allongement graduel de la durée du travail agricole.* » La jachère courte, et plus encore les cultures à récoltes multiples, diminuent ou éliminent les périodes d'inactivité : il faut, par exemple, s'occuper des animaux de trait et les nourrir d'où la culture de plantes fourragères qui exige un temps de travail supplémentaire ; la fabrication et l'entretien de l'outillage et l'adoption de méthodes de cultures plus élaborées (fertilisation, irrigation...) impliquent également un allongement de la durée du travail.

**C'est pourquoi, dans un premier temps, l'intensification des modes de culture se traduit le plus souvent par une diminution de la productivité horaire du travail.** « *On admet généralement que la production par heure de travail humain augmente beaucoup quand la charrue est introduite dans une collectivité donnée à la place de méthodes utilisées jusque-là, en système de longue jachère. C'est là, pourtant, une généralisation bien hasardeuse.* » La prise en compte de la totalité du travail qu'il est nécessaire de mobiliser fait apparaître que l'intensification de l'utilisation du sol « *réduit la productivité par heure de travail (autrement dit l'emploi agricole augmente plus vite que la production)* ». La croissance démographique, lorsqu'elle induit une intensification des modes de culture, ne génère donc pas une population surnuméraire dans les campagnes.

## C. La croissance démographique est une condition nécessaire mais non suffisante de l'intensification de l'usage du sol et de l'accroissement de la production agricole

**Les rythmes de croissance de la population influent sur la modernisation de l'agriculture.** Un accroissement démographique implique, à partir d'un certain seuil de densité, impossible à déterminer *a priori*, la mise en œuvre de méthodes de culture plus intensives. Ce fut le cas en Europe occidentale, au XVIII$^{e}$ siècle. La pression démographique conduit à la généralisation de techniques agricoles déj à connues mais peu répandues : par exemple, « *la rotation sans jachères de cultures incluant les légumineuses, était pratiquée dans l'Antiquité en Méditerranée et ailleurs* », c'est-à-dire bien avant son extension, au XVIII$^{e}$ siècle, en Europe occidentale. *A contrario*, lorsque la densité de population s'abaisse, notamment du fait de catastrophes ou de guerres, « *il semble qu'il y ait eu souvent un retour à des systèmes plus extensifs* ».

**Pour autant, la croissance démographique ou plus exactement l'accès à un seuil de densité critique, ne suffit pas à garantir l'adoption de modes de culture plus intensifs.** En dépit de la pression démographique, les paysans peuvent refuser l'adoption de nouveaux modes d'exploitation du sol du fait « *d'une comparaison parfaitement rationnelle entre la quantité de travail supplémentaire à fournir et la quantité de production supplémentaire à en attendre* ». Leur refus n'a donc rien à voir, sauf cas très rares, avec un quelconque fatalisme. La densification de la population les incitera à adopter des modes de culture plus intensifs dès lors qu'ils y verront un intérêt, une source de satisfaction compensant l'effort de travail supplémentaire, une perspective de gains suffisants...

## 2) La transformation des modes d'utilisation du sol fait évoluer les structures agraires

### A. En simplifiant, trois catégories de structures agraires, liées aux modes d'utilisation des sols, peuvent être distinguées

**Aux modes de culture les plus extensifs correspond un système de « *tenure tribale* ».** Dans les systèmes de très longue jachère, chaque famille, clan, tribu... dispose d'un « *droit reconnu d'exploitation du sol, d'un territoire* » (système de « *tenure tribale* »). Un accroissement de la population amène à raccourcir la durée des jachères et à en réduire la surface. Aussi, « *l'attachement individuel des familles à des pièces de terre déterminées devient de plus en plus important* ». Cependant, dans tous les cas, le droit d'exploiter la terre ne constitue pas un droit de propriété.

**Ultérieurement, l'intensification de l'usage du sol conduit à l'instauration d'un mode de « *tenure féodale* ».** Progressivement, dans les sociétés traditionnelles, la hiérarchie sociale se complexifie et comporte généralement « *une classe supérieure de chefs tribaux ou de seigneurs féodaux qui reçoivent un tribut* [des] *cultivateurs – en nature, en travail ou des deux sortes* » (mode de « *tenure féodale* »). Les seigneurs peuvent utiliser le travail obligatoire pour défricher de nouvelles terres. Ils élargissent alors leur domaine qui reste, toutefois, inaliénable.

**Plus tard, l'appropriation privée du sol va apparaître et se développer (mode de « *tenure moderne* »).** Très progressivement, les seigneurs se muent en propriétaires, les cultivateurs devenant alors leurs fermiers ou leurs métayers. Mais, il est également possible que leur situation par rapport aux cultivateurs s'affaiblisse. Dans ce cas, ces derniers peuvent transformer leur droit d'usage de la terre, en droit de propriété.

### B. Dans les systèmes de « *tenure tribale ou féodale* », c'est-à-dire sans propriété privée du sol, la croissance démographique favorise le développement agricole

**Dans les systèmes de « *tenure tribale ou féodale* », les investissements agricoles sont pris en charge par la population plus nombreuse.** La croissance démographique implique l'accentuation des défrichements, voire la construction de réseaux rudimentaires d'irrigation, etc. Ces investissements sont réalisés par les cultivateurs dans la mesure où ils disposent de temps libre du fait des modes extensifs d'utilisation du sol : l'augmentation de la population permet « *de contrebalancer et même bien au-delà, le fardeau relativement léger de quelques investissements agricoles supplémentaires* ».

**Cependant, les solidarités rurales peuvent être menacées.** L'exploitation de plus en plus individualisée des parcelles de terre due à la densification de la population peut devenir source de nombreux litiges entre agriculteurs. Ils peuvent prendre la dimension de conflits ethniques de grande ampleur et mettre à mal les solidarités rurales. D'ailleurs, la colonisation, en instaurant prématurément la propriété privée du sol, a accentué ces conflits. De plus, les cultivateurs devenant les salariés des colonisateurs ou des chefs tribaux qui leur étaient inféodés, ne se sentaient plus concernés par les investissements agricoles collectifs. C'est pourquoi, la croissance démographique a fait apparaître une population surnuméraire.

### C. L'apparition puis le développement de la propriété privée du sol confortent le développement agricole

**Lorsque l'usage de la monnaie est encore limité et l'autoconsommation des denrées alimentaires élevée, les cultivateurs travaillent davantage pour faire face à l'accroissement des investissements agricoles.** La pression démographique conduit à intensifier les cultures et commande la croissance des investissements agricoles : les défrichages, l'aménagement de canaux d'irrigation et de terrasses, etc. sont alors pris en charge par une partie plus importante de la population. Par ailleurs, les cultivateurs-propriétaires bénéficient d'une main-d'œuvre peu coûteuse du fait de la pression démographique, laquelle stimule la demande et dynamise les prix des produits agricoles. Les perspectives de profits incitent les paysans à accepter le surcroît de travail nécessaire à l'intensification des cultures.

**La fiscalité peut contribuer au développement agricole.** La prise en charge des investissements collectifs – réseau d'irrigation, par exemple – est dorénavant assurée par un gouvernement local ou central. Un impôt relativement lourd sur l'agriculture génère des recettes permettant de les financer et amène les paysans à travailler davantage. Ce fut, par exemple, le cas au Japon de l'ère Meiji. *A contrario*, une politique de bas prix agricoles et d'impôts allégés ne stimule pas les paysans et freine l'expansion agricole. Les gouvernements de l'Inde indépendante appliquèrent ce type de politique qui échoua non pas du fait d'un accroissement démographique trop important mais de la mise en œuvre de mesures inadaptées.

**Par la suite, la monétisation croissante et le développement industriel permettent d'utiliser, dans l'agriculture, des intrants fournis par l'industrie (machines, engrais…).** « *Si l'on tient compte des possibilités d'intensifier l'utilisation du sol qu'apportent les fournitures industrielles, le potentiel de productivité des méthodes modernes d'agriculture devient pleinement apparent.* » Les conséquences sur l'emploi dans les campagnes de la mécanisation de l'agriculture et de l'usage d'engrais, sont variables. Si la population augmente et accroît la demande et si les cultivateurs sont stimulés par des prix des produits agricoles suffisamment incitatifs, l'emploi augmentera. En revanche, si la demande de produits agricoles ne s'accroît pas, ou si elle est couverte par l'importation de produits alimentaires, le sous-emploi frappera la population rurale.

La position anti-malthusienne d'Ester Boserup ne doit pas être réduite à une caricature : elle n'oublie pas qu'il existe « *une relation à double sens entre le trend démographique et le développement agraire* », même si, dans cet ouvrage, elle a souhaité privilégier l'analyse des effets de la pression démographique sur le développement agricole. En outre, jamais elle n'affirme qu'il suffit d'une forte pression démographique pour que s'enclenche un processus de développement des sociétés rurales. E. Boserup ne cesse de détailler les conditions requises pour que les effets de la croissance démographique soient positifs. L'implication personnelle des cultivateurs n'est pas la moindre.

# 89 La fin des paysans

## Henri Mendras

Lorsqu'Henri Mendras rédige son livre (basé sur sa thèse), en 1967, le monde rural traditionnel est en train de disparaître. L'exode rural prive les campagnes de ses forces vives, ne laissant sur place que quelques exploitants ; un mode de vie pluriséculaire s'efface. Son étude est en quelque sorte la photographie d'une société sur sa fin.
L'ouvrage est édité pour la première fois à Paris en 1967, puis en 1970, aux éditions Armand Colin. Devenu un classique, il est réédité en 1984, aux éditions Actes Sud, augmenté d'une postface sur le monde rural « vingt ans après » (437 p.).

### 1) La seconde révolution agricole a bouleversé l'équilibre traditionnel des sociétés rurales

#### A. L'agriculture est confrontée à une accélération des progrès techniques

**Les sociétés paysannes ont toujours connu des progrès techniques.** Aux XI^e^ et XII^e^ siècles, l'utilisation d'outils ferrés (bêches, araires, herses), l'emploi du collier de cheval et de la charrue ont permis d'améliorer les rendements et de défricher de nouvelles terres. Aux XVIII^e^ et XIX^e^ siècles, la première révolution agricole a conduit à la suppression de la jachère et de la vaine pâture permise par la généralisation de nouvelles plantes (trèfle, sainfoin, luzerne, pomme de terre). Alors que ces changements étaient lents à se diffuser, la seconde révolution agricole, apparue après le second conflit mondial, se généralise à un rythme précipité : mécanisation accrue, tractorisation, emploi massif d'engrais et de produits phytosanitaires, etc. En précipitant l'exode rural, cette révolution bouleverse totalement les sociétés villageoises.

**Mais ces sociétés ont longtemps été rétives aux innovations.** Ces progrès sont toujours venus de l'extérieur et ne se sont imposés qu'avec lenteur, plus facilement lorsqu'ils n'ébranlaient pas trop les cadres sociaux traditionnels. « *Résultat d'un agencement savant entre les différentes techniques, le système de production assure l'équilibre alimentaire et démographique précaire de tout le système social. L'un ne peut donc être modifié sans que l'autre soit remis en question.* »

Plus renfermées sur elles-mêmes, ces sociétés connaissent en outre un plus fort contrôle social et se conforment davantage à la tradition. « *À la limite on peut dire que l'innovation n'a pas de place dans ces sociétés. Tant qu'elle est une nouveauté elle demeure marginale au système et quand elle y fait sa place ce n'est plus une nouveauté. Le changement s'effectue par refus de l'innovation en tant que telle.* »

**La difficile introduction du maïs hybride dans le Sud-Ouest constitue un bon exemple de refus de l'innovation.** Ce maïs mis au point aux États-Unis met beaucoup de temps à supplanter le maïs traditionnel alors que son rendement est double. Il impose en fait à l'agriculteur d'acheter la semence et donc parfois de commencer à s'endetter, il demande davantage de soins culturaux, donc conduit à l'achat d'un tracteur et de machines plus perfectionnées. En l'adoptant, l'agriculteur « *met le doigt dans un engrenage qu'il ne contrôlera plus et auquel il ne pourra plus échapper. Il sera acculé à devenir un agriculteur moderne et à remettre en question les notions et les valeurs les mieux établies* ».

## B. Les innovations agricoles nécessitent une évolution des mentalités et des compétences

**La terre était une valeur, elle devient un simple outil de travail.** Le travail de la terre était le fruit de longues années d'observations des qualités et de la structure du sol, qui étaient le produit de patients amendements. Cette familiarité avec la terre créait un attachement sentimental qui conduisait le paysan à préférer le faire-valoir direct au fermage. Progressivement, la terre devient un simple facteur de production et l'investissement dans le capital d'exploitation (machines, bâtiments) a tendance à primer sur les investissements fonciers.

**Le temps horaire devient une nouvelle référence.** La conception traditionnelle cyclique et saisonnière du temps ne peut être abolie, puisqu'il faut bien tenir compte des cycles végétatifs pour prévoir les travaux agricoles. Mais « *avec la motorisation, le temps technique et urbain a fait une intrusion définitive dans le travail agricole et y a introduit l'unité nouvelle de l'heure* ». Néanmoins, les impératifs de productivité horaire utilisés dans l'industrie ne peuvent pas totalement s'appliquer au travail de la terre qui reste soumis aux caprices de la nature.

**La révolution agricole nécessite de nouvelles compétences.** Comme les machines se perfectionnent, l'agriculteur doit avoir désormais de meilleures connaissances en mécanique. Malgré le secours de multiples techniciens, l'agriculteur doit aussi avoir de meilleures connaissances en pédologie, en phytologie ou en gestion. « *Le paysan devient de plus en plus un agent économique qui choisit de faire telle ou telle spéculation en fonction des moyens techniques dont il dispose et des rentrées qu'il peut escompter.* »

## C. Mais les exploitations restent encore majoritairement familiales

**L'exploitation familiale reste le modèle dominant.** « *La famille et l'entreprise coïncident : le chef de famille est, en même temps, chef d'entreprise.* » Les fils apprennent leur métier dans le cadre familial, la division du travail par sexe reste assez marquée. En outre, les fonctions de production et de consommation sont souvent confondues, ce qui rend difficile la distinction réelle des finances de l'exploitation de celles de la famille. « *Au bout du compte, la survie et la continuité de la famille dépendent de celle de l'exploitation et vice versa.* »

**Cette structure familiale entraîne un émiettement du pouvoir de décision.** Les choix économiques décisifs étant toujours pris au niveau de l'exploitation agricole, tout effort de prévision et d'orientation économiques globales reste encore difficile. De par leur dispersion, les agriculteurs ont un faible pouvoir de pression sur les dirigeants politiques nationaux ou européens.

## 2) La modernisation conduit les agriculteurs à une crise morale

### A. Ils se sentent contraints à accepter l'innovation

**La diffusion du progrès technique vient d'un effet d'imitation.** L'adoption ou le rejet de telle ou telle innovation provient davantage de l'imitation du voisinage que d'études précises. Dans certaines régions, les rapports interindividuels peuvent pousser au dynamisme, dans d'autres ils conduisent au *statu quo*.

**Les décisions ne répondent pas toujours à une logique économique.** La rentabilité du matériel et son amortissement effectif sont rarement pris en compte et l'investissement se fait selon les possibilités financières du moment. « *Le besoin se crée en même temps que le moyen de le satisfaire apparaît et la distinction entre le pourquoi et le comment d'une amélioration est étrangère à l'agriculteur.* » Ainsi, l'achat d'un tracteur dans une petite exploitation répond plus souvent à un désir de valorisation et apporte peu de productivité supplémentaire s'il n'est pas accompagné d'un remplacement des machines.

**Il y a peu de liens entre la situation individuelle des agriculteurs et leurs attitudes.** L'âge, la superficie de l'exploitation, le mode de faire-valoir influent peu sur la modernisation qui dépend surtout des mentalités, individuelles ou collectives. « *Chaque calcul ayant ainsi ses données et sa rationalité propre ne peut s'agréger ni s'intégrer aux autres, bien que tous vivent dans les mêmes structures agraires et partagent les mêmes attitudes générales.* »

### B. Ils se sentent de plus en plus dévalorisés

**Le pessimisme paysan n'est pas une simple image.** L'avenir paraît sombre et les agriculteurs « *ont tendance à considérer cette adaptation nouvelle comme un mal, nécessaire sans doute, mais comme un mal* ». Pour eux, le monde rural traverse une crise qui se manifeste par le manque d'argent, le départ des jeunes ou les risques latents de surproduction.

**La plupart des exploitants ont le sentiment d'être défavorisés dans la nation.** La condition d'agriculteur n'est jamais choisie au départ et beaucoup restent dans le métier « *parce qu'il n'y a pas le choix* ». Ils pensent ne pas être considérés comme ils le méritent, eu égard aux contraintes et à la dureté de leur travail.

**Mais les agriculteurs gardent le sentiment d'une certaine supériorité morale.** Malgré ses inconvénients, la vie à la campagne paraît à tout prendre bien plus saine que celle de la ville. Ils reconnaissent en outre que le métier leur apporte de nombreuses satisfactions. « *Voir pousser de belles récoltes, soigner de belles bêtes, vivre au sein de la nature, être son maître, se partager entre des tâches variées, assumer le cycle entier de production de la semence à la moisson ou de l'herbe jusqu'au lait sont autant de satisfactions vivement ressenties par les agriculteurs.* »

### C. L'agriculteur reste pourtant un acteur social important

**À l'échelle nationale, les agriculteurs ont toujours eu des attitudes politiques très diversifiées.** Ne formant pas une classe sociale, caractérisé par une stratification complexe, le monde rural ne s'est jamais assimilé à un parti politique. Lorsque la population était encore majoritairement rurale, l'ensemble des partis politiques s'en préoccupait. « *Dans la situation présente, il* *est difficile de savoir si les transformations de l'agriculture peuvent conduire à un regroupement de l'électorat agricole.* »

**Les organisations professionnelles exercent une influence croissante.** À mesure où régresse la population agricole, les agriculteurs sont conduits, s'ils veulent encore peser sur la vie politique ou économique du pays, à se regrouper. Ces groupements prennent des formes variées : syndicats agricoles, CETA (centres d'études techniques agricoles), GAEC (groupements agricoles d'exploitation en commun), CUMA (coopératives d'utilisation de matériel agricole), etc.

**Les frustrations paysannes peuvent se révéler dans de nouvelles jacqueries.** Convaincus qu'ils exercent une influence de plus en plus réduite sur le monde politique, les agriculteurs peuvent aussi exprimer leurs angoisses par des barrages de routes et des manifestations violentes. L'analyse des manifestations de 1961 montre ainsi qu'elles résultaient essentiellement « *de l'inquiétude d'agriculteurs progressistes qui avaient fait des investissements et craignaient qu'ils ne soient pas rentables : crise de croissance et non de misère* ».

« *Constat de décès d'une civilisation qui meurt après dix siècles d'existence* », cette étude se termine par des perspectives assez pessimistes. Vingt ans après, les évolutions de l'agriculture se sont renforcées, famille et exploitation sont désormais dissociées et les agriculteurs sont devenus eux-mêmes minoritaires au sein du monde rural. Le mode de vie des ruraux s'est urbanisé, la société rurale s'est considérablement diversifiée mais a su engager une spectaculaire renaissance. Si le monde rural du passé est définitivement mort, celui d'aujourd'hui fait preuve d'une extraordinaire vitalité.

# 90 L'enfant et la vie familiale sous l'Ancien Régime

Philippe Ariès

L'objet de ce livre, initialement publié aux éditions Plon en 1960 et réédité aux Éditions du Seuil en 1973 puis, dans une version réduite à 316 pages en 1975, est d'étudier les transformations des mentalités familiales survenues au tournant du XVIe et du XVIIe siècle. Il est divisé en trois parties : la première est consacrée à l'apparition du « sentiment de l'enfance » ; la seconde à la transformation de l'école ; la dernière situe les phénomènes précédents dans la perspective de l'instauration de la famille moderne.

## 1) Le sentiment de l'enfance

### A. L'apparition d'un « *sentiment de l'enfance* »

**L'enfant n'est pas distingué de l'adulte au Moyen Âge**. Le « *sentiment de l'enfance* » n'existe pas à cette époque car il n'y a pas de conscience de la « *particularité enfantine* [...] *qui distingue l'enfant de l'adulte même jeune* ». Certes, l'idée d'enfance existe mais elle n'est pas associée à un âge biologique mais plutôt à un état : celui de la dépendance qui est le lot aussi bien des jeunes enfants que des hommes de basse condition. Il n'est pas admis que les enfants aient besoin d'une éducation particulière. Dès qu'ils avaient franchi la période de forte mortalité ou leur survie était incertaine (vers 7 ans), ils « *entraient d'emblée dans la grande communauté des hommes* ».

**Le « *sentiment de l'enfance* » apparaît à la fin du XVIe siècle.** Le sentiment de l'enfance se développe sous l'influence des hommes d'Église qui veulent moraliser la société. « *Les moralistes et éducateurs du XVIIe siècle ont imposé leur sentiment grave d'une enfance longue.* » Les familles prennent alors conscience du fait que l'on ne doit pas passer sans transition de la très petite enfance à l'âge adulte et que plusieurs années sont nécessaires afin d'acquérir des « *mœurs policées et raisonnables* ». Ce sentiment s'ancre d'abord chez les familles bourgeoises alors que la haute noblesse et, surtout, les classes populaires restent, pour un temps, à l'écart de cette prise de conscience.

### B. Les signes de ce sentiment

**Le costume de l'enfant se distingue de celui des adultes**. L'apparition d'un vêtement réservé aux enfants est, pour Ariès, un des signes de la prise de conscience de la spécificité de l'enfance. Jusqu'au XVIe siècle, l'usage voulait que le bébé soit emmailloté et que le jeune soit habillé comme les autres hommes et femmes de sa condition. Dès le siècle suivant, le garçon de qualité se distingue par le port d'un costume réservé à son âge : une robe ouverte sur le devant à la façon d'une soutane. En agissant ainsi, ses parents reconnaissent qu'il n'appartient ni au monde des très jeunes enfants ni à celui des adultes.

**Les jeux de l'enfant se différencient de ceux des adultes**. Alors que les mêmes jeux étaient abondamment pratiqués à la fois par les jeunes et les adultes au Moyen Âge, ces derniers abandonnent les jeux aux enfants à l'exception de ceux d'argent dont les plus jeunes sont progressivement exclus. Ce processus diffère selon les classes sociales et Ariès observe « *l'abandon de ces jeux par les adultes des classes sociales supérieures et, au contraire, leur survivance à la fois dans le peuple et chez les enfants de ces classes supérieures* ».

**Les adultes deviennent plus pudiques dans leurs relations avec les enfants.** Alors que les jeunes étaient fréquemment associés aux plaisanteries sexuelles des adultes, une réserve nouvelle s'instaure qui reflète ce sentiment nouveau de l'enfance. Dans les familles qui ont recours à l'école, la scolarisation favorise cette attitude nouvelle car elle impose une séparation entre l'enfant et l'adulte.

## 2) La transformation de l'école

### A. Au Moyen Âge, l'éducation passe par l'apprentissage

**L'éducation se fait par immersion dans un groupe social.** Pendant des siècles, l'éducation a été assurée par l'apprentissage qui consistait à placer un enfant au service d'un maître ou dans une famille de paysans ou d'artisans. Par imitation des adultes, l'enfant apprenait à la fois les gestes propres à un métier et les règles de la vie en communauté puisqu'il n'y avait pas de barrière entre les activités liées au métier et les autres, qu'elles soient familiales ou religieuses. « *La transmission d'une génération à l'autre était assurée par la participation familière des enfants à la vie des adultes.* » Dans la mesure où l'enfant ne demeurait pas longtemps dans sa propre famille, « *la transmission des valeurs et des savoirs et plus généralement la socialisation de l'enfant n'étaient donc pas assurées par la famille ni contrôlées par elle* ».

**L'école ne joue qu'un rôle marginal dans l'éducation.** « *L'école était une exception,* [...] *la règle commune à tous étant l'apprentissage.* » Elle était réservée à un petit nombre de clercs qu'il fallait préparer à leurs futures fonctions. Jeunes et adultes y étaient mélangés et faiblement encadrés. « *L'école n'avait pas pour but essentiel l'éducation de l'enfance.* »

### B. L'école devient l'institution chargée de l'éducation des enfants

**L'école moderne se met en place.** À partir du XVI^e^ siècle, sur l'initiative des ordres religieux, l'école modifie son recrutement et l'élargit : elle s'ouvre aux laïcs et se partage entre une école pour les classes dirigeantes (les collèges) et une école du peuple (les petites classes rurales ou urbaines). La discipline scolaire s'affirme car l'école a pour objectif l'encadrement de ceux qui lui sont confiés. Afin de « *proportionner l'enseignement du maître au niveau de l'élève* », les élèves sont répartis dans des classes en fonction de leur âge et ne sont donc plus mêlés aux adultes. Ce phénomène profite d'abord aux garçons des classes dirigeantes puisque les filles sont exclues de l'école. « *En dehors de l'apprentissage domestique, les filles ne recevaient, pour ainsi dire, aucune éducation.* »

**L'école acquiert une fonction d'éducation.** L'école permet d'isoler les élèves du reste de la population. « *On admet désormais que l'enfant n'est pas mûr pour la vie, qu'il faut le soumettre à un régime spécial, à une quarantaine, avant de le laisser* rejoindre les adultes. » Elle devient une institution chargée de l'éducation des enfants. « L'école se substitue à l'apprentissage comme moyen d'éducation. » Famille et école deviennent donc, en même temps, des lieux de socialisation car, si la famille doit préparer les enfants à la vie adulte, l'école devient l'instrument de cette préparation.

**L'école crée le sentiment de l'enfance**. Dans leur volonté de moraliser la société, les hommes d'Église ont incité les parents à scolariser leurs enfants et donc à reconnaître la spécificité de l'enfance. Ces éducateurs sont « *à l'origine à la fois du sentiment moderne de l'enfance et de la scolarité moderne* ».

## 3) L'instauration de la famille moderne

### A. La famille traditionnelle est ouverte sur l'extérieur

**La famille traditionnelle a une fonction de reproduction**. Elle assurait la reproduction de la vie, des biens et des noms. « *Cette famille ancienne avait pour mission très ressentie la conservation des biens, la pratique commune d'un métier, l'entraide quotidienne dans un monde où un homme et plus encore une femme isolés ne pouvaient pas survivre, et dans les cas de crise, la protection de l'honneur et des vies.* »

**Elle n'est pas nécessairement une unité affective**. L'amour entre les époux pouvait survenir, mais n'était pas nécessaire ni à l'existence ni à l'équilibre de la famille. Les sentiments affectueux entre les parents et les enfants n'étaient pas non plus la norme. Le niveau élevé de la mortalité infantile puis de départ précoce des enfants du domicile familial ne favorisaient pas l'attachement parental. C'est ainsi que Montaigne a pu écrire : « *J'ai perdu deux ou trois enfants en nourrice, non sans regrets, mais sans fascherie.* »

**Elle est ouverte sur l'extérieur**. Chacun des membres d'une famille était intégré dans un réseau de sociabilité qui laissait peu de place aux relations familiales. Le lignage, la communauté villageoise ou le métier étaient à l'origine de relations sociales autrement plus riches que celles qui unissaient les époux. « *Les échanges affectifs et les communications sociales étaient assurés en dehors de la famille par un milieu très dense et très chaud, composé de voisins, de maîtres et serviteurs, d'enfants et de vieillards.* » La composition des habitations largement ouvertes au public et sans intimité pour les époux reflète le peu de cas que l'on faisait des relations conjugales.

### B. La famille moderne est centrée sur elle-même

**La famille moderne est une famille conjugale isolée**. La famille composée des époux et de leurs enfants est l'objet d'une attention nouvelle à partir des XVI^e^ et XVII^e^ siècles. Les maisons bourgeoises se réorganisent pour isoler la famille du public. « *La famille moderne se retranche du monde et oppose à la société le groupe solitaire des parents et des enfants.* » Ces rapports nouveaux entre les époux coexistent un temps avec les anciennes sociabilités puis se développent à leur détriment. « *Le sentiment familial se substitue à d'autres sentiments de fidélité, de service et devient prépondérant, parfois exclusif.* » Peu à peu, la famille s'autonomise et se pense comme un lieu de solidarité et une unité affective.

***Cette famille est caractérisée par des échanges affectifs***. Les relations entre les membres de la famille gagnent en intensité. L'amour entre les époux et l'affection réciproque entre les parents et les enfants sont valorisés. « *La famille est devenue un lieu d'affection nécessaire entre les époux et entre parents et enfants.* » Plus qu'autour des époux, la famille moderne se construit autour de la relation entre les parents et les enfants. « *Le sentiment de famille, qui émerge ainsi aux* XVI$^{e}$ - XVII$^{e}$ *siècles, est inséparable du sentiment de l'enfance*. »

**La famille a une fonction d'éducation**. Ainsi centrée sur elle-même, la famille moderne a pour fonction l'éducation de ses enfants en complément de celle apportée par l'école. Rédigés par les hommes d'Église à l'origine des institutions scolaires, les manuels éducatifs incitent les parents à éduquer leurs enfants non pas comme s'ils étaient déjà des adultes mais en tenant compte de leur « *faiblesse* » et de leur « *innocence* ». Ils invitent les parents à donner à leurs enfants des habitudes distinctes de celles des adultes et à répéter le travail scolaire. On leur demande également de donner l'exemple, dans l'espoir d'étendre dans leur direction ce processus de moralisation initialement dirigé vers les enfants.

Publié en 1960, cet ouvrage a surpris en raison de son sujet et de la méthode utilisée par Ariès. C'est, en effet, un des premiers ouvrages consacrés à l'histoire des mentalités sous l'Ancien Régime. Ariès a donc ouvert la voie à de nombreux chercheurs qui ont complété et amendé son travail. La seconde originalité de cet ouvrage réside dans son style, très littéraire et éloigné des canons de la recherche historique, et dans l'usage fait par l'auteur des sources iconographiques pour appuyer ses affirmations.

# 91 L'homme pluriel. Les ressorts de l'action

Bernard Lahire

Bernard Lahire précise au début de son ouvrage publié en 1998 (Nathan, 254 p.), que l'action dont il est question dans le titre ne fait pas référence à une théorie de la rationalité de l'acteur. Ce titre renvoie plutôt à l'idée selon laquelle le propre de l'homme est d'être continuellement dans l'action. D'où le choix en forme de « clin d'œil », de structurer le livre à la façon d'une pièce de théâtre à partir d'une avant-scène, suivi de quatre actes, chacun comportant plusieurs scènes.

L'auteur affirme que sa démarche s'inscrit dans la filiation de la théorie de la pratique et de l'habitus de P. Bourdieu. « *Pierre Bourdieu nous semble proposer l'une des orientations théoriques les plus stimulantes et les plus complexes en sciences sociales.* » L'auteur précise toutefois que son analyse ne cherche pas à vénérer la sociologie de Bourdieu. « *C'est donc à penser à la fois avec et contre (ou plus souvent différemment de) Pierre Bourdieu que convie cet ouvrage.* »

Le livre est riche de références anthropologiques, historiques, philosophiques, mais aussi littéraires et psychanalytiques. En revendiquant une « sociologie psychologique », l'auteur élabore la théorie de l'acteur pluriel. L'homme n'est pas perçu obligatoirement dans une unicité ; son action est déclenchée par différents ressorts. Le sociologue revendique une dimension politique à sa réflexion : mettre à jour les processus qui conduisent les acteurs à agir, selon lui, permet de songer à agir sur les actions pour éventuellement les modifier.

## 1) L'acteur est pluriel

### A. L'unicité et la pluralité de l'acteur

**Les théories de l'acteur se fondent soit sur l'unicité de l'acteur, soit sur sa pluralité.** Deux visions se distinguent donc.

La première vision est exprimée par Bourdieu dans la théorie de l'habitus ; elle permet de construire et de comprendre de façon unitaire ce qui est généralement étudié en ordre dispersé. L'habitus est le goût ainsi que la propension et l'aptitude à agir d'une certaine façon dans un certain nombre de circonstances.

La deuxième vision s'impose dès lors que l'on considère que la réalité est moins lisse qu'il n'y paraît. Ce qui est vrai tendanciellement et statistiquement pour un groupe social donné, ne l'est pas obligatoirement pour chacun de ses membres. « *Que faire des acteurs qui ne combinent pas la totalité des propriétés caractérisant le groupe dans son ensemble ? Des ouvriers non qualifiés qui lisent beaucoup plus qu'escompté et qui viennent bouleverser la problématique théorique imaginée sur les goûts et les dégoûts de classe ?* »

**L'unicité de soi est une illusion, mais elle est socialement fondée. Il y a une illusion de l'unicité et de l'invariabilité à penser que l'acteur adhère à un style de vie duquel découlent toujours ses différents actes et attitudes.** « *Tout se passe comme s'il y avait un* *profil symbolique et moral [...] à se penser "identique" ou "fidèle" à soi-même en tout temps et en tout lieu, quels que soient les événements vécus ou les épreuves traversées ("Je n'ai pas changé" ; "Je suis toujours le même").* »

Pourtant, cette illusion est socialement fondée par le fait par exemple qu'un acteur ait un nom, une identité à l'état civil, une signature. Cela fournit une présentation totalisatrice et unificatrice.

**Des conditions socio-historiques permettent à l'unicité ou à la pluralité de prévaloir.**

L'unicité prévaut dans différents cas :

- dans la société traditionnelle, du fait notamment de la grande stabilité des conditions matérielles et culturelles d'existence, on assiste à une grande homogénéité des comportements ;
- dans l'internat dans lequel vit un petit groupe cloîtré. « *L'institution totale est donc un monde qui se présente comme "total" et unique dans le cadre d'une société différenciée* » ;
- les membres d'un corps sont obligés de créer des séparations institutionnelles s'ils ne veulent pas être pénétrés par des logiques exogènes. « *Il en va ainsi d'un juge lorsqu'il interroge selon sa logique et non la logique externe.* »

Un acteur placé, simultanément ou successivement, au sein d'une pluralité de mondes sociaux non homogènes, incorpore différents schèmes d'actions, c'est-à-dire des modèles d'action, variant selon le contexte social dans lequel il se trouve. Dès la socialisation primaire, l'enfant est soumis à des univers différents : famille, crèche ou nourrice, école. Il apprend dès les premiers mois de sa vie que ce que l'on n'attend de lui et la façon dont on se comporte à son égard diffèrent selon le monde social considéré. « *Un acteur pluriel est donc le produit de l'expérience – souvent précoce – de socialisation dans des contextes sociaux multiples et hétérogènes.* »

## B. Le risque de conflit intérieur entre deux attitudes possibles

**L'acteur pluriel a incorporé plusieurs répertoires de schèmes d'action différents qui peuvent coexister pacifiquement.** Tant qu'ils s'expriment dans des contextes sociaux différents et séparés les uns des autres, l'illusion identitaire reste possible. En conséquence, cela ne peut conduire tout au plus qu'à des conflits limités et partiels.

**L'acteur pluriel est parfois soumis à un conflit intérieur entre deux attitudes à adopter qui lui viendraient de deux univers différents, ce qui est cause de souffrance.** L'illusion identitaire de l'unité de soi devient alors impossible. Le conflit est d'autant plus grand que l'individu qui a eu l'expérience de socialisations contradictoires a le sentiment d'être coupé en deux. C'est le cas par exemple des déclassés, ou des « transfuges de classes ». « *Lorsque chaque situation sociale est perçue, appréciée, jugée, évaluée à partir de deux points de vue opposés et concurrents, l'ambivalence crée la souffrance.* »

## 2) Les ressorts de l'action

### A. Le présent, le passé et leur articulation

**Les théories de l'action et de l'acteur se fondent habituellement soit sur un déterminisme en fonction du passé de l'acteur, soit sur un modèle indépendant du passé.** Pourtant, le présent et le passé s'articulent. « *Notre intention est donc de prendre en charge théoriquement la question du passé incorporé, des expériences socialisatrices antérieures tout en évitant de négliger ou d'annuler le rôle du présent (de la situation)* [...]. »

**Le présent et le passé, propres à chaque acteur, expliquent la spécificité de chaque comportement individuel.** « *Le "présent" a donc d'autant plus de poids dans l'explication des comportements, des pratiques ou des conduites, que les acteurs sont pluriels.* » L'hétérogénéité dans les schèmes incorporés explique que l'on réagisse de différentes façons face au présent. De plus, le passé n'est pas fait d'un bloc. Ainsi, le comportement d'un acteur est variable d'un cas à l'autre ; selon les circonstances, ce n'est pas le même schème incorporé qui est activé. Le présent a finalement une très grande importance en ce qu'il décide de ce qui peut resurgir du passé ou pas.

**Chaque acteur agit en fonction de ses dispositions, lesquelles sont soumises à des conditions.** Ses dispositions dépendent du passé de l'acteur, de ses expériences vécues et de la façon dont tout cela a été incorporé et structuré. Il n'existe aucun déterminisme univoque, on ne peut pas prédire avec certitude comment l'acteur va réagir. « *Le comportement d'un acteur est bien sûr totalement déterminé socialement, mais il est impossible de pronostiquer aussi facilement que dans le cas de l'expérience chimique l'apparition de ce comportement.* »

Une disposition n'est pas une généralité. Par exemple, avoir été agressif dans telle circonstance ne permet pas de conclure que l'acteur soit agressif. Il ne faut pas négliger le fait que ce sont des dispositions sous conditions et non des dispositions permanentes.

### B. Une action par analogie

**L'action par analogie s'explique par le fait qu'une situation présente évoque des expériences individuelles passées incorporées sous la forme de schèmes d'action.** « *Face à chaque situation "nouvelle" qui se présente à lui, l'acteur va agir en "mobilisant" (sans nécessaire conscience de cette mobilisation) des schèmes incorporés appelés par la situation.* »

Le raisonnement pratique du type « ça ressemble à » est un raisonnement approximatif et variable. Il arrive ainsi que l'on néglige certains traits de la situation présente en ne retenant qu'un schéma relationnel général (la relation homme-femme, la relation mère-fille, la relation supérieur-subordonné par exemple) ou que l'on s'attache à un détail (un geste, une odeur, une voix, un bruit, un lieu, etc.).

**La mémoire involontaire déclenche parfois l'action.** Tel événement, bruit, odeur, etc., rappelle le passé, ravive la mémoire, suscite l'émotion et déclenche parfois l'action. Cette mémoire est involontaire dans la mesure où son déclenchement est spontané et ne résulte pas d'un effort conscient. « *Sans qu'il l'ait volontairement, intentionnellement, consciemment cherché, l'acteur est envahi par un passé qui s'impose à lui sous l'effet d'infimes stimuli extérieurs.* »

## 3) Les supports de l'action

### A. L'écrit, ou mémoire objectivée, est parfois nécessaire à l'action

**Les petits écrits sont une mémoire objectivée différente de la mémoire incorporée.** Il existe différents types et registres d'écriture, selon leur caractère obligatoire ou pas, leur usage, leur utilité, ou leur fréquence. Les petits écrits (pense-bêtes, notes dans un agenda, par exemple) sont un moyen d'objectivation permettant de compenser la mémoire incorporée ou de la soulager. Le recours aux petits écrits est fonction de la mémoire que l'on a et de son statut :

- dans les familles, ce sont plutôt les femmes qui recourent à l'écrit, par exemple sous la forme d'une liste de courses ;
- le recours à l'écrit et à la mémoire objectivée n'est pas égal socialement : dans le monde ouvrier, on a beaucoup moins recours aux écrits ;
- quel que soit le milieu, si on écrit ce qui relève du quotidien et du répétitif, alors on passe pour vieux ou malade ;
- quand il s'agit de préparer ou d'organiser l'avenir, le recours à l'écrit peut être nécessaire. Un rapport plus réflexif au temps apparaît alors ;
- la complexification des activités familiales peut nécessiter de recourir à l'écrit afin de préserver une certaine maîtrise des choses.

**Certaines situations formelles exigent de recourir à un écrit élaboré permettant d'y faire face.** Ainsi, on préférera rédiger puis envoyer une lettre exposant sa situation à une administration, plutôt que de téléphoner.

L'écrit est également une trace qui permet par la suite des vérifications, de demander des explications, et de faire le point.

**L'absence peut nécessiter le passage à l'écrit. L'écrit permet de surmonter l'absence de l'autre** : « [...] *l'écrit continue à marquer notre présence alors même que notre corps est absent. Il compense l'absence corporelle pour continuer à exercer une action.* » Ainsi par exemple :

- l'écrit permet d'agir à distance et parfois au-del à de la mort ;
- la correspondance amoureuse permet de maintenir le lien en cas de séparation ;
- les petits mots en famille maintiennent le lien familial.

### B. L'action se fonde sur des schèmes incorporés

**Des habitus pratiques mais aussi des habitus réflexifs peuvent se manifester.** Alors que pour P. Bourdieu l'habitus préside aux actes et n'a donc pas de caractère réflexif, il est possible d'adopter une approche différente : « *Les orientations suggérées par l'habitus peuvent être accompagnées de calculs stratégiques des coûts et des bénéfices qui tendent à porter à un niveau conscient les opérations que l'habitus accomplit selon sa propre logique.* »

La réflexion n'est pas à opposer à l'action, elle peut même exister au cœur de l'action. Il ne s'agit pas toujours d'une réflexion savante ou d'une réflexion calculatrice.

**Ce sont des schèmes incorporés, c'est-à-dire des manières de faire, de sentir, de penser adaptés à des contextes sociaux, qui expliquent l'action.** L'individu incorpore des schèmes d'action plus que des structures sociales, notamment des habitudes corporelles, cognitives et évaluatrices. Ainsi, il intériorise des modes d'action, d'interaction ou de réaction.

À la fin d'un ouvrage très dense et d'une écriture parfois ardue, Bernard Lahire revient sur la « sociologie psychologique » qu'il adopte pour mettre en évidence la pluralité de l'acteur. Il s'agit, selon lui, de ne plus seulement se poser la question des dispositions ou structures internes des individus, mais de savoir comment elles se sont construites et comment leur réinvestissement est possible dans de nouveaux contextes sociaux. L'auteur dénonce la réduction du social à des différences entre groupes sociaux, entre les sexes ou entre les générations. Il estime que les différences entre deux individus singuliers appartenant à un même milieu social, voire parfois à la même famille, peuvent être un objet d'étude d'une « sociologie psychologique ». Selon lui, ces différences ne sont pas uniquement psychologiques, elles sont également sociales dans la mesure où elles résultent de relations sociales, d'expériences sociales socialisatrices. Enfin, Bernard Lahire appelle à la modestie en sociologie, car il estime qu'aucune théorie ne permet d'élaborer une explication unitaire à un phénomène : « *les chercheurs en sciences sociales ont toujours partiellement tort de ne pas voir en quoi leurs adversaires ont partiellement raison.* »

# XY – De l'identité masculine

## Élisabeth Badinter

92

L'un des objets d'étude de la sociologie est celui des genres, masculin et féminin. Loin de se réduire à l'inné, la distinction des genres est acquise. La conception de la masculinité, comme celle de la féminité, diffère selon la société et son époque.
Le titre de l'ouvrage, *XY* (Éditions Odile Jacob, 1992, 278 p.), est la formule chromosomique de l'homme. L'association du chromosome X au chromosome Y, spécificité masculine de la 23e paire de chromosomes, déclenche dès la fécondation un mécanisme de différenciation sexuelle qui fait qu'un homme n'est pas une femme. Partant de ce phénomène biologique, Élisabeth Badinter prend le parti original de concevoir l'homme comme un être féminin à la base, dont la génétique et la société lui confèrent sa masculinité. « *Le devenir masculin met en jeu des facteurs psychologiques, sociaux et culturels qui n'ont rien à voir avec la génétique mais jouent un rôle non moins déterminant, sinon plus.* »
Le prologue place le livre dans la perspective d'un questionnement sur l'identité masculine. Suivent deux parties : la première [Construire un mâle (Y)], constituée de quatre chapitres, aborde la construction de l'identité masculine ; la deuxième [Être un homme (XY)], comportant deux chapitres, met en évidence comment, dans notre société, un « homme réconcilié » intégrant à la fois masculinité et féminité, a succédé à un « homme mutilé », être coupé en deux ne conciliant pas sa part de féminité et sa part de masculinité.

## 1) L'énigme masculine

### A. La difficulté d'être un homme

**Être un homme, le plus souvent, est une injonction qui nécessite que l'individu de sexe masculin fasse un effort particulier.** « *L'ordre si souvent entendu : "Sois un homme" implique que cela ne va pas de soi et que la virilité n'est peut-être pas si naturelle qu'on veut bien le dire.* » En revanche, être une femme est supposée ne pas poser problème, car la fille n'a pas à se distinguer du sexe de sa mère. « *La virilité n'est pas donnée d'emblée, elle doit être construite, disons "fabriquée"* ».

**Jusqu'au début du XVIIIe siècle, le concept d'humain ou d'Homme est fondé sur un modèle unisexe.** Une femme apparaît comme un être dont les organes génitaux sont ceux de l'homme, mais à l'intérieur. Le corps n'est alors qu'un épiphénomène et la différence de genre est perçue avant tout comme sociale. « *La femme est mesurée à l'aune de la perfection masculine.* »

**La jouissance d'une plus grande liberté accordée aux femmes, bouleversant ainsi les valeurs dominantes, a été à l'origine de trois crises de la masculinité.**

Les deux premières, à la différence de la troisième, ont été socialement limitées.

**La première crise de masculinité a concerné uniquement les classes dominantes, l'aristocratie et la bourgeoisie urbaine en France et Angleterre.** Au XVIIe siècle, les « précieuses » sont hostiles au mariage arrangé et à la maternité ; elles renversent le modèle dominant en exigeant que, par son amour, l'homme soit asservi à la femme. Au XVIIIe siècle, le siècle des Lumières, les valeurs viriles ne s'affichent plus. On met plus en avant les Salons que la chasse et la guerre.

**La deuxième crise de masculinité se manifeste en Europe et aux États-Unis au tournant des XIXe et XXe siècles.** Les femmes sont instruites et revendiquent leurs droits de citoyennes. La plupart des hommes réagissent avec hostilité au mouvement d'émancipation des femmes ; ils se sentent menacés dans leur identité par crainte d'une ressemblance entre les deux sexes. Cette réaction des hommes est encouragée par le fait qu'ils ne parviennent plus à se valoriser dans les métiers industriels. « *C'est la guerre, hélas, qui mettra fin momentanément à l'angoisse masculine. Retrouvant leur rôle traditionnel de guerrier, ces pauvres jeunes recrues partiront au front la fleur au fusil, comme s'ils se réjouissaient de l'occasion donnée d'être enfin des hommes, des vrais…* »

**La troisième crise de masculinité commencée au XXe siècle, bouleverse à nouveau le statut des hommes.** Cette dernière crise permet à l'« homme réconcilié » (alliant féminité et masculinité) de succéder à l'« homme mutilé » (incapable d'assumer sa part féminine et sa part masculine).

## B. La masculinité est une construction

**La masculinité unique n'existe pas, elle est différente d'une société à une autre et résulte d'une construction sociale :** « […] *il n'y a pas un modèle masculin universel, valable en tout temps et en tout lieu.* » Ainsi, l'agressivité masculine naturelle n'est qu'un mythe ; dans certaines sociétés, les hommes sont pacifiques.

« *Si la masculinité s'apprend et se construit, nul doute qu'elle peut changer.* » Ainsi au XVIIIe siècle, on admet qu'un homme pleure en public et ait des vapeurs, alors qu'à la fin du XIXe siècle, ce comportement paraît indigne.

**Il existe un dualisme sexuel.** Les deux sexes se distinguent avec la 23e paire de chromosomes : XX chez la femme et XY chez l'homme. « *En un sens, le mâle est la femelle plus quelque chose.* » Cela signifie que le sexe féminin est le sexe de base des mammifères. « *La moindre défaillance testiculaire met le fœtus en danger d'être plus ou moins féminisé, donc plus ou moins anormal du point de vue génital.* » Hommes et femmes ont les mêmes hormones sexuelles, ce qui varie, ce sont les quantités.

**Le comportement attendu d'un enfant par ses parents est différent selon son sexe.** « *Le regard et la conviction des parents sur le sexe de leur enfant sont absolument déterminants pour le développement de l'identité sexuelle de celui-ci.* » Dès sa naissance, la façon dont ses parents se comportent avec lui, leurs gestes et leur voix, leur choix de ses jouets ou de ses vêtements, montrent à l'enfant à quel sexe il appartient. Cela confère au garçon une identité masculine que la seule présence du chromosome Y ne suffit pas à définir.

## 2) La place de l'homme

### A. Se différencier du sexe féminin

**La particularité de l'homme est d'être né d'un corps différent du sien, d'un sexe dont il doit se différencier.** Pour la fille, la relation mère-enfant lui sert à son identification, alors que pour le garçon, elle est une inversion des rôles ultérieurs. Plus la symbiose mère-fils est longue et nourrit un plaisir mutuel, plus la probabilité que le garçon devienne féminin est grande. « *Alors que les processus d'identification féminine sont relationnels, ceux de l'identification masculine sont oppositionnels.* »

**Y est transmis par le père ; c'est au père ou à un autre homme d'achever chez le petit garçon le processus de différenciation masculine.** « *Il s'agit toujours d'aider l'enfant à changer son identité féminine primaire en une identité masculine secondaire.* »

**Des rites spécifiques aux garçons sont nécessaires pour affirmer leur masculinité ; les filles ne connaissent pas l'équivalent car elles n'ont pas à construire une identité sexuelle différente de celle de leur mère.** « *Leur objectif commun est de changer le statut et l'identité du garçon pour qu'il renaisse homme.* » Trois étapes douloureuses se succèdent :

- la première étape est la séparation d'avec la mère et le monde féminin ;
- la deuxième étape est la transition entre le monde féminin et le monde des hommes. C'est une situation intermédiaire d'une durée variable selon la société ; le garçon quitte son identité d'enfant féminin de la mère, pour renaître en mâle ;
- la troisième étape est le passage d'épreuves, souvent dramatiques et toujours publiques. Le garçon doit montrer courage et mépris de la mort ; des cicatrices sont des preuves du changement d'état et de son caractère définitif.

Ces rites peuvent paraître cruels, mais ils révèlent la nécessité pour le garçon de quitter le statut de la faiblesse et de la dépendance de l'enfance. « *Aujourd'hui, dans nos sociétés où les rites ont perdu de leur sens, le passage est plus problématique, car non sanctionnée par des preuves éclatantes.* »

### B. Acquérir une virilité

**L'apprentissage de la virilité par le jeune garçon se fait par sa volonté de ressembler aux hommes adultes qu'il a aimés.** C'est une homosexualité pédagogique et initiatique, une étape incontournable, qui peut n'être que symbolique, vers la masculinité hétérosexuelle. Dans la société occidentale contemporaine, il peut s'agir de la relation entre un jeune garçon et son mentor : « [...] *l'homme adulte enseigne au plus jeune la maîtrise de soi qui définit la virilité.* »

**Les garçons et les filles sont enclins à jouer dans des groupes de pairs du même sexe.** La séparation se fait dès l'école maternelle. Elle s'accentue vers l'âge de 6 ou 7 ans et dure jusqu'à l'adolescence, créant ainsi des sous-cultures différentes.

Les garçons s'adonnent à des jeux et plaisanteries que le monde des adultes réprouve. Cela ne relève pas tant d'une agressivité naturelle, que d'un désir social d'affirmer une identité masculine. Ce sont des attitudes que l'on retrouve parfois chez des hommes adultes lorsqu'ils se retrouvent entre eux.

Les pairs sont plus importants chez les garçons que chez les filles. Il s'agit pour eux de rompre avec une culture familiale féminine et de créer une culture masculine. « *Les sports qui mettent en jeu la compétition, l'agression et la violence étaient – et sont toujours aux États-Unis – considérés comme la meilleure initiation à la virilité.* »

**L'homosexualité est parfois considérée comme un désordre dans l'identité de genre, car elle conférerait à l'homme des caractéristiques prétendument féminines.** Pour certains individus, ne pas être homosexuel est déj à pour un homme une assurance de masculinité. Au cours des années 1980, une autre position est affirmée : la sexualité ne détermine pas le genre ; les homosexuels sont des hommes comme les autres. « *Les homosexuels ne réclament plus le droit à la différence, mais le droit à l'indifférence.* »

## 3) De l'homme mutilé à l'homme réconcilié

### A. L'homme mutilé

**« L'homme dur » est le premier cas d'homme mutilé.** Il se soumet à quatre impératifs : ne rien avoir d'efféminé, se sentir supérieur, être indépendant et ne compter que sur lui, être plus fort que les autres (y compris en recourant à la violence).

« *L'homme qui se soumet à ces quatre impératifs est le supermâle qui a longtemps fait rêver les foules. Il est illustré à merveille par l'image de l'homme des cigarettes Marlboro* (The Marlboro man) *dont l'affiche a sillonné le monde. L'homme dur, solitaire parce qu'il n'a besoin de personne, impassible, viril à souhait.* »

**« L'homme mou » succède à « l'homme dur » comme son contraire absolu.** Deux principales raisons expliquent le passage à ce deuxième cas d'« homme mutilé » qui est aussi un « homme déstructuré ».

- Pour plaire aux femmes qui mettaient l'homme macho en accusation dans les années 1970, certains hommes ont adopté des valeurs et des comportements féminins traditionnels. « *L'homme dur à la féminité refoulée laissait place à l'homme mou, à la masculinité ignorée.* »
- L'absence de père, même lorsqu'il est présent physiquement, rend l'identification du garçon à une image masculine valorisante impossible. « *En conséquence, ces fils en manque d'amour paternel restent dans l'orbite maternelle, attirés par les seules valeurs féminines.* »

### B. L'homme réconcilié

**L'« homme réconcilié » allie solidité et sentiment.** Il s'agit d'un individu qui est devenu un homme sans blesser le féminin-maternel qui est en lui. Toutefois, une mise à distance de la mère est toujours requise et la différenciation masculine est toujours indispensable. Mais la réconciliation ne s'opère pas en éliminant l'une des deux parties, masculine ou féminine. La dualité est intégrée et alternée produisant l'androgynat. « *Mâles et femelles ne deviennent pleinement humains que dans l'androgynat, lequel est double, ou n'est pas.* »

**La révolution paternelle amorcée au début des années 1970 a facilité l'émergence de l'« homme réconcilié ».** Le bon père est maternant : durant les premiers mois du nourrisson, il est une mère masculine qui répond aux besoins du bébé. « *Pour bien s'occuper de son bébé, le père – comme la mère – doit mobiliser toute sa féminité première. […] Ne sont bons parents que ceux qui savent jouer de leur bisexualité.* »

Le père/mère est une autre source de stimulation que celle de la mère et il constitue un bon modèle d'identification pour son fils : « [...] *ce sont les caractéristiques "féminines" du père qui donnent au fils l'envie de le prendre comme modèle.* »

*XY* est un ouvrage riche de références littéraires, historiques, philosophiques et sociologiques ; il présente également une approche psychanalytique. Ainsi, la question de l'identité sexuelle, notamment masculine, est abordée dans toutes ses dimensions.

Cette étude démontre la complexité et la subtilité de la distinction des genres. Elle s'attache à promouvoir un statut et un rôle d'homme différent des stéréotypes masculins traditionnels.

L'analyse d'Élisabeth Badinter, qui fait preuve d'un grand humanisme, présente une vision optimiste de la place des hommes et des femmes dans la société contemporaine.

# 93 Sociologie de la bourgeoisie

## Michel Pinçon et Monique Pinçon-Charlot

Michel Pinçon et Monique Pinçon-Charlot sont deux sociologues français. Ils se sont principalement intéressés à l'étude de la grande bourgeoisie, un champ de l'analyse sociologique largement délaissé. Leur ouvrage *Sociologie de la bourgeoisie* (La Découverte, 2007, 128 p.) constitue une synthèse de leurs travaux, lesquels tendent à montrer que s'il existe encore une classe sociale, c'est bien la bourgeoisie.

## 1) La bourgeoisie : une richesse multidimensionnelle

### A. La richesse matérielle est une condition nécessaire pour accéder à la bourgeoisie mais non suffisante

**L'importance du capital économique est l'une des caractéristiques de la bourgeoisie.** « *Accéder aux sommets de la hiérarchie ne saurait se faire dans la gêne et dans la médiocrité des revenus* ». Cette richesse économique est très largement sous-estimée ; les Français évaluent le seuil de richesse à un patrimoine égal ou supérieur à 482 000 €. Or, c'est très éloigné de la réalité puisqu'en 1999, les 100 ménages les plus imposés au titre de l'impôt de solidarité sur la fortune (ISF) possédaient un patrimoine moyen de 132 millions d'euros.

**La bourgeoisie dispose à la fois de revenus substantiels et d'un patrimoine important.** Il existe un cercle vertueux entre ces aspects : « *les revenus viennent alimenter l'accumulation patrimoniale qui, à l'inverse, vient grossir le flux des revenus, sous la forme de revenus patrimoniaux* ». Les écarts de richesses sont toutefois considérables au sein des ménages les plus riches puisque Bernard Arnault, première fortune de France et principal actionnaire du groupe LVMH, détient 17,2 milliards d'euros d'actifs, tandis que les frères Costes, 500ᵉ plus grande fortune, propriétaires de restaurants, possèdent 50 millions d'euros d'actifs, soit 344 fois moins que B. Arnault.

### B. Pour prétendre appartenir à la bourgeoisie, le capital économique doit être légitimé par d'autres formes de capitaux

**Les capitaux économique, social, culturel et symbolique forment système.** Le capital social permet, grâce à un réseau durable de relations plus ou moins institutionnalisées, « *de décupler les pouvoirs de chacun* ». Le capital culturel de la bourgeoisie est spécifique au regard de sa proximité avec la culture légitime et des possessions mobilières et immobilières (châteaux, œuvres d'art…). Le capital symbolique synthétise à lui seul tous les autres. Le nom des vieilles familles en est le meilleur exemple, il révèle toutes les richesses matérielles et immatérielles. « *Il renvoie aux possessions et aux relations, aux patrimoines et aux savoirs* ».

**Appartenir à la bourgeoisie nécessite de gérer et d'accumuler ces différents types de capitaux.** Être richement doté de ces différents types de capitaux ne suffit pas à maintenir la position sociale. « *Il y faut encore un travail constant d'entretien. [...] Il faut prouver de façon permanente que l'on appartient bien de plein droit à la bourgeoisie* ». Le grand bourgeois doit s'adonner à un travail continu de représentation. « *Pour cela, il doit toujours payer de sa personne, être dans les cocktails qui comptent, dans les tribunes des hippodromes des grands prix hippiques qui scandent la vie mondaine, lors des premières d'opéra ou des vernissages d'exposition.* »

**Certaines institutions jouent un rôle central dans la gestion de ces différentes formes de capital.** Les pratiques sportives, élitistes et fermées (les clubs de golf, la chasse à courre...) sont des lieux de rencontre « *où l'on se fait connaître et reconnaître* ». Les cercles, fonctionnant sur le modèle de la cooptation, regroupent l'élite sociale et permettent de tenir à distance tous ceux n'appartenant pas à cette communauté. Les rallyes participent à la socialisation des jeunes et favorisent l'endogamie. « *Faire en sorte que les jeunes ne ruinent pas un avenir brillant, un destin hors du commun, par une mésalliance qui viendrait rompre le fil de cette dynastie, noble ou bourgeoise* ».

## 2) La bourgeoisie cultive l'entre-soi

### A. La famille est le lieu de construction de la dynastie bourgeoise

**La famille permet l'accumulation et la transmission des patrimoines.** « *Elle est au cœur du dispositif de la reproduction sociale. L'importance du nom comme emblème de l'excellence, qui ne saurait appartenir en propre à aucun des membres du groupe familial, est révélatrice de cette insertion de l'individu dans un ensemble qui le transcende, et qui lui donne d'ailleurs sa force* ». Tout individu membre d'une famille bourgeoise se doit de transmettre le patrimoine, en l'enrichissant si possible.

**Les grandes familles bourgeoises sont unies entre elles.** Elles tissent un réseau de liens serrés, « *qui rassemble leurs membres dans une vaste confrérie* ». En raison de ces alliances entrecroisées, les familles bourgeoises sont en général très étendues et internationalisées. Des répertoires prestigieux tels que le *Bottin Mondain* attestent de l'appartenance d'une famille à l'élite sociale.

**La femme joue un rôle central dans la gestion de ce capital familial.** Qu'il s'agisse de l'éducation des enfants (préparation des rallyes par exemple), de l'organisation des dîners et réceptions, elle veille « *au maintien et à l'accumulation des relations et des alliances* ».

### B. La bourgeoisie cultive l'entre-soi résidentiel

**La concentration spatiale de la bourgeoisie assure la reproduction sociale.** La localisation résidentielle des familles bourgeoises relève d'un choix stratégique, aussi bien dans les villes que dans les lieux de villégiature. Elle permet notamment de s'assurer de l'éducation des enfants et du contrôle de leurs relations. « *Cette ségrégation spatiale, poussée à l'extrême, est en fait une agrégation, le choix raisonné d'un groupe social, d'une classe, qui exprime ainsi sa conscience de la communauté profonde des intérêts du groupe* ».

**La concentration sur un espace restreint des familles bourgeoises conduit à une grande homogénéité sociale.** L'aménagement des quartiers bourgeois y est spécifique, « *leur donnant* *un caractère universel quel que soit le pays* ». L'homogénéité idéologique est confirmée par les résultats électoraux. Cette concentration spatiale favorise des mariages très endogamiques.

**La multiterritorialité est l'une des caractéristiques du mode de vie bourgeois.** À l'appartement parisien s'ajoute fréquemment une maison de famille, souvent un château en province, lequel atteste d'une longue lignée. « *Les grandes familles s'assurent de multiples territoires qu'elles contrôlent et où elles peuvent épanouir leurs modes de vie tout à leur aise* ».

## 3) La bourgeoisie : une classe mobilisée

### A. Les classes sociales ont disparu en tant qu'opposition entre la bourgeoisie et le prolétariat mais la bourgeoisie existe bien encore comme classe sociale

**La classe bourgeoise existe en soi si l'on en juge par la place qu'elle occupe dans les rapports de production.** Sous des formes renouvelées, elle continue à prélever une part des richesses produites par les autres groupes sociaux. En prélevant la plus-value, elle s'assure des revenus élevés et bénéficie ainsi d'une certaine indépendance vis-à-vis de la profession qu'elle peut exercer.

**La bourgeoisie défend collectivement ses intérêts, ce qui en fait une classe pour soi.** La bourgeoisie est une classe mobilisée dans son existence quotidienne en vue de pérenniser sa position dominante. « *Le groupe est ainsi mobilisé dans la recherche constante des meilleures conditions pour satisfaire les exigences de cette gestion et de cette transmission* ». Elle est consciente de la place qu'elle occupe dans l'espace social et des « *représentations auxquelles conduit cette perception* ».

### B. La bourgeoisie met en avant une idéologie individualiste qui sert ses intérêts

**Bien que la bourgeoisie mette en avant l'individualisme comme idéologie dominante, la réalité est celle d'un collectivisme pratique.** La bourgeoisie s'abrite derrière l'idéologie de la concurrence et de la loi du marché pour légitimer sa position dominante. « *Comme si tous les concurrents étaient placés sur la même ligne de départ, comme si l'héritage, sous toutes ses formes, ne faussait pas radicalement la course, les derniers partis s'épuisant, au mieux, à simplement tenter de contenir les écarts de départ* ».

**La libre concurrence est loin d'être réalisée.** Qu'il s'agisse de situations aussi décisives que celle de la compétition scolaire ou du marché matrimonial, on est très loin d'une compétition équitable. « *L'égalité des chances est même systématiquement battue en brèche par les institutions ad hoc dont la classe s'est pourvue, les écoles d'élites et les rallyes qui pratiquent l'ostracisme social* ».

Il n'existe aucun autre groupe social présentant un tel degré d'unité, de conscience de soi et de mobilisation que la bourgeoisie. Elle s'affirme comme un groupe conscient de lui-même et de ses intérêts communs. Classe en soi et classe pour soi, « *elle est la seule aujourd'hui à prendre ce caractère qui fait la classe réelle, à savoir d'être mobilisée* ».

# La société de consommation

Jean Baudrillard

94

L'ouvrage de J. Baudrillard (Gallimard, 1970, 318 p.) est une critique de la société de consommation. Sa thèse est forte : loin d'assurer la liberté et le bonheur des individus, la consommation les enserre dans des rapports de domination complémentaires de ceux qui existent toujours dans la production.
Le livre est divisé en trois parties : la première est consacrée au statut de l'objet dans notre société ; la seconde est une théorie de la consommation ; la troisième analyse la culture véhiculée par les mass media.

## 1) Le statut de l'objet

### A. Le statut miraculeux de la consommation

**La profusion semble avoir remplacé la rareté.** Le trait descriptif le plus évident de notre société est la profusion des biens et des services destinés à la consommation. Cette profusion est à l'origine d'un changement de mentalité : à la crainte multimillénaire du manque s'est substituée « *l'évidence du surplus, la négation magique et définitive de la rareté* ». La présentation des marchandises en panoplies, en collections, en gammes d'objets renforce ce sentiment chez un consommateur placé dans l'impossibilité de se procurer la totalité des biens exposés.

**La consommation est vécue comme un miracle.** Ainsi présentés, les objets perdent tout lien avec le processus de fabrication dont ils sont issus et sont considérés « *comme une grâce de la nature* ». Entreprises et consommateurs sont complices dans cette volonté d'occulter la rareté et le travail et d'accorder aux objets une origine miraculeuse. En effet, « *la pensée qui régit la consommation est magique* ». À l'image des indigènes mélanésiens persuadés que les blancs arrivaient à capter les avions remplis de marchandises en installant sur le sol des objets magiques (piste d'atterrissage, tour de contrôle, etc.), le consommateur moderne se procure les signes du bonheur en supposant que celui-ci va suivre. C'est, pour l'auteur, une mentalité de primitif puisqu'elle est « *fondée en la toute-puissance des pensées : ici, c'est la croyance en la toute-puissance des signes* ».

### B. Le cercle vicieux de la croissance

**La mesure de la croissance favorise ce mythe de l'abondance.** Le principal reproche adressé par Baudrillard au PNB est que celui-ci mesure positivement aussi bien la production de biens objectivement utiles que les nuisances et leurs palliatifs. Il en est ainsi des dépenses provoquées par l'augmentation de la pollution. Ce faisant, la Comptabilité nationale entretient le mythe de l'abondance en exagérant la richesse produite et en justifiant l'existence des biens et des services quelle que soit leur utilité sociale. « *Toute chose produite est sacralisée par le fait même de l'être.* »

**Le gaspillage est le moteur de notre économie.** Toutes les sociétés gaspillent une partie de leur richesse, mais la société de consommation fait du gaspillage le moteur de l'activité économique. La multiplication des emballages, l'obsolescence prévue des marchandises, parfois leur médiocre qualité ont pour fonction d'entretenir la croissance de la consommation. « *Ce qui est produit aujourd'hui ne l'est pas en fonction de sa valeur d'usage ou de sa durée possible mais, au contraire, en fonction de sa mort.* » La publicité permet d'accélérer le renouvellement des objets et participe à cette logique de gaspillage.

## 2) La théorie de la consommation

### A. La logique sociale de la consommation

**Le bonheur est la valeur centrale de la société de consommation.** Le bonheur est, dans les sociétés modernes, la finalité ultime de l'action des individus. Ce sentiment étant insaisissable, ceux-ci évaluent leur réussite dans ce domaine à la quantité de signes du bonheur qu'ils peuvent se procurer : sa recherche s'incarne dans l'accumulation d'objets.

**L'égalité devant l'objet s'est substituée à l'égalité politique.** Les sociétés modernes font de l'égalité un idéal inaccessible. Avec la société de consommation, l'égalité devant les objets et le bonheur s'est substituée à l'égalité politique. Le mythe du bonheur est devenu le véhicule du mythe de l'égalité. « *Le principe démocratique est transféré alors d'une égalité réelle [...] à une égalité devant l'**objet** et autres signes évidents de la réussite sociale et du bonheur.* »

**La société de consommation est, par principe, inégalitaire.** L'égalité et le bonheur sont des idéologies car ces mythes masquent les contradictions sociales objectives qui trouvent leur origine dans la production. C'est pourquoi la croissance économique ne permet pas de réduire les inégalités sociales. C'est, au contraire, « *la croissance qui est fonction de l'inégalité* » puisqu'elle suppose un déséquilibre entre des besoins et leur satisfaction et qu'elle est alimentée par le gaspillage des plus riches.

**La consommation est à la fois un langage et un moyen de différenciation sociale.** C'est d'abord un langage puisque les objets sont des symboles qui permettent au consommateur d'afficher son revenu et ses goûts. « *La consommation est ici un système d'échange, et l'équivalent d'un langage.* » C'est, ensuite, un mode de différenciation puisque les objets sont des « *signes qui vous distinguent soit en vous affiliant à votre propre groupe pris comme une référence idéale, soit en vous démarquant de votre propre groupe par référence à un groupe de statut supérieur* ».

### B. Pour une théorie de la consommation

**Le système des besoins est le produit du système de production.** Les économistes néoclassiques fondent leurs travaux sur l'hypothèse d'individus rationnels dotés de besoins. Ils ne s'interrogent donc pas sur l'origine de ces besoins. Baudrillard attribue à Galbraith le mérite de poser cette question et d'apporter une première réponse avec sa théorie de la « *filière inversée* ». Mais il estime que ce ne sont pas les entreprises mais le système productif qui est à l'origine de ce « *conditionnement des besoins* ». Les besoins créés sont ceux qui sont nécessaires à la croissance.

**La consommation est dominée par une contrainte de production.** La fonction de la consommation n'est ni de satisfaire des besoins, ni de procurer du plaisir au consommateur.

Elle est de servir de débouché au système productif. La croissance de la consommation doit accompagner celle, potentiellement illimitée, de la productivité et de la production.

### C. La personnalisation de la consommation

**La différenciation permet de concilier la consommation de masse avec l'individualisme.** Le conditionnement social des besoins pourrait entrer en contradiction avec l'idéologie individualiste. La différenciation des objets par la publicité ou la présentation fait que chaque consommateur achète un produit largement standardisé tout en ayant le sentiment de sa singularité. « *C'est sur la perte des différences que se fonde le culte de la différence.* »

**La conformité se nourrit de la différenciation.** La conformité n'a pas son origine dans l'imitation mais dans la différenciation, c'est-à-dire dans la volonté de se distinguer des membres d'un groupe social : « *La conformité [...], c'est le fait d'avoir en commun le même code, de partager les mêmes signes qui vous font différents tous ensemble, de tel autre groupe.* »

## 3) La culture véhiculée par les mass médias

### A. La culture de masse

**La culture de masse est un ensemble de signes.** La culture était un patrimoine d'œuvres, de pensées et de traditions qui avait permis l'élaboration d'une réflexion théorique et critique sur la société. La culture de masse est « *un corpus de signes et de références, de réminiscences scolaires et de signaux intellectuels de mode* ». Elle se distingue de la précédente par son caractère éphémère (elle est soumise à la mode) et par sa fonction qui n'est plus de comprendre le réel mais de permettre « *au consommateur moyen d'accéder au titre de citoyen de cette société de consommation* ». Cette norme culturelle est l'équivalente dans le domaine des connaissances de la norme de consommation. Les médias (radios, télévisions, etc.) participent à la diffusion et au renouvellement de cette culture de masse au moyen des jeux basés sur le principe des questions et des réponses.

**Les médias transforment le réel en signes.** Pour des raisons techniques et idéologiques, la fonction de ces médias est de « *désarticuler le réel en signes successifs et équivalents* ». La télévision et la publicité ne nous donnent pas à comprendre la réalité mais nous donnent à voir un spectacle, des images en substituant des signes et des codes à cette réalité. Alors que les images (le signifiant) sont censées représenter le réel (le signifié), ces médias font des images une fin en soi. « *On passe d'un message centré sur le signifié à un message centré sur le signifiant.* » L'important étant de célébrer la toute-puissance des images, un reportage sur la faim dans le monde et une publicité pour de la nourriture peuvent se succéder sans contradiction.

### B. Le corps et les loisirs

**Le corps est un objet de consommation.** De la même manière que la société capitaliste a pour condition la liberté du travail, la société de consommation suppose la liberté du corps. Cela ne signifie pas, en dépit de ce que prétendent les publicitaires, que la sexualité soit effectivement libérée de toute entrave sociale. Le respect des critères de beauté et des normes d'hygiène imposent, au contraire, des contraintes sociales extrêmement rigoureuses.

La nouveauté réside dans le fait que le corps est devenu un objet de consommation alors qu'il n'était, auparavant, qu'un capital disponible pour le travail. « *On gère son corps* [...] *comme un des multiples signifiants de statut social.* » Les soins du corps, les régimes, le sport, etc. ont pour objectif de rendre évidente la réussite sociale et l'accès au bonheur. Ainsi réduite à des signes, la sexualité se normalise et perd sa capacité de subversion.

**Le temps libre n'existe pas**. Certains sociologues et les médias affirment que la société de consommation a inventé le temps libre en réduisant celui consacré au travail. Ce temps de loisir qui serait hors contrainte sociale permettrait aux individus d'exercer pleinement leur liberté. Or, nous dit Baudrillard, « *le temps libre est vendu au consommateur* » qui paie toutes les activités ménagères lui permettant de « gagner » du temps et qui achète des loisirs au même titre que n'importe quelle autre marchandise. Dans la société de consommation, l'ensemble du temps, y compris celui hors travail, est soumis à une logique de rentabilité. « *Il ne peut y avoir que du temps contraint. Le temps de la consommation est celui de la production.* »

Alors que les Trente Glorieuses s'achevaient, Baudrillard s'est livré à une opération de démythification de la société de consommation. Depuis, la crise du système productif et l'apparition de nouvelles formes de pauvretés ont déplacé les sujets de préoccupation ainsi que l'intérêt des chercheurs et du public. Cela ne retire rien à la pertinence de l'essentiel des thèses défendues dans cet ouvrage.

# Tel père, tel fils ?

## *Position sociale et origine familiale*

Claude Thélot

95

Les nombreuses données statistiques que présente ce livre (Dunod, 1982, 221 p.), notamment celles qui permettent de comparer la situation des années 1953, 1970 et 1977, proviennent des recensements de la population ou d'enquêtes par sondage. Dans la préface, J. Fourastié indique que l'objet de l'ouvrage est d'approfondir l'analyse et les mécanismes de la mobilité sociale ; il rappelle qu'il s'agit d'un sujet polémique.
Après avoir composé la position sociale atteinte à l'origine sociale, le livre présente les facteurs individuels ou globaux déterminant la position sociale, pour ensuite montrer que les situations et les comportements d'individus d'une même position sociale diffèrent selon leur origine sociale.

## 1) La relation entre structure sociale et mobilité sociale

### A. Le sens et l'origine de la mobilité

**La mobilité sociale d'une génération à l'autre est révélatrice de la souplesse ou de la rigidité de la structure sociale.** « *Étudier la mobilité sociale dans une société, c'est décrire et analyser les relations qui unissent la position des personnes ou des familles dans la structure sociale à celle de leurs parents ou aïeux.* »

Dans une société, la répartition de chaque génération dans la structure sociale ne se fait pas au hasard. Le statut atteint dépend étroitement de la position d'origine.

**La mobilité sociale est inéluctable lorsque des mutations économiques modifient la structure sociale.** L'économie et la société ne sont plus agricoles, elles sont devenues industrielles voire post-industrielles. « *Dire, par exemple, qu'aujourd'hui moins d'un fils de paysan sur deux est paysan lui-même n'a qu'une signification limitée si l'on ne sait pas qu'au début du siècle les paysans représentaient presque la moitié des actifs, alors qu'aujourd'hui ils n'en forment qu'un dixième.* »

### B. Les tables de mobilité, instrument de mesure de la mobilité sociale

**Une table de mobilité est un instrument d'observation qui permet de rapprocher, pour chaque individu, la position qu'il occupe à une date donnée avec celle qu'occupait son père.** Les tables peuvent répertorier différemment les origines et les positions sociales des individus. Les premières tables présentées dans le livre sont les plus simples, puisqu'elles ne comprennent que trois groupes sociaux : classes populaires, classes dirigeantes et classes moyennes. Les tables présentées ensuite utilisent la nomenclature par catégories socioprofessionnelles (CSP) de 1950 (la nouvelle nomenclature n'est pas prise en compte car elle est ultérieure à la sortie du livre).

**La table des destinées présente la répartition des personnes d'une origine sociale donnée, en fonction de leur position sociale actuelle. La table des recrutements permet**

**d'observer la répartition des personnes occupant une position sociale donnée, en fonction de leur origine sociale.** La première met en évidence l'importance de la fluidité de la société, ou au contraire une certaine reproduction sociale. La deuxième fait apparaître la diversité du recrutement, ou au contraire l'importance de l'autorecrutement.

**Les tables sont imparfaites pour trois raisons principales.** La première provient de ce qu'elles ignorent au moins une dimension de l'hérédité sociale : du fait de l'absence de distinction entre le privé et le public dans la nomenclature, la forte hérédité sociale dans la fonction publique en France est invisible.

La deuxième est que la comparaison de la catégorie sociale des fils à celle des pères ne prend pas en compte un paramètre. On ignore, en effet, si la position sociale des pères a été obtenue par promotion au cours de leur trajectoire professionnelle, ou pas. Un certain nombre de descentes sociales des fils masquent donc un maintien dans la catégorie sociale à laquelle leurs pères appartenaient au début de leur activité.

La troisième provient de l'hétérogénéité de chaque groupe en raison de la diversification du recrutement. Ainsi par exemple, les tables ne font pas apparaître que la situation des ouvriers n'est pas la même selon qu'ils sont d'origine ouvrière ou paysanne.

## C. L'importance de la mobilité et de l'immobilité

**La baisse de l'immobilité ne s'explique pas seulement par l'évolution de la structure sociale ; cela fait apparaître une mobilité nette au-del à de la mobilité structurelle.** Le vieil adage « tel père, tel fils » se vérifie toujours, mais dans une moindre mesure. L'immobilité a surtout diminué dans les couches populaires et chez les indépendants. Une mobilité minimale d'une génération à l'autre résulte de l'évolution de la structure sociale : dès que la structure sociale se modifie, un fils ne peut pas toujours occuper la même position que celle de son père. « *Ce minimum de mobilité est appelé mobilité structurelle. La mobilité observée ne se réduit pas, dans le cas général, à la mobilité structurelle ; les changements excèdent ce que requiert l'évolution de la structure sociale et le "surplus" est appelé "mobilité nette" ou "circulation".* » Ainsi, environ les trois quarts seulement de la baisse globale de l'immobilité sont imputables à la mobilité structurelle. Cependant, il convient de relativiser le phénomène : « *L'empreinte du milieu d'origine ne se réduit pas à l'alternative : être ou ne pas être dans la même position que son père. Elle marque également la façon dont se répartissent ceux qui n'y sont pas.* »

**L'importance de l'immobilité sociale est mesurée par un indice.** L'évolution de la structure sociale est représentée par la différence entre les marges, c'est-à-dire entre la structure sociale des pères et celle des fils. Les marges imposent une immobilité maximale inférieure à 100 % ; elles imposent aussi une immobilité minimale. L'indice d'immobilité (I) proposé par R. Boudon permet de situer l'immobilité observée entre ces deux bornes, l'immobilité minimale et l'immobilité maximale. Compris entre 0 et 1, il se calcule de la façon suivante :

$$I = \frac{\text{immobilité observée} - \text{immobilité minimale}}{\text{immobilité maximale} - \text{immobilité minimale}}$$

« *En somme, l'immobilité observée est à peu près située au milieu de son minimum et de son maximum et elle dérive doucement vers le premier : ni absolument rigide, ni complètement fluide, la société française aurait tendu [...] à s'assouplir du début des années cinquante à la fin des années soixante-dix.* »

## 2) La détermination des trajectoires des individus

### A. L'origine sociale, la position initiale et la position finale

Une « *transmission en cascade* » du statut social s'explique par le fait, qu'au lieu de comparer le début et la fin des trajectoires, il est possible de rapprocher l'origine sociale, la position initiale et la position finale. À son entrée dans la vie active, un individu occupe une position initiale, en fonction principalement de son origine sociale. Sa position finale est susceptible d'en être différente lorsqu'il bénéficie ou pâtit d'une mobilité professionnelle au cours de sa vie active. Cela peut se traduire par une mobilité sociale. Cependant, lorsqu'elle paraît ascendante, la mobilité professionnelle n'est pas toujours le signe d'une ascension sociale. Elle peut compenser par exemple un déclassement qui a pu avoir lieu en début de vie active,par rapport au milieu d'origine. C'est ainsi que R. Girod définit la notion de « *contre-mobilité* ».

**On distingue cinq types de trajectoires selon que l'origine sociale, la position initiale, la position finale sont identiques ou non** : les « *ancrés* » sont ceux dont la position sociale est stable ou immobile d'une génération à l'autre : leur proportion décroît ; les « *revenants* », qui sont des contre-mobiles : leur pourcentage demeure faible bien que croissant ; les « *transfuges* » sont ceux dont la position sociale est différente de leur origine sociale : leur poids augmente ; les « *enracinés* », qui font partie d'une autre catégorie sociale que celle de leur père et qui ne la quittent pas du début à la fin de leur vie active : leur proportion est moindre en raison de l'accroissement de la mobilité professionnelle ; les « *déracinés* » qui sont ceux dont l'origine sociale, la position initiale puis la position finale sont toutes trois différentes : leur importance est modérée mais croissante.

### B. Le rôle de l'école et des aspirations professionnelles dans la détermination des trajectoires

**Les inégalités sociales face à l'école existent.** « *En dépit d'une école unique affichée, les filières sont [...] multiples, plus ou moins hiérarchisées, complémentaires.* » Les destinées scolaires divergent selon l'origine sociale, l'âge de fin d'études et le diplôme le plus élevé obtenu notamment.

Le rendement de l'école, c'est-à-dire l'impact de la filière suivie et du diplôme obtenu sur les trajectoires et les positions ultérieures, diffère. « *[...] le rendement économique de l'école varie suivant le milieu d'origine. Les études constituent une étape de première importance de la trajectoire sociale car elles en orientent le cours. Mais l'ampleur de cette orientation dépend du point de départ de la trajectoire. L'école constitue bien une instance de sélection et de distribution mais ses effets dépendent de cette autre instance première de socialisation : la famille.* »

**Le paradoxe d'Anderson : la position relative des individus par rapport à celle de leur père n'est que faiblement liée à leur diplôme relatif**. Anderson a montré par exemple qu'avec un diplôme plus élevé que celui de son père, un individu n'est pas garanti d'occuper une position sociale plus élevée et inversement. « *Un tel résultat heurte de plein fouet la croyance fermement répandue de l'impact bénéfique des études.* »

« *Et l'on conçoit que, si les individus se comparent à leur père, puisse naître la vague impression d'une loterie.* »

R. Boudon démontre que le paradoxe selon lequel diplôme et position sociale sont déconnectés n'est qu'apparent, en postulant trois axiomes : l'axiome de l'inégalité sociale devant l'école, l'axiome de « méritocratie » et l'axiome de distorsion entre l'offre et la demande, c'est-à-dire que la structure éducationnelle et la structure sociale sont inadéquates. « *Boudon montre qu'en effet les trois axiomes précédents engendrent une configuration où avoir fait plus (ou moins) d'études que son père ne garantit pas (ou ne condamne pas) à une position plus élevée (ou plus basse).* »

**Après l'insertion dans la vie active et le rôle des études, les aspirations professionnelles émises durant l'adolescence constituent le troisième déterminant des trajectoires.** « [...] *en dépit des désillusions probables que l'insertion dans la vie active fera naître, les projets d'adolescence semblent en effet partiellement infléchir les situations professionnelles ultérieures.* » Les aspirations professionnelles de l'adolescent et de celle de sa famille apparaissent comme l'expression de stratégies familiales marquées par leur appartenance sociale. Cependant les aspirations professionnelles des adolescents expriment aussi des goûts et des attitudes spécifiques.

## C. Des comportements spécifiques selon la position sociale

**Les alliances se font dans le cadre de l'homogamie.** Le mariage, élément fondateur essentiel de la famille, est au cœur de la transmission du statut social. « [...] *dans ce domaine où la liberté et le hasard paraissent régner en maîtres, le choix que les jeunes font de leur conjoint porte la marque de leur origine sociale, la trace de la lignée à laquelle ils appartiennent.* » Cependant, l'homogamie, comme l'immobilité sociale, diminue en raison principalement de l'évolution de la structure sociale. Toutefois, lorsqu'un mariage a lieu en dehors du groupe, c'est dans la plupart des cas avec un conjoint issu d'un groupe proche.

**La fécondité est différente selon l'appartenance sociale.** La taille de la descendance finale, c'est-à-dire le nombre total d'enfants d'un couple, dépend comme le choix du conjoint, à la fois du milieu d'appartenance des époux et de leur milieu d'origine. D'autre part, la descendance finale n'est pas la même en moyenne selon la position socioculturelle occupée. Les familles paysannes et, à un moindre degré, les familles ouvrières sont les plus fécondes ; les familles appartenant aux couches moyennes, salariées ou non, ont en moyenne le moins d'enfants ; enfin, dans les familles de cadres supérieurs, la descendance finale moyenne est intermédiaire entre les deux extrêmes précédents.

**Le comportement électoral dépend de l'appartenance sociale.** Par exemple, l'individu qui a bénéficié d'une mobilité ascendante, est généralement plus conservateur que les membres de son groupe d'origine, mais il l'est moins que ceux de son groupe d'accueil. L'individu dont la position sociale est différente de son origine sociale adopte un comportement politique intermédiaire, entre celui de son groupe d'origine et celui de son groupe d'accueil.

Si l'adage « tel père, tel fils » se vérifie dans la table des destinées, il est possible aussi de l'inverser en « tel fils, tel père » à la lecture de la table des recrutements.
Thélot montre pourtant que l'immobilité sociale s'est réduite au cours du temps. Cela n'est pas propre à la France et est une caractéristique des sociétés industrielles.
Le livre de C. Thélot n'a pas pu prendre en compte les tables de mobilité les plus récentes, notamment celles de 1993. Il reste toutefois pertinent car si la situation a évolué depuis 1977, elle n'est pas radicalement différente.

# Les classes moyennes à la dérive

96

## Louis Chauvel

Dans son ouvrage *Les classes moyennes à la dérive* (Le Seuil, coll. « La République des Idées », 2006, 109 p.), Louis Chauvel évoque la menace de séisme qui pèse sur société française, et dont le pessimisme des jeunes issus des classes moyennes serait un signe. « *Les classes moyennes sont un peu comme un sucre dressé au fond d'une tasse : si la partie supérieure semble toujours intacte, l'érosion continue de la partie immergée la promet à une déliquescence prochaine inéluctable.* »

Le livre, structuré en quatre chapitres, et présentant de nombreux documents statistiques ainsi que des schémas, s'attache dans un premier temps à définir les classes moyennes et à discuter de leur existence, puis dans un second temps à montrer leur malaise. Selon l'auteur, elles ont été la figure centrale et positive de la modernité sociétale. Désormais, affirme-t-il, elles n'incarnent plus la promesse d'une ascension sociale pour les enfants méritants des classes populaires, et constituent de moins en moins un filet de sécurité pour ceux déchus de la bourgeoisie. La crise identitaire profonde des classes moyennes, que le sociologue met en évidence, vient de ce qu'elles ont cessé d'offrir aux classes populaires un modèle civilisationnel auquel s'identifier.

## 1) Définir les classes moyennes

### A. Les différentes approches des classes moyennes

**L'importance numérique des classes moyennes dans la structure sociale française est fonction de l'approche retenue.**
On peut considérer que dans une société hiérarchisée, les classes moyennes se situent entre une classe supérieure et une classe populaire. Selon cette conception, elles représenteraient entre 10 et 15 % de la population.
On admet généralement en France, de même qu'en Europe continentale, que les classes moyennes se constituent autour d'un « citoyen moyen » au sens arithmétique du terme. Les classes moyennes regrouperaient alors deux Français sur trois.

**Plus que les définir, il faut décrire les classes moyennes.** Leur niveau de revenu se rapproche de la moyenne ; leurs membres sont des intermédiaires dans les hiérarchies sociales et professionnelles. Elles manifestent un sentiment d'appartenance, identifiant leur sort à celui d'un groupe intermédiaire. « *Cette représentation est avant tout marquée par une idéologie du progrès.* »

**La situation prétendue moyenne recouvre une réalité contrastée.** Du simple fait que le niveau de leur rémunération est celui du salaire moyen, des salariés sont souvent considérés comme membres des classes moyennes. C'est le cas par exemple d'un ouvrier qualifié en fin de carrière et d'un maître de conférence débutant. Pourtant, leur situation est très différente.

De plus, de fortes disparités se manifestent autour de cette moyenne, notamment selon le sexe, l'âge, la région ou la catégorie socioprofessionnelle.
Enfin, le critère généralement retenu étant le salaire moyen, cela ne permet pas de prendre en compte le cas de populations comme les inactifs, les chômeurs ou les indépendants.

## B. La question des classes moyennes en tant que situation moyenne

**La situation moyenne n'est pas une situation réelle, partagée par le plus grand nombre, puisque de grands écarts à la moyenne existent.** Le salaire moyen « [...] *serait le salaire que recevrait chaque salarié si la répartition était parfaitement égale.* » Mais deux tiers de la population salariée à temps plein perçoivent moins que la moyenne. Ainsi, le salaire médian, qui divise la population salariée en deux parties égales, s'établit à un niveau 18 % inférieur au salaire moyen. La médiane rend mieux compte de la situation du « salarié du milieu ».

**Arbitrairement, on peut distinguer plusieurs composantes rendant compte de la pluralité des classes moyennes :**
- une « classe moyenne inférieure » englobant plus du tiers du salariat (salariés à temps plein dont le niveau de salaire est compris entre 75 % du salaire médian et celui-ci) ; située au milieu de la pyramide sociale, elle est très proche des classes populaires ;
- une « classe moyenne intermédiaire », c'est-à-dire la classe moyenne au sens étroit ou « classe moyenne authentique », représentant un quart du salariat (salariés à temps plein dont le niveau de salaire est compris entre le salaire médian et 1,5 fois celui-ci) ;
- une « classe moyenne supérieure », qui se réduit à un dixième du salariat (salariés à temps plein dont le niveau de salaire est compris entre 1,5 fois et 2,25 fois le salaire médian).

**Il convient de ne pas retenir les salaires uniquement et de considérer les revenus dans leur ensemble pour qualifier les classes moyennes.** Ainsi, en 2005 :
- si on prend comme mode de calcul les unités de consommation (UC), le ménage médian dispose d'un revenu par UC de 15 500 € par an ;
- si on rapporte le revenu annuel au nombre d'individus, le ménage médian est situé à 10 850 € par an et par tête ;
- l'individu médian (et non le ménage médian) ne dispose que d'un revenu de 9 575 € par an dans son ménage d'appartenance.

Le choix d'un mode de calcul modifie considérablement la situation que l'on prête aux classes moyennes. « *Qu'il s'agisse du revenu disponible ou du salaire, le point central est qu'un très large tiers inférieur de la société n'a en aucune façon les moyens économiques de s'assumer comme membre d'une classe moyenne, même en un sens élargi.* »

## C. La question des classes moyennes en tant que classe sociale

**L'existence d'une classe sociale recouvre deux dimensions :**
- objectivement, elle se caractérise par une position économique spécifique, susceptible de causer des conflits d'intérêt ;
- subjectivement, ses membres prennent conscience d'une communauté de position.

**Dans le cas des classes moyennes, les deux dimensions ne sont pas toujours présentes :**

- une position économique commune peut ne pas conduire à une prise de conscience (exemple des employés du secteur tertiaire routinisé, dont la mobilisation collective en dehors du secteur public est faible). « *Bref, il ne suffit pas de se ressembler pour se rassembler* » ;
- *a contrario*, bien qu'hétérogènes quant aux positions économiques, les classes moyennes peuvent croire collectivement en leur unité et se sentir prêtes à une action commune ;
- du fait de la réduction des inégalités et d'une identification positive aux classes moyennes, des groupes sociaux peuvent se considérer comme appartenant aux classes moyennes, alors qu'il n'en est rien.

**L'adhésion aux classes moyennes est complétée par une forte dimension culturelle.** En incarnant une certaine modernité, les classes moyennes exercent un profond pouvoir de séduction sur les esprits. « *La classe moyenne forme un ensemble hétéroclite dont l'unité s'est fondée, un temps, sur l'espoir d'un changement social et culturel radical, virtuellement partagé par l'ensemble de la population.* »

## 2) Le malaise des classes moyennes dans la société française

### A. Le « paradis social » perdu des classes moyennes

**Bien qu'hétérogènes, les classes moyennes ont une unité tant qu'elles s'inscrivent dans une dynamique commune ; or l'espoir d'un « paradis social » qui les fédérait a disparu.** « *Les classes moyennes n'existent donc que dans le devenir, et dès lors que ce mouvement est interrompu, l'ensemble se désagrège.* » La fin des Trente Glorieuses a marqué un coup d'arrêt au plein emploi, à la croissance rapide du PIB et des salaires réels, à l'expansion des droits sociaux, à la « moyennisation », à la construction d'une démocratie sociale à la fois conflictuelle et solidaire.

**Les jeunes générations parviennent de moins en moins à se projeter dans l'avenir.** Leur trajectoire d'emploi est devenue incertaine, le financement des retraites et de la santé ne paraît plus leur être assuré pour l'avenir. « *Le luxe contemporain de protection – tout relatif pour certains – ne s'accompagne en aucun cas de la certitude que ces protections survivront aux prochaines décennies.* »

**Le modèle méritocratique sur lequel se fonde l'existence des classes moyennes est aujourd'hui infirmé.** D'après les données de l'Insee, les inégalités économiques sont stables depuis 20 ans : l'écart entre les 10 % les plus riches et les 10 % les plus pauvres est toujours d'environ 3,3. Cependant, cela masque d'autres inégalités qui se développent : ségrégation ethnique, disparités de générations, de genre ou de territoires. « *La situation contemporaine où les candidats sont plus nombreux que les places libérées par les départs à la retraite, est propice au retour des "fils de" et des "filles de".* »

## B. Les classes moyennes face au déclassement générationnel

**Les inégalités entre générations s'accroissent en modifiant l'existence de la pauvreté.** Autrefois, les pauvres étaient des vieux qui ne bénéficiaient pas d'une reconnaissance de l'ensemble de leurs années de travail. Aujourd'hui, les pauvres sont des jeunes qui s'installent dans la pauvreté. « *De fait, les nouvelles générations de jeunes affrontent aujourd'hui une grande dépression et de profondes frustrations.* »

**« L'ascenseur social » décroche ; les nouvelles générations servent de variable d'ajustement.** Cela peut expliquer les émeutes des banlieues en 2005 ou les mouvements contestataires comme celui contre le CPE ; ils révèlent le profond malaise des jeunes qui doivent se contenter d'un sort de second choix. Le chômage de masse fait pression sur les nouvelles générations pour qu'elles acceptent de réduire leurs prétentions salariales : les salariés masculins de cinquante ans gagnent en moyenne, en 2002, 40 % de plus que les salariés de trente ans ; en 1975, l'écart n'était que de 15 %.
Désormais, un dispositif de type « up ou out », (ascension ou exclusion) se généralise : en grand nombre, les enfants des classes moyennes ont de moins en moins la possibilité de se maintenir dans leur classe d'origine, faute de places suffisantes.
Si l'héritage d'un fort capital culturel est une condition de plus en plus nécessaire pour s'élever socialement, elle est de moins en moins suffisante. « *Pour beaucoup, la survie dépend aussi du "capital social" des parents, autrement dit de leurs relations.* »

**La solidarité familiale dont bénéficient parfois les jeunes générations peut conduire à une « impasse civilisationnelle ».** « *Sans le sédatif que représente l'aide substantielle que de nombreux parents attribuent de façon presque automatique à leurs enfants, la souffrance d'une partie des nouvelles générations n'aurait pu passer inaperçue* [...]. » Aidée même lorsqu'elle travaille, la nouvelle génération manque d'autonomie, alors que la génération précédente avait atteint la sienne grâce à un travail qui était davantage intégrateur. Les futures nouvelles générations ne pourront peut-être pas bénéficier d'une même aide. Pourtant, le déclin social de la jeunesse n'induit pas sa forte mobilisation : les jeunes ont cessé d'être les acteurs politiques déterminants qu'ils étaient dans les années 1960.

## C. Les classes moyennes sans projet d'avenir

**La faible croissance du pouvoir d'achat profite essentiellement, d'une part aux plus riches en patrimoine, d'autre part aux groupes sociaux les plus en difficulté.** Entre ces deux extrêmes, les revenus intermédiaires, tout particulièrement ceux du travail salarié, connaissent une quasi-stagnation. Ainsi, « *la vigoureuse dynamique de moyennisation repérable entre 1965 et 1985 est clairement suspendue depuis vingt ans* ».

**Le projet de moyennisation qui faisait l'adhésion du plus grand nombre dans la société n'existe plus.** En bas de l'échelle sociale, elle était un espoir de promotion ; en haut de l'échelle, elle constituait un filet de sécurité contre le déclassement social. « *Aux temps de l'expansion et de la moyennisation, le rapprochement tendanciel du plafond et du plancher promettait à chacun un sort proche de celui de la strate moyenne.* » La moyennisation pouvait s'apparenter à une prophétie autoréalisatrice : plus on y croyait et plus les politiques menées en assuraient la promotion, et de ce fait, plus la réalité sociale se rapprochait de cet idéal de moyennisation.

**Aujourd'hui, du fait des écarts à la moyenne croissants, la moyenne est socialement de moins en moins pertinente.** On assiste même à une certaine démoyennisation. « *Les représentations deviennent floues, divergent peu à peu. [...] S'il en résulte pour les autres catégories la perte d'un projet d'avenir, les classes moyennes, elles, sont en proie aux gesticulations paniques de la déroute.* »

Outre les inégalités sociales et les difficultés de la mobilité sociale, Louis Chauvel dénonce dans son ouvrage les inégalités entre générations qui mettent gravement en péril la cohésion sociale. « *En définitive, la crise actuelle des classes moyennes n'est pas simplement une panne de projet pour le reste de la société, c'est aussi le fait que le reste de la société, maintenant, le sait.* »

Il convient de rappeler, comme le fait l'auteur, que l'égalitarisme absolu est impossible : pour être moyennes, les classes intermédiaires exigent l'existence d'une hiérarchie sociale et donc la présence d'une certaine inégalité.

# 97 Logique de l'action collective

## Mancur Olson

Un des thèmes fondamentaux de la sociologie porte sur le comportement des groupes comparativement à celui des individus qui les composent. La question est de savoir si le groupe est doté d'une volonté et d'une conscience propres, au point d'élaborer une stratégie destinée à promouvoir ses intérêts. L'économiste et sociologue Mancur Olson apporte une réponse dans son ouvrage, publié initialement aux États-Unis en 1966, qui a été traduit et publié en France en 1978, puis en 1987 (PUF, 199 p.). Après une préface de Raymond Boudon, l'ouvrage développe la théorie de la logique de l'action collective. Celle-ci affirme qu'un groupe de personnes ne mène généralement pas l'action collective nécessaire à la défense de ses intérêts.

## 1) La logique de l'action collective

### A. La logique de l'action collective n'est pas réductible à la logique de l'action individuelle

**Quelles que soient leurs natures, les groupes ou les organisations ont pour objectif commun de défendre les intérêts de leurs membres.** « *On attend des syndicats ouvriers qu'ils essaient d'obtenir des salaires plus élevés et de meilleures conditions de travail pour leurs membres ; on attend des organisations de cultivateurs qu'elles essaient d'obtenir une législation favorable à leurs membres ; on attend des cartels qu'ils essaient d'obtenir des prix plus élevés pour les sociétés participantes ; on attend d'une compagnie qu'elle serve les intérêts de ses actionnaires ; on attend enfin de l'État qu'il serve l'intérêt commun de ses citoyens.* [...] »

**Un groupe d'individus ayant un intérêt commun et partageant un même objectif ne mène pas pour autant une action collective.** « *On tient généralement pour acquis, du moins l à où des objectifs économiques sont en jeu, que des groupes d'individus ayant des intérêts communs tentent d'ordinaire de les défendre.* » Pourtant, même si les membres d'un groupe ont un objectif commun, ils n'agiront pas ensemble pour atteindre cet objectif.
La théorie traditionnelle des groupes est de ce fait erronée. La source fondamentale de l'action collective n'est pas un penchant à former des groupes. Le groupe ne fonctionne pas non plus de façon autonome, guidé par un intérêt collectif à l'image de l'individu guidé par son intérêt particulier.

**L'action collective n'a pas lieu car chaque membre d'un groupe, en toute rationalité, n'a pas intérêt à y participer.** Il est convaincu que le succès de l'action ne dépend pas de sa participation, parce qu'il sait qu'elle est marginale. Il comprend d'autre part, qu'en cas de succès, il bénéficiera des avantages obtenus qu'il ait été actif ou pas. Il est donc encouragé à adopter un comportement de « *cavalier seul* » ou « *passager clandestin* » (*free rider*), il ne paie pas de « *ticket d'entrée* », il profite des résultats de la mobilisation sans aucun frais. Quel que soit le nombre des autres individus du groupe qui participent à l'action, il est plus rationnel de ne pas les suivre. En effet, à la différence de celui qui y participe, le gain éventuellement obtenu par le « *passager clandestin* » n'est jamais diminué d'un coût. Mais tous les membres d'un groupe partageant la même rationalité individuelle, aucune action n'est menée et l'intérêt commun n'est donc pas satisfait.

### B. La difficulté d'obtenir les « *biens collectifs* » ou « *biens publics* »

**La fonction d'un groupe ou d'une organisation est de procurer un avantage indivisible et général appelé « *bien public ou collectif* ».** « *Le bien public ou collectif* » (par exemple une réduction d'impôt) ne peut être obtenu que si l'action collective est menée avec succès. Puisqu'elle profite indistinctement à tous les membres du groupe, qu'ils aient été actifs, ou qu'ils se soient comportés comme « *passagers clandestins* », aucun membre du groupe ne se mobilise pour l'obtenir.

**Certains « *biens publics* » sont « *exclusifs* » alors que d'autres sont « *inclusifs* ».** Un groupe qui relève de l'économie de marché est « *exclusif* ». Par exemple, une entreprise aspire à ce que le nombre des entreprises concurrentes se réduise jusqu'à ce qu'elle reste seule dans le groupe : « [...] *son idéal est un idéal de monopole.* » Dans ce cas, « *le bien public* » des entreprises est de vendre au prix le plus élevé, il est « *exclusif* » car si l'une d'entre elles vend davantage à ce prix, d'autres entreprises vendront moins.

Dans un groupe ou dans une organisation qui ne relève pas de l'économie de marché, les aspirations de ses membres sont inverses, ils recherchent un « *bien public inclusif* » : « [...] *plus le nombre de ceux qui sont disposés à partager les coûts et les bénéfices est élevé, mieux c'est.* » Dans une certaine mesure, l'accroissement de la dimension du groupe permet de réduire les coûts moyens de chaque membre qui participe à l'action car « [...] *les coûts d'organisation par personne n'augmentent pas nécessairement avec la taille du groupe et on peut espérer des économies d'échelle dans l'organisation* ». Le « *bien public* » est « *inclusif* » car la quantité de biens collectifs obtenue est proportionnelle au nombre de membres du groupe.

## 2) Les facteurs permettant de rendre l'action collective possible

### A. L'action collective est fonction de la dimension du groupe

**Plusieurs facteurs distincts mais cumulatifs interdisent aux groupes les plus grands de se mobiliser pour servir leurs propres intérêts.** Tout d'abord, plus le groupe est grand, plus la fraction du bénéfice que reçoit chaque membre participant est réduite. De plus, le bien collectif éventuellement obtenu s'en trouve lui-même amoindri. Ensuite, plus le groupe est grand, plus il est vraisemblable qu'en cas de succès, chaque membre actif gagnera moins que ce que lui coûte sa participation. Enfin, plus les membres du groupe sont nombreux, plus les coûts de l'organisation s'élèvent au point d'accroître le coût supporté par chacun.

**Les petits groupes sont les plus efficaces.** Les membres du petit groupe sont plus facilement mobilisés car chacun recueille une part substantielle du gain total. « *Le petit groupe où un membre obtient une fraction du bénéfice total assez importante pour qu'il ait avantage à assumer seul le coût total plutôt que de se passer du bien, a de fortes chances d'obtenir le bien collectif.* »

**Les groupes inclusifs ne relevant pas d'une économie de marché se composent de trois catégories.** La première est celle des groupes « *privilégiés* » dans lesquels chaque membre peut avoir un intérêt tel, qu'il est prêt à en supporter la charge totale à lui seul. La deuxième est celle des grands groupes appelés groupes « *latents* » : « *rien ne pousse ces groupes importants, "latents", à agir en vue d'obtenir un bien collectif parce que, quelque utile que soit ce bien pour le groupe pris dans sa totalité, il ne représente pas pour l'individu un motif suffisant pour payer des redevances à une organisation travaillant dans l'intérêt du groupe latent, ou pour supporter sous quelque forme que ce soit une part des coûts qu'entraîne nécessairement une action collective.* » Un exemple extrême de groupe « latent » est celui des consommateurs qui sont incapables d'agir ensemble pour restreindre leurs achats afin de lutter contre l'inflation dont ils souffrent pourtant.

Entre les deux premières catégories, la troisième catégorie est celle des groupes « *intermédiaires* ».

## B. La coercition, les incitations sélectives ainsi que des motivations sociales peuvent encourager à agir collectivement

**La coercition peut contraindre les membres d'un groupe à agir pour l'obtention d'un bien collectif.** Un groupe « *latent mobilisé* » est un groupe sur lequel agit la coercition. Pour profiter du bien collectif, il est obligatoire que chacun ait payé la part qui lui est assignée. Ainsi l'État, afin d'assurer son fonctionnement dans l'intérêt de tous, contraint les contribuables à verser l'impôt.

« *Les conventions collectives, la guerre et les services publics fondamentaux ont ceci en commun que les "avantages" procurés par tous les trois reviennent à chacun dans les groupes respectifs qu'il ait ou non soutenu le syndicat, servi dans l'armée ou payé ses impôts. La contrainte intervient dans les trois cas et il ne peut en être autrement.* »

**La fourniture parallèle de biens individuels ou d'incitations sélectives peut favoriser la mobilisation des membres d'un groupe.** Il s'agit de convaincre des individus de participer à la réalisation du bien collectif et d'en supporter la charge en leur offrant en contrepartie des biens individuels dont ils ne bénéficieraient pas sinon. Un parti politique, par exemple, peut offrir des responsabilités ou des positions électives dans la vie politique.

**Des motivations telles que le statut social ou la pression sociale peuvent aussi être des facteurs incitatifs.** « [...] *l'individu rétif peut être mis au ban et celui qui coopère invité à entrer dans le cercle magique.* »

Des facteurs affectifs et idéologiques, comme l'altruisme ou le patriotisme, peuvent également entrer en jeu même si ce n'est que sporadiquement.

Le cas même d'une organisation poursuivant une action pour une cause perdue ou sans espoir, est concevable. Ce cas n'étant que marginal et isolé, il ne contredit pas la théorie de la logique de l'action collective.

## 3) Le syndicalisme illustre la logique de l'action collective

### A. Les difficultés de l'action syndicale

**Conformément à la logique de l'action collective, les taux de syndicalisation sont faibles.** Lorsque les syndicats ne fournissent que des biens collectifs qui, comme les augmentations de salaires, la réduction du temps de travail ou l'amélioration des conditions de travail, profitent à tous une fois que les revendications sont satisfaites, les salariés adhèrent difficilement ou s'engagent peu volontiers dans une action comme une grève. « *Un travailleur rationnel ne contribuera pas volontairement à un* [...] *syndicat fournissant un bien collectif puisqu'à lui seul il ne parviendra pas à accroître d'une manière perceptible le pouvoir du syndicat et puisqu'il profitera des avantages des succès remportés par le syndicat qu'il l'ait ou non appuyé.* »

**Pourtant les travailleurs ne sont pas hostiles aux syndicats.** Bien que les taux de syndicalisation et que le niveau de participation dans les syndicats soient faibles, les salariés reconnaissent la nécessité des syndicats. Ils ne mettent pas en cause le fait que les syndicats défendent l'intérêt commun, mais leur rationalité individuelle les incite à faire « *cavalier seul* ».

### B. Une action syndicale demeure possible

**Les syndicats se sont plus facilement créés lorsqu'ils étaient de petite taille, ils se sont maintenus grâce à des incitations sélectives et surtout en recourant à des mesures coercitives.** Il s'agit d'offrir par exemple des assurances, des avantages sociaux, des aides à l'emploi, une protection individuelle contre les abus de l'employeur. Il a pu être proposé parfois des droits à l'ancienneté pour les salariés syndiqués qui bénéficient alors de règles d'avancement plus avantageuses.

**La pratique du monopole d'embauche a fortifié les syndicats en rendant l'adhésion obligatoire.** « *En bref, les périodes pendant lesquelles les syndicats obtinrent de contrôler les emplois et les réservèrent aux membres des syndicats ne sont pas les périodes où les travailleurs avaient le plus de raisons de craindre le chômage.* » L'instauration de piquets de grève a pu contraindre les salariés à se mettre en grève. Certains critiquent la coercition que les syndicats exercent, alors qu'ils sont souvent eux-mêmes membres d'organisations professionnelles tout aussi contraignantes, comme l'ordre des médecins ou le barreau pour les avocats.

Cet ouvrage, qui présente de nombreuses références à des auteurs économistes ou sociologues, offre une analyse en termes de stratégie d'acteurs rationnels. Il est à noter que la lecture de la préface rédigée par Raymond Boudon fournit une explication simple, concise et pédagogique de la théorie de la logique de l'action collective développée par Mancur Olson.
Cette théorie peut apporter des éléments pertinents pour expliquer la tendance au déclin relatif de la mobilisation collective dans les sociétés industrielles actuelles. Cependant, elle comporte une limite importante en n'admettant pas l'analyse de la mobilisation collective par la construction d'identités collectives. Dans cette perspective, l'action collective s'expliquerait davantage par la cohésion culturelle d'un groupe que par ses enjeux.

# 98 Le creuset français

## Gérard Noiriel

Cet ouvrage (Le Seuil, 1988, 381 p.) s'interroge sur la place et le rôle de l'immigration dans la pensée et la société contemporaines. Œuvre scientifique par sa démarche et ses conclusions, l'approche de l'auteur est aussi militante : face aux préjugés xénophobes renaissant depuis les années soixante-dix, il convient de « dire le vrai » et de permettre à la science de contribuer à éclairer les débats actuels. Les six chapitres s'articulent schématiquement en trois moments : l'invention des catégories d'étrangers et d'immigrés, leur situation objective et subjective, la question de l'intégration.

## 1) Les conditions d'émergence des concepts d'« étranger » et d'« immigré »

### A. L'immigration : un objet délaissé par les sciences humaines

**Dans le domaine des sciences historiques en France, l'immigration a le statut d'un objet illégitime, à l'opposé des États-Unis.** Or, sur trois générations, « *l'impact de l'immigration est au moins aussi important en France qu'aux États-Unis* ». Sur le plan épistémologique, « *les historiens français ont intériorisé les catégories propres à la tradition positiviste des juristes français qui se réclame du contrat social et qui culmine avec la théorie de la "nation-personne"* ». Fernand Braudel n'échappe pas à la critique, victime de la « *philosophie de l'enracinement* ».

**Les modalités de la construction nationale dans les deux pays expliquent ce constat.** En effet, en France, l'immigration de masse intervient alors que la nation « *est déj à largement constituée* ». À l'opposé, « *dans le cas américain l'immigration est un phénomène précoce et la formation de la nation un phénomène inverse* ». De surcroît, en France, le processus centralisateur et unificateur empêche les immigrants de se constituer leurs propres lieux de mémoire. Le « *modèle* » d'intégration repose ainsi sur le paradoxe de l'achèvement de la nation, fondée sur la définition d'une « *identité nationale* », alors que le pays est obligé de recourir simultanément à l'immigration massive, qui a pour effet de bouleverser la composition de sa population initiale et de rendre la définition de cette identité problématique ; de plus, cette construction repose sur une « *contradiction propre à l'idéologie et à la pratique républicaine : respecter la tradition de générosité pour l'homme, mais l'empêcher de devenir un acteur politique en dehors des règles fixées par la nation* ».

**Les oscillations des orientations scientifiques sont liées au concept de « *nation* ».** La définition de J. Renan s'avère problématique : d'un côté, la nation est « *une âme* » transmise par les ancêtres ; de l'autre, elle est un principe spirituel, « *le désir clairement exprimé de continuer la vie commune* ». Dès lors, la réflexion intellectuelle a été « *structurée par l'opposition contrat/origine* ». Avec la crise des années soixante-dix, « *le balancier est à nouveau aujourd'hui du côté de l'origine, de l'ethnicité, de l'histoire* ».

## B. Le rôle de l'État : une spécificité française

**La définition juridique de l'étranger s'impose à la fin du XIX^e siècle.** La loi de 1889 est considérée comme le premier véritable Code de la nationalité. Dès lors, la frontière entre le national et l'étranger est clairement tracée : « *l'élasticité de la notion de "souveraineté nationale" permet de justifier l'exclusion des immigrés de toute forme d'expression collective* » ; les lois d'assistance sont réservées aux nationaux. Les conditions de naturalisation sont durcies et un clivage entre « *Français de souche* » et Français par acquisition s'instaure.

**Les étrangers sont soumis à un contrôle administratif et policier accru.** De la fin du XIX^e siècle à nos jours, on assiste à un processus ininterrompu de « *mise en carte* » : de la carte pour travailleurs étrangers (1893) à la carte obligatoire pour tout étranger (1917) avec photographie (1926), à la double carte (de travail et de séjour) après 1945. La « *rationalisation du travail de surveillance* » témoigne d'un nouvel état d'esprit : « *à l'a priori de la "tranquillité" a succédé celui du "suspect", du symptôme.* »

# 2) La situation objective et subjective des étrangers en France

## A. Une population « déracinée »

**Les flux d'immigration révèlent les caractères spécifiques de cette population.** On observe une constante surreprésentation du sexe masculin dans les classes d'âge les plus productives et une présence dans les secteurs d'activité « *qui sont refusés par les nationaux* ». Les vagues migratoires, liées « *aux cycles de l'activité économique du pays recruteur* », dépendent également des logiques sociales à l'œuvre dans les pays d'émigration : d'abord vécue comme temporaire pour soutenir la communauté d'origine, l'émigration devient définitive. Les soubresauts de la conjoncture politique internationale expliquent « *le flux et le reflux* » des réfugiés.

**L'expérience de l'immigration s'accompagne de ruptures matérielles et symboliques multiples.** Confronté à l'archaïsme du logement, victime du déracinement et de la solitude, l'immigré éprouve des difficultés de communication dans une langue peu ou non maîtrisée ; sa « *gestion du stigmate* » se manifeste par une pluralité d'attitudes allant de la révolte à l'hyper-conformisme et aux multiples jeux avec les apparences.

**Le regroupement permet d'échapper symboliquement aux conséquences de ces ruptures**, « *la recherche de "l'entre soi" étant le seul moyen de parvenir à constituer un îlot de sécurité et de relative tranquillité* ». Au sein de la communauté ainsi constituée, un ensemble de pratiques renforce le lien entre membres : émergence d'activités assurant la survie du groupe, retour au pays pendant les congés, échanges de lettres et transfert d'épargne, pratiques culinaires du pays d'origine, permanence du contrôle communautaire, développement de la vie associative.

## B. Crises, xénophobie et racisme

**La xénophobie et le racisme sont un phénomène historique récurrent.** Trois périodes en attestent : les années 1880, 1930 et 1980. Or, ce sont également trois moments de stabilisation de la population étrangère, « *à l'origine d'une nouvelle visibilité dans l'entreprise, dans le quartier, à l'école, à l'hôpital...* ». La proximité sociale entre étrangers et nationaux entraîne une « *xénophobie exacerbée* ». On dénonce pêle-mêle la concurrence entre travailleurs, « *les charges que représentent les étrangers dans les budgets d'assistance* », leur propension à la délinquance. Les procédés employés visent tous « *à stigmatiser l'étranger dans son apparence, et dans tous ses faits et gestes* ».

**Les luttes pour la reproduction des positions sociales sont un facteur explicatif essentiel.** Dans les milieux populaires, le chômage condamne à « *accepter les emplois dégradés* » autrefois abandonnés aux immigrés. Dans les « *classes moyennes* », la concurrence s'exerce entre petits commerçants et travailleurs étrangers licenciés qui « *tentent un refuge dans le petit commerce* ». Dans la classe dominante, la thématique xénophobe est utilisée « *comme élément stratégique dans des luttes purement internes* » au sein des fractions politiques ou intellectuelles (affaire Dreyfus) mais elle s'accompagne également de l'exclusion des étrangers des professions « *libérales* » (juristes et médecins) dans l'entre-deux-guerres. Aujourd'hui, la concurrence au sein du système scolaire conduit « *au processus de relégation des enfants d'immigrés dans les secteurs les plus dominés du marché du travail* ».

**Deux autres facteurs explicatifs peuvent être avancés.** Le premier « *est lié à la difficile question des "appartenances"* » : dans les périodes d'incertitude, « *l'étranger est ressenti comme une menace pour le groupe enraciné* », incarnation des mutations à l'origine de la crise d'identité que traversent divers groupes sociaux. La deuxième explication « *tient aux conditions de "production" de la xénophobie* » : fondé sur la répétition, le discours xénophobe suscite des automatismes de pensée, relayés par la presse.

# 3) Intégration et assimilation

## A. L'intégration des immigrés est un processus complexe

**La stabilisation de la première génération d'immigrés est attestée par de multiples indicateurs.** Le désinvestissement vis-à-vis du pays d'origine se traduit par un fléchissement des transferts monétaires, par la modification de l'aménagement intérieur de l'habitat, de plus en plus conforme aux standards du pays d'accueil, par « *une reconversion des centres d'intérêt* » qui s'accompagne d'un investissement plus grand dans l'univers professionnel, par la croissance des mariages mixtes et des naturalisations.

**Les expériences de la deuxième génération restent marquées par une tension identitaire.** Le terme de « *deuxième génération* » désigne « *le processus sociologique par lequel des individus sont soumis à des formes contradictoires de socialisation* ». Le discours familial vise à légitimer la migration et à enclencher un processus de « *réhabilitation de soi devant des enfants qui voient bien que les normes de la société d'accueil dévalorisent en permanence leur famille* ». Renforcée par l'école, la « *honte de soi* » et les mécanismes de défense qui y sont associés se fixent dans l'identité personnelle et se prolongent dans la vie adulte par la dénégation de ses origines. À l'encontre des thèses qui proclament l'émergence de revendications identitaires et/ou une résistance à l'assimilation, l'analyse historique et les rares statistiques « *prouvent en effet un recul de tous les éléments identitaires de la deuxième à la troisième génération* ».

## B. Les apports de l'immigration à la France

**L'immigration a joué un rôle essentiel dans l'industrialisation et la croissance française.** L'antériorité de la démocratie sur l'industrialisation, accompagnée par la permanence d'un secteur agricole important, explique les concessions des élus républicains au monde agricole (lois Méline). Dans ce cadre, le rôle de l'immigration est essentiel pour l'industrie : « *du Second Empire à nos jours, le marché du travail est alimenté régulièrement par des effectifs étrangers qu'on peut évaluer à 10 ou 15 % de la classe ouvrière.* » Cette population, orientée vers les secteurs moteurs, est appréciée pour sa flexibilité et son faible coût.

**Les influences de l'immigration sont également observables dans d'autres domaines.** Outre son rôle dans la croissance démographique, on peut citer de nombreux cas « *d'hommes illustres* » d'origine étrangère. Ces personnalités du monde politique, scientifique, culturel ou sportif ont contribué à façonner la culture française, influençant sa langue, la religion, la politique.

## C. La question de l'intégration est indissociable de l'histoire sociale du phénomène national

**Pour G. Noiriel, la question de l'intégration ne se réduit pas à la question des étrangers** ; elle se pose pour l'ensemble de la population. Considérant que l'intégration n'est qu'un « *euphémisme pour désigner l'assimilation sociale* », il souligne que « *le processus assimilateur est un problème fondamental des sociétés contemporaines auquel n'échappe aucun groupe social parce que c'est un processus historique* ».

**L'intégration est un processus social aux multiples dimensions.** Prolongeant les analyses de M. Mauss, on peut observer que la construction nationale repose sur le développement des instances d'inculcation étatiques telles que l'armée ou l'école et la centralisation de la vie sociale « *qui favorise l'uniformisation des individus* ». Si, comme le souligne Durkheim, l'intégration s'accompagne d'un processus d'abstraction (concept de nation), il faut qu'il « *existe des relais dans l'univers concret des individus* » : il s'agit donc de promouvoir de « *nouveaux groupes intermédiaires* » pour « *inventer de nouveaux types de solidarité organique* ».

Bien qu'historien, G. Noiriel puise dans les analyses sociologiques pour expliquer l'évolution du statut des immigrés et le regard porté sur cette population par les contemporains. Il milite ainsi pour une histoire sociale dont la finalité est toujours d'éclairer le présent et d'éviter de prendre pour des nouveautés ce qui n'est qu'ignorance du passé. Interdisciplinarité et engagement affleurent tout au long d'une démonstration qui permet de comprendre et de combattre les lieux communs, savants ou non.

# 99 Défection et prise de parole

## Albert O. Hirschman

Comment comprendre le changement social ? Il semble pertinent de postuler que les acteurs disposent d'une marge d'autonomie dans leurs décisions. Cette hypothèse ne doit pas conduire à refuser toute possibilité de prédiction. Une modélisation minimum des situations de choix peut permettre une meilleure maîtrise des changements sociaux. Albert Hirschman, dans ce livre initialement publié sous le titre *Face au déclin* des entreprises et des institutions (Éditions ouvrières, 1972) développe un modèle qui repose sur l'antinomie défection / prise de parole dont la fécondité pour étudier les processus de changements sociaux semble démontrée.

## 1) Le modèle défection /prise de parole (*exit /voice*)

### A. La problématique

**A. Hirschman cherche à expliquer l'équilibre du système économique et social**. Il s'inscrit dans le projet des sciences sociales qui tend à « *la recherche de principes et de forces qui sont au fondement de l'ordre ou, pour employer un terme plus ambitieux et plus "scientifique", de l'équilibre du système économique, social et politique* » et dans le paradigme de l'acteur social rationnel qui compare les avantages et les coûts de ses conduites.

**Il cherche aussi à clarifier les conditions de développement d'une économie** : « *Il importe moins, pour promouvoir* [le développement], *de trouver des combinaisons optimales de ressources et de facteurs de production donnés que de faire apparaître et de mobiliser des ressources et des capacités cachées, éparpillées ou mal utilisées.* » Face à des situations où les agents économiques n'agissent pas au mieux de leurs capacités, il existe deux grandes formes de contestation et/ou deux formes principales d'action : la « *défection* » (exit) et la « *prise de parole* » (voice).

### B. La défection

**La défection conduit à « *l'abandon de la relation dans laquelle on intervient en tant qu'acheteur d'une marchandise ou en tant que membre d'une organisation, que ce soit une entreprise, une famille, un parti politique ou un État* »**. Pour l'analyse économique, la défection est une des formes que prend la concurrence pour contraindre les agents à changer leurs comportements : « *Le consommateur qui, mécontent du produit d'une firme, se tourne vers le produit d'une autre utilise le marché pour défendre son bien-être et améliorer sa position ; du même coup, il déclenche les forces du marché qui peuvent amener la firme à redresser le niveau de performance qu'elle avait laissé fléchir.* » L'économie de marché favorise cette solution, moins coûteuse et plus individuelle. Elle est la stratégie privilégiée par les libéraux. La défection s'applique aussi au politique et au social. Il est possible de rompre la relation avec le pouvoir établi par le vote ou l'exil et/ou de quitter un groupe social et une organisation.

**Une défection trop massive entraîne des effets pervers.** Une entreprise, qui connaît des difficultés temporaires, ne résistera pas à une fuite massive et rapide de ses clients. Le départ des familles plus aisées des écoles ou des quartiers « à problèmes » ne fait qu'empirer la situation. L'exil des individus qualifiés prive l'économie d'un facteur de croissance incontesté. Ces changements négatifs ont d'autant plus de chances de se réaliser que la défection est d'abord le fait des acteurs les plus vigilants, les mieux informés et les plus capables d'opérer un redressement et/ou d'indiquer des solutions. On comprend ainsi pourquoi une défection trop vive aggrave le désordre, les inégalités, sans permettre un retour à une « marche normale ». Par ailleurs, créer les possibilités de défection est une stratégie possible développée par certaines élites pour prévenir les contestations, empêcher la prise de parole, et donc résister au changement.

### C. La prise de parole

**La prise de parole représente « *toute tentative visant à modifier un état de fait jugé insatisfaisant, que ce soit en adressant des pétitions individuelles ou collectives à la direction en place, en faisant appel à une instance supérieure ayant barre sur la direction ou en ayant recours à divers types d'actions, notamment ceux qui ont pour but de mobiliser l'opinion publique* ».** La prise de parole, par ses caractéristiques, s'oppose à la défection : moins nette, impliquant un engagement personnel... Elle correspond aux situations où l'individu cherche à changer l'état des faits « *de l'intérieur* ». Elle est associée souvent à l'action « politique » et s'oppose ainsi aux « forces du marché ».

**La prise de parole apparaît comme un « *résidu* » ou un complément de la défection.** Plus coûteuse, financièrement et psychologiquement, elle est aussi plus difficile à mettre en œuvre, A. Hirschman parle d'« *art* » de la prise de parole. Elle est souvent le fait d'agents qui disposent de ressources matérielles et/ou culturelles. Elle peut être pourtant la seule stratégie possible de contestation au sein de certaines organisations : famille, Église, nation... car dans certaines situations (groupes primaires ou monopoles économiques et politiques), c'est la défection qui se révèle la solution la plus coûteuse en l'absence de solution alternative immédiate. Comme la défection, au-del à d'un certain seuil de contestation, elle devient sans effet en mettant en cause les fondements mêmes de l'organisation et/ou de l'institution visées.

## 2) Les conditions d'application du modèle

### A. L'alliance de la défection et de la prise de parole

**Dans la réalité, ces stratégies ne s'opposent pas nécessairement.** La possibilité de faire défection renforce le poids de la prise de parole. Au sein des organisations et des institutions, des agents, disposant d'une certaine importance, utiliseront la menace de défection pour donner plus de force à la critique. Toutefois, les possibilités de défection affaiblissent la prise de parole. A. Hirschman analyse le cas des chemins de fer nigérians. En dépit d'une concurrence active de la part des transports routiers, l'administration des chemins de fer s'était avérée incapable, sur une longue période, de remédier aux dysfonctionnements. Ainsi, « *le fait que les usagers aient la possibilité de se procurer aisément des services équivalents à ceux que fournit l'entreprise publique, loin d'inciter celle-ci à améliorer ses performances, la prive au contraire d'un précieux moyen d'information dont les effets sont beaucoup mieux* *lorsque les clients n'ont aucun moyen de s'échapper* ». Cette proposition donne lieu à de nombreux autres exemples.

**La loyauté ou le loyalisme (*loyalty*) est définie par les réticences ressenties à quitter une organisation ou une situation même en cas de désaccord**. Une loyauté minimum est nécessaire pour neutraliser, dans une certaine mesure, la tendance à faire défection qui caractérise les consommateurs et les membres d'une organisation les plus attachés à changer la situation. « *On peut donc dire qu'en règle générale, le loyalisme freine la défection et favorise la prise de parole.* » Il est possible de donner un fondement rationnel à ce loyalisme. Les agents peuvent prendre conscience des effets pervers liés à des stratégies de défection systématique. Cependant, la loyauté peut se transformer en apathie. On peut ne pas partir ou ne pas protester par résignation ou par passivité. Par ailleurs, le loyalisme apparaît plus constructif lorsque les organisations rivales sont proches : clubs, équipes sportives... Cette proximité fait que la défection est peu coûteuse pour les agents mais très dangereuse pour l'organisation. A. Hirschman énonce alors le paradoxe suivant : « *le loyalisme le plus fonctionnel est celui qui est le moins rationnel, celui qui se traduit par un fort attachement à l'égard d'une organisation qui ne semble guère appeler un tel sentiment dans la mesure où elle se distingue à peine d'une autre organisation voisine.* »

## B. L'étude des freins au changement social

**Le modèle éclaire certains obstacles au changement**. La concurrence, sous la forme de la défection peut donc avoir des conséquences paradoxales en débarrassant une organisation des membres les plus revendicatifs. A. Hirschman parle de « *monopole indolent* » : « *On voit ainsi se profiler une forme spéciale de monopole et de tyrannie qui se rencontre fréquemment, mais qui passe le plus souvent inaperçue : il s'agit d'une forme mitigée, caractérisée par l'oppression des faibles par les incapables et par l'exploitation des pauvres par les paresseux, tyrannie d'autant plus durable et paralysante qu'elle est dénuée d'ambition et que chacun a toujours la possibilité d'échapper à son emprise.* » Cette problématique peut s'appliquer à toute situation de domination d'une autre façon.

**À l'échelle d'une société, la mobilité sociale ascendante, forme de défection, maintient le système de domination**. Les groupes dominés perdent leurs élites qui choisissent des stratégies individuelles de mobilité sociale. Cependant, l'absence de mobilité peut réduire la vigueur de la protestation.

**La concurrence étrangère, créant des possibilités de défection pour les consommateurs, peut entraver le développement d'une économie**. L'arrivée sur le marché d'entreprises étrangères proposant des produits à un prix inférieur et/ou à une qualité supérieure peut détourner les consommateurs des produits nationaux et ainsi nuire à l'économie ; cet argument légitime, pour les économistes, la protection des industries naissantes. Cependant, le prolongement excessif de la protection réduit aussi les possibilités de changement.

## C. La mise en œuvre du changement social

**La prise de parole et la défection sont deux stratégies de changement qui demandent de l'énergie : le recours exclusif à l'une des deux laisse de côté un potentiel d'innovations inexploité**. Les institutions et les règles sociales doivent chercher une harmonie entre les deux formes de stratégies. La reconnaissance légale des syndicats, des associations et de certaines formes d'actions : grèves, boycott… (formes de défection) permet de prendre en compte les attentes des individus et des groupes (prise de parole) et ainsi de réduire l'absentéisme, l'abstention, le retrait (formes de défection).

**L'État, dans une société démocratique, se trouve confronté à certains dilemmes.** Hirschman évoque la concurrence entre l'enseignement privé et l'enseignement public aux États-Unis. La possibilité de défection et l'ampleur des stratégies de défection dans certaines villes ont entraîné une dégradation forte de l'enseignement public. Cet exemple possède une valeur de paradigme pour les sociétés dans lesquelles les décisions sont décentralisées. Comment freiner des processus sociaux qui génèrent des maux collectifs sans entraver la liberté des individus et des familles ?

Le modèle d'A. Hirschman demeure exemplaire pour les sciences sociales par sa simplicité, mais aussi par sa complexité.

C'est en effet un modèle simple. Il met en jeu des concepts comme la défection et la prise de parole qui renvoient à des situations aisément compréhensibles. Il s'applique à de nombreuses situations et à des niveaux de généralité différents. Il est mis en œuvre comme un jeu de mécano, l'analyse peut être complexifiée de façon progressive. Il possède une fonction explicative mais aussi une fonction d'aide à la décision. Ses conclusions demeurent ouvertes : il s'agit de créer les conditions qui favorisent la négociation.

Cependant, le modèle devient assez rapidement complexe. Par exemple, une action comme une grève ne peut être assimilée à la seule défection, elle se décompose en une multitude d'actions qui se manifestent à la fois comme des défections mais aussi comme des prises de parole. Par ailleurs, A. Hirschman se trouve dans l'obligation d'ajouter des concepts comme celui de loyalisme pour rendre compte des situations analysées. Seulement, ce concept semble plus difficile à cerner ; il renvoie dans cet ouvrage à des situations opposées : passivité et retrait ou activité et mobilisation critique.

# 100 La communauté des citoyens

## *Sur l'idée moderne de nation*

## Dominique Schnapper

Cet ouvrage (Gallimard, 1994, 228 p.) est né de la volonté de la sociologue Schnapper de réhabiliter la nation qui est minée par l'extension des relations économiques. Or, la nation reste, nous dit l'auteur, le seul processus capable d'intégrer des individus sur une base démocratique et égalitaire.

Le premier chapitre de ce livre est tout entier consacré à la distinction opérée par l'auteur entre ethnie, nation et État. Les principes de fonctionnement de la nation sont étudiés au cours des trois chapitres suivants. Cela amène l'auteur à rejeter l'opposition pourtant classique entre deux idées de la nation (nation-volonté contre nation-culture) dans son cinquième chapitre.

### 1) Ethnie, nation et État

#### A. L'ethnie est une communauté

**L'ethnie est un groupe humain unifié par une culture et une histoire**. Les ethnies sont des groupes sociaux dont les membres ont le sentiment d'avoir la même culture et la même histoire. C'est un groupe d'appartenance. Ce terme est fréquemment utilisé par les sociologues américains qui désignent ainsi aussi bien les Noirs, les Irlando-Américains, les Italo-Américains, les Juifs que les Indiens.

**Les ethnies ne sont pas naturelles**. Elles sont « *les produits d'une situation politique* ». Un exemple d'actualité nous est donné par la « *communauté musulmane* » de Bosnie-Herzégovine qui a été créée de toutes pièces en 1968 quand le maréchal Tito a doté des personnes partageant une même religion de droits spécifiques afin de conforter son pouvoir en divisant la population de la Yougoslavie.

#### B. La nation est une communauté de citoyens

**La nation n'est pas seulement une unité politique**. On a souvent confondu la nation avec une unité politique dont la souveraineté est reconnue par les autres unités politiques. Dans cette optique, la France est une nation puisque son autorité à l'intérieur de son territoire est reconnue par les autres nations. Mais une telle définition méconnaît ce qui fait la spécificité de la nation moderne.

**La nation rassemble des citoyens**. L'originalité de la nation telle que la conçoit D. Schnapper est qu'elle « *intègre les populations en une communauté de citoyens* ». En tant que citoyens, les membres de la nation renoncent à leurs spécificités et acceptent de participer au jeu démocratique sur la base de l'égalité de tous. La nation est donc une forme « *d'organisation politique liée au processus démocratique* ». Outre qu'elle favorise la vie démocratique, la nation accorde à chacun de ses membres un même statut politique. Elle « *intègre les populations en une communauté de citoyens, dont l'existence légitime l'action intérieure et extérieure de l'État* ».

**Les ethnies ne sont donc pas des nations.** C'est une erreur que de qualifier de nation une ethnie puisqu'elle n'est pas dotée d'une organisation politique. Pas plus que la communauté de langue allemande à l'orée du XIXe siècle, les Indiens d'Amérique aujourd'hui ne forment des nations : il manquait à la première, il manque toujours aux seconds un État symbole et instrument de l'organisation politique.

**La nation ne doit pas être confondue avec le nationalisme.** Le nationalisme est d'abord la revendication d'une ethnie à être reconnue comme une nation. Les conflits qui ont déchiré l'ex-Yougoslavie sont l'illustration de ce phénomène. C'est ensuite l'affirmation de la puissance d'une nation déj à constituée. Le nationalisme va alors de pair avec la toute-puissance de l'État qui a, au préalable, réduit la vie démocratique, c'est-à-dire la nation.

### C. L'État est l'instrument de la nation

**L'État est un instrument d'intégration interne.** L'État est « *l'ensemble des instruments et des moyens de contrôle et de coercition* ». Il a pour fonction « *d'intégrer les populations par la citoyenneté* ». En acceptant d'élire des représentants, les individus acceptent une règle du jeu fondée sur l'égalité des citoyens.

**L'État est l'instrument de la puissance externe de la nation.** L'affirmation de la puissance de la nation à l'encontre des autres unités politiques concourt également à l'intégration interne. En effet, « *les guerres ravivent les sentiments qui unissent les individus à la collectivité ethnique ou nationale* ». Les deux domaines de l'intervention de l'État sont donc inséparables.

## 2) Les principes de fonctionnement de la nation

### A. L'invention du politique

**La nation est un projet politique.** L'auteur refuse catégoriquement de définir la nation à partir d'une réalité « objective » qui serait la race, la culture, la religion, etc. La conception défendue par Renan (la nation est un plébiscite de tous les jours) présente l'avantage de rompre avec cette conception objective de la nation mais néglige les conditions historiques de la constitution des nations. Définir la nation comme un « *projet politique* » permet « *de rendre compte de la tension entre le projet universaliste de la citoyenneté et la réalité concrète des particularismes nationaux* ».

**La nation est donc le produit de l'universalisme et de l'histoire.** Il revient à la Grande-Bretagne d'avoir « *inventé la liberté et le parlementarisme* » au cours du XVIIIe siècle. Les Américains, de leur côté, ont « *inventé la démocratie* » avec l'élection de représentants politiques entre 1776 et 1787. La France, quant à elle, revendique « *l'invention de la nation* » avec l'irruption conjointe d'une citoyenneté basée sur un principe universel et du patriotisme à l'occasion de la révolution de 1789.

**On ne peut pas séparer nationalité et citoyenneté.** La nation est une « *réalité sociale, concrètement inscrite dans le temps et l'espace* ». On ne peut donc pas séparer le principe de la citoyenneté d'avec ses conditions objectives et subjectives d'existence. C'est pourquoi les projets de citoyenneté post-nationale ou supranationale ne sont pas viables. S'il est intellectuellement possible de concevoir une citoyenneté supranationale (dans le cadre européen par exemple), elle est politiquement impossible à réaliser faute d'institutions, de culture, d'histoire et de sentiments européens.

### B. La transcendance par la citoyenneté

**Un citoyen est une personne qui possède des droits.** Dans les sociétés modernes, la citoyenneté est universelle : tous les individus sont dotés de droits dont ceux d'élire et d'être élus. Dans ces conditions, la démocratie est nécessairement représentative.

**La citoyenneté permet de transcender les particularismes.** Le principe de base de la citoyenneté étant l'égalité, la citoyenneté permet de dépasser les inégalités de statut qui existent dans le domaine économique et les différences culturelles. Elle permet à tous les individus, quelles que soient leurs appartenances sociales, de s'intégrer dans la société alors que ce processus est difficile dans le domaine économique en raison des inégalités de statut.

### C. La création de la nation

**Les nations les plus solides ont une base ethnique.** Les nations se sont généralement formées sur un territoire reconnu comme étant celui d'une ethnie unique. Cela assure une certaine solidité à la nation. Mais il existe des exceptions : la Fédération canadienne, la Belgique, la Suisse sont des nations regroupant plusieurs ethnies.

**Les nations les plus abouties ont fait de la laïcité un principe.** Car les sociétés modernes ne peuvent plus se chercher une origine extérieure à elle-même. Dès lors, « *c'est le politique et non plus le religieux qui assure le lien social* ». Même dans les pays ne faisant pas référence implicitement à la laïcité comme les États-Unis ou la Grande-Bretagne, la laïcité s'est imposée de fait. En Israël, par contre, les tentatives faites pour séparer la religion de l'État ont échoué.

**La nation s'incarne dans des institutions.** Les partis politiques sont des acteurs de la démocratie. Ils « *donnent à la vie démocratique sa forme concrète, en institutionnalisant et en régulant les conflits qui opposent les groupes réels* ». L'école participe à la création du sentiment national : elle est « *l'institution de la nation par excellence* ». L'État-providence permet de réduire les inégalités de revenu, de limiter l'exclusion économique et sociale et rend possible la participation de tous à la vie politique.

## 3) Il n'existe qu'une seule idée de nation

### A. La fausse opposition entre nation-contrat et nation-culture

**L'Europe de l'Ouest et de l'Est ont des traditions historiques différentes.** À l'Ouest, l'unité politique a été réalisée bien avant le développement des nationalismes du XIX^e^ siècle. À l'Est, au contraire, l'unité politique ne s'est faite qu'au XIX^e^ siècle à l'image de l'Allemagne qui n'a achevé sa formation qu'après 1870. Les revendications de ce peuple à l'indépendance ont donc emprunté aux nationalismes de l'époque.

**Elles ont développé deux idéologies différentes.** À l'Ouest et, en particulier en France du fait de la Révolution, la conception de la nation était « *politique, individualiste, rationnelle et volontariste* ». C'est la théorie de la nation-contrat développée par Renan. En Allemagne, la conception de la nation était, au contraire, « *fondée sur la communauté d'un peuple originel* ». On retrouve ici la théorie de la nation-culture.

## B. La nation est unique mais elle est en crise

**Il n'existe pourtant qu'une seule idée de nation.** Si l'on accepte de caractériser la nation démocratique par la volonté de transcender les particularismes sociaux par la citoyenneté, il faut accepter, avec D. Schnapper, « *qu'il n'existe pas deux idées de nation mais une seule, inégalement et différemment accomplie* ». La nation française constitue, pour l'auteur, l'exemple le plus abouti de ce qu'est une nation.

**La nation est un projet politique en crise.** Ce projet est affaibli par la concurrence et l'hégémonie de l'économique qui propose un modèle d'individu-consommateur sans doute plus attrayant que celui de l'individu-citoyen. Il est également sapé par l'internationalisation des économies qui limite les possibilités d'action des citoyens français sur leur propre environnement économique et social. Les inégalités sociales sont donc plus affirmées et l'intégration des individus dans la société plus difficile.

L'ouvrage de Dominique Schnapper présente un double intérêt : celui de nous rappeler que la société moderne est une démocratie avant d'être une économie de marché ; celui de renouveler l'analyse française de la nation en cherchant à dépasser l'opposition entre deux conceptions : l'une objective (nation-culture) et l'autre subjective (nation-volonté). Le prix accordé par l'Assemblée nationale pour cet ouvrage est donc pleinement mérité. On pourrait pourtant regretter l'absence d'une réflexion sur la coupure qui traverse le politique (celle qui sépare gouvernants et gouvernés) et donc d'une théorie de la bureaucratie. L'Assemblée nationale ne lui en a pas tenu rigueur.

# Notices biographiques

*Chaque notice est suivie de titres d'ouvrages représentatifs de l'œuvre de leur auteur. Les titres faisant l'objet d'une fiche de lecture sont signalés par un astérisque.*

**AGHION Philippe**

Ph. Aghion est un économiste français, spécialisé dans les théories de la croissance et de l'innovation. Il est professeur au Collège de France depuis 2015.

*L'économie de la croissance*, 2010

*Changer de modèle*, 2014*

**AGLIETTA Michel**

Économiste français, M. Aglietta est un des représentants de l'école de la régulation.

*Régulation et crises du capitalisme*, 1976*

*La globalisation financière : l'aventure obligée*, avec A. Brender et V. Coudert, 1990*

**ALBERT Michel**

Économiste français, M. Albert (1930-2015) a été commissaire général au plan et président des AGF ; il est membre de l'Académie française depuis 1994.

*Le pari français*, 1982

*Capitalisme contre capitalisme*, 1991*

*Regards croisés sur l'Europe*, 2005

**AMIN Samir**

Économiste d'origine égyptienne, S. Amin (1931-2018) étudie les problèmes du sous-développement dans une perspective marxiste.

*L'accumulation à l'échelle mondiale*, 1970

*L'échange inégal et la loi de la valeur*, 1973*

**ANDREFF Wladimir**

Économiste français, W. Andreff est un spécialiste de l'économie internationale et des firmes multinationales en particulier.

*Profits et structures du capitalisme mondial*, 1976

*Les multinationales globales*, 1996*

**ARIÈS Philippe**

Historien français, Ph. Ariès (1914-1984) est un auteur critique vis-à-vis de la modernité.

*L'enfant et la vie familiale sous l'Ancien Régime*, 1960*

*L'homme devant la mort*, 1977

**BADINTER Élisabeth**

Élisabeth Badinter, née en 1944, est une écrivaine, philosophe féministe française. Agrégée de philosophie, elle est spécialiste du siècle des Lumières et fut maître de conférences à l'École polytechnique.

Fille du publicitaire Marcel Bleustein-Blanchet, elle est également connue comme l'épouse de Robert Badinter (avocat, essayiste et homme politique français, Garde des Sceaux entre de 1981 à 1986, président du Conseil constitutionnel).

*L'Amour en plus : histoire de l'amour maternel (XVIIIe au XXe siècles)*, 1981

*Émilie, Émilie, L'ambition féminine au XVIIIe siècle*, 1983

*L'un est l'autre*, 1986

*Condorcet. Un intellectuel en politique*, 1988

*Thomas, Diderot, Madame d'Épinay : Qu'est-ce qu'une femme ?*, débat préfacé par É. Badinter, 1989

*XY, de l'identité masculine*, 1992 (réédité en 2001)*

*Fausse route : réflexions sur 30 années de féminisme*, 2003

**BAIROCH Paul**

Économiste et historien, P. Bairoch (1930-1999) est professeur à l'Université de Genève. Il considère que la colonisation fut fortement préjudiciable aux pays du tiers monde et que, contrairement à ce que l'on croit généralement, le libre-échange n'est profitable qu'aux pays en position hégémonique.

*Le tiers monde dans l'impasse*, 1971*

*Mythes et paradoxes de l'histoire économique*, 1994*

**BAUDRILLARD Jean**

Sociologue français, J. Baudrillard (1929-2007) pense que les individus échangent principalement des signes et que toutes les activités humaines sont l'occasion de cet échange.

*Le système des objets*, 1968

*La société de consommation*, 1970*

**BEAUD Stéphane**

Né en 1958, S. Beaud est maître de conférence en sociologie à l'Université de Nantes. Il est connu pour ses travaux sur l'évolution du monde ouvrier et sur celle de l'école et de son public.

*Retour sur la condition ouvrière*, avec M. Pialoux, Fayard, 1999*

*80 % au bac. Et après ?... les enfants de la démocratisation*, 2002

**BECKER Howard S.**

Sociologue américain, H. S. Becker est l'un des représentants du courant de la sociologie américaine connu sous le nom « d'école de Chicago », puis « d'interactionnisme symbolique ». Sa théorie sur la déviance est parfois qualifiée de « théorie de l'étiquetage ».

*Outsiders*, 1963*

**BHAGWATI Jagdish**

Économiste libéral, Jagdish Bhagwati s'intéresse aux questions relevant de l'économie internationale. Il promeut avec force les thèses libre-échangistes, mais s'oppose à la libre circulation des capitaux qu'il juge déstabilisatrice.

*Protectionnisme*, 1988

*Éloge du libre échange*, 2005*

**BOSERUP Ester**

Professeur à l'Institut du développement de Copenhague, E. Boserup (1910-1999) est connue pour ses thèses anti-malthusiennes. Ses travaux portent principalement sur laplace et le rôle des femmes dans le développement des pays du tiers monde.

*Évolution agraire et pression démographique*, 1965*

*La femme face au développement économique*, 1983

**BOUDON Raymond**

Sociologue français, R. Boudon (1934-2013) est le représentant majeur, en France, du courant de « l'individualisme méthodologique » qui considère que les individus sont rationnels.

*L'inégalité des chances*, 1973*

*La logique du social*, 1983*

**BOURDIEU Pierre**

Sociologue français, professeur au Collège de France, P. Bourdieu (1930-2002) est le fondateur de l'approche sociologique dénommée « structuralisme génétique » ou « structuralisme critique ».

*Les héritiers*, 1964

*La reproduction*, avec J.-C. Passeron, 1970*

*La distinction*, 1979*

*La misère du monde*, 1993

**BRAUDEL Fernand**

Historien français, F. Braudel (1902-1985) dirige la revue des Annales à partir de 1946, devient professeur au Collège de France en 1949 et est nommé en 1956 président d'une section de l'École pratique des hautes études, qui devient sous son influence l'École des Hautes Études en Sciences Sociales. Il est élu en 1984 à l'Académie française. L'influence de Braudel est très grande car il a su dépasser la simple description historique en montrant l'importance de nombreux facteurs dans l'évolution historique.

*La Méditerranée et le monde méditerranéen à l'époque de Philippe II*, 1949

*Civilisation matérielle, économie et capitalisme, XVI-XVIII^e siècles*, 1979*

*L'identité de la France*, 1986

**BRENDER Anton**

Économiste français, A. Brender étudie particulièrement les effets de la mondialisation.

*La globalisation financière : l'aventure obligée*, avec M. Aglietta et V. Coudert, 1990*

*L'impératif de solidarité*, 1997*

*Les déséquilibres financiers*, avec F. Pisars, 2007

**BUCHANAN James**

Économiste américain néolibéral, J. Buchanan (1919-2013) a reçu le prix Nobel d'économie en 1986. Il est, avec Gordon Tullock, le fondateur de l'école des choix publics (ou *Public choice*) qui met l'accent sur les dysfonctionnements de l'intervention publique.

*The Calculus of Consent*, avec G. Tullock, 1962

*Les limites de la liberté*, 1975*

## CAHUC Pierre

Économiste français dont les travaux portent sur l'économie du travail. Il a reçu le prix du meilleur jeune économiste décerné par *Le Monde* et *Le Cercle des économistes* en 2001.

*Le chômage, fatalité ou nécessité ?*, avec André Zylberberg, 2004*

*La société de défiance : le modèle social français s'autodétruit*, avec Yann Algan, 2007

## CARRÈRE D'ENCAUSSE Hélène

Historienne française, H. Carrère d'Encausse est spécialiste des pays d'Europe de l'Est. Elle a reçu en 1987 le prix Louise Weiss pour l'ensemble de son œuvre. Elle a été élue à l'Académie française en 1990.

*L'empire éclaté*, 1978

*Le pouvoir confisqué*, 1980

*La gloire des Nations, ou la fin de l'empire soviétique*, 1991*

## CASTEL Robert

Sociologue français, R. Castel (1933-2013) étudie plus particulièrement les formes de l'exclusion sociale.

*Les métamorphoses de la question sociale*, 1995*

## CETTE Gilbert

Cette est un économiste français, spécialisé sur les questions de productivité et de marché du travail.

*Productivité et croissance en Europe et aux États-Unis*, 2007

*Changer de modèle*, 2014*

## CHAUVEL Louis

Louis Chauvel, né en 1967, est sociologue. Professeur à l'IEP de Paris (Sicences-Po), il est également chercheur à l'Observatoire des conjonctures économiques (OFCE) et à l'Observatoire sociologique du changement (OSC) ; il est aussi membre de l'Institut universitaire de France. Il est spécialiste des inégalités, des classes sociales, et des dynamiques générationnelles.

*Le destin des générations. Structure sociale et cohortes en France au XX^e^ siècle*, 2002

*Les classes moyennes à la dérive*, 2006*

## COHEN Élie

Économiste français, né en 1950, professeur à Sciences Po Paris, É. Cohen est un économiste français, spécialisé dans le domaine des institutions et des politiques industrielles.

*L'État brancardier*, 1989

*Le colbertisme hightech*, 1992

*La tentation hexagonale*, 1996

*L'ordre économique mondial*, 2001

*Le nouvel âge du capitalisme*, 2005

*Changer de modèle*, 2014*

## CORIAT Benjamin

Économiste français, B. Coriat est un des représentants de l'école de la régulation.

*L'atelier et le chronomètre*, 1979*

*Penser à l'envers*, 1991

## CROZIER Michel

Sociologue français, M. Crozier (1922-2013) est le chef de file de l'analyse stratégique et systémique qui s'oppose au conservatisme et au néolibéralisme. Président du Centre de sociologie des organisations, il a dirigé de nombreuses enquêtes dans différentes administrations et entreprises.

*Le phénomène bureaucratique*, 1965

*L'acteur et le système*, avec E. Friedberg, 1977*

*État modeste, État moderne*, 1987*

## DURKHEIM Émile

Sociologue français, É. Durkheim (1858-1917) est le premier à avoir présenté la sociologie sous la forme d'une discipline distincte de la philosophie et de l'économie. Il est considéré comme le fondateur du « holisme », qui affirme que l'individu procède de la société.

*De la division du travail social*, 1893*

*Les règles de la méthode sociologique*, 1894*

*Le suicide*, 1897

*Les formes élémentaires de la vie religieuse*, 1912

## ESPING ANDERSEN Gosta

Né au Dannemark en 1947, il est professeur de sociologie à l'Université de Barcelone. Il est connu pour ses travaux sur l'État-providence.

*Les trois mondes de l'État-providence*, 1999*

*Trois leçons sur l'État-providence*, avec Bruno Palier, Le Seuil, 2008

**FOURASTIÉ Jean**

Économiste français, J. Fourastié (1907-1990) rend la culture économique accessible grâce à un langage simple. Il étudie surtout les transformations économiques et sociales de la France, mettant en évidence l'évolution des trois secteurs d'activité et l'ampleur de la « révolution invisible » qui s'est produite depuis la fin de la Seconde Guerre mondiale.

*Le grand espoir du XX^e siècle*, 1949

*Les Trente Glorieuses*, 1979*

**FRIEDMAN Milton**

Économiste américain, M. Friedman (1912-2006) a reçu le prix Nobel d'économie en 1976. Néolibéral, il est le chef de file des monétaristes. Il s'oppose à la théorie keynésienne et considère que les interventions de l'État doivent être limitées. Il affirme que la quantité de monnaie doit suivre exactement l'évolution de la production et il est un fervent partisan du système des changes flottants.

Théorie de la consommation, 1957

Inflation et systèmes monétaires, 1969*

**FRIEDMANN Georges**

Sociologue français, G. Friedmann (1902-1978) est considéré comme le fondateur de la sociologie du travail en France.

*Le travail en miettes*, 1956*

**GALBRAITH John Kenneth**

Économiste américain d'origine canadienne, J. K. Galbraith (1908-2006) a eu une carrière particulièrement riche dans l'administration et à l'université. Il sera un membre influent du parti démocrate et le principal conseiller économique du président John Kennedy. Il a contribué à la définition d'un programme nettement influencé par le keynésianisme. Il est connu pour sa critique de la théorie libérale.

*L'ère de l'opulence*, 1961

*Le nouvel État industriel*, 1968*

*Voyage dans le temps économique*, 1993*

**GOBLOT Edmond**

Professeur de philosophie, et logicien avant tout, E. Goblot (1858-1935) a aussi mené une réflexion sociologique sur la bourgeoisie de son époque qui préfigure à bien des égards les analyses modernes en termes de « distinction ».

*La barrière et le niveau*, 1925*

*Étude sociologique sur la bourgeoisie française moderne*, 1925

**GOFFMAN Erving**

Sociologue appartenant à l'École de Chicago, E. Goffman (1922-1982) a poussé très loin l'approche interactionniste, qui consiste à étudier les interactions des individus dans leur cadre naturel, c'est-à-dire dans la vie quotidienne, l à où se produit la vie sociale.

*La mise en scène de la vie quotidienne*, 1956

*Asiles, études sur les conditions sociales des malades mentaux*, 1961

*Les rites d'interaction*, 1967*

**GRAVIER Jean-François**

Géographe français, J.-F. Gravier (1915-2005) est un spécialiste de l'aménagement du territoire.

*Paris et le désert français*, 1947*

*L'espace vital*, 1984

**HAYEK (von) Friedrich August**

Économiste autrichien, F. von Hayek (1899-1992) a reçu le prix Nobel d'économie en 1974. Fervent opposant de l'interventionnisme étatique, il condamne toutes les interventions des autorités publiques dans la vie économique. Il pense que la politique monétaire de l'État provoque une distorsion du système des prix qui crée des déséquilibres économiques et du chômage.

*Prix et production*, 1931

*La route de la servitude*, 1943*

**HIRSCHMAN Albert O.**

Économiste et sociologue américain d'origine allemande, A. O. Hirschman (1915-2012) est un spécialiste de l'économie du développement ; il préconise un développement déséquilibré. Il étudie les comportements individuels et pense qu'ils sont souvent très éloignés de ce que la théorie traditionnelle affirme.

*Stratégie du développement économique*, 1958

*Défection et prise de parole*, 1972*

*Les passions et les intérêts*, 1977

**HOBBES Thomas**

Philosophe anglais, T. Hobbes (1588-1679) est le premier théoricien du contrat social. Il considère que l'état de nature est un état de guerre et que le contrat social permet aux hommes d'établir un pacte de façon à préserver la paix.

*Léviathan*, 1651*

**IRIBARNE (d') Philippe**

Économiste français, Ph. d'Iribarne propose que l'économie s'ouvre à d'autres disciplines comme la sociologie ou l'histoire.

*La Science et le Prince*, 1970

*Le chômage paradoxal*, 1990*

**KEYNES John Maynard**

Économiste britannique, J. M. Keynes (1883-1946) a profondément marqué la pensée économique. S'opposant à l'analyse microéconomique développée par les néoclassiques (qu'il nomme classiques) il a fondé la macroéconomie moderne. Il considère que le chômage peut être involontaire et que la meilleure façon d'atteindre le plein emploi est d'augmenter le niveau de la production grâce à l'intervention de l'État. Il affirme que la demande est le moteur essentiel de l'économie. Il a participé aux débats concernant la création du Système monétaire international de Bretton Woods.

*Traité sur la monnaie*, 1930

*Théorie générale de l'emploi, de l'intérêt et de la monnaie*, 1936*

**KORNAI Janos**

Économiste hongrois, J. Kornai est un spécialiste des économies planifiées. Ses travaux portent surtout sur la critique de la planification et sur des propositions de réformes. Il est à l'origine du concept d'économie de pénurie.

*Socialisme et économie de la pénurie*, 1984*

*Le système socialiste*, 1996

**KRUGMAN Paul**

Économiste américain, P. Krugman est un spécialiste de l'économie internationale. Il a contribué à la diffusion du modèle Brander-Spencer qui propose une « politique commerciale stratégique », mais il considère que le libre-échange est un optimum de second rang et est donc la solution la plus raisonnable.

*Manuel d'économie internationale*, avec M. Obstfeld, 2006

*La mondialisation n'est pas coupable*, 1997*

*L'Amérique dérape*, avec P. Chemla et L. Cohen, 2004

**LAHIRE Bernard**

Sociologue français né en 1963, chercheur attaché au CNRS, professeur de sociologie à l'École Normale Supérieure de Lettres et Sciences Humaines, directeur du Groupe de recherche sur la socialisation.

*Tableaux de familles. Heurs et malheurs scolaires en milieux populaires*, 1995

*L'homme pluriel. Les ressorts de l'action*, 1998*

*L'invention de l'« illettrisme ». Rhétorique publique, éthique et stigmates*, 1999

*Portraits sociologiques. Dispositions et variations individuelles*, 2002

*La culture des individus. Dissonances culturelles et distinction de soi*, 2004

*L'esprit sociologique*, 2005

*La condition littéraire. La double vie des écrivains*, 2006

**LE PLAY Frédéric**

Économiste et sociologue français, F. Le Play (1806-1882) est un représentant du catholicisme social de tendance conservatrice. Il fut conseiller d'État et sénateur.

*Les ouvriers européens*, 1855

*La réforme sociale en France*, 1864*

**LEWIS Arthur**

Économiste britannique, Sir A. Lewis (1915-1991) est originaire de Sainte-Lucie aux Antilles ; il a reçu le prix Nobel d'économie en 1979. Il est un spécialiste du tiers monde et est souvent considéré comme le fondateur principal de la théorie du développement. Il est à l'origine des études sur le dualisme.

*La théorie de la croissance économique*, 1955

*Tropical Development 1880-1913*, 1971

*L'ordre économique international*, 1978*

**LIPIETZ Alain**

Économiste français et écologiste convaincu, A. Lipietz est un des représentants de l'école de la régulation.

*L'audace ou l'enlisement*, 1984

*Mirages et miracles*, 1986*

*La société en sablier*, 1996

**LIST Friedrich**

Économiste allemand, F. List (1789-1846) préconise une union douanière réunissant les États allemands. Il propose un protectionnisme éducateur.

*Système national d'économie politique*, 1841*

**LOCKE John**

Philosophe anglais, J. Locke (1632-1704) condamne l'absolutisme et propose une séparation des pouvoirs politiques. Il inspirera la philosophie des Lumières.

*Lettres sur la Tolérance*, 1689

*Second traité du gouvernement civil*, 1690*

**MALINVAUD Edmond**

Économiste français, E. Malinvaud (1923-2015) est Professeur au Collège de France. Ses recherches ont porté sur les analyses microéconomiques et macroéconomiques, mais sa contribution majeure à la théorie économique reste son analyse du chômage qui en fait l'un des chefs de file de la théorie du déséquilibre.

*La croissance française*, avec J.J. Carré et P. Dubois, 1972*

*Réexamen de la théorie du chômage*, 1977

**MALTHUS Thomas Robert**

Économiste classique anglais, T.R. Malthus (1766-1834) est connu pour sa loi de la population qui condamne l'aide aux pauvres et pour sa réfutation de la "loi des débouchés" de J.-B. Say.

*Essai sur le principe de la population*, 1798*

*Principes d'économie politique*, 1820

**MARCHAND Olivier**

Économiste français, O. Marchand est un spécialiste de l'emploi.

*Le travail en France*, avec Cl. Thélot, 1997*

**MARSEILLE Jacques**

Historien français, J. Marseille (1945-2010) a particulièrement étudié les effets de la colonisation.

*Empire colonial et capitalisme français*, 1984*

**MARSHALL Alfred**

Économiste néoclassique anglais, A. Marshall (1842-1924) a fondé l'école de Cambridge. Il fut le professeur d'économistes illustres comme A.C. Pigou et J. M. Keynes.

*Principes d'économie politique*, 1890

**MARX Karl**

Philosophe, économiste et sociologue allemand, K. Marx (1818-1883) est aussi un militant socialiste dont la pensée a marqué les XIXe et XXe siècles. Son analyse repose principalement sur le matérialisme historique, l'aliénation du travail, la plus-value, le problème de la valeur et la critique du capitalisme.

*L'Idéologie allemande*, 1846

*Misère de la philosophie*, 1847

*Manifeste du parti communiste*, avec F. Engels, 1848

*La lutte des classes en France*, 1849

*Le 18 Brumaire de Louis Bonaparte*, 1852

*Le capital*, 1867*

**MAUSS Marcel**

Neveu d'Émile Durkeim, M. Mauss (1872-1950) s'est orienté vers des études de sociologie religieuse et d'ethnologie, qui lui ont permis de dégager la notion de « fait social total ».

*Esquisse d'une théorie générale de la magie*, 1904

*Essai sur le don*, 1923*

**MEADOWS Donnella**

Biophysicienne américaine, D. Meadows (1941-2001) a dirigé l'équipe du MIT (Massachusetts Institute of Technology) concluant à la nécessité de stopper la croissance.

*Halte à la croissance ?*, 1970*

**MÉDA Dominique**

Philosophe française, D. Méda est une spécialiste du travail.

*Le travail, une valeur en voie de disparition*, 1995*

**MENDRAS Henri**

Sociologue français, H. Mendras (1927-2003) est un spécialiste des transformations sociales et particulièrement des sociétés rurales.

*La fin des paysans*, 1967*

*Éléments de sociologie*, 1975

*L'Europe des Européens*, 1997

**MICHALET Charles-Albert**

Économiste français, C.-A. Michalet (1938-2007) est un spécialiste des questions internationales.

*Le capitalisme mondial*, 1976*

**MILANOVIĆ Branko**

B. Milanović, né en 1953, est un économiste serbo-américain spécialiste des questions de pauvreté, d'inégalités à l'échelle mondiale et de politique sociale.

*Inégalités mondiales. Le destin des classes moyennes, les ultra-riches et l'égalité des chances*, 2019*

*Le capitalisme, sans rival. L'avenir du système qui domine le monde*, 2020

**MORIN Edgar**

Sociologue français, E. Morin étudie les problèmes fondamentaux des sciences de l'Homme.

*La méthode*, 1977

*Penser l'Europe*, 1987*

*La complexité humaine*, 1994

**MYRDAL Gunnar**

Économiste suédois (1898-1987), Gunnar Myrdal a reçu le prix Nobel d'économie en 1974. Il analyse le sous-développement qu'il lie aux caractéristiques propres aux PED, à leurs institutions.

*Théorie économique et pays sous-développés*, 1959*

*Le drame de l'Asie*, 1968

*Le défi du monde pauvre*, 1970

**NOIRIEL Gérard**

Historien français, G. Noiriel est un spécialiste de l'histoire sociale.

*Le creuset français*, 1988*

**OLSON Mancur**

Sociologue et économiste américain, M. Olson (1931-1998) étudia principalement l'action collective en partant de l'hypothèse que les individus sont rationnels.

*Logique de l'action collective*, 1966*

*Grandeur et décadence des nations*, 1983

**ORSENNA Erik**

Académicien, écrivain, conseiller d'État et économiste français, E. Orsenna est un spécialiste de la finance internationale et de l'économie du développement. Membre du Cercle des économistes.

*La grammaire est une chanson douce*, 2001

*Voyage au Pays du Coton*, 2006

*La révolte des accents*, 2007

*Un monde de ressources rares*, 2007*

**PARETO Vilfredo**

Économiste et sociologue libéral italien, V. Pareto (1848-1923) prend la succession de Walras à l'Université de Lausanne. Il est l'un des fondateurs de l'école néoclassique, à laquelle il a largement contribué, notamment par la définition des concepts d'optimum économique et d'ophémilité (ou utilité ordinale). Il a aussi bâti une théorie sociologique de la circulation des élites.

*Manuel d'économie politique*, 1907*

*Traité de sociologie générale*, 1915

**PAUGAM Serge**

S. Paugam, né en 1960, est sociologue, directeur d'études à l'Ecole des hautes études en sciences sociales et directeur de recherche au CNRS, directeur de la collection « Le lien social » aux PUF.

*La disqualification sociale. Essai sur la nouvelle pauvreté*, 1991

*La société française et ses pauvres. L'expérience du revenu minimum d'insertion*, 1993

*Le salarié de la précarité. Les nouvelles formes de l'intégration professionnelle*, 2000

*Les formes élémentaires de la pauvreté*, 2005*

*Repenser la solidarité. L'apport des sciences sociales* (dir.), 2007.

**PINCON Michel
et PINCON-CHARLOT Monique**

M. Pinçon et M. Pinçon-Charlot sont deux sociologues français. Ils se sont principalement intéressés à l'étude de la grande bourgeoisie.

*Sociologie de la bourgeoisie*, 2007*

*La violence des riches*, 2013

**QUESNAY François**

Économiste physiocrate français, F. Quesnay (1694-1774) est surtout connu pour son libéralisme qui rompt avec la pensée mercantiliste et pour son tableau économique qui représente le premier circuit économique. Il considère que seule l'agriculture crée des richesses.

*Le tableau économique*, 1758*

**RICARDO David**

Économiste classique anglais, D. Ricardo (1772-1823) est surtout connu pour sa théorie de la répartition et pour sa défense du libre-échangisme (théorie des avantages comparatifs et équilibrage automatique de la balance des comptes).

*Des principes de l'économie politique et de l'impôt*, 1817*

**RAWLS John**

Philosophe américain, J. Rawls (1921-2002) est le chef de file de l'école américaine pour la défense des droits civiques. Théoricien libéral, il est toutefois favorable à un certain interventionnisme social.

*Théorie de la justice*, 1971*

**REICH Robert**

Économiste américain, R. Reich a été Secrétaire au travail du gouvernement de B. Clinton.

*L'économie mondialisée*, 1993*

**RIFKIN Jeremy**

Essayiste américain, J. Rifkin est un spécialiste des relations entre l'économie, la technologie et la culture.

*La fin du travail*, 1997*

**ROSANVALLON Pierre**

Économiste et sociologue français, P. Rosanvallon étudie particulièrement le rôle de l'État. Il préconise des interventions de réinsertions actives et il pense que l'État ne doit plus se limiter à la seule indemnisation.

*La crise de l'État-providence*, 1981*

*La question syndicale*, 1987*

*La nouvelle question sociale*, 1995

*Le nouvel âge des inégalités*, avec J.-P. Fitoussi, 1996

**ROSTOW Walt Whitman**

Économiste et historien américain (1916-2003), W. W. Rostoa été conseiller des présidents Kennedy et Johnson pour les affaires de sécurité nationale.

*Les étapes de la croissance - un manifeste non communiste*, 1960*

*L'ultimatum de l'an zéro*, 1981

**SAUVY Alfred**

Économiste et démographe français, A. Sauvy (1898-1991) est le fondateur de l'Institut national des études démographiques en 1945. Il est favorable à la croissance démographique et craint que le vieillissement de la population ne conduise à une réduction des progrès économiques et techniques. Économiste libéral modéré, il considère que le progrès technique est globalement créateur d'emploi, qu'il est nécessaire que l'État intervienne, mais qu'il faut laisser à l'économie de marché une grande marge de souplesse. Il a créé le terme de « tiers monde ».

*Histoire économique de la France entre les deux guerres*, 1965*

*La Machine et le chômage*, 1980*

**SAY Jean-Baptiste**

Économiste classique français, J.-B. Say (1767-1832) est surtout connu pour sa « loi des débouchés ». Il a aussi développé une théorie de la valeur utilité qui aboutit à considérer certains services comme productifs.

*Traité d'économie politique*, 1803

*Cours d'économie politique* (réunissant *Catéchisme d'économie politique*, 1815 et autres essais), publié en 1996*

**SCHNAPPER Dominique**

Sociologue française, D. Schnapper étudie particulièrement les questions de l'intégration et de la citoyenneté.

*La France de l'intégration, sociologie de la nation*, 1991

*L'Europe des immigrés, essais sur les politiques d'immigration*, 1992

*La communauté des citoyens*, 1994*

**SCHUMPETER Joseph Aloïs**

Économiste d'origine autrichienne, J. A. Schumpeter (1883-1950) est classé parmi les hétérodoxes. Il fut ministre des Finances autrichien d'un gouvernement socialiste. Très marqué par la lecture de

Marx (dont il ne partageait pas les idées), il est surtout connu pour sa contribution à l'analyse de l'évolution du capitalisme. Il s'exila aux États-Unis à la suite de la montée du nazisme.

*Théorie de l'évolution économique*, 1912*

*Les cycles des affaires*, 1939

*Capitalisme, socialisme et démocratie*, 1942

**SEN Amartya Kumar**

A. Sen est un économiste indien, prix Nobel d'économie en 1998, né en 1933, dont l'originalité est d'intégrer dans son champ d'analyse une réflexion philosophique qui le conduit à s'interroger sur le caractère désirable ou non de l'action humaine dont il étudie les déterminants.

*Collective Choice and Social Welfare*, 1970

*On Ethics and Economics*, 1993

*Development and Freedom*, 1999

*L'économie est une science morale*, 1999*

**SMITH Adam**

Économiste classique anglais, A. Smith (1723-1790) est considéré comme le fondateur de la pensée libérale moderne. Il considère que pour favoriser l'enrichissement des nations, il faut encourager la division du travail, laisser les individus œuvrer pour leur intérêt personnel et libéraliser les échanges.

*Théorie des sentiments moraux*, 1759

*Recherches sur la nature et les causes de la richesse des nations*, 1776*

**STIGLITZ Joseph**

Prix Nobel d'économie (2001), cet économiste américain est l'un des fondateurs de la NEK (nouvelle économie keynésienne). Conseiller économique de Bill Clinton (1995-1997) puis vice-président et économiste en chef de la Banque mondiale (1997-2000).

*Quand le capitalisme perd la tête*, 2001*

*La grande désillusion*, 2002

*Un autre monde : contre le fanatisme du marché*, 2006

*Une guerre à 3 000 milliards*, 2008

**THÉLOT Claude**

Économiste et sociologue, C. Thélot est un spécialiste de l'emploi et de la mobilité sociale.

*Tel père, tel fils ?* 1982*

*Le travail en France*, avec O. Marchand, 1997*

**TOCQUEVILLE Alexis (de)**

Historien et sociologue français, A. de Tocqueville (1805-1859) pense que la démocratie est un processus souhaitable et inévitable, mais qu'il faut l'organiser de façon à en éviter les effets pervers. Son œuvre est centrée sur la montée de « l'égalité des conditions » et de l'individualisme.

*De la démocratie en Amérique*, 1835-1840*

*L'Ancien Régime et la Révolution*, 1856

**TODD Emmanuel**

Historien et démographe français, E. Todd dirige le service de documentation de l'Institut national d'études démographiques (INED).

*L'invention de la France*, avec H. Le Bras, 1981

*La nouvelle France*, 1988*

**TÖNNIES Ferdinand**

Philosophe et sociologue allemand,

F. Tönnies (1855-1936) distingue deux types de collectivités humaines : la communauté, fondée sur la volonté organique de ses membres et la société, fondée sur une volonté réfléchie.

*Communauté et société*, 1887*

**TOURAINE Alain**

Sociologue français, A. Touraine est un spécialiste des mouvements sociaux.

*Pour la sociologie*, 1974

*La voix et le regard*, 1978*

*Le retour de l'acteur*, 1984

**VEBLEN Thorstein**

Économiste américain d'origine norvégienne, T. Veblen (1857-1929) est proche du courant institutionnaliste. Il est surtout connu pour sa théorie de la consommation ostentatoire.

*Théorie de la classe de loisir*, 1899*

**VILLERMÉ Louis-René**

Médecin français, L.-R. Villermé (1782-1863) a mené une enquête sur les conditions de travail et de vie des ouvriers qui est à l'origine de la loi de 1841 limitant le travail des enfants.

*Tableau sur l'état physique et moral des ouvriers*, 1840*

**WALRAS Léon**

Économiste néoclassique français, L. Walras (1834-1910) est l'un des fondateurs du courant libéral moderne. Il explique que grâce à la concurrence et à la flexibilité des prix, l'économie tend naturellement vers l'équilibre général.

*Éléments d'économie politique pure*, 1874*

**WEBER Max**

Sociologue allemand, M. Weber (1864-1920) est considéré comme l'un des fondateurs de la sociologie contemporaine. Il considère que l'action sociale est l'objet central de la sociologie ; il utilise une méthode originale recourant à la notion d'idéal-type. Ses travaux ont notamment porté sur la rationalisation des sociétés occidentales et sur les religions.

*L'Éthique protestante et l'esprit du capitalisme*, 1905*
*Économie et société*, 1922

**ZYLBERBERG André**

Économiste français, directeur de recherche au CNRS. Ses travaux concernent l'économie du travail.

*Microéconomie du marché du travail*,
avec P. Cahuc, 2003
*Le chômage, fatalité ou nécessité ?*,
avec P. Cahuc, 2004*

# Table alphabétique des ouvrages

## A



## B



## C



## D



## E

## F



## G



## H



## I



## L



## M

## N



## O



## P



## Q



## R



## S



## T

## V



## X

# Table alphabétique des auteurs

# O



# P



# Q



# R



# S

## T



## V



## W



## Z

Achevé d'imprimer en octobre 2020
sur les presses de la Nouvelle Imprimerie Laballery
58500 Clamecy
Numéro d'impression : 010160

*Imprimé en France*

La Nouvelle Imprimerie Laballery est titulaire de la marque Imprim'Vert®